Niels Weck
Quereinsteiger*innen in der Sozialen Arbeit

Niels Weck

Quereinsteiger*innen in der Sozialen Arbeit

Auf biografischen Umwegen zur Berufsidentität

BELTZ JUVENTA

Der Autor

Niels Weck ist Leiter der Stabsstelle für Jugendhilfe-, Sozial- und Gesundheitsplanung der Landeshauptstadt Magdeburg. Zuvor war er u. a. Referent am Landes-Demokratiezentrum Sachsen-Anhalt sowie Wissenschaftlicher Mitarbeiter für Sozialpädagogik/Soziale Arbeit an verschiedenen Hochschulen wie der Martin-Luther-Universität Halle-Wittenberg und der Hochschule Mittweida.

Dissertation an der Fakultät für Humanwissenschaften der Otto-von-Guericke-Universität Magdeburg.

MIX
Papier | Fördert gute Waldnutzung
FSC® C089473

Dieses Buch ist erhältlich als:
ISBN 978-3-7799-9106-9 Print
ISBN 978-3-7799-9107-6 E-Book (PDF)
ISBN 978-3-7799-9108-3 E-Book (ePub)

1. Auflage 2025

Verlagsgruppe Beltz
Werderstraße 10, 69469 Weinheim
service@beltz.de

Satz: xerif, le-tex
Druck und Bindung: Beltz Grafische Betriebe, Bad Langensalza
Beltz Grafische Betriebe ist ein Unternehmen mit finanziellem Klimabeitrag (ID 15985-2104-1001)
Printed in Germany

Weitere Informationen zu unseren Autor:innen und Titeln finden Sie unter: www.beltz.de

Inhalt

Danksagung

Ehrlicherweise war ich mir bis kurz vor Abgabe dieser Ausarbeitung gar nicht so sicher, ob ich eine *öffentliche* Danksagung formulieren möchte. Ehrlich gemeinte Danksagungen sind für mich doch etwas sehr Intimes und gehören daher in das Private – akademische Tradition hin oder her. Gleichzeitig denke und hoffe ich, dass ich allen Personen, die mich auf diesem Weg unterstützt haben, auch ausdrücklich meine Dankbarkeit und Wertschätzung gegenüber zum Ausdruck gebracht habe. Aber dann wurde mir doch noch bewusst, dass es bei dieser Danksagung gar nicht um mich geht. Vielmehr ist es eine wertvolle Gelegenheit, diejenigen zu ehren, die dieses Vorhaben überhaupt erst ermöglicht haben – und das möchte hiermit auch von Herzen tun.

Liebe Ramona Stirtzel, niemand hat mich so lange über meinen akademischen Ausbildungs- und Berufsweg hinweg begleitet, unterstützt und auch immer wieder aufgemuntert wie du. Ich denke, es ist nicht übertrieben zu sagen, dass ich ohne deinen Rückhalt womöglich niemals eine Universität von innen gesehen hätte. Melanie Wötzel und Judith Kittner, wie oft habt ihr mich in dieser Zeit daran erinnert, dass es sehr viel mehr Wertvolles im Leben gibt, als an der beruflichen Karriere zu schrauben. Swetlana Ritscher, was habe ich zuletzt nicht noch alles über die deutsche Sprache durch dich gelernt. Und ein ganz besonderer Dank gilt natürlich allen Interviewpartner*innen. Es ist wahrlich nicht selbstverständlich, dass ihr so weitreichende und intime Lebensinhalte mit mir geteilt habt – diese werde ich achten.

Liebe Gudrun Ehlert, deine herzliche und offene Art, mit der du in Mittweida den Studierenden, den Kolleg*innen und vom ersten Tag an auch mir begegnet bist, bedeutet mir viel. Insbesondere unsere gemeinsamen Fahrten über das landschaftlich so ansprechende mittelsächsische Land und die zahlreichen anregenden Gespräche sowie Diskussionen werden mich noch lange begleiten.

Liebe Heike Ohlbrecht, Sie haben den Funken entfacht und das kreative Feuer am Lodern erhalten. Ohne Ihre andauernde Unterstützung und Inspiration wäre all das hier wohl nicht denkbar. Dass Sie es mir ermöglicht haben, dieses Vorhaben auf dem für mich wohl einzig gangbaren Weg umzusetzen, das werde ich Ihnen niemals vergessen.

Leipzig, Dezember 2023

1. Einleitung

„Sozialarbeiter – gefragt wie noch nie“ (Hoffmeyer 2016) titelte die Süddeutsche Zeitung (SZ) bereits vor einigen Jahren. Mit dieser Schlagzeile machte die SZ die Öffentlichkeit auf eine Entwicklung auf dem deutschen Arbeitsmarkt aufmerksam[1], wonach Fachkräfte im Berufsfeld der Sozialen Arbeit[2] zwar schon längere Zeit gute Aussichten auf eine Anstellung besaßen, sich deren Chancen aber spätestens infolge der gewachsenen Fluchtmigrationsbewegung in die Bundesrepublik Deutschland (BRD) seit 2015 so beträchtlich gesteigert hätten, dass sie „auf dem Arbeitsmarkt sogar noch begehrter als Informatiker und Ingenieure“ (ebd.) seien. So forderte bspw. der Städte- und Gemeindebund im Jahr 2015 50.000 zusätzliche Stellen für Fachkräfte in der Sozialen Arbeit, um allein den gestiegenen Herausforderungen infolge der Einwanderung gerecht werden zu können. Hauptgeschäftsführer Gerd Landsberg hob die Bedeutung der sozialpädagogischen Fachkräfte gegenüber der Frankfurter Allgemeinen Zeitung (FAZ) hervor, als er prägnant formulierte: „‚Sozialarbeiter sind ein wichtiger Baustein, damit die Integration gelingt‘“ (FAZ 2015). Gleichzeitig traf dieser erhöhte Bedarf auf einen zuvor schon angespannten Arbeitsmarkt für sozialpädagogische Fachkräfte, so würden diese bereits „an allen Ecken und Enden [fehlen, N. W.]“ (Mersi 2015). Um den Bedarf an Fachkräften zu stillen, wurden daher nicht nur Absolvent*innen verwandter Ausbildungsgänge wie Erzieher*innen als Ersatz für sozialpädagogische Fachkräfte eingestellt, sondern zunehmend auch fachfremde Quereinsteiger*innen[3] wie Ethnolog*innen, Soziolog*innen, Kulturwissenschaftler*innen, Arabist*innen, Geograf*innen, Psycholog*innen sowie Betriebswirt*innen usw. (Hoffmeyer 2016 / Mersi 2015 und Lutz 2013, S. 10).

Ein aktueller Blick auf den Diskurs verrät, dass sich die Situation seitdem keineswegs entschärft hat. Im Gegenteil, seitdem sah und sieht sich die bundesdeutsche Gesellschaft u. a. mit den Auswirkungen der Covid-19-Pandemie sowie dem Krieg in der Ukraine konfrontiert, die sich wiederum in einem auch erhöhten Be-

1 Diese Entwicklung trifft wohlgemerkt auch auf andere Länder zu, wie bspw. Österreich (Ostermann 2022).

2 Die historischen Hintergründe und Unterschiede der oftmals variierenden Berufsbezeichnungen für Fachkräfte in der Sozialen Arbeit werden im Kap. 2 ausführlich dargelegt. Vorab sei angemerkt, dass in der vorliegenden Ausarbeitung Berufsbezeichnungen wie Sozialarbeiter*innen, Sozialpädagog*innen etc. synonym verwendet werden.

3 Da es bisher keine übergreifend definierten Gemeinsamkeiten und Unterschiede hinsichtlich der Termini Quereinsteiger*innen, Seiteneinsteiger*innen etc. gibt (Rothland; Pflanzl 2016), wird in der vorliegenden Ausarbeitung ausschließlich und in synonymer Weise auf die Bezeichnung Quereinsteiger*innen zurückgegriffen.

darf an sozialpädagogischen Angeboten äußern (Loerzer 2022). Diese Entwicklungen treffen nun auf einen deutschen Arbeitsmarkt, dem zwischen Juli 2021 und Juli 2022 mittlerweile „über alle Berufe hinweg mehr als eine halbe Million Fachkräfte“ (Tagesschau 2022) fehlten. Und eine viel zitierte Studie des Instituts für deutsche Wirtschaft in Köln (IW) aus dem Jahr 2022 stellt klar, dass es die größte Lücke bei der Sozialen Arbeit gibt:

> „Einige Berufe stechen beim Fachkräftemangel deutschlandweit am deutlichsten hervor. Unter den zehn Berufen mit den größten Fachkräftelücken sind fünf dem sozialen beziehungsweise dem Gesundheitssektor zuzuordnen. Dazu zählt die Berufsgruppe der Sozialarbeit und Sozialpädagogik, in der es im Jahresdurchschnitt 2021/2022 die größte Fachkräftelücke gab (Abbildung 1). Der Fachkräftemangel an sozialpädagogischen Expertinnen und Experten erreicht inzwischen einen traurigen Rekord: Von den bundesweit knapp 26.500 offenen Stellen gab es für knapp 20.600 keine passend qualifizierten Arbeitslosen – so groß war der Mangel nie zuvor“ (Hickmann; Koneberg 2022, S. 1).

Abbildung 1: Die Berufe mit den größten Fachkräftelücken. Jahresdurchschnitt 2021/2022 (01.07.2021–30.06.2022) (Quelle: Hickmann; Koneberg 2022, S. 2)

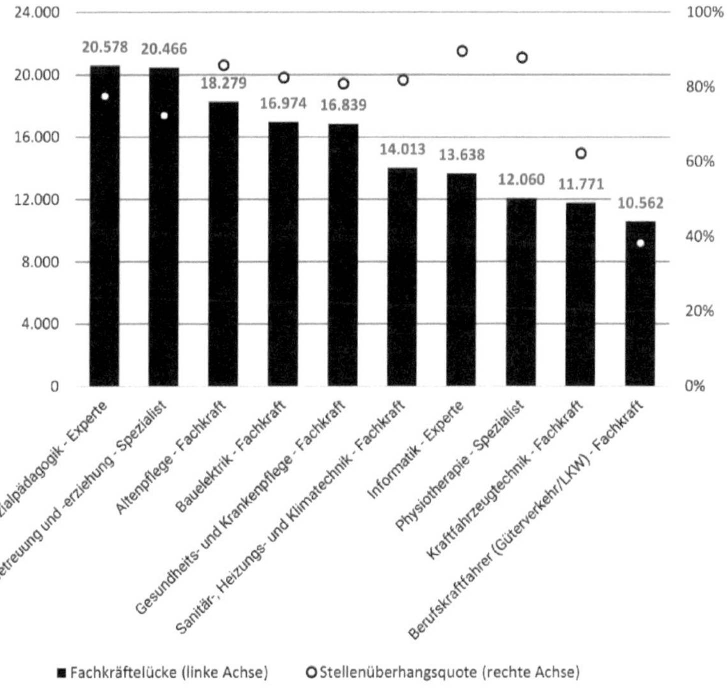

Diese Entwicklung veranlasst u. a. Grit Richling, Sprecherin der Verdi-Betriebsgruppe im Sozialreferat, gegenüber der SZ zu einer drastischen Warnung, wonach die sozialen Dienste in einigen Regionen mittlerweile kurz vor dem *Kollaps* stehen würden (Loerzer 2022). Dass es sich hierbei nicht nur um eine regionale Mangelerscheinung handele, darauf deuten auch verschiedene Meldungen aus den unterschiedlichsten Regionen der Bundesrepublik hin, wie bspw. in Hamburg, wo sich Fachkräfte der Sozialen Arbeit zunehmend „an der Belastungsgrenze [sehen, N. W.], wie es die Tageszeitung (taz) formuliert (2023). Oder auch das Portal der Kinder- und Jugendhilfe, das den wachsenden Fachkräftemangel im Bundesland Hessen hervorhebt und zugleich darauf aufmerksam macht, dass zur sowieso schon angespannten Arbeitsmarktlage, nun noch der sukzessive Wegfall der Babyboomer-Generationen erst noch hinzukommt (2023 sowie ausführlich Institut für Wirtschaft, Arbeit und Kultur (IWAK) der Goethe-Universität Frankfurt am Main 2023). Als Konsequenz dieser Entwicklungen könnten wiederum Berufseinsteiger*innen der Sozialen Arbeit trotz der zunehmenden Tendenz an befristeten Arbeitsverträgen „damit rechnen, auf Dauer beim selben Arbeitgeber beschäftigt zu werden, wenn auch vielleicht in einem anderen Bereich“ (Hoffmeyer 2016). Und dies trifft ausdrücklich auch für Absolvent*innen „anderer, vor allem geisteswissenschaftlicher Fachrichtungen [zu, N. W.]“ (ebd.). So äußert sich hierzu bspw. Oliver Koppel vom IW gegenüber der SZ entsprechend pointiert: „‚Arabisten haben praktisch eine Blanko-Karte für den Arbeitsmarkt‘“ (ebd.). Eine dieser Entwicklung zugrundeliegende Konsequenz äußert sich momentan anhand der „Öffnung des Sozialdienstes für fachfremde Quereinsteiger:innen“ (Verdi; GEW; DBSH 2023, S. 2)“.

Nun ist es nicht übertrieben zu behaupten, dass die Berufsfachverbände dieser Entwicklung nicht nur skeptisch gegenüberstehen, sie betrachten eine systematische Öffnung des Berufsfeldes der Sozialen Arbeit für Quereinsteiger*innen als Bedrohung der beruflichen Qualität und befürchten daraus eine sukzessive De-Professionalisierung (ebd., S. 2 ff.). So formuliert bspw. Heidi Bauer-Felbel für den Deutschen Berufsverband für Soziale Arbeit e. V. (DBSH), dass es auf keinen Fall zu einer solchen Qualitätsabsenkung kommen dürfe. Und weiter, das Einbinden von Quereinsteiger*innen sei zwar legitim, „aber ausschließlich NACH einer fundierten anerkannte [sic] Ausbildung mit staatlicher Anerkennung“ (Bauer-Felbel 2018, Hervorhebung i. O.). Der Arbeitskreis Kritische Soziale Arbeit München (AKS) erarbeitete bereits vor einigen Jahren ein Positionspapier zum Thema „Berufsfremde in der Sozialen Arbeit“ (2016)[4] und formulierte dort diese an Politik und Gesellschaft gerichtete folgende Stellungnahme:

4 Der AKS unterscheidet in *Pädagogische Fachkräfte* (bspw. Sozialarbeiter*innen), *Berufsfremde* (bspw. Absolvent*innen der Wirtschaftswissenschaften) und *Fachfremde* (bspw. Absolvent*innen der Sozialwissenschaften) (2016, S. 1).

„Wir lehnen ab:

- Die Einstellung von völlig Berufsfremden als sozialpädagogische Fachkräfte
- Im Bereich der stationären und teilstationären Jugendhilfe: Einstellung von Personen die [sic] keine pädagogischen Fachkräfte sind (sprich Berufs- und Fachfremde).
- In sonstigen Bereichen der Sozialen Arbeit: Einstellung von Mitarbeiter*innen die nicht mindestens einen sozialwissenschaftlichen Hochschulabschluss besitzen.
- Die Bezeichnung von „Nicht-Sozialarbeiter*innen" als Sozialarbeiter*innen (Alternativ z. B. als „Beschäftigter im Sozialdienst") in Wort und Schrift.
- „Pseudojugendhilfe" – wie sie in Teilen aktuell noch existiert (Stichwort Dependancen) – ohne Qualität und ohne Fachkräfte" (ebd., S. 1).

Ronald Lutz äußert im Hinblick auf die zunehmende Interdisziplinarisierung des Berufsfeldes der Sozialen Arbeit auch eine weitergehende Befürchtung. So würde seiner Ansicht nach daraus nicht nur resultieren, dass die Soziale Arbeit sukzessive ihre originären Zuständigkeiten verliere, sondern „damit auch ein wenig ihre Identität" (2013, S. 10). Und wie an späterer Stelle noch aufzuzeigen sein wird, spielt insbesondere die *Berufsidentität* in der Sozialen Arbeit eine entscheidende Rolle für ihr Verständnis von Professionalität (Heiner 2004).

Jedoch gilt es zu konstatieren, dass neben diesen medialen und von Berufsfachverbänden herausgegebenen Stellungnahmen und Positionspapieren wenig fundierter Einblick in die konkrete Einbindung und das Arbeitserleben von Quereinsteiger*innen innerhalb ihrer sozialarbeiterischen Praxis vorliegt. Um es auf den Punkt zu bringen: Bisher gibt es, soweit ich es überblicken kann, keine wissenschaftlich empirisch fundierte Auseinandersetzung zu dem Thema Quereinsteiger*innen in der Sozialen Arbeit; insbesondere vor dem Hintergrund des hier angewendeten definitorischen Verständnisses von Quereinsteiger*innen. Konkret liegt das Forschungsinteresse der hier vorliegenden Untersuchung auf hochqualifizierten akademischen Fachkräften – mit Andreas Reckwitz verstanden als die primäre Trägergruppe des gesellschaftlichen Wandels hinsichtlich eines Primats der Selbstverwirklichung in der Spätmoderne (2018) – *ohne* eine traditionelle Berufsausbildung für einen Kernberuf der Sozialen Arbeit, die aber *trotzdem* oder *gerade aufgrund* ihrer mitgebrachten abweichenden berufsbiografischen Dispositionen für eine Tätigkeit in der Sozialen Arbeit von den jeweiligen personalverantwortlichen Führungskräften als qualifiziert erachtet werden und daher als Sozialarbeiter*innen angestellt bzw. sozialarbeiterisch tätig sind[5]. Es

---

5 Studierende eines berufsbegleitenden Studiengangs der Sozialen Arbeit, die also einen genuinen akademischen Abschluss der Sozialen Arbeit anstreben und zuvor bereits mehrheitlich in der Sozialen Arbeit tätig waren, u. a. aufgrund eines Berufsabschlusses als Erzieher*innen etc., stehen somit ausdrücklich nicht im Fokus der hier vorliegenden Untersuchung. Dass sich infol-

scheint mir vielmehr, dass die wiederholt geäußerten kritischen Schlussfolgerungen zu diesem Thema weitestgehend nur auf *anekdotischer Evidenz* beruhen, unter der hierbei offenkundig leitenden Annahme, dass generell auch nur ein genuiner Abschluss der Sozialen Arbeit zu qualifizierten Fachkräften in der Sozialen Arbeit führen kann. Daher kann m. E. an dieser Stelle auch nicht von einem Forschungsstand gesprochen werden, auf den ich mich beziehen könnte. Dieses Desiderat erscheint mir umso auffälliger, da ein Blick in die Berufsfelder des Schulwesens (Rothland; Pflanzl 2016) oder des Kita- aber auch Pflegebereichs (Driesner; Arndt 2020) vor Augen führt, dass die Forschung zu Quereinsteiger*innen in anderen beruflichen Disziplinen als weiter fortgeschritten und ausdifferenzierter zu bezeichnen ist.

Nicht nur aus dieser Perspektive erscheint mir eine empirische Annäherung an dieses Thema unerlässlich, sondern auch in Anbetracht der hierbei wiederholt durchschimmernden Selbstverständlichkeit, wonach ein erfolgreich abgeschlossenes Studium der Sozialen Arbeit mit einer sozialarbeiterischen Professionalität einhergeht. Wir wissen jedoch u. a. durch die Arbeiten von u. a. Maja Heiner (2004) und Burkhard Müller (2012), dass Professionalität in der Sozialen Arbeit bekanntermaßen mehr verlangt „als die Beherrschung von Methoden und Techniken zur Erreichung bestimmter Ziele“ (Heiner 2004, S. 38). Ein Studium soll vielmehr zu einer fortwährenden Entwicklung reflexiver Wissens- und Handlungskompetenzen beitragen sowie zu einer beginnenden Identifikation mit dem spezifischen Berufsbild. Jedoch weisen vorliegende empirische Studien seit längerer Zeit darauf hin, dass Sozialarbeiter*innen während des Studiums häufig nicht die anvisierten Transformationsprozesse durchlaufen und diese ihr Handeln in der Praxis stattdessen weithin an alltäglichen, biografischen Orientierungssystemen und Bewältigungsmustern ausrichten (u. a. Thole; Küster-Schapfl 1997). Davon ausgehend, dass eine individuelle Aneignung von Studieninhalten auch nur in einem biografischen Kontext verstehbar sei (Schweppe 2006), also die Art der Aneignung von akademischen Wissenssystemen nur vor dem Hintergrund lebensgeschichtlicher Dispositionen nachvollziehbar wird, ist demnach eine a priori Gleichsetzung „einer fundierten anerkannte [sic] Ausbildung mit staatlicher Anerkennung“ (Bauer-Felbel 2018, Hervorhebung i. O.) (Bauer-Felbel 2018) und einer daraus abzuleitenden sozialarbeiterischen Professionalität auch nicht ohne Weiteres empirisch aufrechtzuerhalten.

---

ge zunehmend komplexerer Berufsbiografien in der Spätmoderne empirische Hybride naturgemäß nicht gänzlich ausschließen lassen, gilt es zu berücksichtigen. Jedoch geht es mir in der vorliegenden Untersuchung nicht darum, fortführend zu untersuchen, ob und wie bereits sozialarbeiterisch Berufserfahrene sich zu den Inhalten eines berufsbegleitenden Studiums der Sozialen Arbeit individuell ins Verhältnis setzen (siehe zu einer solchen Perspektive ausführlich u. a. Busse; Ehlert 2011 und 2013).

Gleichzeitig werden diese bekannten Ergebnisse neuerdings zunehmend im Lichte prominent vorgetragener Gesellschaftsanalysen wie jener von Andreas Reckwitz (2018) und Hartmut Rosa (2016) einer beginnenden Neuinterpretation unterzogen. Werner Thole und Svenja Marks sprechen hierbei auch von einer Notwendigkeit „tastender Überlegungen zur Neuformatierung professionellen Engagements" (2020, S. 17). So beschreiben Reckwitz und Rosa in ihren Gesellschaftstheorien eine umfassende Transformation der westlichen, okzidentalen Länder. Stark verkürzt lautet deren Diagnose, dass sich die Gesellschaften „spätestens ab Beginn des 21. Jahrhunderts [...] zu ‚anderen' Gesellschaften als die des 20. Jahrhunderts" (ebd.) entwickeln. Thole und Marks äußern hierbei die Überlegung, dass infolge dieser gesellschaftlichen Transformationsprozesse auch „Verschiebungen und Neuakzentuierungen an Beschreibungen sozialpädagogischer Professionalität vorzunehmen" (ebd.) seien. Demnach würden Aspekte wie „Freiheit, Authentizität, Autonomie, Kreativität, Selbstverwirklichung, individuelle Sichtbarkeit und ein situationsbezogenes Streben nach Anerkennung" (ebd.) für die spätmodernen (Arbeits-)Subjekte zusehends an Bedeutung gewinnen und damit „auch bei denjenigen, die in der Sozialen Arbeit tätig sind und die dort vorgehaltenen Programme tagtäglich gestalten" (ebd.). Die beiden Autor*innen schlussfolgern daher, dass diese Verschiebung von Wertvorstellungen auch „als Indizien für sich verändernde Handlungsorientierungen in der Sozialen Arbeit angesehen werden" (ebd., S. 18) müssten. Und es lässt sich m. E. hinzufügen, ebenso als Indizien einer gesellschaftlichen Werteverschiebung, was als erstrebenswerte und wertvolle Form von Arbeit erachtet wird.

An dieser Stelle wird die vorliegende empirische Untersuchung ansetzen und der Bedeutung von Quereinsteiger*innen für das Berufsfeld der Sozialen Arbeit nachgehen. Leitend sind hierbei die folgenden Annahmen. Erstens, dass es infolge der Singularisierung des Arbeitens in der Wissens- und Kulturökonomie der Spätmoderne zu einem generellen Bedeutungsverlust von formalen Qualifikationen hinsichtlich einer Betonung „eines einzigartigen Profils von Kompetenzen und Potenzialen" (Reckwitz 2018, S. 182) kommt. Und zweitens, dass es sich bei einer beruflichen Tätigkeit innerhalb der Sozialen Arbeit um die „Erbringung einer professionalisierten beruflichen Leistung [handelt, N. W.], ohne daß dies ihren adäquaten Ausdruck in Form einer Aufstiegskarriere, von Prestige und Anerkennung oder barer Münze fände" (Nagel 1997, S. 173). Dieser Annahme folgend dürfte sich die Aufnahme einer solchen beruflichen Tätigkeit schlicht nicht *lohnen*, sofern dieser Beruf ausschließlich an den Erfolgskriterien der industriellen Leistungsgesellschaft gemessen wird. Dementsprechend sollen mithilfe der vorliegenden Untersuchung folgende Forschungsfragen beantwortet werden:

- *Erstens:* Warum und wie wechseln Quereinsteiger*innen in das Berufsfeld der Sozialen Arbeit und welche lebensgeschichtliche Bedeutung kommt dabei einer beruflichen Tätigkeit vor dem Hintergrund ihrer biografischen Erfahrungsaufschichtungen bei?

- *Zweitens:* Welche qualitative Bedeutung können Quereinsteiger*innen für das Berufsfeld der Sozialen Arbeit einnehmen und welche Herausforderungen resultieren aus dieser Entwicklung?

Zur Beantwortung dieser Fragen beginnt die vorliegende Untersuchung mit einer Einordnung der Berufsgeschichte der Sozialen Arbeit, um zu klären, was genau unter einer beruflichen Tätigkeit in der Sozialen Arbeit in der Bundesrepublik Deutschland vor dem Hintergrund ihrer historischen Pfadabhängigkeiten und strukturellen Widersprüche zu verstehen sei (*Kapitel* 2). Im folgenden Kapitel wird der Diskurs über die Qualifizierung für die Soziale Arbeit ausgebreitet, um zu klären, welche Zugangswege zu einer beruflichen Tätigkeit innerhalb der Sozialen Arbeit führen. Dazu werden die spezifisch institutionellen Zugangswege sowie die Motivation der Studierenden für eine solche Ausbildung einer näheren Betrachtung unterzogen (*Kapitel* 3). Daran anschließend wird der weiterhin hoch virulenten Frage nachgegangen, was Professionalität bzw. professionelles Handeln in der Sozialen Arbeit ausmacht. Hierbei wird ein besonderer Schwerpunkt auf den Zusammenhang von professionellem Handeln angesichts der lebensgeschichtlichen Dispositionen der Berufsfeldangehörigen gelegt (*Kapitel* 4). Das folgende Kapitel verlässt die sozialpädagogische Binnenperspektive und konzentriert sich auf gesamtgesellschaftliche Transformationstendenzen. Hierzu wird insbesondere die Singularisierung des Arbeitens innerhalb der Wissens- und Kulturökonomie der Spätmoderne in den Fokus gerückt und dabei der Frage nachgegangen, inwieweit sich ein postmaterialistischer Wertewandel auf die postindustrielle Arbeitskultur auswirkt (*Kapitel* 5). Anschließend wird das methodologische und methodische Vorgehen der vorliegenden Untersuchung vor dem Hintergrund der durchgeführten Biografieanalysen dargelegt (*Kapitel* 6), dem sich die Falldarstellungen der befragten Quereinsteiger*innen anschließen (*Kapitel* 7). Daraufhin wird eine Triangulation mithilfe einer qualitativen Expert*innenbefragung von Leitungskräften innerhalb der Sozialen Arbeit durchgeführt, um eine zusätzliche Perspektive zur Bedeutung von Quereinsteiger*innen durch Einblicke von Personalverantwortlichen aus der Praxis zu gewinnen (*Kapitel* 8). Das vorletzte Kapitel fasst die Ergebnisse zusammen und beantwortet die Forschungsfragen sowohl im Hinblick auf die berufsbiografische Bedeutung, die eine berufliche Tätigkeit innerhalb Sozialer Arbeit für die Quereinsteiger*innen einnimmt, als auch vor dem Hintergrund der Frage, inwieweit sich Quereinsteiger*innen eine professionelle sozialpädagogische Berufsidentität aneignen können (*Kapitel* 9). Das abschließende Kapitel wagt eine Prognose, welche qualitative Bedeutung Quereinsteiger*innen perspektivisch für die Soziale Arbeit zukommen kann und welche Herausforderungen aus dieser Entwicklung für das Berufsfeld der Sozialen Arbeit resultieren (*Kapitel* 10).

2. Berufsgeschichte

2.1 Die Berufsfeldbezeichnung im historischen Kontext

Die Berufsfeldbezeichnung *Soziale Arbeit* erscheint heutzutage in der Bundesrepublik Deutschland im Berufsfeld, in der Ausbildung und auch in der Wissenschaft für die vielfältigen Tätigkeiten des Sozialwesens einer modernen Gesellschaft als weit verbreitet und anerkannt – schlicht als fachlich und gesellschaftlich weitestgehend legitim. Erstmals verwendet zu Beginn der 1980er-Jahre, sieht Amthor (2012, S. 30) in diesem Begriff nun auch den vorläufigen Schlusspunkt einer Historie sich ständig wandelnder Termini. *Soziale Arbeit* stellt dabei den Versuch dar, „Sozialpädagogik und Sozialarbeit gemeinsam zu fassen" (Klatetzki; Wedel-Parlow 2001, S. 584) und als Sammelbegriff die verschiedenen Maßnahmen, Dienste und Einrichtungen der Sozialarbeit sowie Sozialpädagogik gemeinsam zu bündeln (ebd., S. 583). Für Münchmeier (2011, S. 528) stellt dieser Sammelbegriff jedoch keine zufriedenstellende Antwort hinsichtlich der „in den letzten Jahrzehnten immer bedeutsamer gewordenen" (ebd.) historischen Forschung zur Geschichte der Sozialen Arbeit dar. So verweist er auf „einige Grundprobleme und methodologische Fragen" (ebd.), die weiterhin kontrovers diskutiert werden und deren Klärung keineswegs abgeschlossen seien. Als das gewichtigste Problem betrachtet er hierbei die theoretische Bestimmung sowie die Eingrenzung des *Gegenstands*, also „welche Prozesse, Wirkzusammenhänge und Diskurse" (ebd.) für die Historie der Sozialen Arbeit prägend sind. Hierfür reiche eine auf den Begriff fokussierte historische Nachzeichnung nicht aus.

Mit Bezug auf Konrad (1998), gilt es sowohl für die Bezeichnung der *Sozialpädagogik* als auch für den Neologismus *Soziale Arbeit* zu konstatieren, „dass es zwar bestimmte Traditionslinien der Verwendung des Terminus" (Münchmeier 2011, S. 528) gäbe, die inhaltliche Füllung beider Begrifflichkeiten sei allerdings sehr heterogen oder auch schlicht uneindeutig. Nach Münchmeier lässt sich diese Uneindeutigkeit daher auch nur historisch nachvollziehen. So verweist er darauf, dass das Feld der sozialen Praxis im historischen Verlauf mit vielfältigen Begriffen und Umschreibungen tituliert wurde: „Früher sprach man von Fürsorge oder Wohlfahrtspflege, heute gebraucht man unterschiedliche Begriffe wie Soziale Arbeit, Sozialarbeit, Sozialpädagogik, Sozialarbeit/Sozialpädagogik, Kinder-, Jugend- und Familienhilfe, soziale Dienste, soziale Praxis, soziale Hilfsarbeit, sozialpflegerischer Bereich, psycho-soziale Hilfen, (Sozial-)Fürsorge, Sozialwesen und andere mehr" (ebd.). Während es für all diese Begriffe charakteristisch ist, sich auf das Feld der Sozialen Arbeit zu beziehen, lassen sie sich jedoch infolge der Betonung variierender Aspekte und Bereiche keineswegs als kongruent bezeichnen. Somit lässt sich bereits festhalten, dass sich das Feld der Sozialen Arbeit bzw.

sozialen Praxis ebenso wenig als ein einheitlich und systematisch strukturierter Bereich bezeichnen lässt. Die Soziale Arbeit ist vielmehr aus „verschiedenen Ursprüngen und geschichtlichen Traditionen zusammengewachsen“ (ebd.)[6].

Eine Konsequenz hieraus ist, dass sich das Praxisfeld der Sozialen Arbeit auch nicht trennscharf von anderen beruflichen Bereichen abgrenzen lässt. Münchmeier erkennt unscharfe Grenzziehungen „insbesondere im Übergang zum Sozialhilfesystem, zum psychotherapeutischen Bereich, zum Strafvollzugs- und Justizwesen, zur Kinder- und Jugendpsychiatrie, zur Arbeitsverwaltung, zur Schule und dem Bildungswesen, zur Selbsthilfe- und Initiativgruppenbewegung“ (ebd., S. 528 f.). Auch der pragmatische Versuch, Soziale Arbeit nur als diejenigen Aktivitäten und Bereiche zu verstehen, welche eine gesetzliche Grundlage durch das Kinder- und Jugendhilfegesetz (SGB VIII) besitzen, würde zwar die meisten Handlungsfelder der Sozialen Arbeit einbeziehen, wäre dennoch als verkürzt zu bezeichnen und hätte zur Folge, dass verschiedene bedeutende Handlungsfelder gänzlich ausgeschlossen blieben: „wie z. B. die betriebliche Sozialarbeit, Gemeinwesenarbeit, Bildungsarbeit, Sozialarbeit im Gesundheitswesen, den Bereich der Seniorenarbeit und der Sozialen Gerontologie und andere“ (ebd., S. 529).

Des Weiteren wird darauf verwiesen, dass es auch unabhängig der unscharfen Grenzen nicht ausreicht, sich das Praxisfeld von heute zu betrachten und dessen Entwicklung schlicht nachzuzeichnen. Aus Sicht des Autoren führt eine solche Herangehensweise nur zu einer sogenannten *Aspektegeschichte*, „also z. B. zu einer Geschichte der Methoden, Ausbildung, einzelner Arbeitsfelder usw.“ (ebd.), vernachlässige so aber zum einen die Frage nach der Bedeutung der einzelnen Aspekte für den Gesamtzusammenhang – „z. B. von Gesellschaft, sozialen Problemen, Lebenslagen oder individueller Lebensführung“ (ebd.) – und zum anderen welche Rolle diese Aspekte bei einer Theorie Sozialer Arbeit zu spielen vermögen. Diese Überlegung führt wiederum weg von der Frage des Gegenstands einer *Geschichte* der Sozialpädagogik / Sozialarbeit und wendet sich der Frage nach der *Theorie* Sozialer Arbeit zu (ebd.). Dieser Überlegung liegt die Annahme zugrunde, dass sich weder der thematische Kern der Sozialen Arbeit noch deren historische Entwicklungsprozesse darlegen ließen, ohne einer theoretischen Klärung, „worin denn die Eigentümlichkeit Sozialer Arbeit bestehe, wie ihr Auftrag, ihre Funktion für Gesellschaft und zu verstehen und zu rekonstruieren seien“ (ebd.).

---

6 Offensichtlich greift Hans Thiersch diese Aspekte bei seinen aktuelleren Überlegungen der Sozialen Arbeit als *Patchwork-Identität* auf und betont hierbei, dass gerade dieses „Faktum von Unterschiedlichkeiten in den Arbeitsfeldern und Aufgaben [...] in der Sozialen Arbeit selbstverständlich [sei, N. W.]“ (2015, S. 47). Infolge einer Spezialisierung der unterschiedlichen Arbeitsfelder „und neuerdings im Zeichen der Entgrenzung“ (ebd.) nehme diese Diversität zudem weiter zu. Entsprechend seien auch Aussagen über *die* Soziale Arbeit im Diskurs als umstritten zu werten.

Bezugnehmend auf Böhnisch et al. (1997, S. 10 f.) lassen sich wie weiter oben schon aufgeführt zwei theoretische Positionen veranschaulichen, die den historischen Diskurs prägen. Die erste Position bezieht sich auf die *Sozialpädagogik* in der Traditionsline von Paul Natorp. Natorp versteht jede Form der Erziehung als eine Gemeinschaftserziehung und die Sozialpädagogik sei hierbei als allgemeines Prinzip von Bildung und Erziehung zu verstehen. Dieser Sichtweise folgend versteht sich die Geschichte der Sozialpädagogik auch als eine Geschichte der Gemeinschaftserziehung (in Form von „Kindergärten, Volksbildungseinrichtungen, Schule und Jugendgemeinschaften" (Münchmeier 2011, S. 529) – oder auch als „Erziehung und Nacherziehung" (Klatetzki; Wedel-Parlow 2001, S. 584) – und grenzt sich hierbei von der Individualerziehung ab. Der Ansatz der Sozialpädagogik fände demnach quer durch alle Erziehungs- und Bildungsorte hindurch Anwendung. Klatetzki und Wedel-Parlow betonen jedoch, dass der Fokus sich hierbei nicht auf staatliche, „sondern auf bürgerliche, durch die Aufklärung beeinflusste Wohlfahrtstätigkeit" (ebd.) richtet.

Die zweite Position steht in der Traditionslinie von u. a. Alice Salomon, Getrud Bäumer und Herman Nohl. Entgegen der ersten Position liegen die Wurzeln der zweiten Position in der Tradition der Armenfürsorge sowie deren *socialer Ausgestaltung*. Hierbei wird Sozialpädagogik – oder auch *Sozialarbeit* (ebd.) – als eine Form der Nothilfe, bei der erzieherische Reaktionen auf die sozialen Probleme (u. a. Armut, Verwahrlosung oder Devianz) der modernen Gesellschaften reagieren und gewissermaßen diejenigen Lücken füllt, „die durch die Funktionseinbußen der Familien entstanden sind" (Münchmeier 2011, S. 529). Für Münchmeier liegt es auf der Hand, dass diese zweite Position „als Geschichte der Entwicklung sozialer Hilfen, einschließlich erzieherischer Hilfen rekonstruiert werden muss" (ebd.). Hierbei handelt es sich nun wiederum nicht um die Historie allgemeiner Pädagogik, sondern um einen bestimmten Ausschnitt oder auch geschichtlichen Bereich. Mit Bezug auf Böhnisch et al. (1997) lässt sich die zweite Traditionslinie auch als diejenige Perspektive historischer Forschung festmachen, die sich mehrheitlich zur Geschichte der Sozialpädagogik bzw. *Sozialarbeit* durchgesetzt hat, „wenn auch nicht unumstritten" (Münchmeier 2011, S. 529).

2.2 Zur Berufsgeschichte der Sozialen Arbeit

Bevor nun eine überblicksartige Nachzeichnung der Historie Sozialer Arbeit gewagt wird – ohne dabei einen Anspruch auf Vollständigkeit zu erheben – gilt es sich zuvor zwei hierfür leitende Überlegungen zu vergegenwärtigen. So gilt es zu bedenken, dass in der Theorie der Geschichtsschreibung in aller Regel zwei Ebenen der historischen Darstellung unterschieden werden (ebd.). Als erste Ebene lässt sich „die Abfolge der realen historischen Vorgänge, die sich als Kette von Ereignissen in den verschiedenen gesellschaftlichen Feldern verfolgen lassen" (ebd.)

bezeichnen. Der Kern liegt hierbei in der Überlegung, dass es nicht profan um das historische Handeln von einzelnen Personen geht oder um die Wirkung von einzelnen Ereignissen. Es geht vielmehr um das Einbetten dieser Phänomene in übergreifende Zusammenhänge oder auch Strukturen, mit denen eine klärende Interpretation von Prozessen erst ermöglicht wird (Frevert; Haupt 2005, zit. n. Münchmeier 2011, S. 530).

Bei der zweiten Dimension handelt sich um den Diskurs *über* die „geschichtlichen Entwicklungen, der zeitgenössischen Deutungen, Interpretationen und Begründungen, die die realen Ereignisse ständig vorbereiten, kommentieren und bilanzieren" (Münchmeier 2011, S. 530.). Zu trennen sind beide Ebenen wohlgemerkt nicht voneinander, da sie auch als im historischen Prozess aufeinander bezogen zu verstehen sind. Vielmehr seien historische Ereignisse ohne einen zeitgenössischen Diskurs als zusammenhangslos und frei von Entwicklung, als zufällig und beliebig oder auch schlicht sinnfrei zu bezeichnen. Somit gilt es sich generell zu vergegenwärtigen, dass die historischen schriftlichen Dokumente bereits Deutungen und Bewertungen der damaligen Ereignisse in sich tragen, welche wiederum eine naive als Fakten verstandene Wiedergabe dieser verbietet.

Für die Geschichte der Sozialen Arbeit bedeutet dies, dass eine Analyse der Geschichte etwas anderes beinhalten muss als die reine Darstellung der Entwicklung von bspw. Einrichtungen, Praxis- und Berufsvollzügen innerhalb der Sozialarbeit/Sozialpädagogik im Sinne von *quasi objektiven Fakten*. Die Bedeutung dieser Entwicklungen muss vielmehr auf „Basis ihrer Deutungen und Kontroversen" (ebd.) verstanden werden. Nur so ließe sich klären, wie sich im historischen Diskurs eine spezifische Form des Verständnisses von Sozialer Arbeit oder auch Sozialpädagogik/Sozialarbeit durchzusetzen vermochte und andere Positionen als nicht durchsetzungsfähig gelten: „Hat dies mit Gründen zu tun, die in der Sache selbst liegen (Sachlogik), sind sie durch den generellen zeitgeschichtlichen Kontext bedingt (historisch bedingt) oder stehen hinter ihnen bestimmte machtvolle Interessen bestimmter Akteure?" (ebd.).

Als zweite Überlegung muss mit einbezogen werden, dass es sich bei fast allen Darstellungen der Geschichte zur Sozialen Arbeit um eine Fokussierung auf die deutsche Geschichtsdarlegung handelt. Dies führt wiederum zu Begrenzungen, die daraus resultieren, dass sich in der deutschen Geschichte zur Entwicklung der Sozialen Arbeit vielfache Besonderheiten vorfinden lassen, die sich auf andere europäische Länder und insbesondere die USA nicht übertragen lassen. Als deutsche Besonderheiten lassen sich die relativ spät einsetzende Industrialisierung benennen sowie die für Deutschland spezifische „Arbeitsteilung zwischen Staat und sozialen Organisationen wie z. B. den Wohlfahrtsverbänden, die frühe Verrechtlichung der Sozialarbeit und die damit zusammenhängende Bürokratisierung, die Ausbildung der Fachkräfte außerhalb der Universität, die Zuordnung des Kindergartens zur Kinder- und Jugendhilfe anstelle des Schulwesens und anderes mehr" (ebd., S. 531). Des Weiteren bezeichnet Münchmeier (ebd.) fast alle bestehenden Überblicksdarstellungen als tendenziell *preußenlastig* oder auch *berlinlastig*. So gäbe es nur wenige Studien über die damaligen Entwicklungen in Städten wie Frankfurt, Hamburg, Kassel, München oder Düsseldorf. Auch Studien zur sozialarbeiterischen Regionalgeschichte wie sie sich in Süddeutschland, Thüringen und Sachsen oder ebenso im Rheinland und Norden Deutschlands abspielten, bestünden nur ausschnitthaft oder spezialisieren sich lediglich auf einzelne Verbände oder Einrichtungen.

Bisher liegt der Schwerpunkt historischer Forschung zur Geschichte der Sozialen Arbeit auf der Zeit des 19. Jahrhunderts über die Weimarer Republik bis hin zur Zeit des Nationalsozialismus. Unter der Frage, welche Bedeutung den zahlreichen Veröffentlichungen für das heutige Verständnis der Sozialen Arbeit beigemessen wird, lassen sich mithilfe von Münchmeier verschiedene Entwicklungslinien nachzeichnen, „in denen sich sowohl die noch heute grundlegenden Strukturen und Handlungsmuster ausgebildet haben sowie auch einige der immer wieder aufbrechenden und nicht abschließend gelösten Probleme und Herausforderungen" (ebd., S. 532). Entsprechend soll hier die geschichtliche Entwicklung der Sozialen Arbeit auch mit dem Fokus auf diesen Entwicklungslinien nachgezeichnet werden.

Die erste Entwicklungslinie – Pädagogisierung als Konstituierung

Mit Sachße (2002, S. 670) lässt sich die Entstehung der modernen *Fürsorge* in Deutschland den Städten des späten Mittelalters und der neuen Frühzeit zuordnen. Hingegen stellt die moderne *Sozialarbeit* erst ein Produkt der industriellen Moderne dar. Sachße definiert moderne Sozialarbeit als „jene spezifisch personenbezogene, fachlich qualifizierte und beruflich wahrgenommene soziale Dienstleistung, die es vornehmlich mit Prozessen außerfamilialer Sozialisation zu tun hat" (ebd.). Obwohl sich der Begriff *Sozialarbeit* erst nach dem Zweiten Weltkrieg begann einzubürgern, differenzierte sich der oben beschriebene Typus sozialer Dienstleistung bereits Ende des 19. Jahrhunderts in den deutschen Großstädten im Kontext kommunaler Sozialpolitik anfänglich aus. Infolge der beschleunigten Industrialisierung nach der Gründung des Deutschen Reiches im Jahr 1871 und dem einhergehenden Aufstieg zur Industriegesellschaft kam es zu wirtschaftlichem Wachstum und einer Organisation des städtischen Industrieproletariats. Die *Arbeiterfrage* wurde hieraufhin zum zentralen gesellschaftlichen Problem im Deutschen Kaiserreich. Die Einführung der sozialen Versicherung in den 1880er-Jahren gegen Krankheit, Unfall, Invalidität und Alter als spezifische Risiken der industriellen Arbeit galt als die *Arbeiterpolitik* des Reiches zur Lösung der Arbeiterfrage. Jedoch erfolgte hieraus nicht die erhoffte Überwindung der traditionellen Armenfürsorge, sie wurde vielmehr ausgebaut und grundlegend reformiert (ebd.). Münchmeier spricht in diesem Kontext auch von der Auflösung des idealistischen Vertrauens der liberalistischen Gesellschafts- und Wirtschaftauffassung in die Fortschrittsqualität gesellschaftlicher Entwicklungen (2011,

S. 532). Industriewachstum führte zu rapidem Städtewachstum, die Urbanisierung führte wiederum zu einem spezifischen Typus sozialer Folgeprobleme, die in Anlehnung an Ernst Forsthoff durch eine „Trennung der Menschen von den Lebensgütern" (Sachße 2002, S. 670) charakterisiert wird. Aus eigener Kraft konnten sich die Menschen auch immer weniger mit den notwendigen Gütern des alltäglichen Lebensbedarfes versorgen. Als Konsequenz hieraus erwuchs die *Daseinsvorsorge* als ein kommunalpolitisches Programm. Fortan übernahmen die Gemeinden „die Bereitstellung von Energie und Verkehrsmitteln, von Schlachthöfen, Abfallbeseitigung, Trinkwasser- und Abwasserentsorgung, und sie entwickelten neuartige Einrichtungen *‚socialer Fürsorge'*, in deren Zentrum neue Formen personenbezogener Dienstleistungen standen" (ebd., Hervorhebung N. W.).

Das liberale, städtische Bürgertum verstand „die soziale Integration der Unterschichten als ethische Verpflichtung der ‚Gebildeten'" (ebd.) und stellte somit auch den Träger dieses Reformprozesses dar. Sachße schreibt diese Entwicklung auch einem schwindenden politischen Einfluss dieser Gruppe auf Reichsebene zu, die fortan in den Städten ihrem Interesse von geordneten Verhältnissen in Verbindung mit der „Demonstration der Sorge um das Gemeinwohl" (ebd.) nachgehen konnten. Zugleich führte diese Expansion der kommunalen Leistungsverantwortung auch zu einem Aufstiegs- und Entfaltungsprozess der neuen Expert*innenberufe. Zusammengesetzt aus „gesellschaftlicher Verantwortung für das ‚Volksganze' und sozialen Aufstiegsinteressen, kulturpessimistischer Gesellschaftskritik und wissenschaftlichem Fortschrittsglauben" (ebd., S. 671), stellen diese Entwicklungen das komplexe Geflecht dar, aus dem sich in den Städten der 1890er-Jahre eine sozialpolitische Aufbruchsstimmung speiste, „der auch die moderne Sozialarbeit ihre Entstehung verdankt" (ebd.).

Wie oben bereits erwähnt erwiesen sich die überlieferten Ansätze der Armenfürsorge als nicht mehr ausreichend, da sich zunehmend die Erkenntnis durchsetzte, dass die Reproduktion der Armut konstitutiver Bestandteil des gesellschaftlichen Prozesses der Moderne sei (Sachße; Tennstedt 1988). Münchmeier spricht daher von einem Paradigmenwechsel zu Beginn des 20. Jahrhunderts, der als *Pädagogisierungs- und Psychologisierungsprozess* bezeichnet wird (Münchmeier 1981 und Sachße; Tennstedt 1988, S. 12). Die dahinterliegende Logik fokussierte sich nicht länger primär auf die Armut als gesellschaftliches Problem, sondern auf den Armen bzw. die Arme als Person. In der Behandlung des *Armen* wurde so die Lösung der *Armut* vermutet (Münchmeier 2011, S. 533). In diesem Prozess fanden zwei Transformationen statt, bei der zum einen Probleme, mit denen sich die Sozialarbeit konfrontiert sieht, als pädagogische Probleme definiert wurden: „nämlich als Störungen der Entwicklung, des Lernens, der Motivation oder Moral usw." (ebd.). Und auf der anderen Seite stand die Erkenntnis, dass zuvorderst ein alternatives Handeln der Betroffenen herbeigeführt werden müsse, dass zur Lösung der sozialen Notlagen notwendig sei.

Für Münchmeier beinhaltet diese Pädagogisierung der Armut zwei wesentliche Funktionen, die er als „Konstitutionsparadigma der *Praxis* der Sozialen Arbeit" (ebd.) versteht, aber vor allem auch als historische Voraussetzung für eine disziplinäre Abgrenzung der *Fürsorgewissenschaft* oder auch Sozialpädagogik sowohl von der Soziologie als auch von der Sozialpolitik. Fortan konnte sich somit eine Handlungswissenschaft der Sozialarbeit entwickeln „und mit dem Professionalisierungsprozess verschmelzen" (ebd.). So kam es nach einer Zeit der vielfältigen organisatorischen Strukturen und Ausgestaltung der Fürsorge nun im letzten Viertel des 19. Jahrhunderts erstmals zu Vereinheitlichungsbestrebungen im Deutschen Reich, die als Vorbild die westdeutsche Stadt Elberfeld sahen und das dort seit 1852 bzw. 1853 implementierte Armenpflegesystem – das *Elberfelder System* (Münchmeier 2011, S. 533 und Sachße 2002, S. 671) – welches folgende neue Grundsätze beinhaltete:

1. „strikte Individualisierung der Unterstützung (Einzelfall),
2. Dezentralisierung der Entscheidungskompetenzen zugunsten von vor Ort arbeitenden ehrenamtlichen Armenpflegern (Armenbesuch),
3. Beauftragung ehrenamtlicher Kräfte (Armenpfleger) mit der Durchführung,
4. Aufteilung des Stadtgebiets in gut überschaubare Bezirke (‚Quartierssystem')." (Münchmeier 2011, S. 533).

Diese Prinzipien beinhalteten eine Abkehr von Hilfe, die sich auf äußere, materielle Sicherung stützte. Hierbei sind insbesondere die Prinzipien der Individualisierung und Einzelfallorientierung sowie die persönliche Beziehung zwischen Helfer*in und Hilfeempfänger*in als prägende Grundsätze zu nennen.

Die zweite Entwicklungslinie – Doppelstruktur des Wohlfahrtsstaates

Hierbei wird verdeutlicht, dass eine Pädagogisierung von sozialen Problemen durch die Soziale Arbeit nur dann möglich ist, wenn sie als Legitimation „auf das moralische Postulat einer gerechten Gesellschaft" (ebd.) zurückgreifen könne. Für Münchmeier liegt darin auch die Erklärung, weshalb die Soziale Arbeit bis heute immer wieder gesellschaftsmoralische Forderungen stellt. Die Soziale Arbeit ist hierbei auf eine historisch gewachsene Arbeitsteilung angewiesen, der „bis heute charakteristischen Doppelstruktur des Wohlfahrtsstaates in Deutschland" (Sachße; Tennstedt 1991, S. 411). Nach dieser wohlfahrtsstaatlichen Doppelstruktur-Logik lassen sich „die Aufgaben der Absicherung der Lebensrisiken, der Sicherung des Unterhalts und der Unterstützung bei materiellen Notlagen, der Schaffung gesunder Lebensverhältnisse und sozial-gerechter Chancen" (Münchmeier 2011, S. 533) der Sozialpolitik zuordnen. Die Sozialpädagogik hingegen kann sich „auf personenbezogene Dienstleistungen wie Beratung, soziale Gruppenarbeit, kompensatorische Sozialisation usw." (ebd.) konzentrieren. Arbeitsunfähigkeit bzw. Invalidität, Krankheit, Alter sowie Arbeitslosigkeit stellen die wesentlichen Daseinsrisiken einer proletarischen Existenz dar, die fortan durch die neu entstandenen Sozialversicherungen (und noch entstehenden; die Arbeitslosigkeitsversicherung kam erst 1927 hinzu) abgedeckt werden konnten. Die Armenpflege konnte infolge dieser Entwicklung eine Art der Arbeitsteilung mit der Sozialpolitik eingehen. Fortan orientierte sich die Armenpflege an sozialpädagogischen Prinzipien und stellte nicht länger ordnungspolitische Prinzipien in ihren Mittelpunkt.

Die dritte Entwicklungslinie – Einfluss Sozialer Bewegungen

Soziale Bewegungen stellten für die Entwicklung der Sozialen Arbeit von Beginn an wesentliche Taktgeber dar, deren Bedeutung höher anzusiedeln ist als die Impulse aus staatlicher Politik. Die bedeutendsten Bewegungen stellten dabei die *Frauenbewegung* sowie die *Jugendbewegung* dar. Wesentliches Charakteristikum der *Frauenbewegung* war, dass es ihr nicht nur um eine Forderung nach Gleichberechtigung ging. Stattdessen kombinierte die bürgerliche Frauenbewegung des 19. Jahrhunderts in Deutschland die Tendenzen zur Spezialisierung und Professionalisierung kommunaler Sozialpolitik „mit ihrem eigentümlich konservativen Emanzipationsideal der ‚sozialen Mütterlichkeit'" (Sachße 2002, S. 673) und entwickelte hieraus Sozialarbeit als exklusiven Frauenberuf. Es sollte „das spezifisch weibliche Wesen der Frau in der Gesellschaft zur Geltung und Wirksamkeit" (ebd., S. 533 f.) gebracht und „Fähigkeiten und Begabungen im Bereich von Erziehung, Pflege, Fürsorge, Emotionalität und Zuwendung" (ebd., S. 534) hervorgehoben werden. Das Konzept der sozialen Mütterlichkeit sei auch als feministische Variante einer zeitgenössischen Kultur- und Gesellschaftskritik zu verstehen, die sich gegen die auflösenden und zersetzenden Tendenzen infolge der Industrialisierung sowie eine Verallgemeinerung von sachlicher und technischer Rationalität wandte. Sachße bezeichnet dieses Konzept auch als einen *Schutzwall*, getragen durch „Wärme, Emotionalität und sozialer Ganzheit" (Sachße, S. 2002, S. 673). Insgesamt verstand sich dieses Konzept der Mütterlichkeit „als Inbegriff der Kritik an den männlich-kapitalistischen Prinzipien von Konkurrenz, Eigennutz, Spezialisierung und Bürokratisierung" (ebd.).

Es gilt als das Verdienst von *Alice Salomon*, „diese Emanzipationsvorstellung mit den zeitgenössischen Konzepten bürgerlicher Sozialreform zu verbinden" (ebd.). Auf sie geht die Verknüpfung von einer spezifischen *Kulturaufgabe* der Frau mit dem Verständnis „von Sozialreform als ethischer Verpflichtung des bürgerlichen Mittelstandes gegenüber den unteren Volksschichten" (ebd.) zurück. Am Ende stand die Vorstellung, dass die bürgerliche Frau dazu verpflichtet sei, „den sozialen Frieden durch persönliche Hilfe für die Armen und Benachteiligten zu sichern" (ebd.). Fortan entstanden Bereiche der socialen Fürsorge außerhalb männlich dominierter Armenfürsorge, die sich als ideales Feld zur Erreichung dieser Ziele anboten – „weibliches Wesen und weibliche Kultur in der patriarchalisch-industriellen Gesellschaft zur Geltung zu bringen" (ebd.) – wodurch Frauen ermöglicht wurde, gesellschaftliche Emanzipation zu erreichen (Münchmeier 2011, S. 534 und Sachße 2002, S. 673). In Berlin wurden 1893 die *Mädchen- und Frauengruppen für soziale Hilfsarbeit* gegründet, deren Vorsitz ab 1899 Alice Salomon übernahm. Die dort stattfindende soziale Hilfe und persönliche Fürsorge sollten auf planvoller, systematischer und auf wissenschaftlicher Grundlage durchgeführt werden, woraufhin die praktischen Tätigkeiten von Beginn an mit Schulungen verbunden waren. Was mit ersten Jahreskursen für ehrenamtlich arbeitende höhere Töchter *bescheiden* losging, entwickelte sich 1908 zum Erfolgsmodell der *Sozialen Frauenschule* der Gruppen. Bis zum Ausbruch des Ersten Weltkrieges entstanden Sachße zufolge 14 solcher Schulen (Münchmeier 2011, S. 534 spricht von zwölf), bis zum Ende der 1920er-Jahre stieg die Zahl auf 35 an. 1917 schlossen sich die Schulen unter Leitung von Alice Salomon zur *Konferenz der Sozialen Frauenschulen* zusammen. Die *Sozialen Frauenschulen* mit ihrem neuartigen Qualifikationsprofil bewirkten, dass nun erstmals auch Frauen der „Zugang zu der bislang ausschließlich männlich dominierten öffentlichen Verwaltung" (Sachße 2002, S. 674) erschlossen wurde.

Als weitere prägende Bewegung lässt sich die *Jugendbewegung* benennen. Die erste Generation von Sozialarbeiterinnen (ausschließlich Frauen) und auch Theoretiker*innen seien mehrheitlich aus der Jugendbewegung hervorgegangen und versuchten dort nun ihre Reformideen umzusetzen. Gekennzeichnet auf der einen Seite durch Kritik an der Massengesellschaft und Urbanisierung, auf der anderen Seite durch eine Nähe zur Natur und künstlerischen Expressivität entwickelten sie eine Gleichaltrigenpädagogik mit dem Leitbild „‚Jugend wird durch Jugend geführt'" (Münchmeier 2011, S. 534). Die hieraus entstandene Gruppenpädagogik als neue Form der Jugenderziehung lieferte auch das Modell zur Jugendpflege. Basierend auf der Erkenntnis, dass die Urbanisierung infolge der Industrialisierung negative Auswirkungen auf die Jugend zur Folge hatte, entstanden 1911 und 1913 die großen Preußischen Erlasse zur Jugendpflege. Unter Wahrung von Selbstständigkeit sollten die einzelnen Organisationen und Verbände und deren Einzelinitiativen unter dem Leitbild des *väterländischen Geistes* pädagogisch einheitlich ausgerichtet und finanziell unterstützt werden. Als Grundkonzept lässt sich die außerschulische Jugendarbeit benennen, durchgeführt von ehrenamtlich tätigen, mit *Lebenserfahrung ausgestatteten Bürger*innen*. Hierbei galt das Prinzip der freiwilligen Teilnahme. Die Koordinierung erfolgte „auf Orts-, Kreis- und Bezirksebene durch sog. ‚Jugendpflegeausschüsse'" (ebd.), deren Strukturen die kommunale Jugendpflege bis heute prägen.

Die vierte Entwicklungslinie – Strukturbildung in der Weimarer Republik

Münchmeier bezeichnet die Zeit der Weimarer Republik als „Phase einer ersten Konsolidierung des Praxisfeldes Sozialer Arbeit und als Grundlage ihrer Professionalisierung" (ebd.). Hierfür steht erstens die *Verrechtlichung*. Die Notwendigkeit zur Reform der gesetzlichen Grundlagen zur Armenfürsorge wurde in der Weimarer Republik zu Beginn der 1920er-Jahre infolge des starken Währungsverfalls und der einhergehenden Finanzierungsproblematik der öffentlichen Fürsorge unumgänglich (Sachße 2002, S. 677). Ergebnisse waren „das ‚Reichsjugendwohlfahrtsgesetz' (RJWG, 1922), das ‚Jugendgerichtsgesetz' (JGG, 1923), die ‚Fürsorgeverpflichtung' (RFV, 1924) zusammen mit den ‚Reichsgrundsätze [sic] über Voraussetzung, Art und Maß der öffentlichen Fürsorge' (RGr)" (Münchmeier 2011, S. 534). Trotz kontroverser Debatten erhielt die Soziale Arbeit hierdurch einheitliche Rechtsgrundlagen.

Als weiteres Merkmal der Konsolidierung ist das Verhältnis der *öffentlichen und freien Träger* infolge der Schaffung kommunaler Jugendämter. Infolge dieser Aushandlungen versuchten die freien Träger zusammen mit der katholischen Zentrumspartei den Vorrang für private Wohlfahrtsorganisationen in der Sozialgesetzgebung festzuschreiben – das Prinzip der *Subsidiarität*. Dahinter verbarg sich die Logik, dass der Staat von eigenen Angeboten abzusehen habe, solange die freien Träger unter Zuhilfenahme von Finanzzuschüssen selbst genügend Angebote auf bestimmten Fürsorgegebieten gewährleisteten. Auch wenn sich keine eindeutigen Subsidiaritätsklauseln im RWJG finden lassen, so hebt es „‚die eigenständige Position der freien Vereinigungen der Jugendhilfe an mehreren Stellen hervor'" (Sachße; Tannstedt 1988, S. 107). Das Strukturprinzip der Subsidiarität und damit das Neben- und Miteinander der Kommunen und freien Verbände ist bis in die heutige Zeit prägend für die Soziale Arbeit (Münchmeier 2011, S. 535).

Die *Reformpädagogik* stellt das dritte Merkmal dar. Wie bereits aufgezeigt werden konnte, trat das RJWG am 1. April 1924 als Notverordnung in Kraft. Mit einher ging die Bestimmung, dass alle Bestimmungen gestrichen bzw. eingeschränkt wurden, die für die Kommunen neue finanzielle Belastungen bedeutet hätten. So lässt sich die Knappheit der Mittel auch als das Geburtsmal der neuen Jugendfürsorge bezeichnen. Obwohl es Versuche gab, die reformpädagogischen Ansätze zu realisieren – „Berlin-Lindenhof (Wilker), Frankfurt-Westendheim (Verleger) oder in der Jugendstrafanstalt Hahnöfersand bei Hamburg (Bondy und Herrmann)" (ebd.) – scheiterten alle infolge mangelnden öffentlichen Interesses sowie an inneren Konflikten. Als Konsequenz gilt auch nicht eine alternative Praxis als die historische Leistung der Reformpädagog*innen, „sondern in der Sensibilisierung von Pädagogen und Öffentlichkeit für die Probleme der Fürsorgeerziehung und Verwahrlostenpädagogik" (ebd.).

Das vierte Merkmal ist die *Verselbstständigung der Sozialpädagogik als Wissenschaft*. In den 1920er-Jahren konsolidierte sich die pädagogische Ausrichtung der Disziplin, welche in der socialen Ausgestaltung ihren Anfang nahm. Nach Münchmeier verstand sich die Sozialarbeit damals „weitgehend als eine pädagogisch orientierte, auf Verhaltensbeeinflussung abgestellte Sozialtherapie" (ebd.). In dieser Zeit erschienen auch erste bedeutsame Lehrbücher und die ersten Universitäten fingen an, sich mit der wissenschaftlich-pädagogischen Grundlegung von sozialer Praxis auseinanderzusetzen. Charakteristisch für das sozialpädagogische Verständnis dieser Zeit ist jedoch, dass Betrachtungen von normalem und abweichendem Verhalten sowie die Annahme, dass angepasste und verwahrloste Lebensformen deutlich zu unterscheiden seien, nicht in Frage gestellt wurden. Ebenso wenig wurden die normativen Zielvorgaben sozialpädagogischer Arbeit hinterfragt. So wurden die „kontrollierenden und stigmatisierenden Aspekte der Normen und ideologischen Ausrichtung der Sozialpädagogik“ (ebd.) auch erst in späteren kritischen Rückblicken herausgearbeitet. Münchmeier verweist hierbei auf den Reformpädagogen Herman Nohl, der zur pädagogischen Wende der 1920er wie folgt pointiert formuliert: „Die alte Erziehung ging aus von den Schwierigkeiten, die das Kind macht, die neue von denen, die das Kind hat“ (1927, S. 78, zit. n. Münchmeier 2011, S. 536).

Eine Folge dieser Pädagogisierung stellte jedoch eine zunehmende Distanzierung der Disziplin von der Lebenswirklichkeit der Adressat*innen dar. Infolge des Ersten Weltkrieges waren diese nicht nur seelisch belastet, sondern insbesondere materiell belastet. Die stetig zunehmende Arbeitslosigkeit ließ sich nun auch nicht mit Motivationsproblemen oder Verwahrlosungserscheinungen erklären, sie hatte vorrangig „ökonomisch-politische Ursachen und zog Wohnungselend, Verschuldung, Resignation und den Zwang zur Schwarzarbeit nach sich“ (Münchmeier 2011, S. 536). In den Fokus gerieten nun grundlegende prekäre Lebensumstände und nicht das Leiden an Sozialisationsdefiziten, sodass die Arbeitslosen auch keinen Bedarf an Erziehung oder Beratung hatten, sie „brauchten Arbeit, Wohnung und eine verlässliche Zukunft“ (ebd.). Infolge dieser Entwicklung bezichtigte die Linke die Soziale Arbeit, lediglich „‚gute Worte statt Brot‘ zu verteilen“ (ebd.). So setzte sich bereits damals die Erkenntnis durch, dass sich eine pädagogisch orientierte Sozialarbeit niemals von einer wohlfahrtsstaatlichen Politik unabhängig machen könne, die überhaupt erst die materiellen Daseinsrisiken absichert.

Das fünfte Merkmal ist die *Krise der Fürsorgeerziehung*. In Anbetracht der Missstände in den Fürsorgeheimen kam es zu einer übergreifenden Debatte unter Sozialpädagog*innen, Gesellschaft, Gerichten und den betroffenen Jugendlichen:

> „‚In allen Projekten zur Ausdehnung des Terrains pädagogischer Interventionen klang (...) am Rande die Frage danach an, was mit jenen zu geschehen habe, die sich – aus welchen Gründen auch immer – nicht zivilisieren ließen (...) Solange man die pädagogische Idee verabsolutierte und ihr Terrain flächendeckend ausdehnte, blieb für die ‚Unerziehbaren‘ diesseits der Grenzen der pädagogischen Provinz kein Lebensrecht (...) Zuwendung zu den Erziehbaren und Ausgrenzung der Unerziehbaren gemeinsamen bildeten das Janusgesicht der modernen Sozialpädagogik‘“ (Peukert 1986, S. 307, zit. n. Münchmeier 2011, S. 536).

Nach Münchmeier plädierten die meisten Reformpädagog*innen dieser Zeit für Beschränkungen innerhalb der Anstaltserziehung auf einen möglichst kleinen Kreis. Zugleich sollte die präventive Jugend- und Familienvorsorge gestärkt werden. Die Absicht war, „zwischen Leicht- und Schwererziehbaren, zwischen ‚Psychopathen' und ‚Normalen'" (ebd.) zu unterscheiden, jedoch fehlten die *wissenschaftlichen* Grundlagen einer solchen *Auslesepolitk* und „die sich dazu anbietende eugenische und rassebiologische Theorie blieb in der Weimarer Republik unter Sozialpädagogen noch in der Minderheit" (ebd.).

Infolge dieser Entwicklungen zur Zeit der Weimarer Republik kam es auch zu einem steigenden Bedarf an qualifiziertem Personal. Während sich bereits vor dem Ersten Weltkrieg die Zahl der in der kommunalen Wohlfahrtspflege beruflich tätigen Frauen auf einige Hundert belief, expandierte diese Zahl während des Krieges rapide und steigerte sich zur Zeit der Weimarer Republik weiter. Erstmals wurden zur Volks- und Berufszählung 1925 auch die sozialen Berufe erfasst und dabei 22.547 Angehörige des Berufes *Sozialbeamte, Kindergärtnerinnen* gezählt (21.906 weiblich, 641 männlich). Die Gesamtzahl erhöhte sich bis zum Jahr 1933 auf 24.129 (22.299 weiblich, 1.830 männlich). Sachße weist hierbei darauf hin, dass sich die Zahl der Ärztinnen und Rechtsanwältinnen zur Zeit der Weimarer Republik nur auf einige Hundert beschränkte, während in der Sozialen Arbeit „Tausende von Frauen ein neues, berufliches Betätigungsfeld" (2002, S. 679) fanden.

Mit dieser quantitativen Ausdehnung geht zugleich eine wesentliche Veränderung des inhaltlichen Profils *weiblicher Sozialarbeit* einher. Mit Sachße (ebd.) lässt sich daran erinnern, dass Alice Salomons Konzept der Sozialen Arbeit unter den sozialen kulturellen Bedingungen des Wilhelminischen Kaiserreichs entstand und keineswegs darauf abzielte, allen Frauen den Zugang zur Sozialen Arbeit zu gewährleisten. Salomons Blick richtete sich „nur auf die spezifische Schicht gebildeter Mittelschichtsdamen, die nicht auf Erwerbstätigkeit angewiesen waren und Emanzipation durch Übernahme sozialer Verantwortung anstreben wollten und konnten" (ebd.). Diese privilegierte soziale Gruppierung ging jedoch infolge des Ersten Weltkrieges sowie der anschließenden Inflation unter, dies bewirkte wiederum, dass fortan auch Frauen des gehobenen Mittelstandes einer Erwerbsarbeit nachgehen mussten. „Und für die steigende Zahl von Unterschichtsfrauen, insbesondere aus dem sozialdemokratischen Milieu, die sich jetzt der sozialen Arbeit zuwandten, war diese von vornherein nur als Erwerbs- und Aufstiegsberuf attraktiv." (ebd.) Gleichzeitig ging mit dieser Expansion der *weiblichen Sozialarbeit* infolge der Ausweitung der kommunalen Wohlfahrtspflege der Umstand einher, dass nur einer Handvoll von Frauen auch der Aufstieg in eine Leitungsposition gelang. Paradoxerweise veränderte sich die Soziale Arbeit „so von einem Konzept weiblicher Emanzipation zu einem Dienstleistungsberuf unter männlicher Leitung" (ebd.).

Die fünfte Entwicklungslinie – Ernüchterung im Nationalsozialismus

Nur wenige durchschauten von Beginn an die vom nationalsozialistischen Regime vorgenommenen Bedeutungsverschiebungen innerhalb der Sozialen Arbeit. So ähnelten viele der Elemente nationalsozialistischer Wohlfahrtsideologie auch deutlich den Zielen von den Mitgliedern der *Gründergeneration*: „Das Setzen auf Gemeinschaft z. B., die systematische Erfassung und Behandlung von Gesundheitsrisiken, die Förderung von Familien, besonders von Müttern und Kindern" (Münchmeier 2011, S. 536). Für Münchmeier stellt der Nationalismus daher auch ein Lehrstück dafür dar, „wie sozialpädagogische Bestrebungen politisch ‚in den Dienst genommen' werden können'" (ebd.). Dabei betont er gerade in dieser potenziellen Gefahr einer Vereinnahmung die ständige Notwendigkeit zur Vergewisserung der gesellschaftlichen und politischen Funktion Sozialer Arbeit auf Grundlage einer kritischen Gesellschaftsanalyse.

Auch das Sozialwesen wurde im Dritten Reich gleichgeschaltet und in den Dienst nationalsozialistischer Ziele genommen. Es erfolgte die Ausrichtung an der NS-Ideologie und organisatorisch wurde das Sozialwesen der Nationalsozialistischen Deutschen Arbeiterpartei (NSDAP) unterworfen. Die NS-Ideologie stellte „die Pflege und Gestaltung des ‚Volkskörpers'" (ebd.) in den Mittelpunkt ihrer Bestrebungen. Konkret bedeutete dies das Fernhalten von störenden Einflüssen und das *Ausmerzen* von Schädlingen. Somit lässt sich auch die Vorrangstellung der *Gesundheitsfürsorge* darlegen und die ab 1934/35 konsequente Verstaatlichung zum öffentlichen Gesundheitsdienst (öGD). Entsprechend des Volkskörpers waren die Adressat*innen auch nicht nur einzelne Patienten, „sondern das Volk als ganzes durch Förderung der ‚Wertvollen', der ‚Erbgesunden' und nicht durch Integration von Minderwertigkeiten oder Schmarotzern" (ebd., S. 537). Auch bei den Sozialpädagog*innen begann infolge der *wissenschaftlichen Grundlage* einer Erbbiologie – „wenn auch vielleicht nur bei einer Minderheit" (ebd.) – „die Grenze zwischen Auslese und Ausmerze brüchig zu werden" (ebd.).

Die sechste Entwicklungslinie – Soziale Arbeit in der Nachkrieg-Bundesrepublik

Die Folgen des Zweiten Weltkrieges waren unübersehbar: ca. 1,6 Millionen Kinder und Jugendliche verloren ein oder beide Elternteile; ca. 80.000 bis 100.000 Kinder waren gänzlich ohne Eltern oder Heimat. Millionen von Menschen suchten eine Zuflucht: bis 1950 siedelten ca. 11 Millionen Menschen in die übriggebliebenen deutschen Gebiete; in Westdeutschland stellten Vertriebene und Flüchtlinge 22 % der Gesellschaft; trotz massiven Wohnungsmangel befanden sich 1946 ca. 2 Millionen Menschen mehr auf dem Gebiet der späteren Bundesrepublik als noch 1939. Die Soziale Arbeit fiel angesichts dieser Verhältnisse „auf den Status einer Nothilfe zurück" (ebd.).

Gekennzeichnet ist diese Phase des Sozialwesens durch verschiedene Merkmale. Das erste Merkmal stellt den *Sozialen Wiederaufbau* dar. Zweifelsfrei lassen sich die dargelegten Verhältnisse als große Herausforderung für die Soziale Arbeit bezeichnen, die zudem durch eine große Unübersichtlichkeit geprägt war. Nicht nur die normativen Maßstäbe innerhalb der Gesellschaft waren durcheinandergeraten, also die Fragen nach ordentlicher Lebensführung, positivem Familienleben, tüchtiger Erziehung. Es fehlten auch ausgebildete Fachkräfte und die notwendigen materiellen Mittel wie Wohnraum, Kleidung, Nahrung und Arbeit. Als wichtigstes Ziel für den sozialen Wiederaufbau wurde die Rekonstruktion des Jugendamtes mit erweiterten erzieherischen Handlungsmöglichkeiten ausgerufen (ebd.).

Das zweite Merkmal stellt die *Jugendberufshilfe* dar. Es bestand die „Furcht, dass junge Menschen nicht nur bindungslos, sondern auch ‚arbeitsscheu' werden könnten" (ebd.). So wurde in Anlehnung an die amerikanische GYA-Arbeit (German Youth Activities) eine Jugendberufshilfe aufgebaut, um die *wandernden Jugendlichen* mithilfe von Jugendaufbauwerken, Jugenddörfern etc. an Arbeit zu gewöhnen, beruflich zu qualifizieren und in feste Arbeitsverhältnisse zu vermitteln. In diesem Kontext wurde 1950 das heute noch wichtigste jugendpolitische Förderungsinstrument der Bundesregierung beschlossen, der Bundesjugendplan bzw. der heutige Kinder- und Jugendplan des Bundes.

Das dritte Merkmal stellt die *Stärkung der Familie* dar. Konservative Politiker*innen, kirchliche Organe und Wohlfahrtsverbände sahen in der infolge des Krieges stark zugenommenen Frauenerwerbstätigkeit „gefährliche Tendenzen zur Auflösung der Ordnung der Familie, eine Gefährdung der Erziehungskraft und damit der gesellschaftlichen Zukunft" (ebd.). So entstanden in Anlehnung an die Weimarer Republik Abteilungen für Familienfürsorge bei den Jugend- und Sozialämtern – dies betraf ebenso die Gesundheitsämter, zurückgehend auf NS-Regelungen. Die Aufgaben bestanden in der Beratungsarbeit bei Erziehungs-, Wirtschafts- und Gesundheitsangelegenheiten und darüber hinaus „sollten durch Kurse in Nähen, Hauswirtschaft und Gesundheitspflege die Mütter und Familien" (ebd.) gestärkt werden. Während es an außerfamiliären Betreuungsmöglichkeiten für Kinder mangelte, sprachen sich die Kirchen „für familienpolitische Anreize aus, die den Verzicht auf Berufstätigkeit erleichtern sollten" (ebd., S. 538). Folglich wurden in den frühen Nachkriegsjahren verschiedene Familienorganisationen gegründet wie der Familienbund der Deutschen Katholiken oder die Evangelische Aktionsgemeinschaft für Familienfragen. Überkonfessionelle Verbände wie der Deutsche Familien-Verband sowie der Bund der Kinderreichen Deutschlands ergänzten das Angebot. Das Bundesministerium für Familienfragen wurde im Jahr 1953 gegründet und war ab 1957 zudem für Jugendfragen zuständig.

Das vierte und abschließende Merkmal stellt das *eigenständige Sozialisationsfeld* dar. Im Jahr 1967 traf das Bundesverfassungsgericht ein wegweisendes Urteil zur Frage, „ob eine sozialpädagogisch und präventiv ausgerichtete Soziale Arbeit überhaupt eine öffentliche Aufgabe neben und ergänzend zur Familienerziehung sein könne" (ebd.) und bestätigte dies explizit. Hiermit wurde höchstrichterlich ein nach 1945 gewachsenes Selbstverständnis bestätigt, dass „nicht mehr bloß Rand- und Sondergruppen, sondern tendenziell alle Familien und die gesamte junge Generation“ (ebd.) Adressat*innen sozialpädagogischer Angebote sein sollten. Die Soziale Arbeit konnte sich sukzessive von fürsorgerischen Aufgaben lossagen, also „Aufgaben der materiellen Unterstützung und in deren Gefolge von sozialer Kontrolle und Eingriffen“ (ebd.) und sich somit ein Selbstverständnis als *eigenständiges Sozialisationsfeld* aufbauen. Die Grundlage hierfür bildete der Ausbau von Rechtsansprüchen im Kontext von Versicherungs- sowie Vorsorgeleistungen.

Hieraus folgte eine zunehmend kritischere Betrachtung derjenigen Arbeitsfelder, wie in dem Bereich der Fürsorgeerziehung, „in denen Erziehung mit Zwang verbunden wurde“ (ebd.). Diese Fürsorgeerziehung hatte bei den Kritikern den Ruf, ein „Relikt aus einer vergangenen obrigkeitsstaatlichen Tradition“ (ebd.) zu sein. Entsprechend ließen sich rapide zurückgehende Fallzahlen in diesem Bereich verzeichnen. Als Alternativen hierzu wurden im Rahmen der Heimkampagnen im Jahr 1970 u. a. Großheime differenziert bzw. durch Kleinheime und Außenwohngruppen ergänzt. Zudem erfolgte eine Verbesserung der pädagogischen Ausbildung der Heimerzieher*innen, Mitbestimmungsmodelle wurden erprobt und wenn möglich die Dauer des Aufenthalts verkürzt sowie eine ergänzende Eltern- und Stadtteilarbeit zur Erziehung im Heim eingesetzt.

Resümee und Ausblick

Bilanzierend muss die Lage zur Entwicklung der Sozialen Arbeit als widersprüchlich bezeichnet werden. Auf der einen Seite ist die moderne Soziale Arbeit „zu einer öffentlichen, sozialstaatlichen Institution der Sozialintegration geworden“ (Münchmeier 2011, S. 538), deren gesellschaftliche Aufgabe es sei, „eine soziale Balance zwischen individuellen Lebenswelten und dem Prozess der Modernisierung zu finden“ (ebd.). Diese Entwicklung müsse insbesondere hinsichtlich ihrer stetigen quantitativen Expansion sowie ihrer vielfältigen Ausdifferenzierung als Erfolgsgeschichte betrachtet werden[7] – Thole und Marks (2020, S. 11) erinnern daran, dass auch nicht grundlos vom *sozialpädagogischen Jahrhundert* (Thiersch 1992) gesprochen wird. Auf der anderen Seite muss konstatiert werden, dass auch in der Gegenwart fortwährend immer wieder und unübersehbar die gleichen historischen Widersprüche in der Sozialen Arbeit durchzubrechen scheinen:

---

7 Thole und Marks machen darauf aufmerksam, dass es sich hierbei um eine „beachtenswerte, in den gesellschaftlichen und politischen Diskussionen jedoch nicht durchgehend wahrgenommene Expansion der Sozialen Arbeit“ (2020, S. 12) handelt. Unterstrichen werden kann diese Entwicklung mit folgendem Beispiel: „Den vorliegenden Daten zufolge sind von den insgesamt in der Bundesrepublik Deutschland beschäftigten Erwerbstätigen in den Arbeitsfeldern der Kinder- und Jugendhilfe 2,4 % aller Erwerbstätigen und damit knapp 200.000 mehr Personen als in der Automobilindustrie beschäftigt“ (ebd.). Dabei handelt es sich allein bei der Kinder- und Jugendhilfe um 1,1 Millionen Personen, die sich auf über 90.000 Einrichtungen verteilen.

„Der Widerspruch zwischen sozialpädagogischer Ausrichtung und sozialpolitischer Inpflichtnahme, das Spannungsverhältnis zwischen öffentlich-staatlichen Aufgaben und privat-partikularen Praxisorganisationen, der Konflikt zwischen fachlichen Erfordernissen und finanzpolitischen Rahmenbedingen" (Münchmeier 2011, S. 538).

3. Qualifizierung

3.1 Qualifizierung als Aushandlungsbühne

> „Wohl kaum ein Themengebiet Sozialer Arbeit ist derart unübersichtlich, widersprüchlich, reformierungserfahren wie reformierungsbedürftig, wurde und wird wohl auch zukünftig so kontrovers diskutiert werden wie das der Qualifizierung für die Soziale Arbeit" (Küster und Schoneville 2012, S. 1045).

Wird den einleitenden Ausführungen der beiden Autoren gefolgt, liegt diese Kontroverse im Wesentlichen darin begründet, dass es sich bei den Fragen zur Qualifizierung für die Soziale Arbeit um keine rein rationalen bzw. wissenschaftlich analytischen Überlegungen handelt. Vielmehr geht es bei der Frage nach der adäquaten Ausbildung um ein Ringen von „zum Teil ideologisch aufgeladenen und darüber auch emotionalisierten – sozial-, bildungs- und hochschulpolitischen, berufs- und fachständischen und zuletzt fiskalischen Interessen" (ebd.). Auch Klomann und Lochner (2020, S. 260) weisen mit weniger drastischen Formulierungen darauf hin, dass sich sowohl die Ausbildungslandschaft der Sozialen Arbeit als auch deren Qualifizierungsmöglichkeiten und -anforderungen einem fortwährenden Wandlungsprozess ausgesetzt sehen. Die Ursachen hierfür liegen sowohl in „qualitativen wie quantitativen Personalbedarfen der Fachpraxis, in hochschul-, bildungs- und sozialpolitischen Entscheidungen als auch in professionspolitischen Bestrebungen der Sozialen Arbeit selbst" (ebd.) begründet.

Bei der Frage nach der adäquaten Ausbildung handelt es sich jedoch keineswegs um eine rein politische Aushandlungsbühne, die sich auf disparaten Interessen stützt. Vielmehr geht es um weitreichendere Fragen, wie nach der

> „Zulässigkeit und Gewichtung disziplinärer Referenzen, theoretischer, konzeptioneller und forschungsbezogener Entwürfe, der moralisch-ethischen wie sozialpolitischen Positionierungen, der methodisch-technischen Analyse- und Handlungszugänge, der Identifizierung von AdressatInnengruppen und der Aufklärung ihrer Lebenslagen, der fachlichen Standards und Qualitätsentwicklung" (Küster und Schoneville 2012, S. 1045).

3.2 Strukturmerkmale der Ausbildungslandschaft

Nach Küster und Schoneville konnte sich auch die Ausbildungslandschaft der Sozialen Arbeit dem „Sog gesellschaftlicher Modernisierungsprozesse" (2012,

S. 1046) nicht entziehen. Gemeint sind Prozesse der sowohl quantitativen Expansion als auch qualitativen Differenzierung, die sich insbesondere innerhalb des tertiären Bildungsbereiches beobachten ließen. Gleichzeitig sind die Qualifikationswege zur Sozialen Arbeit „durch ‚hausinterne', teilweise bis zu ihren institutionellen Anfängen zurückzuverfolgende, also in die ‚Wiege gelegte' Strukturmerkmale geprägt" (ebd.). Diese geronnenen Strukturen würden nun wiederum eine schlüssige Systematisierung erschweren, da sie zusammen betrachtet in einer solch vielfältigen und heterogenen Ausbildungslandschaft münden, „das ‚kaum als ‚System' bezeichnet werden kann'" (Pfaffenberger 1981, S. 89 f., zit. n. Küster; Schoneville 2012, S. 1046). Dennoch lassen sich vier allgemeine Strukturmerkmale identifizieren, die sich als *rote Fäden* durch die Ausbildungslandschaft der Sozialen Arbeit ziehen (Küster; Schoneville 2012).

Das erste Strukturmerkmal – Akademisierung, Normalisierung und Ausdifferenzierung

Während die sozialen Berufe in den 1920er-Jahren der Weimarer Republik trotz aller Expansionsentwicklungen nach dem Ersten Weltkrieg nur eine untergeordnete Rolle spielten, nehmen sie mittlerweile „eine feste Rolle im Konzert der anerkannten Berufe" (Küster; Schoneville 2012, S. 1046) ein. Jedoch kam es im Unterschied zu vergleichbaren Berufsgruppen erst sehr spät zur Ausprägung von einer für moderne Berufsgruppen als typisch zu bezeichnenden Struktur, die sich durch „fachliche Ausdifferenzierung (Segmentierung), interne Hierarchisierung (Stratifizierung) und wissenschaftliche Fundamentierung (Akademisierung)" (ebd.) kennzeichnet. Zugleich sei trotz der erfolgreichen expansiven Entwicklungen weiterhin keine Einheitlichkeit in der Ausbildungslandschaft festzustellen. Vielmehr wurde im Laufe dieses Normalisierungsprozesses das Prinzip der *sozialpädagogischen Qualifizierung aus einer Hand* sukzessive aufgegeben, infolgedessen die verschiedenen Ausbildungsformate im Laufe der Zeit auch „zunehmend eine je eigene Rationalität" (Rauschenbach; Beher; Knauer 1995, S. 23) entwickelten.

Das zweite Strukturmerkmal – Geschlechterspezifik

Auch in der heutigen Zeit präsentiert sich der Gesundheits-, Sozial- und Erziehungsbereich ungebrochen als *klassische Frauendomäne*[8] (Küster; Schoneville 2012, S. 1046 f.). Auffällig erscheint hierbei, dass sich die Anzahl der männlichen Fachkräfte mit steigendem Status der beruflichen Tätigkeit zu erhöhen scheint, insbesondere im Bereich der Ausbildung. Die Soziale Arbeit muss sich daher trotz aller Normalisierungstendenzen weiterhin mit einem Professionalisierungsdefizit auseinandersetzen, das auf ein als tradiert zu bezeichnendes Frauenbild zurückgeht. Demnach scheint „der Zusammenhang zwischen Fachkräften und Fachlich-

8 Berufe, die einer Frauendomäne zugeordnet werden, gelten gemeinhin als „hausarbeitsnah und familienorientiert" (Rauschenbach et al. 1995, S. 136).

keit, von Qualifizierung und Qualifikation noch immer begründungsbedürftig zu sein" (1995, S. 136), wie es Rauschenbach et al. formulieren. Vielmehr scheinen sich bei der Betrachtung von *Frauenberufen* „geschlechtsspezifisch zugeschriebene, persönliche und beruflich definierte Kompetenzen [miteinander zu vermischen, N. W.] und Erfahrungsqualifikationen an die Stelle von Ausbildung" (ebd.) zu treten.

Das dritte Strukturmerkmal – Pluralität der Ausbildungsebenen, der Trägerlandschaft sowie der bildungspolitischen Akteure und Instanzen

Die freien Träger stehen von Beginn an in einer herausragenden Stellung für die qualifizierende Ausbildung, dabei insbesondere die christlichen Kirchen und ihre Institutionen. Obwohl hierdurch eine enge Verzahnung von Ausbildung und beruflicher Praxis gewährleistet wird, steht dieses Strukturprinzip aus Sicht von Küster und Schoneville auch paradigmatisch für die diffuse Komplexität der Ausbildungslandschaft (2012, S. 1047). Darüber hinaus kommt es auch zu einer uneinheitlichen Verteilung von Regelungskompetenzen infolge des föderalistischen Systems in der Bundesrepublik Deutschland. So fallen die Bereiche Soziales und Kultur in das Zuständigkeitsgebiet der Länder, was „zu einer kaum systematisierbaren Fülle von Sonderentwicklungen geführt hat" (ebd.). Trotz aller Bemühungen der Kultusministerkonferenz (KMK) auf Bundesebene, einheitliche Regelungen herbeizuführen und so einem *länderspezifischen Wildwuchs* entgegenzuwirken, lässt sich in den bisher getroffenen Rahmenrichtlinien-Empfehlungen nur „eine vorübergehende Sicherstellung der gegenseitigen Anerkennung der Ausbildungsabschlüsse und eine tendenzielle Angleichung der Ausbildungsunterschiede zwischen den Ländern" (ebd.) erkennen. Reformbemühungen, die über diesen Status quo hinausgehen, waren dementgegen bisher wenig erfolgreich (Beher et al. 1999, S. 14, zit. n. Küster; Schoneville 2012, S. 1047). Ähnlich diffus sei die Situation im Hochschulbereich, denn auch dort lässt sich auf (inter-)nationaler Ebene zunehmend beobachten, dass es zu einer stetigen Ausdifferenzierung kommt, trotz aller Versuche zur Vereinheitlichung infolge der Implementierung von Bachelor- und Masterstudiengängen (2012, S. 1047 f.).

Das vierte Strukturmerkmal – das Verhältnis von Theorie und Praxis, Disziplinen und Professionen

Infolge der Akademisierung, Normalisierung sowie Differenzierung der Ausbildungslandschaft entwickelte sich unter den verschiedenen Akteur*innen ein fortlaufender und ein bis heute nicht abgeschlossener Diskurs, „um die inhaltliche und formale Gestaltung sowie die Zukunft der Ausbildungsgänge" (ebd., S. 1048). Eine hieraus resultierende Konsequenz stellt die äußerst vielfältige Ausgestaltung von Ausbildungsorten dar, die wiederum spezifische Lern- und Bildungsarrangements vorweisen. Daher entwickelte sich

> „die Ausbildung zur Sozialen Arbeit in einem Spannungsfeld genuin ambivalenter Anforderungspole, zwischen Theorie und Praxis, unterschiedlich systematisierten wie gewichteten wissenschaftlich-disziplinären Zugängen und professionsbezogenen Erfordernissen, zu kanonisierenden methodisch-technischen Zugängen und einer moralisch-ethisch wie reflexiv abgefederten Haltung stigmatisierungsloser Offenheit sowie angesichts der Unmöglichkeit, zeitgleich universelle GeneralistInnen wie fachlich einschlägige SpezialistInnen auszubilden" (ebd.).

Äquivalent zur historischen Entwicklung der Sozialen Arbeit als Beruf, lassen sich auch spezifisch für den Bereich der Ausbildung gewisse „Dauerbrenner" (Küster 2001) benennen, die den fachpolitischen sowie wissenschaftlichen Diskurs fortwährend prägen. Nach Küster und Schoneville werden dabei folgende Fragen verhandelt:

> „Was sollen AbsolventInnen wissen und können, wo und wie sollen sie sich die entsprechenden Wissensbestände und Kompetenzen aneignen und in welchem Verhältnis zueinander sollen fachspezifische und allgemein- und persönlichkeitsbildende Anteile gewichtet werden?" (2012, S. 1048).

Auch Werner Thole schließt sich den Argumenten an und konstatierte hierzu bereits im Jahr 1994, dass es für die Soziale Arbeit schlicht „keinen eindeutigen, klar zu benennenden Ort in der Praxis, kein einheitliches Profil in der Ausbildung, keine selbstverständliche, von allen ihren VertreterInnen geteilte disziplinäre Heimat, keine stabilen theoretischen, wissenschaftlichen und professionellen Koordinaten und Referenzpunkte [gäbe], N. W." (S. 253 f.).

3.3 Kernberufe der Sozialen Arbeit

Für die Soziale Arbeit lassen sich sowohl in der einschlägigen Literatur, im alltäglichen Sprachgebrauch sowie bei der Studien- und Berufsberatung unterschiedliche Systematisierungen für die Bezeichnungen der Berufe vorfinden. Die Bandbreite ist dabei beträchtlich und reicht von 34 weitgehend dem Sozialwesen zuzurechnenden Berufen (Althoff et al. 2001, S. 153, zit. n. Küster; Schoneville 2012, S. 1048) bis hin zu 200 Einzelnennungen von sozialpflegerischen Berufen in der Berufssystematik für amtliche Statistiken (Rauschenbach 1990 und Rauschenbach et al. 1995, S. 136). Dabei gehe diese Bandbreite auf „mitunter konkurrierende und nicht immer ausgewiesene Sammelbezeichnungen" (Küster und Schoneville 2012, S. 1048) zurück.

In einem Versuch der Systematisierung lassen sich mithilfe von Küster und Schoneville sogenannte *Kernberufe* der Sozialen Arbeit definieren. Dabei handelt es sich um verschiedene Qualifizierungswege, wie „Ausbildungsgänge, die auf Berufsfachschulebene zu den Abschlüssen KinderpflegerIn/SozialassistentIn, auf Fachschulebene zum Abschluss ErzieherIn [führen, N. W.]" (ebd., S: 1048 f.) sowie um die verschiedenen Bachelor- und Masterabschlüsse, „die die ehemaligen Diplom- und Magisterabschlüsse auf Fachhochschul- und universitärer Ebene ersetzen" (Küster und Schoneville, S. 1049). Darüber hinaus lassen sich innerhalb dieser Ausbildungsgänge verschiedene auf die Handlungsfelder bezogene Spezialisierungen vorfinden und darauf basierende eigenständige Berufsbildungs- und Studiengänge. Da diese „eine konturklare Abgrenzung zu anderen grundständigen Berufsqualifikationen" (ebd.) deutlich erschweren würden, bleiben diese hierbei unberücksichtigt. Zudem wird sich im Hinblick auf das Forschungsvorhaben der vorliegenden Ausarbeitung ausschließlich auf diejenigen Kernberufe der Sozialen Arbeit konzentriert, die eine *akademische Qualifizierung* voraussetzen.

3.3.1 Das Studium an (Fach-)Hochschulen

Die Ursprünge der akademischen Ausbildung zur Sozialen Arbeit an Fachhochschulen gehen auf einen „gestiegenen Bedarf nach fachlich einschlägig qualifizierten Ausbildungs-, Leitungs- und eigenverantwortlich handelnden Fachkräften in erzieherischen, pädagogischen und fürsorgerischen Praxisfeldern" (ebd., S. 1055) zurück. Die Anfänge sind auf das Jahr 1962 zu datieren und fanden nach Küster und Schoneville (ebd.) im Zusammenhang des allgemeinen *institutionellen Fahrstuhleffekts* (Beck 1986) statt. Die Umwidmung der von auf Fachschulniveau angesiedelten Ausbildungsstätten für Wohlfahrtspfleger*innen, Fürsorger*innen und Volkspfleger*innen in *Höhere Fachschulen für Sozialarbeit* stellte hierbei den ersten Schritt dar. Im Jahr 1967 kam es anschließend zur Umwidmung der Jugendleiter*innen-Seminare in *Höhere Fachschulen für Sozialpädagogik*. In diese Zeit fällt zugleich auch die Einführung der Berufsbezeichnung „Sozialpädagogin/Sozialpädagoge" (Küster; Schoneville 2012, S. 1055). Die abschließende Umwandlung der Höheren Fachschulen in *Fachhochschulen* und die damit einhergehende Überführung der Sozialen Arbeit zu einem Beruf mit akademischer Ausbildung erfolgte zwischen 1969 und 1971 (Heiner 2010, S. 163 und Pfaffenberger 1981, zit. n. Küster; Schoneville 2012, S. 1055). Infolge dieses Akademisierungsprozesses wurde

> „erstmalig in Deutschland ein eigenständiger und grundständiger sozialpädagogischer Studiengang innerhalb des Hochschulwesens geschaffen, der erwartungsgemäß auch eine eigene Attraktivität und Rekrutierungspraxis nach sich zog" (Rauschenbach et al. 1995, S. 22).

Charakteristisch für die frühe akademische Ausbildung der Sozialen Arbeit war ein „Mangel an universitär ausgebildeten und promovierten Sozialarbeiter_innen“ (Klomann und Lochner 2020, S. 260) sowie zugleich eine starke curriculare Prägung „durch die sogenannten Bezugswissenschaften“ (ebd.). Zudem waren für die Methodenlehre und für die praxisbezogenen Inhalte primär praktisch tätige Sozialarbeiter*innen zuständig. Rauschenbach konstatiert, dass sich aufgrund dieses „nahezu gleichberechtigten Nebeneinander[s] von mehreren Fächern“ (ebd.), sich auch keine „orientierende [...] Mitte“ (1999, S. 153) herausbilden konnte.

Die heutige Ausbildung der Sozialen Arbeit an Fachhochschulen kennzeichnet sich durch eine Uneinheitlichkeit, die sich durch verschiedene Differenzlinien verdeutlichen lässt. Zum einen sind *zwei verschiedene Ausbildungsorte* auszumachen. Dabei handelt es sich einerseits um staatliche sowie nicht-staatliche bzw. sich in freier Trägerschaft befindliche Fachhochschulen. Andererseits existieren in Baden-Württemberg, Sachsen und Thüringen zusätzlich Berufsakademien. Die Ausbildung erfolgt dabei nach den vom zuständigen Landesministerium erlassenen und als verbindlich zu betrachtenden Studienplänen und mündet im Abschluss Bachelor of Arts. Ursprünglich haben sich infolge der verschiedenen historisch bedingten Entwicklungslinien auch abweichende sozialarbeiterische und sozialpädagogische Studiengänge herausgebildet. Zuletzt wurden diese unterschiedlichen Traditionen jedoch unter dem gemeinsamen Etikett *Sozialwesen* oder *Soziale Arbeit* zusammengeführt (Küster; Schoneville 2012, S. 1055 f.).

Aufgrund der traditionellen Betonung berufspraktischer Inhalte „sind sie [fachhochschulische Studiengänge, N. W.] traditionell zeitlich kürzer und straffer organisiert als universitäre Studiengänge“ (ebd., S. 1056). Dabei stehen das Selbstverständnis der Sozialen Arbeit bzw. ihr beruflicher Auftrag im Mittelpunkt des Curriculums, wodurch sich das Studium schwerpunktmäßig „interdisziplinär und problemorientiert an den Arbeitsfeldern der Sozialen Arbeit bzw. an AdressatInnengruppen“ (ebd.) ausrichtet. Eine weitere Unterscheidung stellt die stärkere Betonung von Praktikumsinhalten dar, infolgedessen es oftmals zu engen Kooperationen zwischen Hochschule und regionalen Praxisinstitutionen kommt. Während sich die Studiengänge der Sozialen Arbeit in der Grundkonstruktion ähneln, unterscheiden sie sich hingegen in den Regelungen zur konkreten Praxisverzahnung sowie in der Ausgestaltung der staatlichen Anerkennung. So gibt es einphasige Regelungen – „bei denen das Berufspraktikum in Form von Praxissemestern integriert wurde“ (ebd.) – und zweiphasige Regelungen – „bei denen das Anerkennungsjahr erst nach der Bachelorarbeit zu absolvieren ist“ (ebd.). Die Implementierung von Masterstudiengängen führte zu einer weiteren Ausdifferenzierung. Während die Masterstudiengänge teilweise konsekutiv auf den Bachelorabschlüssen aufbauen, halten dabei nicht wenige „besondere Spezialisierungen für unterschiedliche Arbeitsfelder und Themenstellungen bereit“ (ebd.). Darüber hinaus bieten Fachhochschulen zunehmend kostenpflichtige Weiterbildungsstudiengänge an.

Wohin die weitere Entwicklung der Fachhochschullandschaft geht, lässt sich aus Sicht von Küster und Schoneville nur schwer abschätzen. Einerseits differenzieren sich die Studiengänge immer weiter aus, was sich auch anhand der abweichenden Regelstudienzeiten zeigt. So können Bachelorstudiengänge zwischen drei bis vier Jahre andauern und Masterstudiengänge ein bis zwei Jahre. Zum anderen zeigt sich die zunehmende Ausdifferenzierung auch in der inhaltlichen Streuung der Studiengänge. Daraus erfolgt für die Bachelor- und insbesondere Masterstudiengänge „eine deutliche Spezialisierung, die zuweilen zulasten der disziplinären Verortung geht" (ebd.).

Darüber hinaus kommt es zu einer anwachsenden Zahl privater Hochschulen innerhalb der letzten Jahre, an denen Soziale Arbeit mit einem deutlich arbeitsfeldbezogenen und handlungspraktisch ausgelegten Curriculum studiert werden kann. Und zudem erlebt der Ausbildungsmarkt eine Ausdehnung des Angebots von dualen Studiengängen. Als Konsequenz dieser Entwicklungen wird eine forcierte Spezialisierung der Studierenden befürchtet, wodurch den großen Organisationen *passgenaue* Fachkräfte für ihre Arbeitsfelder geliefert werden sollen (Klomann; Breuer-Nyhsen 2019, S. 12 f. und Klomann; Lochner 2020, S. 261). Diese Entwicklungen spiegeln nun nicht nur eine fortgesetzte Ausdifferenzierung der Qualifizierungslandschaft wider, vielmehr seien sie auch als bedenkliches Korrektiv zur Professionalisierungsdebatte innerhalb der Sozialen Arbeit zu verstehen. Klomann und Breuer-Nyhsen erachten es zudem als problematisch, dass potenzielle Studierende von privaten Hochschulen über notwendige finanzielle Ressourcen verfügen müssen. Aus ihrer Sicht würde hierdurch ein zentrales Anliegen der Sozialen Arbeit infrage gestellt werden, wonach auch das ethische Prinzip der (Bildungs-) Gerechtigkeit herausgefordert wird:

> „Sei es durch von den Studierenden zu entrichtenden hohen Studiengebühren oder durch eine finanzielle Abhängigkeit der Studierenden von ihren arbeitgebenden Organisationen" (2019, S. 13).

Zahlen und Daten

Insgesamt lässt sich die Fachhochschulausbildung der Sozialen Arbeit hinsichtlich ihrer quantitativen Ausweitung als Erfolgsmodell bezeichnen. Daten des Statistischen Bundesamtes für das Wintersemester 2007/2008 zeigen auf, dass zu diesem Zeitpunkt bereits 46.450 Studierende für einen Studiengang der Sozialen Arbeit eingeschrieben waren (Statistisches Bundesamt 2008 und Küster; Schoneville 2012, S. 1057). Aktuelle Zahlen weisen für den Studienbereich Sozialwesen (diese Fächergruppe beinhaltet die Studiengänge Soziale Arbeit, Sozialpädagogik und Sozialwesen) sogar eine deutliche Steigerung auf. Demnach waren zum Sommersemester 2022 110.831 Studierende (85.563 davon weibliche Studierende[9]) im Studienbereich Sozialwesen eingeschrieben (Statistisches Bundesamt 2023). Diese deutliche Zunahme erscheint insofern bemerkenswert, da sich demnach die Studierendenzahl des Sozialwesens von 2007 bis 2020 im Verhältnis zur Gesamtstudierendenzahl an deutschen Hochschulen – von 1.941.405 (2007) auf 2.944.145 (2020) Gesamtstudierende – im selben Zeitraum sehr viel deutlicher erhöhte (Statistisches Bundesamt 2022a).

Zudem zeigen aktuellen Zahlen auf, dass im Wintersemester 2022/2023 das erste Mal seit dem Wintersemester 2007/2008 die Zahl der eingeschriebenen Studierenden an deutschen Hochschulen um 1,0 % zurückgegangen ist – mit Ausnahme der Fachhochschulen, die entgegen dem Trend eine Steigerung von 0,2 % verzeichnen können (Statistisches Bundesamt 2022b). Ohne der Sozialen Arbeit für diese Entwicklung eine überhöhte Verantwortlichkeit zuschreiben zu wollen, ist den Fachhochschulen durch das Studium der Sozialen Arbeit offenbar ein gehobener Attraktivitätsfaktor zu bescheinigen. So weisen auch Klomann und Lochner mithilfe der Daten des Statistischen Bundesamtes (2019) darauf hin, dass die Studierenden des Sozialwesens bereits im Sommersemester 2018 „knapp zehn Prozent der Studierenden an Fachhochschulen insgesamt und knapp drei Prozent der Studierenden bundesweit" (Klomann und Lochner 2020, S. 262) ausmachten.

Eine weitere Besonderheit zeigt sich in der Tendenz, dass dieser Studienbereich insbesondere für sogenannte Berufsaufsteiger*innen bzw. Bildungsaufsteiger*innen attraktiv zu sein scheint, also für Personen, die aus nicht-akademischen Haushalten stammen. So können Klomann und Lochner (2020, S. 262) mithilfe der Daten des Bundesministeriums für Bildung und Forschung (2017, S. 7) aufzeigen, dass im Wintersemester 2015/2016 in den Studiengängen des Sozialwesens 62 % der Studierenden aus nicht-akademischen Haushalten kamen. Einem Studium der Sozialen Arbeit kommt somit in gewissem Maße auch die Funktion eines institutionellen Katalysators für gesellschaftliche Bildungsaufstiege zu.

3.3.2 Das Studium an Universitäten

Einen zweiten Weg zur akademischen Qualifizierung für das Feld der sozialen Berufe stellt die Einführung des erziehungswissenschaftlichen Hauptfachstudiums an Universitäten im Jahr 1960 dar. Es folgten die Verabschiedung der ersten Rahmenprüfungsordnung für erziehungswissenschaftliche Diplomstudiengänge, die einhergehende Etablierung des Abschlusses *Diplom-Pädagogin/Diplom-Pädagoge* im Jahr 1969 sowie die im Jahr 1979 erfolgte Aufnahme des ersten Stu-

9 Diese Differenzierung wird hier vorgenommen, um die weiter oben dargelegte Zuschreibung von (sozial-) pädagogischen Berufen als *Frauendomäne* auch empirisch im Blick zu behalten.

diengangs Sekundarstufe II *Sozialpädagogik* als 13. berufliche Fachrichtung an der Ruhr-Universität-Bochum (ebd.). Nach Rauschenbach und Züchner wurden erziehungswissenschaftliche Hauptfachstudiengänge trotz ihrer mittlerweile erreichten Größenordnung traditionell „an vielen Standtorten als eher episodenhaft und konjunkturabhängiges Anhängsel der Lehramtsstudiengänge betrachtet" (2000, S. 33). Heutzutage muss hingegen vielmehr von einer „Konsolidierung und Stabilisierung der Pädagogik als Wissenschaft an Hochschulen" (Gängler 1994, S. 246 f., zit. n. Küster; Schoneville 2012, S. 1060) gesprochen werden. Diese Studiengänge wurden im Rahmen des Bologna-Prozesses in Bachelor- und Masterstudiengänge überführt (Küster; Schoneville 2012, S. 1060). Vor dieser Überführung konnte sowohl über Magisterstudiengänge der Erziehungswissenschaft sowie über Diplomstudiengänge Pädagogik Zugang zum Feld der Sozialen Arbeit gewährt werden. Obwohl sich den Magisterstudiengängen traditionell eine höhere Wissenschaftsorientierung zuschreiben lässt, da diese „stärker einem klassischen Verständnis der Universität verpflichtet sind" (Merkens; Weishaupt; Zedler 2000, S. 147), und die Diplomstudiengänge hingegen deutlicher für das Berufsfeld qualifizierten, da sie mehr den Anforderungen einzelner Professionen entsprechen, gab es schon vor der Bologna-Reform eine Tendenz zur Annäherung der Zielstellungen und inhaltlichen Ausgestaltungen (ebd.).

Das Angebot der grundständigen Bachelorstudiengänge der Erziehungswissenschaft sowie die ergänzenden Masterstudiengänge qualifizieren für unterschiedliche pädagogische Handlungsfelder und sehen eine Vertiefung vor, „wozu unter anderem auch die Studienrichtung *Sozialpädagogik* gehört" (Küster; Schoneville 2012, S. 1060, Hervorhebung N. W.). Analog zur Ausdifferenzierung der Studiengänge Soziale Arbeit auf Fachhochschulen lässt sich auch bei den erziehungswissenschaftlichen Studienprogrammen „sowohl hinsichtlich der Titulaturen als auch in Bezug auf die inhaltliche Ausrichtung" (ebd.) eine deutliche Ausdifferenzierung ausmachen. Eine gewisse Besonderheit stellen dabei die Bachelorstudiengänge der Sozialen Arbeit an Universitäten dar sowie die darauf aufbauenden konsekutiven Masterstudiengänge. Diese Studiengänge lassen sich insbesondere an den ehemaligen Gesamthochschulen vorfinden, welche mittlerweile zu Universitäten umgebaut wurden (bspw. die Universität Kassel). Küster und Schoneville beziehen sich bei der Kennzeichnung dieser sozialpädagogischen Hauptfachstudiengänge an Universitäten auf das Strukturmodell der Deutschen Gesellschaft für Erziehungswissenschaft (DGfE), wonach diese Studiengänge mithilfe dreier Kompetenzbereiche gegliedert werden:

> „Erstens sind sowohl erziehungswissenschaftliche als auch soziologische und psychologische Wissensbestände als Grundlagen im Curriculum vorgesehen, zweitens sind im Kompetenzbereich ‚Theorien und Handlungskompetenz' Fragen der theoretischen, der historischen, der rechtlichen und institutionellen Verortung der Sozialen Arbeit sowie soziale Problagen [sic] und Forschungsmethoden implementiert und

drittens ist ein Profilbereich vorgesehen, in dem ortsspezifische Profile ausbuchstabiert werden" (Küster und Schoneville 2012, S. 1061).

Auch hierzu muss konstatiert werden, dass es an den Universitäten infolge des Bolognaprozesses zu einer deutlichen Ausdifferenzierung der Qualifizierungslandschaft für die Soziale Arbeit kam. Als Resultat gibt es eine Vielfalt von Studienangeboten für angehende Studierende, die zwar optimistisch betrachtet „zur individuellen Profilbildung und zur Verfolgung eigener Interessen im Studium" (Zacharias 1999, S. 85, zit. n. Küster; Schoneville 2012, S. 1061 f.) beitragen können. Gleichzeitig geht für „die Erziehungswissenschaft mit ihren spezifischen Perspektiven, Theorien und Forschungsmethoden" (ebd., S. 1062) das Risiko einher, als Leitdisziplin des Studiengangs an Profil zu verlieren. Darüber hinaus führte die formale Gleichstellung von Bachelor- und Masterstudiengängen an Universitäten und Fachhochschulen auch zu der Frage nach Konsequenzen für die generelle Strukturierung der deutschen Ausbildungslandschaft. Küster und Schoneville erkennen für die Universitäten u. a. die Absicht, „einen höheren wissenschaftlichen Anspruch und eine stärkere Forschungsorientierung" (ebd.) als Unterscheidungsmerkmal gegenüber den Fachhochschulen herauszustellen.

Aus diesen Entwicklungen ergab sich für die Erziehungswissenschaft das bisher ungelöste Problem einer Identifikation mit dem eigenen Fach, sowohl aufseiten der Studierenden als auch aufseiten der Lehrenden (Küster und Schoneville 2012, S. 1062). Krüger und Weishaupt betonen hierzu auch die „Probleme der disziplinären Identitätsbildung" (2000, S. 76) infolge der historisch gewachsenen „Rekrutierung des Personals aus benachbarten Disziplinen" (ebd.). Zwar konnten so auf der Habenseite neue theoretische Ansätze sowie Forschungstraditionen für die Erziehungswissenschaft erschlossen werden, jedoch wird hierdurch zweifelsfrei auch die *Identitätsbildung* bis in die heutige Zeit vor Herausforderungen gestellt. Hieraus resultiert schlussendlich auch die Frage nach der geeigneten Nachwuchsförderung im Hinblick auf eine disziplinäre Stabilisierung.

Zahlen und Daten

Um die Zahlen der Studierenden der Erziehungswissenschaft mit denen der Sozialen Arbeit bzw. des Sozialwesens vergleichen zu können, wird hier der gleiche Vergleichszeitraum herangezogen wie zuvor schon beim Studienbereich Sozialwesen. So lässt sich feststellen, dass im Wintersemester 2007/2008 insgesamt 45.363 Studierende (34.991 davon weibliche Studierende) in einem Studiengang der Erziehungswissenschaften (Pädagogik) eingeschrieben waren (Statistisches Bundesamt 2008). Analog zum Studienbereich Sozialwesen lässt sich auch hier eine deutliche Steigerung der Studierendenzahlen zum Sommersemester 2022 feststellen: Die Zahl der Gesamtstudierenden des Studienbereiches Erziehungswissenschaften erhöhte sich in diesem Zeitraum auf 91.488 (73.053 davon weibliche Studierende), womit von einer Verdoppelung gesprochen werden kann (Statistisches Bundesamt 2023).

Die Bundesagentur für Arbeit weist darauf hin, dass sich von ungefähr 195.000 Erwerbstätigen im Jahr 2021 mit einem Studienabschluss der Erziehungswissenschaften nur ungefähr 47.000 davon „dem engeren erziehungswissenschaftlichen Aufgabenfeld einschließlich Hochschullehre und Forschung zu[ordnen, N. W.]" (2021, S. 2) lassen. Der jedoch „überwiegende Teil der studierten Erziehungswissenschaftlerinnen und -wissenschaftler arbeitete als Lehr- und Ausbildungspersonal oder war in der praktischen Erziehung oder der *Sozialarbeit und -pädagogik* tätig (rund 60 Prozent)" (ebd., kursiv N. W.).

3.3.3 Weitere akademische Zugänge

Abschließend lassen sich Studiengänge benennen, die den außerschulischen pädagogischen Feldern zuzuordnen sind und dabei „in besonderer Weise erziehungswissenschaftlich geprägt sind" (Küster; Schoneville 2012, S. 1061). Es handelt sich insbesondere um Studiengänge im Bereich der Pädagogik der frühen Kindheit aber auch um Studiengänge im Bereich der Gesundheitswissenschaften, bei denen Studieninhalte der Sozialen Arbeit in das Curriculum integriert wurden (Böllert 2007). Schließlich gibt es an verschiedenen Universitäten die Möglichkeit, Lehramtsstudiengänge der Sekundarstufe II zu studieren, die die berufliche Fachrichtung der Sozialpädagogik anbieten und Lehrer*innen für Fachschulen ausbilden. Mit diesem Abschluss können Fachschullehrer*innen an Berufsfachschulen für Kinderpflege sowie an „Fachschulen für Sozialpädagogik – im weitesten Sinne – sozialwissenschaftliche und sozialpädagogische Fächer" (Küster; Schoneville 2012, S. 1061.) unterrichten.

3.4 Motivationslagen und soziale Hintergründe der Studierenden

Neben der Erzählung von Soziale Arbeit als Erfolgsgeschichte muss jedoch auch die andere Seite der Medaille betrachtet werden (Küster und Schoneville 2012, S. 1058 f.). Die beiden Autoren beziehen sich hierzu auf Untersuchungen zu den Interessen- und Motivationslagen der Studierenden und sprechen dabei ausdrücklich von „gravierenden Mängeln" (2012, S. 1058). So hänge u. a. die Studienwahl vor allem von Kriterien ab, ob der Studiengang gut *beherrschbar* und *studierbar* sei (Mecheril und Klinger 2010, S. 96 f.). Hinzu kommen die Faktoren eines überschaubaren (auch finanziellen) Risikos und der Gewissheit, „einen zügigen und relativ sicheren Berufseinstieg" (Klomann; Lochner 2020, S. 262) ermöglicht zu bekommen. Die Befähigung für wissenschaftliche Tätigkeiten nimmt hingegen nur eine untergeordnete Rolle ein (Kotthaus 2017, S. 108 ff.). Die

Ergebnisse des zwölften und 13. Studierendensurveys des Bundesministeriums für Bildung und Forschung unterstreichen, dass die Studierenden der Sozial- und Erziehungswissenschaften insbesondere den Erwerb von *Employability* als Kerninteresse ihres Studiums ansehen. Eine theoriegeleitete und methodisch akademische Ausbildung sowie ein neugieriges und forschendes Lernen werden hingegen als nachrangig betrachtet (Bundesministerium für Bildung und Forschung 2014, S. 115 f. und 2017 sowie Klomann; Lochner 2020, S. 262).

Auch vor dem Hintergrund des für ein Studium der Sozialen Arbeit zu erbringenden Aufwandes wird den Studierenden der zweifelhafte Ruf als Teilzeit- bzw. *Auch*-Studentinnen zuteil. Die Studierenden gelten als „ausgesprochen altruistisch, selbstkritisch und gesundheitlich robust, aber auch als weniger leistungsorientiert und nur mäßig lebenszufrieden“ (Fricke und Grauer 1994, S. 300, zit. n. Küster; Schoneville 2012, S. 1058). Fricke und Grauer sprechen gar von einer „curricular begünstigten Entwöhnung der Leistungsstandards“ (ebd.), die sich durch sukzessives Vermeiden von „Leistungsanforderungen und Konkurrenzsituationen“ (ebd.) äußern würde. Auch die Selbsteinschätzungen der Studierenden bzgl. der curricularen Leistungsanforderungen zeichnen nach Berger ein widersprüchliches Bild. Denn obwohl Untersuchungen darauf hinweisen, dass zwei Drittel der Studierenden mit dem Angebot des Studiums nicht zufrieden seien, wird hingegen betont, „den geringen Abstraktionsgrad, die einfache Struktur, das mäßige Tempo in den Lehrveranstaltungen durchaus [zu, N. W.) schätzen“ (2001, S. 257, zit. n. Küster; Schoneville 2012, S. 1058).

Küster und Schoneville sprechen etwas desillusionierend von einer weitgehenden „Abstinenz der Studierenden von theoretischen und forschungsbezogenen Inhalten“ (2012, S. 1058). Dies würde sich sowohl in der Wahl des Studienortes äußern als auch in ihrer generellen Studienmotivation. Dieser drücke sich mehrheitlich (über 80 % der Studierenden) wesentlich in der Erwartung aus, ein „angenehmes Klima“ (ebd.) während der Veranstaltungen vorfinden zu können sowie in der Vorstellung, später in einem vielfältigen Beruf tätig werden zu können. Diese Erwartungshaltung bleibe während des gesamten Studiums auch auf einem konstant hohen Niveau, wohingegen sich der Wunsch, neues Wissen zu generieren, den beiden Autoren zufolge stetig reduziere. Analog dazu misst laut dem Bundesministerium für Bildung und Forschung auch nur die Hälfte der Studierenden ihrem Studium retrospektiv einen hohen Bildungswert bei (Bundesministerium für Bildung und Forschung 2000, S. 80). Auch Werner Thole und Ernst-Uwe Küster-Schapfl konnten in einer häufig rezipierten berufsbiografischen Studie zu sozialpädagogischer Professionalität (1997) eindringlich aufzeigen, dass Karriere- und Einkommensoptionen für die Studienmotivation als eher nachrangig betrachtet werden. Auch nehmen weder der Studienort noch der Ruf der Hochschule eine entscheidende Rolle für die Wahl des Studiums ein, viel wesentlicher sind die Faktoren der Wohnortsnähe und eine geringe Entfernung zum sozialen Umfeld (Küster; Schoneville 2012, S. 1059).

Charakteristisch für die Studierenden der Sozialen Arbeit sei gleichzeitig ein vergleichsweise hohes Alter. Ein Drittel der Studierenden sei bereits Mitte 20 und älter. Darüber hinaus besitzen viele Studierende schon vor Antritt des Studiums umfangreiche Berufserfahrungen (Küster; Schoneville 2012, S. 1059). Die Studierenden der Sozialen Arbeit verfügen zudem „weit überdurchschnittlich über Lebenserfahrungen mit eigenen Familien, mit Kindern und selbstständigen Haushalten" (Fricke; Grauer 1994, S. 296, zit. n. Küster; Schoneville 2012, S. 1059). Da mit diesen umfangreichen Lebenserfahrungen wiederum eine ausgeprägtere Selbstverständlichkeit hinsichtlich eines eigenes Einkommens und Lebensstandards einhergeht, ließe sich üblicherweise auch kein gleichrangiges Nebeneinander von Studium, Erwerbstätigkeit und Familie bzw. Partnerschaft vorfinden. Vielmehr wird „die relative Zeitautonomie des Studiums mit geringer Regelungsdichte (...) höchstens von Teilen der jüngeren Studierenden im Sinne eines Bildungsmoratoriums zum ‚individuellen Erproben und Durchleben von Krisen' bei der Persönlichkeitsreifung und Identitätsentwicklung genutzt" (Fricke und Grauer 1994, S. 296, zit. n. Küster; Schoneville 2012, S. 1059). Das Studium der Sozialen Arbeit dient in Anbetracht dieser Ergebnisse auch „der Aufrechterhaltung einer erwachsenengemäßen Existenz (und zugleich der Abwehr von entgegensteuernden Ansprüchen) jenseits der Postadoleszenzphase" (ebd.).

Resümee und Ausblick

Obwohl es einzukalkulieren gilt, dass die herangezogenen Untersuchungsergebnisse z. T. auf alten Diplomstudiengängen beruhen und damit eine gewisse Unschärfe für die heutige Zeit mit sich bringen, geben die Ergebnisse „resümierend ein gemischtes und letztlich fragwürdiges Bild" (Küster; Schoneville 2012, S. 1059) ab. Das Studium der Sozialen Arbeit hat sich in der Hochschullandschaft fest etabliert und weist eine hohe Anziehungskraft auf. Dennoch muss ein nachhaltig habitualisierender Einfluss des Studiums auf deren Absolvent*innen zumindest angezweifelt werden[10]. So trage das Studium weder zur Klärung der Berufswahl bei, „noch zum Hinterfragen oder gar zur Revision von Interventionsansätzen, noch wesentlich zur vorweggenommenen Bearbeitung antizipierter Konflikte im späteren Beruf" (Fricke; Grauer 1994, S. 302, zit. n. Küster; Schoneville 2012, S. 1059). Ebenso wenig sei das Studium dazu in der Lage, eine „nachweisbare Konfusion in diesen Bereichen [auszulösen, N. W.]" (ebd.). Verschiedene Untersuchungen (Thole; Küster-Schapfl 1997/Ackermann; Seeck 1999/Schweppe 2001 und 2006) lassen vielmehr den Schluss zu, dass

10 Dies gilt den Studien entsprechend ebenso für die Absolvent*innen der universitären Studiengänge der Erziehungswissenschaft mit sozialpädagogischem Schwerpunkt.

> „dem Studium zumeist lediglich eine zertifizierende Bedeutung zu[kommt], die darüber hinausgehende Habitualisierung eines fachlich-reflexiven beruflichen Habitus bleibt jedoch aus" (Küster; Schoneville 2012, S. 1059).

Auch außerhalb der disziplinären Forschung ist die Reputation eines Studiums der Sozialen Arbeit als zwiespältig zu bezeichnen. So wird das Studium der Sozialen Arbeit im Alltag oftmals als sogenannter *weicher* Studiengang betrachtet, der sich zum einen durch geringen Leistungsanspruch kennzeichnen würde und zum anderen durch gute Notendurchschnitte (Grohall 1997, S. 65 f.) auffalle. Infolge solcher Zuschreibungen werden u. U. „nicht nur die Noten, sondern die gesamte Ausbildung an der Hochschule" (Berger 2001, S. 264 f., zit. n. Küster; Schoneville 2012, S. 1058) gering geschätzt.

Zusammenfassend beschreiben Küster und Schoneville die Ausbildungslandschaft der Sozialen Arbeit daher als „ein fein austariertes, wenn auch an einigen Stellen recht abgenutztes, historisch gewachsenes Geflecht unterschiedlichster Interessen, Erwartungen und routinisierter Traditionen" (2012, S. 1062). Fragen zur Zukunft der Ausbildung ergeben sich u. a. aus den mittel- und langfristigen Konsequenzen der Implementierung von modularisierten Bachelor- und Masterstudiengängen sowie aus einer zunehmenden Akademisierung des pädagogischen Personals für die Lebensphase der frühen Kindheit. In Folge dieser sukzessiven Ausdifferenzierung gilt es als kritisch zu hinterfragen, inwieweit eine inhaltliche Kontur bzw. auch übergreifende Berufsidentität Bestand haben könne, so müsse hier im Zweifelsfall auch gegengesteuert werden (ebd., S. 1062 f.). Klomann und Lochner verweisen zudem auf die Notwendigkeit, die Weiterentwicklung von Promotionsmöglichkeiten für Absolvent*innen der Sozialen Arbeit sowie die genuine Qualifizierung von Lehrenden stärker in den Fokus zu rücken (2020, S. 262).

Eine weitere Herausforderung wird in der kurzen Studiendauer von oftmals nur sechs Semestern gesehen und einer darüber latent schwebenden Frage, ob in dieser kurzen Zeitspanne überhaupt eine grundständige Qualifizierung erfolgen könne (Küster; Schoneville 2012, S. 1063). Wird hierzu ein Blick auf den zunehmenden Fachkräftemangel geworfen, stellt sich auch die Frage, inwieweit Absolvent*innen eines Bachelorstudiengangs der Sozialen Arbeit überhaupt noch ein Masterstudium aufnehmen müssen. So sei es ebenso interessant wie notwendig zu eruieren, inwiefern die Bachelorabschlüsse aus Sicht der Berufspraxis überhaupt als ausreichend für eine grundständige Qualifizierung betrachtet werden und welche Rolle hierbei Aus- und Weiterbildungsangebote einnehmen bzw. gleich als Voraussetzung für eine längerfristige Anstellung gemacht werden.

Wird Klomann und Lochner gefolgt, hat sich der Bachelorabschluss aufseiten der Fachpraxis mittlerweile jedoch „als grundständige Qualifikation etabliert" (2020, S. 262). Entsprechend wurde wohl auch wenig Energie vonseiten der Fachpraxis darauf verwandt, spezifische Tätigkeitsprofile (außerhalb von Leitungspositionen der öffentlichen Verwaltung) zu entwickeln, die einen Masterabschluss als Voraussetzung mitbringen. Dennoch, die Frage nach der Notwendigkeit eines höher qualifizierenden Masterabschlusses vor dem Hintergrund wachsender gesellschaftlicher Ungleichheitsentwicklungen sowie zunehmende und schneller aufeinanderfolgende Krisenerfahrungen – also einem insgesamt zunehmend komplexer werdenden Anforderungsprofil für die Professionellen der Sozialen Arbeit – muss als höchst virulent für das Berufsfeld der Sozialen Arbeit bezeichnet werden (ebd.).

4. Professionelles Handeln

4.1 Profession – Professionalisierung – Professionelles Handeln

Kraul et al. bezeichnen die Debatte über Professionalisierung innerhalb der Erziehungswissenschaften bzw. (Sozial-)Pädagogik etwas pointiert als ein *Dauerthema* (2002, S. 7). Aber auch innerhalb der Sozialen Arbeit könne „die Professionalisierungsgeschichte […] mittlerweile auf eine lange Geschichte zurückblicken" (Schweppe 2003, S. 145). Dieser Diskurs bewegt die Soziale Arbeit mittlerweile „seit den Anfängen des sich etablierenden Berufsfeldes zu Beginn des 20. Jahrhunderts" (Köngeter 2017, S. 87)[11]. Dem Autor der vorliegenden Arbeit obliegt daher der Spagat, die Darstellung der Professions- bzw. Professionalitätsdebatte der Sozialen Arbeit so umfangreich und detailliert wie nötig, aber zugleich so fokussiert und konzentriert wie möglich durchzuführen. In Anbetracht einer buchstäblichen Vielzahl[12] und ein offenbar kaum schwindendes Interesse an immer neuen Veröffentlichungen zu diesem Thema erscheint diese fokussierte Herangehensweise aus forschungspraktischen Gründen unerlässlich, da ein Schwerpunkt dieser Arbeit auf der empirischen Ausarbeitung liegt und eine zu detaillierte Nachzeichnung des Professionalitätsdiskurses jeglichen Rahmen der vorliegenden Ausarbeitung sprengen würde. Nichtsdestotrotz gilt es hier zu klären, was unter *professionellem Handeln* in der Sozialen Arbeit verstanden wird, um anschließend der Frage nachzugehen, welche Funktion *das Studium* dabei einnimmt.

Zu Beginn gilt es zu definieren, was unter den Termini *Beruf* und *Profession* zu verstehen sein soll. Edith Wienand bezeichnet den Begriff des Berufs als „ein altes, häufig kritisiertes, aber fortbestehendes Konzept zur Beschreibung von Tä-

---

11 Und es lässt sich ergänzen, dieser Diskurs bewegt die Soziale Arbeit bzw. Erziehungswissenschaften auch weiterhin. Exemplarisch sei hierzu auf die Tagung der Kommission Sozialpädagogik der Deutschen Gesellschaft für Erziehungswissenschaft im Jahr 2022 verwiesen, die als Hauptthema der Frage nachging, inwieweit sich die *Sozialpädagogische Professionalisierung in der Krise* befände. Wohlgemerkt, ohne sich offenbar explizit dem virulenten Thema der Quereinsteiger*innen zu widmen. Siehe ausführlich Kommission Sozialpädagogik 2023.

12 Terhart unterstreicht dies wie folgt: „Die wissenschaftliche Diskussion um den Stellenwert von Arbeit und Beruf, Experten und Professionen in der Gesellschaft ganz allgemein, im Kontext der Arbeitsteilung, sowie im Leben derjenigen, die Berufe innehaben, füllt Bibliotheken. Die *pädagogischen* Berufe bilden hierbei ein vergleichsweise modernes und zugleich komplexes Segment, welches sich durch hohe Dynamik und wachsende Vielfalt auszeichnet. Man kann dieses Berufssegment womöglich gar nicht *en bloc* verhandeln" (2011, S. 202, Hervorhebungen i. O.). Während Terhart dieser Schlussfolgerung entsprechend sich auf den Lehrer*innenberuf konzentriert, wendet sich der Autor der vorliegenden Ausarbeitung bekanntlich dem sozialpädagogischen Beruf bzw. der Sozialen Arbeit zu.

tigkeitsmustern in einer Gesellschaft" (2003, S. 36), der sich dabei auf eine spezifische Organisationsform der gesellschaftlichen Arbeit bezieht. Auch wenn sich der Begriff im allgemeinen Sprachgebrauch in häufig unscharfer Verwendung wiederfinden und dabei nicht klar von Arbeit, Erwerbsarbeit oder Qualifikation trennen lässt, bietet Günter Voß hierfür eine Definition an:

> „Im wesentlichen [sic] ist man sich darin einig, daß mit ‚Beruf' eine historisch früh entstehende basale Form gesellschaftlicher Arbeitsteilung bezeichnet wird. Im Unterschied zu anderen Formen der Arbeitsteilung (z. B. der Aufteilung von Tätigkeiten im Betrieb) sieht man ‚Beruf' als eine soziale Form spezialisierter Fähigkeiten (‚erlernter Beruf') und/oder Tätigkeiten (‚ausgeübter Beruf'), die, auf der Basis spezifischer Ausübungen, relativ dauerhaft (oft lebenslang) von Personen im Rahmen der gesellschaftlichen Funktionsdifferenzierungen übernommen werden." (1994, S. 128, zit. n. Wienand 2003, S. 36).

Ergänzend lässt sich die Klassifikation der Berufe von der Bundesagentur für Arbeit und dem Institut für Arbeitsmarkt und Berufsforschung heranziehen. Danach „wird der Beruf als eine institutionalisierte Tätigkeit verstanden, die ein Mensch für finanzielle oder herkömmliche Gegenleistungen oder im Dienste Dritter regelmäßig erbringt, bzw. für die er ausgebildet, erzogen oder berufen ist" (Wohlfahrt 2014, S. 221). Dabei gilt jedoch nicht jede Tätigkeit, mit der Einkommen generiert werden kann, als Beruf. So werden bspw. Eigentümer*innen, die ihren Lebensunterhalt mittels Geld- oder Kapitalvermögen bestreiten, nicht zur engeren Kategorie des Berufs gezählt (ebd.)[13].

Den sozialen Dienstleistungsberufen kommt wiederum eine besondere Bedeutung zu. Diese gelten in modernen Gegenwartsgesellschaften als Institutionen zur „Bearbeitung und Regulierung sozialer Probleme" (Merten; Olk 1999, S. 955). Gemeinsam ist diesen Berufen die Eigenschaft, dass „sie personale Dienstleistungen erbringen, also für und an Personen arbeiten, um durch Prozesse der Beratung, Erziehung, Bildung und Therapie und Pflege deren gesundheitlichen, psycho-sozialen, bildungsbezogenen usw. Status zu verändern" (Badura; Gross 1976/Gross 1983/Halmos 1970 zit. n. Merten; Olk 1999, S. 955). Eine wesentliche Voraussetzung für das Gelingen solcher Dienstleistungen stellt die Mitarbeit bzw. Mitwirkungsbereitschaft oder auch Koproduktion der Klient*innen dar (Fuchs 1968/Gartner; Riessmann 1978 zit. n. Merten; Olk 1999, S. 955). Dem Terminus *sozial* kommt hierbei die primäre Bedeutung zu, wonach „die Erbringung der Dienstleistung eine Interaktion, eine personale Beziehung also, zwischen ProduzentInnen und KonsumentInnen voraussetzt" (Merten; Olk 1999, S. 955). Zudem wird mit dem Begriff auch auf die Funktion sozialer Dienst-

13 Ausführlich zur berufssoziologischen Begriffsbestimmung siehe Wienand 2003, S. 33 ff.

leistungsberufe als Bestandteile des wohlfahrtstaatlichen Sicherungssystems zur „Kompensation von Benachteiligungen bzw. der Verbesserung der Teilhabechancen bestimmter Bevölkerungsgruppen an verschiedenen gesellschaftlichen Lebenssphären" (ebd.) rekurriert.

Infolge von Prozessen der gesellschaftlichen Modernisierung sowie der Ausweitung von wohlfahrtsstaatlichen Leistungen expandierten sowohl die Anzahl der sozialen Dienstleistungsberufe als auch deren Berufsangehörige. So lassen sich für den Gesundheitsbereich bspw. die Berufe der Krankenschwester oder der medizinisch-technischen Assistent*innen den ärztlichen Professionen arbeitsteilig zuordnen. Für den Bildungsbereich lassen sich u. a. Sozialpädagog*innen, Kindergärtner*innen, Erziehungsberater*-innen, Erwachsenenbildner*innen, Medienpädagog*innen als Berufe benennen, die sich neben und unabhängig vom Lehrer*innenberuf herausgebildet haben, und im Sozialsektor die Berufe der Sozialarbeiter*innen und Altenpfleger*innen (ebd.).

In der soziologischen Tradition werden nun diejenigen Dienstleistungsberufe als *Professionen* bezeichnet, die einen Prozess der *Professionalisierung* durchlaufen haben – also „auf kollektiver Ebene den sozialen Durchsetzungsprozess des Hinaufsteigens eines gewöhnlichen Berufs in den Status einer Profession" (Terhart 2011, S. 203) vollzogen haben. Kennzeichnend für Professionen ist, dass diese „von herausragender Bedeutung sowohl für die betroffenen KlientInnen als auch die Gesellschaft sind" (Merten; Olk 1999, S. 956) und dass deren Professionsangehörigen beim Vollzug ihrer treuhändisch übernommenen verantwortungsvollen Aufgaben für Klient*innen und Gesellschaft ausschließlich der Kollegialkontrolle unterliegen. Darüber hinaus verfügen diese Berufe über eine notwendige akademische Ausbildung, ermöglichen üblicherweise bessere Bezahlungen und beinhalten eine größere Entscheidungsautonomie bei der Ausübung ihrer beruflichen Tätigkeiten (Heiner 2004, S. 15). Als klassische Vertreter der alten oder auch freien Professionen gelten die Medizin, die Theologie und die Jurisprudenz, in denen sich nach Terhart auch nicht zufällig „die klassischen, für akademische Berufe (aus)bildende Fakultäten der alten Universitäten" (2011, S. 203) widerspiegeln. Neben diesen allgemeinen Zuschreibungen zu Professionen verweisen Merten und Olk darauf, dass es in der professionssoziologischen Forschung sehr wohl recht unterschiedliche Konzeptualisierungen hierzu gibt. Aus der Sicht der beiden Autor*innen liegt dies „nicht zuletzt daran, daß [sic] gerade in der Professionssoziologie wissenschaftliche Analyseinteressen sowie berufsständische Statusinteressen oft nahe beieinander liegen" (1999, S. 956) und auch der Wandel sozialer und politischer *Großwetterlagen* für die relative Bedeutung von Annahmen und empirischen Forschungsfragen nicht zu unterschätzen sei.

In der deutschsprachigen Diskussion haben sich ursprünglich primär amerikanisch orientierte Professionskonzepte durchgesetzt. Darauf basierende berufssoziologische Professionsmodelle bezogen sich im Wesentlichen auf die amerikanische Berufssoziologie der 1950er- und 1960er-Jahre und „die damalige

Situation der *‚free professions‘* (Ärzte, Anwälte, z. T. Kleriker, Architekten)“ (Terhart 2011, Hervorhebung i. O.). So formuliert auch Daheim, dass in der Bundesrepublik der 1950er- und 1960er-Jahre „relativ unbedenklich das funktionalistische Analysemodell für Professionalisierung mitsamt der implizierten Gesellschaftstheorie aus den USA“ (1992, S. 21) übernommen wurde, um auch die Entwicklung von Berufen innerhalb Deutschlands zu analysieren. Auch Olk und Merten (1999, S. 956) geben hierbei zu bedenken, dass der notwendig kritische Blick bzgl. einer Generalisierung des angelsächsischen Geltungsbereichs auf Europa und Deutschland dabei deutlich unterrepräsentiert blieb[14].

Allgemein lässt sich der Höhepunkt der internationalen Professionssoziologie in den 1960er- und 1970er-Jahren verorten und vor dem Hintergrund der damaligen Bildungsreformen und wohlfahrtsstaatlichen Expansionen einordnen (Nagel 1997 und Daheim 1992). In den darauffolgenden Jahren kam es zu einer Art „Konsolidierungsphase, charakterisiert hauptsächlich durch Forschungen zum Autonomieproblem, nicht zuletzt in Verbindung mit dem Wissensproblem“ (Daheim 1992, S. 21). Zur Zeit der Hochphase dominierten deskriptive Professionsmodelle, denen auch das sogenannte *Attribute-Modell* zuzuordnen ist.

Das Attribute-Modell

Hierbei handelte es sich um ein Modell, das den *klassischen* Professionen konstitutive Merkmale entnahm und vor dieser Grundlage Charakteristika vollausgebildeter Professionen zu definieren versuchte. Die Attraktivität dieser Modelle lag in der Annahme begründet, dass jeder Beruf grundsätzlich professionalisierbar sei, sofern die zuvor eruierten Merkmale von klassischen Professionen in den entsprechenden berufspolitischen Professionalisierungsstrategien Anwendung finden würden. Diese Professionsmodelle beharrten infolge ihres deskriptiven Charakters somit auch auf der schlichten Benennung „bestimmter äußerer Insignien professioneller Berufe“ (Merten; Olk 1999, S. 957). Die Frage nach der Notwendigkeit einer Strukturlogik professionalisierten Handelns hinsichtlich berufsspezifisch organisierter Arbeitsaufgaben blieb jedoch unbeachtet, „ob also der fragliche Beruf professionalisierungsbedürftig und professionalisierungsfähig ist“ (ebd.).

---

14 Entgegen dieser Vorbehalte geht Ulrike Nagel allerdings davon aus, dass die den *neueren Professionen* – also z. B. die Soziale Arbeit – inhärente Logik eines Loyalitätsproblems aufgrund ihrer Einbettung in den Wohlfahrtsstaat jedoch keine rein deutsche Besonderheit hinsichtlich des korporatistisches Wohlfahrtsregimes sei, sondern auch bei Berufen wie Lehrer*in, im Gesundheitswesen und eben in der Sozialen Arbeit *„generell* im Gefolge wohlfahrtsstaatlicher Funktionsbestimmungen“ (1997, S. 47, Hervorhebung N. W.) vorzufinden sei – und daher eine Bezugnahme auf Theorieansätze nordamerikanischer Autor*innen im deutschsprachigen Raum durchaus legitim sei.

Das funktionalistische Professionskonzept

Parsons bearbeitete das Problem der Professionalisierungsbedürftigkeit und entwickelte hieraus das funktionalistische Professionskonzept (Parsons 1939, 1952, 1968). Bei der Ausarbeitung dieses Konzepts ging es ihm auf Grundlage eines gesellschaftstheoretisch geprägten Interesses „um die Klärung der Frage, welche Bedeutung die Professionen mit ihrer spezifischen Verpflichtung auf ein ‚Dienstideal' in einer Gesellschaft haben könnten, die durch die Dominanz ökonomischer sowie bürokratischer Rationalität geprägt ist" (Merten; Olk 1999, S. 957). Er verfolgte die Annahme, dass die Professionen „als eine Art gemeinwirtschaftlicher Sektor mit der Verpflichtung auf ein Dienstideal" (ebd.) in einer ansonsten von wirtschaftlichen Werten geprägten Gesellschaft die Funktion eines Gegengewichts trugen, hinsichtlich einer ausbalancierten Integration der Gesamtgesellschaft. Dem sogenannten *Dienstideal* kommt hierbei eine wesentliche Bedeutung zur Bewältigung von Arbeitsaufgaben der professionalisierten Berufe zu, da deren Adressat*innen üblicherweise die zur Lösung ihres Problems notwendigen Kompetenzen fehlen bzw. ihnen nicht zugänglich sind und hieraus die Gefahr resultiert, eine „Situation der hohen Verletzlichkeit und Hilfsbedürftigkeit" (ebd.) infolge üblicher Marktmechanismen *gesellschaftlich inakzeptabel* auszubeuten.

Die darauf basierende funktionale Argumentation besagt, dass sich Professionen also vor dem Hintergrund derjenigen Problemstellungen herausbilden, bei denen „es keine vernünftige Alternative zu einem Problemlösungsarrangement nach dem Muster einer Solidaritätsbeziehung gibt" (ebd.). Die Besonderheit einer solchen Solidaritätsbeziehung liegt in dem Vertrauen, welches die Adressat*innen den Professionellen bzgl. der Lösung ihres Problems entgegenbringen. Hieraus resultiert wiederum das zentrale Problem der Kontrolle von professionellem Handeln, mit der Annahme, dass die Adressat*innen das Handeln der Professionellen zwar nicht wirksam kontrollieren können, jedoch „ein starkes Interesse an kompetenter Leistung der Professionellen" (ebd.) haben. Die Antwort darauf wird bei diesem Konzept in der *Selbstkontrolle der Professionellen* gesehen. So sollen infolge von Mechanismen der Rekrutierung sowie der Ausbildung des Berufsnachwuchses, aber auch „der formellen wie informellen Kontrolle der Berufsausübung durch kollegiale Sanktionsinstanzen" (ebd., S. 958) eine höchstmögliche Fachkompetenz gewährleistet sowie die Orientierung an den Dienstidealen der jeweiligen Professional Community sichergestellt werden. Aus dieser professionellen Orientierung an einem Dienstideal resultiert wiederum die gesellschaftliche Legitimation zur Zuerkennung „des Rechts auf professionelle Selbstkontrolle, eines hohen Ansehens und überdurchschnittlicher Einkommenschancen" (Goode 1957, zit. n. Merten; Olk 1999, S. 958).

Merten und Olk weisen hinsichtlich des funktionalistischen Professionskonzepts jedoch auf verschiedene Ansatzpunkte für Kritik hin. Zum einen werden in dem Konzept weder alternative Problemlösungen ausreichend thematisiert, wie bspw. die Kontrolle durch Dritte und zum anderen gibt es auch keine empirischen

Studien zur Wirksamkeit der Selbstkontrolle von Professionellen (1999, S. 958). Als gravierender betrachten die beiden Autoren allerdings „das Problem, daß [sic] in dem funktionalistischen Vertragsmodell eine Art prä-stabilisierter Harmonie zwischen den Vorrechten und Gratifikationen für die Professionsangehörigen und ihren Leistungen für die Gesellschaft bzw. für die KlientInnen unterstellt wird" (ebd.). Die Frage, welche Rolle die generellen Machtressourcen einer Profession für die Grundlage ihrer gesellschaftlichen Privilegien einnehmen, bleibt hingegen unberücksichtigt. Zugleich werde in diesem Konzept die funktionale Relevanz der beruflichen Problemlösungsressourcen und ein darauf basierender Wert für die Gesellschaft als Argumentationsgrundlage ihrer Privilegien überschätzt.

Das machttheoretische Professionskonzept

Infolge der Kritik am funktionalistischen Professionskonzept bildeten sich Forschungsperspektiven heraus, die den Schwerpunkt auf „die Rekonstruktion der Genese professioneller Vorrechte und Kontrollchancen" (ebd.) legten. Die hierbei angewandten (Macht-)Strategien zur Durchsetzung und Beibehaltung von (Zuständigkeits-)Monopolen mithilfe von staatlichen Lizensierungen auch gegen mitunter widerstreitende Interessen bildeten fortan den Interessenschwerpunkt (Boreham 1983/Johnson 1972/Larson 1977). Wird hierbei den Schlussfolgerungen gefolgt, lässt sich mit Merten und Olk kaum davon ausgehen, dass sich die Privilegien der „Kontrolle eigener Berufsvollzüge, der Definition von Bedarfen und der Verfügung über Zuständigkeitsmonopole" (1999, S. 958) ausnahmslos auf Grundlage der *objektiven* Merkmale der Wissensbasis und der *objektiven* „Problemlösungskapazitäten der Handlungsroutinen der Professionen" (ebd.) erklären ließen. Für die gesellschaftlichen Machtchancen einer Profession seien demnach vielmehr die sozialen Definitionen spezifischer Professionsmerkmale relevant. So weisen die beiden Autoren auch darauf hin, dass u. a. für die Einordnung der professionellen Wissensbasis einer Profession nicht nur der Grad der Systematisierung sowie die empirische Absicherung bzw. Wirksamkeit von Wissen relevant seien, sondern ebenso, „ob die Mitglieder einer gegebenen Gesellschaft das fragliche Wissen im Hinblick auf die Lösung eines spezifischen pragmatischen Problems für gültig halten" (ebd., S. 958 f.). Die Bedingungen für die soziale Akzeptanz von Wissensbeständen zur Lösung von Praxisproblemen müssen somit im Mittelpunkt von machttheoretisch inspirierten empirischen Untersuchungen stehen. Ebenso wie die Fragen nach den Mechanismen, „die es einer spezifischen Berufsgruppe erlauben, die Weitergabe, Weiterentwicklung und praktische Anwendung solcher Wissensbestände relativ autonom zu kontrollieren" (ebd., S. 959).

Die sozialen und zeitlichen Kontextbedingungen erscheinen bei diesem Konzept als wesentliche Faktoren für die Art und das Resultat der konkreten Professionalisierungsprozesse. Infolgedessen sind die Dienstleistungsmärkte sowie deren Angebotsstrukturen bei der Analyse ebenso von Interesse „wie Art und Entwicklungsrichtung der Entfaltung von staatlichen Sozialbürokratien“ (ebd.). Zudem wird in diesem Zusammenhang auch auf die Bedeutung eines Universitätssystems hingewiesen, das sich hinsichtlich der Professionen als offen und flexibel bei der Etablierung neuer Studiengänge oder der Reformierung etablierter Studiengänge erweist, um so auch den notwendigen Nachwuchs auszubilden (Daheim 1992). Die machtheoretische Perspektive ermöglicht es zu erkennen, dass das Zusammenwirken von professionsinternen Strategien sowie der jeweiligen externen Kontextbedingungen konstitutiv ist für die Art und die Richtung, in die sich die Professionalisierungsprozesse hin entwickeln. Eine nachhaltige Konsequenz dieser Annahme liegt in der Erkenntnis, dass sich klassische Professionen somit auch nicht „zum absoluten Maßstab für alle folgenden Professionalisierungsprozesse“ (Merten; Olk 1999, S. 959) erheben lassen. Vielmehr gilt es unter Bezugnahme einer historisch-genetischen Perspektive, Abstand zu nehmen von der „Fixierung auf ein eindimensionales Verlaufsmodell erfolgreicher Professionalisierung zugunsten der Möglichkeit differenter, pluraler Professionalisierungsprozesse“ (ebd.).

Ebenso wenig wie das funktionalistische Professionskonzept geht auch das machtheoretische Professionskonzept der Frage nach dem Problem der Professionalisierbarkeit bzw. der Professionalisierungsbedürftigkeit nach. Vielmehr bleibt das machttheoretische Modell diesem Problem gegenüber „systematisch desinteressiert“ (ebd.).

Das strukturtheoretische Professionskonzept

Das strukturtheoretische Modell geht den Fragen der Binnenstruktur eines Berufes nach und beschäftigt sich nicht nur mit dessen institutionellen Merkmalen. Merten und Olk bezeichnen dies auch als „die Logik des beruflichen Handelns“ (ebd.) und betonen die einhergehende Notwendigkeit

> „zu fragen, ob und in welchem Ausmaß die Binnenlogik beruflichen Handelns einzelner sozialer Dienstleistungsberufe dem Strukturmodell des professionalisierten Handelns entspricht“ (ebd.).

Diese Herangehensweise lässt sich mittlerweile auch als die primäre professionstheoretische Forschungsperspektive der letzten Jahre verstehen. Als besonders einflussreich gilt hierbei Ulrich Oevermann mit seinen Beiträgen zum strukturtheoretischen Professionskonzept (u.a. 1981, 1996). Die diesem Konzept einhergehende Grundidee lautet nach Merten und Olk

> „professionelle Berufe als Vermittlungsinstanzen zwischen Theorie und (Lebens-)Praxis und damit auch als Vermittler zwischen wissenschaftlichem Wissen und Alltagswissen zu konzeptualisieren“ (1999, S. 960).

Dieser Annahme folgend arbeitet Oevermann (1981) die Strukturlogik professionalisierten Handelns heraus und bestimmt diese als eine „widersprüchliche Einheit von universalisierter Regelanwendung auf wissenschaftlicher Basis einerseits und hermeneutischem Fallbezug andererseits“ (Merten; Olk 1999, S. 960) – Heiner umschreibt dieses hermeneutische Fallverstehen auch als die einfühlsame „Erkundung der Besonderheiten des Einzelfalls“ (2004, S. 18). Hiernach könne allein „der Grad der Systematisierung bzw. die Wissenschaftlichkeit der professionellen Wissensbasis“ (ebd.) nicht als Garant für einen professionellen Handlungstypus gelten. Oevermann identifiziert die besondere Leistung des Professionellen hingegen in der *stellvertretenden Deutung* von Problemen der Lebenspraxis der Adressat*innen (Heiner 2004, S. 18 und Merten; Olk 1999, S. 960), also in einem interpretativen

> „Angebot einer Sichtweise der Probleme, die der verunsicherte und blockierte Klient in seiner Bedrängnis selbst nicht zu sehen vermag, die sich aber für ihn als ‚richtig‘ erweist“ (Heiner 2004, S. 18).

Den Kern zur Lösung von Problemen bildet hierbei die Kommunikation und somit kein technisches Verständnis von professionellen Handlungsvollzügen. Hierbei steht vielmehr das Verstehen von Bedeutungen und die intuitiv-situative Anwendung universalisierter Wissensbestände bei der Bearbeitung eines konkreten Falls im Fokus der Professionellen.

Merten und Olk sprechen hierbei jedoch von einem idealtypischen Strukturmodell professionalisierten Handelns und geben zu bedenken, dass immer verschiedene Bedingungen ineinandergreifen müssen, um von einem professionalisierten Dienstleistungsberuf sprechen zu können, „insbesondere ist von Bedeutung, welche Probleme der Lebenspraxis zum Aufgabenbestand dieses Berufes gehören“ (Merten; Olk 1999, S. 960). Schlussfolgernd formulieren die beiden Autoren, dass für eine Analyse von Professionalisierungsverläufen von Dienstleistungsberufen daher grundsätzlich die Betrachtung beider Perspektiven notwendig sei, einerseits „die Rekonstruktion des Verlaufs der Durchsetzung von Zuständigkeitsmonopolen und der Erlangung autonomer Kontrollrechte bei der Bearbeitung zentraler Probleme“ (ebd.) und andererseits die Rekonstruktion der im jeweiligen Beruf vorherrschenden Binnenlogik professionalisierten Handelns. Eine einfache Übertragung der Analysen ist daher auch nicht möglich, vielmehr müssten für alle bekannten Dienstleistungsberufe eigene Untersuchungen durchgeführt werden.

Das Semi-Professions-Konzept

Die bereits oben erwähnten *neuen* Professionen stellten die bisherigen Professionskonzepte vor Herausforderungen, da diese sich inhärent auf die alten bzw. freien Professionen – also Medizin, Jura und Theologie – bezogen und die Besonderheiten von bspw. der Sozialen Arbeit nur begrenzt erfassen konnten. Die alten Professionen galten den bis dato ausgebreiteten Professionstheorien als normativer Bezugspunkt, ohne dass dies im gebotenen Maße reflektiert wurde. Dementsprechend konnten die neuen Professionen gemessen an diesen normativen Bezugspunkten zwangsläufig auch nur als strukturell defizitär analysiert werden und galten lediglich als Semi-Professionen (z. B. Krankenpfleger*innen, Sozialarbeiter*innen, Lehrer*innen) (Merten; Olk 1999, S. 961 und Terhart 2011, S. 203). Diese spezifischen Bezugspunkte bzw. Kriterien bzgl. der berufsstrukturellen oder auch indikatorischen Modelle lassen sich mithilfe von Heiner wie folgt zusammenfassen:

1. „Eine spezielle Expertise [...].
2. Eine akademische Ausbildung [...].
3. Eine abgegrenzte Kompetenzdomäne [...].
4. Die Betreuung mit Aufgaben von grundlegender Bedeutung [...].
5. Eine weitgehende Autonomie der Profession [...].
6. Große *Entscheidungsspielräume* der einzelnen Fachkräfte [...].
7. Die Verpflichtung auf ein bestimmtes *kodifiziertes berufliches Ethos* [...].“ (2004, S. 15 f., Hervorhebungen i. O.)

Werden diese Kriterien von spezifischen Berufen nun nicht oder nur zum Teil erfüllt, können diese für sich auch nicht beanspruchen, Professionen zu sein, sie werden „vor diesem Hintergrund als ‚semi-professions‘ bezeichnet“ (Terhart 2011, S. 203). Damit lässt sich aus der Sicht von Terhart auch verdeutlichen, dass der Professionsbegriff zugleich die Funktion eines *Abgrenzungsbegriffs* (1992) beinhaltet.

Als charakteristische Unterscheidung zwischen den alten und den neuen Professionen „gilt die organisationell-administrative Eingebundenheit der Semi-Professionen“ (Merten; Olk 1999, S. 961). Der professionssoziologische Blick wurde fortan auf diese Eingebundenheit und dessen Bedeutung für das professionelle Handeln der jeweiligen Akteur*innen gerichtet, also auf „eine Dimension, die bis dahin weitgehend unbeachtet blieb“ (ebd.). Die hieraus resultierende Erkenntnis beinhaltet die auf Luhmann (1973) zurückgehende Annahme, wonach professionelle Handlungsvollzüge einer doppelten Steuerung- und Selektionsanforderung unterliegen, bei der „formale Organisationen auf der Grundlage von Gesetzen [wirken, N. W.], die als Entscheidungsprogramme spezifische Selektionen nach sich ziehen“ (Merten; Olk 1999, S. 961). Infolgedessen stehen auch nicht die individuellen und sozialen Problemlagen im Fokus von Organisationsstrukturen, sondern vielmehr die Zuordnungs- und Selektionskriterien infolge der vom Gesetzgeber auferlegten Programme. Diese Logik steht jedoch gänzlich konträr zu der Logik des professionelles Handelns gegenüber, die sich, wie bereits dargelegt werden konnte, durch eine „spezifische Kombination von wissenschaftlich-generalisierten Wissensbeständen und hermeneutisch-intuitiven Fallprämissen" (ebd.) auszeichnet. Merten und Olk umschreiben dies auch als „die je fall-individuelle Anwendung des generalisierten wissenschaftlichen Wissens in einem professionellen Handlungsvollzug" (ebd.).

Die beiden divergierenden Strukturlogiken der Orientierung an einem zweckrationalen Bürokratiemodell sowie die Orientierung an autonomen Handlungs- und Entscheidungsvollzügen führen bei den Vertreter*innen des Semi-Professions-Konzepts zwangsläufig zu einem unaufhebbaren Dilemma. Da bei diesem Konzept auch von einer generellen Dominanz der organisationellen Steuerungslogiken ausgegangen wird, gelten professionelle Standards aus dieser Perspektive grundsätzlich als bürokratisch dominiert und überformt, infolgedessen Organisationen und Professionen „in die Position von Gegensätzen gebracht" (ebd., S. 962) werden. Ähnlich argumentiert Nagel, wenn sie zur Frage der Professionalisierbarkeit der neuen Professionen das „Problem der Konditionierung der Berufsausübung durch die Rationalitätsstruktur bürokratisch-administrativen Handelns, die durch den organisatorisch-institutionellen Kontext der Beschäftigung vorgegeben ist" (1997, S. 48) hervorhebt. So verweist sie bei den neuen Professionen wie die der Sozialen Arbeit auf die zweifache Verpflichtung, die sich einerseits auf den „Wissens- und Verfahrenskanon der Basiswissenschaften" (ebd.) bezieht, andererseits aber auf die in den Organisationen angelegten Regelungsstrukturen zur Vereinheitlichung. Diese paradoxe Doppel-Verpflichtung „gilt im professionstheoretischen Ansatz Oevermanns bereits als Sündenfall des professionalisierten Handlungstyps, der in den alten Professionen vorliegt" (ebd.). Da die stellvertretende Deutung – verstanden als ein kreativer Akt oder auch als schöpferisches Tun – sich jedoch nicht standardisieren lässt und sich somit professionelles Handeln auch keiner Routinisierung im Sinne Administrativer Steuerung unterziehen ließe, kann die Soziale Arbeit dieser Perspektive nach auch nicht als Profession gelten bzw. schlussfolgert Oevermann für die Soziale Arbeit daher eine Nicht-Professionalisierbarkeit infolge zweier sich ausschließender Strukturlogiken. Sollte es den Sozialarbeitenden gelingen, den professionellen Handlungstypus zumindest annäherungsweise im bürokratischen Kontext zur Geltung zu bringen, könne dies lediglich als *heroische Sonderleistung* verstanden werden – „Heroisch […] ist die Sonderleistung auch insofern, als sie die Sozialarbeiterin tendenziell in Konflikt bringt mit dem bürokratischen Apparat, innerhalb dessen die Hilfeleistung erbracht wird" (ebd., S. 54).

Jedoch verweisen Merten und Olk (1999, S. 962) darauf, dass die zuvor dargelegte Gegensatzkonstruktion nicht als exklusive Möglichkeit zur Verhältnisbestimmung der beiden Strukturlogiken zu verstehen sei. Die Semi-Professions-Debatte gehe aus Sicht der beiden Autoren auf das Organisationsmodell von Max Weber zurück – genauer gesagt auf das Weber'sche Bürokratietheorem

(1980, S. 125 ff.) – und wurde aus Sicht der beiden Autoren „jedoch unreflektiert auf *Sozial*bürokratien übertragen, ohne daß [sic] seine besonderen Geltungsbedingungen überprüft wurden" (Merten; Olk 1999, S. 962, Hervorhebung i. O.). So entwickelte Weber sein Bürokratiemodell auch im Kontext des säkularen Wandels institutioneller Herrschaft und dieses könne nicht vorbehaltlos dort herausgelöst und als Blaupause für pädagogische Organisationen verwendet werden (Baumert 1980, S. 627, zit. n. Merten; Olk 1999, S. 962). Heiner spricht hierbei pointiert auch von dem alten *Schreckgespenst Institution*, dessen starre Verfahrensorientierungen im Sinne von Dienstweg, Dienstanweisung und Aktenvermerk innerhalb einer hierarchischen Struktur sich kaum in der Realität von modernen (Sozial-)Verwaltungen wiederfinden ließen (2004, S. 22). Daher erweisen sich für die organisationssoziologische Forschung einerseits die bürokratietheoretischen Vorannahmen als theoretisch-konzeptionell wenig geeignet und andererseits muss auch die These von *semi-professionellen Berufen* als mittlerweile empirisch widerlegt eingeordnet werden (Merten; Olk 1999, S. 962 und Heiner 2004, S. 23). Vielmehr gelte es fortan der Frage nach Semi-Professionen in Anbetracht „einer je eigenen Professionsgeschichte, -logik und -systematik" (Merten; Olk 1999, S. 962) nachzugehen.

Das handlungsorientierte und kompetenzbezogene Professionsmodell

Dem Modell der Semi-Professionalität bzw. der Nicht-Professionalisierbarkeit der Sozialen Arbeit steht das Prinzip der handlungs- und wirkungsorientierten Perspektive bzw. der Professionalisierbarkeit der Sozialen Arbeit gegenüber. Diese Perspektive „konzentriert sich stärker auf die Analysen von Interaktionsprozessen sowie auf die Absichten und Strategien der Beteiligten und deren Umsetzung" (Heiner 2004, S. 20). Hierbei stehen das berufliche Handeln sowie die Problemlösungskompetenzen der Professionsmitglieder im Fokus und nicht mehr länger der gesellschaftliche Status eines Berufes. Auch die zuvor häufig betonte Autonomie zur Gestaltung der Berufsentwicklung – „(z. B. über die Entwicklung und Genehmigung von Ausbildungsgängen und Standesordnungen)" (ebd.) – spielt in dieser Perspektive keine entscheidende Rolle.

Diese interaktionistische Perspektive über Professionen geht auf die Chicago School zurück und insbesondere auf Glenn Hughes, der eng „mit dem Begriffspaar Mandat und Lizenz" (Nagel 1997, S. 57) verknüpft ist. Im Unterschied zu strukturfunktionalistisch beeinflussten Professionsmodellen werden hierbei nicht mehr die alten bzw. freien Professionen als Maßstab herangezogen. Stattdessen bekommen die neuen Professionen und deren Angehörige, die ihre Berufe innerhalb von Organisationen ausüben, die gleiche Relevanz zugesprochen wie die alten Professionen. Eine wesentliche Annahme der Chicago School und des darauf aufbauenden Symbolischen Interaktionismus sei es, dass

> „die Merkmale des professionellen Handelns nicht in erster Linie als globale evolutionsgeschichtliche Ergebnisse eines Rationalisierungsprozesses angesehen werden […], sondern schwerpunktmäßig als erst im einzelnen [sic] festzustellende empirische Unterschiede zu anderen Berufen und Erwerbstätigkeiten“ (Schütze 1992, S. 138).

Somit wird der Blick hierbei auf die Schwierigkeiten und Fehler von beruflichen Tätigkeiten innerhalb bürokratischer Organisationen gelenkt und zugleich davon ausgegangen, dass es in Organisationen „zu systematischen Fehlern aufgrund der Gleichzeitigkeit der Autorität des theoretischen Wissens sowie der Legitimität routinisierter Verfahrensweisen“ (Nagel 1997, S. 57 f.) kommt.

Der wesentliche Unterschied zum Modell der Nicht-Standardisierbarkeit bzw. der Semi-Professionen besteht in der Umkehr der Annahme, wonach die „Gleichzeitigkeit der Geltungsansprüche von Professions- und Ordnungsrationalität“ (ebd., S. 57) einen professionellen Handlungstypus grundlegend verunmöglichen würde. Stattdessen versteht die interaktionistische Betrachtungsweise „diese Spannung als eine Herausforderung innovativen professionellen Handelns und darüber hinaus eines gleichsam von innen bewirkten Prozesses der Professionalisierung des Organisationsapparates selbst“ (ebd., S. 58). Professionalisierung wird aus dieser Perspektive vielmehr als ein Mechanismus verstanden, der zur Leistungs- bzw. Effizienzsteigerung von Organisationen und Bürokratien beiträgt.

Im besonderen Interesse der interaktionistischen Professionstheorie stehe dabei das Erforschen verschiedener Berufe, Beschäftigungen und Arbeitswelten (u. a. professionelle Berufe) in Anbetracht eines „personal and social drama of work“ (1971, S. 342, zit. n. Nagel 1997, S. 58). Eine leitende Annahme dieser Perspektive lautet, dass sich Professionelle Berufe nicht durch ihre Anbindung an ein gesellschaftliches Mandat von profanen Berufen unterscheiden würden. Demgegenüber wird davon ausgegangen, dass dies „im weiten Sinne für alle Arten von Beschäftigung in der Arbeitswelt geltend gemacht“ (Nagel 1997, S. 58) werden kann. Entscheidend sei, „daß mit ihrem Mandat die Definitionsmacht gegenüber Sachverhalten und Dienstleistungen in ihrem Geltungsbereich verknüpft ist“ (Nagel 1997, S. 58). Hieraus resultiert auch die Trennung zwischen der Berufswelt und der Welt der Laien bzw. der Empfänger*innen beruflicher Dienstleistungen. Eine Bedingung zur Mitgliedschaft in der professionellen Berufswelt stellt zudem die Lizenz dar bzw. eine zertifizierte Erlaubnis. Diese ermöglicht es, in den Lebenswelten der Adressat*innen aktiv interagieren zu können und auch Aktivitäten ausüben zu dürfen, „die in den weiteren Lebenszusammenhang des Klienten intervenieren“ (ebd.). Somit lassen sich das Mandat und die Lizenz auch

> „beschreiben als aufgrund von Spezialwissen zuerkannter Dienstauftrag und das Recht, in Ausübung des Mandats Maßnahmen zur Durchsetzung von für andere

> Personen und Personengruppen eventuell schmerzlichen Entscheidungen zu treffen; sie bedeuten ebenso Pflicht wie Verpflichtung: dieses Handeln in den Dienst des öffentlichen Interesses zu stellen, das durch die Organisation verkörpert wird und nicht einem Profit – [sic] oder sonstigem Privatinteresse zu unterwerfen" (ebd.).

Wie bereits erwähnt, äußert sich die generelle Problematik für die Professionellen hierbei anhand eines Loyalitätsproblems zur bürokratischen Organisation. Davon ausgehend, dass sich jegliches professionelle Handeln in modernen Gesellschaften innerhalb von organisatorischen Strukturen abspielt, sind Professionelle sowohl in interne Organisationszwänge als auch in externe organisatorische Rahmenbedingungen eingebunden. Entsprechend sind Professionelle i. d. R. Mitglieder von Organisationen und werden durch diese bezahlt „oder aber die Qualität seiner Arbeit ist abhängig vom Zugang zu Diagnose- und Bearbeitungsverfahren, die durch die Organisation verwaltet sind" (Schütze 1984b, S. 319). Zugleich werden Professionelle mit „objektiv gesetzten Arbeitsbedingungen" (ebd.) in Form von ökonomischen und organisatorischen Bestimmungen konfrontiert, die den professionellen Handlungsrahmen einschränken. Diese Problematik lässt sich mithilfe von Hughes wie folgt beschreiben: „as real professionals, they have another loyalty than that of their employers; they belong to professions which have some sense of solidarity and autonomy" (1971, S. 370, zit. n. Nagel 1997, S. 59). Jedoch betont Nagel (1997, S. 59), dass Schütze (1984b) entgegen der Argumentation von Hughes in dem generellen Verfolgen von organisatorischen Zielen keinen zwangsläufigen Widerspruch zu den Belangen der Adressat*innen sieht. Vielmehr gehe er davon aus, wonach ein unaufhebbares Mandat einer jedweden Profession auch dazu auffordere, die Gemeinschaftsinteressen zu berücksichtigen. Demnach würde also keineswegs „das Abwägen zwischen den Belangen der Gesellschaft bzw. anderer Solidargemeinschaften auf der einen Seite und den Belangen des Klienten auf der anderen Seite per se gegen den Geist der Professionalität" (Schütze 1984b, S. 326)[15] verstoßen. Aus diesen Überlegungen lasse sich für Ulrike Nagel bereits die Annahme ableiten, wonach Soziale Arbeit grundsätzlich professionalisierbar sei, denn

> „insofern die Organisationen der Sozialarbeit auch als institutionelle Manifestationen eines allgemeinen gesellschaftliches Grundwerts, der Hilfe zur Selbsthilfe im Dienste der Herstellung sozialer Gleichheit gelten können, wird die Logik des professionellen Handelns durch die Verfahrensstruktur der Organisation nicht tangiert, sondern lediglich in einer spezifischen Weise kontextuiert" (1997, S. 59).

15 Hinweis: Nagel (1997) verwendet bei der Zitierung von Schütze (1984b) Seitenangaben, die nicht mit den Seitenangaben der Originalliteratur übereinstimmen, die dem Autor vorliegt. Hier kann es zu Abweichungen kommen.

Die charakteristischen Grundmerkmale bzw. Strukturkomponenten der *gesellschaftlichen Institution Profession* aus einer interaktionistischen Perspektive legt Fritz Schütze in verschiedenen Schriften ausführlich dar (u. a. 1984b und 1992). Für die vorliegende Arbeit soll eine Zusammenfassung dieser Grundmerkmale ausreichen. So formuliert der Autor:

> „Jede Profession orientiert sich auf eine höhersymbolische Sinnwelt, hat einen prinzipiellen Wissensvorsprung gegenüber ihren Klienten, verfügt über mächtige Handlungs- und Interaktionsverfahren, ist in ‚innerbetriebliche' und gesellschaftliche Organisationsstrukturen eingebettet und steuert ihre Interaktion mit dem Klienten durch eine besondere Interaktionsmodalität, die vom Professionellen als Verfahrensverwalter enaktiert und aufrechterhalten wird." (Schütze 1984b, S. 328)

Auf Grundlage dieser interaktionistischen Merkmale von Professionen müssen nun im Hinblick auf die Soziale Arbeit Zweifel formuliert werden, inwieweit diese den Status einer Profession beanspruchen könne. Weder sind die Voraussetzung einer eigenen abgegrenzten und nach außen hin abgeschirmten höhersymbolischen Sinnwelt gegeben – verstanden als „eine oder mehrere wissenschaftliche Fachdisziplinen, welche die Profession in ihrem Handeln fundierten, die aber auch umgekehrt von letzterer in ihrem sozialen Rahmenwerk und ihren Thematisierungen beherrscht und kontrolliert würden" (Schütze 1992, S. 142) – noch werden die darauf notwendig basierenden „mächtigen Diagnose- und Bearbeitungsverfahren" (ebd.) qua Definition erfüllt. Eine für die Soziale Arbeit charakteristische Folge der fehlenden abgegrenzten Sinnwelt stellt für Schütze daher auch „eine verstärkte Wirksamkeit der Paradoxien professionellen Handelns in ihrem Tätigkeitsbereich dar" (ebd., S. 146)[16]. Zudem geht der Autor davon aus, dass die Sozialarbeiter*innen auch den *geliehenen* „psychologischen und sozialwissenschaftlichen Desorganisations- und Verursachungstheorien und den entsprechenden Diagnose- und Bearbeitungsverfahren" (ebd.) ohne das notwendige Augenmaß gegenüberstehen würden, da die Berufsfeldangehörigen nicht über die spezifische wissenschaftliche Sozialisierung in die jeweiligen disziplinären Grundlagen verfügen. Eine Konsequenz sei die unweigerlich fehlende, zugleich aber notwendige Rollendistanz der Sozialarbeiter*innen zu diesen Wissensbeständen und den Verfahrensweisen anderer Disziplinen, infolgedessen sie zu einer „unkritischen Bewunderung des Wissenschaftlichen bzw. Vermeintlich-Wissenschaftlichen" (ebd.) neigen. Als Schlussfolgerung geht Schütze davon aus, „daß [sic] die Sozialarbeiterin bei der Anwendung wissenschaftlicher Theorien und Verfahren noch stärker von den Paradoxien professionellen Handelns überwältigt wird als die Vertreter anderer Professionen" (ebd.).

16 Ausführlich zu den Paradoxien professionellen Handelns siehe Schütze 1992, S. 146ff. und Schütze 1994.

Eine weitere Folge einer nicht bestehenden eigenständigen Sinnwelt stellt für die Soziale Arbeit das Fehlen von ausgeprägten Ansätzen zur automatischen professionellen Selbstkontrolle dar, und zwar sowohl hinsichtlich ihrer systematischen Berufsfehler als auch ihrer biografischen Verstrickungen. Infolge dieser schwach ausgeprägten Ansätze müsse von intensiven biografischen Dilemmata der Sozialarbeitenden ausgegangen werden, die auf den Paradoxien des professionellen Handelns basieren, aber auch auf den bereits ausgeführten strukturellen Verstrickungen der neuen Professionen in die Handlungsrestriktionen der organisatorischen Zwänge – die wiederum zu einer Behinderung der professionellen Entwicklung und Autonomie beitragen. In Anbetracht der dargelegten Besonderheiten der Sozialen Arbeit als *bescheidene* Profession, muss daher in „besonders schmerzlicher Weise von den Paradoxien professionellen Handelns und von den mit ihnen gesetzten biographischen Verstrikungen [sic]" (ebd., S. 147) für die Berufsfeldangehörigen der Sozialen Arbeit ausgegangen werden. Dies stelle aus Sicht von Schütze auch eine Erklärungsgrundlage dar, warum „gerade hier ein besonders intensives Bedürfnis nach neuartigen Selbstreflexions- und Selbstvergewisserungsverfahren wie denen der Fallbesprechung und Supervision entstehen konnte" (ebd.).

Zusammenfassend lässt sich konstatieren, dass infolge der interaktionistischen Perspektive die Aufmerksamkeit fortan auf die konkreten Arbeitssituationen gelenkt wurde sowie „auf die Anforderungen, mit denen die Berufsangehörigen konfrontiert sind, und, indem sie sich ihnen stellen, durch ihr Tätigwerden die soziale Organisation ihres Berufs stabilisieren bzw. verändern oder modifizieren" (Nagel 1997, S. 60). Heiner spricht hierbei auch von einer Öffnung des professionstheoretischen Diskurses hin zu einer auf den tatsächlichen Handlungsvollzügen und Entscheidungsspielräumen gerichteten Analyse der beruflichen Praxis (2004, S. 22). Auch Nagel hebt hervor, dass mithilfe der interaktionistischen Theorie der analytische Fokus auch auf „die Betrachtung des Zusammenhangs von *Beruf und Biographie*" (1997, S. 60, Hervorhebung N. W.) gelenkt wird. Gemeint ist „die Analyse beruflicher Sozialisation, Statuspassagen und Karrieren, ihrer je berufsspezifisch-typischen Probleme und Bewältigungsmodalitäten" (ebd.). Diese Theorietradition ist es auch, der sich die vorliegende Ausarbeitung zuordnet.

4.2 Ein Modell professionellen Handelns

Wird nun der Versuch gewagt, ein Modell professionellen Handelns auf Grundlage des interaktionistischen Professionsmodells für die Soziale Arbeit zu skizzieren, bietet es sich an, auf das ganzheitliche Modell zur *Professionalität in der Sozialen Arbeit* von Maja Heiner (2004) zurückzugreifen und dieses mit theoretischen Überlegungen von Burkhard Müller zur *Professionalität* in der Sozialen Arbeit (2012) zu ergänzen. Das Modell von Heiner stellt insoweit eine Besonderheit dar, da es bis zum Zeitpunkt der Veröffentlichung kein so ganzheitliches Professionalitätsmodell für die Soziale Arbeit gab. Entsprechend konstatierte die Autorin hierzu: „Ein konsensfähiges Modell professionellen Handelns, von dem man in einer empirischen Untersuchung ausgehen kann, existiert in der Sozialen Arbeit bisher nur in Umrissen" (2004, S. 37). Obwohl es ausführliche theoretische Abhandlungen zu den paradoxen Anforderungen bzgl. der intermediären Funktion und zu den Professionseigenheiten der Sozialen Arbeit gäbe, würden laut der Autorin nur wenige Beschreibungen von Handlungsformen und Interventionsmethoden existieren. Zugleich würden sich die bestehenden empirischen Studien vielfach nur auf sehr spezifische Arbeitsfelder beziehen, aber „was die tätigkeitsfeldübergreifenden Gemeinsamkeiten sein könnten und worin die Professionalität Sozialer Arbeit insgesamt – jenseits von Wunschvorstellungen und Selbsttäuschungen – in der alltäglichen Praxis besteht oder bestehen könnte, ist weitgehend ungeklärt" (ebd., S. 38)[17]. Eine solche Lücke zwischen Theorie und Empirie versuchte die Autorin mit ihrer Studie zur Professionalität in der Sozialen Arbeit (Heiner 2004)[18] zu schließen, betont jedoch zugleich, dass ein solches Desiderat von ihr aber auch nur begrenzt gefüllt werden könne.

Die leitende Annahme für die Entwicklung eines solches Modells müsse von dem Punkt aus starten, „dass Professionalität mehr verlangt als die Beherrschung von Methoden und Techniken zur Erreichung bestimmter Ziele" (ebd. S. 38). Auch wenn sich mithilfe von Burkhard Müller ergänzen lässt, dass dies wiederum nicht heißen könne, entsprechende Methoden und Techniken der Sozialen Arbeit seien überflüssig – „z. B. einen Sozialhilfeanspruch errechnen, einen Haushaltsplan entwerfen, Gesprächsführungs- und Moderationstechniken beherrschen zu können" (2012, S. 972). Dennoch dürfen solche Techniken nur als feldspezifisch verstanden werden, einen allgemeinen Professionalitätsanspruch rechtfertigen diese nicht. Methoden in der Sozialen Arbeit beinhalten vielmehr die Funktion von Suchstrategien, im Sinne einer professionellen Selbstreflexion oder auch zur Schulung geschärfter Beobachtungsfähigkeiten (ebd., S. 971 f.)[19]. Gleichzeitig könne sich ein Modell professionellen Handelns nicht nur auf selbstkritisches und

17 Ausnahmen bilden hierbei u. a. die Ausarbeitungen von Nagel 1997 zur engagierten Rollendistanz sowie Becker-Lenz und Müller 2009 zum professionellen Habitus in der Sozialen Arbeit, auf die hier aber nicht weiter ausführlich eingegangen werden soll.

18 Die ausführliche Darlegung des qualitativen Forschungsprojektes von Heiner zur Erarbeitung eines Modells der Professionalität in der Sozialen Arbeit (2004) auf Grundlage von theoretisch deduktiv sowie empirisch induktiv zusammengesetzten Teilaspekten ist an dieser Stelle weder möglich noch ist sie für die empirische Analyse notwendig. Für die vorliegende Ausarbeitung erscheint es dem Autor als sinnvoll, eine *fokussierte* Darlegung dieses Rahmenmodells des professionellen Handelns in die vorliegende Arbeit zu integrieren und hierzu eine besondere Betonung auf den Aspekt der individuellen *Identifikation* mit dem Beruf der Sozialen Arbeit zu legen.

19 Ausführlich zu Methoden der Sozialen Arbeit siehe auch Galuske 2013.

selbstreflexives Wissen in Anbetracht der Bedingungen und Grenzen Sozialer Arbeit beziehen, „das sich dann im Zuge der Akademisierung der Ausbildungen [...] als disziplinäres, selbstreflexives Wissen entfaltete [...], um die Lücke zwischen Professionalisierungsbedürftigkeit und faktischer Professionalität zu schließen" (ebd., S. 970).

Müller identifiziert hieraus eine für alle weiteren Überlegungen wesentliche Konsequenz, wonach sich Professionalität in der Sozialen Arbeit niemals nur aus disziplinärem Wissen und professionellem Können zusammensetzt, Professionalität entsteht „auch und vor allem aus lebendigen Personen" (ebd., S. 972). Schlussfolgernd könne ein so definiertes Verständnis von Professionalität auch niemals von der jeweiligen *Biografie* der Berufsweltangehörigen getrennt werden[20]. Konkret bedeutet dies, dass „professionelles Können nie nur das umfasst, was durch Ausbildung, Training, kasuistische und theoretische Reflexion erworben werden kann, sondern immer auch aus lebensgeschichtlich erworbenen Fähigkeiten, ‚gesunden Menschenverstand', Erfahrungen, persönliche Stärken und Schwächen" (ebd.). Die innere persönliche ethische Haltung sowie die moralischen Prinzipien stellen eine genuine Voraussetzung für „die beschriebene Offenheit, selbstkritische Reflexion, Beobachtungsfähigkeit und Verhandlungsbereitschaft" (ebd.) dar.

Das Ziel der Untersuchung von Heiner war es nun „herauszufinden, ob, wie und unter welchen Bedingungen eine Soziale Arbeit, die es verdient, als ‚professionell' bezeichnet zu werden, sich heute in der Praxis realisieren lässt" (2004, S. 40). Ausgehend von den Überlegungen, ob die Beurteilung von Selbstdeutungs- sowie Handlungskonzepten innerhalb der Praxis überhaupt als *professionell* bezeichnet werden könne, müsse zu Beginn einer solchen Untersuchung ein Professionalitätsmodell entstehen, dass sich auf einer normativen Folie gründet. So formuliert auch Brand, dass qualitative Sozialarbeitsforschung niemals vom *leeren Blatt* ausgehe. Eine Offenheit ließe sich hierbei nun mal nicht über fehlendes Vorwissen definieren (2022, S. 243). Gleichzeitig weist Heiner daraufhin, dass ein fundiertes Modell professionellen Handelns schlussendlich erst mithilfe empirischer Untersuchungen gefüllt werden könne. Auch Nagel weist bzgl. solcher Forschungsvorhaben daraufhin, dass es notwendig sei, eine Balance aus deduktiver und induktiver Herangehensweise zu finden, um Sorge dafür zu tragen, dass die gewonnenen Begriffe nicht rein „deduziert, aus Theorien abgeleitet werden" (1997, S. 85). Würden die Forschenden andernfalls „von bereits hinreichend bewährten Wissensbeständen und Kategorien ausgehen, verschenkte man die Möglichkeit des Erkennens der Eigentümlichkeit der im Untersuchungsbereich angetroffenen Verhältnisse und Problemlagen" (ebd.). Für Heiner steht hierbei „die Klarheit über die eigene Berufsrolle als Basis der *beruflichen Identität* und als Zielfindungsrah-

20 Darauf ausführlich bezugnehmend siehe Kapitel 4.3.

men" (2004, S. 38, Hervorhebung N. W.) im Mittelpunkt ihrer Überlegungen. Eine solche Klarheit setze sich wiederum aus zwei Dimensionen zusammen, die sie als deutliche Vorstellung von den eigenen Aufgaben, „also dem beruflichen Auftrag und den damit verbundenen Verpflichtungen" (ebd.) beschreibt sowie als notwendige „Verortung dieses Aufgaben- und Rollenverständnisses im Berufsfeld, insbesondere im Verhältnis zur eigenen Institution und zu anderen Berufsgruppen und Professionen" (ebd.).

Für die *erste* Dimension der beruflichen Rolle bzw. der Rollenklarheit lassen sich wiederum *drei Teilaspekte* ausmachen: Erstens sei es notwendig, sich über die *intermediäre* Funktion der Sozialen Arbeit[21] bewusst zu sein, also „ihrer Aufgabe, zwischen Individuum und Gesellschaft zu vermitteln, mit dem Ziel der Förderung der Autonomie der Lebenspraxis und der Herstellung von Normalität" (ebd.). Damit einher geht das Wissen, sich bei diesem Beruf in einem gesellschaftlichen Spannungsfeld zwischen Hilfs- und Kontrollfunktion zu bewegen, oder anders formuliert, zwischen fürsorglicher Fremdbestimmung und emanzipativer Förderung der Individuen. Die Paradoxien des sozialpädagogischen Handelns infolge professioneller Handlungen innerhalb von Organisationsstrukturen führen daher auch „immer wieder zu schwierigen Gradwanderungen zwischen schützender Begrenzung und Bevormundung und dem Tolerieren riskanter Formen der Selbstbestimmung" (ebd., S. 38 f.). Das Erkennen einer solchen *eingebauten* Asymmetrie stellt daher ein Indiz für Professionalität bei den Berufstätigen der Sozialen Arbeit dar.

Der zweite Teilaspekt zur Aufgaben- und Auftragsklarheit der Sozialen Arbeit bezieht sich auf das Bewusstmachen ihrer *doppelten Aufgabe*. Heiner beschreibt diese als das Fördern und Stärken von Personen, um Einfluss auf deren Lebensweisen zu nehmen, aber zugleich „auch die Rahmenbedingungen ihrer Existenz, ihre Lebenslage zu verbessern" (ebd., S. 39). Die Soziale Arbeit sei für die *strukturelle* sowie *personale Lebensqualität* zuständig (Otto; Böllert 1994, S. 445, zit. n. Heiner 2004, S. 39). Der dritte Teilaspekt betont die Grenzen der Beeinflussbarkeit von den ihnen anvertrauten Adressat*innen und das Bewusstwerden von Grenzen eigener Handlungsmöglichkeiten – insbesondere vor der Annahme, dass die Anvertrauten häufig unfreiwillig Adressat*innen der Sozialen Arbeit werden und auch nicht selten unter chronischen Problemen leiden. Schlussfolgernd könne es auch keine Veränderungsgarantie durch professionelles pädagogisches Handeln geben, infolgedessen weder vorab definierte Ziele aufgestellt werden noch diese im Nachhinein mit erwartbaren Ergebnissen in Einklang gebracht werden könnten. Dennoch gilt es für die Sozialarbeiter*innen trotz vager Ergebnisprognosen, begründete Einschätzungen zum jeweiligen Fall zu erarbeiten, „welche Veränderungen in welchen Teilbereichen der komplexen Problemlage auf welchem Wege

21 Ausführlich zur gesellschaftlichen Funktion der Sozialen Arbeit siehe Heiner 2004, S. 27 ff.

eher wahrscheinlich und welche unwahrscheinlich sind" (ebd.). Somit stellt die *Reflexion* über das eigene Verständnis von (beruflichem) Erfolg sowie der eigenen Grenzen des eigenen fachlichen Handelns einen weiteren Hinweis dafür dar, ob sich Berufstätige der Sozialen Arbeit dieser besonderen Herausforderung vor dem Hintergrund einer Aufgaben- und Auftragsklarheit bewusst sind.

Die *zweite* Dimension umfasst die berufliche Identität als Grundlage professionellen Handelns. Hierbei wird insbesondere die „Verortung des eigenen Berufs- und Rollenverständnisses im Kontext des jeweiligen Handlungsfeldes" (ebd., Hervorhebung i. O.) in den Mittelpunkt gestellt und das Verhältnis der Sozialen Arbeit zu anderen Berufsgruppen und Professionen betrachtet. Ausgehend von der Überlegung, dass die Soziale Arbeit in besonderem Maße mit anderen Berufsfeldern vernetzt arbeitet, gilt es aufgrund der vielen tätigkeitsfeldbezogenen Überschneidungen, dass eine solche „Verortung in besonderem Maße für eine klare berufliche Selbstdefinition der Fachkräfte notwendig" (ebd.) sei. Zum Erlangen einer beruflichen Identität ist daher die Gewissheit über eine eigene Kompetenzdomäne innerhalb interdisziplinär arbeitender Tätigkeitsfelder ausschlaggebend.

Jedoch ist es hierbei nicht die Abgrenzung zu den Handlungsfeldern und Wissensdomänen anderer Berufe, um die es der Autorin geht, sondern vielmehr eine eigenständige „Verwendung des Wissens aus anderen Disziplinen, verbunden mit eigenen Wissensbeständen sowie mit eigenen Ziel- und Wertvorstellungen" (ebd.). Eine weitere Abgrenzungsstrategie der Sozialen Arbeit äußert sich „in einem anderen Vorgehen bei ähnlicher oder gleicher Aufgabenstellung der beteiligten Berufe" (ebd.). Für die Soziale Arbeit sei ein ganzheitlich partizipatives Vorgehen charakteristisch sowie eine hervorgehobene Orientierung auf das Alltagshandeln der Adressat*innen. Insbesondere die Orientierung auf ein gleichzeitig problemlösendes und verständigungsorientiertes kommunikatives Handeln stellt für die Autorin ein konstitutives Unterscheidungskriterium zu Vorgehensweisen anderer Professionen bzw. Berufsgruppen dar. Im Unterschied hierzu ließe sich das berufliche Handeln von Therapeut*innen als primär verständigungsorientiert charakterisieren und bei Jurist*innen und Betriebswirt*innen als ein Handeln, das primär strategisch orientiert ausgerichtet sei (Hubbertz 2002, zit. n. Heiner 2004, S. 39 f.).

Gleichzeitig müssen sich die Berufsfeldangehörigen die spezifische Laufbahnstruktur sozialer Berufe vor Augen führen. Wird Nagel gefolgt, muss bei sozialen Berufen grundsätzlich mit einkalkuliert werden, dass eine typische Aufstiegskarriere bzw. das Vorhandensein von klassischen Karrierewegen in diesem Berufsfeld weit weniger ausgeprägt ist, als es in anderen Berufsfeldern der Fall ist. Entsprechend gilt für die Berufsfeldangehörigen der Sozialen Arbeit, dass zwei Aspekte miteinander in Einklang gebracht werden müssen, „die, gemessen an den Normalitätsstandards der Leistungsgesellschaft zusammengehören, im sozialarbeiterischen Beruf aber auseinanderklaffen" (1997, S. 173). Konkret handelt es sich um die „Erbringung einer professionalisierten beruflichen Leistung, ohne daß [sic] dies ihren adäquaten Ausdruck in Form einer Aufstiegskarriere, von Prestige und Anerkennung oder barer Münze fände“ (ebd.). Mit anderen Worten *lohnt* sich ein Beruf der Sozialen Arbeit schlicht nicht, sollte Erfolg anhand von traditionellen Kriterien der Leistungsgesellschaft gemessen werden. Auch *aushalten* lasse sich dieser Beruf nur dann, „insofern die Bindung der Person an ihn vorrangig durch ein persönliches Engagement für den Wert seiner gesellschaftlichen Funktion, für das gesellschaftliche Mandat und nicht durch ein besitzindividualistisches Interesse kanalisiert wird“ (ebd.)[22].

Das Rahmenmodell professionellen Selbstverständnisses und Handelns

Auf Grundlage der vorangegangenen Ausführungen zum Professionalisierungsdiskurs sowie zum theoretischen Kontext der empirischen Ausarbeitung resultiert Maja Heiners Rahmenmodell professionellen Selbstverständnisses und Handelns. Für die empirische Untersuchung ist somit ein handlungstheoretisches Professionsverständnis leitend und nicht der Status des Berufes. Es geht vielmehr um die *Expertise*, verstanden als „das spezifische Wissen und Können zur Bewältigung der beruflichen Aufgaben“ (2004, S. 42). Für die Eingebundenheit der Sozialen Arbeit in organisationale Kontexte wird als Hypothese angenommen, „dass die Fachkräfte auch in abhängiger Stellung in Institutionen über die notwendige Entscheidungsfreiheit verfügen, um ihre Ziele gemäß den fachlichen Standards der eigenen Profession zu verfolgen“ (ebd.). Inwieweit dieser Spielraum tatsächlich besteht und genutzt wird, müsse letztendlich empirisch geklärt werden. Das „handlungstheoretisch ausgerichtete Rahmenmodell professionellen Selbstverständnisses und Handelns“ (ebd.) setzt sich aus den folgenden vier Aussagen zusammen:

---

22 Hierbei muss jedoch angemerkt werden, dass die sozialen Berufe seit der Veröffentlichung von Nagel (1997) eine sukzessive finanzielle Aufwertung erfahren haben (u. a. aufgrund des Fachkräftemangels). Als aktuelles Beispiel soll an die ver.di Tarifverhandlungen für Bund und Kommunen vom Frühjahr 2023 erinnert werden, bei dem bis zu 11 % Tarifsteigerungen erzielt worden sind, die sich entsprechend auch auf die Tarife des Sozial- und Erziehungsdienstes auswirken (ver.di 2023). So verweisen auch Heil und Behm darauf, „das Gehalt von Sozialpädagogen und Sozialarbeitern ist nicht so schlecht, wie oft kolportiert wird“ (2022). In Zahlen bedeutet das ausgedrückt: Das Gehalt von Sozialarbeiter*innen beträgt im Jahr 2023 durchschnittlich 4.085 Euro brutto im Monat und 49.020 € brutto im Jahr. Auf Grundlage einer 38-Stunden-Arbeitswoche lag der Verdienst von Sozialarbeiter*innen in Deutschland im Jahr 2021 bei zirka 26,87 Euro brutto pro Stunde. Der durchschnittliche Bruttostundenlohn von Arbeitnehmer*innen in Deutschland beträgt 26,97 Euro brutto pro Stunde für Männer und 24,33 Euro für Frauen. Entsprechend verweisen die Autor*innen von myStipendium darauf, „das Sozialarbeiter-Gehalt pro Stunde liegt somit also im bundesweiten Durchschnitt“ (2023). Daher lässt sich das Argument von Nagel für die heutige Zeit nicht mehr ohne Weiteres aufrechterhalten, dass sich ein Beruf in der Sozialen Arbeit zumindest finanziell nicht auszahlen würde.

1. Die *Aufgabe* der Sozialen Arbeit: „Die Vermittlung zwischen Individuum und Gesellschaft" (ebd.). Hierbei kommt es zu Spannungsgefügen im Berufskontext, die auf der intermediären Funktion zwischen Hilfe und Kontrolle beruhen.
2. Die grundlegende *Zielsetzung* der Sozialen Arbeit: Im Mittelpunkt steht „die Autonomie der Lebenspraxis, d. h. eigenverantwortliche Lebensführung der KlientInnen durch Hilfe zur Selbsthilfe" (ebd.). Gekennzeichnet ist dieses Rahmenziel durch die Absicht, „zum Abbau der Abhängigkeit von Unterstützung durch die Gesellschaft " (ebd.) beizutragen. Das Rahmenziel ist weder durch eine einseitige Anpassung der Individuen an die Anforderungen der Gesellschaft geprägt noch durch eine individuelle Durchsetzung der individuellen Bedürfnisse.
3. Das *Handlungsfeld* der Sozialen Arbeit: Entsprechend ihres Vermittlungsauftrages erfüllt die Soziale Arbeit a) die Funktion der „Unterstützung und Befähigung von Personen (Optimierung der Lebensweise)" (ebd.) sowie „b) die Veränderungen ihrer Existenzbedingungen (Optimierung der Lebensbedingungen)" (ebd.). Kennzeichnend für die Soziale Arbeit ist daher ein doppelter Problembearbeitungsansatz, der sowohl die soziale Integration verfolgt als auch die individuelle Entfaltung der Adressat*innen.
4. Die *methodische* Herangehensweise der Sozialen Arbeit: Die Bearbeitung der Aufgaben Sozialer Arbeit kennzeichnet sich dadurch, dass sie „(a) ressourcenorientiert, (b) mehrdimensional, (c) mehrperspektivisch, (d) vernetzend, (e) alltagsorientiert, (f) umfeldbezogen und (g) partizipativ" (ebd.)[23] erfolgt.

Mithilfe von Fallanalysen ließen sich die dargelegten sieben Merkmale methodischen Handelns (also a bis g bei Punkt 4) ergänzen und ausdifferenzieren sowie durch empirische Beispiele fundieren. Nur so könne aus Sicht von Heiner begrifflich ausbuchstabiert werden, was mit diesen Merkmalen „gemeint sein kann, welche Aktivitäten der Fachkräfte dazu beitragen und welches Verhalten dabei als ‚professionell' anzusehen ist" (ebd.). Nur mithilfe empirischer Fallanalysen ließe sich herausarbeiten, wie sich „das Spezifische der sozialpädagogischen Expertise und Kompetenz im Vergleich zu anderen Berufen konkret" (ebd.) darstellt und wie die Vermittlungsarbeit zwischen Individuum und Gesellschaft durch die Berufsangehörigen ausgestaltet wird.

Reflexive Kompetenz und wissenschaftliches Wissen

Ein weiteres relevantes Merkmal sozialpädagogischer Professionalität stellt für Heiner die *Reflexive Kompetenz* dar bzw. die *Reflexivität*. Reflexivität wird verstanden als „die Voraussetzung für die Realisierung methodischer Prinzipien wie der partizipationsfördernden Vorgehensweise, z. B. um entscheiden zu können, wie

23 Ausführlich zu (a) bis (g) siehe Heiner 2004, S. 42 f.

viel Partizipation wann sinnvoll ist" (ebd., S. 43). Eine so definierte *hohe* Reflexivität sei nicht nur kennzeichnend für jegliche Profession, sondern stellt „zugleich die Voraussetzung jeder wissenschaftlich fundierten Expertise" (ebd.) dar. Hierbei wird nicht von einer reinen Rezeption von Wissen ausgegangen. Die Grundlage für eine solch fundiert reflexive Expertise stellt vielmehr eine proaktive Einbindung und Verarbeitung von wissenschaftlichem sowie erfahrungsbasiertem Wissen dar, das sich auf die Adressat*innen, das Arbeitsfeld und die Berufsfeldangehörigen bezieht. Ein reflexiv verstandenes professionelles Handeln verlange das Einbinden, Aufeinanderbeziehen und Hinterfragen „von wissenschaftlichem Wissen, beruflichem (Erfahrungs-)Wissen und aktuellem Alltagswissen" (Daheim 1992), infolgedessen diese sukzessive auf ihre Tauglichkeit hin überprüft werden können. Heiner hebt hervor, dass „diese reflexive Verwendung sowohl des wissenschaftlichen Wissens wie auch des tradierten, beruflichen (Erfahrungs-)Wissens und aktueller Informationen" (2004, S. 44) generell einen unverzichtbaren Kern der Handlungskompetenz für Professionalität darstellt. Eine solche Form der Reflexivität könne auch nicht nur im Rahmen einer Ausbildung erworben werden, sondern müsse „in der Berufspraxis kontinuierlich […] weiterentwickelt bzw. gesichert" (ebd.) werden.

Zusammengefasst wird Reflexivität daher „als Bereitschaft und Fähigkeit zur systematischen, methodisch kontrollierten und selbstkritischen Analyse des eigenen Tuns und der dazu gehörigen Rahmenbedingungen (der Institution, des Hilfesystems, etc.)" (ebd.) definiert. Sowohl die eigenen Deutungsmuster als auch die zentralen Interventionsmuster werden hierbei Teil der systematischen Analyse und führen zu zwei grundlegenden Hypothesen einer reflexiven Denkweise, die Heiner folgendermaßen beschreibt: „(1) *Es könnte auch anders sein (bzw. sein sollen), als ich bisher gedacht habe.* (2) *Vielleicht könnte (und sollte) ich anders handeln.*" (ebd., Hervorhebung i. O.). Neben einem dafür notwendigen Habitus sowie der Bereitschaft, sich und die Situation reflexiv zu hinterfragen, muss zur Beantwortung solcher Fragen auch ein wissenschaftlich fundiertes Wissen vorausgesetzt werden. Hierbei unterstreicht die Autorin, dass dieses Wissen jedoch nur bei faktisch beeinflussbaren Situationen ausgewählt und zur Anwendung gebracht wird. Ob aber eine Situation als beeinflussbar betrachtet wird und ob sie überhaupt beeinflusst werden sollte, dafür reiche das wissenschaftliche Wissen wiederum nicht aus. Vielmehr bedarf es hierfür „der Analyse der jeweiligen Handlungsbedingungen (Zeitdruck, Personalknappheit, Biographie dieser KlientIn, Beziehung zu ihr etc.)" (ebd.). So benötigt der *reflektierende Praktiker* – in Anlehnung an Gildemeister (1992, S. 213 f.) und (Merten 2000, S. 409 ff.) – neben der Orientierung an generalisierten wissenschaftlichen Wissensbeständen auch eine Orientierung „an den fallspezifischen Bedingungen, die nicht logisch zwingend mit bestimmten wissenschaftlichen Theorien verknüpft werden können, sondern entscheidend von den aktuellen Interessen der Beteiligten abhängen" (Heiner 2004, S. 45).

Zugleich müsse davon ausgegangen werden, dass Interviewpartner*innen kaum „all diese gedanklichen Operationen der Prüfung der Informationsqualität, der Bewertungsbasis, der Erklärungsmuster und der Schlussfolgerungen" (ebd.) ausführlich im Gespräch explizieren. Dennoch lassen sich negative Ausschlusskriterien formulieren, die auf eine (Nicht-)Existenz des notwendigen professionellen Habitus hindeuten können. Demnach sei von einem Mangel an Reflexivität auszugehen

- „wenn zu keiner der geschilderten Einschätzungen von Personen, Problemen, zukünftigen Entwicklungen, möglichen Interventionen etc. auch nur einmal im anderthalb bis zweistündigen Interview eine alternative Sichtweise präsentiert wird." (ebd.) Hieraus lässt sich ein Mangel an mehrperspektivischen Betrachtungsweisen als zentrales Merkmal von Reflexivität annehmen.
- „Wenn keinerlei Selbstzweifel an der vorgetragenen Sicht der Probleme und des eigenen Tuns geäußert werden." (ebd.). Das Mitdenken von alternativen Sichtweisen oder Handlungsplänen, die auf eine Relativität der eigenen Person hindeuten, gilt es hierbei zu explizieren.
- „Reflexivität erfordert regelmäßige Prüfprozesse." (ebd.) Sollten sich während eines Interviews keinerlei Hinweise finden lassen, wonach es bei Fallbearbeitungen der Fachkraft zu Krisen oder Schwierigkeiten kam, die zu einer Neubewertung der Situation führten oder zumindest zu kollegialen Beratungen, erneuten Informationssammlungen etc., lässt sich von fehlender oder begrenzter Reflexivität ausgehen.
- „Wenn schließlich grundlegende Kenntnisse (von sozialen und psychodynamischen Prozessen bis zum Hilfesystem) fehlen, die im referierten Kontext zum Verständnis unverzichtbar sind, oder wenn trotz gesicherter Erkenntnisse das Gegenteil behauptet wird." (ebd.)

Dennoch weist die Autorin darauf hin, dass es bei der sozialpädagogischen Reflexivität nicht mit einer selbstkritischen Perspektive auf das eigene Handeln getan sei, die sich lediglich auf ein zielbezogenes Problemlösungsverhalten beschränkt. So gilt es genauso „die nicht-strategischen Aspekte der Kommunikation und der Beziehung zwischen Fachkraft und KlientIn zu berücksichtigen" (ebd.). Entsprechend sei von einer fehlenden (Selbst-) Reflexivität auszugehen, sofern nur die ziel-, aufgaben- und aktivitätsbezogene Beziehungsarbeit in den Fokus der Selbstreflexion gerät, nicht aber ein darüberhinausgehendes „Verstehen oder Erleben jenseits gesetzter oder vereinbarter Ziele" (ebd.). Sollte das strategische Handeln gegenüber einem verständigungsorientierten Handeln deutlich dominieren, oder mit anderen Worten, die Gestaltung und Reflexion der Beziehung zwischen der Berufsfeldangehörigen und der/des Adressat*in keine wesentliche Rolle spielen, ist gar von einer *halbierten Reflexion* zu sprechen. Ein Beispiel für eine ausbalancierte Herangehensweise ließe sich bspw. in einer Aussage erkennen, wie: „‚Ich finde die Frau einfach interessant, wie sie so ihr Leben lebt und wie sie die Dinge auf ihre Weise irgendwie schon regelt'" (ebd., S. 46).

Gleichzeitig muss die hervorgehobene Bedeutung wissenschaftlichen Wissens für eine sozialpädagogische Reflexivität relativiert werden. So könne es bei einer Operationalisierung von Reflexivität nicht darum gehen, von „einem ständigen, umfassenden und terminologisch klar erkennbaren Rückgriff auf wissenschaftliches Wissen" (2004, S. 46) auszugehen. So wissen wir durch Beck und Bonß, dass wissenschaftliches Wissen in akuten Handlungssituationen begrifflich sowie konzeptionell zu *verschwinden* scheint (1989, S. 37). Dies geschieht aufgrund abweichender oder auch miteinander konkurrierender Relevanzkriterien, die zwar Bedeutung in der Praxis besitzen können, dadurch aber nicht auch zwangsläufig Relevanz für die Theorie beinhalten müssen. Demnach könne in der Praxis etwas „völlig unwichtig werden" (Beck; Bonß 1989, S. 37), was zuvor disziplinär bzw. theoretisch noch als wichtig erachtet wurde. Entsprechend schlussfolgern Beck und Bonß, dass wissenschaftliche Argumentationen nur dann eine praktische Relevanz erlangen können, „wenn sie vorher ihrer disziplinären Identität entkleidet werden" (ebd.). An diesem Punkt schließen auch Thole und Marks an, wenn sie mit Bezug auf Beck (1986) formulieren, dass wissenschaftliches Wissen in unserer heutigen Gesellschaft generell „nicht mehr als sicher und verlässlich adressiert" (Thole und Marks 2020, S. 16) werden könne. Die Exklusivität wissenschaftlichen Wissens schwäche sich „für die Initiierung wie für die Legitimation berufspraktischen Handelns" (ebd.) hingegen zunehmend ab. Infolge einer sogenannten *Entzauberung der Wissenschaft* könne die Wissenschaft „nicht mehr nur als Quelle für Problemlösungen [betrachtet werden, N. W.]" Beck 1986, S. 255), sondern „auch als *Quelle für Problemursachen*" (ebd., kursiv i. O.). Fortan ersetzen „Entscheidungen, Regeln, Konventionen, die auch anders hätten ausfallen können" (Beck 1986, S. 256), sukzessive den der Wissenschaft zunächst unterstellten Zugriff „auf Wirklichkeit und Wahrheit" (ebd.). Thole und Marks bezeichnen diese Entwicklung auch als *Entmonopolisierung wissenschaftlicher Erkenntnisansprüche* und heben hervor, dass es sich hierbei um ein generelles Phänomen handele, das „für alle professionellen Systeme und Berufe seit dem letzten Drittel des zurückliegenden Jahrhunderts auszumachen" (2020, S. 16.) sei. Ergänzend weist Schweppe auf ein verwandtes Phänomen hin, das sie als *Sozialpädagogisierung des Alltags* beschreibt. So ließen sich trotz fehlender empirischer Evidenz vielfältige Hinweise für „das Eindringen sozialpädagogischen Wissens in den Alltag" (2006, S. 134) identifizieren. Schweppe geht davon aus, dass eine solche *Sozialpädagogisierung* auch zu einer zunehmenden Verwischung der Grenzen zwischen Alltagswissen und wissenschaftlichem Wissen beiträgt, infolgedessen „die Unterscheidung zwischen dem, was Professionelle und Laien wissen, gar nicht mehr so trennscharf zu ziehen ist" (ebd.).

Diese Erkenntnisse dürfen nun im Umkehrschluss nicht dazu führen, „eindeutige Fehlinterpretationen aufgrund von Wissenslücken“ (Heiner 2004, S. 46) kritiklos hinzunehmen. Es müsse jedoch davon ausgegangen werden, dass wissenschaftliches Wissen in Anbetracht „der üblichen und prinzipiell wünschenswerten selektiven und überformenden Nutzung wissenschaftlicher Erkenntnisse und ihrer Durchmischung mit Erfahrungswissen“ (ebd.) in Interviews nur schwer in Reinform erkennbar sei. Daher gelte es einen *beruflichen Habitus* in den Mittelpunkt der Fallinterpretationen zu stellen, verstanden als „das Resultat einer wissenschaftlichen Ausbildung und einer wissenschaftlichen Herangehensweise an Praxisprobleme“ (ebd.). Dieser sollte sich in den Interviews anhand „einer selbstkritischen Prüfung der eigenen Prämissen, Informationen und Schlussfolgerungen“ (ebd.) zu erkennen geben sowie in einer „Haltung, die offen ist für eine empirisch fundierte, kommunikative Validierung der eigenen Deutungsmuster“ (ebd.). Inwieweit ein solcher wissenschaftlich geprägter Habitus bei den Berufsfeldangehörigen vorzufinden sei, ließe sich aus Sicht von Heiner am ehesten bei deren Umgang mit beruflichen Krisen, Schwierigkeiten und Misserfolgen erkennen.

4.3 Über den Zusammenhang von Biografie und Professionalität

Es sollte bereits deutlich geworden sein, dass sich Professionalität in der Sozialen Arbeit nicht losgelöst von den Biografien der Berufsfeldangehörigen sowie der ihnen anvertrauten Adressat*innen betrachten lässt. Mit anderen Worten, professionelles Handeln und Biografie gehen in der Sozialen Arbeit eine untrennbare Mariage miteinander ein. Entsprechend lässt sich u. a. mit Jakob (2018, S. 203) sowie Graßhoff und Schweppe (2009, S. 307) aufzeigen, dass sich die Soziale Arbeit sowohl in ihren praktischen Handlungsvollzügen als auch in ihren wissenschaftlichen Konzepten und Diskursen in vielfältiger Gestalt auf *Biografie* bezieht. So werden bspw. Berufsfeldangehörige in ihrem beruflichen Alltag regelmäßig mit biografischen Äußerungen der Adressat*innen konfrontiert. Thematisiert werden deren Problemlagen oder Anlässe für die sozialpädagogische Kontaktaufnahme, angereichert mit lebensgeschichtlichen Ereignissen und Erfahrungen aus deren Vergangenheit in Form von autobiografischen Erzählungen, die als orientierende Fundierung für eine spezifische Entscheidungssituation Verwendung finden. Gleichzeitig haben sich in der Sozialen Arbeit neben diesen „ungeplant stattfindenden biographischen Thematisierungen [...] Settings herausgebildet, in denen explizit auf die Biographie Bezug genommen und Biographie gestaltet wird“ (Jakob 2018, S. 203). Gemeint sind Methoden und Techniken der Fallanalyse, aber auch diagnostische Prozesse, Hilfeplanverfahren bei erzieherischen Hilfen sowie die Biografiearbeit bei der Beratung von Adressat*innen sowie in therapienahen Handlungsbereichen. Eine Absicht ist, dass mithilfe von *Biografiearbeit* und *biogra-*

fischer (Fall-)Arbeit lebensgeschichtliche Lern- und Bildungsprozesse initiiert werden.

Die Berufsfeldangehörigen sind hierbei „nicht nur [als, N. W.] ‚neutrale' Beobachter biographischer Prozesse" (ebd.) zu verstehen, sondern als aktiv Beteiligte an der Konstruktion von Biografien. Dabei greifen sowohl professionelle Interventionen und institutionelle Vorgaben als auch die von den Adressat*innen übernommenen stellvertretenen Deutungen „in deren Lebensverläufe ein und strukturieren ihre Biographien" (ebd.). Alois Hahn bezeichnet soziale Institutionen, in denen etablierte Verfahren wie das Hilfeplangespräch oder auch Fallanamnesen durchgeführt werden, daher auch als *Biografiegeneratoren*, da sie „eine Rückbesinnung auf das eigene Dasein gestatten" (1988, S. 93). Biografiegeneratoren fungieren als „Orte und Gelegenheiten für biographische Thematisierungen" (Jakob 2018, S. 203), aber auch für biografische Prägungen der Adressat*innen und beinhalten dabei das Potenzial, sowohl biografische Ressourcen zu mobilisieren als auch Bildungsprozesse anzuregen. Gleichzeitig können dort infolge „eigener Fehlertendenzen und Ausblendungen sowie auch organisatorischer und administrativer Begrenzungen" (ebd.) vonseiten der Sozialen Arbeit auch Prozesse der *Kolonialisierung von Lebenswelten* und „der Fremdbestimmung wie Verlaufskurven" (ebd.) ausgelöst und verstärkt werden.

Neben der praktisch ausgelegten Biografiearbeit lassen sich innerhalb der Sozialen Arbeit auch biografisch orientierte Forschungszugänge als mittlerweile fest etabliert bezeichnen. Hierbei sind die adressatenbezogene Forschung und die professionsbezogene Forschung als Schwerpunkte zu benennen, in denen „die Biographien von Adressat(inn)en sowie Berufsbiographien und individuelle Professionalisierungsprozesse anhand von Lebensgeschichten oder Ausschnitten daraus untersucht werden" (ebd.)[24].

Lebenslauf und Biografie

Der Terminus Biografie stammt aus dem Griechischen und bedeutet so viel wie *Leben* und *schreiben*. Dabei bezieht sich der Begriff nicht nur auf Geschriebenes, „sondern ebenso auf in Gesprächen mitgeteilte biographische Selbst- oder Fremdzuschreibungen" (Rosenthal 2019, S. 585). Wie oben bereits erwähnt, finden biografische Beschreibungen sowohl in informellen als auch in institutionellen Settings statt und können dabei variierende Grade der Formalität aufweisen und dabei verbal geäußert, aber auch schriftlich verfasst werden. Dies geschieht in sozialen Situationen wie „in Anhörungen und Aktenvermerken bei Behörden, in Gerichtsverfahren, in Bewerbungsgesprächen, im ärztlichen Setting, in religiösen Handlungszusammenhängen, in der massenmedialen Kommunikation, im Kontext Sozialer Arbeit oder im Rahmen von Konfliktmanagement und Frie-

24 Siehe hierzu Kap. 6.4

densförderung“ (ebd.). Die Settings unterscheiden sich in der Form der sozialen Erwünschtheit einer biografischen Thematisierung sowie in den *„sozialen Regeln*, welche Lebensbereiche und -phasen wie thematisiert werden dürfen oder sollten und welche nicht, von Kultur zu Kultur, von Milieu zu Milieu“ (ebd., kursiv i. O.). Es gilt hervorzuheben, dass die vorherrschenden Regeln der jeweiligen gesellschaftlichen Diskurse erst vorgeben, *„was* und *was nicht* sowie *wie*, *wann* und *in welchen Kontexten* etwas thematisiert werden darf (ebd., kursiv i. O.).

Aus Sicht von Hahn erscheint es notwendig, explizit auf den Unterschied zwischen Lebenslauf und Biografie aufmerksam zu machen, da innerhalb der Lebenslauf- und Biografieforschung diesem wohl nicht immer ausreichend Beachtung geschenkt wird (1988, S. 93). Hahn beschreibt das Konzept des Lebenslaufs als „ein Insgesamt von Ereignissen, Erfahrungen, Empfindungen usw. mit unendlicher Zahl von Elementen“ (ebd.). Zudem kennzeichnen sich Lebensläufe durch eine in allen Gesellschaften (wenn auch in unterschiedlichen Ausprägungen) vorfindbare soziale Institutionalisierung. Charakteristisch seien auch bestimmte normierte Karrieremuster oder auch Positionssequenzen, die Hahn wie folgt umschreibt: „Man muß erst Ehefrau werden, bevor man Mutter werden darf, erst Student der Medizin, dann Arzt; erst alt, dann Weiser usw.“ (ebd.). Auch Werner Schefold betrachtet den Lebenslauf als ein soziales Konstrukt, in welchem die „institutionalisierte, also sozial geregelte Abfolge und Entfaltung von sozialen Zugehörigkeiten, Positionen, Rechten und Pflichten [..] also die ‚soziale Tatsache‘ einer Ordnung des Lebens entlang der Achse der Lebenszeit“ (1993, S. 22, zit. Graßhoff 2015, S. 37) verhandelt wird. Lebensläufe lassen sich somit als sozial hervorgebrachte Ordnungen verstehen (Graßhoff 2015, S. 37).

Die erwähnten sozialen Settings zur Hervorbringung von Biografien sorgen nun dafür, dass der Lebenslauf für die Individuen zu einem relevanten Thema wird. Jedoch darf eine dort stattfindende biografische Thematisierung keineswegs als eine reine Spiegelung des Lebenslaufs missverstanden werden. Eine solche Spiegelmetapher würde suggerieren, dass „die Gesamtheit des Gegebenen wiedergegeben würde“ (1988, S. 94). Da aber „schon die Unendlichkeit der den Lebenslauf konstituierenden Elemente“ (ebd.) dies verunmöglichen würde, seien Biografien vielmehr als „stets selektive Vergegenwärtigungen“ (ebd.) zu betrachten. Dabei müsse sich die Auswahl dieser Elemente auch nicht ausschließlich auf empirisch gegebene Daten des Lebenslaufs beziehen, sie kann ebenso „einen weitaus größeren Zeitraum umfassen, die Zukunft und die Vergangenheit weit über die eigene Lebenszeit hinaus einschließen“ (ebd.).

Hahn formuliert weiter, dass Biografien zugleich immer Momente umfassen, „die aus der Perspektive dessen, der nur den empirischen Lebenslauf für wirklich hält, als Fiktionen angesprochen werden müssen“ (ebd.). Dies gelte auch dann, wenn für die Biografie gar keine Ereignisse zum Lebenslauf *hinzugedichtet* werden. Jedoch werden innerhalb der selektiven Vergegenwärtigung des Lebenslaufes Zusammenhänge zwischen Elementen hergestellt, „die es so vorher gar nicht geben konnte“ (ebd.). Daher sei uns der Lebenslauf auch „nur über die Fiktion biographischer Repräsentation als Wirklichkeit zugänglich“ (ebd.). Infolge des schieren Umfangs der Elemente eines Lebenslaufs muss auch davon ausgegangen werden, dass eine Totalität des Lebenslaufs dem Individuum gar nicht zugänglich sei. Daher müsse es bei der Konstruktion einer Biografie zwangsläufig zur Selektion der Elemente eines Lebenslaufes kommen, die sich je nach gegebenem Kontext wiederum sehr unterscheiden kann. Entsprechend kann man „einen medizinischen, einen theologischen, einen psychologischen, soziologischen Begriff von Lebenslauf“ (ebd.) heranziehen, die alle die gleiche Geltungskraft aufweisen. Keines dieser Lebenslaufkonzepte könne daher exklusiv für sich beanspruchen, der *objektiven* Realität des Lebenslaufes näher zu kommen als eines der anderen. Stattdessen erhält der Lebenslauf seine Geltung erst aus den kontextspezifischen Paradigmen der Beschreibung bzw. aus dem jeweiligen institutionalisierten Setting. Es lässt sich zur Untermalung ein medizinisches Setting als Beispiel heranziehen, so erzählen wir „in der Regel dem Arzt nicht die Geschichte unseres beruflichen Werdegangs, sind aber deshalb ja noch nicht der Meinung, dieser sei weniger real als die Geschichte unserer Gesundheit“ (ebd.), wie es Hahn formuliert. Daher gilt es festzuhalten, dass eine objektive oder auch beschreibungsunabhängige Realität des Lebenslaufs nicht grundsätzlich zu bestreiten sei. Ein Zugang zu dieser Realität wird aber nur durch Beschreibungen gewährt, die wiederum einer Selektion unterliegen.

Nach Rosenthal führen die in diesen Settings hergestellten Selbst- und Fremdthematisierungen im Laufe des Lebens zu biografischen Konstruktionen bei den Individuen, die die Funktion einer *Deutungshilfe* für ihr eigenes Leben einnehmen und helfen, „ihrer Vergangenheit, Gegenwart und anvisierten Zukunft eine Bedeutung zu geben und damit eine Orientierung in ihren Handlungs- und Lebensentwürfen zu gewinnen“ (2019, S. 586). Entscheidend hierbei sei, wie schon erwähnt, dass sich die vollbrachten Konstruktionsleistungen nicht ohne vorgegebene gesellschaftliche Muster vollziehen lassen. Diese Muster wurden sowohl teilweise institutionalisiert als auch im Laufe der Sozialisation internalisiert und dienen als Konstruktionsfolien für die eigene Biografie. Entsprechend lassen sich „weder die Muster noch die mit ihrer Hilfe vollzogene Konstruktionsarbeit“ (ebd.) als ein rein individuelles Geschehen begreifen. Zugleich werden diese Konstruktionen trotz aller Tendenzen zur Verstetigung fortwährend modifiziert. Dies äußert sich insbesondere bei krisenhaften Lebenssituationen, bei denen oftmals eine Anpassung oder auch Reinterpretation der Vergangenheit an die veränderte Gegenwart und Zukunft nötig wird. Schlussfolgernd sind Biografien als immer wieder neu entstehende Konstrukte von Individuen zu verstehen, die sich auf die spezifische Gegenwart des Erzählens oder Schreibens beziehen (ebd.).

Die Bedeutung der Biografie für die Professionalität der Berufsfeldangehörigen

Neben den oben genannten vielfältigen Bedeutungszusammenhängen von Biografie und Sozialer Arbeit soll hier nun Graßhoff und Schweppe (2009) folgend der „Zusammenhang von Biographie und Professionalität aus der Perspektive der Biographie der Professionellen in der Sozialpädagogik" (S. 307) in den Fokus rücken[25]. Hierzu wird sich primär auf Schweppes biografische Studie zu Studienverläufen in der Sozialpädagogik bezogen (2006), in der das Verhältnis von Biografie und der individuellen Aneignung des Studiums zusammenhängend betrachtet wird. In einer von ihr gemeinsam mit Graßhoff etwas später verfassten Abhandlung (2009) widmen sie sich erneut dem genannten Kontext und fragen dort entgegen der traditionellen Lesart, wonach Professionalität mit einer Distanzierung zur Biografie einhergeht, welche konstruktiven Aspekte eine positive Konnotation von Biografie für das professionelle Handeln haben könnte.

Eine Ausarbeitung über das Verhältnis von Biografie und Studium stellt sich aus Sicht von Schweppe als notwendig dar, da „in der bisherigen Ausbildungsdebatte und Forschung zum universitären Sozialpädagogikstudiengang weitgehend die Studierenden" (ebd., S. 13) ausgeklammert wurden. Entsprechend wenig wisse die Forschung „über ihre je individuellen Studienverläufe und darüber, was sie wie im Studium lernen, wie sich Auseinandersetzungsprozesse mit den angebotenen fachlichen Inhalten vollziehen und wie sich welche Fachlichkeit und Professionalität im Studium zu entwickeln beginnt" (ebd.). Eine Begründung zur Notwendigkeit einer solchen Untersuchung über individuelle Studienverläufe mit dem Fokus auf die Aneignung von Studieninhalten und -zielen angesichts lebensgeschichtlicher Dispositionen findet sich nach Schweppe in den Erkenntnissen der Hochschulsozialisationsforschung wieder. So lässt sich mit Bezug auf Huber und Vogel (1984) sowie Wildt (1984) aufzeigen, dass sich ein Studium generell aus den folgenden zwei Ebenen zusammensetzt:

a) „die Voraussetzungen, die sich einerseits aus den aus der Lebensgeschichte der Studierenden mitgebrachten Voraussetzungen und andererseits aus dem Lerngegenstadt, d. h. dem Fach, zusammensetzen, und
b) den Prozess der Auseinandersetzung zwischen den handelnden und lernenden Subjekten und diesem Lerngegenstand" (Schweppe 2006, S. 14).

25 Graßhoff und Schweppe beziehen sich primär auf den alten erziehungswissenschaftlichen Diplomstudiengang mit der Spezialisierung auf Sozialpädagogik an Universitäten. Analog zu Brand (2022) werden die dort dargelegten Überlegungen und Ergebnisse auch auf das (Fach-)Hochschulstudium der Sozialen Arbeit übertragen. Die im Kapitel 3 ausgebreiteten Unterschiede und historischen Traditionslinien gilt es jedoch mitzudenken.

Hieraus resultiert die Auffassung, wonach ein Studium als ein Prozess verstanden werden muss, der sich aus mehr zusammensetzt als dem Erlernen der fachlichen Inhalte und der angebotenen Wissensbestände. Vielmehr gilt es sich bewusst zu machen, dass diese Inhalte auch auf *lebendige* Studierende treffen und deren „lebensgeschichtlichen Voraussetzungen, Dispositionen, Wissensbeständen und Formungen" (Schweppe 2006, S. 14), infolgedessen es während eines Studiums zu Prozessen der Be- und Verarbeitung der studiengangspezifischen Angebote kommt. Hieraus schlussfolgert Schweppe, dass Forschungsfragen bzgl. individueller Studienverläufe sowie einhergehender Lern- und Aneignungsprozesse auch nicht losgelöst von den Biografien der Studierenden bearbeitet werden könnten. Insbesondere „das Wechselspiel zwischen dem Fach und den Biographien der Studierenden" (ebd.) müsse hierbei in den Mittelpunkt der Untersuchungen gerückt werden.

Dieses sogenannte Wechselspiel greift Überlegungen von Rainer Kokemohr und Winfried Marotzki auf, die davon ausgehen, dass „Studienprozesse als biographische Bildungsprozesse zu verstehen sind" (1989, S. 7). Ihre Annahme besagt, „dass Wissenschaftsbildung das ist, was die Universität im Kern kennzeichnet und sich dadurch von anderen komplexen Institutionen unterscheidet" (Schweppe 2006, S. 14.). Jedoch gilt es mit Heike Brand zunächst zu differenzieren, dass es innerhalb eines Studiums zu unterschiedlichen Formen der prozessualen Aneignung kommt. Diese lassen sich unterscheiden in Qualifikationsprozesse und in Bildungsprozesse (2022, S. 237)[26]. Qualifikationsprozesse stehen für einen Aufbau von Verfügungswissen (Faktenwissen), wohingegen es sich bei Bildungsprozessen „um die Genese von Orientierungswissen" (ebd.) handelt. Konkret stellt das Verfügungswissen somit ein Wissen „um Ursachen, Wirkungen und Mittel [dar, N. W.]; es ist das Wissen, das Wissenschaft und Technik unter gegebenen Zwecken zur Verfügung stellen" (Mittelstraß 2002, S. 164, zit. n. Marotzki et al. 2021, S. 162 f.). Im Unterschied dazu ist das „Orientierungswissen [...] ein Wissen um gerechtfertigte Zwecke und Ziele" (ebd., S. 163). Somit ließe sich auch pointiert formulieren, dass sich die Menschen „die Dinge der Welt" (Marotzki et al. 2021, S. 163) über das Verfügungswissen aneignen, aber erst mithilfe von Orientierungswissen treten sie „in ein reflektiertes Verhältnis zu ihnen" (ebd.) ein.

Kokemohr und Marotzki definieren den Zweck eines (universitären) Studiums – „welche anderen Zwecke neben ihm auch immer bestehen mögen – in der Einar-

26 Dies gilt es sich insbesondere in Anbetracht der Darlegungen zur Studienmotivation (siehe Kapitel 3) zu vergegenwärtigen. Die Ergebnisse weisen relativ deutlich darauf hin, dass das Erreichen des Abschluss-Zertifikats das primäre Qualifikationsziel darstellt. Ergänzend hierzu weisen Marotzki et al. auf den Umstand hin, dass moderne Gesellschaften „stark in der Akkumulation von Verfügungswissen und schwach in der Ausbildung von Orientierungswissen" (2021, S. 163) seien.

beitung in disziplinäre Problem-, Wissens- und Methodenbestände" (1989, S. 6). Daher erlange die universitär betriebene Professionalisierung unabhängig ihrer inhaltlich konkreten Ausgestaltung „ihr Selbstverständnis aus den in den jeweiligen Disziplinen wirksamen Problem-, Wissens- und Methodenbeständen" (ebd.) und verfolge somit die Aufgabe, ihre Absolvent*innen mit den Fähigkeiten und Kompetenzen auszustatten, um „Phänomene gesellschaftlicher Praxis in komplexen Rahmen konstruktiv genutzter Problem-, Wissens- und Methodenbestände zu interpretieren und zu behandeln" (ebd.). Die beiden Autoren verdeutlichen, dass sich dort stattfindende Lernprozesse aus keiner reinen *Sachstruktur* der disziplinären Gegenstände ableiten ließen, sondern als Lernszenarios verstanden werden müssen, innerhalb derer zwei Momente ineinander zusammenwirken. Demnach werden Studierende neben der Einarbeitung in die erwähnten Problem-, Wissens- und Methodenbestände zugleich immer auch mit einer „Transformation ihrer hergebrachten Orientierungssysteme" (ebd., S. 7) konfrontiert – daher sprechen Kokemohr und Marotzki hierbei von biografischen Bildungsprozessen:

> „Im gelingenden Fall transformieren Studierende hergebrachte Orientierungssysteme in komplexere, neuen Problemstellungen entsprechende und insofern höherstufige Theorie- und Sinnsysteme. Bedenkt man, daß [sic] Transformationen des Lernniveaus ebenso die Strukturen der Persönlichkeit wie ihres sozialen Handlungsrahmens betreffen, dann kann das Studium auch als Prozeß [sic] der Transformation des Selbst und der subjektiven Weltkonstruktion gelten" (ebd.).

Mithilfe von Brand lässt sich dieser darin angelegte *Reflexivitätszuwachs* auch als einer der drei Kernmerkmale[27] von Bildungsprozessen identifizieren (2022, S. 238)[28]. Jedoch gilt es zu betonen, dass eine solch weitreichende Überprüfung und ggf. Transformation biografisch erworbener „Modi der Selbst- und Weltkonstruktion" (Kokemohr; Marotzki 1989, S. 8) infolge eines Studiums auch *riskantere* Transformationsprozesse zur Folge haben, da „die grundlegenden Kategorien selbst, kraft derer ein Themenbereich (...), ein Ausschnitt aus der subjektiven Welt konstituiert ist, versagen und modifiziert, verwandelt oder ersetzt werden müssen" (Kokemohr; Marotzki 1989, S. 8). Die beiden Autoren betrachten einen solch radikalen Prozess eines konstitutiven Kategorienwandelns daher auch als den „affektiv oft schmerzliche[n] Kern universitärer Studienkrisen" (ebd.).

In der Untersuchung von Schweppe (2006) kristallisiert sich als empirisches Ergebnis heraus, dass die Biografie als ein entscheidender Faktor für das Studium

27 Der Zuwachs von *Biographizität* und *Flexibilität* stellen die zwei weiteren Kernmerkmale von Bildungsprozessen dar, auf deren Definitionen hier jedoch nicht näher eingegangen werden kann (siehe Brand 2022, S. 238 f.).

28 Hierbei sei an das oben dargelegte Professionalitätsmodell von Heiner (2004) und die von ihr herausgestellte Bedeutung von Reflexivität erinnert.

der Sozialpädagogik betrachtet werden muss. Ohne die analytische Einbeziehung der Studierendenbiografien könnten die jeweiligen Studienverläufe schlicht nicht verstanden werden, so die Autorin. Denn erst auf Grundlage der Biografie entscheidet sich, „wie und was im Studium gelernt wird, welche Wissensbestände angeeignet und welche abgewiesen werden" (2006, S. 126). Schlussfolgernd geben Ausbildungsdebatten, die nur auf konzeptionelle sowie auf curriculare Fragen Bezug nehmen eine verkürzte Sicht der Dinge wieder. Die grundlegendere Frage nach Aneignungsprozessen bleibt in diesen Ausbildungsdebatten ausgeklammert. Ausgehend von der Überlegung, dass Aneignungsprozesse im Bildungsprozess wesentlich durch die Biografien der Lernenden gelenkt werden, resultieren hieraus auch individuelle Aneignungsprozesse- und -resultate oder mit anderen Worten: Die Biografie „belegt Aneignungsprozesse mit Eigenwilligkeit und Eigensinn" (ebd., S. 127). Diese Überlegungen spiegeln sich auch in den Ergebnissen der Studie wider, wonach „das sozialpädagogische Studium zu ganz unterschiedlichen Aneignungsprozessen und Aneignungsresultaten in der Auseinandersetzung mit fachlichen bzw. wissenschaftlichen Wissensbeständen" (ebd.) führen kann.

Die Aneignung disziplinärer Problem-, Wissens- und Methodenbestände (Kokemohr; Marotzki 1989) stellt auch für ein Sozialpädagogikstudium, und ich füge hinzu, für ein Studium der Sozialen Arbeit das primäre Ziel dar. Konkret bedeutet dies im Fall der Sozialpädagogik bzw. Sozialen Arbeit, dass die Studierenden in die Lage versetzt werden sollen, „alltägliche Erklärungen und pragmatische Alltagsverständnisse zu überschreiten und durch Zweifel am Selbstverständlichen, Eindimensionalen und Eindeutigen, kritische Deutungsalternativen über komplexe Lebenswirklichkeiten sozialpädagogischer AdressatInnen und Problemlagen zu entwickeln" (Schweppe 2006, S. 127). Mit anderen Worten lernen die Studierenden, das Gegebene infrage zu stellen und anstelle dieses wie auch immer gearteten Gegebenen ein sozialpädagogisches Deutungsangebot zu entwerfen. Nicht die alltägliche Handlungsfunktionalität steht hierbei im Mittelpunkt, sondern differenzierte und distanzierte Analysen sowie eine sozialpädagogische Praxis, die „durch Zweifel am Erkannten und die Entfaltung des Erkennbaren immer wieder in kritischer Distanz zu" (Schweppe 2006, S. 127 und ergänzend Thiersch 1990) sich selbst geht. Das Studium stellt hierbei die Grundlage dar, um „Gegenstände der Sozialpädagogik im Rahmen reflexiv genutzter sozialpädagogischer Problem-, Wissens- und Methodenbestände der Sozialpädagogik zu interpretieren und zu bearbeiten" (Schweppe 2006, S. 127).

Zusammengefasst findet sich der Studienzweck also darin wieder, mitgebrachte Orientierungssysteme im Verlauf des Studiums der Sozialpädagogik bzw. Sozialen Arbeit in komplexere, neue Problemstellungen und schlussendlich in höherstufige Theorie- und Sinnsysteme zu transformieren; dies führt parallel zu (durchaus *riskanten*) Transformationen der Selbst- und subjektiven Weltkonstruktion. Diese Transformation stellt aus Sicht von Graßhoff und

Schweppe zugleich die allgemein anerkannte Voraussetzung für Professionalität dar (2009, S. 309). Entsprechend gelte die Distanzierung zur eigenen Biografie „als ein Kernelement von Professionalität“ (ebd.). Dementgegen stehe eine enge Verwobenheit von Biografie und Profession üblicherweise im Verdacht von Unprofessionalität. Aus diesen Annahmen resultieren aus Sicht der Autor*innen auch verschiedene studiengangspezifische Überlegungen und Arrangements, die sowohl das Einüben der biografischen Reflexion zum Ziel haben als auch die Förderung der biografischen Distanz (ebd., S. 310).

In Anbetracht dieses Studienzweckes lassen sich die Erkenntnisse der von Schweppe durchgeführten Studie über Aneignungsprozesse bzgl. der mitgebrachten Biografie jedoch „mit Unbehagen, gar Beunruhigung“ (2006, S. 127) lesen, da „die Aneignungsresultate nicht unbedingt den aus universitärer und sozialpädagogischer Sicht für notwendig und fundamental erachteten Studienzielen und anzueignenden Wissensbeständen entsprechen“ (ebd.). Als Ergebnis der benannten Studie konnten drei verschiedene Typen von Aneignungsprozessen identifiziert werden: Typ 1 – *Die biografische Abweisung des Studiums*; Typ 2 – *Die biografische Überformung des Studiums*; Typ 3 – *Das Studium als biografischer Transformationsprozess*. Weder bei Typ 1 noch bei Typ 2 lassen sich jedoch die anvisierten Transformationsziele erkennen, da sich trotz des Studiums weiterhin in mehrheitlich alltagsweltlichen und biografisch mitgebrachten Wissensbeständen bewegt wird. Schweppe erkennt bei diesen beiden Typen daher keine Transformation der biografischen Orientierungen, sondern ganz im Gegenteil, sind es „die im Studium angebotenen Wissensbestände, die transformiert oder gar abgewiesen werden, so dass die Biographie weitgehend unverändert aufrechterhalten bleibt“ (ebd., S. 127 f.).

Hingegen konnte anhand der Studierenden des Typs 3 aufgezeigt werden, dass sich im Verlauf des Studiums sehr wohl Argumentationsfiguren und Orientierungsmuster herauskristallisieren konnten, die dem aufgeführten Studienzweck entsprechen und „nicht mehr (nur) in alltagsweltlichen bzw. biographisch grundgelegten Wissensbeständen verhaftet bleiben, sondern (auch) fachlich bzw. wissenschaftliche fundiert sind“ (ebd., S. 128). Auch Brand bezieht sich auf die Ergebnisse von Schweppe und konstatiert hierzu, dass sich lediglich bei Typ 3 tatsächliche *Bildungsprozesse* vollzögen (2022, S. 236).

Auf Grundlage dieser Ergebnisse muss an dieser Stelle das weiter oben vorgebrachte zwiespältige Resümee über die Qualifizierung und die Studienmotivation (siehe Kap. 3.4) bereits relativiert oder zumindest ergänzt werden. Denn obwohl die dort zusammengefassten Erkenntnisse deutlich darauf hinweisen, dass die alltägliche Handlungspraxis der Berufsfeldangehörigen primär durch alltags- und biografische Erfahrungen geprägt ist und qua Definition der Studienzweck offenbar verfehlt wurde – was sich in der Studie von Schweppe auch bei den Typen 1 und 2 ja auch widerspiegelt – gilt dies nicht ausnahmslos für alle Absolvent*innen. Entsprechend stellt Schweppe wie folgt fest:

> „Das Studium garantiert zwar nicht den Anschluss an und die reflexive Aneignung von wissenschaftlich begründeten Sinnwelten der Sozialpädagogik […], es macht ihn aber unter bestimmten Bedingungen möglich.“ (Schweppe 2006, S. 128)

Die Antwort für die abweichenden Aneignungsprozesse sieht Schweppe in zwei Dimensionen begründet. Die *erste Dimension* bezieht sich auf die biografischen Transformationsprozesse. Demnach geht im Unterschied zu den Typen 1 und 2 beim Typ 3 eine stattfindende Transformation der alltäglichen in höhersymbolische Deutungsmuster auffällig auch mit biografischen Transformationsprozessen einher. Dabei handelt es sich um Prozesse, die „ihren Ausdruck in der Veränderung von Orientierungs-, Deutungs- und Relevanzsystemen, die das bisherige Leben geleitet haben“ (ebd.), finden. Als *zweite Dimension* lassen sich „Krisen bzw. Krisenpotenziale und deren spezifische Be- und Verarbeitungsformen“ festhalten. Diese stehen wiederum in einem engen Zusammenhang mit den Transformationsprozessen und müssen aus Sicht von Schweppe auch als grundlegend für die unterschiedlichen Studienprozesse betrachtet werden (ebd.). So lässt sich aufzeigen, dass das Studium bei allen drei Typen zwar zu spezifischen Krisen führt bzw. eng in Verbindung mit Krisenpotenzialen steht. Diese Krisen werden gerade dadurch evoziert, dass die bisherigen biografischen Orientierungs-, Handlungs- und Deutungsmuster der Studierenden während des Studiums mit neuen Erfahrungen, Wissensbeständen und Handlungsanforderungen konfrontiert werden, die einen Widerspruch zum *Bisherigen* auslösen. Die Differenz zwischen den mitgebrachten biografischen Mustern und den zu bearbeitenden Studienerfahrungen und -inhalten birgt jenes Krisenpotenzial. Und je nach Art und Weise des Umgangs und der Bearbeitung mit dieser Differenz resultieren wiederum abweichende Transformations- und Aneignungsprozesse.

Während die Typen 1 und 2 diese Differenz dadurch bearbeiten, „dass Studienerfahrungen und Studieninhalte, die nicht den bisherigen Erfahrungen und biographisch grundgelegten Handlungs- und Orientierungsmustern entsprechen, von sich abgewiesen bzw. unter diese untergeordnet und hierin eingeordnet werden“ (ebd., S. 129), führt die Differenzbearbeitung bei Typ 3 „zu deutlichen Krisen, weil bisherige Orientierungssysteme durch die Konfrontation mit neuem Wissen und neuen Erfahrungen im Studium irritiert und verunsichert werden, ja gar zusammenbrechen“ (ebd.). Diese Krisen spielen bei den Typen 1 und 2 hingegen nur eine untergeordnete Rolle, denn dort lassen sich kaum Irritationen oder Verunsicherungen bzgl. der mitgebrachten biografischen Muster vorfinden. Die Differenzen werden dort geglättet oder gar aufgehoben, infolgedessen das der Differenz innenliegende „Krisenpotential nicht zum Tragen kommen kann“ (ebd.). Entsprechend bleiben die bisherigen Orientierungs-, Deutungs- und Handlungsmuster weitgehend unberührt und „fachlich bzw. wissenschaftlich fundierte Argumentationen gegenüber sozialpädagogischen Gegenständen entwickeln sich wenig“ (ebd.).

Jedoch erfährt bei Typ 3 das *verunsicherte Alte* innerhalb des Prozesses der Krisenbearbeitung explizit Veränderungen durch die Konfrontation mit dem *Neuen*. Bisherige Denk- und Handlungsmuster werden durch das irritierende Neue ergänzt, wodurch es schlussendlich zu biografischen Transformationsprozessen kommen kann und Veränderungen der biografischen Denk- und Handlungsmuster ausgelöst werden. Schweppe beschreibt diesen ausgelösten biografischen Transformationsprozess daher als einen

> „Ausdruck und Notwendigkeit von Studienprozessen, die nicht zur Bestätigung oder Festigung bisheriger Relevanzsysteme, sondern durch die Erfahrungen und Inhalte des Studiums zu deren Erweiterung oder Transformation führen und wissenschaftlich und fachlich fundierte Argumentationsfiguren entstehen lassen" (ebd.).

Infolge dieses reflexiven Einbeziehens neuer Erfahrungen in die bisherigen biografischen Muster, die mit diesen weder vereinbar noch bearbeitbar erscheinen, können die bisherigen Denk- und Handlungsmuster verändert werden. Schweppe versteht diese durch Krisenbearbeitung ausgelösten biografischen Transformationen daher als einen „Ausdruck von Aneignungsprozessen" (ebd., S. 130), mit denen eine Erweiterung und Transformation bisheriger Relevanzsysteme einhergeht, sodass es als Konsequenz nicht nur zu einer Bestätigung oder Festigung der bisherigen Orientierungen kommt. Entsprechend konstatiert die Autorin, dass Studienprozesse, die eine Transformation von alltagsweltlichen hin zu wissenschaftlich geprägten Argumentations- und Orientierungsmustern zum Ziel haben, schlussendlich „mit biographischen Transformationen einhergehen" (ebd.).

Mit diesen Erkenntnissen lassen sich auch die oben dargelegten Ausführungen von Heiner (2004) sowie Müller (2012) untermauern, wonach das schlichte Erlernen fachlicher und wissenschaftlicher Kenntnisse und Wissensbestände, also der Aufbau von Verfügungswissen (Brand 2022), für professionelles Handeln in der Sozialen Arbeit bzw. für den Erwerb eines professionellen Habitus nicht ausreichend ist. Der bloße Erwerb solcher Kenntnisse hätte keine „Transformation oder Erweiterung bisheriger Selbst- und Weltsichten und alltagsweltlicher und biographisch geprägter Wissensbestände" (Schweppe 2006, S. 130) zur Folge. Um solche weitreichenden Studienziele zu erreichen, also die Genese von Orientierungswissen zu ermöglichen (Brand 2022), müssen die dort erlernten Kenntnisse und Inhalte erst in Bezug zu den biografisch bestehenden Handlungs-, Orientierungs- und Deutungsmustern gesetzt werden, um eine Veränderung und Erweiterung dieser anzustreben. Und eine solche reflexive Veränderung der Wissensbestände, so das Ergebnis von Schweppe, findet gemeinsam mit biografischen Transformationen statt (2006, S. 130).

Zugleich können solche Transformationsprozesse wie bereits erwähnt auch riskante Formen annehmen. Zwar äußern sich Transformationsprozesse generell anhand von Verunsicherungen sowie Irritationen und können dabei ihren Ausdruck in Form von Krisen finden, deswegen müssen solche Prozesse aber nicht zwangsläufig auch in positiv besetzten Bildungsprozessen münden. Transformationsprozesse bisheriger biografischer Muster können sich auch als leidvoll herausstellen oder „mit schmerzhaften Krisenprozessen einhergehen, weil der sichere Boden des Bekannten, des gewiss Geglaubten entzogen wird" (ebd., S. 131). Auf dieser Grundlage bietet sich auch eine Erklärungsfolie für das abwehrende Verhalten der Typen 1 und 2 an. Eine Abwehr solcher Transformationsprozesse müsse „als Schutz vor biographischer Verunsicherung oder Irritation" (ebd.) verstanden werden, der sich als „durchaus sinnvoll, u. U. sogar notwendig" (ebd.) erweisen kann, da die neuen Lerninhalte als potenzielle biografische Bedrohung von den Studierenden wahrgenommen und entsprechend abgewiesen werden. Hieraus resultiert auch ein gewisses Dilemma an Hochschulen. So müssten im Studium zwar Krisenprozesse forciert werden, es könne aber immer auch zu Prozessen „des Leidens und der Belastung" (Schweppe ebd., S. 136) kommen. Und damit auch zu solchen Leidenserfahrungen, „die im Rahmen der Hochschule nicht mehr bearbeitbar sind" (ebd.).

Einem solchen Dilemma der *Bivalenz von Krisen* versucht Schweppe durch eine sogenannte *Kultivierung von Krisen* zu begegnen (ebd.). Darunter versteht sie das Hervorlocken und Thematisieren von und die Auseinandersetzung mit Krisen als einen *normalen* Bestandteil des Studiums – „Kultivierung heißt somit auch Normalisierung" (ebd.). Schweppe geht davon aus, dass eine notwendige Offenheit gegenüber Krisen dahingehend gefördert werden könne, insoweit „ein Verständnis des Studiums als krisenhafter Prozess, als Prozess, der selten ‚glatt' verläuft" (ebd.) entwickelt wird. Dabei bedeute Normalisierung von Krisen auch das Abmildern von Gefühlen der Angst, Scham und Verzweiflung bei Studierenden sowie das Verständnis, wonach auf das Studium bezogene Krisen „nicht als Ausdruck individueller Unfähigkeit und Niederlage oder individuellen Mangels erlebt werden, sondern als produktiver Teil des Lern- und Studienprozesses" (ebd.). Daher sieht sie auch die Ausbildung eines auf das Studium bezogenen Habitus als hilfreich an, „der dem Studium mit einer Haltung des Fragens, des Zweifelns und des Nachdenkens über die Sinnhaftigkeit und die Nachvollziehbarkeit der angebotenen Lehrinhalte begegnet" (ebd.). Ergänzend versteht auch Brand diese Kultivierung von Krisen als eine systematische „Normalisierung mittels kleinerer Irritationen samt Thematisierungsmöglichkeiten im Studienkontext" (2022, S. 237), infolgedessen Krisen nicht defizitär an die einzelnen Studierenden rückgebunden, „sondern als Charakteristikum konstruktiver Studienprozesse" (ebd.) verstanden werden sollten.

Biografisch reflexive Passung als Ressource für Professionalität

Nichtsdestotrotz muss konstatiert werden, dass sowohl die dargelegten Ergebnisse zur Qualifizierung und Studienmotivation für die Soziale Arbeit (siehe Kapitel 3.4 und hierzu insbesondere Ackermann; Seeck 1999 sowie Thole; Küster-

Schapfl 1997) als auch die Ergebnisse von Schweppe (2006) trotz aller Differenzierungen deutlich darauf hindeuten, dass die Berufsfeldangehörigen der Sozialen Arbeit in großer Zahl offenbar keine entscheidenden Transformationsprozesse mithilfe des Studiums durchlaufen und sie sich infolgedessen auch in der sozialarbeiterischen Praxis an alltäglichen, biografischen Orientierungssystemen und Bewältigungsmustern orientieren – und nicht an den von Universität bzw. Hochschule angebotenen höherstufigen Theorie- und Sinnsystemen (Kokemohr; Marotzki 1989). Auch neuere Studien (u. a. Thole et. al. 2016 sowie Sehmer et al. 2019) deuten darauf hin, dass „es den beruflichen Akteur*innen in den Handlungsfeldern der Sozialen Arbeit nicht durchgehend zu gelingen scheint, die disziplinär vorgehalten [sic] Wissensressourcen als bedeutsam für die Praxis zu identifizieren und für die Gestaltung ihrer Praxis zu adressieren“ (Thole; Marks 2020, S. 15). Weder das (akademische) Wissen, noch konzeptionelle Handlungsprogramme sind demnach handlungsleitend für die Praxis der Berufsfeldangehörigen, vielmehr sei diese geprägt durch „lebenspraktische Erfahrungen“ (ebd., S. 19). Auch wenn es sich andeutet, dass die Berufsfeldangehörigen unter den Bedingungen der Praxis zumindest eigensinnige Professionalisierungsformen und eine *brüchige* Professionalität zu entwickeln scheinen (ebd., S. 15 und ausführlicher Klomann 2013/Hammerschmidt; Sagebiel 2010 und Motzke 2014). Dennoch, die bekannten empirischen Ergebnisse weisen darauf hin, „dass die Professionellen ihre Praxis weitgehend unter Bezug auf ihre lebenspraktischen Erfahrungen konzipieren“ (Thole; Marks 2020, S. 15).

Dies wird im Professionalitätsdiskurs entsprechend auch nicht frei von Kritik beobachtet, wird doch üblicherweise davon ausgegangen, dass der enge Zusammenhang von Biografie und Professionalität als problematisch zu betrachten sei (Graßhoff; Schweppe 2009, S. 309) und eine solche „von wissenschaftlichen und fachlichen Erkenntnissen weitgehend entkoppelte Ausrichtung und Gestaltung der beruflichen Praxis […] einer durchgehenden Professionalisierung der Sozialen Arbeit entgegen[-stünde, N. W.]“ (Thole; Marks 2020, S. 19). Die dort vorgebrachten Argumente lauten üblicherweise: „alltagsweltliche Deutungen und Zugänge zu sozialen Problemen, der nicht gelungene Fallbezug durch biographische Verstrickungen der Professionellen sowie emotionales Zermürben auf Seiten der Professionellen“ (Graßhoff; Schweppe 2009, S. 309). Schlussfolgernd wird die Distanzierung zur eigenen Biografie traditionell als ein wichtiges Element von Professionalität gefordert.

Da sich dieses Dilemma zwischen Biografie und Profession nun nicht ohne Weiteres wird auflösen lassen, versuchen Graßhoff und Schweppe zumindest einen Anstoß zur Entschärfung der Debatte zu leisten (2009, S. 307). Die beiden Autor*innen zeigen auf, dass die personale Dimension des *pädagogischen Bezuges* in der Professionalisierungsdiskussion traditionell eine untergeordnete Rolle einnimmt. Auch Thiersch hebt hervor, „dass es lange Zeit verpönt war, nach den ‚persönlichen Einfärbungen von Sozialpädagogen‘ in ihrer Arbeit zu fragen“ (Thiersch

1998, zit. n. Graßhoff; Schweppe 2009, S. 307) und spricht hierbei pointiert von einer sogenannten *sozialpädagogischen correctness*. Graßhoff und Schweppe zufolge sei ein solcher Umgang mit dieser Thematik als eine typisch reflexartige Reaktion der Sozialen Arbeit zu verstehen, die damit auf Darstellungen reagiert, wonach ihre Berufsfeldangehörigen aufgrund der typisch lebensweltlichen Verwicklung sowie ihrer diffusen beruflichen (All-)Zuständigkeit Professionalisierungsdefizite aufweisen würden. Auch als mittlerweile überholt geltende Annahmen wie von *geborenen Erzieher*innen* (Kerschensteiner 1921) oder auch altruistischen Vorstellungen von sozialpädagogischer Professionalität werden ihren Anteil dazu beitragen, „indem sie letztendlich von der Kongruenz zwischen der Biographie bzw. der Persönlichkeit der Professionellen und professionellem Handeln ausgehen" (Graßhoff; Schweppe 2009, S. 308). Dennoch lässt sich konstatieren, dass mittlerweile ein weitgehender Konsens über einen Zusammenhang von Professionalität und Biografie bei den Berufsfeldangehörigen innerhalb des Fachdiskurses zu bestehen scheint. Demnach lassen sich personenbezogene Tätigkeiten nicht unabhängig von Biografien denken (ebd.).

Auf dieser Grundlage wagen Graßhoff und Schweppe eine gedankliche Umdeutung dieses scheinbar unaufhebbaren Dilemmas. Ausgehend von der Überlegung, dass der bisher als Problemdiskurs wahrgenommene Zusammenhang von Biografie und Professionalität möglicherweise einen zu verengten Blick zur Folge hat, fragen die beiden Autor*innen,

> „ob mit der Thematisierung biographischer Anteile im professionellen Handeln als (potentielle) Störfaktoren möglicherweise nicht, das Kinde mit dem Bade ausgeschüttet wird', weil hierdurch der Blick auf die Produktivität und die Ressourcen, die in diesem Verhältnis eingebettet sind, verengt oder ausgeblendet werden" (ebd., S. 314).

So gelte es umgedreht zu fragen, inwieweit lebensgeschichtliche Dispositionen sowie biografisch erworbene Kompetenzen sich nicht auch als sinnvoll und nützlich für professionelles Handeln erweisen könnten. Erste empirische Hinweise auf eine positiv konnotierte Umdeutung finden die beiden Autor*innen (2009, S. 315) u. a. bei Otten (2004). Dort konnte aufgezeigt werden, dass sich biografische Ressourcen sehr wohl als wichtige Bestandteile und Komponenten für eine gelungene Professionalität darstellen und eine solche nicht zwangsläufig jenseits der biografischen Dispositionen und Erfahrungen entstehen muss. Einen weiteren Ansatz finden sie bei Reim (1997), der das reflexive Passungsverhältnis zwischen Lebensgeschichte sowie Profession in den Mittelpunkt rückt. Auch Helsper spricht von einer individuellen Passung, die „zwischen professionellem pädagogischen Handeln und dem Selbst im Horizont der eigenen Biografie" (2002, S. 94, zit. n. Graßhoff; Schweppe 2009, S. 315) angesiedelt ist und von den Professionellen „in einem selbstreflexiven Bildungsprozess" (ebd.) ausgebildet werden muss.

Eine weitere Annäherung gelingt über die Perspektive der Adressat*innen. Ausgehend davon, dass die Berufsfeldangehörigen mit ihren individuellen biografischen Hintergründen auf Adressat*innen treffen, die ihrerseits biografische Erfahrungen mitbringen, gelte es den Blick weg von problemorientierten Sichtweisen zu richten, also von „‚Übertragungsphänomenen' und unreflektierten, in der eigenen Lebensgeschichte verwurzelten Bedingungen, die in der Arbeit mit den Klientinnen/Klienten dann zu Spannungen und Konflikten führen" (Graßhoff; Schweppe 2009, S. 316). Im Gegenteil erscheint es gewinnbringend, den Blick zu weiten und fortan verstärkt auf die Ressourcen und Chancen zu richten, „die unterschiedliche biographische Passungsverhältnisse bieten" (ebd.).

Auf Grundlage dieser Ergebnisse stellen die beiden Autoren daher die Schlussfolgerung auf, dass biografietheoretische Überlegungen weiterhin sinnvolle Beiträge zur Forschung über Professionalisierung in der Sozialen Arbeit darstellen können und dazu beitragen, die Professionsforschung weiter voranzubringen. Dabei gilt es jedoch folgende Erkenntnis zu berücksichtigen: Der Fokus sollte nicht verkürzt auf „die biographisch aufgeschichteten Professionalisierungsdefizite von Sozialpädagoginnen/-pädagogen" (ebd., S. 316 f.) gerichtet werden. Vielmehr gilt es „offen den Blick auf das komplexe Verhältnis zwischen Biographie und Professionalität im Rahmen Sozialer Arbeit zu lenken" (ebd.).

Ausgehend von diesen Überlegungen wird es somit auch für die vorliegende Ausarbeitung von besonderem Interesse sein, zu untersuchen, welche Bedeutung lebensgeschichtlichen Dispositionen bei Quereinsteiger*innen vor dem Hintergrund einer positiven Konnotation dieser für eine gelungene Passung zum Beruf der Sozialen Arbeit beigemessen werden kann. Wohlgemerkt, ohne einer überholten Vorstellung von *geborenen Erzieher*innen* bzw. *Sozialarbeiter*innen* Vorschub leisten zu wollen. Dennoch stellt sich dem Autor hierbei unwillkürlich die folgende Frage. Wenn einerseits den dargelegten Erkenntnissen zufolge die Mehrzahl der Sozialarbeiter*innen in der späteren beruflichen Praxis sich trotz genuiner akademischer Ausbildung weiterhin an biografisch mitgebrachten Alltagsroutinen und -mustern orientiert – und dies offenbar auch nicht zu ubiquitären beruflichen sowie persönlichen Dramen und Katastrophen zu führen scheint – und andererseits technisierte Methodenkenntnisse auch nicht den Kern eines sozialpädagogischen Professionalitätsverständnisses ausmachen: Warum sollten hochqualifizierte Quereinsteiger*innen mit einer geeigneten wissenschaftlich reflexiven Haltung (basierend auf der individuellen Lebensgeschichte in Auseinandersetzung mit einer optimalerweise akademischen Ausbildung) und bspw. der Möglichkeit, durch Weiterbildungen oder Selbststudium notwendige Methodenkenntnisse aufzuarbeiten, per se nicht in der Lage sein, professionelle Fachkräfte für die Soziale Arbeit zu werden mit entsprechender Berufsidentität? Hierauf gilt es mithilfe der späteren empirischen Analysen schlüssige Antworten zu finden.

5. Gesellschaftliche Transformationsprozesse und sinnvolle Arbeit

5.1 Über die Gesellschaft der Singularitäten

Ein von Beginn an leitendes Anliegen der vorliegenden Ausarbeitung war es, die empirischen Befunde nicht nur vor dem theoretischen Horizont eines sozialpädagogischen (Binnen-)Diskurses hinsichtlich der Fragen zu Profession, Professionalität und professionelles Handeln o. ä. zu behandeln, sondern ganz bewusst den analytischen Blick auch für ganzheitliche gesellschaftliche Transformationsprozesse zu weiten. Dass sich die Soziale Arbeit als nicht gerade unwesentlicher Bestandteil der Gesellschaft diesen Prozessen kaum *inselhaft* entziehen kann, erscheint mir doch evident. Nun kann wohl mit Fug und Recht behauptet werden, dass Andreas Reckwitz' Buch *Die Gesellschaft der Singularitäten* (2018) sowie das Nachfolgewerk *Das Ende der Illusionen* (2019) „zu den in der Öffentlichkeit meistbeachteten deutschsprachigen soziologischen Zeitdiagnosen" (Kumkar; Schimank 2021, S. 7) der jüngeren Zeit zählen, oder wie Steffen Mau es formuliert, „zu den am intensivsten diskutierten Gesellschaftsdiagnosen der vergangenen Jahre" (2021, S. 164). Entsprechend erscheinen mir Reckwitz' Analysen für die vorliegende Ausarbeitung als überaus gewinnbringend für die anvisierte Perspektiverweiterung.

Auch Kumkar und Schimank heben die Wirkung von Reckwitz' Analysen mit dem Hinweis hervor, dass vor allem das Hauptwerk nicht nur in allen großen Tageszeitungen besprochen wurde, sondern die Konzepte des Autoren „mittlerweile als Stichworte in den politischen Debatten des Feuilletons" (2021, S. 7) Anwendung finden, wenn nicht gleich Reckwitz selbst mit Beiträgen und Interviews „zur Lage der Dinge zu Wort kommt" (ebd.). Zugleich lassen sich seine Werke sicherlich nicht ganz frei von Intentionen – mal mehr, mal weniger offensichtlich – in den inszenierten medialen Darstellungen relevanter Bundespolitiker*innen wiederfinden[29]. Mau attestiert der für die von Reckwitz darin vollbrachten Leistung, „Phänomene der Gegenwart nicht nur zu beschreiben, sondern begrifflich präzise und analytisch dicht zu einer Rahmenerzählung des Übergangs zur Spätmoderne zu verdichten" (2021, S. 164), einen nicht nur *kleinen Verdienst*, und hebt insbesondere die darin enthaltene enge Verbindung zwischen Gesellschaftstheorie sowie Sozialstrukturanalyse hervor. Den Kern seiner Zeitdiagnose stellt dabei der diagnostizierte Aufstieg „einer nunmehr sozial, kulturell und politisch ‚hegemonia-

29 Drei Beispiele: Der Twitter-Account von Friedrich Merz, Bundesvorsitzender der CDU (2020), der Facebook-Account von Lars Klingbeil, (Co-)Bundesvorsitzender der SPD (2020) und der Facebook-Account von Christian Lindner, Bundesvorsitzender der FDP (2020).

len‘ *neuen Mittelklasse* im Gegensatz zum kulturellen und sozialen Abstieg der *alten Mittelklasse*“ (Nachtwey 2021, S. 174, kursiv i. O.) dar. Konkret geht es um die Annahme einer Drei-Klassen-Gesellschaft, die sich in eine teilende Mittelklasse und eine untere prekäre Klasse aufteilt. Es wird hier zwar auch von einer existierenden Oberklasse ausgegangen, diese wird aber als deutlich kleiner erachtet und schlussfolgernd auch nicht ausführlich in die Analyse mit aufgenommen (Mau 2021, S. 164). Reckwitz selbst formuliert hierzu, er habe in *Die Gesellschaft der Singularitäten* „nur ansatzweise ein Modell der spätmodernen Sozialstruktur skizziert“ (2021, S. 35). Den seiner Ansicht nach sozialstrukturell wichtigsten Aspekt legt er im fünften Kapitel dar, wo „eine genauere Charakterisierung der Lebensform der ‚neuen Mittelklasse‘“ (ebd.) vorgenommen wird. Im weiteren Fokus standen die Auf- und Abwertungsprozesse, die er auch als *Paternostereffekt* (Reckwitz 2018) beschreibt, welche sich zwischen den sich teilenden Mittelklassen und der neuen Unterklasse aufzeigen lassen. Generell sei dies alles „in die grundsätzliche Analyse von Prozessen der Singularisierung und Valorisierung sowie der Entsingularisierung und Entvalorisierung in der Spätmoderne“ (Reckwitz 2021, S. 35) eingebettet.

Den zentralen Aspekt seiner Überlegungen macht hierbei die Annahme aus, dass sich die Herausbildung einer neuen Mittelklasse für eine Theorie spätmoderner Gesellschaften als zentral herausstellt. Für diese Mittelklasse diagnostiziert Reckwitz ein Aufeinanderprallen von drei Transformationsprozessen, die die westlichen Gesellschaften während des letzten Drittels des 20. Jahrhunderts wesentlich geprägt haben. Konkret handelt es sich um die

> „Postindustrialisierung der Ökonomie mit der Expansion der Wissensökonomie, der Bildungsexpansion sowie des kulturellen Wertewandels, das heißt eines kulturellen Liberalisierungsprozesses, in dessen Verlauf Selbstverwirklichungswerte gegenüber Pflichten- und Akzeptanz werden an Relevanz gewinnen“ (ebd., S. 37 f.).

Dieser neuen Mittelklasse schreibt er die Funktion einer zentralen Trägergruppe von gesellschaftlichen Kulturalisierungs- und Singularisierungsprozessen zu, die sich auch als charakteristisch für die Spätmoderne bezeichnen lassen. Insbesondere der Bedeutungszuwachs des kognitiv-kulturellen Kapitalismus und die Aufmerksamkeitsökonomie digitaler Technologien sind hierbei zu nennen, aber auch der in den 1980er- bis in die 2000er-Jahre stattfindende politische Aufstieg eines neuen Liberalismus. Bei diesen Prozessen nehmen die Mitglieder der neuen Mittelklasse sowohl die Funktion von Produzent*innen als auch Konsument*innen ein oder wie Reckwitz es formuliert: „Die neue Mittelklasse ist somit einerseits das *Produkt* bestimmter Wandlungsprozesse, und zugleich *treibt* sie selbst – ohne dass sie sich dessen notwendig bewusst wäre oder ein Kollektivbewusstsein ausbilden würde – diese Prozesse *an*“ (ebd., S. 38, Hervorhebung i. O.).

Der bereits erwähnte Paternostereffekt äußert sich nun dahingehend, dass sich in der spätmodernen Sozialstruktur die Aufsteiger*innen und Absteiger*innen in Form eines *Paternosters* zeitgleich gegenüberstehen – und nicht mehr in dem von Beck (1986) diagnostizierten *Fahrstuhl*, in dem gesamtgesellschaftlich aufgestiegen wird. Zudem geht er davon aus, dass die in der neuen Mittelklasse auf der einen Seite und in der alten Mittelklasse sowie der Unterklasse eingebetteten sozialen und symbolischen Differenzen sich sowohl in kulturellen sowie politischen Konflikten äußern können, infolgedessen es bspw. zum Aufstieg des Rechtspopulismus der letzten Jahre kommen konnte. Seine zentrale Aussage besagt: „Ohne die neue Mittelklasse als soziale Trägergruppe lassen sich zentrale soziale Wandlungsprozesse von der industriellen Moderne zur Spätmoderne wie auch Konfliktkonstellationen der Spätmoderne nicht verstehen" (ebd.).

Zum besseren Verständnis lässt sich die neue Mittelklasse anhand vierer Merkmale genauer charakterisieren. Das *erste* und wesentliche Merkmal bezieht sich auf deren Wertesystem sowie die einhergehende soziokulturelle Praxis. Dabei spielen insbesondere Selbstentfaltungswerte und postmaterielle Werte eine wichtige Rolle wie „Selbstverwirklichung, ‚gutes Leben' und ‚innere Balance', Bedeutung von Ethik (Nachhaltigkeit, Ökologie) und Ästhetik, Individualität, Authentizität, Singularisierung des Alltags, Offenheit, Entgrenzung, Kreativität, Liberalität und Diversität etc." (ebd.). Reckwitz spricht hierbei auch von einem *Wertecluster eines expressiven Individualismus*, der sich mit „einem Interesse an Statusinvestition, Statussicherung und Kapitalakkumulation" (ebd.) (Statusinteresse auch verstanden als Gesundheitsorientierung, Mobilität, lebenslanges Lernen sowie Flexibilität) verbindet und das kulturelle Modell der *erfolgreichen Selbstverwirklichung* als ein Amalgam entstehen lässt (ebd.).

Das *zweite* Merkmal bezieht sich auf den Aspekt der oftmals höheren Bildungsabschlüsse, insbesondere anhand von Hochschulabschlüssen, und einer üblicherweise damit einhergehenden höher qualifizierten Berufstätigkeit, wodurch die neue Mittelklasse überdurchschnittlich viel kulturelles Kapital vorweisen kann. Als *drittes* Merkmal verweist Reckwitz darauf, dass die neue Mittelklasse insbesondere hinsichtlich des Verhältnisses zur Gesamtgesellschaft von Bedeutung ist und verdeutlicht, dass die neue Mittelklasse trotz ihrer Neuheit bereits eine mächtige Klasse darstellt und mit ihrem hohen kulturellen „Einfluss ihrer Werte auf Politik, Wirtschaft, Kultur, Bildung, Medien etc. […] in mancher Hinsicht kulturelle Dominanz erlangt hat" (ebd., S. 39). Dabei gilt es sich als *viertes* Merkmal zu vergegenwärtigen, dass diese Entwicklung auch kein spezifisch deutsches Phänomen darstellt. Reckwitz ordnet seine Gesellschaftsdiagnose in eine auch international beschriebene Entwicklung ein, die sich auf alle westlichen Gesellschaften bezieht und daher auch als *internationales* Phänomen zu analysieren sei (ebd.).

Um der Frage nachzugehen, wie neu diese neue Mittelklasse denn nun tatsächlich ist, ordnet er die kulturellen Muster der neuen Mittelklasse in eine längere historische Vorgeschichte ein. Er geht davon aus, dass diese Klasse kulturelle Muster weiterführt, „die sich im Doppel von Bürgerlichkeit (Selbstverantwortung, Bildungsinteresse, Ethik) und Romantik (Selbstverwirklichung, Ästhetik, Kreativität etc.) bereits in der bürgerlichen Moderne im 19. Jahrhundert fanden" (ebd., S. 46). Diese Synthese aus neobürgerlichen und neoromantischen Zügen äußert sich auch in der Spannung zwischen Selbstverwirklichung und Statusinvestition und findet seine Vorläufer im 19. Jahrhundert. Reckwitz spricht auch pointiert vom *Bürger, der Künstler sein will* (ebd.). Auch in Bezug auf die industrielle Moderne der 1950er- bis 1970er-Jahre und der damaligen breiten Mittelklasse lassen sich Kontinuitäten sowie Diskontinuitäten aufzeigen. Notwendig sei hierfür jedoch eine breitere Definition von *Mittelschicht*, die nicht nur sozialstatistisch bestimmte soziale Lagen in den Mittelpunkt stellt, sondern „eine bestimmte Logik der Lebensführung" (ebd., S. 47), in deren Zentrum die investive Statusarbeit steht[30]. Insbesondere die investive Statusarbeit lässt sich als konstituierendes Merkmal für die Mittelklasse in Westdeutschland und der USA nach 1945 konstatieren. Reckwitz geht nun davon aus, dass die neue Mittelklasse ihrerseits auf das bereits existierende Muster der investiven Statusarbeit zurückgreift, welches nun einem Prozess der Modernisierung und Perfektion unterzogen wird. Sollte sich diese Annahme empirisch weiter erhärten lassen, bedeutet das für die Unterscheidung von alter und neuer Mittelklasse, dass sich die Differenz nicht auf der Ebene der investiven Statusarbeit äußert, sondern „sich vielmehr auf der Ebene der Werte des expressiven Individualismus" (ebd.).

Reckwitz spricht von einer historischen Gelenkstelle, als die er die Kulturrevolution der 1970er-Jahre mit der einhergehenden *Counter Culture* versteht. Ein sich dort abzeichnender massiv stattfindender Kulturkonflikt mit der alten Mittelklasse stellt eine historische Phase dar, „nach der sich etwas grundsätzlich verschiebt in der Kultur der Moderne" (ebd.). So lässt sich in dieser Kulturrevolution ein historisch auffällig rasanter Bedeutungszugewinn von Selbstverwirklichungswerten feststellen, die zuvor noch in der sogenannten nivellierten Mittelstandsgesellschaft eher ein Nischendasein führten (bspw. Künstlermilieus und Jugendkulturen) und sich historisch bis in die Romantik zurückverfolgen lassen. Obwohl die Gruppe der Vertreter*innen dieses expressiven Individualismus schnell wächst, stellt sie zu Beginn nur eine gegenkulturelle Bewegung dar. Dies ändert sich jedoch ab den 1980er-Jahren, denn von da an handelt es sich „um ein etabliertes, einflussreiches Segment, das sich danach auch ohne historischen Kontakt mit der Kulturrevolution der 1970er Jahre reproduziert und ausdehnt" (ebd.). Dieses Segment repräsentiert die neue Mittelklasse. Die besagten „sozialen Rahmenbedingungen der Postindustrialisierung, des kognitiv-kulturellen Kapitalismus und der Bildungsexpansion" (ebd.) stellen sich hierfür als begünstigende Faktoren heraus, die es zuvor in dieser Tragweite historisch auch noch

30 Siehe hierzu ausführlich Schimank et al. 2014.

nicht gegeben hat. Die daraus entstandene neue Synthese aus „Selbstentfaltung *und* Statusinvestition" (ebd., kursiv i. O.) gilt es aus Sicht von Reckwitz zukünftig weiter empirisch zu erforschen, denn „wie gut diese Synthese funktioniert, wie spannungsreich sie ist" (ebd.) kann keinesfalls als geklärt gelten. Es lässt sich abschließend festhalten, dass zwar nicht alles neu ist in der neuen Mittelklasse, da sich verschiedene Kontinuitäten kultureller Muster auch hier wiederfinden lassen, jedoch ist „die Konstellation nach 1970 […] sowohl kulturell als auch sozial in mehrfacher Hinsicht eine besondere" (ebd., S. 48).

Zuletzt sah sich Reckwitz' prominente Gesellschaftsdiagnose zusehends intensiven und sicherlich berechtigen Kontroversen ausgesetzt[31], in denen eine notwendige empirische Nachschärfung gefordert wurde, aber auch die generellen konzeptionellen Vorentscheidungen als *zu eng* gefasst infrage gestellt worden. So weist u. a. Mau daraufhin, dass es sich bei der von Reckwitz dargelegten Dualität von alter und neuer Mittelklasse lediglich um „ein zwar empirisch informiertes und gefüttertes, aber zugleich idealtypisches Modell [handelt, N. W.], was dann zu einer starken ‚Reinheit' der Klassenbildung führt" (2021, S. 171). Ein solches idealtypisches Modell lasse aber den Blick für „sich wandelnde Sozialstrukturen, Mischformen und die interessanten Graubereiche" (ebd.) verschwimmen. Daher brauche es aus Sicht von Mau nicht nur eine Empirie, die das bestehende Theoriegebäude füllen könne, sondern „auch konzeptionelle Lockerungen der Umklammerung der Trias von Kultur, Struktur und Konflikt, kurz: ein Arbeiten an den Heuristiken selbst" (ebd., kursiv i. O.)[32]. Reckwitz selbst ist sich der diskursiven Gemengelage durchaus bewusst und beschreibt das Phänomen der neuen Mittelklasse entsprechend als „ein umstrittenes Feld, ein vermintes, ein politisiertes Gelände, in dem deutlich mehr als nur wissenschaftliche Neugier und Wahrheitssuche verhandelt wird" (Reckwitz 2021, S. 59).

Trotz dieser kritischen Kontroversen, vertritt der Autor der hier vorliegenden Ausarbeitung dennoch die Ansicht, dass sowohl die Gesellschaftsdiagnose von Reckwitz und die damit einhergehende fokussierte (und weder verdammende noch glorifizierende) Berücksichtigung einer neuen Mittelklasse – die sich u. a. durch eine starke Betonung von Selbstverwirklichungswerten bzw. expressiv individualistischen Werten auszeichnet – sowie das Ernstnehmen ihrer gesellschaftlichen Relevanz generell dabei helfen können, den soziologischen Blick auf Prozesse der Gegenwartsgesellschaft zu schärfen (2021, S. 38 und S. 59). Diese Annahme ist umso gewichtiger, da aufgezeigt werden konnte, dass das Berufsfeld der Sozialen Arbeit schon allein hinsichtlich ihrer stetig wachsenden quantitativen Ausdehnung ein gesamtgesellschaftlich (allein schon in ökonomi-

31 Siehe hierzu ausführlich u. a. Burzan (2021)/Mau (2021)/Nachtwey (2021)/Kumkar und Schimank (2021).

32 Siehe bzgl. einer empirischen Auseinandersetzung mit diesem Thema auch aktuell Mau et al. (2023).

scher Hinsicht) relevantes, aber gleichzeitig ein aus dieser Perspektive zu wenig beachtetes Arbeitsfeld in Deutschland darstellt.

Daher stellt sich zwangsläufig die Frage, welche Rolle beim Aufstieg einer mächtigen und insbesondere auf Wertewandel basierenden neuen Mittelklasse ein Beruf einnimmt, der traditionell von sich „beansprucht, mehr und anderes zu sein als eine Dienstleistung, die ihr Mandat von staatlicher Politik und nationalstaatlichem Recht bezieht“ (Scherr 2015, S. 17). Die Soziale Arbeit reklamiert sowohl in ihren Theorien sowie Programmen weitergehende Ansprüche, „bis hin zu einer generellen Herrschafts- und Gesellschaftskritik emanzipatorischer Absicht“ (ebd., S. 18)[33], wie es Albert Scherr formuliert. Als Beispiel sei hier an die populäre Selbstbeschreibung als Menschenrechtsprofession erinnert. Auch Friedericke Hardering hebt hervor, dass es sich bei der Sozialen Arbeit um einen Beruf handelt, der sich durch „eine hohe formale Autonomie sowie berufsethische Orientierungen“ (2017b, S. 40) auszeichnet und hinsichtlich der beruflichen Stellung, ihrer Autonomie als ihrem Berufsprestige, „ein hohes Sinnerleben erwarten lässt“ (ebd., S. 41). Daher gehe ich davon aus, dass die vorliegende empirische Ausarbeitung einen kleinen, aber wertvollen Beitrag dazu leisten kann, (also entsprechend der Absicht von Andreas Reckwitz) die neue Mittelklasse zum Gegenstand eines theoretisch-empirischen Forschungsprogramms in den Sozialwissenschaften zu machen (2021, S. 59) und dabei einen besonderen Fokus auf die Bedeutung der Sozialen Arbeit als Beruf zu legen. Auf dieser Überlegung aufbauend, wird im folgenden Kapitel ausführlicher auf die von Reckwitz dargelegte Singularisierung der Arbeitswelt eingegangen.

5.2 Die Singularisierung der Arbeitswelt

Reckwitz geht in seiner Gesellschaftsdiagnose davon aus, dass sich parallel zum Strukturwandel bei Gütern und Märkten auch die Arbeitswelt transformiert. Neben der Praxis des Arbeitens selbst geht es sowohl um die Art und Weise des Aufbaus von Organisationen als auch um „die Kompetenzen, Wünsche und Anforderungen der arbeitenden Subjekte“ (Reckwitz 2018, S. 181). Die Grundannahme dahinter lautet, dass in der postindustriellen Ökonomie auf all diesen Ebenen „eine

---

33 Definition Soziale Arbeit: „Soziale Arbeit fördert als praxisorientierte [1] Profession und wissenschaftliche Disziplin gesellschaftliche Veränderungen, soziale Entwicklungen und den sozialen Zusammenhalt sowie die Stärkung der Autonomie und Selbstbestimmung [2] von Menschen. Die Prinzipien sozialer Gerechtigkeit, die Menschenrechte, die gemeinsame Verantwortung und die Achtung der Vielfalt [3] bilden die Grundlage der Sozialen Arbeit. Dabei stützt sie sich auf Theorien der Sozialen Arbeit [4], der Human- und Sozialwissenschaften und auf indigenes Wissen [5]. Soziale Arbeit befähigt und ermutigt Menschen so, dass sie die Herausforderungen des Lebens bewältigen und das Wohlergehen verbessern, dabei bindet sie Strukturen ein [6].“ (DBSH 2016)

Kulturalisierung und Singularisierung der Arbeitsformen“ (ebd.) stattfindet, „die sich von den Strukturen standardisierter Arbeit der industriellen Moderne“ (ebd.) löst.

Zur Fundierung der Annahme einer *Erosion der industriellen Logik der Arbeitswelt* lassen sich verschiedene soziologische Leitbegriffe der letzten Jahrzehnte heranziehen. Diese lauten u. a. *immaterielle Arbeit*, wonach die Arbeit an Kommunikation, Zeichen sowie Affekten gegenüber materiellen Gütern in den Vordergrund rückt. Die Veränderung der Produktionsweise im Unterschied zur Massenproduktion lässt sich mit *flexible Spezialisierungen* umschreiben. Die *Subjektivierung der Arbeit* „betont die Relevanz nichtformalisierter subjektiver Eigenschaften der Arbeitnehmer“ (ebd.). Die zunehmend fluide Trennlinie zwischen Arbeit und Privatsphäre lässt sich mit dem Begriff der *Entgrenzung der Arbeit* präzisieren. Aber auch die Organisationsform der *Projekte* und deren zunehmende Bedeutung in der Wissensarbeit sowie die Betonung der sich in einem permanenten Wettbewerbssituation befindlichen spätmodernen *Arbeitskraft-unternehmer*innen* und des *unternehmerischen Selbst* gilt es genauso zu benennen wie die zu erlernende Notwendigkeit, die eigene Arbeitsmarktfähigkeit (*Employability*) zu optimieren (ebd.).

All diese Begrifflichkeiten vereint Reckwitz unter dem Oberbegriff der *Singularisierung der Arbeitswelt*, die er als „eine Umstrukturierung der Arbeitsverhältnisse [versteht, N. W.], in der eine für die moderne Berufswelt ungewöhnliche Orientierung an Einzigartigkeiten prägend wirkt“ (ebd., S. 182) und die mit einer Kulturalisierung bzw. Kulturökonomisierung der Arbeitsformen zusammenfällt. Hiernach nimmt die Arbeitswelt zunehmend Züge einer *creative economy* an, in der das Arbeiten an singulären Gütern im Mittelpunkt steht, aber zugleich die Arbeitskräfte selbst als Singularitätsgüter zu verstehen sind. Charakteristische Aspekte für diese Singularisierung sind zum einen die Transformation der Arbeit in eine *kulturelle Produktion*, in der es nicht mehr primär um das Produzieren von standardisierten Gütern und Dienstleistungen geht, sondern im Sinne einer *Kreativarbeit* um „die Verfertigung immer wieder neuer (oder alter) singulärer, attraktiver Güter“ (ebd.), oder mit anderen Worten um die Arbeit *an* Singularitäten. Der zweite Aspekt bezieht sich auf die Verdrängung von hierarchisch-arbeitsteiligen Matrixorganisationen durch Projektstrukturen und Netzwerke. Und der dritte Aspekt umfasst das Arbeits*subjekt* selbst und versteht dieses in der Kulturökonomie als einen herausgehobenen Gegenstand der Singularisierung. Hieraus resultiert auch ein entscheidendes Merkmal für die Arbeitssubjekte der postindustriellen Ökonomie, bei denen fortan „das Erfordernis formaler Qualifikation [...] durch die Entwicklung eines einzigartigen Profils von Kompetenzen und Potenzialen“ (ebd., kursiv i. O.) überlagert wird. Daher formuliert Reckwitz, dass das spätmoderne Arbeitssubjekt nicht nur einzigartig sein will, sondern auch soll und sich dabei durch „ein Bündel von Fähigkeiten und Talenten, dessen Performanz nicht austauschbar, sondern möglichst außergewöhnlich ist“ (ebd.), auszeichnen will und muss. Insgesamt geht diese Transformation mit einer enormen Aufladung an Kultur und Affektivität der Arbeitswelt einher.

Reckwitz ging ursprünglich davon aus, dass die immaterielle oder kreative Arbeit in der Wissens- und Kulturökonomie primär von der *Akademikerklasse* getragen wird (2018, S. 183). Diesen Aspekt unterzieht er in einer späteren Ausarbeitung jedoch einer Revision und formuliert, dass die in der neuen Mittelklasse beheimateten Milieus „in der Regel ein überdurchschnittlich hohes kulturelles Kapitel [aufweisen, N. W.], *überdurchschnittlich* viele haben einen Hochschulabschluss" (2021, S. 45, kursiv i. O.). Und obwohl der expressive Individualismus positiv mit Bildung zu korrelieren scheint, hieße das nicht, „dass ausnahmslos *jedes* Mitglied [...] der neuen Mittelklasse ein Akademiker oder eine Akademikerin ist" (ebd., kursiv i. O.). Daher möchte er den Begriff Akademikerklasse auch als Zuspitzung verstanden wissen, wonach der institutionell einflussreiche Kern der neuen Mittelklasse in westlichen Gesellschaften zwar einen akademischen Abschluss vorweisen kann, es aber sehr wohl auch in der neuen Mittklasse Personen ohne akademischen Abschluss gibt, die ihrerseits hohe (nichtakademisch) formale oder informelle kulturelle Kapitalreserven vorweisen können. Ergänzt werden diese durch kapitalschwächere bzw. kulturkapitalschwächere Individuen im weiteren Umfeld. Die kulturell rahmende Klammer dieser Individuen, und das ist hierbei das Ausschlaggebende, stellt aber eine ähnliche Weltsicht und Lebenspraxis im Sinne des expressiven Individualismus dar (ebd., S. 45 f.).

Gleichzeitig existieren sowohl die industrielle Produktion von Investitionsgütern und Rohstoffen als auch die einfachen, routinisierten Dienstleistungen fort. Jedoch diagnostiziert Reckwitz für die von den Hochqualifizierten getragene Kultur- und Wissensarbeit auf der einen Seite und die von der Dienstleistungsklasse oder auch *service class* getragenen routinisierten Dienstleistungen auf der anderen Seite eine Tendenz zur *Polarisierung der Arbeitswelt*. Und hierbei betont er, dass es sich nicht nur um graduelle Unterschiede von verschiedenen Ausbildungsniveaus handele, „sondern um einen Antagonismus zwischen zwei Formen und Bewertungen der Arbeit, welcher die spätmoderne Gesellschaft prägt" (Reckwitz 2018, S. 184). Dieser Antagonismus spiegelt wiederum den Dualismus von kulturell-singulären und funktional-standardisierten Gütern wider, wonach singuläre Güter (inklusive Dienste und Ereignisse) in der spätmodernen Gesellschaft als von Wert und Qualität erscheinen, wohingegen standardisierte Güter (und Dienste) profane Güter darstellen, „die lediglich mit Nutzen aufwarten" (ebd.). Eine darauf basierende Polarität wirke sich auf der die ihnen entsprechenden Arbeitsformen aus, was auf der Seite der Verfertigung kultureller Einzigartigkeitsgüter einen Arbeitstypus voraussetzt, der sich am Kreativen, am Neuen sowie an kulturellen Elementen orientiert und insbesondere durch projekthafte Tätigkeiten gekennzeichnet ist, die wiederum eine starke intrinsische Motivation beinhalten, „welche die *ganze Persönlichkeit* fordert" (ebd., kursiv i. O.). Wohingegen es sich bei einfachen Dienstleistungen und industriellen Tätigkeiten primär um „repetitive und standardisierte, darin funktionale Tätigkeiten mit schwacher intrinsischer Motivation und ohne Persönlichkeitsanteil“ (ebd.) handelt.

Weiter geht Reckwitz davon aus, dass sich diese Polarität auch auf der Ebene der gesellschaftlichen und subjektiven Bewertung bzw. Reputation fortsetzt. Danach wird die hochqualifizierte, kreative und singuläre Arbeit sowohl gesellschaftlich als auch individuell als sozial wertvolle und subjektiv befriedigende Tätigkeit definiert, wohingegen am anderen Ende der gesellschaftlichen Bewertungsskala die standardisierte, routinisierte Tätigkeit im Sinne einer profanen Arbeit steht und auch nur „geringe Befriedigung verspricht“ (ebd.). Dies hat zur Folge, dass es zu einer hierarchischen Gegenüberstellung von Hochqualifizierten und Geringqualifizierten innerhalb der Gesellschaft kommt, oder wie der Autor es formuliert: „Kreative Wert-Arbeit und repetitive Nutzen-Jobs sind entsprechend mit entgegengesetztem Sozialprestige und Selbstwertgefühl ausgestattet“ (ebd., S. 185). Daran anschließend lässt sich auch mithilfe von Voswinkel aufzeigen, dass die traditionelle in der Industriearbeit vorherrschende Anerkennungskultur mit einer Würdigung von Anstrengung und Leistung durch einen neuen Anerkennungstypus abgelöst wird, bei dem die Anerkennung von außergewöhnlicher Performanz in den Vordergrund rückt (Voswinkel 2000, zit. n. Reckwitz 2017, S. 185). Zusammenfassend lässt sich zur *Singularisierung* von Arbeit pointiert festhalten, dass Arbeit dann als profan erscheint, „wenn der Arbeitnehmer austauschbar ist (und sich auch selbst so wahrnimmt), und sie ist singulär, wenn das nicht der Fall ist“ (Reckwitz 2018, S. 185).

Zu den Praktiken des Arbeitens und Organisierens in der creative economy

Reckwitz weist darauf hin, dass modernes Arbeiten in der creative economy weiterhin einen zweckrationalen Prozess darstellt, der üblicherweise im Kontext von Organisationen stattfindet und dabei einer formalen Rationalisierung im Sinne eines klassisch-modernen Optimierungsimperativs unterliegt. Diese fortbestehende Logik des Allgemeinen sei hierbei als Hintergrund zur Kreation der kulturellen Singularitätsgüter zu verstehen. Er geht jedoch davon aus, dass sich bei der Transformation von der industriellen zur kulturellen Produktion der neue Typus des *kreativen Arbeitens* herausbildet, wodurch Arbeit auch generell ihre Form verändert. Dabei unterliegt der Begriff des kreativen Arbeitens oder der *Kreativarbeit* einer betont positiven Konnotation, die sich von minderwertig erscheinenden *Routinearbeiten* abgrenzt und laut Reckwitz, „für die Arbeitssubjekte damit einen Eigenwert [erhält, N. W.], sie ist primär intrinsisch motiviert – selbst wenn sie *auch* immer Mittel zum Zweck des Lebensunterhalts ist“ (ebd., S. 187, kursiv i. O.). Mit anderen Worten: „Die Hochqualifizierten der Spätmoderne erwarten von ihrer Arbeit mehr als nur Broterwerb“ (ebd.). Daraus schlussfolgernd stellt die kreative Arbeit innerhalb der creative economy eine gesellschaftlich einflussvolle Kulturpraxis dar, die den Arbeitssubjekten einen hermeneutisch-narrativen Sinn verspricht (im Sinne einer sinnvollen und interessanten Tätigkeit), die eine ästhetische Sinnlichkeit bieten kann (im Sinne des Erlebens von Flow der Kreation), die Ermöglichung einer spielerischen Qualität, die Zuschreibung eines ethischen Eigenwertes (im Sinne von etwas verändern können) sowie „durch den Akt der Gestaltung von Neuem, das in ihr zum Ausdruck kommt" (ebd.).

Diese Form der kreativen Arbeit spiegelt sich auch in der Organisationsform der Arbeit der Spätmoderne wider. Diese kennzeichnet sich primär durch die Arbeit in Form von (Kreativ-)Teams. Dabei stellen die spätmodernen Belegschaften keine austauschbaren Rollenträger*innen mehr dar, wie es noch für die Belegschaften innerhalb der industriellen Moderne galt. Vielmehr repräsentieren die spätmodernen Kreativarbeiter*innen eine *Pluralität von Singularitäten*. Das Stichwort lautet hierbei auch Diversität, also die Notwendigkeit von unterschiedlichen kulturellen Ressourcen – „aus *verschiedenen Disziplinen*, Herkunftsgemeinschaften etc." (ebd., S. 189, Hervorhebung N. W.) – sowie die gezielte Kombination von Persönlichkeitsmerkmalen, „die einander produktiv ergänzen und genügend Reibungsfläche bieten" (ebd.). Die Logik dahinter lautet, dass durch möglichst divers zusammengestellte Teams, kombiniert aus einzigartigen und ihre Besonderheiten mit ins Team bringenden Persönlichkeiten, neuartige Ideen entstehen können. Entsprechend äußert sich die Aufgabe eines Managements oder Leitung nicht mehr in der klassischen Führung einer hierarchisch gegliederten Organisation, sondern in der Zusammenstellung und Betreuung eines Teams „mit überraschungsfreundlicher Diversität" (ebd., S. 190).

Wird Reckwitz gefolgt, stellt das Arbeiten in *Projekten* die typische Arbeitsform in der Wissens- und Kulturökonomie dar (ebd., S. 191)[34]. Doch nicht nur in der Ökonomie der Singularitäten lässt sich diese sogenannte *projektorientierte Sozialität* nachzeichnen, sondern auch allgemein in politischen Projekten, sozialen Projekten, Bildungsprojekten, aber auch in persönlichen Beziehungen als Projekten. Die traditionell hierarchisch aufgebaute Industrieökonomie kennzeichnet sich durch feste „Stellen, Rollen, Zuständigkeiten und spezialisierten Routinen" (ebd., S. 192). Projekte hingegen stellen für Reckwitz den geradezu emblematischen sozialen Ort dar, „an dem sich die Ökonomie, ja die gesamte Gesellschaft der Singularitäten auf der Organisationsebene realisiert" (ebd.). Mit Goodman und Goodman lässt sich ein Projekt generell „als eine Gruppe von Menschen

34 Dieser Aspekt ist von besonderer Relevanz, da auch und insbesondere für die Soziale Arbeit das Arbeiten in Projekten seit Längerem eine wesentliche Organisationsform darstellt, die auch in einem direkten Zusammenhang mit der oftmals befristeten finanziellen Förderung durch nationale Stiftungen und internationale Fonds zu sehen ist, bspw. der Europäische Sozialfonds (ESF). Hierzu formulieren auch Grillitsch und Sagmeister: Die „Soziale Arbeit und Sozialwirtschaft haben permanent mit Projekten zu tun, diese reichen von kleinen Freizeitmaßnahmen bis hin zu komplexen Veränderungsprozessen in der Organisation. Dabei verstehen wir Projekte als Maßnahmen, die zeitlich, sachlich und bezogen auf die zur Verfügung stehenden Ressourcen begrenzt sind [...]" (2021, S. 1).

mit unterschiedlichen Fähigkeiten definieren [...], die über einen begrenzten Zeitraum gemeinsam an einer komplexen Aufgabe arbeiten" (1976, S. 494, zit. n. Reckwitz 2018, S. 193). Die Betonung der zeitlichen Begrenzung stellt hierbei auch das wesentliche Merkmal von Projekten dar. Während die traditionelle Organisation von Arbeit in der Industrieökonomie „auf Dauer und Reproduktion ausgerichtet ist" (Reckwitz 2018, S. 193), lassen sich Projekte hingegen als Episoden im Sinne eines Ereignisses verstehen, das sich durch einen Anfangs- und Endpunkt auszeichnet (ebd.). Darüber hinaus lassen sich Projekte als einmalige, komplexe Aufgabenstellung definieren (Marin; Regel-Zachmann 2017, S. 13). Typische Eigenschaften von Projekten stellen für Benkhofer et al. erstens die Notwendigkeit eines Ziels dar, das zu Beginn konkret festgelegt wird und am Ende hinsichtlich der Erreichung einer Überprüfung unterzogen wird. Zweitens ist die bereits erwähnte zeitliche Befristung kennzeichnend. Demnach lassen sich qua Definition fortlaufende Maßnahmen und Tätigkeiten nicht als Projekte verstehen. Drittens werden Ressourcen in Projekten gebunden, die sich nicht nur auf finanzielle Budgets beziehen, sondern auch auf die Arbeitszeit von Mitarbeitenden dieser Kreativteams. Viertens sind Projekte von anderen Vorhaben und Tätigkeiten dahingehend abzugrenzen, wonach es sich bei Projekten um einmalige Aktionen handelt, die etwas Neuartiges hervorbringen sollen (2019, S. 13). Reckwitz spricht hierbei auch von einem charakteristisch narrativen Spannungsbogen mit einem Anfang, Höhepunkt und Ende (2018, S. 193). Diesen Spannungsbogen würden die Teilnehmer*innen oftmals auch sehr bewusst in der jeweiligen Gegenwärtigkeit erleben, wodurch dieser „im Moment des Tuns einen Wert an sich" (ebd., S. 194) erhält. Zusammengefasst wird in Projekten eine kulturelle Praxis gebildet, die sich durch narrative, gestalterische, ethische, ludische sowie ästhetische Qualitäten auszeichnet (ebd.).

Netzwerke stellen eine weitere zentrale Form des Sozialen in der Gesellschaft der Singularitäten dar (ebd., S. 199). Diese bezeichnet Reckwitz auch als *Hintergrundstrukturen für die Ausbildung von Singularitäten* (ebd., S. 200). Netzwerke können sowohl in Form von Organisations-Netzwerken als auch als Arbeitssubjekt-Netzwerke eine gewichtige Rolle in der Ökonomie der Singularitäten spielen. Diese nehmen wiederum entscheidenden Einfluss auf den Erfolg und Misserfolg von Projektaktivitäten. Allgemeiner handelt es sich bei Netzwerken um „Kooperationsbeziehungen zwischen verschiedenen Einheiten (Subjekte, Organisationen), die den Charakter der Potenzialität haben" (ebd., S. 199). Für diese sei es charakteristisch, dass die Beziehungen zwischen den Teilnehmer*innen zwar aktualisiert werden können, aber nicht unbedingt werden müssen. In Anlehnung an Granovetter lässt sich hierbei auch von „the strength of weak ties" (1973, zit. n. Reckwitz 2018, S. 199 f.) sprechen.

Netzwerke sind in der Kulturökonomie gerade deswegen von Interesse, da die in ihnen verbundenen Elemente bzw. deren Teilnehmer*innen in dieser Konstellation als einzigartig und singulär zu verstehen sind. Netzwerke basieren „essenziell auf der Diversität ihrer Teilnehmer“ (ebd., S. 200), wonach sich jedes Netzwerk als einzigartig beschreiben lässt. Zugleich betont Reckwitz, dass es sich bei Netzwerken *nur* um die Hintergrundstrukturen für Singularitäten handelt. Im Unterschied zu Projekten weisen Netzwerke eine geringere affektive Dichte auf, zugleich wird auch die Aufmerksamkeit der Teilnehmer*innen weitaus weniger beansprucht. Schlussfolgernd lässt sich festhalten, dass „Projekte auf kollektiver Ebene selbst Singularitäten *sind*, Einheiten des Besonderen, die von den Teilnehmern als solche empfunden werden“ (ebd.). Dementgegen fehlt „Netzwerken meist die kollektive Identifikation und Identität, um selbst zu einer kollektiven Singularität zu werden“ (ebd.). Demnach sind Netzwerke als „Infrastrukturen für besondere Projekte, Subjekte oder Güter“ (ebd.) zu verstehen.

Zur Singularisierung der Arbeitssubjekte

Wie bereits erwähnt ist die (hochqualifizierte) Arbeit in der Wissens- und Kulturökonomie hochgradig mit intrinsischer Motivation verbunden, sowohl im Sinne des Wollens als auch des Sollens. Mit dieser intrinsischen Motivation geht zugleich ein starkes Identifikationspotenzial mit der Arbeit, aber auch die Erwartung an „eine spezifische Qualität des Arbeitens“ (ebd., S. 201) vonseiten der Arbeitssubjekte einher. Zugleich überlagert die intrinsische Motivation fortan eine extrinsische Motivation, verstanden als Arbeit zum Zweck, die für die traditionelle Industriegesellschaft noch prägend war. Einkommen, Sicherheit und Status werden zunehmend *entvalorisiert*, auch wenn diese extrinsischen Faktoren weiterhin fortbestehen. Die Singularisierung macht bei der Transformation der motivationalen Struktur der Arbeit aber nicht halt, vielmehr „lässt sich eine grundsätzliche Transformation des Systems der Subjektivierung beobachten“ (ebd.). Reckwitz hebt hervor, dass das vormals industriegesellschaftliche *System der Formalisierung* „mehr und mehr von einem *System der Singularisierung von Arbeitssubjekten* verdrängt [wird, N. W.]“ (ebd., kursiv i. O.). Diese Beobachtung kann in Anbetracht der vorliegenden empirischen Ausarbeitung auch nicht genug betont werden, sagt diese Transformation im Kern doch Folgendes aus:

> „Während das industrielle Arbeitssystem auf den Elementen der Qualifikation, Leistung und Stelle/Funktionsrolle beruhte, basiert das postindustrielle Arbeitssystem auf den Kriterien von Kompetenz/Potenzial, Profil und Performanz.“ (ebd.)

Die formale Rationalisierung der Arbeitswelt vom Beginn des 20. Jahrhunderts bis in die 1970er lässt sich als wesentliche Prägung für die Grundstrukturen des Arbeitssubjekts im Sinne der klassischen Moderne verstehen. Reckwitz spricht hierbei von einem umfassenden System des Arbeitens mit der Fokussierung auf Formalisierung und Standardisierung. Und zentral „für die Platzierung des Einzelnen im Rahmen einer industriegesellschaftlichen Organisation ist seine *formale Qualifikation*“ (ebd., S. 202). Die formale Qualifikation stellte die Grundlage für

Ausschreibungen und Einstellungen dar: „maßgeblich sind Abschlüsse oder Diplome von Schulen, Hochschulen oder Ausbildungsstätten mit entsprechenden Bewertungen in Form von Noten" (ebd.). Hiermit lässt sich auch die *Prüfung* als eine Gewährleistung von Qualifikation verstehen, die der Arbeitswelt als „der zentrale Filter, die Schwelle, die der Arbeitnehmer hier überwinden muss" (ebd.), vorgeschaltet ist.

Infolge dieser Qualifizierung qua Ausbildung nehmen die Arbeitssubjekte innerhalb der Organisationen *feste Stellen* ein, die mit eindeutig zuordenbaren Arbeitsaufgaben versehen sind. Daher lässt sich auch von einer einzunehmenden *Funktionsrolle* sprechen werden, „die im Prinzip auch von anderen formal gleich Qualifizierten ausgefüllt werden könnte, so dass sich die prinzipielle *Austauschbarkeit* des jeweiligen Rollenträgers ergibt" (ebd.). Auch die erbrachten Leistungen werden „unabhängig von den Besonderheiten des Individuums als sachliche Arbeitsresultate betrachtet (Produkte, Dienste etc.)" (ebd.). Da sich Bewertungen und Vergütungen an höheren formalen Qualifikationen, besseren Leistungen oder anhand eines höheren Outputs orientieren, bekommt die Arbeitsbiografie eine relativ berechenbare *Laufbahn*. Erst folgt die Ausbildung, danach erfolgt ein je nach erbrachter Leistung „formalisierter Aufstieg via *Positionen*" (ebd.). Die Grundlogik dahinter besagt, dass die Arbeitssubjekte entsprechend ihrer Ausbildung die allgemeinen Vorgaben der Qualifikation sowie der Arbeitsstelle erfüllen und „bei gleicher Qualifikation und gleichem Arbeitsaufwand das gleiche Arbeitsergebnis [resultiert, N. W.]" (ebd.). Auch wenn es sich bei dieser Darstellung des standardisierten Arbeitens innerhalb der traditionellen Leistungsgesellschaft um einen Idealtypus handeln mag, der sich sowohl zur Hochzeit des Fordismus im Westen, aber auch im Staatssozialismus des Ostens als vielschichtiger darstellte, „kann man davon ausgehen, dass dieses Arbeitssystem ein Grundgerüst der klassischen Moderne bildete" (ebd., S. 203).

Für Reckwitz präsentiert sich das System der singularisierten Arbeit der Spätmoderne als gänzlich konträr zur Arbeit in der industriellen Moderne. Während im System der traditionellen Leistungsgesellschaft die individuellen Besonderheiten der Arbeitssubjekte eine untergeordnete Rolle spielten oder gar als Störquelle wahrgenommen wurden, wird in der Wissens- und Kulturökonomie „das Arbeitssubjekt nun in seiner Besonderheit sichtbar" (ebd.). Vielmehr wird Besonderheit systematisch *kultiviert*. So wird auch nicht mehr die reine Pflichterfüllung oder *Durchschnitt* erwartet, „sondern die außergewöhnliche Performanz, ‚die einen Unterschied macht'" (ebd.). Reckwitz hebt hervor, dass die Singularisierung, also die Betonung der Einzigartigkeit des Arbeitssubjekts, nicht nur vonseiten der Organisationen, Projekte, Netzwerke und Märkte verlangt wird, sondern von den Arbeitssubjekten selbst gewünscht und vorangetrieben wird. Mit anderen Worten, die spätmodernen Arbeitssubjekte „wollen nicht mehr bürokratische Angestellte, eben Arbeitnehmer sein, sondern kreative Individuen, die ihr Potenzial ausschöpfen und ausleben" (ebd.).

Hierbei findet eine Bedeutungsverschiebung von formalen Qualifikationen hin zu *Kompetenzen* statt. Auch wenn formale Qualifikationen wie die Hochschulreife und Studienabschlüsse etc., weiterhin eine Rolle spielen und gleichzeitig als generelle Voraussetzung für Tätigkeiten innerhalb der Wissens- und Kulturökonomie zu verstehen sind, stellen sie doch nur noch eine notwendige Bedingung zur ersten Selektion dar (ebd., S. 204). Den wesentlichen Faktor für die Anstellung, für den Status sowie für beruflichen Erfolg innerhalb der Wissens- und Kulturökonomie machen jedoch die *informellen Kompetenzen* aus. Hieraus resultiert auch die „Annahme, dass die für die Projektarbeit eigentlich bedeutsamen Fähigkeiten über die formal attestierbaren Eigenschaften hinausgehen" (ebd.). Insbesondere soziale oder emotionale Kompetenz seien hierbei als wesentlich zu nennen, „zu der neben Kooperationsfähigkeit auch Begeisterungsfähigkeit für Neues gehört, unternehmerische Kompetenz, das heißt ein Gespür für günstige Gelegenheiten und Chancenspekulationen, oder kreative Kompetenz" (ebd.). Es wird erwartet, dass sich aus all diesen Kompetenzen ein singuläres *Kompetenzbündel* ergibt, das sich als nichtaustauschbares, sichtbares *Profil* präsentiert.

Aus Sicht von Reckwitz stellt sich gerade dieses Format des *Profils* als grundlegend für die Subjektivierung des spätmodernen Selbst heraus. Dieses Profil drücke sich in einer einzigartigen Kombination verschiedener individueller Eigenschaften aus, die wiederum ein identifizierbares, singuläres Ganzes ergeben. Zugleich zeigen sich in dem Profil zwei gegenläufige Eigenschaften, die sich als Vielseitigkeit und Kohärenz beschreiben lassen und bei einer jeweiligen Dysbalance die Gefahr der Entsingularisierung in sich tragen. Daher stellt sich gerade Vielseitigkeit als eine zentrale Herausforderung für das Arbeitssubjekt in der Kultur- und Wissensökonomie dar. Zusammenfassend benötigt das Arbeitssubjekt „eine Bandbreite informeller Kompetenzen" (ebd., S. 205), um überhaupt als vielseitig betrachtet werden zu können und sich so vom *flat charakter* bzw. qualifizierten, aber uninspirierten Fachidioten abzuheben.

Zur Erlangung eines singulären Kompetenzbündels gilt es sowohl kognitive, soziale, kreative, unternehmerische als auch kulturelle Kompetenzen zu verbinden, die bspw. in verschiedenen Sprachkenntnissen, Kunstkulturellen und subkulturellen Expertisen zum Ausdruck kommen. Reckwitz spricht hierbei auch von zusätzlichen und möglichst *ungewöhnlichen* Bestandteilen innerhalb eines Kompetenzbündels (ebd.), die sich gerade dadurch auszeichnen, üblicherweise nicht im Rahmen einer formalen Ausbildung erworben zu werden, „sondern über eine bestimmte Praxis und reale Erfahrungen – außerhalb und innerhalb der Arbeit (*training on the job*)" (ebd., kursiv i. O.). Die High Potentials in der Wissens- und Kulturökonomie zeichnen sich demnach durch Profile aus, die vielfältige Praxisstationen beinhalten und interessante sowohl inner- sowie außerberufliche Erfahrungen und *Alleinstellungsmerkmale* aufweisen. Konkret handelt es sich hierbei um „frühere Projekte in unterschiedlichen beruflichen Kontexten ebenso wie [...] Studien- oder Praxisaufenthalte im Ausland, soziales Engagement oder spezielle, aktiv betriebene Hobbys" (ebd., S. 205 f.), die ineinander verzahnt zu einer runden Persönlichkeit des Arbeitssubjekts beitragen.

Neben der Notwendigkeit, all diese Vielseitigkeit der spätmodernen Arbeitswelt gegenüber in einer wahrnehmbaren *Kohärenz* performen zu können – also einen *roten Faden* erkennbar werden zu lassen, im Sinne „einer persönlichen Vision, eines Lebensthemas oder eines ultimativen Antriebs" (ebd., S. 205) – müssen auch die *Talente* erkennbar werden. Talente sind zu verstehen, als das in den Arbeitssubjekten zu entdeckende (Entwicklungs-) Potenzial hinsichtlich der Antizipation, was diese „in der Zukunft Außergewöhnliches zu leisten" (ebd.) imstande sind.

Als Charakteristikum dieser Profilbildung und Entfaltung von Potenzialen ist eine Doppelstruktur zu identifizieren, die sich anhand von Selbst-, aber auch Fremdsingularisierung äußert. Während die Arbeitssubjekte im Rahmen des Kulturkapitalismus ein Profil entwickeln müssen, „weil sie nur so die Chance sehen, als einzigartig wahrgenommen zu werden und damit der Anforderung der employability zu entsprechen" (ebd., S. 207, kursiv i. O.), tun sie dies „vor dem Hintergrund des postmaterialistischen Arbeitsethos" (ebd.) auch aus freien Stücken. So stellt sich der Wunsch nach individueller Persönlichkeitsentwicklung durch das Sammeln und Erwerben von Fähigkeiten und Kompetenzen als ebenso relevant für die notwendige Profilbildungsarbeit dar. Zugleich wird das selbstständige Erarbeiten und Mitbringen solch besonderer Profile und Potenziale vonseiten der Organisationen vorausgesetzt. Reckwitz erkennt in dieser Doppelgestalt einen Wettbewerb „sowohl zwischen den unterschiedlichen Profilen als auch darum, wer einer komplexen Profilanforderung am meisten entspricht" (ebd.). Möchten die Arbeitssubjekte erfolgreich am Wettbewerb des kulturkapitalistischen Arbeitsmarktes teilnehmen, stellt sich die Anhäufung von *Singularitätskapital* für diese als schlicht alternativlos dar.

Eine weitere Notwendigkeit für das Arbeiten in der spätmodernen Wissens- und Kulturökonomie äußert sich für die Arbeitssubjekte in der Hervorhebung ihrer Performanz bzw. in der Umsetzung ihrer Kompetenzen, Talente etc. Vormals wichtige Leistungsfaktoren wie die der „sachlichen Korrektheit, Quantität oder Qualität" (ebd., S. 208), denen die grundlegende Annahme zugrunde lag, dass ein direkter „Zusammenhang zwischen dem Ergebnis der Arbeit und dem Prozess seiner Erarbeitung" (ebd.) abgeleitet und gemessen werden könnte, werden zunehmend entvalorisiert. Dementgegen wird Performanz nach ihrem Gelingen bewertet. Ob eine Performanz als erfolgreich bewertet wird, obliege final dem *Publikum* (ebd.). In der Performanz münde zugleich die Gesamtheit aller Kompetenzen und Potenziale des Arbeitssubjekts. Damit eine solche Gesamtheit als gelungen erachtet werden kann, muss erst die Voraussetzung geschaffen werden, um „das Bild einer authentischen Persönlichkeit" (ebd., S. 209) zu vermitteln. Mit anderen Worten muss das Arbeitssubjekt seine Authentizität durch „den Eindruck von Echtheit" (ebd.) transportieren. Entsprechend weist Reckwitz darauf hin, dass zwar jede Performanz als eine Inszenierung zu verstehen sei, „sie darf aber nicht wie eine solche wirken“ (ebd., S. 210). So gelte es auch hier eine Dysbalance aus Einseitigkeit und Inkohärenz zu vermeiden.

Abschließend gilt es festzuhalten, „dass in die Performanz des authentischen Arbeitssubjekts auch eine Fülle von Persönlichkeitsmerkmalen eingehen, *die das private Selbst ausmachen* – natürlich in der Regel nur jene, die allgemein positiv bewertet werden“ (ebd., kursiv N. W.). Hervorzugeben sind Charme und Schlagfertigkeit, aber auch ein ansprechendes Äußeres sowie die Kunst des Zuhörens sowie Gastfreundschaftlichkeit, eine gewinnende Art sowie Toleranz und Begeisterungsfähigkeit etc. Zusammengefasst: „In der spätmodernen Arbeitswelt werden so Persönlichkeitsmerkmale und Charaktereigenschaften zu *professionellen Assets*“ (ebd., kursiv N. W.).

Versuch einer Einordnung

Um die Diagnosen von Reckwitz differenziert einordnen zu können, erscheint es mir als sinnvoll, ergänzend den Blick auf Ausarbeitungen von Friedericke Hardering (2017a) zu richten. Die Autorin weist darauf hin, dass bereits im Zuge des Wertewandels der 1970er-Jahre über das Auftreten neuer Arbeitswerte verhandelt wurde und unterstreicht bis hierher die Diagnose von Reckwitz (2018). In dem damaligen Diskurs wurde verhandelt, „ob die Sicherheit und Stabilität des fordistischen Arrangements dafür sorgen, dass neue Werte wie Selbstverwirklichung an Bedeutung gewinnen und die Beschäftigten sich mehr denn je für die Inhalte der Arbeit statt für den Lohn interessieren“ (Hardering 2017a, S. 7) würden. Für Hardering erscheint es in Anbetracht dieser Debatten als evident, dass sich Wertorientierungen hinsichtlich der Inhalte der Arbeit sowie der materiellen Sicherheit nicht gegeneinander ausspielen lassen (ebd.). Vielmehr hält die Autorin fest, dass „beide Aspekte [...] für die Beschäftigten wichtig“ (ebd.) sind. Schlussfolgernd stellen sich beide Faktoren als wesentlich für die Erwartung an eine gute Arbeit dar und werden von den Arbeitssubjekten auch je nach Lebenslage und -situation individuell unterschiedlich gewichtet.

Mithilfe verschiedener aktueller Untersuchungen zu Wertorientierungen innerhalb der Arbeitswelt könne bei vielen Beschäftigten momentan eine starke Verunsicherung aufgezeigt werden. Gleichzeitig lässt sich festhalten, dass „die Sicherheit der Arbeit und die Stabilität des Arbeitsverhältnisses für sie besonders wichtig sind“ (ebd.). Weitere für die Arbeitszufriedenheit relevante Aspekte stellen die Zusammenarbeit mit netten Kolleg*innen dar sowie „gute Führung, guter Lohn und der Einsatz eigener Fähigkeiten“ (ebd.). Hardering spezifiziert diese Befunde weiter mithilfe einer Untersuchung des Bundesministeriums für Arbeit und Soziales/Nextpractice (2016), in der durch Befragungen mit Erwerbspersonen sieben verschiedene *Wertewelten* identifiziert werden konnten (Hardering 2017a, S. 7 f.). Die größte Zustimmung aller Befragten erhält dabei die Wertewelt der *Sicherheit und Sorgenfreiheit in der Arbeitswelt* mit 28 Prozent. Elf

Prozent betonen die Wertewelt *Leistung*, 15 Prozent die der *Leistungsgerechtigkeit*. Der *Wunsch nach einer guten Balance von Arbeit und Leben* wird von 14 Prozent in den Fokus gerückt und der *Wunsch nach einer starken Solidargemeinschaft* erhält neun Prozent. Entgegen diesen *klassischen* Wertewelten, in denen Sicherheit und Leistungsgerechtigkeit im Fokus stehen, wird hingegen die Wertewelt der *Selbstverwirklichung* – im Sinne zukünftiger Potenziale der Arbeit für *autonomere und bessere Arbeitsgestaltung* – von zehn Prozent in den Mittelpunkt gerückt. „Die Wertewelt ‚Sinn außerhalb seiner Arbeit suchen' steht schließlich für ein breiteres Verständnis von Arbeit" (ebd., S. 8) und erreicht 13 Prozent der Befragten. Bei der letztgenannten Wertewelt lässt sich für die Autorin eine Bedeutungsverschiebung ausmachen, wonach die Erwerbsarbeit als einzig sinnvoll zu betrachtende Form von Arbeit *entvalorisiert* wird und der gesellschaftliche Beitrag des Tuns sowie „die Orientierung an Altruismus und sozialer Gerechtigkeit" (ebd.) an Bedeutung gewinnen.

An dieser Stelle fällt bereits auf, dass entgegen dem von Reckwitz diagnostizierten dominierenden postmodernen Wertecluster der neuen Mittelklasse (2018) und dem darin liegenden enormen „Potenzial für die zukünftige Gestaltung der Arbeitswelt" (Hardering 2017a, S. 8) alternative Arbeitskonzepte und Wertorientierungen jedoch nur vereinzelt auftreten. Hieran lässt sich mit der Kritik von Mau (2021) sowie Kumkar und Schimank (2021) anschließen, die die von Reckwitz als Gegenpaar herausgearbeiteten und konfrontativ gegeneiner aufgestellten beiden Mittelklassen in ihrer analytischen Reinheit generell infrage stellen und diese vielmehr als idealtypische „Begriffsbildung zur Gewinnung von Erkenntnissen" (Mau 2021, S. 171) einordnen. Insbesondere die Verkoppelung von sozialstrukturellen und kulturellen Lagerungen sei aus dieser Perspektive kritisch zu hinterfragen, wonach „eine starke Homologieannahme zwischen Struktur und Kultur, in der Statuslage und kulturelle Muster beziehungsweise Lebensstil zusammengehen" (ebd. S. 168), die Folge sei. Dies hätte jedoch die Konsequenz, dass eine systematisch differenzierte Trennung zwischen der *strukturellen Lagerung* und der *kulturell-mentalen Lagerung* nicht mehr ohne Weiteres möglich sei. Und wird Mau weiter gefolgt, müsste man „für einen Zugriff, der auf Wandel reagieren kann, [...] Struktur und Kultur analytisch zunächst trennen, um sie dann wieder aufeinander zu beziehen" (ebd., S. 169).

Schlussfolgernd könne die neue Mittelklasse nicht vorab als progressive Klasse und als Hegemon des expressiven individualistischen Werteclusters definiert werden. Vielmehr müsse sich die Möglichkeit offengehalten werden, „dass es signifikante Fraktionen der postindustriellen Akademikerklasse geben kann, die sich auf diesen Wertekanon nicht verpflichten lassen wollen" (ebd.). Die von Hardering (2017a) aufgezeigten Befragungsergebnisse könnten zu dieser Überlegung bereits einen Hinweis liefern. So weist die Autorin daraufhin, dass die vielbeschriebene Generation Y, also die zwischen 1980 und 1995 Geborenen, zwar selbstbewusst nach dem *Warum* des Arbeitens fragt (daher auch *Gen Why*) und dem

Sinn in ihrer Arbeit viel Bedeutung beimisst. Allerdings fordert diese Generation „nicht weniger selbstbewusst auch eine bessere Vereinbarkeit der verschiedenen Lebensbereiche und einen sicheren Arbeitsplatz“ (ebd., S. 7) – und repräsentiert hiermit offenkundig Werte einer traditionellen Leistungsgesellschaft.

Reckwitz selbst betont, dass es sich bei einer Gesellschaftstheorie wie der seinen immer um eine „Reduktion von empirischer Komplexität [handelt, N. W.], um umgekehrt die Komplexität einer Theorie aufbauen zu können“ (2021, S. 34). Hierbei müsse sich der schwierigen Balance zwischen Abstraktion und Konkretion, bzw. „zwischen allgemeinen Aussagen und empirischer Vielgestaltigkeit“ (ebd.), bewusst gemacht werden, um überhaupt eine begrifflich zuspitzende Synthese generieren zu können. Zugleich sei von einer Gesellschaftstheorie zu erwarten, dass diese zwar einerseits durch bestehende empirische Studien Plausibilität erlangt, dennoch müsse sie diesen gegenüber zwangsläufig selektiv und zuspitzend bzw. *übertreibend* zugewandt sein und das „in einer Weise, die notwendigerweise umstritten sein muss, da sie das, was vielgestaltig ist, in ein konsistentes Modell und in das Narrativ einer Prozesslogik einfügt“ (ebd., S. 35).

5.3 Über sinnvolle Arbeit

Es konnte aufgezeigt werden, dass die Erwerbsarbeit in der spätmodernen Kultur- und Wissensökonomie einer stark affizierenden Wertaufladung unterliegt und für die (insbesondere hochqualifizierten) Arbeitssubjekte mehr sein soll als der reine Broterwerb. Daher erscheint es mir als notwendig, nun einen weiterführenden Blick auf die aktuell oftmals hervorgehobenen Wert- und Glücksvorstellungen in der Arbeitswelt zu richten und konkret danach zu fragen, was Erwerbstätige überhaupt unter sinnvoller Arbeit verstehen. Ich kann an dieser Stelle bereits vorwegnehmen, dass das Streben nach guter und sinnvoller Arbeit auch in den empirischen Erhebungen eine bedeutsame Rolle für die untersuchten Quereinsteiger*innen einnimmt. Da es somit notwendig ist, ein tiefergehendes Verständnis dafür zu entwickeln, was unter sinnvoller Arbeit verstanden wird, folgt nun ein Blick auf den entsprechenden Diskurs.

Mit Bezug auf Lewin (1920) beschreibt Friedericke Hardering die zwei Gesichter der Arbeit als „einerseits Mühe, Zwang, Mittel zum Zweck und noch kein eigentliches Leben, andererseits ist Arbeit für den Menschen unabdingbar, denn sie bietet ein Wirkungsfeld und gibt dem Leben Sinn und Bedeutung“ (2017a, S. 5). In der heutigen Zeit wird der Arbeit eine weitere Bedeutungsebene zugemessen. Demnach muss sich Erwerbsarbeit in einer Gesellschaft, die sich nach wie vor als Erwerbsarbeitsgesellschaft versteht, als ein zentrales Medium der gesellschaftlichen Integration betrachtet werden. Zum einen bietet Erwerbsarbeit gesellschaftliche Teilhabe und soziale Anerkennung und zum anderen nimmt sie für die Arbeitssubjekte eine lebenslaufstrukturierende Funktion ein.

Dieses Versprechen lasse sich jedoch infolge von verschiedenen Krisen der postfordistischen Arbeitswelt nicht mehr aufrechterhalten. Die Autorin betont hierbei die Prekarisierung der Arbeit sowie die Ausweitung eines Niedriglohnsektors, infolgedessen es zu einer Spaltung zwischen „gut bezahlter und sicherer Arbeit und [...] unterfordernder, unsicherer und nicht existenzsichernder Arbeit" (ebd.) kommt. Gleichzeitig lassen sich soziale Beschleunigungsprozesse identifizieren (Rosa 2019), infolgedessen sich „in vielen Beschäftigungsfeldern die Arbeit enorm verdichtet und es zu einem Anstieg von Zeit- und Leistungsdruck kommt" (Hardering 2017a, S. 5). Für die Beschäftigten äußert sich dieser beschriebene Strukturwandel u. a. anhand zunehmender Stresserfahrungen, die sich auch langfristig als Burnout oder gar Depressionen manifestieren können. So weist die Autorin darauf hin, dass sich auch die Anzahl der Fehlzeiten aufgrund psychischer Erkrankungen zuletzt auffällig erhöht habe und stellt folgende Schlussfolgerung auf:

> „Die gesundheitlichen Probleme deuten an, dass mit dem Umbau der fordistischen zu einer postfordistischen Arbeitswelt nunmehr ein kritischer Punkt erreicht ist, der die Frage nach individuellen und gesellschaftlichen Alternativen eines gesünderen und nachhaltigeren Arbeitens virulent werden lässt und somit die Frage nach dem Sinn in der Arbeit aufwirft." (2017a, S. 5)

Diese Diagnosen deuten auf eine Sinnkrise der Arbeit hin. Im Folgenden wird zuerst nach dem gesellschaftlichen Sinn sowie nach einem individuellen Sinnerleben von Arbeit weiter differenziert.

Zum gesellschaftlichen Sinn von Arbeit

Die beschriebenen Krisenphänomene weisen darauf hin, dass das postfordistische Arbeitsmodell an Grenzen stößt „und das gegenwärtige System der Erwerbsarbeit überdacht werden muss" (ebd.). Dementsprechend müsse auch der soziale Integrationsmechanismus der Erwerbsarbeit generell infrage gestellt werden. Zugleich stehen die unterschiedlichen Formen von Arbeit (allen voran die Erwerbsarbeit) – insbesondere „die männlich dominierte Form der Vollzeiterwerbsarbeit im Rahmen eines Normalarbeitsverhältnisses" (ebd.) – zusehends zur Disposition. Allerdings lässt sich ein solcher Diskurs nun nicht als sonderlich neu bezeichnen, so datieren Hardering und Will-Zocholl eine Diskussion um „das Ende der Arbeits-(gesellschaft)" (2015, S. 3) bereits in die 1980er-Jahre.

Im Mittelpunkt der damaligen soziologischen Debatten standen die Verringerung der wöchentlichen Arbeitszeit, die Auswirkungen von längeren Ausbildungen hinsichtlich der Lebensarbeitszeit, frühere Pensionierungen sowie die Länge von Urlaubszeiten. Obwohl die dort diskutierte und populär gewordene These des *Verschwindens der Arbeit* „nicht von allen, nicht einmal mehrheitlich von den thematisch involvierten Soziologinnen und Soziologen getragen" (ebd.) wurde, setzte sich diese Annahme in der späteren Rezeption durch. Aus Sicht der beiden Autorinnen liegt dies auch an der großen Popularität von Ralf Dahrendorf (1982 und 1983) und Claus Offe (1983), die diese These medial offensiv protegierten. Kern dieser Annahme war, dass der faktische Rückgang der Erwerbstätigen „ein Indiz für eine abnehmende Zentralität von Arbeit im Leben der Menschen und in der Konsequenz der Funktion von Arbeit als zentralem Vergesellschaftungsmodus" (ebd.) darstelle. Und da sich eine solche erst einmal in Gang gesetzte Entwicklung nicht mehr stoppen lässt, müsse sich mit einer dadurch entstehenden Lücke intensiver auseinandergesetzt werden. Auch wenn es kontrovers diskutiert wurde, ob es sich bei dem Ende der Arbeitsgesellschaft nun um einen Glücksfall oder eine Misere handele, herrschte Einigkeit „in der Annahme, dass bei einer Erosion von Erwerbsarbeit als Schlüsselkategorie der Vergesellschaftung die Suche nach der Erfüllung von Sinnansprüchen außerhalb der Arbeit an Bedeutung gewinne" (ebd., S. 4). Erwähnt werden sollte, dass eine zusätzliche Perspektive die bereits auf Hannah Arendt (1960) zurückgehende Annahme darstellte, wonach eine zunehmende Technisierung der Arbeitswelt schlussendlich zu einem Verschwinden der Arbeit führen würde.

Neben der vordergründigen Thematisierung von Arbeit als Modus sozialer Integration werden aus Sicht der beiden Autorinnen bei dieser Infragestellung der Konzeption von Arbeit auch generelle Sinnfragen adressiert (ebd.). So lasse sich in dieser Diskussion eine doppelte Sinnkrise identifizieren, die sich einerseits auf die zeitliche Reduktion sowie die geringere Verfügbarkeit von Arbeit bezieht, infolgedessen eine lebensweltliche Orientierung an Bedeutung gewinnen würde. Gemeint ist hiermit eine „Zuwendung zu einem Sinnbezug außerhalb der Arbeit, zumindest aber einer Pluralisierung von Arbeit aufgrund interner Ausdifferenzierungsprozesse" (ebd.). Gleichzeitig ist zu befürchten, dass die Arbeitssubjekte infolge von Technologisierung und Rationalisierung eine Sinnkrise geraten könnten, die ein sinnvolles Erleben von Arbeit erschwert.

Zum individuellen Sinn von Arbeit

Hardering hebt eine weitere Perspektive des krisenhaften Erlebens von Sinn in der Arbeit hervor und bezieht sich auf die individuelle Bedeutungsebene oder mit anderen Worten: „[...] wenn der Sinn innerhalb der Arbeit problematisch wird und Beschäftigte ihre Arbeit nicht mehr als sinnvoll erleben" (2017a, S. 6). Das Neue an diesem Phänomen stellt eine Tendenz dar, wonach es sich fortan nicht mehr nur um geringqualifizierte und stark fragmentierte Tätigkeiten handele, die von einer Entfremdung betroffen sind. Mittlerweile sei diese Entwicklung auch bei hochqualifizierten Beschäftigungssegmenten zu beobachten. Die Autorin benennt explizit die Berufsgruppen der Ärzte und Ärztinnen, Hochschullehrende sowie IT-Fachkräfte (ebd.) und ergänzt in einer weiteren Arbeit auch die Sozialarbeiter*innen (Hardering 2017b). Kennzeichnend für einen individuellen Sinnverlust sei die starke Zunahme an administrativen Aufgabenanteilen, insbesondere in

Form von Dokumentationspflichten, aber auch anhand von Fortbildungen, die oftmals als überflüssig und lästig empfunden werden. Eine Folge sei, dass die Hochqualifizierten „gar nicht mehr zu ihrer eigentlichen Arbeit kommen" (Hardering 2017a, S. 06 sowie ausführlich Hardering 2017b) und dadurch gerade die Tätigkeiten auf der Strecke bleiben, die von ihnen als subjektiv wichtig erachtet werden bzw. die Kernarbeiten ihrer jeweiligen Tätigkeit darstellen.

Entgegen der plausiblen Annahme, dass sich solche Tendenzen auch in größeren Surveys widerspiegeln würden, weist die Autorin u. a. auf den jährlich durchgeführten DGB-Index Gute Arbeit (2016) hin. Diese Untersuchung erfragt sowohl das Arbeitserleben als auch das Erleben von sinnvoller Arbeit bei abhängig Beschäftigten und stellt fest, „dass Beschäftigte in Deutschland mehrheitlich einen Sinn in ihrer Arbeit erkennen können" (Hardering 2017a, S. 6). Insgesamt handele es sich dabei um 81 % der Befragten, die in der Befragung angaben, einen Sinn in ihrer Arbeit zu erkennen. Diese Quote weist beim Report 2022 (DGB-Index Gute Arbeit 2022) sogar eine Steigerung auf (82 %[35]). Dennoch sei es aus Sicht von Hardering ein Kurzschluss davon auszugehen, dass diese Befunde einem wachsenden individuellen Sinnverlust bzw. einer zunehmenden Entfremdung widersprechen würden (2017a, S. 6). So konnten nach Hardering bereits ältere Studien auf das Paradox aufmerksam machen, wonach selbst repetitive bzw. *sinnlose* Tätigkeiten durch Beschäftigte als sinnvoll umgedeutet wurden. Ein solche positive Umdeutung erfolge durch ein Fokussieren auf „den größeren Nutzen ihres Tuns" (ebd.). Die belastendenden sowie repetitiven Aspekte der Arbeit werden hingegen ausgeblendet. Die Autorin beschreibt dieses Phänomen als eine Art der Neubewertung der Arbeit, mit anderen Worten „schreiben [die Beschäftigten] ihr einen neuen Sinn zu" (ebd.), mit der Folge, dass sowohl die Arbeitsidentität als auch die eigne Handlungsfähigkeit stabilisiert werden.

Somit lässt sich festhalten, dass eine Bewertung des Sinnerlebens vorrangig „Einblicke in subjektive Deutungsleistungen, Ressourcen und Bewältigungsprozesse" (ebd.), gewährt und weniger „Aufschluss über Fehlentwicklungen in der gesellschaftlichen Organisation von Arbeit bietet" (ebd.). Untersuchungen wie die genannten DGB-Reports zur guten Arbeit müssen entsprechend differenziert betrachtet werden. Ein Gefühl der Zunahme von sinnlosen Aufgaben oder der Annahme, dass es immer schwieriger werde, dem *Eigentlichen* der Arbeit nachzugehen, können über solche Untersuchungen nicht abgebildet werden. Daher gilt es zu konstatieren, dass sich die Befunde über hohes Sinnerleben von Beschäftigten einerseits und andererseits „ein subjektives Leiden unter Sinnverlust und Erfahrungen der Entfremdung nicht ausschließen" (ebd.).

---

35 Ohne an dieser Stelle näher darauf eingehen zu können, erscheint dieser Befund insbesondere vor dem Hintergrund der zu dieser Zeit sprichwörtlich virulenten Corona-Pandemie, der nicht zuletzt durch die Pandemie verstärkten Digitalisierung und einem tendenziell vermehrten Arbeiten im Home-Office als bemerkenswert.

Trotz alledem lasse sich „eine höhere gesellschaftliche Aufmerksamkeit für Fragen des Sinns und des Sinnerlebens in der Arbeit“ (ebd.) ausmachen. Diese beruht einerseits auf einem Wunsch nach mehr Subjektivität in der Arbeit und resultiert andererseits aus steigenden Belastungserfahrungen und einem einhergehenden Gefühl der Entfremdung. Eine Folge dieser Entwicklung stellt die Zunahme an individuellen Reflexionsprozessen bei den Arbeitssubjekten dar, infolgedessen die *Norm* der Normalarbeit infrage gestellt wird und daraufhin neue Arbeitskonzepte in den Fokus geraten (ebd.).

Zu den Erfahrungsquellen für sinnvolle und glückliche Arbeit

Hardering stellt fest, dass in der bisherigen arbeits- und industriesoziologischen Debatte „die konkrete Gestalt der Erfahrung von Sinnhaftigkeit in der Arbeit“ (2017b, S. 42) als deutlich unterrepräsentiert zu bezeichnen sei. Bisher wurden vor allem repetitiv monotone Tätigkeiten erforscht und solche Tätigkeiten in den Fokus gestellt, „die nur geringe Gestaltungsmöglichkeiten bieten und die zudem durch die Fragmentierung der Tätigkeiten den Blick auf das Gesamtergebnis der Arbeit verhindern“ (ebd., S. 39). Insbesondere die Leiden in der Arbeitswelt wie Burnout, Depressionen und Erschöpfung standen im Mittelpunkt soziologischer Untersuchungen (Hardering 2014, S. 175). Traditionell herrscht die Annahme vor, dass geringes Sinnerleben insbesondere in einem Zusammenhang mit Tätigkeiten von geringer Qualifikation stehe, welche sich durch körperliche Arbeit, geringe Autonomiespielräume, eintönige Arbeitsinhalte und einer insgesamt fehlenden Sichtbarkeit von Arbeitsergebnissen kennzeichnen (2017b, S. 42). Demgegenüber werden Tätigkeiten als wertvoll erachtet, die das Gegenteil versprechen, also eine hohe Autonomie, einen erkennbaren Nutzen etc. Dies sei wohl auch eine der Ursachen für das fehlende Forschungsinteresse zu Tätigkeiten für Hochqualifizierte, „da sie durch eine gute Arbeitsgestaltung vor Beeinträchtigungen des Sinnerlebens geschützt schienen“ (ebd., S. 40).

Aufgrund steigender Zahlen von Burnout-Diagnosen und psychischen Erkrankungen müsse dieses Bild revidiert werden, da diese Phänomene auch nicht länger halt vor Hochqualifizierten machen. Im Gegenteil sind es „nun besonders Dienstleitungstätigkeiten und hier vor allem Hochqualifizierte, Führungskräfte, Professionelle und Semiprofessionelle, für die eine besondere Gefahr der Erschöpfung ausgemacht wird“ (ebd.), also Berufe, die üblicherweise mit hoher Autonomie in Verbindung gebracht werden (ausführlich Kratzer; Dunkel 2013 und BKK 2009). Es lässt sich aufzeigen, dass die veränderten Arbeitsbedingungen bei Hochqualifizierten Auswirkungen auf das Sinnerleben haben, wodurch es zu Erfahrungen des Sinnverlusts bis hin zu Entfremdungstendenzen kommen kann. Ein solcher Sinnverlust stelle sich

> „besonders dann ein, wenn eine subjektiv hohe Identifikation mit der Arbeit und hohe individuelle Ansprüche an die Qualität der Arbeit auf Arbeitsbedingungen tref-

fen, die es zunehmend erschweren, die eigenen Ansprüche noch adäquat umsetzen zu können" (Hardering 2017b, S. 40).

Schlussfolgernd muss das Sinnerleben von traditionell ressourcenstarken Beschäftigungsgruppen einer Neubewertung unterzogen werden, „da vormals dem Sinnerleben zuträgliche Aspekte wie Autonomie in der Arbeitsführung und Identifikation mit der Tätigkeit sich scheinbar in ihr Gegenteil verkehren" (ebd.).

Jedoch beziehen sich bisherige Untersuchungen zum Sinnerleben in der Arbeitswelt oftmals nur auf die Diskrepanz von Wünschen und Ansprüchen in Relation zu den in der Organisation vorgefundenen Realisierungsmöglichkeiten. Insbesondere als sinnlos empfundene Arbeitsanteile sowie die Verhinderung von qualitätsvoller Arbeit werden hierbei in den Fokus gerückt. Für diese Untersuchungsperspektive sei es charakteristisch, dass die Einordnung von Sinnerleben als eine generalisierte Widerstandsressource im Umgang mit Sinn gefährdenden Faktoren erfolgt. Das eigentliche Erleben von Arbeit als sinnvoll oder sinnlos wird hingegen außer Acht gelassen (ebd., S. 42).

Um die Perspektive für die Gestaltung der Sinnhaftigkeit von Arbeitsinhalten zu öffnen, also für konkrete Momente des Sinnerlebens, bietet sich für Hardering eine Herangehensweise an, „in der man Beschäftigte nach ihrem Erleben sinnvoller Arbeit fragt und so die konkreten Erfahrungen von Sinnhaftigkeit rekonstruieren kann" (ebd.). Zum einen bestünde hierdurch das Potenzial, mithilfe der geschilderten Erfahrungsquellen „Einblick in zentrale Momente des Sinnerlebens von Beschäftigten [zu gewinnen, N. W.], die häufig mit Geschichten über besondere Ereignisse einhergehen" (ebd.), und zum anderen könne so ein Verständnis für die subjektive Definition von sinnvoller Arbeit aus Sicht der Beschäftigten gewonnen werden. Darüber hinaus lasse sich durch das gezielte Hervorheben der Erfahrungen von Beschäftigen auch eine definitorische Schärfung von *sinnvoller Arbeit* erreichen.

Auf diesen Überlegungen aufbauend erfolgte – unter Berücksichtigung der Diagnose, wonach sich für die professionelle Dienstleistungsarbeit „durch neue Formen indirekter Steuerung massive Veränderungen ergeben haben" (ebd.)[36] – die Durchführung von 40 leitfadengestützten, erwerbsbiografisch narrationsorientierten Interviews mit Führungskräften in der Medizin sowie in der Sozialen Arbeit[37]. Die Interviews wurden mithilfe einer Kombination aus induktiven so-

36 Diese Veränderungen lassen sich sowohl am Beispiel der Medizinberufe als auch anhand der Sozialen Arbeit stark verkürzt unter dem Schlagwort Ökonomisierung zusammenfassen, in dessen Folge sich eine deutliche Bedeutungszunahme von auf betriebswirtschaftlich geprägten Kennwerten bei der Tätigkeitsausübung feststellen lässt. Siehe hierfür ausführlich Hardering (2017b) und insbesondere für die Soziale Arbeit Lutz (2008), Dahme (2008) sowie Buestrich und Wohlfahrt (2008).

37 Die Interviews erfolgten im Rahmen eines von Friedericke Hardering durchgeführten Forschungsprojekts: „Gesellschaftliche Vorstellungen sinnvoller Arbeit und individuelles Sinnerle-

wie deduktiven Herangehensweisen codiert und ausgewertet. Die der Studie zugrundeliegende Annahme lautete, dass sowohl Mediziner*innen als auch Sozialarbeiter*innen in Professionen tätig sind, die „sich durch eine hohe formale Autonomie sowie berufsethische Orientierungen aus[zeichnen]“ (ebd., S. 40) und eine gesellschaftliche Anerkennung genießen, infolgedessen auch von ressourcenstarken Gruppen auszugehen sei, „deren Arbeit formal ein hohes Sinnerleben erwarten lässt“ (ebd.). Der Fokus auf Führungskräfte folgte der Überlegung, dass diese auch in praktischen Arbeitsausführungen eine hohe Autonomie aufweisen würden (ebd., S. 41) und auf ein ausgeprägtes Set an Ressourcen zur Stressbewältigung bei belastenden Arbeitssituationen zurückgreifen können[38].

Als erster Befund lässt sich sowohl für die Mediziner*innen als auch für die Sozialarbeiter*innen eine *dramatisch* gestiegene Arbeitsbelastung feststellen. Ein wesentlicher Faktor sei hierbei der permanente Zeitdruck. So wird hierbei u. a. das umfangreiche Bearbeiten von E-Mails sowie das Bewältigen vieler gleichzeitiger und schnell aufeinanderfolgender Arbeitsaufgaben als belastend geschildert. Als Folge fehle für die *wichtigen* Aufgaben schlussendlich die Zeit. Um die als wichtig empfundenen Aufgaben dennoch zu bewältigen, „werden Überstunden in Kauf genommen“ (ebd., S. 45). Dementgegen werden als sinnlos empfundene Aufgabenanteile wie „Dokumentationspflichten, Fortbildungen oder andere außerhalb der Kernarbeit liegende Tätigkeiten“ (ebd.) problematisiert. Zugleich gilt es festzuhalten, dass sich die geschilderten Wahrnehmungen von Sinnlosigkeit nicht auf den Beruf an sich beziehen, „sondern auf einzelne Aufgaben, die als überflüssig und lästig wahrgenommen werden“ (ebd.). Die geschilderten Entwicklungen äußern sich anhand psychischer Belastungen infolge

---

ben in der Arbeitswelt“, gefördert durch die DFG, durchgeführt an der Goethe-Universität Frankfurt von 2014–2018.

38 In einer weiteren Studie, die an dieser Stelle nicht umfänglich dargelegt werden kann, untersuchte Friedericke Hardering (2014) Glücksvorstellungen, „die die Subjekte zur Deutung ihrer Erwerbsbiografie und ihrer beruflichen Veränderungen“ (ebd., S. 179) heranziehen. Ausgehend von der Annahme, dass gegenwärtig genutzte Glücksvorstellungen in der Arbeit nicht unmittelbar beobachtbar seien, wurden diese aus dem empirischen Material rekonstruiert und ergaben folgende drei Dimensionen: *Angenehme Arbeit*, *Erfüllende Arbeit* und *Nützliche Arbeit*. Als besonders relevant für die hier vorliegende Arbeit erscheint das gewählte Sample, handelt es sich dabei doch ausschließlich um *freiwillige Berufswechsler*innen*, „also Beschäftigten, die eine selbst initiierte Veränderung der beruflichen Tätigkeit vorgenommen haben“ (ebd., S. 178). Leitend ist hierbei die Überlegung, dass Berufswechsel durch den Wunsch getragen sind, „einer Arbeit nachzugehen, die mehr den individuellen Fähigkeiten und Bedürfnissen entspricht“ (ebd.) und dabei ein Reflexionsprozess in Gang gesetzt wird, „innerhalb derer die eigenen Erwartungen an die Arbeit zum Gegenstand der individuellen Vergegenwärtigung werden“ (ebd.). Entsprechend sei davon auszugehen, dass sich die bei Berufswechsler*innen hohe Reflexivität vor dem Hintergrund eigener Erwartungen an die Arbeit durch eine gut beobachtbare Schilderung von Glücksvorstellungen niederschlägt. Diese Annahme lässt sich meiner Ansicht nach auch auf die nachfolgend dargelegten Sinnvorstellungen in der Arbeit und damit auf die hier vorliegende Arbeit übertragen.

von steigendem Stress, woraufhin die Beschäftigten „die Arbeit als ermüdend und kraftraubend“ (ebd.) wahrnehmen.

Auch eine zunehmend fehlende Distanz zwischen Arbeit und Privatleben wird von den Befragten wiederholt thematisiert. Diese Entgrenzung führe bei den Beschäftigten zu Schlaflosigkeit, Verspannungen und Kopfschmerzen. Die Entgrenzung kann aber auch in grundlegenderen Gefühlen münden, wie den „Erwartungen an die Elternrolle nicht“ (ebd.) mehr gerecht werden zu können. Eine Folge sei nicht nur ein schlechtes Gewissen, sondern auch das Reduzieren von Freizeitaktivitäten. Diese auszutarierende Balance, also „entweder ihren arbeitsinhaltlichen Ansprüchen zu folgen und dabei ihre Arbeitskraft enorm zu reduzieren, oder ihre arbeitsinhaltlichen Ansprüche zu reduzieren“ (ebd.), führt bei den Befragten zu einem Gefühl des Zerriebenwerdens. Das Austarieren von arbeitsinhaltlichen Orientierungen einerseits und der Selbstfürsorge andererseits wurde in der Untersuchung als ständiger Begleiter der Beschäftigten identifiziert und gehe mit einer zunehmenden Priorisierung der zu erledigenden Arbeitsaufgaben aufseiten der Beschäftigten einher. Hardering beschreibt dieses Phänomen auch als eine *Reflexivierung von Sinnfragen*: Da die Arbeitssubjekte permanent „darauf zurückgeworfen sind, selbst zwischen heterogenen Anforderungen zu balancieren, wird die Frage nach dem jeweils richtigen Arbeitshandeln allgegenwärtig und zu einer Belastung *sui generis*“ (ebd., Hervorhebung i. O.).

Für die Führungskräfte äußert sich der Arbeitsalltag zunehmend in der Gestalt, dass für die Identifikation mit der Arbeit als wichtig und positiv erachtete Arbeitsanteile „strukturell eingegrenzt werden und positive Erfahrungsspielräume abhandenkommen“ (ebd.). Bspw. wird das Abhandenkommen von sozialen Begegnungsorten wie dem gemeinsamen Mittagessen aufgrund des steigenden Zeitdrucks deutlich beklagt. So stünde das gemeinsame Mittagessen nicht nur für die physische Regeneration, es „steht hier für die Verbindung unterschiedlicher Ansprüche nach sozialem Austausch, dem fachlich-kollegialen Gespräch über KlientInnen oder PatientInnen sowie nach mentaler Rekreation“ (ebd.). Somit lässt sich aufzeigen, dass die hohen zeitlichen Belastungen das Bedürfnis nach sozialem Austausch konterkarieren. Gleichzeitig lässt sich feststellen, dass die Führungskräfte ihr eigenes Bedürfnis nach Regeneration hintanstellen, um ihrer Verantwortung gegenüber den Mitarbeiter*innen noch gerecht werden zu können. Dieses Einengen der beruflichen Möglichkeitsspielräume gerät somit sukzessive in einen Konflikt mit den eigenen Werten und Vorstellungen von guter Arbeit, infolgedessen es zu einem „Verlust positiver Erfahrungsräume“ (ebd., S. 46) kommt und schlussendlich auch zu einem individuellen Sinnverlust.

Trotz alledem betont die Autorin, dass die belastenden Arbeitsbedingungen und der einhergehende Verlust von Erfahrungsräumen nur einen Teil des Arbeitserlebens darstellen. Denn „den anderen Teil markieren die reichhaltigen positiven Bezugspunkte in der Arbeit, die den negativen Erfahrungen gegenübergestellt werden“ (ebd.). Demnach lassen sich weiterhin „zahlreiche identifikatorische Anschlussstellen in der Arbeit" (ebd.) diagnostizieren, die für die Professionellen auch in einem äußerst positiv bewerteten Sinnerleben resultieren. Entsprechend gab die überwiegende Mehrheit der Interviewpartner*innen an, „ihre Arbeit häufig oder immer als sinnvoll zu erleben" (ebd.). Während die einen explizite *Highlights* des Sinnerlebens betonen, sind es für die anderen ganz alltägliche Momente des Sinnerlebens. Hierbei konnte die Autorin aufzeigen, dass es eine direkte Verbindung zwischen den sozialisatorisch erworbenen „und in der Erwerbsbiographie kontinuierlich aufgebauten Erwartungen an eine gute und zu den eigenen Werten passende Arbeit [gibt, N. W.], die sich aus Sicht der professionell Tätigen mit ihren aktuellen Arbeits- und Beschäftigungsbedingungen in Übereinstimmung bringen lässt" (ebd.). Auffällig erscheint, dass sowohl bei den Mediziner*innen als auch bei den Sozialarbeiter*innen „die Verbesserung des PatientInnen- und KlientInnenwohls die grundlegende Orientierung des Handelns" (ebd.) darstellt, und zwar auch dann, wenn der gesellschaftliche Nutzen ihrer Tätigkeit gar nicht explizit thematisiert wurde.

Mithilfe dieser Untersuchungen lassen sich drei Erfahrungsquellen für die Erfahrung der Sinnhaftigkeit in der Arbeit rekonstruieren, die zugleich als unmittelbar aufeinander bezogen zu verstehen sind. Diese Erfahrungsquellen ermöglichen einen Einblick in die subjektiven Vorstellungen von Sinnhaftigkeit der Beschäftigten „und in welchen Momenten sie ihnen offenkundig wird" (ebd.).

In der Arbeit gut und wirksam sein

Hardering beschreibt die erste Dimension des Sinnerlebens als „das Gefühl, die eigene Arbeit gut gemacht zu haben, ein gutes Arbeitserlebnis zu haben und stolz darauf sein zu können" (ebd.). Pointiert ausgedrückt wird die Arbeit dann als sinnvoll erlebt, *„wenn der Laden läuft"* (ebd., S. 46 f., Hervorhebung i. O.) und der Anspruch an qualitätvolle Arbeit mit dem Gefühl des eigenen Anteils daran gedeckt werden kann. Diese Erfahrungsquelle zeige sich insbesondere in Schilderungen von alltäglichen Arbeitssituationen, die sich auf das ganz *normale* Gelingen der Arbeit beziehen und dabei einen Anspruch an Leistung suggerieren. Typisch für die beiden untersuchten Berufsgruppen ist das primäre Bewerten von Erfolg anhand erbrachter Hilfeleistungen. Da sich beide Berufe als Helfer*innenberufe verstehen, erscheint dies aus Sicht der Autorin auch nicht sonderlich auffällig. Für Mediziner*innen stellt hierbei das Wohl der Patient*innen den entscheidenden Erfolgsindikator für gute Arbeit dar, wohingegen die Sozialarbeiter*innen die Lebensqualität der Adressat*innen sowie eine konkrete Verbesserung der Lebensbedingungen als entscheidende Qualitätsmerkmale ihrer Arbeit ansehen. Dabei stellen sowohl die eigenen Vorstellungen über gelungene Arbeit einen Bezugspunkt für gute Arbeit dar als auch die mit der jeweiligen Profession in Verbindung gebrachten Erfolgsvorstellungen. Neben dem bereits benannten Gefühl von Stolz lässt sich mit diesem eng verbunden auch das Gefühl von Wirksamkeit identifizieren. Dieses zeige sich in Schilderungen, in denen Beschäftigte *die Dinge geregelt* *bekommen* haben und dabei in Einklang mit ihren eigenen Maßstäben „einen guten Job machen" (ebd., S. 47). Dabei begrenzen sich diese positiven Gefühle nicht nur auf die eigenen Leistungen, sondern können zugleich auf die ganze Arbeitseinheit übertragen werden. Neben der Schilderung von gelungenen Routineaufgaben werden auch solch einprägsame Arbeitsergebnisse hervorgehoben, bei denen es sich um „regelrechte Durchbrüche bei kniffligen Problemen" (ebd.) handelt.

Zusammenfassend lässt sich formulieren, dass bei der Erfahrungsquelle *in der Arbeit gut und wirksam sein* die Leistungs- und Qualitätsbewertungen der Akteur*innen selbst im Mittelpunkt stehen und es dabei um das Gefühl geht, „die eigenen Fähigkeiten und Talente im Sinne eines guten Arbeitsergebnisses eingesetzt zu haben" (ebd.).

Erzeugung sichtbarer Ergebnisse mit größerem Nutzen

Die zweite Dimension umfasst das Betrachten der Arbeitsergebnisse vor dem Hintergrund sozial geteilter Werte (ebd., S. 48). Bei dieser Dimension bestimmen externe Maßstäbe, inwieweit die eigene Arbeit als sinnvoll oder erfolgreich erlebt wird. Entsprechend stehen hierbei nicht die eigenen Fähigkeiten der Beschäftigten im Zentrum, „sondern vielmehr ihr Beitrag zu einem gesellschaftlich als wünschenswert definierten Zustand" (ebd.). Hardering spricht dabei von Aspekten wie Gesundheit, Entwicklung, sozialem Fortschritt oder auch der Lebensqualität, die positiv attribuiert werden. An diesen Werten richten die Professionellen ihre Arbeit (zumindest implizit) aus und beurteilen ihre Arbeitsergebnisse anhand dieser Kriterien. In den Befragungen fiel diese Dimension vor allem durch die ausführliche Schilderung eines Arbeitsprozesses auf bzw. von einem Weg, der von ihnen wahrgenommen und beurteilt wurde. Nicht das Endergebnis stehe hierbei im Mittelpunkt der Schilderungen, sondern der „Vergleich des Ausgangszustandes mit dem Endresultat" (ebd.). Beispielhaft für die Mediziner*innen ist „die Beobachtung der Genesung" (ebd.) der Patienten, deren zügige Rehabilitation das Sinnerleben der Beschäftigten befördert. Für Sozialarbeitende sind es hingegen „häufig langwierige Prozesse der Begleitung von KlientInnen" (ebd.), die sich dadurch äußern, „auch bei schwierigen Fällen am Ball zu bleiben" (ebd.). Auffällig ist, dass sich bei den Befragungen eine Selbstverständlichkeit über gesellschaftlich geteilte Vorstellungen von guter oder schlechter Arbeit zeigt, es „scheint klar zu sein und keiner Erklärung zu bedürfen" (ebd.).

Für die Autorin zeichnet sich die Betonung des *eigenen Beitrages zum Fortschritt* als das wesentliche Charakteristikum dieser Erfahrungsquelle ab. So stelle ein erlebter Fortschritt für die meisten Interviewpartner*innen einen grundlegenden Wert dar, der sich auch nicht nur auf einzelne Personen oder Arbeitsergebnisse beziehe. Im Gegenteil, *„für die meisten im Sample scheint das Gefühl, an einer wichtigen, besseren und größeren Sache beteiligt zu sein, ein wesentlicher Quell des Sinnerlebens zu sein"* (ebd., kursiv N. W.). In den Interviews lässt sich Betonung des Fortschritts anhand von Formulierungen wie *Weiterkommen, Vorankommen, Entwickeln* usw. erkennen. Dementsprechend lässt sich aus dieser Perspektive „der Gesundheitsfortschritt einer Klientin“ (ebd.) auch nur als ein einzelner Beitrag verstehen, „der dem übergeordneten Fortschrittsziel der Steigerung des Patientenwohls zugeordnet wird“ (ebd.). Dieses übergeordnete Ziel lässt sich parallel dazu auch bei der Sozialen Arbeit erkennen, „wo die Fortschritte für den Einzelfall in Verbindung gebracht werden mit der Weiterentwicklung des Angebotes“ (ebd.). Hieraus kann bspw. ein neues Konzept entstehen, das dann nicht nur den jeweiligen Adressat*innen zugutekommt. Darüber hinaus wird auch die unmittelbare Zusammenarbeit sowie die Interaktion mit den Adressat*innen als Gewinn betrachtet.

Hardering identifiziert als wesentlichen Bezugspunkt dieser zweiten Erfahrungsquelle „das Arbeitsergebnis, welches im Lichte sozial geteilter Vorstellungen von nützlicher Arbeit reflektiert wird“ (ebd.) und an dem sich das Sinnempfinden der Beschäftigten ausrichtet. Demnach sei für die subjektive Erfahrung sowohl die Sichtbarkeit des Ergebnisses relevant als auch dessen externe Einordnung „als gelungener Beitrag für einen größeren Nutzen“ (ebd., S. 49).

Anerkennung

Die dritte Erfahrungsquelle für Sinnerleben bezieht sich auf „die Anerkennung der eigenen Arbeit durch Andere“ (ebd.). Dabei handelt es sich sowohl bei den Mediziner*innen sowie bei den Sozialarbeiter*innen um äußerst präsente und in fast allen Interviews auffindbare Erfahrungen, in denen positive Rückmeldungen und Dankbarkeit durch die anvertrauten Adressat*innen zum Ausdruck gebracht werden. Diese Erfahrungsberichte werden gerahmt durch eine emotional aufgeladene Sprache, mithilfe derer das Empfinden von Freude, Begeisterung und Stolz zum Ausdruck gebracht wird. Mithilfe der Rekonstruktion solcher Anerkennungserfahrungen lässt sich aufzeigen, dass es sich dabei nicht primär um Wertschätzung an sich handelt, „sondern um die Vergegenwärtigung des Wertes der geleisteten Arbeit für die KlientInnen oder PatientInnen“ (ebd.). Mit anderen Worten wird sowohl die Reichweite als auch die Bedeutung der geleisteten Arbeit „durch die Reaktionen von außen […] präsent“ (ebd.).

Die Erfahrungen von Wertschätzung können dabei unterschiedliche Formen annehmen und sich auf konkrete Ergebnisse beziehen oder auch längere Prozesse umfassen wie die Begleitung von sterbenskranken Patienten bei Mediziner*innen. Für die Soziale Arbeit lässt sich dieses Phänomen sicherlich auch beobachten, so stellen die Begleitung von minderjährigen Jugendlichen durch die Kinder- und Jugendhilfe oder die sozialpädagogische Familienhilfe ebenso längerfristige Prozesse darstellen. Generell lässt sich in diesen langfristigen Begleitungen eine Verbundenheit vonseiten der Beschäftigten mit dem Schicksal der Adressat*innen wiederfinden, da sie über längere Lebensphasen förmlich ein Teil ihres Lebens waren (ebd.).

Kommunikation lässt sich hierbei als der wesentliche Bezugspunkt für die Erfahrung von Anerkennung ausmachen. Dabei handelt es sich nicht primär um die unmittelbar zur Arbeitsaufgabe zugehörigen kommunikativen Aufgaben, „sondern vielmehr [um, N. W.] die positiven Effekte eines angenehmen Gesprächsrahmens“ (ebd.). Bspw. werden in den Interviews Momente der Dankbarkeit geschildert, wenn Adressat*innen ihre Dankbarkeit darüber zum Ausdruck brachten, in schwierigen Lebenssituationen verstanden worden zu sein. Aber „auch die besondere Anerkennung der konkreten Person und ihrer Sozialkompetenz“ (ebd., S. 50) wurde hervorgehoben. Somit lässt sich insbesondere für die Soziale Arbeit die Ermöglichung eines beidseitig gewinnbringenden Dialoges als zentrales Ergebnis gelungener Arbeit identifizieren (ebd., S. 49 f.).

Die Anerkennungserfahrungen beschränken sich jedoch nicht nur auf die Erfahrungen mit den Adressat*innen, sie können über die eigene Person hinausgehen und sich auf die ganze Organisation ausdehnen. Entsprechend werden auch positive Rückmeldungen von Kolleg*innen als anerkennend wahrgenommen, wenn sich auf die gelungene Ausübung ihrer Führungstätigkeit bezogen wird. Häufig „wird auch der gute Ruf, den man sich aufgebaut hat und der auf die Organisation ausstrahlt, zum Gegenstand“ (ebd., S. 50) von Anerkennungserfahrungen.

Kongruenz und Widerspruchsfreiheit als Kern des Sinnerlebens

Für alle der drei Erfahrungsquellen lässt sich nun das Arbeitsergebnis und dessen *Nutzen* als der übergreifende Bezugspunkt für Sinnerleben identifizieren. So geht es *erstens* „um den Nutzen des Ergebnisses für einen selbst und dessen psychische Konsequenzen in Gestalt von Stolz und Selbstwirksamkeit“ (ebd.). *Zweitens* steht der Nutzen an sich im Fokus, also „der Fortschritt für die Sache selbst in dem Sinne, dass etwas gesellschaftlich Wünschenswertes befördert wird“ (ebd.). Und *drittens* ist es der Nutzen, den die anderen aus den Arbeitsergebnissen der Beschäftigten ziehen können und auf dessen Grundlage sie ihre Wertschätzung den Beschäftigten gegenüber äußern.

Hieraus schlussfolgert Hardering, dass „das Gefühl der Übereinstimmung eigener Werte und eines Nutzens für Andere“ (ebd.) als das übergreifende Charakteristikum aller drei Dimensionen zu verstehen sei. Widerspruchsfreiheit und Kongruenz stellen den Kern aller geschilderten Erfahrungen von Sinnerleben in der Arbeit dar. So lässt sich im Kontext der Sozialen Arbeit aufzeigen, dass sich Kongruenz dort erkennen lässt, wo es den Sozialarbeiter*innen aufgrund ihrer Fähigkeiten und Kompetenzen gelingt, „die Lebensqualität eines Klienten zu verbessern und so dem gesellschaftlich wünschenswerten Zustand einer verbesserten sozialen Integration beizutragen“ (ebd.). Kongruenz bedeutet hierbei das harmonische Übereinbringen verschiedener Nutzenperspektiven, also „eigener Erfolgs- und Entwicklungsinteressen, eigener Erfahrungen der Zufriedenheit und der positiven Wirkung dieser für andere“ (ebd., S. 51). Laut der Autorin zeigt sich dieses Phänomen insbesondere anhand kleinteiliger und sehr konkreter Erfahrungsschilderungen des Sinnerlebens im Arbeitsalltag der Beschäftigten. Diese Erfahrungen lassen sich vorrangig in Berichten über unmittelbare Kontakte mit den Adressat*innen finden, welche vielfach mit positiven Affekten aufgeladen werden. Als Folge setzen sich diese Erfahrungen im Gedächtnis fest und bilden eine langfristige Ressource positiver Arbeitserfahrung.

Somit lässt sich konstatieren, dass die wesentliche Erkenntnis zum Sinnerleben von Arbeit in der Bedeutung der „Erfahrung einer Verbindung zwischen dem Selbst und den Anderen" (ebd.) liegt, woraus schlussendlich eine Kongruenz und damit positives Sinnerleben resultieren. Daher bedeutet Sinnerleben nicht, die Freiheit zu besitzen, sich auf seine Kerntätigkeiten konzentrieren zu können und diese so durchzuführen, wie es anhand der eigenen Qualitätsvorstellungen als richtig erachtet wird. Erst die Verbindung aus den eigenen Gestaltungs- und Entwicklungsmöglichkeiten mit dem Nutzen für andere in Einklang mit gesellschaftlich geteilten Wertvorstellungen erzeugt die Erfahrung von Kongruenz und ermöglicht dadurch schlussendlich positives Sinnerleben in der Arbeit.

Werden diese Ergebnisse zusammengefasst, lassen sich zwar einerseits Momente des Sinnverlusts von und bei der Arbeit feststellen, die bis zu einer belastenden Dauerreflexion über die individuelle Definition von sinnvoller und guter Arbeit reichen. Andererseits stehen diesen negativen Erfahrungen vielfältige und mehrheitlich geschilderte Momente des Sinnerlebens gegenüber, die dazu beitragen können, die negativen Belastungserfahrungen auszugleichen. Demnach lässt sich „die These zunehmender Entfremdungserfahrungen und Sinnverluste in der professionellen Arbeit" (ebd., S. 52) zumindest für die Gruppe der Führungskräfte nicht aufrechterhalten. Die Ergebnisse weisen vielmehr auf „vielfältige und regelmäßige Erfahrungen der Kongruenz" (ebd.) hin.

6. Methodologisches und methodisches Vorgehen der Biografieanalysen

6.1 Qualitative Forschung

Sowohl Strübing et al. (2018, S. 83) als auch Flick et al. (2000, S. 13) weisen auf die offenkundige Ausweitung von qualitativer Sozialforschung innerhalb der letzten einhundert Jahre hin. Die einen sprechen von einem „schon fast unübersichtlichen Feld" (Flick et al. 2000, S. 13), die anderen von einer so großen Vielfalt an fundierten und elaborierten Forschungsansätzen, dass diese mittlerweile kaum mehr überschaubar seien (Strübing et al. 2018, S. 83). Dabei handele es sich nicht nur um eine Vielfalt an Methoden oder Formen zur Gewinnung und Auswertung von Materialien, „sondern auch der epistemologischen Grundannahmen, sozialtheoretischen Verortungen und methodologischen Konzeptionen" (ebd.). Diese stellen sich jedoch aufgrund der Bandbreite an Gegenständen und Fragestellungen der empirischen Sozialforschung zugleich als unverzichtbar dar.

Die qualitative Forschung nimmt heutzutage innerhalb unterschiedlichster Disziplinen und Fächer einen unverzichtbaren Teil in der Ausbildung der empirischen Forschungsmethoden ein und streckt sich aus auf eine weite Fächerung an Disziplinen wie der Soziologie, Psychologie, Kultur-, Erziehungs- und Wirtschaftswissenschaften. Auch die angewandten Wissenschaften wie die der Sozialen Arbeit, Pflegewissenschaften sowie Public Health, richten ihre Aufmerksamkeit zunehmend auf Aspekte der qualitativen Forschung (Flick et al. 2000, S. 13). Da sich innerhalb der Sozialwissenschaften „kaum ein Forschungsfeld [findet, N. W.], in dem qualitative Forschung nicht zumindest auch eingesetzt wird" (ebd.), lässt sich trotz aller weiter vorherrschenden Kritik, Vorbehalte und Vorurteilen konstatieren, dass in Anschluss an Thomas Kuhn (1962) die qualitative Forschung den Status einer „paradigmatischen ‚normal science' erreicht hat" (Flick et al. 2000, S. 13).

Die geschilderte Bandbreite hat aus Sicht von Strübing et al. jedoch auch eine Kehrseite. So lasse sich die Frage nach der gemeinsamen inneren Kohärenz, unter der sich die stetig anwachsende Vielfalt qualitativer Ansätze versammelt, nicht einfach ignorieren (2018, S. 84). Ähnlich verweist Rosenthal darauf, dass es keine klare Antwort auf die Frage, „was man unter qualitativer Forschung versteht" (2014, S. 13), gäbe und die qualitative Forschung im Unterschied zur quantitativen Forschung auch weit davon entfernt sei, von einem einheitlichen Verständnis bzw. einer inneren Kohärenz zu sprechen. Und das sowohl hinsichtlich „des Vorgehens in einer qualitativen Untersuchung als auch der zugrunde liegenden methodologischen Grundannahmen" (ebd.).

Eine erste Antwort hierauf bieten Flick et al. (2000). So kann mit deren Hilfe erst einmal festgehalten werden, dass qualitative Forschung den Anspruch erhebe,

> „Lebenswelten ‚von innen heraus' aus der Sicht der handelnden Menschen zu beschreiben. Damit will sie zu einem besseren Verständnis sozialer Wirklichkeit(en) beitragen und auf Abläufe, Deutungsmuster und Strukturmerkmale aufmerksam machen. Diese bleiben Nichtmitgliedern verschlossen, sind aber auch den in der Selbstverständlichkeit des Alltags befangenen Akteuren selbst in der Regel nicht bewusst" (S. 14).

Die qualitative Forschung will weder Wirklichkeiten profan abbilden noch einer sogenannten Exotisierung um ihrer selbst willen folgen. Das Fremde, das von der Norm Abweichende oder auch schlicht das Unerwartete stellen vielmehr Erkenntnisquellen dar, die sich metaphorisch als Spiegel verstehen lassen, „der in seiner Reflexion das Unbekannte im Bekannten und Bekanntes im Unbekannten als Differenz wahrnehmbar macht und damit Möglichkeiten von (Selbst-)Erkenntnis eröffnet" (ebd.).

Die besondere Attraktivität und Aktualität qualitativer Forschung erklären Flick et al. (ebd., S. 17) mit ihrer größeren Offenheit hinsichtlich ihres Zugangs zu den untersuchten sozialen Phänomenen. Dadurch können diese am Untersuchungsgegenstand auch näher dran sein als Forschungsstrategien, die sich auf große Zahlen und stark standardisierte und normative Methoden und Konzepten beziehen (Wilson 1973). Bspw. lässt sich so anhand der Ergebnisse von Leitfadeninterviews, biografischen Erzählungen oder ethnografischen Beobachtungen im Unterschied zu standardisierten Befragungen „ein wesentlich konkreteres und plastischeres Bild" (Flick et al. 2000, S. 17) davon zeichnen, was es aus der spezifischen Sicht der Befragten heißt, mit einer chronischen Krankheit zu leben – oder wie im Fall der vorliegenden Ausarbeitung, was es heißt, einen Berufswechsel hin zur Sozialen Arbeit vollzogen zu haben.

Die Autor*innen betonen zudem die besondere *Qualität* qualitativer Forschung in Anbetracht spätmoderner Gesellschaften, die sich – wie bereits ausführlich aufgezeigt werden konnte – durch eine zunehmende Pluralisierung von Lebensstilen und -gewissheiten kennzeichnen und in denen „sich das soziale Leben aus immer mehr und neueren Lebensformen und -weisen zusammensetzt" (ebd.). Gerade hierbei sind Forschungsstrategien gefragt, die die genauen und *dichten* Beschreibungen der Sichtweisen der beteiligten Objekte und damit ihre subjektiven und sozialen Konstruktionen der eigenen (sozialen) Welt in den Mittelpunkt der Untersuchung stellen. Im Gegensatz zu standardisierten Methoden können qualitative Forschungsmethoden den Blick für „das Neue im Untersuchten, das Unbekannte im scheinbar Bekannten" (ebd.) öffnen und sich von einer festen Vorstellung des untersuchten Gegenstandes viel mehr lösen, als es standardisierten Verfahren möglich ist.

Die Bezeichnung qualitative Forschung stellt hierbei einen Obergriff dar, unter dem sich verschiedene Forschungsansätze bündeln, die wiederum auf abweichenden theoretischen Annahmen, verschiedenen Gegenstandsverständnissen und unterschiedlichem methodischen Fokus beruhen. In Anschluss an Flick et al. lassen sich diese drei Hauptlinien wie folgt fassen:

> „Theoretische Bezugspunkte werden erstens in den Traditionen des *symbolischen Interaktionismus* [...] und der *Phänomenologie* [...], die eher subjektiven Bedeutungen und individuellen Sinnzuschreibungen nachgehen, gesucht; zweitens in der *Ethnomethodologie* [...] und im *Konstruktivismus* [...], die an den Routinen des Alltags und der Herstellung von Wirklichkeit interessiert sind. Einen dritten Bezugspunkt bilden *strukturalistische* oder *psychoanalytische* [...] Positionen, die von der Annahme von latenten sozialen Konfigurationen sowie von unbewussten psychischen Strukturen und Mechanismen ausgehen." (2000, S. 18, kursiv i. O.).

Darüber hinaus unterschieden sich die drei Ansätze auch in ihren Forschungszielen. Im Fokus des ersten Ansatzes steht die Sicht des Objekts (Bergold; Flick 1987), in der zweiten Gruppe geht es um „die Beschreibung der Prozesse der Herstellung vorhandener (alltäglicher, institutioneller oder allgemein: sozialer) Situationen, Milieus (z. B. Hildenbrand 1983) und sozialer Ordnung (etwa die ethnomethodologischen Sprachanalysen [...])" (Flick et al. 2000, S. 18). Und der dritte Ansatz der psychoanalytischen sowie objektiv-hermeneutischen Konzeptionen (Lüders; Reichertz 1986) kennzeichnet sich durch „die (zumeist) hermeneutische Rekonstruktion von ‚handlungs- und bedeutungsgenerierenden Tiefenstrukturen'" (Flick et al. 2000, S. 18).

Den drei Ansätzen lassen sich auch typische Forschungsmethoden zuordnen (ebd.). So kennzeichnet sich die erste Perspektive insbesondere durch Leitfadeninterviews oder auch narrative Interviews und als Auswertungsverfahren dienen primär Codierungsverfahren sowie Inhaltsanalysen. Wohingegen Gruppendiskussionen, ethnografische Methoden und (teilnehmende) Beobachtungen sowie mediale Aufzeichnungen von Interaktionen als typisch für den zweiten Ansatz stehen. Diese werden diskurs- oder konversationsanalytisch sowie mit Ansätzen der Gattungs- und Dokumentenanalyse ausgewertet. Der dritte Ansatz ist auch durch das Aufzeichnen von Interaktionen gekennzeichnet, aber auch durch die Verwendung von Fotos und Filmen. Diese werden bei der dritten Perspektive durch unterschiedliche hermeneutische Analysen ausgewertet (Hitzler; Honer 1997).

Der erwähnten Bandbreite der qualitativen Forschungsmethoden und ihrer nicht ohne Weiteres ersichtlichen Kohärenz (Strübing et al. 2018) stellen Flick et al. dennoch „verschiedene Grundannahmen und Kennzeichen" (2000, S. 20) gegenüber, die sich trotz der vorherrschenden Heterogenität als gemeinsame und verbindende Merkmale verstehen lassen:

Vier Grundannahmen qualitativer Forschung

Die *erste Grundannahme* beinhaltet das Verständnis, dass sich „soziale Wirklichkeit [...] als Ergebnis gemeinsam in sozialer Interaktion hergestellter Bedeutungen und Zusammenhänge verstehen“ (ebd.) lässt. In Anlehnung an Schütz (1971) werden die Bedeutungen und Zusammenhänge in konkreten Situationen durch die Handelnden selbst „im Rahmen ihrer subjektiven Relevanzhorizonte“ (Flick et al. 2000, S. 20) interpretiert und die Grundlage „für ihr Handeln und ihre Handlungsentwürfe“ (ebd.) fundiert. Mithilfe von Blumer (1973) lässt sich nachvollziehen, dass die Subjekte „auf der Basis von gemeinsam geteilten Bedeutungen [handeln, N. W.], die sie Objektiven, Ereignissen, Situationen und Personen zuschreiben“ (Flick et al. 2000, S. 20). Goffman (1977) wiederum weist uns mit seinem Konzept des Rahmens und der Rahmung darauf hin, dass die Bedeutung oder auch die Definition von Situationen nicht für gewöhnlich durch die Akteur*innen geschaffen wird (Rosenthal 2014, S. 40), sie diese aber beständig und „kontextbezogen in Reaktion auf die Deutungen anderer“ (Flick et al. 2000, S. 20) modifizieren. Dieses Verständnis von sozialer Wirklichkeit lässt sich mithilfe von Berger und Luckmann (1969)[39] als ein „Ergebnis beständig ablaufender sozialer Konstruktionsprozesse“ (Flick et al. 2000, S. 20) verstehen. Zusammengefasst steht im Mittelpunkt der ersten Grundannahme „die Konzentration auf die Formen und Inhalte dieser alltäglichen Herstellungsprozesse über die Rekonstruktion der subjektiven Sichtweisen und Deutungsmuster der sozialen Akteure“ (Flick et al. 2000, S. 20). Basierend auf der ersten Grundannahme, wonach die gemeinsame Welt erst durch alltägliches soziales Handeln hergestellt wird, resultieren als Merkmale sozialer Wirklichkeit der *Prozesscharakter*, die *Reflexivität* sowie die *Rekursivität*. Demnach gilt für die *zweite Grundannahme*, dass die Analyse von Kommunikations- und Interaktionssequenzen sowohl durch Beobachtungsverfahren als auch durch anschließende sequenzielle Textanalysen erfolgt (ebd.).

Ausgehend von der Überlegung, dass Menschen in unterschiedlichen Lebenslagen leben und verschiedenen soziokulturellen Milieus zugehörig sind, können Indikatoren zur Einkommens-, Bildungs-, Berufs-, Wohnsituation oder zum Alter herangezogen werden, um diese Lebenslagen objektivierbar zu machen. Flick et al. beschreiben die Art und Weise der individuellen Deutung von eigenen Lebensumständen als „sinnhaft in einer ganzheitlichen, synthetisierenden und kontextualisierten Weise“ (ebd.), wodurch die genannten Indikatoren überhaupt erst mit einer interpretierbaren Bedeutung aufgeladen werden. Demnach können

39 Deren Hauptwerk, *Die gesellschaftliche Konstruktion der Wirklichkeit*, bezeichnet Rosenthal als „bis heute schulbildende[...] Schrift“ (2014, S. 34).

bspw. durch das Konzept der *Lebenswelt* Aussagen zur Deutung von Lebenslagen systematisch analysiert und beschrieben werden. Konkret sprechen die Autor*innen von *Laientheorien* und *Weltbildern* oder auch gemeinsam geteilten Werten und Normen, die sich in den subjektiven und kollektiven Deutungsmustern der Subjekte finden lassen, aber auch von sozialen Beziehungen und individuellen Lebensumständen, die „mit den eigenen biographischen Entwürfen, der vergangenen Lebensgeschichte und mit wahrgenommenen Handlungsmöglichkeiten in der Zukunft verknüpft" (ebd., S. 21) werden. Hierdurch können „subjektiv bedeutsame individuelle und milieutypische Lebenshaltungen und Lebensweisen erkennbar und verstehbar" (ebd.) gemacht werden. Daher stellt die hermeneutische Interpretation des subjektiv gemeinten *Sinns* auch die *dritte Grundannahme* dar, „der im Rahmen eines vorgängigen, intuitiven alltagsweltlichen Vorverständnisses für jede Gesellschaft objektivierbarer und idealtypisch beschreibbarer Bedeutungen verstehbar wird und damit individuelle und kollektive Einstellungen und Handlungen erklärbar macht" (ebd.).

Auf Grundlage der Annahme einer interaktiven und konstruktivistischen Herstellung von sozialer Wirklichkeit und dass diese „über kollektive und individuelle Interpretationsleistungen vermittelt und handlungswirksam wird" (ebd.), ist aus Sicht der qualitativen Forschung die wesentliche Bedeutung der *Kommunikation* hervorzuheben. Entsprechend weisen die Strategien zur Datenerhebung auch einen kommunikativen, dialogischen Charakter auf, infolgedessen „Theorie-, Konzept- und Typenbildung in der qualitativen Forschung selbst explizit als Ergebnis einer perspektivischen Re-Konstruktion der sozialen Wirklichkeit" (ebd.) betrachtet werden. Dabei lassen sich zwei Perspektiven der Re-Konstruktion unterscheiden:

Die *erste* Perspektive folgt dem „Versuch der Beschreibung grundlegender allgemeiner Mechanismen, mit deren Hilfe Handelnde in ihrem Alltag eine gemeinsame soziale Wirklichkeit ‚herstellen'" (ebd.) und lässt sich bspw. in der Ethnomethodologie wiederfinden. Diese Perspektive ermöglicht Einblicke in das Herstellen von sozialer Ordnung durch die Alltagshandelnden, bspw. über das Führen von Gesprächen oder dem Bewältigen bestimmter Situationen und der dabei angewandten Methoden. Die *zweite* Perspektive bezieht sich auf die auf Geertz (1983) zurückgehende dichte Beschreibung „der jeweiligen subjektiven Wirklichkeitskonstruktion (Alltagstheorien, Biographien, Ereignisse usw.) und deren Verankerung in kulturellen Selbstverständlichkeiten und Praktiken in lokalen und organisationsgeprägten Milieus" (Flick et al. 2000, S. 21). Hierbei geht es um gegenstandsbezogene Einblicke in „subjektiv bedeutsame Verknüpfungen" (ebd., S. 22), die die Alltagshandelnden zwischen Erleben und Handeln herstellen oder über deren Auffassungen zu unterschiedlichsten sozialen Phänomenen wie Politik, Beruf, Gesundheit, soziale Beziehungen etc.

Zusammenfassen lassen sich die vier Grundannahmen qualitativer Forschung wie folgt:

1. „Soziale Wirklichkeit als gemeinsame Herstellung und Zuschreibung von Bedeutungen.
2. Prozesscharakter und Reflexivität sozialer Wirklichkeit.
3. ‚Objektive' Lebensbedingungen werden durch subjektive Bedeutungen für die Lebenswelt relevant.
4. Der kommunikative Charakter sozialer Wirklichkeit lässt die Rekonstruktion von Konstruktionen sozialer Wirklichkeit zum Ansatzpunkt der Forschung werden." (ebd.)

Zwölf Kennzeichen qualitativer Forschung

Typisch für die qualitative Forschung ist *erstens*, dass es eine Bandbreite an methodischen Herangehensweisen mit unterschiedlichen Ansätzen gibt, die zur jeweiligen Fragestellung und Forschungstradition passend ausgewählt werden. Es gibt somit nicht nur *die* Methode. Als *zweiten* Punkt benennen Flick et al. die darauf basierende „Gegenstandsangemessenheit von Methoden" (ebd.). So lasse sich für fast alle Verfahren auch deren Entstehen zurückverfolgen und aufzeigen, für welchen „besonderen Forschungsgegenstand es entwickelt wurde" (ebd.), für den es zuvor keine geeignete Methode gab. Des Weiteren orientiert sich qualitative Forschung *drittens* traditionell stark am Alltagsgeschehen oder auch am „Alltagswissen der Untersuchten" (ebd., S. 23) und betrachtet dementsprechend alltägliche Handlungsprozesse in ihrem üblichen Entstehungskontext. Schlussfolgernd sind die Verfahren zur Erhebung, Analyse sowie Interpretation *viertens* der Kontextualität verpflichtet. Flick et al. beschreiben den Gedanken der Kontextualität als das Gewinnen von Daten „in ihrem natürlichen Kontext" (ebd.). Auch die dadurch gesammelten Aussagen werden „im Kontext einer längeren Antwort oder Erzählung, des Interviewverlaufs insgesamt oder auch der Biographie des Interviewpartners analysiert" (ebd.). Dabei gilt es *fünftens* die unterschiedlichen Perspektiven der Beteiligten zu beachten und *sechstens* die Rolle der Forscher*innen vor dem Hintergrund ihres Handelns und der „Wahrnehmungen im untersuchten Feld als ein wesentlicher Teil der Erkenntnis und nicht als eine zu kontrollierende bzw. auszuschaltende Störquelle" (ebd.) zu reflektieren.

Das Verstehen von komplexen Zusammenhängen stellt *siebtens* das Erkenntnisprinzip der qualitativen Forschung dar. Diese Form des Verstehens geht auf die Arbeitsgruppe der Bielefelder Soziologen (1976) und das darauf beruhende *methodisch kontrollierte Fremdverstehen* zurück und betont „den Nachvollzug der Perspektive des Anderen" (ebd.). Um dieses Ziel nach Möglichkeit zu erreichen, gilt es *achtens* das Prinzip der Offenheit (Hoffmann-Riem 1980) bei der Erhebung von Daten anzuwenden. Das Prinzip der Offenheit verlangt das offene Formulieren von

Fragen, aber auch das offene Beobachten bei ethnografischen Herangehensweisen. Üblicherweise werden *neuntens* in der qualitativen Forschung in einem ersten Schritt (Einzel-)Fälle rekonstruiert (Gerhart 1995), bevor es zu Vergleichen und Kontrastierungen dieser Fälle in einem zweiten Schritt kommt. *Zehntens* bezieht sich auf die bereits dargelegte Betonung der sozialen Wirklichkeit als subjektive Konstruktionsleistung der Untersuchten, wozu auch das Forschungsvorhaben als Teil der Konstruktion betrachtet wird.

Weiterhin weisen Flick et al. darauf hin, dass qualitative Forschung sich hinsichtlich der fortschreitenden Digitalisierung und der einhergehenden digitalen Datenquellen trotzdem *elftens* weiterhin als Textwissenschaft versteht[40]. Dabei werden oftmals Texte durch transkribierte Interviews erstellt oder ethnografische Feldnotizen festgehalten. Generell sei sie „für die Mehrzahl ihrer (hermeneutischen) Interpretationsverfahren auf das Medium des Textes als Arbeitsgrundlage angewiesen" (ebd., S. 24). *Zwölftens* und abschließend ist die Zielsetzung der qualitativen Forschung auf „die Entdeckung des Neuen" (ebd.) ausgerichtet, infolgedessen sich auch „erkenntnistheoretische Konzepte wie die Abduktion [...] zunehmender Aufmerksamkeit erfreuen". Zugleich lässt sich als sogenanntes *Großziel* der qualitativen Forschung die „Entwicklung von Theorien aus der Empirie" (ebd.) festhalten. Zusammenfassen lassen sich die zwölf Kennzeichen qualitativer Praxis wie folgt:

1. „Methodisches Spektrum statt Einheitsmethode
2. Gegenstandsangemessenheit von Methoden
3. Orientierung am Alltagsgeschehen und / oder Alltagswissen
4. Kontextualität als Leitgedanke
5. Perspektiven der Beteiligten
6. Reflexivität des Forschers [und Forscher*innen, N. W.]
7. Verstehen als Erkenntnisprinzip
8. Prinzip der Offenheit
9. Fallanalyse als Ausgangspunkt
10. Konstruktion der Wirklichkeit als Grundlage
11. Qualitative Forschung als Textwissenschaft
12. Entdeckung und Theoriebildung als Ziel" (ebd.).

---

40 Knoblauch et al. (2018) verweisen hierbei auf die hermeneutische Tradition der interpretativen Forschung, wonach „*verschriftlichte* Texte Grundlage jeder wissenschaftlichen Analyse" (S. 11, kursiv i. O.) seien und damit auch Interviews, Beobachtungen sowie visuelles Material vor einer weiteren Analyse verschriftlich werden müssen. Auch wenn im weiteren Verlauf ihrer Ausarbeitung dargelegt wird, dass die „*Objektivation aller Art Material für die sozialwissenschaftliche Interpretation*" (ebd., S. 19, kursiv i. O.) methodologisch plausibel sei und somit eine starke Orientierung an verschriftlichten Texten nicht notwendig ist, schlagen die Autor*innen vor, „die Textualität von sozialwissenschaftlichen Daten als Voraussetzung für methodisch kontrollierte Interpretation zu betrachten" (ebd., S. 12).

6.2 Besonderheiten der interpretativen Sozialforschung

Neben diesen dargelegten Gemeinsamkeiten qualitativer Forschung – also einer durchaus als solche zu bezeichnenden inneren Kohärenz – existieren für Gabriele Rosenthal (2014) zugleich deutliche Unterschiede, die es insbesondere für eine biografieanalytisch angelegte Untersuchung zu benennen gilt. So geht die Autorin davon aus, dass sich die qualitative Forschung in zwei Kategorien unterscheiden lässt, und zwar in solche,

> „die sich in ihren Regeln und Kriterien noch an der Logik quantitativer Verfahren mit dem Ziel einer numerischen Verallgemeinerung orientieren und jenen dezidiert qualitativen Methoden, deren Interpretationen und Verallgemeinerungen nicht auf der Häufigkeit des Auftretens bestimmter sozialer Phänomene beruhen, sondern vielmehr auf einer Logik des Verallgemeinerns am Einzelfall (ob nun einer einzelnen Biographie oder einer Organisation oder eines bestimmtes Milieus) oder – ebenso mit dem Anspruch auf Generalisierung am Einzelfall – der mikroskopischen bzw. dichten Beschreibung (vgl. Geertz 1983: 37) des interessierenden Bereichs der Alltagswelt" (Rosenthal 2014, S. 13).

Während bei quantitativ orientierten Forschungen die Überprüfung von Hypothesen im Mittelpunkt steht sowie die Standardisierung ihrer methodischen Instrumente, verlangt die qualitative Forschung nach Regeln und Gütekriterien, die einer „Logik des Verallgemeinerns und der Entdeckung sowie Überprüfung von im Untersuchungsverlauf gewonnenen Hypothesen am Einzelfall" (ebd.) gerecht werden. Generell lässt sich auf das zuvor dargestellte *Großziel* qualitativer Forschung rekurrieren, wenn Rosenthal hierbei die *Logik des Entdeckens* betont, wonach Hypothesen zu Beginn des Forschungsprozesses zurückgestellt werden und dementgegen die Generierung von Hypothesen verfolgt wird bis hin zu einer Entwicklung gegenstandsbezogenen Theorien (ebd.).

Aus Sicht der Autorin leitet sich hieraus insbesondere auch das zuvor genannte Prinzip der Offenheit bzw. die „Forderung zur Offenheit des Vorgehens" (ebd.) ab, das sich an „den Besonderheiten der zu interviewenden oder beobachteten Personen orientiert und ihnen dabei so viel Spielraum wie möglich in der Gestaltung der Situation lässt" (ebd.). Ausgehend von ihren eigenen Beobachtungen hinsichtlich der Forschungslandschaft konstatiert Rosenthal, dass in der qualitativen Forschung sehr wohl darunter unterschieden werden muss, „ob ihre Interpretationen auf der Häufigkeit des gemeinsamen Auftretens von sozialen Phänomenen oder auf der Rekonstruktion von Wirkungszusammenhängen am konkreten Fall beruhen" (ebd., S. 14). Vielmehr lasse sich ihrer Ansicht nach bei einer Vielzahl von Untersuchungen eine Pendelbewegung feststellen, die sich zwischen den Polen einer hypothesenüberprüfenden und einer hypothesengenerierenden qualitativen Forschung bewegt. Darauf beruhend benutzen konsequente

Vertreter*innen eines interpretativen oder auch rekonstruktiven Vorgehens aus der Tradition einer verstehenden Sozialwissenschaft – bspw. symbolischer Interaktionismus, phänomenologische Wissenssoziologie, Ethnologie – „zur Verdeutlichung ihrer Positionen und zur Abgrenzung von anderen Methoden andere Labels als das der *qualitativen Methoden*" (ebd., kursiv i. O.) – so wie das Label der *Interpretativen Sozialforschung*.

Im Bewusstsein, dass es sich hierbei um keine allgemeingültige Position innerhalb der qualitativen Sozialforschung handelt[41], werden im Folgenden dennoch die wesentlichen Grundannahmen bzw. Prinzipien der interpretativen Forschung näher ausgebreitet, die aus Sicht von Gabriele Rosenthal (2014) konstitutiv für die Durchführung interpretativer Forschung – und damit für Biografieanalysen – sind[42].

Über die interpretierte Sozialwelt

Generell lässt sich festhalten, dass auch innerhalb des Labels interpretative Sozialforschung unterschiedliche Ansätze mit unterschiedlichen Methodologien und Methoden existieren. Diese werden jedoch durch die Annahme verbunden, „dass Menschen auf der Grundlage ihrer Deutungen der sozialen Wirklichkeit handeln und diese Wirklichkeit nach bestimmten sozialen Regeln immer wieder neu interaktiv herstellen" (ebd. S. 38). Aufbauend auf dieser Annahme lassen sich mithilfe von Christa Hoffmann-Riem (1980) das *Prinzip der Kommunikation* und das *Prinzip der Offenheit* als die zwei wesentlichen Kriterien der interpretativen Sozialforschung benennen.

Insbesondere durch die Untersuchungen von Alfred Schütz (1971) kann, so sieht es Rosenthal (2014, S. 38), plausibiliert werden, dass es einen Unterschied zwischen der *Welt* der Naturwissenschaften und der der Sozialwissenschaften gibt[43]. So beschäftigen sich die Naturwissenschaftler*innen „mit einer Objektwelt […], die sich selbst keinen Sinn zuschreibe und ihre Welt nicht nach Relevanzen strukturiert" (Rosenthal 2014, S. 38). Wohingegen sich die Sozialwissenschaftler*innen einer bereits interpretierten Sozialwelt zuwenden,

41 So sprechen bspw. Strübing et al. (2018) „generell von ‚qualitativer Forschung' und vernachlässigen damit eine mitunter dramatisierte Sonderstellung von interpretativen oder rekonstruktiven Verfahren" (2018, S. 84).

42 Für eine ausführliche Darstellung vom Übergang des Strukturfunktionalismus bzw. des normativen Paradigmas zum interpretativen Paradigma in den Sozialwissenschaften siehe Knoblauch et al. (2018) und Rosenthal (2014, S. 13 ff.).

43 Es sei an dieser Stelle darauf hingewiesen, dass diese grundlegende Unterscheidung von Knoblauch et al. (2018) für Alfred Schütz nicht geteilt wird. So verweisen die Autor*innen darauf, dass aus Sicht von Schütz die Erzeugung sozialwissenschaftlicher Konstruktionen auf ähnlichen Methoden wie die der Naturwissenschaften beruht: „Sie müssen auf empirischen Beobachtungen beruhen, sie müssen logisch kohärent und konsistent sein" (ebd., S. 17). Die Differenz zwischen Natur- und Sozialwissenschaften liege vielmehr „in eben der besonderen Konstitution ihres *Gegenstandes, die ein Verstehen* erfordert" (ebd., kursiv i. O.).

infolgedessen „dem Sozialwissenschaftler eine bereits entsprechend den Relevanzstrukturen der in der Sozialwelt lebenden Menschen gegliederte und gedeutete Welt vorliegt“ (ebd.). Als Konsequenz müssen sozialwissenschaftliche Konstruktionen auch auf den Konstruktionen des Alltags aufgebaut werden und das in Resonanz mit den gedanklichen Gegenständen der Menschen, die von ihnen im Alltag gebildet werden. Hierzu wird die populäre von Alfred Schütz (1971) formulierte Unterscheidung zwischen Konstruktionen erster und zweiter Ordnung eingebracht.

Leitend ist hierbei die Annahme, dass Wirklichkeit immer von denjenigen schon gedeutet wird, die in ihr handeln, und das unabhängig davon, ob es sich dabei um Alltagsmenschen oder Wissenschaftler*innen handelt. Mit den Worten von Schütz handelt es sich hierbei um die „ersten Konstruktionen des alltäglichen Denkens“ (1971, S. 11). Diese stellen trotz ihrer individuellen Vollzüge „bereits ein sozialisiertes Wissen dar, das aus der Reziprozität der Perspektiven (Schütz 1971, S. 12; Schütz 1932, S. 106–155) hervorgeht: Bei der eigenen Deutung der Welt werden die Deutungen der Anderen und die Deutungen des eigenen Handelns durch andere berücksichtigt“ (Knoblauch et al. 2018, S. 16). Dementsprechend ist der Gegenstand sozialwissenschaftlicher Forschung selbst immer schon interpretativ, da er über eigene Deutungen verfügt. Darüber hinaus produziert Sozialforschung aber auch eigene Deutungen, die als *Konstrukte zweiter Ordnung* bezeichnet werden. Hierzu formuliert Schütz:

> „Die vom Sozialwissenschaftler gebildeten Konstruktionen menschlicher Wirkensmuster sind jedoch von ganz anderer Art. Der Sozialwissenschaftler hat kein ‚Hier‘ in der Sozialwelt, genauer gesagt, er betrachtet seine Position in der Sozialwelt und das daran geknüpfte Relevanzsystem für sein wissenschaftliches Unterfangen als irrelevant. Sein verfügbarer Wissensvorrat ist der *corpus* seiner Wissenschaft, und er muß diesen als selbstverständlich hinnehmen – das heißt in diesem Zusammenhang, als wissenschaftlich gesichert hinnehmen – es sei denn, er sagt explizit, warum er das nicht kann. Zu diesem *corpus* der Wissenschaft gehören auch die bisher erfolgreich verwendeten Verfahrensregeln, die Methoden seiner Wissenschaft, zu denen die Methoden wissenschaftlich zuverlässiger Bildung von Konstruktionen zählen. Dieser Wissensvorrat hat eine ganz andere Struktur, als der dem Menschen im Alltag verfügbare Wissensvorrat.“ Schütz 1971, S. 45, kursiv i. O.)

Mit anderen Worten stellen die Deutungen von Sozialforscher*innen Konstrukte zweiter Ordnung dar, da sie bereits gedeutete und mit Sinn aufgeladene Gegenstände deuten (Knoblauch et. al. 2018, S. 19). Hierbei kann es jedoch zu methodologischen Unterscheidungen kommen, je nachdem, welche theoretischen Zusammenhänge zugrunde gelegt werden. So weisen die Autor*innen darauf hin, dass bspw. bei der *objektiven Hermeneutik* sozialtheoretisch ein Strukturdeterminismus vorausgesetzt wird (also auf der Ebene der ersten Ordnung), wonach in den Interviewdaten objektive Strukturen auf der Ebene der Konstruktionen zweiter Ordnung herausgearbeitet werden, ohne dass diese rückbezüglich auf die „spezifischen Handlungsorientierungen der Akteure" (ebd., S. 20) bezogen sind. Schlussfolgernd ermöglichen die Interpretationen nach der Objektiven Hermeneutik „letztlich nur eine ‚richtige' Deutung der Daten" (ebd.). Die *sozialwissenschaftliche Hermeneutik* hingegen „geht [...] davon aus, dass Akteure (auf der Ebene der Konstrukte erster Ordnung) Strukturen (um)deuten und verändern können" (ebd.). Entsprechend können die erhobenen Daten generell mehrdeutig sein und entsprechend „mehrere ‚richtige' Interpretationen" (ebd.) beinhalten.

Es lässt sich also festhalten, dass der starke Bezug auf die Alltagshandelnden und deren Alltagswelt den Sozialforscher*innen die Aufgabe mitgibt, herauszufinden, wie die Alltagshandelnden „ihre Wirklichkeit konstruieren, wie sie ihre Welt erleben, wie sie diese Welt deuten und welche alltagsweltlichen Methoden der Kommunikation sie anwenden" (Rosenthal 2014, S. 39). Wie bereits dargelegt spielen dabei die Deutungen der ersten Ordnung eine entscheidende Rolle, da die Konstitution der sozialen Wirklichkeit auf den Deutungen der Handelnden zur jeweiligen sozialen Interaktion beruht. Rosenthal weist uns darauf hin, dass diese Deutungen nun weder beliebig sind noch würden diese auf *einsamen* psychischen Prozessen beruhen. Die Deutungen basieren hingegen „auf den im Laufe der Sozialisation internalisierten [...] kollektiv geteilten Wissensbeständen, die auch Handlungs- und Interaktionsregeln enthalten und deren je nach biographischer Situation unterschiedlicher subjektiver Auslegung und Anwendung in konkreten Handlungskontexten" (ebd.). Somit lässt sich auf kollektive Wissensbestände rekurrieren, auf die das Individuum im Prozess der Deutung zurückgreift und „deren Ausbuchstabieren und Anwendung je nach lebensgeschichtlichen Erfahrungen variiert und vor allem der kreativen, reflexiven Umsetzung in der konkreten Handlungssituation bedarf" (ebd.).

Zum Prinzip der Kommunikation

Aufbauend auf den Annahmen zur interpretierten Sozialwelt muss die methodische Ausgestaltung dergestalt vollzogen werden, dass sowohl die interaktive Aushandlung und Herstellung dieser sozialen Rahmungen (Goffmann 1977) sichtbar werden als auch deren vollziehende Modifikationen. Mit Bezug auf Fritz Schütze und seinen Kolleg*innen der Arbeitsgruppe Bielefelder Soziolog*innen in den 1970er-Jahre, müssen wir uns demnach „in der Forschung kommunikativer Verfahren bedienen, die Raum für die alltäglichen Prozesse der Verständigung und Bedeutungsaushandlung lassen" (Rosenthal 2014, S. 43). Dabei gilt es zu berücksichtigen, dass innerhalb der interpretativen Sozialforschung nicht nur vorliegende Daten analysiert werden, sondern dass wir zugleich in einen Kommunikationsprozess mit den Alltagshandelnden treten – wir gestalten also gemeinsam mit den Alltagshandelnden „die soziale Wirklichkeit dieser Erhebungssituation" (ebd.). Daher spricht Fritz Schütze (1978) auch von *kommunikativer Sozialforschung*, die den Kommunikationsprozess an den Regeln des Alltages ausrichtet und den Alltagshandelnden dabei das Darstellen ihrer Deutungen der sozialen Welt ermöglicht und im Besonderen auch die Deutungen der spezifischen Forschungssituation.

Entsprechend formuliert Rosenthal, dass die Alltagshandelnden den Forschenden in der Erhebungssituation ja nicht nur ihre eigene interpretierte Lebenswelt mitteilen, sondern gleichzeitig „auch die Situation der Forschung" (2014, S. 43.) für sich deuten und definieren. Und diese Definition der Situation kann sich sowohl gegenüber der Forschungssituation als auch gegenüber den Forscher*innen „von Interviewtem zu Interviewtem ganz unabhängig von den erklärten oder auch nicht erklärten Situations- und Selbstdeutungsdefinitionen der ForscherInnen erheblich unterscheiden" (ebd., S. 44). Je nachdem in welchen Kontext eine solche Befragung eingeordnet wird, also ob es sich um ein wissenschaftliches Gespräch handelt oder um ein therapeutisches, ein journalistisches oder die Situation gar „als Kaffeeklatsch" (ebd.) gedeutet wird, werden die Interviewten die Situation anders definieren und anders darauf reagieren bzw. sich anders präsentieren. Daher betont die Autorin, dass die Art und die Inhalte der Erzählungen über den Lebensalltag der Alltagshandelnden ganz entscheidend von den „Rahmungen wie auch deren Modifikationen während der Erhebungssituation" (ebd.) bedingt werden. Somit lässt sich mithilfe von Rosenthal dafür sensibilisieren, möglichen Änderungen von Rahmungen bzw. von Situationsdefinition bei der Auswertung von Gesprächen nachzuspüren, da sich diese auch oftmals mit deutlichen Hinweisen kenntlich machen.

Zum Prinzip der Offenheit im Forschungsprozess und bei der Erhebung

Üblicherweise kennzeichnet sich ein *offener Forschungsprozess* innerhalb der interpretativen Forschung durch die Zurückstellung der wissenschaftlichen Annahmen sowie der alltagsweltlichen Vorurteile, die die Forschenden zum Forschungsgegenstand bereits mitbringen. Das heißt auch, dass eine Forschungsfrage zu Beginn des Vorhabens nur vage formuliert wird und sich diese im Laufe des empirischen Prozesses weiter fortschreitend verändern kann. Im Unterschied zu deduktiven Verfahren wird somit weder mit einem Bündel von Hypothesen an den Forschungsgegenstand herangetreten noch wurde zuvor eine klar umrissene Forschungsfrage formuliert (ebd., S. 47). Hoffmann-Riem (1980) spricht auch vom Verzicht einer *hypothesengeleiteten Datengenerierung*. Entsprechend steht hierbei auch nicht die Überprüfung von Hypothesen im Mittelpunkt oder die numerische Verallgemeinerung der untersuchten Phänomene, sondern die Absicht, „auf Grundlage der empirischen Beobachtungen Hypothesen zu generieren, zu überprüfen, zu verändern und zu verwerfen" (Rosenthal 2014, S. 47). Etwas pointiert lässt sich dieses *Dogma* einer Ablehnung von ex-ante Hypothesen in der Literatur zur interpretativ-qualitativen Forschung mithilfe von Meinefeld wie folgt auf den Punkt bringen: „Sie haben dort keinen legitimen Platz“ (1997, S. 22).

Nun muss hier jedoch eingehakt werden, dass es sich bei diesen Annahmen zur interpretativen Forschung und ihrer „dezidierten Ablehnung von ex-ante Hypothesen“ (ebd., S. 23) einerseits und der „nicht minder dezidierten[n] Wertschätzung [von ex-ante Hypothesen] in der quantitativen Methodologie“ (ebd.) andererseits um eine Art Idealtypus zu handeln scheint. Denn einerseits muss festgestellt werden, dass die quantitativ empirische Forschung dem Postulat einer expliziten Formulierung von Hypothesen nicht ausnahmslos gerecht wird. So werde dieses nach Meinefeld „in der (quantitativen) methodologischen Literatur zwar durchgängig gefordert [...], in der empirischen Forschungspraxis aber nur begrenzt realisiert“ (ebd., S. 24). Und andererseits steht dem in der interpretativen Forschung geforderten Verzicht auf eine hypothesengeleitete Datengenerierung die erkenntnistheoretische „beiläufig-selbstverständliche Feststellung“ (ebd., S. 26) gegenüber, wonach „eine voraussetzungslose Forschung nicht möglich sei“ (ebd.). Denn wenn die Forschenden sich nun völlig frei von ihren mitgebrachten persönlichen und wissenschaftlichen Vorstellungen machen würden, stellen sich für den Autoren die methodologisch bisher nicht zufriedenstellend beantworteten Fragen: *Erstens*, wodurch Beobachtungen dann überhaupt geleitet werden und *zweitens*, wie sich die Forschenden von Vorwissen freimachen sollen, „wenn doch zugleich der Feststellung zugestimmt wird, daß eine voraussetzungsfreie, direkte Wahrnehmung der Realität gar nicht möglich ist“ (ebd.).

Zusammengefasst schlussfolgert Meinefeld, dass die Sozialforscher*innen vor die Wahl gestellt werden, diese epistemologische Annahme – also die „wahrnehmungsleitende Funktion des Vorwissens“ (ebd., S. 30) – systematisch in ihre Interpretationen mit einzubeziehen oder andernfalls diese Annahme lediglich implizit zu lassen und dann mit den Konsequenzen zu leben. Er plädiert daher dafür, der Bedeutung von ex-ante Hypothesen in der qualitativ-interpretativen Forschung gerechter zu werden, sich diesen also zu öffnen und dabei „der Kontrolle des Vorwissens des Forschers einen eigenständigen Platz in ihrer Methodenbegründung zu[zu]weisen“ (ebd., S. 32).

Rosenthal sind diese kritischen Überlegungen zur Zurückstellung von ex-ante Hypothesen nicht unbekannt, jedoch geht sie davon aus, dass es sich dabei um ein „Missverständnis hinsichtlich des Gebots der Zurückstellung von Hypothesen handelt“ (2014, S. 48). Aus ihrer Sicht seien empirische Studien immer von Interessen oder Fragen geleitet, „die immer auch auf Hypothesen – so vage oder implizit sie auch sein mögen – beruhen“ (ebd.). Laut der Autorin wird dieses Vorwissen bei der Generierung von Hypothesen bei einem abduktiven Verfahren innerhalb der interpretativen Forschung aber dergestalt eingesetzt, dass Hypothesen in einem heuristischen Sinne einer vorläufigen Erklärung neben anderen möglichen Erklärungen dienen. Das Prinzip der Offenheit äußerst sich aus ihrer Sicht daher vor allem in der Haltung der Sozialforscher*innen, „die der Bereitschaft zur Entdeckung von Neuem, der Offenheit zum Sich-Einlassen auf das empirische Feld und zur Veränderung ihres Vorwissens bedarf" (ebd., S. 49).

Zum Prinzip der Offenheit in der Erhebungssituation

Eine *Offenheit in der Erhebungssituation* setzt vor allem die bereits ausgeführte Orientierung am *Relevanzsystem der Alltagshandelnden* voraus. So werden die Relevanzen der Forscher*innen zunächst hintangestellt und die Prämissen der Alltagshandelnden in den Fokus gesetzt. Hierzu formuliert Rosenthal, dass wenn „wir als SozialforscherInnen an bestimmten Themen interessiert [sind] – z. B. [...] dem Erleben der Erwerbslosigkeit [oder Berufswechsel in die Soziale Arbeit, N. W.] – erfordert dies, dass wir nicht vorab Themen definieren, d. h. nicht vorher festlegen, was zu einem Thema gehört und was nicht" (ebd., S. 52). Was sich als relevant bzgl. der von uns untersuchten Phänomene (wie bspw. Berufswechsel) für die Alltagshandelnden darstellt, wird von ihnen definiert.

Um diesem Postulat gerecht zu werden und somit die eigenen Verknüpfungen und Relevanzsetzungen der Alltagshandelnden deutlich zu machen, gilt es unabhängig von der methodischen Herangehensweise (Interview, Beobachtung etc.), offene Situationen der Erhebung zu ermöglichen und uns an den Relevanzen sowie den Bedürfnissen der Interviewten, Beobachteten etc. zu orientieren (ebd.).

Zum Prinzip der Offenheit bei interpretativen Textanalysen

Das Prinzip der *Offenheit bei interpretativen Textanalysen* verlangt eine *rekonstruktive* Vorgehensweise, die einer Logik des Entdeckens verschrieben ist. Dafür werden die zu interpretierenden Texte weder „mit einem bestehenden Set von Hypothesen" (ebd. S. 55) konfrontiert noch erfolgt eine Subsumtion verschiedener Textstellen unter entweder vorab oder am Text entwickelten Kategorien und einer einhergehenden Entnahme aus dem Gesamtzusammenhang des Textes. Bei einem solchen subsumtionslogischen Verfahren würden die Textsegmente „aus dem Sinnzusammenhang ihrer Entstehung herausgelöst und anderen, von den ForscherInnen konstruierten Sinnzusammenhängen zugeordnet" (ebd.). Das rekonstruktive Vorgehen hingegen verlangt „ein abduktives und sequenzielles Verfahren der Hypothesenentwicklung und -überprüfung" (ebd., S. 54). Ein konsequenter und populärer Vertreter dieses Verfahrens ist Ulrich Oevermann und die mit ihm verbundene Textinterpretation der Objektiven Hermeneutik (Oevermann et al. 1979).

Rosenthal formuliert, dass eine subsumtionslogische Herangehensweise der Logik folge, „einzelne Teile einer bestimmten Klasse zuzuordnen" (ebd., S. 56) und damit an einer numerischen Verallgemeinerung bzw. an der Häufigkeit des Auftretens interessiert sei. Die Autorin bezieht sich hierbei auf die auf Kurt Lewin (1927; 1930/31) zurückgehende Unterteilung in eine aristotelische und galileische Begriffsbildung. Nach der aristotelischen Begriffsbildung, also im Sinne einer subsumtionslogischen Herangehensweise, werden nach Lewin (1930/31, S. 425, zit. n. Rosenthal, S. 56) „Teile in Klassen eingeteilt und auf diesem Wege charakterisiert". Wohingegen es bei der galileischen Begriffsbildung um das Erfassen der vollen Konkretheit eines Falles gehe sowie um die Bestimmung seiner „konstitutiven Momente in Abgrenzung von den situationsspezifischen Restfaktoren" (Rosenthal 2014, S. 56). Als Schlussfolgerung bedeutet das für eine sozialwissenschaftliche Begriffsbildung nach Galilei, dass Selbstpräsentationen als ganzheitliche Gebilde zu verstehen sind und daher nicht in einzelne Gruppierungen mit eigenen geltenden Regeln aufzugliedern seien. Mit Bezug auf die Gestalttheoretiker Kurt Koffka (1935/1963) und Max Wertheimer (1922; 1923) lässt sich für Rosenthal verdeutlichen, „dass Teile einer Gestalt in ihrer Bedeutung nur anhand der Strukturierungsregeln derjenigen konkreten Gestalt, als deren Teil sie auftreten, bestimmt werden können" (2014, S. 56).

Damit lässt sich festhalten, dass rekonstruktive Analysen es ermöglichen, „von der Explikation der Strukturiertheit eines konkret gegebenen sozialen Ablaufs rekonstruierend zu dem allgemeinen Strukturtyp ..., von dem der konkrete Ablauf ein Exemplar darstellt" (Oevermann 1983, S. 246, zit. n. Rosenthal 2014, S. 57), zu gelangen und somit den Prozess der interaktiven (Wieder-)Herstellung von sozialen Phänomenen zu rekonstruieren.

Zum Prinzip des abduktiven Schlussfolgerungsverfahrens

Ein weiteres Prinzip der interpretativen Sozialforschung stellt das wissenschaftstheoretisch auf den Pragmatisten Charles Sanders Peirce (1933/1980) zurückgehende *abduktive Schlussfolgerungsverfahren* dar. Im Unterschied sowohl zum deduktiven als auch zum induktiven Verfahren wird hierbei sowohl die Hypothesengewinnung als auch die Hypothesenüberprüfung am Einzelfall durchgeführt (Rosenthal 2014, S. 57). Als Besonderheit spricht die Autorin hierbei von einem Akt der Hypothesenbildung, der zwar in seiner Form an einen plötzlichen Gedankenblitz erinnert, dabei aber nach Angaben für Gründen bedarf, wie es zu diesem Gedankenblitz kam, „d. h. Überlegungen darüber, inwiefern diese ‚Blitze' auf den zu untersuchenden Phänomenen beruhen und wie sie im konkreten Fall überprüft werden können" (ebd.).

Gleichzeitig sei im Fachdiskurs nicht ganz klar, was unter Abduktion und ihrer methodischen Umsetzung im Einzelnen zu verstehen sei. Laut Rosenthal hängt dies damit zusammen, dass in den Arbeiten von Peirce zwischen dem dreistufigen Schlussfolgerungsverfahren der Abduktion, Deduktion und Induktion auf der einen Seite und der Abduktion, Deduktion und Induktion als einzelne *Schlussfolgerungsschritte* in den jeweiligen Verfahren unterschieden wird (ebd., S. 58). Bezüglich der Schlussfolgerungsschritte bedeutet der *abduktive Schluss*, dass „eine erklärende Hypothese für ein bestimmtes Phänomen gebildet wird" (ebd.). Unter *deduktivem Schließen* „wird das Folgern bzw. Deduzieren von einer Theorie auf eine Hypothese oder von einer Hypothese auf die zu testenden Konsequenzen verstanden" (ebd.). Das *induktive Schließen* beinhaltet dann „das Suchen nach Belegen oder Indizien, um eine Hypothese zu testen" (ebd.). Induktion kann zugleich als gesamtes Verfahren verstanden werden, bei dem von einigen Fällen oder Beobachtungen auf eine oder auf alle Fälle einer Klasse geschlussfolgert wird.

Das dreistufige Verfahren der Abduktion unterscheidet sich von den Verfahren der Deduktion und Induktion durch die Abfolge der Schritte. So wird „bei der Deduktion von einer Theorie und bei der Induktion von einer Hypothese ausgegangen" (ebd.), wohingegen am Anfang der Abduktion die Betrachtung eines empirischen Phänomens steht. Für die Abduktion bedeutet dies konkret, dass durch das empirische Phänomen „auf eine allgemeine Regel, die das Phänomen erklären könnte, geschlossen [wird, N. W.]" (Fann 1970, S. 10, zit. n. Rosenthal 2014, S. 58). Für Rosenthal stellt dieser Schritt das *eigentliche abduktive Schließen* dar, bei dem als wesentliches Charakteristikum weder „auf eine einzige Regel oder Lesart geschlossen wird, sondern auf alle zum Zeitpunkt der Auslegung möglichen, das Phänomen vielleicht erklärenden Lesarten" (ebd., S. 59). Bezugnehmend auf das zur Hypothesenbildung herangezogene Vorwissen finden hierfür sowohl Alltagstheorien als auch wissenschaftliche Theorien heuristische Verwendung. Die Absicht ist, dass zur Erklärung eines empirischen Phänomens auch verschiedene Hypothesen bzw. gedankenexperimentelle Lesarten aufgestellt werden.

In einem zweiten Schritt werden aus den formulierten Lesarten wiederum Folge-phänomene *deduziert*. Mit anderen Worten wird von einer aufgestellten Hypothese versucht, auf deren weitere Konsequenzen zu schließen und somit Schlussfolgerungen in Form von Folgehypothesen aufzustellen. Im Sinne einer sequenziellen Textanalyse wird „von allen im ersten Schritt formulierten Hypothesen auf die möglichen, die Plausibilität der Hypothese verstärkenden Anschlüsse im folgenden Text geschlossen" (ebd.).

Den dritten Schritt des *induktiven Schließens* bezeichnet Rosenthal auch als empirischen Test am Einzelfall. Die bis hierher aufgestellten Folgehypothesen lassen sich als Vorhersagen über nachfolgende Geschehnisse verstehen, die nun mit im Material vorfindbaren weiteren Phänomenen kontrastiert werden. Konkret formuliert die Autorin zum sequenziellen Vorgehen wie folgt:

> „Die Folgehypothesen werden mit der nächsten Textsequenz kontrastiert und gewinnen entweder an weiterer Plausibilität oder müssen modifiziert oder verworfen werden. Die Lesarten, die nicht falsifiziert werden können, die also beim Hypothesentest in Abgrenzung von den unwahrscheinlichen Lesarten übrig bleiben, gelten dann als die wahrscheinlichsten." (ebd.)

Das besondere Potenzial des abduktiven Schließens liegt nun in diesem dritten Schlussfolgerungsschritt, denn bei der Abduktion können laut Rosenthal anders als bei der Induktion und der Deduktion „im realen Fortgang nicht antizipierte Anschlüsse entdeckt werden" (ebd.). Somit wird die Entdeckung von Neuem ermöglicht, sofern sich die Sozialforscher*innen konsequent am Prinzip der Offenheit orientieren und nicht nur die Überprüfung bisheriger Annahmen verfolgen[44].

Zum Prinzip des sequenziellen Vorgehens

Ein weiteres wesentliches Prinzip der interpretativen Forschung stellt das *sequenzielle Vorgehen* dar, also die Interpretation eines Textes „in der Abfolge des Geschehens" (ebd., S. 70). Konkret wird bei sequenziellen Analysen „der Prozess der Gestaltung einer Interaktion bzw. einer Textproduktion" in kleinen Analyseschritten in Form von Sprech- und Schreibeinheiten Schritt für Schritt rekonstruiert. Entscheidend hierbei ist, dass nicht nur Hypothesen zum expliziten Geschehen aufgestellt werden, sondern auch zum „verhinderten Geschehen" (ebd.). Hierbei sollen sowohl „Verweisungen auf das Ausgelassene" rekonstruiert werden als auch die Regeln, die zu einem Thematisieren und De-Thematisieren geführt haben. In den Worten von Wohlrab-Sahr soll also nicht nur analysiert werden, „was an Ereignissen dargestellt und wie es dargestellt wurde, sondern auch, *was nicht* und *wie* etwas *nicht* dargestellt wurde, aber prinzipiell (mit mehr oder weniger Plausibilität) hätte dargestellt werden können" (1999, S. 487, zit. n. Rosenthal 2014, S. 70).

Grundlegend für alle Art von sequenziellen Verfahren ist die Annahme, „dass die temporale Abfolge von Interaktionen ‚eine eigene Art von Ordnung konstituiert' (Willems 1996: 446)" (Rosenthal 2014, S. 71). Um dem prozesshaften Charakter sozialen Handelns gerecht zu werden und die sich dabei ständig wandelnden Wahlentscheidungen der Protagonisten im Blick zu behalten, verfolgt die sequenzielle Analyse die Rekonstruktion der sozialen Wirklichkeit, wie sie sich im prozessualen Geschehen immer wieder neu herstellt und verändert. Rosenthal unterstreicht, dass jede Handlung als eine von vielen möglichen zur Verfügung stehenden Alternativen zu verstehen ist, so wie sie sich den Beteiligten in der konkreten Situation darbieten. Insbesondere „der Horizont des Möglichen zu Beginn des Sprechens wie des Schreibens" (ebd.) sei als besonders offen zu betrachten, wohingegen bei jedem weiteren Schritt, mit jeder weiteren Sequenz, sich der Horizont zwar verengt, aber zugleich für neue Möglichkeiten öffnet.

Somit lässt sich konstatieren, dass die in den Texten dokumentierten Handlungsabläufe Prozesse der Auswahl darstellen, „aus denen jeweils – unabhängig von der Perspektive des Handelnden – bestimmte mögliche Anschlusshandlungen resultieren und durch die bestimmte Folgehandlungen ausgeschlossen werden" (ebd.). In Anlehnung an Oevermann et al. (1979, S. 41) stellen die in der

---

44 *Deduktion* bedeutet hingegen, eine Theorie an den Anfang zu setzen, aus der Hypothesen abgeleitet und danach numerisch überprüft werden. *Induktion* bedeutet, mit einer Hypothese zu starten und „im zweiten Schritt nach empirischen Indizien oder Belegen [zu suchen, N. W.] und im dritten Schritt im numerischen Sinne [zu verallgemeinern, N. W.]" (Rosenthal 2014, S. 60).

jeweiligen Handlung zur Verfügung stehenden Möglichkeiten den Horizont der Auswahlmöglichkeiten eines Falles dar, „und das Besondere realisiert der Fall dadurch, dass er spezifische Auswahlentscheidungen vornimmt“ (Rosenthal 2014, S. 71). Nach Rosenthal ist für ein solches Verständnis ein Analyseverfahren notwendig, „bei dem danach gefragt wird, welcher Möglichkeitshorizont bei einer bestimmten Sequenz offen steht, welche Auswahl der Handelnde oder die Gesprächspartner vornehmen, welche Wahlmöglichkeiten sie außer Acht lassen und was daraus für die Zukunft folgt“ (ebd.) – mit anderen Worten resultiert hieraus die Notwendigkeit einer sequenziellen Analyse.

Im Sinne des abduktiven Verfahrens gilt es bei einem objektiv hermeneutisch sequenziellen Vorgehen auch die äußeren Kontexte beim Entwerfen und anschließenden Kontrastieren von Folgehypothesen bzw. anschlussfähigen Lesarten auszuklammern. Das heißt, dass die Sozialforscher*innen ihr Wissen um den weiteren Kontext, also den Verlauf des Textes, möglichst ignorieren müssen und stattdessen weitere denkbare Kontexte gedankenexperimentell entwerfen. Die Annahme dahinter lautet, dass durch das Zurückstellen des Kontextwissens sich sowohl dem Deutungssystem der Textproduzenten als auch der Logik der konkreten Handlungssituation entzogen werden könne, um so „die Vielzahl aller Möglichkeiten zu erfassen, die den Sprechenden oder Autoren am Beginn einer spezifischen Sequenz offen stehen“ (ebd., S. 72). Mit Bezug auf Oevermann ermöglicht uns die Explikation der Kontexte somit das Erzeugen einer „Kontrastfolie der ‚objektiven Möglichkeiten‘ …, die der Fallstruktur prinzipiell offen gestanden hätten, deren Nicht-Wahl aber genau ihre Besonderheit ausmacht“ (1988, S. 248, zit. n. Rosenthal 2014, S. 72 f.). Diese Kontrastfolie ermöglicht wiederum die Exegese der fallspezifischen Besonderheiten. Dadurch wird die jeweilige Fallstruktur deutlich und im weiteren Verlauf zugleich sichtbar, ob und welche Interpretations- und Handlungsmöglichkeiten von den Alltagshandelnden systematisch bei ihrer Wahl ausgeschlossen wurden und welche Regeln dafür leitend waren (Rosenthal 2014, S. 73).

Schlussfolgernd könnte somit am konsequentesten die sequenzielle Analyse eines Textes durchgeführt werden, soweit dieser den Sozialforscher*innen vorab unbekannt ist. Hierin sieht Rosenthal auch die große Stärke von plural zusammengesetzten Interpretationsgruppen bzw. Forschungskolloquien, da die dort teilnehmenden Sozialforscher*innen üblicherweise vorab weder ausführliche Kenntnis über die Kontexte des Textes besitzen noch diese zur Interpretation benötigen und somit „keiner Anstrengung zur Einklammerung unseres Vorwissens“ (2014, S. 73) bedürfen.

Zum Prinzip der theoretischen Verallgemeinerung und Typenbildung am Einzelfall

Da sich Rosenthal für eine Unterscheidung zwischen konsequent interpretativ-qualitativen Methoden in Relation zu solchen qualitativen Methoden stark macht, die einer Logik der numerischen Verallgemeinerung folgen, gilt es die theoretische Verallgemeinerung und Typenbildung am Einzelfall als abschließendes Prinzip der interpretativen Sozialforschung näher zu beleuchten. Im Unterschied zur numerischen Verallgemeinerung, wonach allgemein das ist, „was häufig auftritt, und verallgemeinert wird im Hinblick auf die Häufigkeit des Auftretens" (ebd.), beziehen sich interpretative Verfahren auf eine dialektische Konzeption von *individuell* und *allgemein*, mit anderen Worten auf eine prinzipielle „Auffindbarkeit des Allgemeinen im Besonderen" (ebd.). Rosenthal formuliert hierzu, dass jeder einzelne in der sozialen Wirklichkeit verankerte Fall „etwas über das Verhältnis von Individuellem und Allgemeinem" (ebd.) verdeutlicht, da der einzelne Fall auch im Allgemeinen entstanden ist, damit ein Teil des Allgemeinen ist und infolgedessen damit auch Aussagen über das Allgemeine getroffen werden können.

Verallgemeinerung in der interpretativen Forschung muss demnach als Verallgemeinerung in einem theoretischen Sinne verstanden werden. Hierbei kommt es bei den Schlussfolgerungen wie erwähnt nicht auf die numerische Häufigkeit von Phänomenen beim Schließen vom Einzelnen auf das Allgemeine an, sondern auf die „Rekonstruktion der konstituierenden Momente des einzelnen Phänomens in Absonderung von den situationsspezifischen, d.h. fallspezifischen Besonderheiten" (ebd., S. 74f.). Entsprechend gilt es die theoretischen Verallgemeinerungen an Einzelfällen durchzuführen und diese anschließend einem kontrastiven Vergleich zuzuführen. Unter einem einzelnen Fall muss zwangsläufig auch keine einzelne Person und dessen Biografie verstanden werden, es kann sich hierbei genauso um ganze Familien, Organisationen oder gar Gesellschaften handeln (ebd., S. 75).

Rosenthal bezieht sich hierbei erneut auf Kurt Lewin, dem sie eine wesentliche methodologische Rolle zur Rekonstruktion des Allgemeinen im Besonderen beimisst. So sei eine seiner prägenden Annahmen, „dass die Rekonstruktion von Regeln am konkreten Einzelfall zur Bestätigung keiner weiteren Fälle bedarf" (ebd.) und die Wirksamkeit dieser Regeln auch völlig unabhängig von deren numerischen Auftreten in der sozialen Wirklichkeit einzuschätzen sei. Auch das Auftreten eines einzigen solchen Falles, also der Repräsentation eines einzigen möglichen Umgangs mit der sozialen Wirklichkeit, ist demnach als Bestandteil ebendieser sozialen Wirklichkeit zu verstehen. Entsprechend schließen wir auch „nicht von diesem einen Fall auf alle Fälle bzw. von vielen Fällen auf alle Fälle, ‚sondern von einem konkreten Fall auf alle gleichartigen Fälle' (Lewin 1927/1967: 15)" (Rosenthal 2014, S. 74). Schlussfolgernd geht es bei rekonstruktiven Analysen nicht darum, möglichst viele Fälle zu bearbeiten, sondern „es muss im Gegenteil darauf ankommen, die jeweilige Gesamtsituation in allen ihren Eigentümlichkeiten möglichst präzise zu erfassen." (Lewin 1930/31, S. 455, zit. n. Rosenthal 2014, S. 75).

Die Typik eines Falles hängt daher von den ihn konstituierenden Regeln ab. Ob verschiedene Fälle dem gleichen Typus zugehörig sind, hängt wiederum nicht davon ab, ob es zu Übereinstimmungen „zwischen den Bestandteilen zweier Gesamtheiten“ (ebd.) kommt, sondern ob es sich um eine *genetisch-strukturale* Gesamtheit handelt. Zugleich bedeutet dies im Sinne von Lewin (1927/1967, S. 47), dass „gleichen Gegebenheiten auf der Phänomenebene sehr unterschiedliche Wirkungszusammenhänge zugrunde liegen“ (Rosenthal 2014, S. 75) können. Rosenthal schlussfolgert hierzu wie folgt:

> „Die Zuordnung eines Falls zu einem Typus ist erst nach einer rekonstruktiven Fallauswertung möglich, da dessen Struktur weder von gleichen Elementen noch von gleichen äußeren Gegebenheiten abzuleiten ist. Ähnliche Gestalten sind möglich, selbst wenn sie in keinem ihrer Teile übereinstimmen. Und umgekehrt: Gestalten können sehr verschieden sein, obwohl sie in vielen ihrer Teile übereinstimmen. Welche ‚Fälle‘ sich strukturell ähneln bzw. welche dem gleichen Typus angehören, kann also nicht anhand ihrer Bestandteile bestimmt werden.“ (ebd.)

Demnach geht es bei der Typenbildung nach einem gestalttheoretisch-strukturalistischen Verständnis nicht um die summative Zusammenfassung von einzelnen Merkmalskriterien, sondern, wie bereits formuliert, um die Rekonstruktion der dem Fall zugrunde liegenden und diesen konstituierenden Regeln. Das Vergleichen von unterschiedlichen Fällen hinsichtlich ihres Typus kann daher auch nur nach einer erfolgten Fallrekonstruktion vollzogen werden.

In diesem Zusammenhang macht die Autorin auf eine der Schwierigkeiten der interpretativen Forschung aufmerksam, und zwar wenn es darum geht, die Häufigkeit eines Auftretens von Typen quantitativ zu untersuchen. Für Rosenthal sei grundsätzlich „gegen die Frage, wie häufig ein Typus in einer bestimmten Population auftritt, [...] nichts einzuwenden“ (ebd.). Da aber die numerische Häufigkeit nur infolge von „rekonstruktiven Analysen aller dazu erforderlichen Fälle bestimmt werden“ (ebd.) kann, sei dies vom Aufwand her ein schwer zu leistendes Unterfangen. Das große Potenzial von rekonstruktiven Analysen sieht die Autorin vielmehr in der Chance, „Aussagen über die Wechselwirksamkeit zwischen den Typen und durchaus auch über die soziale Wirksamkeit eines Typus“ (ebd., S. 76) ableiten zu können. Denn die soziale Wirklichkeit kann von selten auftretenden Fällen eines Typus durchaus mehr beeinflusst werden als von „sehr häufig auftretenden Fälle[n] eines anderen Typus“ (ebd.).

Abschließend weist uns die Autorin darauf hin, dass die Bildung von Typen auch unter ganz unterschiedlichen Forschungsprämissen der Sozialforscher*innen stattfinden kann. Das unter dem Prinzip der Offenheit erhobene Material bietet uns somit die Möglichkeit, dieses unter variierenden Forschungsfragen und -kontexten zu betrachten und somit die Fälle auch unter verschiedenen Forschungskontexten zu typologisieren (ebd.).

6.3 Gütekriterien Qualitativer Sozialforschung

Die zuvor aufgemachte Frage nach den übergreifenden Gemeinsamkeiten in der qualitativen Sozialforschung führt in der Konsequenz auch zu der Frage nach übergreifenden Gütekriterien qualitativer Forschung, insbesondere, „wenn es um die vergleichende Bewertung von Anträgen, Projekten und Publikationen geht" (Strübing et al. 2018, S. 84). Diese Frage gewinnt vor allem dann an Relevanz, wenn es um die Begutachtung von Veröffentlichungen oder Forschungsanträgen geht, deren Vertreter*innen einem anderen Ansatz qualitativer Sozialforschung zugehörig sind als deren Begutachter*innen. Nach Strübing et al. wird da jedoch „die Lage [...] schnell unübersichtlich, wenn ansatzübergreifende Qualitätsurteile getroffen werden sollen" (ebd.). Gleichzeitig lässt sich aus Sicht der Autor*innen schlicht feststellen, dass es für die qualitative Sozialforschung bisher kein übergreifendes Set an Indikatoren für qualitative Forschung gibt und „die Entwicklung originärer *Gütekriterien* für die qualitative Forschung unterbleibt" (ebd., kursiv i. O.).

Auch wenn Gütekriterien generell in jeder Wissenschaftsdisziplin als kontrovers einzuordnen seien, lässt sich im Unterschied zur standardisierten Forschung – wo Gütekriterien sich „vor allem auf die Qualität eines Messvorgangs richten" (ebd.) – für die besonders heterogen zusammengesetzte qualitative Forschung auch eine entsprechend ausgeprägte Kontroversität feststellen. Strübing et al. machen diesen Umstand jedoch nicht allein in ihrer großen Diversität fest, „sondern auch in unterschiedlichen Graden der Abgrenzung von bzw. Annäherung an Kriterien standarisierter Sozialforschung" (ebd.). So sei im Hinblick auf die Ressourcen zur Begutachtung von qualitativer Forschung das Argument nicht unüblich, wonach sich diese in Konkurrenz zur standardisierten Forschung befände und entsprechend übergreifende Vergleichsmaßstäbe herangezogen werden müssten. Darüber hinaus lassen sich in den verschiedenen Debatten auch generell ablehnende Positionen gegenüber übergreifenden Qualitätskriterien feststellen (ebd.).

Sich diesem vielschichtigen Diskurs bewusst argumentieren die Autor*innen dennoch, dass all dem „eine fundierte Diskussion über Gütekriterien [vorausgehen muss, N. W.], die sich aus den Grundhaltungen und Maximen qualitativer Forschung herleiten lassen und dabei mehr sind als Gelingensbedingungen einzelner Ansätze" (ebd., S. 84 f.). Die Verständigung auf ein Set an übergreifenden Gütekriterien könne vielmehr zu einer Sicherung des Grundverständnisses „über Zielorientierung, Leitlinien, Leistungsanforderungen und Bewertungsmaßstäbe[n] von Wissenschaft" (ebd., S. 85) und schlussendlich auch zur Stärkung und Professionalisierung der qualitativen Sozialforschung beitragen und damit auch zu einer Orientierung für die vorliegende Ausarbeitung.

Die Autor*innen grenzen Gütekriterien dabei einerseits von gemeinsamen Leistungsmerkmalen qualitativer Forschung ab und anderseits von praktischen

Maßnahmen, die zur Herstellung und Sicherung dieser Güte dienen. Unter allgemeinen *Leistungsmerkmalen* werden Kriterien wie Offenheit und Reflexivität verstanden, die „das Anspruchsprofil und die Zielperspektiven" (ebd.) qualitativer Forschung markieren. Wohingegen *qualitätssichernde Maßnahmen* „auf der Ebene verfahrensspezifischer Praktiken" (ebd.) zur Sicherstellung der Zielperspektiven beitragen. Dagegen dienen *Gütekriterien* aus Sicht der Autor*innen zur Spezifizierung der „in den Leistungsmerkmalen enthaltenen Versprechen und Ziele" (ebd.) sowie zur Benennung der „Eigenschaften von Verfahren und Ergebnissen, an denen sich erkennen lässt, inwieweit dies einer Studie gelungen ist" (ebd.).

Im Bewusstsein, dass es sich bei der Formulierung von für die qualitative Sozialforschung allgemeingültigen Gütekriterien um ein schwieriges Unterfangen handelt, formulieren die Autor*innen die für sie leitende Annahme:

> „Die disputable *These* dieses Aufsatzes lautet also, dass es bei sorgfältiger methodologischer und sozialtheoretischer Abwägung möglich ist, übergreifend anwendbare Kriterien gelungener qualitativer Forschung zu formulieren, gleichviel, ob diese Forschung sozialwissenschaftlich-hermeneutisch oder dokumentarisch-methodisch, ob sie sich in der Grounded Theory oder in der Konversationsanalyse verortet, ob sie narrations- oder diskursanalytisch argumentiert." (ebd., kursiv i. O.)

Ausschlaggebend für die *Qualität* einer qualitativen Untersuchung ist generell die Frage, inwieweit es den Forscher*innen gelungen ist, die drei sich wechselseitig durchdringenden Dimensionen der *Empirizität*, der *Methodizität* und der *Theorizität* in Einklang zu bringen „und durch diese Relationierung Erkenntnisse über das Untersuchungsfeld systematisch voranzutreiben" (ebd.). Um diese Frage übergreifend zu beantworten, werden folgende fünf Gütekriterien qualitativer Sozialforschung vorgeschlagen[45]:

Zur Gegenstandsangemessenheit

Das erste Kriterium umfasst das der *Gegenstandsangemessenheit* und stellt aus Sicht der Autor*innen zugleich das grundlegende, da verschiedene Forschungsaspekte umfassende Kriterium dar. So leitet es von der Formulierung der Forschungsfrage bis hin zur Auswahl der Methoden und Fälle und gilt auch als das historisch am frühesten begründete Kriterium der qualitativen Sozialforschung (ebd., S. 86). Gegenstandsangemessenheit setzt sich dabei aus den folgenden *vier Aspekten* zusammen.

Der *erste Aspekt* umfasst die *multiplen Passungsverhältnisse*, womit nicht nur eine profane Abstimmung der Methode auf den zu untersuchenden Gegenstand

45 Eine tiefgehende Darlegung und Diskussion der fünf Gütekriterien kann hier nicht geleistet werden. Zur tieferen Auseinandersetzung siehe Strübing et al. (2018) und zur Kritik daran Grenz und Eisewicht (2018).

gemeint ist, „sondern eine Abgestimmtheit von Theorie, Fragestellung, empirischem Fall, Methode und Datentypen, durch die der Untersuchungsgegenstand überhaupt erst konstituiert wird" (ebd.). Um dabei *Mismatches* zu umgehen, ergeben sich für die Forscher*innen u. a. Fragen nach der eingelebten persönlichen Theoriepräferenz und dessen Angemessenheit gegenüber dem Forschungsgegenstand; oder ob die Fragestellung überhaupt zum Fall passt und sich dieser damit erschließen lässt; oder, ob „das habituelle Gebaren [...] wirklich durch Interviews und Audioaufzeichnungen erhoben werden" (ebd.) kann usw.

Der *zweite Aspekt* umfasst die *fortgesetzte Justierung*, also die kontinuierliche Anpassung und Einstellung während des Forschungsprozesses hinsichtlich der Gegenstandsangemessenheit. Damit dieser nicht „unbestimmt, unklar, mangelhaft zugeschnitten" (ebd.) bleibt, ist die ständige „Reformulierung und Fokussierung der Fragestellungen" (ebd.) hinsichtlich „ihrer empirischen Anpassung an den Fall, ihrer theoretischen Modifikation aufgrund erster Analysen oder auch im Wechsel der Frage oder des Untersuchungsfeldes, um nicht eine Fragestellung am falschen Fall zu untersuchen" (ebd.) zwingend notwendig. Das Gleiche gilt für die Justierung der Methoden. So formulieren die Autor*innen pointiert, dass bewährte Methoden dazu einladen, „wie ein Allzweckhammer [...] alle begegnenden Objekte wie einen Nagel zu behandeln" (ebd.). Dabei gilt es Methoden dem jeweiligen Gegenstand entsprechend als flexibel adaptierbare Tools zu betrachten, denen die Forscher*innen durch kreative und experimentelle Herangehensweisen begegnen. Die fortgesetzte Justierung ist nicht zuletzt daher unumgänglich, da „theoretische Optik und methodisches Instrumentarium den Gegenstand beständig mitkonstituieren und ihm ihre Eigenschaften und Grenzen aufzwingen" (ebd., S. 87).

Ein *reduzierter Methodenbegriff* ist in Abgrenzung zu den standardisierten Verfahren als der *dritte Aspekt* zu verstehen. Ein *bescheidener, abgerüsteter Methodenbegriff* versteht sich dabei gerade nicht als „eine Idealform ‚*how to do research*', einen normativen Standard des Verfahrens in allen Fällen gleicher Art" (ebd., kursiv i. O.), sondern als ein *erfahrungswissenschaftlich geöffneter* Methodenbegriff, der Offenheit und Flexibilität oder mit anderen Worten einen unstillbaren Erfindungsbedarf bei der Herangehensweise an den empirischen Gegenstand in den Mittelpunkt stellt – und sich somit von einem positivistischen Methodenbegriff abgrenzt (ebd.).

Der *vierte Aspekt* umfasst einen starken Empiriebegriff und betont die „Vorfahrtsregel ‚Empirie vor Methode'" (ebd.). Ausgehend von der Überlegung eines starken Empiriebegriffs, der sich an dem jeweiligen Ethos der Narrationsforschung, der Interaktionsforschung und der Ethnografie verdeutlichen lässt, werden an diesen die Erwartungen gestellt, „dass die primären Sinnkonstruktionen im Gegenstandsbereich *methodisch geschützt* und *theoretisch genutzt* werden" (ebd.). Insbesondere gegenüber starken theoretischen Vorannahmen oder der Reifikation vorgängiger Begriffsbildungen, seien diese Sinnkonstruktionen als schutz- und entfaltungsbedürftig zu verstehen. Entsprechend sind Methoden als „Daten*trainer* zu verstehen, die die Nehmerqualitäten primärer Sinnkonstruktionen gegenüber ihrer soziologischen Bearbeitung steigern und Daten als Dialogpartner aufbauen" (ebd., S. 88) und so den Erfindungsreichtum der sozialen Praxis bzw. deren fragile *Eigensinnigkeit* bewahren.

Zur empirischen Sättigung

Das zweite Kriterium kennzeichnet sich anhand des Grades „der empirischen Durchdringung des Forschungsgegenstands und der Verankerung von Interpretationen im Datenmaterial" (ebd.). Drei Aspekte sind hierbei ausschlaggebend für das Erreichen einer solchen empirischen Sättigung, dabei handelt es sich *erstens* um „die Erschließung des Feldes und den Rapport zum Feld" (ebd.). Hierbei gilt es sich die Aushandlungsprozesse über die Positionen der Forscher*innen zu vergegenwärtigen, die mit dem erstmaligen Eintritt in das Feld beginnen und Auswirkungen auf die Auskünfte der Informanten und Organisationen haben. Die Beziehung zwischen dem Feld und den Forscher*innen, also der Rapport, sollte einen kontinuierlichen Umgang mit den jeweiligen Gatekeepern umfassen sowie „die Kontaktpflege zu Informanten und die Frage, wie sich Forschende im Feld präsentieren und positionieren" (ebd.). Dieser Aufbau von Beziehungskonstellationen ist essenziell für den Zugang zu vertraulichen Materialien, geheimem Wissen sowie zu den *Hinterbühnen* des Feldes.

Der *zweite Aspekt* bezieht sich auf „die Breite und die Vielfalt des Datenkorpus" (ebd.) und betrachtet dabei (je nach methodischem Ansatz in unterschiedlicher Ausprägung) insbesondere die Rolle „der Forschenden an der Konstitution des Materials und dem Verlauf des empirischen Prozesses" (ebd., S. 89). Sowohl der Umfang als auch die Zusammensetzung zeichnen sich als relevant für den Datenkorpus aus. Dabei ist es aber nicht allein die Anzahl der Fälle für die empirische Sättigung entscheidend, sondern ebenso „ein breit aufgestelltes, *plural* zusammengesetztes Datenkorpus" (ebd., kursiv i. O.). Pluralität kann hierbei insbesondere durch die gezielte Suche nach abweichenden Fällen erzielt werden. Generell lässt sich konstatieren, dass sich Interpretationen auch „an einzelnen empirischen Details entzünden [können, N. W.], ihre Verankerung erhalten sie jedoch in ihrer vielfachen Anbindung an das gesamte Korpus" (ebd.).

Der *dritte Aspekt* betont die Frage der „Intensität der Gewinnung *und* Analyse der Daten" (ebd., S. 88, kursiv i. O.). Grundlegend ist hierbei die Überlegung, dass von Beginn an Interpretationen in die Konstitution des Korpus einfließen und diesen strukturieren. Entsprechend ist auch die Korpuserzeugung als iterativ zu bezeichnen, wonach „das Datenmaterial fortlaufend erweitert und ergänzt wird, und die [iterative Logik, N. W.] sich von den Erkenntnissen leiten lässt, die bei bisherigen Analysen des Vorhandenen gewonnen wurden" (ebd., S. 90); auch bekannt als *theoretical sampling* im Sinne der Grounded Theory. Abschließend lässt sich festhalten, dass sich für die Datenintensität das jeweilige Feld und die entsprechende Fragestellung als wesentlich darstellen und nicht die reine Menge an Material oder die Zahl der Fälle. Für die Gewährung der Intensität einer Datenanalyse halten wiederum „verschiedene Methoden praktische Verfahren bereit, die die Forschenden davon abhalten, das Material nur zu überfliegen und sie vielmehr dazu zwingen, sich *en détail* mit dem Material auseinanderzusetzen" (ebd., kursiv i. O.), um so in die Möglichkeit versetzt zu werden, Neues und Unerwartetes zu entdecken.

Zur theoretischen Durchdringung

Das Kriterium der theoretischen Durchdringung betont, dass eine auf Theoriegewinn ausgelegte empirisch gesättigte Forschung sich nicht nur nicht von theoretischen Vorannahmen frei machen kann (Meinefeld 1997), sondern auch generell auf Theorie angewiesen ist (Strübing et al. 2018, S. 90). So verstehen Strübing et al. die theoretische Durchdringung als komplementäres Kriterium zur empirischen Sättigung und stellen fest, dass beides vorliegen muss, um eine Gegenstandsangemessenheit zu gewährleisten,

> „weil erst der sensible Umgang mit Theorieperspektiven es erlaubt, aus der Fülle empirischer Eindrücke Auswahlen zu treffen sowie unvermeidliche Beobachtungslücken gedanklich zu überbrücken, und weil erst die tiefe Verstrickung ins empirische Material die Relevanz theoretischer Perspektivierungen aufzeigen kann. Zwischen beiden Kriterien besteht also ein Verhältnis der Ko-Konstitution: Sie bedingen einander wechselseitig und funktionieren nur gemeinsam" (ebd., S. 91).

Dabei gilt es jedoch im Blick zu behalten, dass mehr Theorie nicht automatisch bessere Forschung bedeutet. Strübing et al. betonen vielmehr die Bedeutung der „Qualität der Theoriebezüge" (ebd.) und wie diese verwendet werden, um „sich den Untersuchungsgegenstand forschend verfügbar zu machen" (ebd.). Erstens wird hierdurch ein theoriesensibles Durchdenken der empirischen Daten ermöglicht, um überhaupt in die Analyse *hineinzufinden*. Zudem hilft eine solche theoriesensible Herangehensweise, „das Feld und den Gegenstand aufzuschließen" (ebd.) und um zuvor verdeckte oder nur bruchstückhaft vorkommende Zusammenhänge und Aspekte des empirischen Materials sichtbar werden zu lassen. Zweitens wird durch eine theoretische Perspektivierung eine Anschlussfähigkeit an bestehende Studien und den Fachdiskurs ermöglicht, indem es gelingt, „die immer spezifischen und konkreten Fälle auf Begriffe zu bringen" (ebd.).

Eine so verstandene theoretische Durchdringung widerspricht demnach auch keinem starken Empiriebegriff, vielmehr erlaubt sie den Forscher*innen, sich „über sinnvolle und sinnvoll dosierte Theoriebezüge [...] von den Perspektiven der Teilnehmenden, in die sie das Feld und der Rapport hineinziehen" (ebd., S. 92), zu lösen und sensibilisieren somit die Forscher*innen für das, was es im Feld im

Kontext des Untersuchungskontextes zu entdecken gibt. Pointiert geht es hierbei zum einen „um den Einsatz theoretischer Konzepte als spezifische ‚Brillen' oder ‚Mikroskope' empirischen Forschens, zum anderen um die Entwicklung einer Haltung theoretisch informierter Neugierde" (ebd.). Darüber hinaus gilt es eine solche theoretische Durchdringung in Anlehnung an Lindemann (2008) so zu verstehen, dass Theorie und Empirie ein Verhältnis wechselseitiger Irritationen eingehen.

Ausgehend von diesen Überlegungen lässt sich eine Studie hinsichtlich ihrer theoretischen Durchdringung dann als gelungen ansehen, „wenn sie ein Interesse an der Verallgemeinerung ihres Falles verfolgt, diesen Fall unterschiedlichen theoretischen Perspektivierungen aussetzt und pointierte Konzeptentwicklungen vorzuweisen hat" (ebd., S. 93).

Zur textuellen Performanz

Üblicherweise ist es die Absicht der Forscher*innen, ihre eigenen Untersuchungsergebnisse final zu veröffentlichen und damit einem Publikum zur Verfügung zu stellen. Dadurch nehmen sie die Rolle von Autor*innen ein, das heißt auch, „sie kommen nicht umhin, ihre Studien auch ‚mit den Augen' derer zu betrachten, die sie erreichen wollen" (ebd.). Ausgehend von der Überlegung, dass Untersuchungsergebnisse niemals für sich selbst sprechen können, kommt es neben der Anforderung zur intersubjektiven Nachvollziehbarkeit der Ergebnisse auch darauf an, „wie kompetent Autorinnen ihre Leser führen" (ebd.). Strübing et al. betonen hierbei den Unterschied zur standardisierten Forschung, wonach die textuelle Performanz in der qualitativen Forschung nicht „als ein ästhetisches Randproblem der Ergebnispräsentation betrachtet wird" (ebd.), sondern selbst eine epistemologische Bedeutung einnimmt.

Um dieser Bedeutung gerecht zu werden, gilt es als Autor*in *erstens* zwischen *den Sinnwelten* zu übersetzen, also zwischen den Erwartungen der Leser*innen und den Besonderheiten des Untersuchungsfeldes, sprich dem Eigensinn und den Selbstbeschreibungen zu vermitteln. Konkret sprechen die Autor*innen von einer hermeneutischen Vermittlung, die darauf beruht, dass sowohl das wissenschaftliche Publikum als auch das Forschungsfeld unterschiedliche „Erfahrungsräume, Wissensvorräte und soziale Praktiken" (ebd.) vorweisen. Bei dieser Mittlerfunktion werden die Autor*innen nicht nur nachvollziehbare Selektionen der Ergebnisse vornehmen müssen, sondern es gilt auch „den eigenen Verstehensprozess so zu dokumentieren, dass dieser für Dritte nachvollzogen werden kann" (ebd., S. 94).

Zweitens müssen die Autor*innen eine *rhetorische Überzeugungsleistung* vollbringen. Ausgehend von der Überlegung, dass die Forscher*innen nicht beeinflussen können, „welche Wirkung ihr Text beim Lesen tatsächlich erzeugt", gilt es die Ergebnisse so zu veranschaulichen (bspw. mithilfe von Bildern, Grafiken etc.), „dass beim Rezipienten Interesse und Anschlusskommunikation ausgelöst werden“ (ebd.). Um eine solche intersubjektive Nachvollziehbarkeit gewährleisten zu können, müssen „sich Autoren in Publikationen ihrer Studien verständlich und stilvoll ausdrücken“ (ebd.), zudem müssen ihre Argumentationen nachvollziehbar dargelegt sowie „Folgerungen logisch nachvollziehbar hergeleitet, und Theoriebezüge heuristisch sinnvoll hergestellt werden“ (ebd.) und schlussendlich „dürften die präsentierten Ergebnisse nicht hinter den State oft the Art und die sozialen Konventionen zurückfallen“ (ebd.) – worin auch die Erwartungshaltung liegt, dass am Ende einer qualitativen Forschung neues Wissen generiert werden konnte.

Zur Originalität

Die zuvor erwähnte Erwartungshaltung, mit qualitativer Forschung neue Erkenntnisgewinne zu generieren, spiegelt sich auch in dem Gütekriterium der *Originalität* wider. Der Mehrwert einer Forschung liegt demnach auch darin begründet, „ob sich andere wissenschaftliche Beiträge auf diese ‚mit Gewinn‘ beziehen können“ (ebd.). Originalität lässt sich damit am ehesten als ein Kollektivgut verstehen, zu dem eine individuelle Studie einen Beitrag zur Entwicklung des Wissenstandes beitragen kann. Dabei gilt es aus Sicht der Autor*innen zwischen drei Wissensständen zu differenzieren, die „der Forschung, des Alltagswissens und des Sachwissens der Teilnehmer“ (ebd., S. 95). Aus Sicht von Strübing et al. müsse eine gute qualitative Forschung alle drei Wissensstände bedienen, „will sie vollwertig zum wissenschaftlichen Originalitätsversprechen beitragen“ (ebd.).

Konkret bedeutet dies *erstens*, dass eine Forschung nicht hinter den Common Sense zurückfallen darf, sich also mit dem „bereits gewussten, gesellschaftlich angeeigneten, sprachlich erschlossenen Gegenständen“ (ebd.) auseinandersetzen muss. Vielmehr muss sich die qualitative Forschung bewusst auf solche Wissensstände beziehen, die sich bspw. in Berichterstattungen wiederfinden lassen, aber auch in Alltagsgeschichten oder alltäglichen Benennungen. Durch den Bezug auf den Common Sense kann es gelingen, typische Erwartungen oder bestehende Vorurteile aufzudecken, aber ebenso Neues zu entdecken und für die unreflektierte Reproduktion von Vorwissen zu sensibilisieren.

Zweitens gilt es, dem *Sachwissen des Feldes* bzw. dem Alltagswissen frei von Ignoranz und Arroganz zu begegnen und zu keiner unangemessenen Hierarchisierung von Wissen beizutragen. So formulieren Strübing et al., dass „mit der Überschätzung des wissenschaftlichen Wissens […] die Unterbietung von dem ‚was man wissen sollte‘“ (ebd.) droht. Sind es doch die Praktiker*innen, „die einen Gegenstand aus unmittelbarer Anschauung im Lichte seiner konkreten Anforderungen kennen und für relevante Verwertungskontexte reflektieren“ (ebd.). Um das Originalitätspotenzial guter qualitativer Forschung aufrechtzuerhalten, darf es demnach zu keiner unreflektierten Über- und Unterordnung von *wissenschaftlich kritisierter Betriebsblindheit* gegenüber einer *fehlschließenden Praxisferne* kommen (ebd., S. 96).

Die Autor*innen betrachten die Einordnung der eigenen Forschungsergebnisse in eine Forschungsrichtung als eine weitere Grundlage für die Originalitätsbehauptung. Gemeint ist die damit einhergehende Ermöglichung einer Positionierung zum Forschungsstand und der daraus resultierenden Bestimmung des Neuigkeitswertes der eigenen Untersuchung. Somit bezieht sich *drittens* auf die Einordnung der Untersuchung in den *Wissensstand der Forschung*. Da qualitative Forschung im Gegensatz zur standardisierten Forschung üblicherweise infolge der Betonung von Gegenstandsangemessenheit auf Singularität verpflichtet ist, weswegen qualitative Studien „grundsätzlich zur Vereinzelung verführt“ (ebd.) werden, gilt es umso mehr für die Forscher*innen, sich um eine Anschlussfähigkeit zu bemühen. Gute qualitative Forschung gibt demnach „darüber Auskunft, was zu einem solchen Gegenstand schon erforscht wurde – und wie die eigene Forschung zum Kollektivgut des Forschungsstands beiträgt“ (ebd.).

Abschließend weisen die Autor*innen auf eine paradox anmutende Konsequenz des dargelegten Originalitätsgebots hin, die m. E. auch für die vorliegende Arbeit im thematischen Kontext der Professionalitätsforschung innerhalb der Sozialen Arbeit von Bedeutung ist. So weisen sie auf eine stattfindende Unterbietung relevanter Wissensbestände in gerade den Forschungsfeldern hin, „wo Gegenstände als gesellschaftlich relevant wahrgenommen und dementsprechend breit behandelt werden“ (ebd.), infolgedessen dort unübersichtliche sowie miteinander konkurrierende Wissensbestände vorherrschen. Durch eine solche Gemengelage an Wissensbeständen besteht das Risiko, dass Forscher*innen zu einer Exotisierung oder auch Isolierung ihrer Forschungsgegenstände infolge einer „Flucht in eingehegte Spezialgebiete“ (ebd.) neigen. Erstens führt dies zu wenig Anschlussfähigkeit bei Leser*innen und Nachahmer*innen und zweitens zu einer *Absicherung* bei den Forscher*innen selbst, gar nicht erst „eine Brauchbarkeit für Weiteres“ bieten zu müssen. Als paradoxe Konsequenz kommt es somit zur „Meidung umkämpfter Forschungsfelder und debattierter Gegenstände“ (ebd.).

Werden diesen Kriterien zusammenfassend, aufeinander bezugnehmend und zugleich mit der Möglichkeit einer je Untersuchungsansatz variierenden Schwerpunktsetzung betrachtet, lässt sich gute qualitative Forschung dann feststellen,

> „wenn sie ihren Gegenstand über den Forschungsprozess hinweg angemessen entwickelt, dabei den interaktiven Prozess seiner empirischen Sättigung ebenso bewältigt wie seine fortwährende theoretische Perspektivierung und diese forschende Herstellungsleitung gegenüber relevanten Publika in ihrer Gültigkeit und ihrem Erkenntniswert vermitteln kann.“ (ebd., S. 97).

6.4 Biografieanalysen

6.4.1 Das biografisch-narrative Interview

Ulrike Loch und Gabriele Rosenthal bezeichnen das auf Fritz Schütze (1976/1977/1983) zurückgehende *narrative Interview* als eines der bekanntesten Verfahren innerhalb der qualitativen Sozialforschung und insbesondere der Biografieforschung (2002, S. 1)[46]. Die Grundidee hinter dieser Erhebungsform obliegt der Annahme, dass „selbsterlebte Ereignisse sich am überzeugendsten in Erzählungen darstellen lassen" (Rosenthal 2019, S. 588). Die Absicht des narrativen Interviews ist es daher, längere Erzählungen ohne weitere Interventionen der Interviewer*innen hervorzulocken und aufrechtzuerhalten (Loch; Rosenthal 2002, S. 1) oder mit anderen Worten, „autonom gestaltete [...] Präsentationen einer bestimmten Thematik – wie einer Ortszusammenlegung oder der Geschichte eines Vereins – oder zur Lebensgeschichte" (Rosenthal 2014, S. 151) zu evozieren. Entsprechend des weiter oben dargelegten Prinzips der Offenheit im Sinne von Hoffmann-Riem (1980) kommt das narrative Interview dabei ohne eine hypothesengeleite Datenerhebung aus und stellt dabei die Konstruktion der sozialen Welt der Interviewpartner*innen in den Mittelpunkt der Erhebung. Dieser Prämisse folgend soll das narrative Interview „den Interviewten einen größtmöglichen Raum zur Selbstgestaltung der Präsentation ihrer Erfahrungen und bei der Entwicklung ihrer Perspektive auf das angesprochene Thema bzw. auf ihre Biographie" (Loch; Rosenthal 2002, S. 1) ermöglichen. Durch diese Herangehensweise wird am konsequentesten die Offenlegung der alltagsweltlichen Konstruktionen sowie der subjektiven Relevanz- und Deutungssystem ermöglicht sowie die Nachvollziehung von Handlungsabläufen der Alltagshandelnden.

Bei einem narrativen Interview wird somit jedwede vorzeitige Themensetzung und Definition des Themenfeldes durch spezifische Fragestellungen vonseiten der Sozialforscher*innen vermieden. Es wird vorab nicht definiert, „was zu einem Thema gehört und was nicht und wie sich die Verknüpfung solcher Themen gestaltet" (ebd., S. 2). Unabhängig vom jeweiligen Forschungsinteresse gilt es für das Evozieren von längeren lebensgeschichtlichen Erzählungen, „die Regie bei der Erzählung den Interviewten [zu, N. W.] überlassen". Dementsprechend startet jedes narrative Interview mit einer offenen Erzählaufforderung, „die die

46 Hinweis zur Quellenangabe: Bei Loch und Rosenthal (2002) weichen die Seitenangaben der Online-Quelle (1–14) von den Seitenangaben der gedruckten Variante deutlich ab (221–232). Ich betone dies, da in der im Internet verbreiteten und hier verwendeten Online-Quelle die Angaben zur gedruckten Quelle als *empfohlene Zitierung* angegeben wird und die Angaben daher widersprüchlich sind.

Erzählenden darin unterstützen soll, sich ihrem Erzähl- und Erinnerungsfluss zu überlassen“ (ebd.).

In der für das narrative Interview wegweisenden Studie über die Zusammenlegung von Gemeinden in der Bundesrepublik der 1970er-Jahre, konnte Fritz Schütze anschaulich herausarbeiten, „wie face-to-face-Interaktionen verbunden mit offenen Erzählaufforderungen zu langen, aus der Situation entstandenen und an die Interaktion gebundenen Narrationen führen (können)“ (ebd., S. 3), die auch als *Stegreiferzählungen* bekannt geworden sind. Stegreiferzählungen kennzeichnen sich dadurch, dass sie sowohl von den Interaktionsbeziehungen der Gesprächspartner*innen als auch von den Gesprächsführungskompetenzen der Interviewer*innen abhängig sind und dabei durch eine vertrauensvolle und offene Gesprächsatmosphäre profitieren können, infolgedessen Ereignisse und Handlungen durch die Alltagshandelnden thematisiert werden, „deren Thematisierung in konventionellen Gesprächen eher vermieden wird (Schütze: 1976: 224f).“ (Loch; Rosenthal, S. 3 f.). Dabei kann es sich sowohl um die Thematisierung von biografischen Krisensituationen handeln als auch um schuld- und schamhaftbesetzte Erlebnisse. Während das Thematisieren solcher Erlebnisse aufseiten der Interviewten zu einem Effekt der Erleichterung führen kann, profitieren die Sozialforscher*innen von wichtigen „Details zum Verstehen des Erzählkontextes“ (ebd., S. 4). Diese Mechanismen werden von Fritz Schütze (1976) auch als *Erzählzwänge* bezeichnet bzw. als *Zugzwänge des Erzählens* (Rosenthal 2014, S. 155). Die Zugzwänge des Erzählens differenzieren sich weiter in den Zwang zur *Gestaltschließung*, *Kondensierung* und *Detaillierung*.

Loch und Rosenthal beschreiben den *Gestaltschließungszwang* als eine treibend wahrgenommene Notwendigkeit, die erlebte Geschichte „mit allen Teilereignissen so detailliert“ (2002, S. 4) zu erzählen, „daß [sic] sie für eine fremde Person [...] verständlich wird“ (ebd.) und diese somit einen *Zwang* verspürt, den Gesamtzusammenhang bis zum Ende der Geschichte darstellen zu müssen. Hierdurch können die Sozialforscher*innen Hintergrundinfos und weitere Geschichten erhalten, die von den Interviewten ursprünglich gar nicht zu erzählen beabsichtigt waren. Gleichzeitig wirkt der *Kondensierungszwang* auf die Erzähler*innen ein. Aufgrund der für eine Gesprächssituation begrenzt zur Verfügung stehenden Zeit, erwächst für die Interviewten der Druck, „eine Erzählung auch zu raffen und nur das zu erzählen, was an Ereignisknotenpunkten wirklich relevant ist“ (ebd.). Aus diesen Schwerpunktsetzungen können die Sozialforscher*innen wiederum Schlussfolgerungen über das jeweilige Relevanzsystem der Interviewten anstellen, also was diese als wichtig empfinden und was nicht. Der *Detaillierungszwang* resultiert wiederum aus der Notwendigkeit, eine Geschichte auch für Außenstehende plausibel zu machen, die an den Handlungen selbst gar nicht teilgenommen haben. Für eine solche Plausibilisierung bedarf es „genügend Details, um die Geschichte auch verstehen bzw. den Handlungsvorgang nachvollziehen zu können“ (Rosenthal 2014, S. 156).

Generell lässt sich mit Rosenthal festhalten, dass die Erzählzwänge innerhalb narrativer Interviews sehr viel mehr Wirkung entfalten als in stärker vorstrukturierten Interviews (ebd.). Zudem kommt es im Laufe von längeren und ununterbrochenen Erzählungen recht offensichtlich dazu, dass die Gesprächspartner*innen „zunehmend in einen Erzählfluss und damit auch Erinnerungsfluss gleiten, während die Erzählungen immer detaillierter und auch leibliche Erinnerungen aktiviert werden" (ebd.). Die Autorin formuliert hierzu, dass die anfänglich wahrzunehmenden Bemühungen, den Erzählfluss zu kontrollieren, im Laufe des Gesprächs hingegen deutlich nachlassen. So würden zunehmend „Eindrücke, Gefühle, Bilder, sinnliche und leibliche Empfindungen und Komponenten der erinnerten Situation" (ebd.) auftauchen, die sich vermehrt an der Vergangenheit orientieren und die Interviewsituation aus dem Blick verlieren lassen. Rosenthal spricht hierbei auch vom sukzessiven Heraustreten aus der Interaktion mit den Sozialforscher*innen und einem „immer mehr ‚bei sich' sein" (ebd.) infolge des ungehinderten Erzählens und Erinnerns.

Die besondere Hervorhebung der Darstellungsform *Erzählung* geht dabei auf Kallmeyer und Schütze (1977) zurück, die die beiden Autoren bei der Analyse narrativer Interviews gemeinsam mit den Darstellungsformen des *Beschreibens* und des *Argumentierens* herausgearbeitet haben. Die Annahme lautet, dass narrative Interviews dazu genutzt werden sollten, insbesondere Erzählungen zu evozieren, „da Erzählungen eigenerlebter Erfahrungen näher am Handlungsgeschehen und damit näher am Erleben in der Vergangenheit sind als Beschreibungen oder Argumentationen" (Loch; Rosenthal 2002, S. 5). Ohne die Bedeutung von Beschreibungen oder Argumentationen schmälern zu wollen, gehen Kallmeyer und Schütze davon aus, dass es für diese Darstellungsformen jedoch keiner gezielten Unterstützung vonseiten der Interviewer*innen bedarf. Vielmehr werden Beschreibungen und Argumentationen „entsprechend den dominanten Erwartungen in Alltags- und vor allem in professionellen Kommunikationen" (Loch; Rosenthal 2002, S. 5) zur Darstellung bestimmter Sachverhalte genutzt und dabei durch typische im Alltag verwendete Fragetechniken evoziert.

Konkret enthalten „Erzählungen von Selbsterlebtem [...] Gefühle, Kognitionen oder Selbsterklärungen bzw. Selbsttheorien eingebettet in den Handlungsablauf" (ebd.). Beschreibungen beinhalten dementgegen „statische Präsentationen von Wiederholungen" (ebd.), gemeint sind routinierte Handlungen. Typisch für Argumentationen ist wiederum die starke Orientierung an der Gegenwartsperspektive und der aktuellen Rahmung des Gesprächs. Dementsprechend „wirken die gemachten Erfahrungen [bei Argumentationen, N. W.] in viel stärker kontrollierter und bewertender Form hinein" (ebd.) und reproduzieren das scheinbar Allgemeingültige, da sie „auf die Sozialität der Sprechenden" (ebd.) referieren. Erzählungen hingegen ermöglichen die Annäherung an den damaligen Handlungsablauf „oder der damaligen Ereignisgestalt im Kontrast mit der heutigen kognitiven, aber auch emotionalen und leiblichen Sicht auf diesen Vorgang" (ebd.). Daher lassen sich insbesondere durch Erzählungen Rekonstruktionen über die Erlebnisse der Alltagshandelnden herstellen, aber auch „wie dieses Erleben ihre heutigen Deutungsmuster bestimmt" (ebd.).

6.4.2 Zur Technik des biografisch-narrativen Interviews

Das narrative Interview kennzeichnet sich durch verschiedene *Phasen des Ablaufs*. Am Beginn steht die *Erzählaufforderung*. Eine Erzählaufforderung kann gänzlich offen gestaltet sein oder auch auf bestimmte Themenbereiche und Zeitvorgeben hin stärker eingeschränkt werden (ebd.). In biografisch-narrativen Interviews wird üblicherweise die offenste Form der Narrationsaufforderung gewählt, also frei von thematischen Einschränkungen (ebd.). Rosenthal schlägt hierzu vor:

> „‚Ich möchte Sie bitten, mir Ihre (Familien- und Ihre) Lebensgeschichte zu erzählen, all die Erlebnisse, die Ihnen einfallen. Sie können sich dazu so viel Zeit nehmen, wie Sie möchten. Ich werde Sie erst einmal nicht unterbrechen, mir nur wenige Notizen machen und später noch darauf zurückkommen. Sollten wir heute nicht genügend Zeit haben, dann können wir auch gerne noch ein zweites Gespräch führen.'" (Rosenthal 2014, S. 159).

Auf die Erzählaufforderung folgt die *zweite Phase* des Interviews, die *selbststrukturierte Haupterzählung*. Wichtig hierbei ist, dass diese Haupt- oder Eingangserzählung von den Interviewer*innen nicht unterbrochen wird, auch nicht durch Detaillierungsfragen etc. Parallel zur Erzählung werden durch die Sozialforscher*innen Notizen angefertigt, die für spätere erzählinterne Nachfragen genutzt werden können. Das hierbei gültige Prinzip der Offenheit bietet den Erzähler*innen „Raum zur Gestaltung ihrer Geschichte bzw. ihrer biographischen Selbstpräsentationen" (ebd.). Dementsprechend ist es auch an den Gesprächspartner*innen, „wann sie welches Detail einführen, was sie nicht erwähnen und welches Thema sie in welcher Textsorte präsentieren" (ebd.)

Loch und Rosenthal betonen zudem, dass es von erheblicher Bedeutung sei, „dass die Interviewer / innen auf der sprachlichen Ebene den Interviewten ihr Interesse signalisieren" (ebd.). Gemeint sind Äußerungen wie ‚mhm', aber auch bestehender Blickkontakt. Üblicherweise wird die Haupterzählung durch einen entsprechenden Hinweis der Gesprächspartner*innen beendet bzw. durch eine *Coda*. Typische Äußerungen könnten sein, „‚Jetzt habe ich Ihnen alles erzählt' oder ‚So war mein Leben'" (ebd., S. 10).

Die *dritte Phase* des Interviews besteht aus den *erzählinternen Nachfragen*. Dabei wird die erhebliche Bedeutung dieses Interviewschrittes aus der Sicht von Rosenthal wohl viel zu häufig unterschätzt. Geht es bei diesem Schritt doch nicht nur darum, unser Interesse zu bekunden, sondern auch darum, weitere

Ausführungen zu erhalten, um auf der Haupterzählung basierende Hypothesen weiterverfolgen zu können. Für diesen Schritt werden entsprechend „der Reihenfolge der während der Haupterzählung notierten Stichpunkte“ (Loch; Rosenthal 2002, S. 10) Nachfragen gestellt und die Gesprächspartner*innen zu weiteren Erzählungen aufgefordert. Als Kriterien zur Auswahl dieser Nachfragen lassen sich „während der Haupterzählung unverständlich gebliebene oder noch nicht ausreichend detaillierte Erzählpassagen sowie dort nur angedeutete Lebensphasen bzw. Themen“ (ebd.) benennen. Die folgenden Fragetypen lassen sich wie folgt unterscheiden:

1. „Ansteuern einer Lebensphase [...]
2. Eröffnung eines temporalen Rahmens bei scheinbar statischen Themen [...]
3. Ansteuern einer benannten Situation [...]
4. Ansteuern einer Erzählung zu einem Argument [...]
5. Ansteuern von Tradiertem bzw. Fremderlebtem [...]
6. Ansteuern von Zukunftsvorstellungen oder von Phantasien [...]“ (siehe hierzu auch ausführlich Rosenthal 2014, S. 163).

Nachdem alle Stichpunkte abgearbeitet wurden, werden in der *vierten Phase* des Interviews erzählexterne Nachfragen zu weiteren bisher nicht erwähnten Themenbereichen gestellt, die sich insbesondere an der eigenen Forschungsfrage orientieren. Jedoch sei darauf hingewiesen, dass sich „bei einer offen gestalteten Interviewführung sehr viele der vorher erarbeiteten fachbezogenen Fragen erübrigen, da die relevanten Inhalte von den Interviewten selbst angesprochen werden“ (Loch; Rosenthal 2002, S. 10).

Der *Abschluss des Gesprächs* stellt die *fünfte Phase* des narrativen Interviews dar. Hierbei gilt es zu beachten, Interviews nach Möglichkeit niemals mit schwierigen oder belastenden biografischen Phasen zu beenden. So formuliert Rosenthal, dass sich die Interviewer*innen genügend Zeit einplanen sollten, „[so]dass sich die Erzählenden aus den schwierigen Phasen oder dem sie belastenden Bereich herauserzählen“ (Rosenthal 2014, S. 164) können und ihnen die Möglichkeit gegeben wird, abschließend aufbauende und stärkende Lebensbereiche anzusprechen. Da sich schwierige Lebensphasen als ebenso wichtig für die biografische Selbstreflexion darstellen wie positiv erlebte Ereignisse, ist es Aufgabe der Interviewer*innen, weder solche Ereignisse auszuschweigen oder ihnen aus dem Weg zu gehen, aber auch genauso wenig, diese am Ende des Interviews präsent stehen zu lassen. Loch und Rosenthal empfehlen daher, am Ende des Interviews nach den *schönsten Erlebnissen* zu fragen, um nicht nur „in eine unbelastete Zeit überzuführen“ (2002, S. 12), sondern auch die Möglichkeit zu eröffnen, bisher noch unerwähnte Erlebnisse mitgeteilt zu bekommen.

6.4.3 Über die Biografieforschung

Ganz allgemein lässt sich die Biografieforschung als ein Teil der qualitativ-rekonstruktiven Sozialforschung einordnen, die sich, wie bereits oben dargelegt, darum bemüht, „die soziale Wirklichkeit aus der Perspektive der Subjekte zu rekonstruieren, und die davon ausgeht, dass diese Wirklichkeit von den Individuen in Auseinandersetzung mit sich, mit anderen und der Welt hervorgebracht wird" (Jakob 2018, S. 205). Das zentrale Anliegen der soziologischen Biografieforschung stellt die Inblicknahme der „gegenseitige[n] Konstitution von Individuen und Gesellschaften" (Rosenthal 2019, S. 587) dar. In empirischen Untersuchungen werden hierzu die Wechselwirkungen sowie die *unhintergehbaren Verflechtungen* von lebensgeschichtlichen sowie kollektivgeschichtlichen Prozessen in den Blick genommen. Dabei gilt es nach dem Verhältnis der lebensgeschichtlichen sowie kollektivgeschichtlichen Ereignisse sowohl im Lichte des damaligen Erlebens aber auch nach ihrer Bewertung aus der Gegenwartsperspektive zu fragen (Jakob 2018, S. 205).

Die von William Isaac Thomas und Florian Znaniecki durchgeführte Studie über polnische Migrant*innen in den USA (1918–1920/1958) an der University in Chicago – *The Polish Peasant in Europe and America* – stellt aus Sicht von Rosenthal den Startpunkt der soziologischen Biografieforschung dar (2019, S. 586 und 2014, S. 175). In der damaligen Untersuchung wurde neben Dokumentenanalysen zum Migrationsprozess der polnischen Einwander*innen auch *eine* „auf Bestellung der Autoren geschriebene" (Rosenthal 2014, S. 175) Biografie mit einbezogen. Die für Thomas und Znaniecki damals (und auch noch für die heutige Biografieforschung) leitende Annahme lautete, „dass die sozialen Probleme von Einwanderern nicht nur aus der Perspektive der ‚objektiven' Rahmenbedingungen, sondern auch auf der Basis der ‚subjektiven' Sichtweisen der Migranten sowie ihrer lebensgeschichtlichen Erfahrungen […] zu untersuchen sei" (Rosenthal 2019, S. 586). Infolge dieser Studie kam es zu einem wachsenden Interesse an der Biografieforschung, die in den 1920er Jahren in Chicago ihre Anfänge nahm und spätestens seit den 1970er-Jahren mit der Rückbesinnung auf die Chicago School „zu einem regelrechten Boom der interpretativen Biographieforschung" (Rosenthal 2014, S. 175) führte – insbesondere im deutschsprachigen Raum. Seither hat sich diese Forschungsrichtung national wie international etabliert und ist durch eine vielfältige Expansion in andere sozial- und humanwissenschaftliche Fachdisziplinen gekennzeichnet (ebd., S. 176). Zugleich lässt sich mit Jakob darauf hinweisen, dass es sich bei der Biografieforschung um keinen abgeschlossenen oder abgegrenzten Bereich handelt. Vielmehr handelt es sich hinsichtlich fortwährender Kontroversen und abweichender Ansätze um ein heterogenes Feld, „in dem basierend auf unterschiedlichen methodologischen Grundlagen mit verschiedenen forschungsmethodischen Ansätzen gearbeitet wird" (2018, S. 205).

Charakteristisch für Vertreter*innen der interpretativen Biografieforschung ist die generelle Verwendung von biografischen Fragestellungen zu unterschiedlichen bereichsspezifischen Phänomenen. Gabriele Rosenthal schreibt hierzu pointiert, dass diese Entscheidung jedoch nicht darauf zurückzuführen sei, „dass ich Biographieforscherin bin und ein Interesse an den Lebensgeschichten von Menschen habe" (2014, S. 177), sondern auf grundlagentheoretischen Vorannahmen beruht, die dazu führen,

> „dass bei sozialwissenschaftlichen oder historischen Fragestellungen, die sich auf soziale Phänomene beziehen, die an die Erfahrungen von Menschen gebunden sind und für diese eine biographische Bedeutung haben, die Bedeutung dieser Phänomene im Gesamtzusammenhang ihrer Lebensgeschichte interpretiert wird" (ebd.).

Die hierfür leitenden grundlagentheoretischen Vorannahmen formuliert Rosenthal wie folgt:

> 1. „Um soziale oder psychische Phänomene verstehen und erklären zu können, müssen wir ihre *Genese* – den Prozess ihrer Entstehung, Aufrechterhaltung und Veränderung – rekonstruieren.
> 2. Um das Handeln von Menschen verstehen und erklären zu können, ist es notwendig, sowohl die Perspektiven der Handelnden als auch die *Handlungsabläufe* selbst kennen zu lernen. Wir wollen erfahren, was sie konkret erlebt haben, welche Bedeutung sie ihren Handlungen damals gaben und heute zuweisen und in welchen biographisch konstituierten Sinnzusammenhang sie ihre Erlebnisse und Handlungen stellen.
> 3. Um die Aussagen eines Interviewten / Biographen über bestimmte Themenbereiche und Erlebnisse seiner Vergangenheit verstehen und erklären zu können, ist es notwendig, sie eingebettet in den *Gesamtzusammenhang seines gegenwärtigen Lebens* und in seine daraus resultierende Gegenwarts- und Zukunftsperspektive zu interpretieren." (2014, S. 178)

Hieraus ergeben sich auch Konsequenzen für die Forschungsfragen, und das völlig unabhängig davon, welches Phänomen schlussendlich untersucht werden soll. So gilt es danach zu fragen, welche Erfahrungen in welcher Reihenfolge dem untersuchten Phänomen vorausgingen und welche diesem nachfolgten. Es wird hierbei der Prozess des *Werdens* rekonstruiert. Soziale Phänomene gilt es daher auch nicht nur aus Interpretationen des gegenwärtigen Erlebens zu rekonstruieren, „sondern auch bei der Frage nach dem Erleben einer Diagnose oder einer Ausbildung in der Vergangenheit" (ebd.). Grundlegend hierfür ist die Annahme, dass sich sowohl Erzählungen, Beschreibungen und Argumentationen als auch die Erinnerungen zum jeweiligen Phänomen in der jeweiligen gegenwärtigen

Interaktionssituation – also während des Sprechens innerhalb des biografisch-narrativen Interviews – erst konstituieren. Und diese Gegenwart wurde sowohl durch „die Vergangenheit [...] als auch durch die biographischen Prozesse und Erfahrungen in der Zeit davor und danach" (ebd.) geschaffen. Demnach sei auch von sogenannten *Interpretationspunkten* (Fischer 1978) innerhalb der Lebensgeschichte auszugehen bzw. von biografischen *Wendepunkten*, „die zu einer Reinterpretation der Vergangenheit und Gegenwart, aber auch der Zukunft führten" (ebd.). Diese Wendepunkte können hervorgerufen werden durch öffentliche Diskurse, gesellschaftliche Entwicklungen, aber auch durch Veränderungen (bspw. Krankheiten, Todesfälle, Geburten, Krisen, Berufswechsel usw.) innerhalb sozialer Gefüge wie Familie, Partnerschaft, Beruf etc.[47].

Schlussfolgernd wird in der Biografieforschung üblicherweise die gesamte Lebensgeschichte in den Blick genommen, wodurch es bei der Erhebung auch zu keinerlei Einschränkungen kommt. Erst wenn die Struktur bzw. Gestalt der gesamten Lebenserzählung erfasst wurde, beginnt die Analyse der interessierenden sozialen Phänomene.

6.4.4 Zur Durchführung biografischer Fallrekonstruktionen

Alle die bis hierher dargelegten methodologischen Implikationen sollen nun in dem von Gabriele Rosenthal (1987/1995/2014) vorgestellten Verfahren der *biografischen Fallrekonstruktion* münden. Diesem biografischen Auswertungsverfahren geht das zuvor dargelegte biografisch-narrative Interview als grundlegende Bedingung voraus. Dies sei „vor allem dem Anliegen geschuldet, in analytisch getrennten Auswertungsschritten sowohl die Gegenwartsperspektive als auch die Perspektiven des Handelnden in der Vergangenheit zu rekonstruieren" (Rosenthal 2014, S. 186). Rosenthal selbst beschreibt ihr biografisches Auswertungsverfahren als eine Verknüpfung aus der Textanalyse von Fritz Schütze (1983) und der Strukturalen bzw. Objektiven Hermeneutik nach Ulrich Oevermann (Oevermann et al. 1979), ergänzt mit der thematischen Feldanalyse nach Fischer (1982).

Verschiedene biografieanalytische Auswertungsverfahren verbinden die Textanalyse und die Objektive Hermeneutik. Rosenthals Auswertung zeichnet sich zudem „durch ein sequenzielles Vorgehen aus, bei dem die zeitliche Struk-

47 Ausführlich zu Interpretationspunkten und dem Verhältnis von *Erlebtes – Erinnertes – Erzähltes* siehe Rosenthal (1995) sowie Rosenthal (2014, S. 179 ff.). An dieser Stelle nur so viel: Rosenthal geht davon aus, dass Erlebnisse aus der Vergangenheit „sich dem Biographen in der Gegenwart des Erinnerns und Erzählens nicht so darbieten, wie sie erlebt wurden, sondern nur im Wie ihrer Darbietung, d. h. nur im Wechselverhältnis zwischen dem sich in der Gegenwart der Erzählung Darbietenden und dem Gemeinten" (2014, S. 181). Daher verweisen Erzählungen über eigenerlebte Erfahrungen auch immer auf zweierlei, sowohl „auf das heutige Leben mit dieser Vergangenheit als auch auf das damalige Erleben" (ebd.).

tur sowohl von *erzählter* als auch von *erlebter* Lebensgeschichte analysiert wird" (Rosenthal 2014, S. 186). Die Absicht dahinter ist, sowohl die Genese der erlebten Lebensgeschichte als auch die Genese der Gegenwartsdarstellung zu rekonstruieren. Hierzu wird in unterschiedlichen voneinander getrennten Analyseschritten „sowohl die biographische Bedeutung des in der Vergangenheit Erlebten als auch die Bedeutung der Selbstrepräsentation in der Gegenwart" (ebd.) entschlüsselt. Die aufeinanderfolgenden Auswertungsschritte der biografischen Fallrekonstruktion lauten:

1. „Analyse der biographischen Daten (Ereignisdaten)
2. Text- und thematische Feldanalyse (Analyse der Textsegmente – Selbstpräsentation / erzähltes Leben)
3. Rekonstruktion der Fallgeschichte (erlebtes Leben)
4. Feinanalyse einzelner Textstellen (kann jederzeit erfolgen)
5. Kontrastierung der erzählten mit der erlebten Lebensgeschichte
6. Typenbildung" (ebd.)[48]

Schritt 1: Sequenzielle Analyse der biografischen Daten

Der erste Schritt zur Auswertung des Interviews umfasst die *sequenzielle Analyse der objektiven oder biografischen Daten* nach Oevermann et al. (1980) und wird von Gabriele Rosenthal als „ganz entscheidend für eine analytische Distanzierung der Interpreten von der präsentierten Lebensgeschichte und für die Konzentration auf die Perspektiven in der Vergangenheit" (Rosenthal 2019, S. 592) erachtet. Hierbei werden die kaum an Interpretationen gebundenen Daten des Interviewpartners wie „Geburt, Anzahl der Geschwister, Ausbildungsdaten, Familiengründung und anderen Familiendaten, Wohnortswechsel, Einzug zur Wehrmacht, Krankheitsereignisse" (Fischer-Rosenthal und Rosenthal 1997, S. 152) in eine chronologische Reihenfolge gebracht und entsprechend analysiert. Darüber hinaus werden alle relevanten historischen und sozio-politischen Daten mit einbezogen, die der Einordnung der lebensgeschichtlichen Erfahrungen in den gesellschaftlichen und politischen Kontext dienen (Rosenthal 2019, S. 592).

48 Entsprechend eines *reduzierten Methodenbegriffs* werden die dargelegten Auswertungsschritte der biografischen Fallrekonstruktion nach Rosenthal von mir als idealtypisch betrachtet und in einer für die vorliegende Untersuchung forschungspraktisch sinnvoll erscheinenden Adaption angewandt. So findet erstens keine gesonderte Feinanalyse (Schritt 4) einzelner Textstellen statt, da aus meiner Sicht eine sehr detaillierte und für das Forschungsvorhaben ausreichende sequenzielle Analyse sowohl der Gegenwartsperspektive (Schritt 2) als auch der erlebten Lebensgeschichte (Schritt 3) erfolgt. Zweitens wird die Kontrastierung der erzählten mit der erlebten Lebensgeschichte (Schritt 5) in den dritten Schritt mit integriert, soweit sie als sinnvoll für die Analyse erscheint.

Die Interpretation der jeweiligen Daten findet bei diesem ersten Schritt unabhängig von den Selbstdeutungen und Erzählungen der Interviewten statt und ebenso unabhängig von dem Wissen, das der Interpret über den weiteren Verlauf der Lebensgeschichte des Interviewten bereits besitzt. Entsprechend des abduktiven Verfahrens werden Prognosen über mögliche und anschlussfähige Verläufe erstellt, die sich nicht nur auf eine Reproduktion der Fallstruktur beziehen, sondern zugleich Ereigniskonstellationen umfassen, unter denen Transformationen möglich sind (Rosenthal 1995, S. 216). Entsprechend wird „bei jedem Datum danach gefragt, welche Handlungsmöglichkeiten die Biographin oder der Biograph in einer bestimmten Situation hatte, welche er oder sie auswählte und welcher mögliche weitere biographische Verlauf daraus hätte folgen können" (Rosenthal 2019, S. 592).

Schritt 2: Text- und thematische Feldanalyse

Beim zweiten Auswertungsschritt, der Text- und thematischen Feldanalyse nach Rosenthal (1995, S. 218 ff.) und Fischer-Rosenthal und Rosenthal (1997, S. 152 ff.), wird sich „das methodische Vorgehen Schützes (1983), die Erzähl- und Textanalyse, wie auch die Anregungen Wolfram Fischers (1982) zu einer thematischen Feldanalyse zunutze [gemacht, N. W.], die auf den theoretischen Arbeiten von Aaron Gurwitsch [1964, 1974, N. W.] basieren" (Rosenthal 1995, S. 218). Hierdurch sollen „die Regeln für die Genese der in der Gegenwart des Interviews präsentierten biographischen Erzählung bzw. allgemeiner der Selbstpräsentation" (Rosenthal 2014, S. 196) herausgefunden werden. Im Gegensatz zum ersten und dritten Analyseschritt wird hierbei nun „nicht nach dem Erleben zum Zeitpunkt eines Ereignisses gefragt" (ebd.), sondern der bewusst intendierten oder latent gesteuerten Selbstdarstellung der Interviewpartner*innen nachgegangen.

Als Vorbereitung zur Analyse dient eine auf der zeitlichen Abfolge des Interviewtextes basierende Sequenzierung in Segmente bzw. Analyseeinheiten. Die Kriterien für die Sequenzierung stellen „Redewechsel, Textsorte [...] und thematische Modifikationen" (Rosenthal 1995, S. 219) dar. Anschließend wird an den entsprechenden Segmenten vermerkt, wo die Biograf*innen argumentieren, beschreiben oder erzählen. Entsprechend der sequenziellen Analyse der objektiven Daten, werden die Sequenzen bzw. Segmente – die für Rosenthal auch die Funktion eines Inhaltsverzeichnisses einnehmen – analysiert, wobei jedes Segment fortlaufend individuell und unabhängig vom Gesamttext interpretiert wird (Rosenthal und Fischer-Rosenthal 1997, S. 153). Auf den Punkt gebracht steht bei diesem Auswertungsschritt also die Frage nach dem „weshalb etwas so und nicht anders präsentiert wird" (Rosenthal 2014, S. 199) im Fokus. Die Hypothesenbildung orientiert sich an den folgenden Unterfragen:

1. „Weshalb wird dieser Inhalt an dieser Stelle eingeführt?
2. Weshalb wird dieser Inhalt in dieser Textsorte präsentiert?
3. Weshalb wird dieser Inhalt in dieser Ausführlichkeit oder Kürze dargestellt?
4. Was könnte das Thema dieses Inhalts sein bzw. was sind die möglichen thematischen Felder, in die sich dieses Thema einfügt?
5. Welche Lebensbereiche und welche Lebensphasen werden angesprochen und welche nicht?
6. Über welche Lebensbereiche und Lebensphasen erfahren wir erst im Nachfrageteil und weshalb wurden diese nicht während der Haupterzählung eingeführt?" (Rosenthal 2014, S. 199 f.)

Schritt 3: Rekonstruktion der erlebten Lebensgeschichte

Beim dritten Auswertungsschritt, der Rekonstruktion der erlebten Lebensgeschichte, erfolgt nun eine Kontrastierung der Analyse der biografischen Daten mit den Selbstaussagen der Biograf*innen (Rosenthal 2014, S. 202). Es findet eine Falsifizierung bzw. Bestätigung der im ersten Auswertungsschritt aufgestellten Hypothesen anhand einer ausführlichen Analyse des Interviewtextes statt, darüber hinaus wird versucht, weitere neue Lesarten zu gewinnen. Mit Rosenthals Worten: „Wir gehen in der Logik der sequenziellen Analyse in der Chronologie der erlebten Lebensgeschichte von biographischem Erlebnis zu Erlebnis und betrachten dabei jeweils die Interviewpassagen, in denen die Biographin darüber spricht" (ebd.). Während der vorangegangene Schritt der Text- und thematischen Feldanalyse wichtige Hinweise über die Gegenwartsperspektive der Interviewpartner*innen sowie „über die funktionale Bedeutsamkeit ihrer Erzählungen für die heutige Präsentation ihrer Lebensgeschichte" (Fischer-Rosenthal und Rosenthal 1997, S. 154) liefert, wird nun bei der Rekonstruktion der erlebten Lebensgeschichte nach der Perspektive in der Vergangenheit gefragt, also nach der biografischen Bedeutung, die den vergangenen Erlebnissen der Biograf*innen zum jeweiligen Zeitpunkt zu eigen war. Somit wird nach der „funktionalen Bedeutsamkeit eines biographischen Erlebnisses für die Gesamtgestalt der erlebten Lebensgeschichte" (Rosenthal 1995, S. 220) gefragt und eine Atomisierung einzelner biographischer Erlebnisse konsequent vermieden.

Im Gegensatz zur Text- und thematischen Feldanalyse verfolgen wir nun also nicht, weshalb ein Ereignis bzw. soziales Phänomen „so und nicht anders" (Rosenthal 2014, S. 202) in der Interviewsituation dargestellt wurde, sondern möchten wissen, „wann und in welcher biographischen Konstellation es zum ersten Mal auftrat, in welchen Lebensphasen es sich weiter verstärkte und in welchen es verschwand" (Rosenthal 1995, S. 220), wir möchten somit in Erfahrung bringen, wie dieses Ereignis in der erlebten Lebensgeschichte eingebettet ist. Es gilt also insgesamt den Gestaltungsprozess der erzählten sowie der erlebten Lebensgeschichte durch verschieden gewichtete Auswertungsschritte nachzuzeichnen, „ohne dabei deren wechselseitige Durchdringung aus den Augen zu verlieren" (Rosenthal 1995, S. 221).

6.5 Auswahl der Befragten und Durchführung der Interviews

Generell steht Sampling oder auch Stichprobenziehung in der empirischen Sozialforschung für die Auswahl der „Personen, Gruppen, Interaktionen oder Ereignissen, die an bestimmten Orten und zu bestimmten Zeiten untersucht werden sollen und die für eine bestimmte Population, Grundgesamtheit oder einen bestimmten (kollektiven oder allgemeineren) Sachverhalt stehen" (Przyborksi; Wohlrab-Sahr 2014, S. 178). Während die quantitative Forschung sich am Ziel der Repräsentativität orientiert, wo mithilfe repräsentativer Samples die Eigenschaften der Gesamtgesellschaft in einer Art Miniaturform *normalverteilt* abgebildet und die Stichproben daher entsprechend vorab definiert werden (ebd.), „verhält es sich in der interpretativen Forschung anders" (Rosenthal 2014, S. 83).

Im Fokus der interpretativen Forschung steht das Entdecken von Neuem. Wird also wie in der vorliegenden Untersuchung einer solchen Entdeckungslogik gefolgt, könne auch nicht vorab festgelegt werden, welche Fälle ausgewählt und später theoretisch relevant werden könnten. So könne man bei Untersuchungen zu bspw. Berufs- oder Migrationsentwicklungen nicht vorab wissen, „wie viele unterschiedliche, für unsere Forschungsfrage wichtige ‚Typen' sich zu einem gegebenen Zeitpunkt auffinden lassen und schon gar nicht können wir vorab die funktionalen Bestandteile dieser Typen definieren" (ebd., S. 84). Entsprechend sind bei einer theoretischen Stichprobe im Sinne des *Theoretical Sampling* (Glaser; Strauss 1967) „weder der Umfang noch die Verteilungsmerkmale der Stichprobe vorab bestimmbar" (Rosenthal 2014, S. 84). Während in der quantitativen Forschung die Daten üblicherweise zu Beginn erhoben und danach ausgewertet werden, stehen die Phasen der Erhebung und Auswertung in der interpretativen Forschung in einer Wechselwirksamkeit zueinander. Mit anderen Worten bestimmt „die Auswertung jedes Interviews oder jedes Beobachtungsprotokolls [...] die weitere Entwicklung der Datenerhebung und damit der Stichprobe" (ebd.). Dieser fortlaufende Prozess der Auswahl, der sich aus den bereits erhobenen Daten ergibt, orientiert sich nicht an quantifizierbaren Verteilungskriterien, sondern „an theoretischen Annahmen, die sich im Laufe der Forschung entwickeln und damit empirisch geerdet sind" (ebd.). Strauss selbst beschreibt dieses in der interpretativen Sozialforschung weitverbreitete Verfahren des *Theoretical Sampling* wie folgt:

> „Das Theoretische Sampling ist ein Verfahren, bei dem sich der Forscher auf einer analytischen Basis entscheidet, welche Daten als nächstes zu erheben sind und wo er

diese finden kann. Die grundlegende Frage beim Theoretical Sampling lautet: Welche Gruppen oder Untergruppen von Populationen, Ereignissen, Handlungen (um voneinander abweichende Dimensionen, Strategien usw. zu finden) wendet man sich bei der Datenerhebung als nächstes zu. Und welche theoretische Absicht steckt dahinter? Demzufolge wird dieser Prozess der Datenerhebung durch die sich entwickelnde Theorie kontrolliert" (1991, S. 70, zit. n. Rosenthal 2014, S. 85).

Abgeschlossen wird die Stichprobenbildung, wenn es zu einer sogenannten *theoretischen Sättigung* kommt. Eine theoretische Sättigung wird erreicht, wenn keine weiteren Phänomene gefunden werden können, „die die bereits rekonstruierten theoretischen Einsichten modifizieren oder zur Konstruktion neuer Typen führen könnten" (Rosenthal 2014, S. 85) bzw. es nichts Neues mehr zu entdecken gibt. Eine so definierte theoretische Sättigung muss jedoch als *idealtypisch* verstanden werden. So würde ein solcher Verlauf auch nur selten der Realität entsprechen, da Forschung „häufig jedoch aus Zeit- und Kostengründen vorzeitig abgebrochen bzw. auf eine spätere Forschung nach Abschluss des im Moment betriebenen Vorhabens verschoben werden muss" (ebd.). Zugleich könne aufgrund eigener blinder Flecken aufseiten der Forscher*innen auch nie zweifelsfrei festgelegt werden, ob nicht doch noch neue Erkenntnisse zu gewinnen wären. Ein *Abbruch* der Stichprobenbildung erscheint aus forschungspraktischer Sicht zuweilen auch als unumgänglich, so formuliert Rosenthal hierzu pointiert: „Hätte ich dies jedoch nicht getan, wäre meine Doktorarbeit vermutlich bis heute nicht abgeschlossen" (ebd., S. 86). Ähnlich argumentiert auch Schweppe, wenn sie darlegt, sich in ihrer Untersuchung zu Studienverläufen in der Sozialpädagogik aus forschungspraktischen Gründen auch nur soweit wie möglich" (2006, S. 22) am Verfahren des Theoretical Sampling orientiert zu haben, schon allein aufgrund der sehr zeitaufwendigen Transkriptionsarbeiten. Diese Überlegungen lassen sich auch auf die vorliegende Untersuchung übertragen. Auch diese orientiert sich weitgehend an der Stichprobenbildung nach dem Theoretical Sampling. Die Durchführung oblag jedoch einem forschungspraktisch vertretbaren Vorgehen.

Tatsache ist, dass Quereinsteiger*innen in der Sozialen Arbeit für Außenstehende nicht ohne Weiteres zu identifizieren sind. Der Zugang zu geeigneten Interviewpartner*innen konnte daher auch nur schrittweise erfolgen. Hierzu wurde während der Erhebungsphase auf das sogenannte Schneeballprinzip oder auch *Snowball Sampling* zurückgegriffen, also auf Empfehlungen von mir mehr oder weniger bekannten Berufsfeldangehörigen innerhalb der Sozialen Arbeit, die Kontakt zu Quereinsteiger*innen herstellen konnten. Przyborski und Wohlrab-Sahr beschreiben diese Vorgehensweise als „äußerst hilfreich, wenn man sich in einem unbekannten Feld einen ersten Zugang verschaffen will oder wenn es darum geht zu erfahren, wer die relevanten Akteure sind, die zum Feld gehören" (2014, S. 184). Zugleich gilt es sich auch die Grenzen eines solchen Vorgehens zu vergegenwärtigen, da sich in einer denkbar ungünstigen Konstellation, auch nur in einem begrenzten Netzwerk bewegt wird, in dem sich die Kontakte u. U. gegenseitig empfehlen und *vorwarnen*. Daher war es notwendig, die Vorgehensweise zur Kontaktherstellung möglichst zu diversifizieren und sich nicht nur in einem *geschlossenen* Netzwerk zu bewegen.

Zur Durchführung der Interviews

Für die vorliegende Untersuchung wurden im Zeitraum von Mai 2019 bis April 2020 zwölf biografisch-narrative Interviews mit einer Dauer von 1:40h bis 3:24h durchgeführt. Es handelt sich um neun Frauen und drei Männer, die sich zum Zeitpunkt der Erhebung in einem Alter von 28 bis 49 Jahren befanden. Die Interviews erfolgten innerhalb verschiedener Bundesländer, sowohl in Großstädten als auch in ländlichen Regionen. Der territoriale Fokus lag primär auf der kartierten Mitte der Bundesrepublik. Erfasst werden konnten sowohl westdeutsche als auch ostdeutsche Biografien. Einige der Personen sind an den jeweiligen Interviewstandorten geboren, andere waren Hinzugezogene. Durchgeführt wurden die Gespräche überwiegend in den Wohnungen bzw. Wohnhäusern der Befragten. Ein Interview erfolgte an einem öffentlichen Ort. Zwei weitere Gespräche fanden in Büros von Interviewpartner*innen statt.

Abbildung 2: Sample narrative Interviews (Quelle: Eigene Darstellung N. W.)

	P1 w	P2 w	P3 w	P4 m	P5 m	P6 w	P7 w	P8 w	P9 m	P10 m	P11 w	P12 w
Datum	10. Mai 2019	16. Mai 2019	28. Mai 2019	21. Juni 2019	28. Juni 2019	01. Juli 2019	03. Juli 2019	13. Juli 2019	14. August 2019	23. August 2019	24. August 2019	30. April 2020
Dauer	1:54h	2:39h	1:56h	1:59h	1:54h	3:24h	2:16h	2:41h	2:26h	2:31h	3:07h	1:40h
Ausbildung	Soziologie/ Philosophie	Sowi./ Heilpr. Psychotherap.	Rehapädagogik	Bauingenieur	Zimmerer/ Architektur	Soziologie/ Psychologie	Sowi.	BWL/ (Ass. Geschä .fhrg.)	Geschichte/ Politikwis.	Zahnarzthelferin	Sowi./ Soziologie	Afrikanistik/ Wiwi.+ Sowi
Anstellung	Projekt-leitung Flüchtlingshilfe	Projekt koord. Flüchtlingshilfe	Sozpäd Fachkr. Flüchtlingshilfe/KuJh.	Päd. Mitarbeiter KuJH.	Stadtteilmanager/ Quartiersmanagement	Sozpäd Fachkraft KuErzH Autismus-ambul.	Koord. Sozarb. Gesundh.amt KuJ-Ges.-dienst	Sachbearbeiterin ASD, Jugendamt	Fachkraft HzE, Wohngruppe UMFs	Schulbegleiterin	Koordin. zur Vermittlg. v. Langszeitsarb.losen	Öffentlk.arb., Crowdfund., Koordination.
Alter	29	Ca. 30	28	28	Ca. 40	28	41	43	Ca. 30	49	28	30

Zur Kontaktaufnahme wurde auf verschiedene mir zur Verfügung stehende Netzwerkressourcen zurückgegriffen. Dazu zählten ehemalige Kommiliton*innen aus den Studiengängen der Sozialen Arbeit (BA) und Sozialwissenschaften (MA), die nach dem Studium in Einrichtungen der Sozialen Arbeit beruflich tätig wurden oder in Institutionen arbeiteten, in denen auch Sozialarbeiter*innen beschäftigt werden. Die Kommiliton*innen konnten mir Kolleg*innen als geeignete Interviewpartner*innen empfehlen und einen ersten Kontakt herstellen. Zudem konnten mir Kolleg*innen aus dem Wissenschaftsbetrieb über bestehende sozialarbeiterische Netzwerke weitergehende Kontakte außerhalb des Hochschulbetriebs ermöglichen. Ebenso hilfreich waren Studierende, die mir für mein Forschungsvorhaben Freunde oder auch Kolleg*innen aus ihrer Berufspraxis empfahlen. Darüber hinaus konnten mir auch einige Interviewpartner*innen weitere Empfehlungen und Kontaktdaten nach den Durchführungen der Interviews mitgeben.

Eine erste Kontaktaufnahme zu den angedachten Interviewpartner*innen erfolgte über Telefon, E-Mail oder Messenger-Dienste. Hierbei legte ich eine kurze Beschreibung zu den Inhalten des Forschungsvorhabens und dem geplanten Ablauf des Gesprächs dar. Erfolgte eine Zusage, wurde ein Termin ausgemacht und sich zu einem Interview getroffen. Vor dem Interview erfolgte eine ausführlichere Darlegung des Forschungsvorhabens sowie die Erläuterung der Datenschutzbestimmungen, die jeweils mit einer Einverständniserklärung gegengezeichnet worden sind. Es erfolgte nach jedem Interview ein bis zu dreißigminütiges Gespräch zu den Inhalten aber auch wie sich die Gesprächspartner*innen*innen nach dem Interview fühlten. Zudem nutzten die Gesprächspartner*innen wiederholt die Möglichkeit, mir nach dem jeweiligen Interview Fragen zu stellen, bspw. über den aktuellen Stand meiner Untersuchung. Während der Anschlussgespräche ließ ich weiterhin das Aufnahmegerät laufen.

Die Interviewdurchführung orientierte sich am oben dargelegten Verfahren des biografisch-narrativen Interviews und startete mit dem folgenden Erzählstimulus[49]:

> „Okay meine, Einführungsfrage, also du weißt ja ich interessiere mich für die Lebenswege von Menschen in die Soziale Arbeit gerade die was anderes studiert haben, und da möchte ich dich zur Einstiegsfrage bitten, dass du mir deine Lebensgeschichte erzählst, **alle** Erinnerungen die dir einfallen die früheste Erinnerung, da kannst du mit anfangen, ähm: den Fokus den setzt du und ich würde dich dabei erst mal nicht unterbrechen" (1/6–11)[50]

Zu allen Gesprächspartner*innen wurde vorab ein Memo erstellt, das mit sämtlichen für den Fall relevanten Informationen sukzessive gefüllt wurde. Dazu gehörte auch ein Beobachtungsprotokoll, das ich während der Gespräche jeweils anfertigte und auf das ich auch zur Bildung der erzählimmanenten Nachfragen nach der Haupterzählung Bezug nahm. Zudem wurden diese Aufzeichnungen im Nachhinein zur Anfertigung von Globalanalysen verwendet, auf deren Grundlage ich die weiterführenden Entscheidungen traf, „welche weiteren Interviews noch geführt werden sollten und welche Interviews für eine sorgfältigere Auswertung ausgewählt und zu diesem Zweck transkribiert werden" (Rosenthal 2014, S. 91).

49 Bei jedem einzelnen Interview weicht die genaue Formulierung des Erzählstimulus leicht voneinander ab. Die Grundstruktur wurde jedoch durchgehend beibehalten.

50 Exemplarisch entnommen aus dem Interview mit Frau B.

Die von Rosenthal (2014) empfohlene Auswertung in Gruppen erfolgte über den Bearbeitungsprozess hinweg an verschiedenen Standorten und in verschiedenen Konstellationen. Dazu zählten regelmäßige Forschungskolloquien an der Martin-Luther-Universität Halle-Wittenberg (MLU) sowie Forschungskolloquien an der Otto-von-Guericke-Universität Magdeburg (OvGU). Darüber hinaus fand die gemeinsame Auswertung in verschiedenen selbstorganisierten Forschungskolloquien von Promovend*innen an der MLU sowie an der Hochschule Mittweida statt. Zudem erfolgte ein permanent kritisch konstruktiver Austausch über die Interpretationsergebnisse mit meinen Gutachterinnen.

7. Falldarstellungen

Im Folgenden sollen drei Fälle dargestellt werden, die sich in ihrer Auswahl an einem maximal kontrastiven Vergleich orientieren und vorab mithilfe von Globalanalysen einer Vorauswahl unterzogen wurden. Primär findet die Auswahl vor der Überlegung statt, drei variierende lebensgeschichtliche Strategien bzw. Fallstrukturen von Quereinsteiger*innen als Berufseinsteiger*innen bzw. Berufswechsler*innen hin zu einer Tätigkeit innerhalb der Sozialen Arbeit zu präsentieren und hierzu deren biografisch individuelle Identifikationsprozesse mit diesem Berufsfeld aufzuzeigen. Konkret ist es die Absicht, je einen exemplarischen Fall zu präsentieren, der für eine *gelungene* Berufsidentifikation (Frau A), für eine *hybride* bzw. *nicht eindeutige* Berufsidentifikation (Herr A) und für eine *nicht gelungene* Berufsidentifikation (Frau B) steht. Darüber hinaus nimmt der zweite Fall, Herr A, eine gesonderte Stellung ein. So wird in dieser Fallkonstellation m. E. in besonders anschaulicher Weise ein biografischer Konflikt vorstellig, der stellvertretend für eine Dualität der industriellen Moderne und der ihr inhärenten gesellschaftlichen Wertvorstellungen auf der einen Seite und den expressiv individualistischen Werten einer Wissens- und Kulturökonomie der Spätmoderne auf der anderen Seite zu lesen ist – und mir damit zugleich höchst anschlussfähig zur aktuellen Debatte über Entfremdung erscheint.

Allgemein soll durch das angewendete Vorgehen sowohl die Nachvollziehbarkeit der subjektiven als auch strukturell leitenden Regeln des jeweiligen Falles sowie eine abschließende kritische Diskussion der Ergebnisse ermöglicht werden. Dies geschieht mit der Absicht, *erstens* die Bedeutung einer beruflichen Tätigkeit innerhalb der Sozialen Arbeit für die drei untersuchten Arbeitssubjekte vor dem Hintergrund ihrer lebensgeschichtlichen Dispositionen zu reflektieren und *zweitens* die potenzielle Bedeutung von Quereinsteiger*innen für das Arbeitsfeld der Sozialen Arbeit näher zu beleuchten.

Die gewählte Darstellungsform und damit die Anzahl der Fälle resultieren aus dem Anliegen heraus, eine forschungspraktische Balance aus einem theoretisch möglichst breit aufgestellten Datenkorpus und einer zugleich hohen Intensität der Daten bei der Darstellung der Fälle zu ermöglichen. Dass eine solche an interpretativen Maßstäben orientierte Vorgehensweise hinsichtlich der Prämissen eines quantitativ numerischen Vorgehens zu keinen befriedigenden Ergebnissen führen kann, ist dem Autor durchaus bewusst. Jedoch steht im Fokus der hier vorliegenden empirischen Analysen vielmehr das Hervorbringen dichter Beschreibungen auf Grundlage der Lebensgeschichten der untersuchten Subjekte und ihrer sozialen Wirklichkeiten. Mit anderen Worten geht es um theoretische Verallgemeinerungen, also um das Herausarbeiten des Allgemeinen im Besonderen.

Wie weiter oben aufgezeigt werden konnte, kann es daher auch nicht um die reine Anzahl der untersuchten Fälle gehen. Auch wenn grundsätzlich nichts gegen weiterführende Untersuchungen hinsichtlich numerischer Häufigkeiten von Typen spricht – abgesehen natürlich von der für rekonstruktive Forschungen zur Verfügung stehenden Ressourcen.

Um das Ziel einer dichten Beschreibung zu verfolgen und gleichzeitig eine intersubjektive Nachvollziehbarkeit zu gewährleisten, wird bei der ersten Falldarstellung von einer häufig zur besseren Lesbarkeit vorzufindenden „komprimierte[n] Form der biographischen Gesamtformung" (Schweppe 2006, S. 26) abgesehen. Stattdessen greife ich bei Frau A auf umfangreichere Darstellungen sequenziell durchgeführter Interpretationsschritte zurück, die abschließend in einer Fallzusammenfassung münden[51]. Konkret werden von mir im *ersten Schritt* die objektiven Daten des jeweiligen Falles dargelegt. Im *zweiten Schritt* erfolgt eine fokussierte Darstellung des Auswertungsschrittes der sequenzanalytisch interpretierten Text- und thematischen Feldanalyse und somit der erzählten Lebensgeschichte. Bei diesem Auswertungsschritt liegt der Schwerpunkt auf den zum Zeitpunkt des Interviews lebensgeschichtlich leitenden Regeln und Mustern der Protagonist*innen unter einer für die vorliegende Untersuchung selektiven Betonung biografisch relevanter Phänomene. Im *dritten Schritt* erfolgt die Fallzusammenfassung, bei der ein Fokus auf die individuelle Identifikationsarbeit der Protagonist*innen mit dem Berufsfeld der Sozialen Arbeit gelegt wird. Zur besseren Veranschaulichung und Nachvollziehbarkeit werden hierfür exemplarische Ausschnitte des dritten Auswertungsschrittes, der Rekonstruktion der erlebten Lebensgeschichte, eingebaut und mit der erzählten Lebensgeschichte aufeinander bezogen. Für die beiden weiteren Fälle wird sich an einer komprimierten Form der biografischen Gesamtformung im Sinne von Schweppe (2006) orientiert.

Die anschließende Kontrastierung der drei Fälle erfolgt (dem *klassischen* Aufbau einer empirischen Arbeit etwas konträr) erst in Kap. 9. Zuvor werden in Kap. 8 empirische Einblicke auf die Rolle von Quereinsteiger*innen aus der Sicht von Leitungskräften in der Sozialen Arbeit gewährt, im Sinne einer Triangulation. Erkenntnisse dieser Expert*inneninterviews fließen in die Ergebnisdarstellungen in Kap. 9 mit ein und ermöglichen m. E. auf diese Weise eine weiterführende kritische Einordnung der vorliegenden Ergebnisse.

51 Gewissermaßen lade ich hierbei die Lesenden in meine kreativen Gedankenprozesse der Fallinterpretation ein. Als Folge sind die dort auffindbaren Formulierungen zuweilen nicht so sehr *geglättet*, wie sie es bei den anschließenden Fallzusammenfassungen sind.

7.1 Frau A[52]: „Ja und dann bin ich da wirklich so reingewachsen"

7.1.1 Objektive Daten[53]

Vater

Der Vater befindet sich zum Zeitpunkt des Interviews in Rente, das Alter dürfte nach eigenen Berechnungen daher ungefähr 65 Jahre betragen. Der Vater wuchs bei seiner Oma auf, da seine Mutter einen Mann heiratete, der nicht sein leiblicher Vater war und dieser keinen Kontakt zu ihm haben wollte. Was aus dem leiblichen Vater des Vaters wurde und ob dieser zuvor mit der Mutter des Vaters verheiratet war, ist unbekannt. Ursprünglich lernte der Vater den Beruf eines S-Bahnfahrers und arbeitete in diesem auch viele Jahre. Später leitete der Vater eine Einrichtung zur Verwertung von Tierkörpern in einer Landwirtschaftlichen Produktionsgenossenschaft (LPG). Danach arbeitete er in einer Autowerkstatt. Schlussendlich erfolgte nach der Wende eine Umschulung zum Pfleger im Bereich für Menschen mit Behinderungen. Dort arbeitete er bis zur Rente. Der Vater lebte gemeinsam mit seiner Ehefrau und Mutter der Interviewpartnerin, Frau A, ihren drei Geschwistern und der Oma der Interviewpartnerin in einem Haus auf einem Dorf mit ungefähr 700 Einwohner*innen in einer ländlich und religiös geprägten Region auf dem Gebiet der damaligen DDR. Im Jahr 2001[54] lassen sich die Eltern scheiden, der Vater zieht daraufhin mit seiner neuen Lebenspartnerin zusammen in das Nachbardorf. Der Kontakt zu den Kindern besteht weiterhin. Der Kontakt zur Ex-Ehefrau besteht nicht mehr bzw. kaum.

Mutter

Die Mutter ist zum Zeitpunkt des Interviews noch arbeitstätig, daher ist von einem Alter von unter 65 Jahren auszugehen. Sie ist gelernte Bürokauffrau und arbeitete in dem gleichen LPG-Betrieb wie ihr späterer Ehemann und Vater der

52 Das Interview wurde am 10.05.2019 in der Wohnung der Gesprächspartnerin durchgeführt. Das Gespräch dauerte 1h54min.

53 Hierbei handelt es sich um die komprimierte Form des ersten Interpretationsschrittes, der sequenziellen Analyse der biografischen Daten. Um den Leser*innen dabei eine m. E. bestmögliche Nachvollziehbar- und Lesbarkeit zu ermöglichen – also sich bestmöglich in den Fall hineinziehen lassen zu können – werden bei der Darstellung der objektiven Daten der Fälle zuallererst die biografischen Hintergrundinformationen der signifikanten Anderen präsentiert, um das Auftreten dieser Angehörigen in der anschließenden komprimierten sequenziell chronologischen Darlegung der objektiven Daten der Interviewpartner*innen besser einordnen zu können.

54 Viele der Jahres- und Altersangaben wurden im Interview nicht explizit benannt und beruhen daher auf eigenen Berechnungen. Aus der Retrospektive erscheint es sinnvoll, bei weiterführenden Forschungsvorhaben ergänzende Gespräche zu führen, die chronologische Unklarheiten beseitigen.

Interviewpartnerin als Sekretärin im Bereich Abrechnung. Dort lernte sie ihren späteren Ehemann auch kennen. Zum Zeitpunkt des Interviews arbeitet sie im Archiv der evangelischen Stiftung des Heimatdorfes der Interviewpartnerin. Gleichzeitig betreibt die Mutter seit vielen Jahren gewerblich die Arbeit als Künstlerin in Form von Malkursen, Verkauf von eigenen Bildern und der Durchführung von Ausstellungen. Zum Zeitpunkt des Interviews steht eine erneute Hochzeit der Mutter bevor.

Oma mütterlicherseits

Das Alter der Oma ist unbekannt. Die Oma ist gelernte Schneiderin und arbeitete später im Büro im Bereich Sachbearbeitung. Sie lebte im Haushalt der Familie in einer oberen Etage. Ob die Oma heute noch im Haushalt der Familie bzw. Tochter lebt, ist unbekannt.

Opa mütterlicherseits

Das Alter des Opas ist unbekannt. Es besteht und bestand kein Kontakt der Intervierpartnerin zum Opa. Die Großeltern haben sich vor der Geburt der Interviewpartnerin scheiden lassen.

Oma väterlicherseits

Die Oma lebt seit vielen Jahren nicht mehr. Es bestand kein Kontakt der Intervierpartnerin zur Oma. Die Oma heiratete einen Mann, der nicht der biologische Vater des Vaters der Interviewpartnerin ist. Der Sohn durfte daraufhin nicht in deren Haus aufwachsen, weshalb die Mutter den Vater der Interviewpartnerin nicht aufzog.

Opa väterlicherseits

Es erscheint denkbar, dass der Opa nicht mehr lebt. Es bestand kein Kontakt der Interviewpartnerin zum Opa.

Stiefopa väterlicherseits

Der Stiefopa lebt seit vielen Jahren nicht mehr. Es bestand kein Kontakt der Interviewpartnerin zum Opa. Der Stiefopa heiratete die Mutter des Vaters, lehnte diesen als Sohn jedoch ab.

Älterer Bruder

Das genaue Alter des Bruders ist unbekannt. Da die Interviewpartnerin zum Zeitpunkt des Interviews 29 Jahre ist, muss dieser auf Grundlage von eigenen Rechnungen im Alter von ungefähr 40 Jahren sein. Nach dem Schulabschluss erlernte er den Beruf des Tischlers und wurde von dem Ausbildungsbetrieb übernommen. Später schulte er zum Fernfahrer um und arbeitet zum Zeitpunkt des Interviews auch in diesem Beruf.

Ältere Schwester

Das genaue Alter der Schwester ist unbekannt. Analog zum älteren Bruder muss sie im Alter von ungefähr 40 Jahren sein. Sie fing verschiedene Ausbildungen an, übte zudem Gelegenheitsjobs aus, brach diese aber auch wieder ab. Zum Zeitpunkt des Interviews arbeitet sie als Tiertrainerin mit Hunden und Katzen.

Jüngerer Bruder

Das Alter des Bruders beträgt zum Zeitpunkt des Interviews ungefähr 28 Jahre. Der Bruder begann eine Kochlehre, brach diese ab und befindet sich zum Zeitpunkt des Interviews in einer Erzieherausbildung. Was der Bruder in der Zwischenzeit gemacht hat, ist unbekannt.

1989 – Geburt der Interviewpartnerin

Die Interviewpartnerin wird auf dem Gebiet der ehemaligen DDR geboren. Bei dem Wohnort handelt sich um ein christlich geprägtes Dorf[55] mit einer Einwohner*innenzahl von ungefähr 700. Das ungefähre Alter der Eltern betrug Mitte 30. Das Biografiemodell der DDR im Jahr 1989 ist durch frühe Elternschaft und frühe Eheschließung charakterisiert (Kreyenfeld 2003, zit. n. Mau 2019, S. 75), zudem betrug die Gesamtfertilität der DDR durchschnittlich 1,6 Kinder je Frau im Jahr 1989[56] (Kröhnert 2008, S. 2). Daher kann ein Altersunterschied der Interviewpartnerin zu ihren älteren Geschwistern von ungefähr zehn Jahren vermutet werden. Der Zeitpunkt der Geburt inmitten eines sich anbahnenden gesellschaftlichen Umbruchs und die relativ hohe Anzahl der Kinder erscheinen somit als auffällig.

1990/91 – Geburt jüngerer Bruder

Der jüngere Bruder der Interviewpartnerin wird geboren. Die kurz aufeinanderfolgende Geburt zweier weiterer Kinder fällt in die Zeit des Zusammenbruchs der ehemaligen DDR, infolgedessen es zum gänzlichen Wegfall der charakteristischen „Alltagsstruktur [kommt, N. W.], in der gesellschaftliche und individuelle Reproduktion verzahnt waren“ (Paris 2005, S. 159). Eine denkbare Hypothese[57] könnte hierfür lauten, dass die Perspektive eines sich am Horizont abzeichnenden gesellschaftlichen Wandels als Chance für neue Kinder begriffen wurde. Als

55 Das Dorf wird im Interview nie konkret beim Namen genannt. Es wird später nur als *Kuhdorf* bezeichnet.

56 Kröhnert weist daraufhin, dass es nach der Wiedervereinigung zu einem derartigen Einbruch der Fertilität in Ostdeutschland kam, dass die Gesamtfertilitätsrate im Jahr 1994 nur noch 0,77 betrug (2008, S. 3).

57 Die Formulierungen *Hypothesen* oder auch *Annahmen* sollen sich bei den dargelegten Interpretationsschritten als *gedankenexperimentelle Lesarten* verstanden wissen. In Abgrenzung zur standardisierten Forschung wird hierbei keine strenge Falsifikation bzw. Verifikation von Hypothesen verfolgt, sondern vielmehr eine fortlaufende Modifikation dieser.

Gegenhypothese ist das Festhalten am Bestehenden durch eine Konzentration auf den Nachwuchs denkbar.

1995 – Einschulung

Die Interviewpartnerin wird eingeschult. Der Vater war nicht mehr bei der aufgelösten LPG tätig, sondern arbeitete in einer Autowerkstatt. Die Mutter war nicht mehr bei der aufgelösten LPG tätig und arbeitete im Archiv des Dorfes. Als Hypothese: Die Eltern mussten sich infolge der Transformationsprozesse beruflich neu orientieren und wurden mit sozioökonomischen Unsicherheiten konfrontiert. Zugleich kann von einer erschwerten Statuspassage der älteren Geschwister infolge betrieblicher sowie (hoch-)schulischer Ab- und Umbaumaßnahmen dieser Zeit ausgegangen werden. Infolge der Transformationsprozesse sind psychosoziale Belastungen und innerfamiliäre Spannungen innerhalb des Familienlebens denkbar.

2001 – Gymnasium

Wechsel auf das Gymnasium. Entgegen der Annahme von schlechten Schulleistungen infolge der belastenden Transformationszeitbelastungen wechselt die Interviewpartnerin auf das Gymnasium. Der Besuch des Gymnasiums bereitet üblicherweise auf eine hochschulische Ausbildung vor, daher ist die Hypothese von einer einsetzenden Distanzierung zum traditionell christlich geprägten Herkunftsort denkbar aber auch zur Arbeitermilieuzugehörigkeit der Eltern. Infolge zahlreicher Schulschließungen aufgrund des Fertilitätseinbruchs auf dem Gebiet der ehemaligen DDR könnte sich das Gymnasium in einer Stadt außerhalb des ländlichen Heimatortes befunden haben.

In diesen Zeitraum fällt die Entlassung des Vaters aus der Anstellung in der Werkstatt und seine Umschulung und anschließende Anstellung als Pflegefachkraft in einem Heim für Menschen mit Behinderungen. Steffen Mau skizziert für die Zeit der 1990er zahlreiche Maßnahmen wie „Vorruhestand, Arbeitsbeschaffungsmaßnahmen, Umschulungen und Kurzarbeit“ (Mau 2019, S. 153), die aus Werktätigen der ehemaligen DDR Kostengänger des Sozialstaates machten, inklusive einhergehender Entwertungserfahrungen.

2001 – Scheidung Eltern

Die Eltern lassen sich scheiden, der Vater zieht zur neuen Lebenspartnerin in das Nachbardorf. Die Kinder bleiben bei der Mutter gemeinsam im Haus der Oma. Eine Annahme lautet, dass sich eine Trennung schon längere Zeit andeutete, jedoch infolge der Transformationsbedingungen und dem Pflichtbewusstsein gegenüber den Kindern aber zurückgestellt worden sei. Mau weist hierbei darauf hin, dass die Zahl der Scheidungen in den frühen Nachwendejahren um 80 % zurückging (2019, S. 188), denn „viele Menschen entschlossen sich, erst einmal abzuwarten, ehe sie sich dauerhaft banden“ (ebd.) oder eben dauerhaft trennten.

Eine Annahme könnte lauten, dass bei den Kindern Loyalitätskonflikte gegenüber den Eltern erwuchsen. Ein sozialer Druck oder gar Abwertungserfahrungen durch die Einwohnerschaft des christlich geprägten Dorfes gegenüber der Familie infolge der Trennung und der dieser mutmaßlich vorausgehenden Affäre des Vaters erscheinen als denkbar.

2002/03 – Schulischer Leistungsabfall

Die Schulnoten der Interviewpartnerin werden in der siebten Klasse schlechter. Die Trennung der Eltern kann sich als Belastung für die Kinder herausgestellt haben, infolgedessen sich die schulischen Leistungen verschlechterten. Zudem ist es denkbar, dass infolge der Distanzierung zum elterlichen Herkunftsmilieu durch den Gymnasiumbesuch, weniger Unterstützung durch die Familie erfolgen konnte.

2008 – Erlangung Abitur

Die Interviewpartnerin erlangt ihr Abitur. Sie ist zu diesem Zeitpunkt ungefähr 18 oder 19 Jahre alt. Als Annahmen haben sich die Leistungen parallel zum Familienlieben stabilisiert oder schlechtere, aber ausreichende Leistungen wurden schlicht akzeptiert. Als Folgehypothesen lassen sich aufstellen, dass die Interviewpartnerin nach dem Abitur ein Studium anstrebt und sich weiter vom Herkunftsmilieu distanziert. Als Gegenhypothese kann eine berufliche Ausbildung und eine Rückbesinnung auf ein traditionelleres Herkunftsmilieu erfolgen.

2008 – Bewerbung Studium

Frau A bewirbt sich auf verschiedene Studiengänge in verschiedenen deutschen Großstädten, mit einer disziplinären Streuung von anfänglich Neurobiologie über Bibliotheks- und Informationswissenschaften bis hin zu Medien- und Kommunikationswissenschaften. Sie erhält wiederholt Absagen. Final erhält sie eine Zusage für das Bachelorstudium der Philosophie und Soziologie in einer ostdeutschen mittleren Großstadt. Eine Annahme lautet, dass die schulischen Leistungen für die angestrebten Studiengänge nicht ausreichend waren. Eine weiterführende Annahme lautet, dass sie um des Studierens willen und der beabsichtigt einhergehenden Distanzierung zum Herkunftsmilieu ein jedwedes Studium in Betracht zieht. Insbesondere, da es sich bei der Zusage um zwei NC-freie Studiengänge handelt, die sich disziplinär deutlich von der Erstbewerbung Neurobiologie unterscheiden.

2008–2012 – Das Bachelorstudium der Philosophie und Soziologie

Frau A absolviert das Bachelorstudium in acht Semestern und damit zwei Semestern mehr als Regelstudienzeit. Denkbar ist hierfür das bewusste Auskosten des Studierendenlebens sowie die Annahme, dass sie mehr Zeit für das Absolvieren der Anforderungen benötigte. Die durchschnittliche Studienzeit in sozialwissenschaftlichen Studiengängen betrug als Vergleichswert an Berliner Universitäten im Jahr 2012 7,8 Semester (Kühne und Warnecke 2014). Demnach ist ihre Studiendauer im Durchschnitt angesiedelt. Sie ist zu diesem Zeitpunkt ungefähr 23 Jahre alt. Während des Studiums verliebt sie sich das erste Mal. Dies bekräftigt die Annahme nach einem langfristig angelegten biografischen (Flucht-)Weg aus dem Heimatdorf und des dortigen traditionellen Milieus, wo es der Interviewpartnerin nicht möglich schien, romantische Gefühle für eine andere Person zu entwickeln.

Zu dieser Zeit absolviert Frau A ein Praktikum bei der AIDS-Hilfe. Es lässt sich die Hypothese aufstellen, dass unabhängig von der Intention zu diesem Praktikumsplatz, eine neue Verbindungslinie zum Vater hergestellt wird, der mittlerweile als Pfleger für Menschen mit Behinderungen tätig ist und damit auch in einem helfenden Bereich tätig ist. Auffällig erscheint, dass sie als angehende Soziologin bei einem praktisch agierenden sozialen Träger ein Praktikum absolviert.

2012–2014 – Masterstudium der Soziologie

Die Interviewpartnerin beginnt das universitäre Masterstudium der Soziologie an der der gleichen Universität wie zuvor schon das Bachelorstudium der Philosophie und Soziologie. Zur Aufnahme des Masterstudiums lässt sich die Vermutung anstellen, dass die Interviewpartnerin in Folge des Bachelorstudiums ein Interesse für die Soziologie entwickelte obwohl die Wahl zuvor als beliebig erschien. Ebenso kann eine problematische Arbeitsplatzsuche oder berufliche Orientierungslosigkeit zur Aufnahme dieses Masterstudiums geführt haben. Zudem ist die Wahl des Masterstudiums in einem Zusammenhang mit dem Wohnort und dem dort gewachsenen sozialen Netzwerk zu sehen, das hierauf mehr Einfluss genommen haben kann als die reinen Inhalte und beruflichen Perspektiven eines Studiums.

Die Interviewpartnerin absolviert das Masterstudium der Soziologie in der Regelstudienzeit. Sie ist zu dieser Zeit ca. 25 Jahre alt. Die Hypothese, dass sie sich im Laufe ihrer akademischen Sozialisation für die Studiengangs*notlösung* zunehmend begeistern konnte, scheint sich zu erhärten. Als Konsequenz ist sie die Erste aus ihrer Herkunftsfamilie, die zwei akademische Abschlüsse erreicht hat. Als Folge fehlender Orientierung durch das Herkunftsmilieu erscheint eine nun von Unsicherheiten geprägte Statuspassage zumindest denkbar.

2014–2015 – Arbeitslosigkeit

Die Interviewpartnerin ist nach dem Abschluss drei Monate arbeitslos und meldet sich daraufhin beim Jobcenter als arbeitssuchend. Parallel geht sie einer Nebentätigkeit im Fahrradverleih Callcenter der Deutschen Bahn nach, die sie schon während des Studiums begann. Als Hypothese ist denkbar, dass Frau A während des Studiums keine entsprechenden Netzwerke innerhalb oder außerhalb der Universität aufbauen konnte, bspw. im Rahmen eines Praktikums, die zu einem schnellen Übergang vom Studium zum Beruf führen konnten.

Zur Einordnung gilt es zu bedenken, dass nach dem Deutschen Zentrum für Hochschul- und Wissenschaftsforschung die Dauer der Stellensuche nach Abschluss eines Studiums durchschnittlich drei bis vier Monate beträgt und innerhalb der ersten 18 Monate neun von zehn Absolventen*innen eines Masterstudiengangs einen Arbeitsvertrag unterschreiben (Scharfetter 2016 und Fabian et al. 2016). Somit verweist die Arbeitslosigkeit von Frau A auf kein ungewöhnliches Phänomen bei Hochschulabsolvent*innen.

2015–2016 – Sozialbetreuerin in einer Aufnahmestelle für Geflüchtete

Am 1. November 2015 fängt Frau A eine Stelle als Sozialbetreuerin in einer Aufnahmestelle für Geflüchtete bei einem Träger der Sozialen Arbeit in der mittelgroßen Stadt B an, in der sie auch ihr Studium absolvierte. Die Anstellung wird bis zum 31. August 2016 andauern. Sie ist zu diesem Zeitpunkt ca. 26 Jahre alt und war ca. ein Jahr lang arbeitssuchend. Eine denkbare Hypothese ist, dass der berufliche Einstieg in die Soziale Arbeit trotz fachfremder Ausbildung infolge der angestiegenen Fluchtmigration in die Bundesrepublik Deutschland im Jahr 2015 und dem dort gestiegenen Bedarf an Fachkräften in der Soziale Arbeit zu lesen ist.

Zugleich ist dieser Wechsel von der Soziologie in die Soziale Arbeit nicht untypisch. Nach der Bundesagentur für Arbeit (2022) waren im Jahr 2021 ca. 95.000 Personen mit einem Abschluss in den Sozialwissenschaften erwerbstätig, aber nur ein kleiner Teil arbeitete „als Sozialwissenschaftler/-in im engeren Sinne, zum Beispiel in der Forschung und Lehre" (S. 1). Häufig strebten arbeitslose Sozialwissenschaftler*innen eine alternative Tätigkeit an wie im „Personalwesen, der Sozialpädagogik oder Lehrtätigkeiten". Insgesamt lässt sich festhalten, dass es „eher wenige Stellenangebote [gibt, N. W.], die sich explizit an Arbeitsuchende mit sozialwissenschaftlichem Abschluss wenden" (ebd.). Als Folge werden sich durch arbeitssuchende Absolventen*innen der Gesellschaftswissenschaften auch zunehmend „fachverwandte und fachfremde Tätigkeitsbereiche" (ebd.) erschlossen.

Seit 2016 – Projektmitarbeiterin in der Sozialberatung von Geflüchteten

Zum 1. September 2016 fängt Frau A eine Stelle als Mitarbeiterin eines Projekts zur Beratung von Menschen mit Fluchthintergrund bei einem weiteren Träger der Sozialen Arbeit in der Stadt B an. Es lässt sich die Annahme untermauern, dass sich Frau A infolge der Arbeitserfahrung in der Aufnahmestelle von Geflüchteten mit der Sozialen Arbeit zunehmend identifizierte. Es fällt hierbei der reibungslose Übergang von einem Job innerhalb der Sozialen Arbeit in den nächsten auf. Als Folgehypothese lässt sich die weitere Verstätigung innerhalb der Sozialen Arbeit aufstellen.

Parallel besucht und absolviert Frau A die nebenberufliche Weiterbildung als Systemische Beraterin. Es festigt sich die Annahme, dass sich Frau A zu diesem Zeitpunkt mit der Sozialen Arbeit im Bereich Menschen mit Migrations-/Fluchthintergrund identifiziert. Als Gegenhypothese kann diese Weiterbildung als pragmatische Entscheidung gewertet werden, um sich im sozialen Bereich langfristig Jobaussichten zu bewahren, da Projektanstellungen in aller Regel befristet sind, oder um sich aus der Anstellung heraus auf andere Stellen zu bewerben.

Seit 2019 – Leitung eines Projekts in der Migrationsberatung

Zum 1. Januar 2019 tritt Frau A zusätzlich zur bestehenden Projektstelle eine Leitungsstelle beim gleichen Träger an. Das Projekt verfolgt die Förderung von Müttern mit Migrationshintergrund mit dem Fokus auf Eingliederung in den Arbeitsmarkt. Ihr Alter beträgt zu diesem Zeitpunkt ungefähr 29 Jahre. Die Annahme, dass sie die Weiterbildung zur Systemischen Beraterin durchführte, um sich aus eigener und/oder aus Sicht des Arbeitgebers längerfristig an den Träger zu binden, scheint sich zu bestätigen. Die Annahme lautet, dass infolge der Studiengangs*notlösung* Philosophie und Soziologie im Zusammenwirken mit den praktischen Arbeitserfahrungen innerhalb der Migrationshilfe eine zunehmende Identifikation mit der Sozialen Arbeit erfolgte. Zugleich ist eine Pfadabhängigkeit zu berücksichtigen, die den einmal von Frau A eingeschlagenen Weg in die angewandten Sozialwissenschaften bzw. Soziale Arbeit gewissermaßen determiniert und einen Weg in die theoretischen Sozialwissenschaften bspw. anhand einer Anstellung als Wissenschaftliche Mitarbeiterin o. ä. erschwert.

Als weitere Auffälligkeit lässt sich festhalten, dass fortan nicht nur der Vater und die Interviewpartnerin im sozialen Bereich tätig sind, sondern auch der jüngere Bruder, der sich zum Zeitpunkt des Interviews in einer Erzieher*innenausbildung befindet. Dies lässt die Annahme zu, dass nach der vorhergehenden Distanzierung vom Herkunftsmilieu eine neue Nähe bzw. Rückbindung an die Familie oder zumindest an bestimmte Familienmitglieder stattfindet.

7.1.2 Auswertung der erzählten Lebensgeschichte

1/1[58]

NW: #00:00:06-9# Super, also vielen Dank noch mal dass du daran teilnimmst was ist eigentlich meine Absicht, ich interessiere mich für die Berufswege, von Menschen die in der Sozialen Arbeit tätig sind, aber was anderes studiert haben, das ist meine Absicht auch weil das halt n immer aktuellerer, Fall zu sein scheint #00:00:26-1#

58 In Anlehnung an Rosenthal (2014, S. 199) bezieht sich die erste Ziffer auf die Seite des Transkripts und die zweite Ziffer auf die Zeile. Hinweise zu den Transkriptionszeichen befinden sich vorliegend auf S. 365.

Der Interviewer beschreibt mit Bezug auf die Vorgespräche zum Interview das thematische Anliegen. Es fällt auf, dass er anstatt der Formulierung Quereinsteiger*innen die neutral erscheinende Umschreibung „was anderes studiert haben“ (1/3) wählt. Auffällig ist zudem, dass sich beide duzen. Dies kann auf einen vorher bestehenden Kontakt oder ein Du-Einverständnis infolge der Kontaktaufnahme hindeuten sowie auf einen gemeinsamen Peer-Hintergrund wie gemeinsames Alter etc.

> 1/6
> FA: Ja #00:00:26-8#

Die Interviewpartnerin Frau A bestätigt kurz und knapp. Hierbei kann sie sich auf die hervorgehobene Dankbarkeit des Interviewers zur Bereitschaft für ein Interview beziehen, aber auch eine Bestätigung signalisieren, dass sie das thematische Anliegen verstanden hat, oder sich auf die erwähnte Relevanz beziehen, wonach sich das Thema aus Sicht des Interviewers um einen immer aktuelleren Fall zu handeln scheint. Sie könnte hier weitere Nachfragen stellen oder weitere Erläuterungen des Interviewers erwarten.

> 1/8
> NW: Und, ich werde jetzt halt in dem Interview werde ich dir ne Eingangsfrage stellen, danach werde ich dich in Ruhe lassen und ich werde dann erst im: Teil danach wenn du fertig bist, Nachfragen stellen das ist die Absicht okay #00:00:40-3#

Der Interviewer legt den nun folgenden Verlauf des Interviews dar und verweist insbesondere darauf, dass er die Interviewpartnerin nach der Eingangsfrage nicht unterbrechen wird.

> 1/12
> FA: Alles klar #00:00:41-4#

Die Interviewpartnerin bestätigt, dass sie das weitere Vorgehen verstanden hat. Als weiteren Schritt erwartet sie nun mutmaßlich den Beginn des Interviews mit der angesprochenen Fragestellung. Ebenso könnte sie weitere Nachfragen vom Interviewer erwarten.

> 1/14
> NW: Gut dann würde ich dich bitten dass du mir deine Lebensgeschichte erzählst, alle Erlebnisse die dir einfallen #00:00:46-7#

Der Interviewer beginnt mit der Eingangsfrage nach der Lebensgeschichte und fügt hinzu, dass es sich um alle Erlebnisse handelt, die ihr einfallen, ohne dies auf einen bestimmten Zeitraum oder ein Themenfeld zu fokussieren. Frau A könnte nun Nachfragen zur Präzisierung der Frage stellen, beginnen, ihre Lebensgeschichte zu erzählen oder aufgrund von Irritationen das Interview abbrechen bzw. den Ablauf ändern wollen.

> 1/17
> FA: Hah, okay ähm dann #00:00:49-3#

Die Antwort von Frau A wirkt leicht überrascht, sie stellt jedoch keine Nachfrage, stattdessen scheint sie gleich in die Lebensgeschichte einsteigen zu wollen. Es ist davon auszugehen, dass sie mit der frühesten Erinnerung an ihr Leben beginnt, jedoch kann sie auch mit bestimmten Abschnitten oder Episoden starten und trotzdem weitere Nachfragen stellen.

> 1/19
> NW: Ich werde dabei ein paar Notizen machen aber nicht unterbrechen #00:00:53-7#

Entgegen der zu Beginn getroffenen Aussage, sie in Ruhe erzählen zu lassen, unterbricht der Interviewer Frau A mit dem Hinweis, dass er zwar nebenbei Notizen anfertigt, sie aber nicht unterbrechen wird. Vermutlich setzt Frau A den eben begonnenen Satz fort oder fängt neu an.

> 1/21
> FA: Okay gut dann fange ich damit an dass äh ich gar nicht aus Stadt B komme ursprünglich sondern, aus Bundesland A, nordöstlich von Stadt A gelegen

Frau A beginnt mit der Erzählung, dass sie nicht aus der Stadt B[59] (ihr Wohnort und der Ort des Interviews) kommt, sondern aus dem Bundesland A[60] und beschreibt dieses geografisch im Verhältnis zu Stadt A[61]. Auffällig ist, dass sie zwar von Stadt B spricht, jedoch für ihre Herkunft als Zuordnung ein Bundesland wählt. Dies kann darauf hindeuten, dass sie dem Interviewer den genauen Wohnort nicht nennen möchte oder davon ausgeht, dass dieser Ort nicht bekannt ist. Passend zur zweiten Hypothese wird zu diesem Ort die geografische Nähe und zudem die Himmelsrichtung zu einer offenbar bekannten Großstadt genannt, um die Region besser verorten zu können. Ebenso kann sie davon ausgehen, dass

59 Stadt B ist eine mittlere Großstadt in einem ostdeutschen Bundesland. Die Buchstabenreihenfolge A, B, C usw. bei der Anonymisierung von Städten, Arbeitgebern etc. richtet sich nach der Nennung im Transkript. Daher lautet auch die in dieser Darstellung zuerst genannte Stadt nicht Stadt A, sondern Stadt B.

60 Bundesland A ist ein ostdeutsches Bundesland, in dem jedoch nicht Stadt B liegt.

61 Stadt A ist eine deutsche Großstadt.

der Interviewer davon ausgeht, sie würde aus Stadt B kommen und dass er sich besonders für diese Stadt interessiere. Da sie zu Beginn des Interviews auf eine Diskrepanz zw. Wohn- und Heimatort eingeht, ist als weitere Hypothese davon auszugehen, dass diese Zuordnungen der Herkunft für sie eine hohe Relevanz aufweisen und im Interview häufig thematisiert werden.

Als Folgehypothesen lassen sich aufstellen, dass sie weiter über ihre Herkunft redet; ihre Kindheit im Ursprungsort genauer beschreibt; sie den Herkunftsort mit Absicht anspricht, um diesen nicht weiter zu thematisieren.

1/22
die Lautstärke ist okay ja #00:01:04-1#

Die Interviewpartnerin unterbricht ihre eigene Erzählung, um sich nach der Lautstärke ihres Gesagten zu vergewissern. Dies kann als Unsicherheit bzgl. der Technik gedeutet werden, aber auch, ob der Interviewer ihre Herkunft wirklich wissen möchte; ebenso kann sie sich selbst unterbrochen haben, um sich vor einer weiteren Erzählung zur Herkunft gewissermaßen zu hüten und die Erzählung neu zu justieren; genauso kann dies auf eigenen Erfahrungen im Umgang mit einer Aufnahmetechnik beruhen sowie auf einer Unsicherheit aufgrund einer ungewohnten Form der Selbstpräsentation. Zudem kann dies als eine Reaktion auf eine vom Interviewer gezeigte non-verbale Reaktion gedeutet werden, wie ein Blick auf das Aufnahmegerät.

Als Folgehypothesen lassen sich aufstellen, dass der Wortwechsel über die Aufnahmetechnik weitergeht; ebenso, dass sie die Lebenserzählung an der vorherigen Stelle fortsetzt oder einen Sprung in der Lebensgeschichte vollzieht.

1/25
NW: Joah das will ich hoffen #00:01:06-0#

Der Interviewer reagiert auf die Frage zur Lautstärke und antwortet mit vorsichtiger Zuversicht, dass er es zumindest hofft. Was wiederum heißt, dass er es nicht mit Gewissheit sagen kann. Dies kann aufgrund der unpräzisen Antwort zu einer Verunsicherung bei Frau A führen.

Fortgesetzt werden kann das Gespräch mit Bezug auf die Technik oder durch eine non-verbale Prüfung der Technik sowie durch ein Ignorieren der Technik und ein Fortsetzen der Erzählung. Denkbar erscheint auch ein erneutes Auffordern des Interviewers, bitte zur Erzählung zurückzukehren.

1/27
FA: Aha sonst gehe ich noch näher ran #00:01:07-3#

Frau A reagiert auf die Aussage und erkennt mutmaßlich die Unsicherheit in der Antwort des Interviewers und bietet an, sich dem Aufnahmegerät zu nähern. Ebenso kann dies auf eine eigene Unsicherheit hindeuten, den Erwartungen des Interviewers auch gerecht zu werden und dies hiermit zu überspielen.

> 2/29
> NW: Nein nein das alles in Ordnung lass dich davon nicht stören #00:01:10-0#

Der Interviewer versucht, vom Technikdiskurs loszukommen, beschwichtigt und repariert die vorherige unsichere Aussage durch eine Aussage, wonach technisch alles in Ordnung sei und sie sich davon nicht stören lassen soll, wodurch er indirekt wieder auf das Wesentliche, die Lebenserzählung, hinlenkt.

Als Folgehypothese nimmt Frau A das Gespräch wieder auf. Alternativ fragt sie weiter nach der Technik oder nach der *richtigen* Ausführung als Gesprächspartnerin.

> 2/3
> FA: Okay genau also ich habe mein mein Abitur gemacht und ähm,

Frau A setzt mit der Lebenserzählung fort und thematisiert ihren Schulabschluss, genauer das Abitur. Auffällig erscheint, dass sie vom Herkunftsort direkt zum Schulabschluss springt. Es erfolgt keine Schilderung über die Kindheit und das Aufwachsen vor oder während der Schulzeit. Es lässt sich annehmen, dass das Abitur eine wichtige Rolle spielt und da sie den Schulabschluss im direkten Fortgang vom Herkunftsort anspricht, ist von einer thematischen Verwandtschaft auszugehen. Sie stehen denkbar in einem Zusammenhang für die Interviewpartnerin, der mehr als nur logistische Hintergründe zu haben scheint.

Fortsetzen könnte sie mit einer Beschreibung der Schulzeit und/oder des Herkunftsorts und ihrer erlebten Kindheit dort sowie mit Beschreibungen zu ihrer damaligen Familienkonstellation sowie mit einer Schilderung über den Wegzug aus dem Herkunftsort nach Stadt B.

> 2/31
> ich wusste, relativ früh dass ich studieren will einfach weil ich ähm, naja ich glaube so dieses Studentenleben mich angezogen hat und ich mir gerne Wissen aneignen will aneignen wollte ähm wusste aber lange nicht welche Richtung, und hab mich dann (1)

Frau A setzt mit einer Argumentation fort, warum sie studieren wollte und seit wann sie dies für sich zu wissen gedenkt. Auffällig betont sie als Erstes das *Studentenleben* und als Zweites erst das anzueignende Wissen durch ein Studium, was zusätzlich durch die Formulierung verstärkt wird, sie wollte zwar studieren

– oder besser ein *Studentenleben* erfahren – aber welche Richtung, das sei unklar gewesen. Die Formulierung, dass sie dies bereits relativ früh wusste, lässt sich erneut hinsichtlich des Herkunftsthemas deuten, wonach ihr der Herkunftsort das von ihr favorisierte und erwartungsschwangere Studentenleben nicht bieten könne und zugleich als Argumentation, warum sie aktuell in Stadt B lebt. Als Annahme zu einem thematischen Feld deutet sich hier eine Rechtfertigung und gleichzeitig ein Konflikt an, durchaus in Form von Schuldgefühlen im Hinblick auf das Verlassen des Heimatortes und damit des Heimatmilieus bzw. der Heimatfamilie.

Als Folgehypothese lässt sich formulieren, dass sie nun denkbar darlegt, wie sie sich auf eine Richtung festlegen konnte, bspw. mithilfe einer Studienberatung oder durch Menschen mit Vorbildfunktion oder auch als zufällig erscheinende Begebenheiten. Alternativ kann sie auch berichten, wie sie von der Idee des Studiums wieder abkam.

> 2/34
> also ich war früher in der Schule Bioleistungskurs und Philosophie und Biologie haben mich schon immer sehr interessiert und dann habe ich nen Studiengang gefunden der Biologie kombiniert mit Philosophie Neurobiologie insbesondere in Stadt C und hab mich dann darauf beworben ich wusste zwar dann auch nicht was man also wie es danach weitergehen könnte es ging mir erst mal nur um diesen Studiengang,

Entsprechend der vorigen Annahme erfolgt nun eine Argumentation über die Wahl des Studiengangs der Neurobiologie, auf den sie sich in Stadt C[62] bewirbt, womit der erste forcierte Wohnortwechsel betont wird, ohne dabei einen bestimmten Wohnort anzuvisieren. Das vormals aufgemachte thematische Feld des Wegzuges, gar der Flucht aus dem Heimatort und Heimatmilieu wird fortgesetzt. Dies wird weiter untermauert, indem sie die Studienwahl auf einer rationalen Entscheidung versucht darzulegen. Biologie und Philosophie seien ihre schulischen Interessenschwerpunkte. Die Formulierung, „es ging mir erst mal nur um diesen Studiengang“ (2/38–39), kann somit als *es ging mir erst mal überhaupt um ein Studium und ein Studierendenleben, egal wo, Hauptsache nicht in der Heimat* gedeutet werden.

Auffällig ist, dass bisher keinerlei weitere (Bezugs-)Personen genannt wurden, weder in der Kindheit (Eltern, Großeltern, Geschwister), noch in der Schulzeit (Lehrer*innen / Freunde*innen) oder auch Studienberatungen, sodass sich als Hypothese ableiten lässt, dass sie die Wahl des Studiums als eine eigene Leistung dem Interviewer gegenüber darstellt. Übliche Orientierungen an anderen signifikanten Anderen bleiben außenvor.

62 Stadt C ist eine mittlere Großstadt in einem ostdeutschen Bundesland.

Dass diese Thema zwar ko-präsent zu sein scheint aber nicht explizit auftaucht, kann darauf hinweisen, dass Frau A ihre Lebensgeschichte am antizipierten Forschungsinteresse des Interviewers ausrichtet. Bisher werden kaum Erzählungen evoziert, stattdessen mehrheitlich Argumentationen ausgebreitet, die darauf hindeuten, dass sich die Interviewerin vorranging am mutmaßlichen Relevanzsystem des Interviewers orientiert (Rosenthal 2014, S. 198). Evtl. möchte sie den Erwartungen des Interviewers gerecht werden, ihre Geschichte dem Forschungsinteresse entsprechend *richtig* erzählen. Gleichzeitig kann ihr zu diesem Zeitpunkt noch das Vertrauen fehlen, intime Details des sich offenbarenden Konflikts zum Herkunftsmilieu auszubreiten.

Folgehypothesen lassen sich aufstellen, dass Frau A den weiteren Verlauf der Studienbewerbung darlegt. Ebenso kann sie eine weitere Argumentation des Studienschwerpunktes verfolgen.

2/39

ähm hab mich auch nur dafür tatsächlich beworben und hab dann aber eine Ablehnung erhalten weil mein Abi nicht ganz ausgereicht hat und ich hatte nicht so richtig n weiteren Plan

Die Interviewpartnerin erzählt, dass sie auf die Bewerbung eine Ablehnung erhielt und argumentiert hierzu, dass dies infolge des *nicht ganz ausreichenden* Abiturs erfolgte. Auffällig erscheint hierbei die Argumentation des nicht *ganz* ausreichenden Abiturs, da sie in der vorigen Sequenz diese Fächer noch als ihre Stärke herausstellte. Es lässt sich die Hypothese aufstellen, dass dies eine aufweichende Argumentation hinsichtlich des Scheiterns darstellt, die ausgebreitet wurde, um die zuvor noch betont starken naturwissenschaftlichen Schulleistungen nicht zu schmälern. Somit findet ein Selbstschutz statt. Ebenso stellt sie dies als überraschendes Ereignis dar, denn sie habe offensichtlich alles auf eine Karte gesetzt und die Ablehnung kam dann überraschend, dementsprechend hatte sie auch keinen weiteren Plan.

Entsprechend dem bisher aufgemachten thematischen Feld, erscheint es am wahrscheinlichsten, dass sie von weiteren Bewerbungen auf andere Studiengänge berichten wird. Ebenso ist es möglich, dass sie von Bewerbungen auf Ausbildungsberufe berichten wird, die schlussendlich auch einen Ortswechsel zur Folge haben könnten.

2/41

und dann habe ich weil ich dachte ah vielleicht will ich auch nicht wegziehen ähm dachte ich ich bewerb mich jetzt einfach in Stadt B für, irgendwelche Studiengänge die so interessant klingen und hab dann wirklich so querbeet Medien und Kommunikationswissenschaften und alle möglichen Sachen wurde aber nirgendswo angenommen und dann waren überall schon die Bewerbungsfristen rum,

Entsprechend der vorigen Hypothese und dem aufgemachten thematischen Feld der *Flucht aus dem Herkunftsmilieu* setzt Frau A nun mit einer Erzählung fort, wie sie sich nach der Absage auf das Wunschstudium auf *irgendwelche* Studiengänge querbeet bewarb, weil sie interessant klangen. Was bei dieser Schilderung auffällt, ist der nun ausformulierte Konflikt, wonach sie infolge der Absage dachte, sie will vielleicht gar nicht wegziehen und sich daraufhin in Stadt B bewirbt. Jedoch steht hier offenbar nicht das *ob* infrage, sondern das *wie weit wird es weg sein.* Es wird hingegen nicht thematisiert, wie Stadt B in den Interessenfokus von Frau A geriet. Somit fehlt hier ein plausibler Erklärungsansatz für die Wahl auf Stadt B. Ein Erklärungsansatz könnte lauten, dass Stadt B vom Herkunftsort nicht so weit entfernt ist und sie daher ihre Entscheidung leichter korrigieren könne. Somit ließe sich das thematische Feld der *Flucht aus dem Herkunftsmilieu* mit einer *einhergehenden Unsicherheit oder gar Furcht vor dem Neuen verbinden.*

Ebenso weist Frau A darauf hin, dass sie bei allen Bewerbungen Absagen erhielt und die Zeit langsam knapp wurde, aufgrund der Bewerbungsfristen. Sie führt jedoch nicht weiter aus, warum sie abgelehnt wurde oder warum sie sich auf Studiengänge bewirbt, bei denen sie davon ausgehen konnte, weitere Ablehnungen zu erhalten. Als Hypothese kann dies als ein Nicht-Eingestehen einer mangelnden Vorbereitung oder gar fehlender Voraussetzungen für diese Studiengänge gewertet werden. Erneut werden keine signifikanten Anderen thematisiert, die in dieser unsicheren Situation eine Rolle gespielt haben könnten.

Als Folgehypothesen lassen sich aufstellen, dass sie erzählt, wie sie schlussendlich doch noch zu einem Studium gekommen ist oder dass sie die Suche nach einem Studium abbrach und sich nach einer Alternative umschaute.

> 2/45
> und ich habe gedacht man ey ich will aber unbedingt studieren, okay Philosophie hat dich immer schon interessiert du machst ja jetzt nur Philosophie, und weil aber diese Bewerbungsfristen schon rum waren musste ich quasi gucken wo das ohne NC ist

Frau A setzt mit einer Argumentation fort, warum sie sich schlussendlich auf Philosophie festlegt. Die Argumentation lässt sich erneut als *der Studieninhalt ist nur Mittel zum Zweck* deuten. Das thematische Feld festigt sich somit zunehmend als *Flucht aus dem Herkunftsmilieu durch die erhoffte Milieuänderung infolge eines Studierendenlebens.* Auffällig erscheint, dass die in der vorigen Sequenz angesprochene Unsicherheit über einen Wegzug nicht erneut aufgegriffen wird.

Es werden wiederholt keine Bezugspersonen genannt. Es muss jedoch davon ausgegangen werden, dass sich Frau zumindest mit ihren Klassenkamerad*innen über die Zukunftsperspektive eines Studiums oder einer Ausbildung ausgetauscht hat. Es erscheint denkbar, dass Frau A bewusst nicht thematisiert, dass sie bis zu diesem Zeitpunkt keine eigenen biografischen Pläne entworfen hatte.

Obwohl sie keinen eigenen Plan verfolgte, stellt sie sich in der Erzählung dennoch als aktiv und bewusst entscheidende Person dar.

Als Folgehypothese erscheint eine Schilderung über die Suche nach einem NC-freien Studiengang der Philosophie denkbar; ebenso könnte sie weiter auf ihr Interesse für Philosophie eingehen.

> 2/48
> und, da gab es dann neben Stadt B noch, zwei andere Unis, in Bayern das war gar nicht meins und, in der Nähe von Greifswald und dann wollte ich dort erst hin[63],

Frau A setzt mit einer Erzählung fort, dass sie bei ihrer Recherche auf insgesamt drei passende Universitäten stieß und sich dabei für Greifswald entschied. Auffällig erscheint die Argumentation, dass Bayern – wohlgemerkt das ganze Bundesland, keine spezifische Stadt – so gar nicht ihres wäre. Hierzu lässt sich mutmaßen, dass sie *Bayern* eine Wertorientierung zuschreibt, die sie an ihre traditionelle und religiöse Heimat erinnert.

Da Stadt B ebenso genannt wird, ist als Folgehypothese davon auszugehen, dass sie die Wahl des Studiums der Philosophie in Stadt B darlegen wird; ebenso könnte sie näher auf das Interesse für Greifswald oder ihr Desinteresse für Bayern eingehen.

> 2/50
> und ich hab eine langjährige Brieffreundin die hat mir zu der Zeit erzählt dass sie auch nach Stadt B zum Studieren geht und da habe ich dann beschlossen ach dann gehe ich nach Stadt B dann kenne ich schon mal jemanden und fange nicht komplett bei null an,

Frau A führt mit einer Argumentation zur Wahl des Studienortes fort. Auffällig ist, dass hier zum ersten Mal in der Geschichte eine Bezugsperson benannt wird. Jedoch sind es keine Familienmitglieder, Lehrer*innen oder nahe Freund*innen, sondern eine Brieffreundin und somit jemand, der dem Herkunftsort aller Wahrscheinlichkeit nach nicht nur körperlich entfernt zuzuordnen ist. Ebenso wird auch das erste Mal von der *Ich entscheide aktiv über meinen Lebensweg*-Perspektive (auch wenn nicht klar ist, wohin diese führen soll) abgewichen und eine Entscheidung anhand der Ausrichtung auf eine andere Person geschildert. Dass sich Frau A hierbei entscheidend an einer Person orientiert, die sie möglicherweise noch nie gesehen hat, ist bemerkenswert. Die üblichen biografischen Bezugspersonen werden hingegen komplett ausgeblendet. Dies kann auf eine belastete oder zumindest distanzierte Familiensituation hindeuten, die dem Interviewer gegen-

63 Bayern und Greifswald werden hier nicht anonymisiert, da sie m. A. n. keinen Schluss auf die Herkunft zulassen und zugleich wichtige Konnotationen beinhalten.

über nicht Erwähnung finden soll. Als Gegenhypothese kann durch eine Orientierung auf die Relevanzsetzung des Interviewers dieser Aspekt auch als unwichtig erachtet worden sein. Infolgedessen lässt sich das thematische Feld als *Flucht aus dem Herkunftsmilieu infolge belastender familiärer Erfahrungen* ausweiten. Zudem muss hinterfragt werden, ob die Brieffreundin hier nicht nur als Argumentationshilfe verwendet wird und vielmehr andere Gründe ausschlaggebend waren, wie eine möglichst geringe Distanz zum Herkunftsort. Dies würde jedoch die Selbstdarstellung einer selbstbestimmten und unabhängigen Studienortwahl – wohlgemerkt unter dem latent thematischen Feld *Flucht aus dem Herkunftsmilieu* – konterkarieren.

Ebenso fällt auf, dass sie einen dort schon bestehenden Kontakt als wichtig betont und infolgedessen nicht bei komplett null anfangen müsse. Hingegen deuteten die bisherigen Darstellungen daraufhin, dass es gerade ihre Absicht sei, nochmal bei null anfangen zu können. Somit lässt sich erneut ein Konflikt oder eine Unsicherheit annehmen. Zudem fällt die Formulierung eines aktiv zu bezeichnenden *Beschließens* für Stadt B auf, denn vielmehr hat doch die Brieffreundin eine Entscheidung getroffen und Frau A schließt sich dieser an.

Fortsetzen kann Frau A mit einer Sequenz über die Brieffreundin und deren Verhältnis zueinander; ebenso mit einer Sequenz zum Umzug und dem Beginn des Studiums in Stadt B.

> 2/53
> und hab mich dann sozusagen so entschieden dass ich Philosophie studiere hier, hab dann gesehen auf der Seite der Uni dass man noch ein zweites Fach brauch und ähm, ich hatte ja eben noch die Bedingung dass es nicht NC sein darf weil die Frist rum war und dann hab ich geguckt was gibts da und habe mich für Soziologie noch entschieden im Nebenfach, weil das halt interessant klang,

Frau A setzt mit einer Sequenz fort, die die endgültige Wahl eines Studiums darlegen soll. Die Wahl auf Soziologie fällt aufgrund eines dort nicht notwendigen Numerus Clausus und einer wiederholt *interessant* erscheinenden Studiengangbeschreibung. Die Darstellungsform des knappen Argumentierens führt zu der Annahme, dass es sich hierbei nicht nur um eine nachvollziehbare Darlegung zur Studienwahl gegenüber dem Interviewer handelt, sondern auch um eine an sich selbst gerichtete Plausibilisierung. Es muss die folgende Formulierung hervorgehoben werden, wonach sie „entschieden [habe, N. W.] dass ich Philosophie studiere hier" (2/53–54). Vielmehr hat sie doch entschieden, dass sie nach Stadt B geht, sich dadurch die Zugehörigkeit zu einem anderen Milieu erhofft und das Philosophiestudium dazu das Mittel zum Zweck war. Die Annahme, wonach die Studieninhalte bei dem Wunsch nach einem Studium nicht im Vordergrund standen, festigt sich zusehends. Es wird noch zu klären sein, warum dieser Aspekt den inhaltlichen Schwerpunkt ihrer Lebenserzählung ausmacht, also gewissermaßen *das* Thema von Frau A darstellt.

Nachfolgend kann eine Sequenz über die Erfahrungen im Bachelorstudium folgen; über den Umzug nach Stadt B; aber auch über Rückmeldungen aus ihrem Herkunftsmilieu; sowie über Rückmeldungen ihrer Brieffreundin.

> 2/57
> so und dann hatte ich mich hier eingeschrieben bin nach Stadt B gezogen habe meinen Bachelor gemacht

In einer auffällig knapp gefassten und zugleich emotionsarmen Formulierung fasst Frau A stichwortartig biografisch wegweisende Erlebnisse zusammen, wie den Umzug in eine neue Stadt, die Aufnahme eines Studiums, das studentische Leben neben dem Studium, die Reaktionen ihrer Herkunftsfamilie und den offenbar geglückten Bachelorabschluss. Diese stichpunktartige Darstellung deutet darauf hin, dass sie entweder keinen Erinnerungs- und einhergehenden Erzählfluss auslösen kann oder will und dem Interview diese Details möglicherweise nicht mitteilen möchte. Zugleich ist es denkbar, dass sie dieser biografischen Phase keinen inhaltlichen Wert hinsichtlich des antizipierten Forschungsinteresses beimisst – und dem Interviewer gewissermaßen die Details *erspart*.

Fortgesetzt werden kann die Erzählung durch eine Sequenz über die Zeit nach dem Studium oder durch eine nachträgliche und detailliertere Erzählung über die Studienzeit.

> 2/59
> meine Abschlussarbeit habe ich dann in Soziologie geschrieben weil ich im Laufe des Studiums gemerkt habe dass mir das Fach mehr liegt weil es noch mehr Bezug zur Gesellschaft hat und Philosophie tatsächlich ein sehr sehr theoretisches Fach ist,

Es folgt eine Argumentation, die nun nachträglich ihr Abschlussarbeit thematisiert und dabei hervorhebt, dass sie diese nun doch in der Soziologie absolvierte, obwohl Philosophie doch der Grund für die Wahl des Studiums war. Auffällig erscheint die Wahl der Textform einer Argumentation. Rosenthal folgend muss davon ausgegangen werden, „dass die Wahl einer bestimmten Textsorte für die kommunikative Darstellung einer Erfahrung nicht zufällig ist" (2014, S. 198). Somit ist anzunehmen, dass Frau A ein offensichtliches Bedürfnis hat darzulegen, warum sie schlussendlich in dem *Zufallsfach* Soziologie ihre Abschlussarbeit schrieb. Die Betonung des gesellschaftlichen Bezuges bei der Soziologie erscheint auffällig. So musste Frau A bereits zuvor davon ausgehen, dass Philosophie *sehr, sehr theoretisch* sein wird. Jedoch thematisiert sie nicht, warum sie ein Interesse für gesellschaftliche Themen entwickelt hat. Denkbar ist, dass sie diesen Zusammenhang noch weiter ausbreiten wird.

Die Folgesequenz könnte sich um den Inhalt der Bachelorarbeit handeln; ebenso über die Zeit nach dem Studium; den Einstieg in den Job; die Auseinandersetzung mit dem Herkunftsmilieu oder aber mit der Aufnahme eines Masterstudiums.

> 2/62
> ähm genau dann hatte ich meinen Bachelor und hab, dann gemerkt dass ich Bock hab noch weiterzustudieren einfach um des Studieren Willens, mit Philosophie hats mir dann aber gereicht und dann habe ich beschlossen ich mache jetzt den Master noch in Soziologie,

Frau A setzt mit einer weiteren Argumentation über die Aufnahme eines Masterstudiums in der Soziologie fort. Auffällig erscheint die Formulierung, „um des Studieren willens" (2/63). Lässt sich doch die Annahme mittlerweile nur schwer widerlegen, wonach es sich vielmehr um *das Studierendenleben* handelte. Darauf deutet auch hin, dass sie bisher keinerlei Aussagen über die Studieninhalte tätigte. Es stellt sich also die Frage, warum die Fokussierung auf das Studierendenleben nicht auch in der Lebensgeschichte im Vordergrund steht bzw. direkt angesprochen wird. Es lässt sich mutmaßen, dass die Studierendenzeit etwas darstellt, dass sie dem Interviewer nicht preisgeben möchte oder dass sie diesen Erfahrungen keine Bedeutung hinsichtlich des Interviews beimisst. Denkbar ist, dass die Flucht aus dem Herkunftsmilieu und die Hervorhebung ihres Interesses an der *Gesellschaft*, in einem Zusammenhang mit dem Verschweigen der Lebensdetails steht.

Entsprechend des bisherigen Interviews ist davon auszugehen, dass sie auch für die Phase des Masterstudiums keine detaillierten Informationen teilen wird.

> 2/64
> das habe ich dann auch hier in Stadt B gemacht weil ich mich hier super gut eingelebt hab und Netzwerke aufgebaut habe es hat dann auch geklappt dann habe ich also zwei Jahre später Zweitausendvierzehn war das, hab ich dann meinen Master gemacht,

Es folgt eine Argumentation, warum der Masterstudiengang ebenso in Stadt B stattfinden sollte und im Jahr 2014 in einem Masterabschluss der Soziologie resultierte. Es fällt auf, dass nicht die Inhalte des Studiums relevant für den Studienort zu sein scheinen, sondern die Netzwerke und das *Ankommen* in der Stadt B als entscheidende Faktoren benannt werden. Obwohl zuvor das Interesse für Soziologie zum Ausdruck gebracht wurde, scheint dies nun keine entscheidende Rolle für die Wahl des Masterstudiums gehabt zu haben. Die Studieninhalte verlieren nun auch in der Argumentation an Bedeutung und werden wiederholt ausgespart. Vielmehr werden wiederholt die Statuspassagen thematisiert, wohingegen die Ereignisse innerhalb dieser Phasen ausgespart bleiben.

Auffällig erscheint zudem, dass die Brieffreundin keine weitere Erwähnung findet. Es lässt sich nur erahnen, dass sie auch Teil des Netzwerkes war. Ebenso ist es denkbar, dass sie in der *realen* Welt weniger zueinanderfanden als zuvor in der Brieffreundschaft

Jedoch ist es fraglich, ob es sich hierbei um eine Argumentation *für* den Studienort handelt. Vielmehr ist von einer Absicht für das Verbleiben in der Stadt B auszugehen, wofür das Masterstudium erneut Mittel zum Zweck war. Das Masterstudium der Soziologie erscheint hierbei als die sicherste Möglichkeit, ein Studium in Stadt B absolvieren zu können.

Frau A könnte mit einer Sequenz über die Masterarbeit fortsetzen sowie mit einer Darstellung über die Geschehnisse nach dem Masterstudium.

> 2/67
> und dann stand ich vor der Frage vor der wahrscheinlich viele Geisteswissenschaftler nach ihrem Studium stehen was machst du jetzt damit ((belustigt gesprochen)),

Sie setzt mit einer Verallgemeinerung fort, wonach sie wie viele andere Geisteswissenschaftler*innen nach dem Abschluss nicht gewusst habe, was sie mit diesem Studium nun anfangen kann und will. Hiermit schließt sie an vorhergehende Darstellungen zur Bewerbung auf das Neurobiologie-Studium an: „ich wusste zwar dann auch nicht was man also wie es danach weitergehen könnte es ging mir erst mal nur um diesen Studiengang" (2/37–39). Da sie dies für Geisteswissenschaftler*innen verallgemeinert, lenkt sie augenscheinlich davon ab, dass sie sich selbst über das *Danach* noch keine ausführlichen Gedanken gemacht hat. Womit weiter die Annahme fundiert wird, dass das Studium nie Teil eines langfristigen biografischen Plans war, sondern der Fokus auf der Flucht aus dem Herkunftsmilieu liegt. Das Wieso und Warum wird nicht detailliert dargelegt. Es wirkt wie ein Geheimnis, es wird vielmehr die *offizielle* Geschichte präsentiert.

Als Folgehypothese setzt sie mit einer Sequenz über die Statuspassage zwischen Studium und Beruf fort; alternativ wäre die Suche nach einem weiteren Studium oder einer Weiterbildung denkbar.

> 2/69
> und hab dann ähm, tatsächlich auch ein paar Monate gesucht also die ersten drei Monate nach meinem Masterabschluss hatte ich gar keine Arbeit, hab halt immer nur Absagen bekommen,

Sie berichtet von den ersten drei Monaten nach dem Abschluss und dass sie danach nur Absagen erhielt. Obwohl sie gesucht habe, sich also bemühte, fand sie keinerlei Arbeit. Diese Formulierung soll mutmaßlich die wachsende Verzweiflung ausdrücken, einen Job zu finden. Zudem wird eine Überraschung und wohl auch Enttäuschung ausgedrückt, dass sie trotz erfolgreichen Masterabschlusses zu keinem Vorstellungsgespräch eingeladen wurde. Sie spricht jedoch nicht an, worauf sie sich eigentlich bewirbt. Ob sie überhaupt arbeiten wollte oder mit diesen Äußerungen gesellschaftlichen Vorstellungen gerecht werden möchte, bleibt ebenso außen vor. Als thematisches Feld weitet sich die *Flucht aus dem Herkunftsmilieu* aus zu der Frage nach dem *weiteren Verbleib in einem solchen Milieu*, insbesondere da die von ihr mit Wert aufgeladene Phase des Studierendenlebens nun vorüber ist.

Als Hypothese lässt sich aufstellen, dass sie die ersten drei Monate Arbeitslosigkeit als Argumentation für eine folgende Sequenz verwendet, einen alternativen Weg für den bisherigen akademischen Weg eingeschlagen zu haben, um bspw. dem Milieu und ihrem Netzwerk in Stadt B verbunden bleiben zu können.

> 2/71
> nach drei Monaten war ich dann so gefrustet, weil ich auch beim Jobcenter dann war das ich dachte okay ich habe ja in nem, Callcenter nebenbei gearbeitet, während des Studiums um mir was dazuzuverdienen bei hier von der Deutschen Bahn so einen Fahrradverleih dachte ich, mhh machst du das jetzt erstmal in Vollzeit und das ging dann nochmal ich glaube sieben Monate,

Es folgt eine Argumentation, warum sie nach drei Monaten bei einem Callcenter der Deutschen Bahn beginnt zu arbeiten, bei dem sie schon während des Studiums zum Nebenverdienst tätig war. Die vorhergehende Hypothese, wonach sie den Druck der Arbeitslosigkeit deswegen betonte, um die Aufnahme einer als atypisch erscheinenden Beschäftigung zu plausibilisieren, erhärtet sich. Auffällig erscheint die kurze Angabe, dass sie beim Jobcenter war, und dies nicht detaillierter darlegt. Es lässt sich mutmaßen, dass dieses Erlebnis für sie keine erfreuliche oder hilfreiche Angelegenheit war und daher nicht weiter thematisiert wird. Ebenso ist es denkbar, dass sie dem Interviewer nicht erzählen möchte, dass sie vor allem dort war, um Arbeitslosengeld II (ALG II) zu bekommen. Gegen diese Annahme spricht, dass sie aus eigenen Stücken heraus den Job bei der Deutschen Bahn antrat. Ausgespart bleibt hier mutmaßlich, dass sie weiterhin keine Ahnung hatte, wie es nach dem Studium konkret weitergehen sollte und dies dem Interviewer gegenüber nicht thematisiert wird. Es lässt sich durchaus annehmen, dass sie vor dem Interviewer nicht als selbstverantwortlich für die glücklose Jobsuche angesehen werden möchte, obwohl aufgezeigt werden konnte, dass eine gewisse Übergangsdauer nach einem Studium nicht untypisch ist.

Bemerkenswert ist, dass erneut nur die Statuspassagen benannt und ausgeschmückt werden. Die Zeit beim Callcenter als solche wird jedoch nicht thematisiert, nur der zeitliche Umfang von sieben Monaten. Ob sie sich in dieser Zeit weiter beworben hat, angesichts der andauernden Arbeitslosigkeit verzweifelte, sich mit dem Callcenter Job anfreundete etc., bleibt außen vor. Denkbar erscheinen diese Details für die Darlegung ihrer Lebensgeschichte als unwichtig, sie wären der Kohärenz nicht zuträglich.

In einer Folgesequenz kann sie auf ein Ereignis nach den sieben Monaten eingehen. Dabei kann es sich um einen neuen Job, ein neues Studium; eine Kündigung oder einen Umzug handeln. Dass intimere Lebensdetails thematisiert werden, wäre mittlerweile überraschend.

2/76
und dann habe ich wirklich na ja sozusagen, was heißt Glück gehabt das war denn die Zeit als im, Zweitausendfünfzehn als hier im Erstaufnahmestelle A das umfunktioniert wurde zur Erstaufnahmeeinrichtung, da war ne Stelle ausgeschrieben von den Träger A als Sozialbetreuung, und da hatte ich mich dann eben, beworben und, hatte Glück dass man sozusagen, scheinbar also es war egal ob du schon irgendwie Berufserfahrung hast ich hatte auch außer Englisch keine Fremdsprachenkenntnisse aber das war alles egal, weil die dringend Leute gesucht haben

Es folgt eine Argumentation, weshalb sie nach der langen Durststrecke nun eine Anstellung in einer Erstaufnahmestelle A für Geflüchtete bei dem Träger A erhielt. Auffällig erscheint die gewählte Ausdrucksform, die eher an eine Rechtfertigung erinnert, warum sie den Erhalt dieser Stelle als Glückdrückt aus, die Berufserfahrung war hingegen egal, Fremdsprachenkenntnisse waren nicht wichtig. Es wurden im Zusammenhang mit der zunehmenden Fluchtmigrationsentwicklung seit dem Jahr 2015 einfach dringend *irgendwelche* Leute gebraucht. Es muss die Frage gestellt werden, warum Frau A in einer fast schon entschuldigenden Form ihre erfolgreiche Aufnahme so darstellt. Dies kann darauf hindeuten, dass sie diese Stelle gar nicht wollte, sondern es eine Notlösung war. Ebenso erscheint es denkbar, dass sie sich selbst als gar nicht qualifiziert für diese Stelle betrachtet und dies gegenüber dem Interviewer plausibilisieren möchte.

Wahrscheinlich setzt Frau A mit einer Schilderung über die Erfahrungen in diesem Job fort; ebenso kann sie davon berichten, wie sie die Zeit der gestiegenen Fluchtmigration erlebte.

3/82
und wir waren da auch n ganz buntes Team da gab's Personaler und äh (1) ich weiß nicht ob Medizinstudenten die das nebenbei noch machen und alles Mögliche gemischt,

Frau A setzt mit einer Beschreibung über das *bunte* Team fort, das sich aus Vertreter*innen verschiedener und zum Teil inhaltlich z. T. weit entfernter Disziplinen zusammensetzte und von denen offenbar nicht viele aus der Sozialen Arbeit kamen. Diese Sequenz kann als eine direkte Anlehnung an das antizipierte Forschungsinteresse des Interviewers gelesen werden. Gleichzeitig kann es als

Rechtfertigung verstanden werden, dass sie ja nicht die einzige Quereinsteiger*in dort war. Auffällig erscheint, dass sie das erste Mal nicht nur die Übergänge der Statuspassagen, sondern diesmal die dort gemachten Erfahrungen näher schildert. Es ist davon auszugehen, dass es sich hierbei um eine Lebensphase handelt, die sie in einen direkten Kontakt mit dem Forschungsinteresse des Interviewers stellt und entsprechend ausführlicher schildert.

Als Folgehypothese lässt sich aufstellen, dass sie über ihre Tätigkeit weiter berichtet, dass sie über ihre Kollegen weiter berichtet oder dass sie zur nächsten Statuspasssage springt.

> 3/84
> und da habe ich dann meine erste richtige Arbeit sozusagen bekommen, das war aber auch, befristet und das ging glaube ich zehn Monate oder so und dann mussten die uns betriebsbedingt wieder entlassen weil dann der Bedarf einfach ähm, zurückgegangen ist

Entsprechend des Charakters der bisherigen Darstellung, springt Frau A gleich in die nächste Statuspassage. Sie stellt das Ende ihrer Beschäftigung mithilfe einer Argumentation dar, wonach sie betriebsbedingt gekündigt werden musste, ohne dies näher darzustellen. Zugleich hebt sie hervor, dass es sich hierbei um ihre erste *richtige* Arbeit handelte, womit sie mutmaßlich zum Ausdruck bringen will, dass dies die erste Arbeit war, mit der sie sich identifizieren kann. Warum sie trotzdem nicht auf diese Tätigkeit näher eingeht, kann nur gemutmaßt werden. Denkbar ist, dass sie mit dieser Tätigkeit nicht sonderlich zufrieden war oder dass sie diese Anstellung hinsichtlich ihres Abschlusses nicht als adäquat betrachtet. Auffällig ist zudem, dass das Ende dieser Tätigkeit ausschließlich einer strukturellen Entwicklung zugeschrieben wird, eigene Verantwortung etc. wird nicht erwähnt.

Vermutlich setzt Frau A mit einer Darstellung über die anschließende Statuspassage fort; ebenso kann sie mit weiteren Darstellungen über die Arbeit in der Erstaufnahmestelle A fortsetzen.

> 3/87
> und in der Zeit habe ich aber eben einiges schon an Erfahrungen sammeln können also ich hab dort sehr gerne gearbeitet das war ein super Team, und ähm, flache Hierarchien das hat also es hat einfach viel Spaß gemacht obwohl es nicht so gut bezahlt war und wir auch Schichtarbeit hatten neh es gab Früh Spät und Nachtschichten, aber es war schön und, dann, kam halt die Kündigung,

Frau A setzt mit einer Beschreibung über die Tätigkeit in der Erstaufnahmestelle fort. Sie beschreibt, dass sie dort sehr gerne gearbeitet habe, da es flache Hierarchien gab und es einfach Spaß machte, trotz der schlechten Bezahlung und der

Schichtarbeit. Nicht zuletzt konnte sie dort Erfahrungen sammeln. Anzunehmen ist, dass Frau A diesem Lebensabschnitt eine besondere Rolle zuschreibt, sowohl für sich als auch für das Forschungsinteresse des Interviewers. Jedoch hat die Beschreibung einen nachträglich relativierenden Charakter. Trotz der ganzen Widrigkeiten war es die erste *richtige* Arbeit, die in einem guten Licht erscheinen soll. Die Formulierung, „es hat einfach viel Spaß gemacht" (3/89) wird nicht grundlos gewählt worden sein.

Frau A setzt mutmaßlich mit einer Darstellung der anstehenden Statuspassage fort, oder mit weiteren Details zur vorherigen Anstellung oder mit Darstellungen über weitere Bewerbungen.

> 3/91
> und dann habe ich mich wieder beworben, und hab dann tatsächlich nahtlos was gefunden jetzt arbeite ich ähm bei der Träger B,

Frau A berichtet, dass sie sich erneut auf eine Stelle bewarb und daraufhin ohne Übergangsphase eine berufliche Tätigkeit beim Träger B aufnehmen konnte. Der Begriff tatsächlich deutet hier auf eine gewisse Überraschung hin. Jedoch berichtet sie nicht, und das ist untypisch für ihren bisher durch Argumentationen geprägten Darstellungsstil, warum sie diese Stelle in der Sozialen Arbeit bekam. Wieso bewirbt sie sich erneut bei einem sozialen Träger? Auffällig erscheint auch, dass es sich hierbei erneut um eine eigene bewusste Entscheidung handelt.

Erneut muss auf die vorhergehende Formulierung, „es hat einfach viel Spaß gemacht" (3/89), hingewiesen werden. Mutmaßlich steckt in dieser Formulierung mehr Bedeutung als angenommen. Was zuerst den Charakter einer Rechtfertigung beinhaltete, erscheint nun vielmehr als biografischer Wendepunkt. Dies schlägt sich auch in der Veränderung der Textform nieder. Festhalten lässt sich, dass hier offenbar eine Relevanzänderung stattfindet, die sich von einem Darstellungsstil mit Rechtfertigungscharakter zu einem selbstverständlicheren und selbstbewussteren Stil hin wandelt.

Als Folgehypothese lässt sich aufstellen, dass sie mit einer Sequenz über die zuvor stattgefundene Suche zu diesem Job fortsetzt, dass sie den neuen Job beschreibt, dass sie fortan auch außerberufliche Erlebnisse darstellt.

> 3/93
> Träger B + heißt ist ... Art Tochterunternehmen der Träger B, ähm und die machen so soziale Stadtentwicklung und ganz viel auch im Migrationsbereich (1)

Frau A setzt mit einer Beschreibung über ihren neuen Arbeitgeber fort. Sie gibt an, dass ihr Bereich Teil eines noch größeren Trägers ist. Sie hebt die soziale Stadtentwicklung als typischen Tätigkeitsschwerpunkt hervor, der mutmaßlich wenig inhaltliche Überschneidungen mit ihren bisherigen Interessengebieten aufweist.

Zudem betont sie „ganz viel auch im Migrationsbereich" (3/94). Entsprechend der bisherigen Lebenserzählung finden keine außerberuflichen Darstellungen statt, es findet hingegen eine durchgehend starke Konzentration an der antizipierten Relevanzsetzung des Interviewers statt.

Frau A kann weiter über ihre Tätigkeiten beim Träger B berichten, wie schon zuvor, ihr dortiges Team näher beschreiben oder zu einer weiteren Statuspassage springen.

> 3/94
> und ich vermute dass ich diese Stelle eben deshalb bekommen habe weil ich hier davor im Erstaufnahmestelle A die Erfahrungen gesammelt habe und dadurch sozusagen mit der Zielgruppe schon Erfahrung hatte,

In Einklang mit der bisherigen Darstellung setzt Frau A mit einer weiteren Argumentation fort, warum sie diese Stelle bekam und wechselt hierbei erneut in einen passiven Stil. Wie schon bei der vorherigen Stelle, die sie ja schon als glückliche Fügung infolge gesellschaftlicher und damit nicht selbst zu beeinflussender Entwicklungen darstellte, wird erneut der Grund für ihre Anstellung gesucht. Es setzt sich ein wiederholt rechtfertigender Charakter in der Darstellung fort. Diese sich durchziehende Charakteristik der Lebensdarstellung deutet auf eine Unsicherheit hin. Diese kann ausdrücken, dass sie sich zum Zeitpunkt des Interviews nicht sicher ist, ob sie für diese Anstellung(en) entsprechend qualifiziert ist – oder ob der Interviewer sie für entsprechend qualifiziert einschätzt. Dies impliziert die Annahme, wonach der Interviewer womöglich mit einer kritischen Haltung zu der Frage nach dem *Wieso* von Quereinsteiger*innen in der Sozialen Arbeit dem Forschungsinteresse nachgeht und sich demgegenüber gerechtfertigt werden müsste. Ebenso kann sich darin eine kritische Haltung der Interviewpartnerin widerspiegeln, die möglicherweise selbst die Eignung von Quereinsteiger*innen in diesem Berufsfeld infrage stellt und daher das Bedürfnis verspürt darzulegen, warum sie aus Sicht der sozialen Träger als geeignet erscheint. Sie legitimiert sich also gegenüber dem Interviewer. Ebenso denkbar erscheint, dass sie schlicht unsicher war, ob sie mit ihren Kompetenzen und Fähigkeiten einem so anspruchsvollen *fremden* Beruf gerecht werden kann. Somit öffnet sich ein weiteres thematisches Feld, das sich mit dem Feld *Milieuflucht und Festigung im neuen Milieu* wechselseitig überlappt: das thematische Feld der *Legitimierung für die Eignung eines Jobs in der Sozialen Arbeit.*

Weiter kann Frau A über die Erfahrungen bei dem neuen Arbeitgeber berichten; ihre Tätigkeit näher schildern sowie zu einer weiteren Statuspassage springen.

3/97

genau das mache ich jetzt seit September Sechzehn, und äh, also die- das ist ein Projekt bei dem wir Geflüchtete dabei helfen dass sie in Arbeit und Ausbildung kommen oder ihren Schulabschluss hier nachholen das sind so die Hauptziele und alles was dazugehört auch, ähm also wir vermitteln in Sprachkurse in Praktika wir machen Bewerbungscoaching Beratung Berufsorientierung, und wir machen auch viel Sozialberatung

Frau A setzt mit einer Beschreibung über die neue Tätigkeit fort. Sie benennt ihre Tätigkeit zugleich als ein Projekt, bei dem mitschwingt, dass es sich um eine endliche Tätigkeit mit einem befristeten Arbeitsvertrag handelt. Es besteht also immer die Möglichkeit, dieses Berufsfeld auch ohne eigenes Zutun wieder verlassen zu können oder zu müssen. Zudem wird das Datum September 2016 benannt, was darauf schließen lässt, dass sie zum Zeitpunkt des Interviews dort seit mittlerweile 2 1/2 Jahren tätig ist. Hiermit kann sie unterschwellig zum Ausdruck bringen, *so schlecht kann sie sich dort nicht anstellen*. Als auffällig erscheint hierbei im Vergleich zur vorhergehenden Tätigkeitsbeschreibung beim Träger A, dass sie nun weniger auf die Arbeitsbedingungen, wie die damalige Schichtarbeit, eingeht, sondern mit Fachbegriffen formuliert und bspw. das Sozialcoaching als charakteristisch für diese Tätigkeit hervorhebt. Es ist denkbar, dass sie Termini wie Socialcoaching nutzt (ohne dies genauer zu definieren), um dem Interviewer gegenüber eine gewisse Expertise zu demonstrieren. Zugleich deutet sich im Hinblick auf diese Begriffswahl eine berufliche Sozialisation durch die Tätigkeit beim Träger B an, die womöglich beim Träger A in dieser Tiefe noch nicht stattfand – dort machte die Arbeit im Großen und Ganzen lediglich Spaß.

Es fällt zudem auf, dass Frau A im Unterschied zu vorherigen Sequenzen nun nicht mehr allgemein über die Tätigkeiten eines Trägers, in diesem Fall Träger B, spricht, sondern ausdrücklich von *wir*. Dies deutet erneut auf eine gestiegene berufliche Identifikation hin. Darüber hinaus wird erneut deutlich, dass sie keinen Zusammenhang zu ihrem Studium oder zumindest zu selektiven Inhalten ihres Studiums darstellt. Obwohl sich hierbei sicherlich Verbindungslinien finden ließen, wie das Interesse für gesellschaftliche Transformationsprozesse und Ungleichheitsbedingungen.

Frau A könnte mit einer Sequenz zu ihren dortigen Arbeitskolleg*innen fortsetzen sowie ihre eigenen Tätigkeiten näher beschreiben, aber auch das Interview beenden wollen oder Nachfragen stellen.

3/102

die Leute sind teilweise schon jahrelang bei uns, die vertrauen uns die kommenden auch mit Behördenunterlagen mit privaten Sachen, genau

Frau A setzt mit einer selbstbewusst wirkenden Schilderung fort, wonach die Adressaten ihr und ihrem Team vertrauen. Denn sie kommen sogar mit privaten Angelegenheiten, die in einem solchen Setting üblicherweise nicht ausgebreitet werden. Sie verdeutlicht also, dass sie zum Team gehört, und darüber hinaus, dass sie auch zur Sozialen Arbeit gehört – und das zu Recht. Andernfalls wäre sie weder seit mehreren Jahren nun schon dort angestellt, noch würden sich die Adressat*innen vertrauensvoll an sie wenden. Die Orientierung am Relevanzsystem des Interviewers bleibt vordergründig. Das thematische Feld der *Legitimierung für dieses Berufsfeld gegenüber dem Interviewer und sich selbst* bleibt präsent.

Nun könnte Frau A die Lebenserzählung beenden; weitere Episoden aus ihrer Lebensgeschichte erzählen; weitere Darlegungen über ihre Eignung für den Beruf ausbreiten; fragen, ob der Interviewer noch mehr wissen möchte.

3/104
und seit Anfang des Jahres ist jetzt noch dazugekommen, bei dem gleichen Träger n anderes Projekt da mach ich jetzt die: Leitung der

Frau A schildert, dass sie seit Beginn des Jahres 2019 ein weiteres Projekt bei diesem Träger nun sogar leitet. Der Darstellungsstil hat sich seit Beginn der Lebenserzählung auffällig verändert, so erfolgen immer weniger Argumentationen, es wird zunehmend die Form des Erzählens genutzt. Somit entfällt auch zunehmend der rechtfertigende Charakter, wie es bei vorhergehenden Sequenzen noch der Fall war. Gleichzeitig dienen die oftmals fachlichen Termini einerseits als Legitimationsgrundlage, um ihre Eignung zu präsentieren, und zugleich zeigen diese auf, dass sie eine berufliche Sozialisation erfuhr. Private Details bleiben hingegen weiterhin ausgespart. Die Lebensgeschichte steht offenbar nur im Licht des antizipierten Forschungsvorhabens des Interviewers. Zugleich ist die Lebensgeschichte durchzogen von Andeutungen, wie der Bedeutung des Studierendenlebens oder ihrem Interesse nach gesellschaftlichen Bedingungen.

Als folgende Sequenz bietet sich eine nähere Beschreibung ihrer Leitungstätigkeit an. Alternativ kann sie die Lebensgeschichte beenden wollen oder sie kann fragen, ob der Interviewer noch mehr wissen möchte.

3/105
da gehts speziell um Mütter die einen Migrationshintergrund haben, die sollen auch irgendwie f- ähm fit gemacht werden für den Arbeitsmarkt sollen sich orientieren,

Es folgt eine kurze Darstellung der Projektinhalte ihrer Leitungstätigkeit. Offenbar verspürt sie das Bedürfnis, ihre Tätigkeiten in der Sozialen Arbeit zumindest überblicksartig darzustellen. Dies ist dahingehendauffällig, da sie dieses Bedürfnis im Zusammenhang mit ihrem Studium und ihrem Nebenjob offenbar nicht verspürte oder als notwendig erachtete. Im Unterschied zur vorherigen Tätigkeitsbeschreibung findet hierbei jedoch eine umgangssprachlichere Beschreibung statt. Weitere Fachbegriffe werden nicht verwendet, vielmehr spricht sie von einem *irgendwie fit machen* der Adressat*innen, als wäre dies beiläufig. Denkbar ist, dass zum Zeitpunkt des Interviews noch keine umfängliche Identifikation mit dieser Tätigkeit stattgefunden hat und deswegen noch gar nicht konkreter formuliert werden kann. Auffällig ist jedoch, dass erneut der Migrationsaspekt bei den Adressat*innen eine wichtige Rolle spielt und sich dieser Aspekt als roter Faden durch ihre berufliche Tätigkeit innerhalb der Sozialen Arbeit zieht.

Eine weitere Sequenz könnte von ihren Erfahrungen in dem neuen Projekt handeln, oder die Lebenserzählung beenden. Zudem könnten sie einen Zusammenhang zur gesamten Lebensgeschichte herstellen oder doch noch private Lebensereignisse thematisieren.

> 3/107
> genau (1) und ähm (1) also das, is schon auch, Soziale Arbeit steckt da eben insofern auch drin dass wir mit mit Menschen arbeiten das wäre einfacher ja auch viel, also ich mache viele Dinge die ich im Studium nicht gelernt habe, und umgedreht mache ich ganz viel von dem was ich mal in meinem Studium gelernt hab gar nicht (1)

Mit dieser anschließenden Argumentation wird nun sehr deutlich, dass sich die Interviewpartnerin vorrangig, wenn nicht gar absolut am antizipierten Relevanzsystem des Interviewers orientiert. Ohne dass explizit danach gefragt wird, verspürt Frau A das Bedürfnis zu erläutern, warum sie in ihrer Tätigkeit *Soziales Arbeiten* erkennt, und bietet dem Interviewer hierzu eine alltagsweltlich formulierte Definition an, also *mit Menschen arbeiten*. Es kann vermutet werden, dass sich Frau A in einer Art Testsituation wähnt, was wiederum auf die bereits angesprochene Unsicherheit hindeutet. Somit entsteht eine Ambivalenz zwischen einer zunehmend selbstbewusst dargestellten Zugehörigkeit zu diesem Berufsfeld der Sozialen Arbeit und zugleich einer latenten Unsicherheit, dafür formal qualifiziert zu sein. Diese Unsicherheit kann durchaus infolge des stattfindenden Interviews ausgelöst worden sein, da von Frau A eine plausible und kohärente Darstellung darüber eingefordert wird, worauf sich ihre Zugehörigkeit zur Sozialen Arbeit gründet. Denkbar ist, dass sie diesen biografischen Prozess so zuvor noch nicht reflektierte.

Weiter auffällig erscheint die Formulierung über das im Studium *Gelernte*, also höherstufige Sinnwelten oder auch Problem-, Wissens- und Methodenbestände der Sozialwissenschaften. Im Grunde weist Frau A auf eine Inkompatibilität ihres Studiums zu ihrem Beruf hin. Und trotzdem ist sie offenbar in der Lage, diesen Beruf zu bewältigen, das macht sie deutlich. Wie sie die notwendigen Kompetenzen etc. erlernt hat und um welche es sich dabei genau handelt, bleibt ausgespart.

Gewissermaßen deutet sie hiermit an, bewusst oder unbewusst, dass dieser Beruf kein Studium voraussetzt, zumindest kein Studium der Philosophie und Soziologie. Zugleich erscheint dies in der Hinsicht als fragwürdig, wonach sie sich doch für gesellschaftliche Bedingungen interessieren würde, die sie überhaupt erst zu einer Abschlussarbeit in der Soziologie geführt haben. Ob diese Interessengebiete sich aber in der Tätigkeit auch wiederfinden, lässt sich hinsichtlich der Darstellungen bezweifeln. Zumindest kann sie etwaige Zusammenhänge nicht bewusst präsentieren.

Frau A kann nun mit einer Beendigung der Lebensgeschichte fortfahren, sie kann schildern, um welche Fähigkeiten und Kompetenzen es sich genau handelt. Frau A kann ein Resümee formulieren und ebenso könnte sie den Interviewer fragen, was er noch wissen möchte.

> 3/111
> und merke aber dass es mir damit gut, geht ähm ich denke auf Dauer könnte ich mir auch vorstellen mit ner anderen Zielgruppe zu arbeiten, äh jetzt gerade nehme ich aber ganz viel mit, also auch so in dem Bereich wie beantrage ich zum Beispiel Projekte Projektgelder (1) wie kann ich überhaupt so n Konzept entwickeln wo kriege ich dann das Geld her das, da habe ich gerade das Gefühl lerne ich sehr viel dazu und kann dann vielleicht später auch, in eine Richtung gegen die mich vielleicht noch mehr, begeistert mit eigenen Projekten (2)

Frau A setzt mit einer Schilderung fort, dass ihr diese Tätigkeit, obwohl sie ihr so fern von ihrem Studium erscheint, momentan schlicht guttut. Es klingt zugleich eine gewisse Legitimierung dem Interviewer gegenüber durch und womöglich sogar eine Art der Selbstverschleierung, warum vormals angestrebte Lebenswege oder -vorstellungen so nicht eingetreten sind oder von ihr nicht erreicht wurden. Dies sei aber nicht schlimm, denn ihr tut es ja gut, es macht ihr Spaß und möglicherweise kann sie eines Tages ihren *wahren* Interessen noch mehr nachgehen. Somit lässt sich diese Anstellung erneut als ein Mittel zum Zweck verstehen. Auffällig erscheint, dass nicht das Berufsfeld der Sozialen Arbeit an sich zur Debatte gestellt wird, sondern lediglich das Handlungsfeld, in dem sie sich zum Zeitpunkt des Interviews befindet. Es ist also feststellbar, dass sich eine Zugehörigkeit zur Sozialen Arbeit gefestigt hat. Dies fällt nicht zuletzt durch typisch sozialpädagogische Formulierungen auf, wie dem Zuwenden zu Zielgruppen oder das Entwickeln von Projektkonzepten.

Es muss festgestellt werden, dass Frau A im Laufe der Lebensgeschichte verschiedene Andeutungen verwendet, die zwar für sich stehen gelassen werden, aber ohne ein näheres Wissen über diese Hintergründe die Lebensgeschichte nicht durchgehend plausibel und kohärent erscheint. Es ist somit denkbar, dass ein bewusstes Verschweigen ihrer privaten Lebensorientierungen und -erfahrungen stattfindet. Zugleich unterbreitet Frau A dem Interviewer damit latent das Angebot, den Andeutungen weiter nachzugehen – auch wenn es womöglich nicht dem antizipierten Forschungsinteresse des Interviewers entsprechen mag.

Denkbar ist, dass sie mit einer Beendigung der Lebensgeschichte fortsetzt oder doch noch schildert, welche Zielegruppen und Konzepte sie persönlich mehr interessieren. Zudem kann sie den Interviewer fragen, ob er noch etwas wissen möchte.

> 3/117
> ja soweit erst mal zu hah ((lachen)) meiner Geschichte, zumindest so von, beruflicher Seite (3) mhm, ja #00:08:30-2#

Frau A beendet ihre Geschichte mit einer entsprechenden Coda. Augenscheinlich bewahrheitet sich die Annahme, wonach hier eine sehr selektive Lebensgeschichte präsentiert wird, die an den antizipierten Forschungsinteressen des Interviewers ausgerichtet ist. Ebenso offensichtlich wird die vielfach mit der Identifikation zu einer Tätigkeit in der Sozialen Arbeit latent verwobene *private* Lebensgeschichte bis kurz vor dem Ende ausgespart. Entweder wird von Frau A keine eigene Verbindung zwischen der wechselseitigen Durchdringung von privater und beruflicher Lebensgeschichte gesehen oder diese soll bewusst nicht präsentiert werden. Dies kann der Fall sein, um bspw. antizipierte Professionalitätsvorstellungen des Interviewers nicht zu unterlaufen. Zugleich erscheint es denkbar, dass ihre Lebensgeschichte zu diesem Zeitpunkt noch nicht so gefestigt ist, dass sie bereit ist, diese zu teilen und womöglich biografische Krisen oder zumindest Irritationen zu riskieren.

Gleichzeitig gilt es festzustellen, dass von Frau A recht offensichtliche verbale Angebote unterbreitet werden, dieser *anderen* Geschichte noch nachzugehen, denn das bisherige war ja nur die eine „Geschichte, zumindest so von, beruflicher Seite“ (3/118). Es erscheint daher als notwendig, diesem Angebot nachzugehen und zu versuchen, diese beiden Geschichten in Resonanz zu bringen.

Um der Frage nachzugehen, „über welche Lebensbereiche und Lebensphasen erfahren wir erst im Nachfrageteil und weshalb wurden diese nicht während der Haupterzählung eingeführt“ (Rosenthal 2014, S. 200), werden im Folgenden von mir als relevant erscheinende Sequenzen aus dem Nachfrageteil ausgewählt, analysiert und auf die Haupterzählung bezogen. Dass hier aufgrund des forschungspraktischen Interesses eine Selektivität durch den Interpreten stattfindet, lässt sich hinsichtlich eines so extensiven Interpretationsverfahrens nicht vermeiden. Im Gegenteil, vielmehr stellt sich eine solche Vorgehensweise als notwendig und angemessen dar.

Entsprechend des thematischen Feldes der *Flucht aus dem Herkunftsmilieu* wurden weitere Sequenzen zu ihrer Kindheit sowie zu ihren Motivationsgründen, aber auch Erfahrungen bzgl. ihres Studiums ausgewählt. Die Sequenzen zur

Kindheit erfolgten direkt im Anschluss an die Haupterzählung. Die Sequenzen zum Studium befinden sich an späterer Stelle des Interviews.

> 3/120
> NW: Okay (1) ähm (1) kannst du mir noch ein bisschen was über deine Kindheit in Bundesland A erzählen #00:08:36-4#

Der Interviewer bittet Frau A, ihm mehr Details über ihre Kindheit zu erzählen und hebt hierzu das Bundesland A hervor.

> 3/123
> FA: Ha ((lachend)) ja (1) ähm also ich bin aufgewachsen in nem, in nem richtig kleinen Dorf mit ungefähr siebenhundert Einwohnern, wirklich son Kuhdorf äh und (1)

Frau A reagiert fröhlich lachend, überlegt kurz und setzt nun ganz konträr zur Haupterzählung mit einer Schilderung ihres Herkunftsortes fort, der nicht mehr recht anonym mit Bundesland A dargestellt, sondern als ein richtig kleines Kuhdorf beschrieben wird – jedoch weiterhin keinen Namen bekommt (unabhängig von der Anonymisierung). Es lässt sich annehmen, dass die doppelt verwendete Bezeichnung im Sinne einer Verzwergung dieses Ortes abwertend gemeint ist und zugleich eine Distanzierung zu diesem Dorf ausdrückt. Dass weiterhin kein Name verwendet wird, lässt darauf schließen, dass sie davon ausgeht, der Interviewer würde mit dem Namen sowieso nichts anfangen können. Oder sie will ihn nicht nennen.

Als Annahme lässt sich aufstellen, dass der Herkunftsort wie schon zuvor angenommen eine wesentliche Bedeutung in der Lebensgeschichte der Protagonistin einnimmt und noch weiter detailliert beschrieben wird. Es lässt sich darüber hinaus mutmaßen, dass nun eine andere, intimere Lebensgeschichte präsentiert wird als zuvor. Dementsprechend wird sie womöglich ausführlicher von ihren biografischen Episoden berichten. Alternativ wird sie weiterhin das thematische Feld *Flucht aus dem Herkunftsmilieu* implizit lassen und nur selektiv auf die Nachfragen des Interviewers eingehen.

> 3/124
> wir haben also meine Familie ich habe drei Geschwister noch, und meine Oma die hat immer noch bei uns mit gewohnt obendrüber ne Etage wir, wir hatten son ganzes Haus, und: ähm

Frau A setzt mit einer Darstellung der Familienverhältnisse fort und macht damit den Unterschied zur Haupterzählung bereits offensichtlich: Sie lässt den Interviewer nun in ihr Privatleben eintreten.

Als Folgehypothese wird sie weiter detailliert über ihre Kindheit erzählen und dies mit Beschreibungen ausschmücken. Es bieten sich Detaillierungen über ihre Familienmitglieder an oder Schilderungen über die Erlebnisse mit ihrer Familie.

> 3/126
> wir sind früher auf regelmäßig auffen Zeltplatz gefahren meine Eltern hatten dort son, festen Stellplatz mit nem Wohnwagen und das war dann sozusagen so dass wir freitags immer wenn alle aus der Schule waren meine Eltern Feierabend hatten sind wir da hingefahren und Sonntag wieder zurück und in die Ferien auch viel,

Sie setzt mit einer Schilderung der Freizeitgestaltung ihrer Familie an den Wochenenden und in den Ferien fort. Die physische Distanz zur Schule scheint eine besondere Bedeutung einzunehmen. Dem Interviewer soll zudem die nahe Familienbindung dargelegt werden. Zugleich wird latent eine gewisse kollektive Flucht vom Herkunftsort präsentiert, denn sobald es die Umstände zuließen, verbrachten sie ihre Zeit auf dem Zeltplatz und offenbar nicht am Wohnort. Alternativ kann hiermit auch auf eine gewisse Bodenständigkeit der Familie hingewiesen werden, wonach die Familie die Freizeit auf dem Zeltplatz verbrachte und nicht mit *hoch*kulturellen Unternehmungen, wie Fernreisen, dem Besuch von Museen etc.

Denkbar wird Frau A weiter über gemeinsame Familienerfahrungen berichten, wie auf dem Zeltplatz oder mehr über die Schulzeit berichten oder damalige Freunde thematisieren.

> 4/130
> ähm das heißt ich war auch, als Kinder oder Jugendliche nie groß im Ausland aber wir waren immer dort Eben auf einem Zeltplatz viel das, hat mich glaube ich schon sehr beeinflusst, weil man, zum einen dort, super viel draußen ist und ähm, da auch so einen regelmäßigen Freundeskreis irgendwie hat, und auf der anderen Seite auch, mit wenig, Sachen eigentlich zurechtkommt also man hat ja dort nicht viel meistens alles auf kleinem Raum, äh man muss auch ein bisschen sparsamer mit allem umgehen weil, du musst irgendwie wenn du Wasser verbrauchst du musst das alles wieder nachfüllen dann überlegst du dir zweimal obde das jetz machst und so, und auch dadurch habe ich auch eine große Naturverbundenheit entwickelt, ja, das hat mich glaube ich sehr beeinflusst und ähm,

Frau A geht detaillierter auf ihre Camping-Erfahrungen ein und entsprechend der Hypothese, dass diese Zeltplatzerlebnisse auch in einem direkten Zusammenhang mit keinen bzw. wenigen Auslandserfahrungen stehen, wird hierbei auf den sozialen Gradienten der Familie hingewiesen, auf bodenständig zu bezeichnende Wertvorstellungen. Hieran schließen sich die Schilderungen zu einem sparsameren Umgang mit Ressourcen und der Naturverbundenheit an. Es fällt zudem auf, dass Frau A nun längere Sequenzen präsentiert und dabei alles detaillierter ausschmückt. Es kann somit davon ausgegangen werden, dass sich im Nachfrageteil nun Erinnerungen zusammensetzen und wiedergegeben werden, da es sich auch um eine freiere Interviewsituation zu handeln scheint, mit gewonnenem Vertrauen und ohne einen womöglich antizipierten *Testcharakter* bzgl. ihres Quereinstiegs in die Soziale Arbeit.

Es ist denkbar, dass Frau A diese Schilderungen zu der damaligen Lebensweise der Familie verwendet, um den Interviewer mit ihren daraus resultierenden Lebensvorstellungen vertrauter zu machen. Dabei handelt es sich um den bewussten und ressourcenschonenden Umgang mit der Natur, einer bodenständigen Lebensweise und dem Verzicht auf Statussymbole sowie kostspielige Hobbys. Entsprechend wird auch nicht die Schule als Weichenstellung für eine erfolgreiche berufliche Zukunft präsentiert.

Als Folgehypothese kann Frau A weiter über ihre Erlebnisse außerhalb der Schule sprechen, Erinnerungen aus der Schulzeit präsentieren, mehr auf die erwähnten Freundeskreise eingehen, mehr von ihren Familienmitgliedern berichten.

> 4/139
> aber als ich älter wurde habe ich dann gemerkt, son Dorf ist als Kind auch schön zum Aufwachsen wir hatten dort auch einen kleinen See, der ist auch jeden Winter zugefroren weil der so flach war, und diese ganzen Sachen viel Natur ringsherum

Frau A setzt mit einer Sequenz fort, wie schön diese Situation für das Aufwachsen eines Kindes war. Sie deutet damit zugleich an, dass dies nicht mehr zuzutreffen scheint, wenn man dem Kindesalter entwachsen ist. Hierzu fügt sie noch Detaillierungen an, die zur bildlichen Argumentation einer Kindheitsidylle dienen. Auffällig ist, dass sie zwar andeutet, dass es als junge Erwachsene bzw. Jugendliche, die sich mehr und mehr von den Orientierungen ihrer Eltern zu lösen beginnt, im Dorf komplizierter wurde, sich mit diesem zu identifizieren. Jedoch sprach sie auch zur Phase der Kindheit nicht über das Dorf und wie es sich dort lebte, sondern nur über die prägende Freizeit außerhalb des Dorfes. Darüber hinaus lässt sie aus, woran sie dieses wachsende Unbehagen gemerkt hat. Die Auslöser und Prozesse hierzu werden nicht thematisiert – bspw. (fehlende) Orientierungen an Gleichaltrigen und Freundschaften.

Frau A scheint einen Spannungsbogen aufzubauen, der zwar die guten Seiten einer Kindheit im Dorf deutlich hervorhebt und somit ihre Verbundenheit zu einer bodenständigen Lebensform unterstreicht. Jedoch deutet sich ein Bruch dieser Darstellung an, der das thematische Feld der Flucht zum Herkunftsmilieu ausbreitet.

4/142

aber irgendwann dachte ich dann okay jetzt ist mir das auch ein bisschen zu, langweilig alles und, es ist auch ein sehr christlich geprägtes Dorf, also das ist vielleicht kennst du das äh das nennt sich Evangelischer Stiftungen das is n, n großer evangelischer Träger die machen so ganz viel im Bereich, ähm Betreuung von alten Menschen von behinderten Menschen, Schulungen, und, äh, naja das ist eben ein evangelischer Träger und das Dorf ist auch so klein gewesen da kennt auch jeder jeden und alle gehen irgendwie da auch, regelmäßig zur Kirche

Die Interviewpartnerin setzt mit einer Beschreibung über das Dorf fort. Sie schildert die starke christliche Prägung der dortigen Dorfgemeinschaft und die große Bedeutung des dort ansässigen evangelischen Trägers für das gemeinschaftliche Dorfleben und die sozialen Dienstleistungen. Hierzu werden auch die regelmäßigen Kirchenbesuche der Einwohner*innen hervorgehoben, die hinsichtlich der Zugehörigkeit zur ehemaligen DDR – also einer weitgehend säkularisierten Gesellschaft (Mau 2019, S. 63) – als auffällig erscheinen. Der dort ansässige evangelische Träger scheint überregionale Bekanntheit zu haben, da Frau A den Interviewer hierauf anspricht, ob ihm dieser bekannt sein könnte. Darüber hinaus weisen die deutlichen Hervorhebungen der evangelischen Kirche sicherlich auf hiermit konnotierte traditionelle Wertevorstellungen zu Themen wie Familienbilder, sexuelle Orientierungen, Kindererziehung, Verhaltensweisen etc. hin. Es lässt sich annehmen, dass Frau A mit diesen Darstellungen auf eine soziale Ordnung hinweist, die mit einem traditionell christlich geprägten *Kuhdorf* einhergeht. Gemeint sein kann damit auch eine (latente) Ausübung einer sozialen Kontrolle zur Einhaltung als verbindlich erachteter Normen und Werte – etwas, das mutmaßlich sie und ihre Familie tangiert oder gar belastet. In diesem Zusammenhang kann auch das Bedürfnis der Familie gelesen werden, so viel Zeit wie möglich auf dem Zeltplatz zu verbringen und vor den Bedingungen im Heimatort gemeinsam zu *flüchten*. Denkbar ist, dass Frau A deutliche Antipathien gegenüber den damaligen sozialen Bedingungen und der christlichen Prägung und damit gegenüber diesem Dorf im Allgemeinen besitzt. Zugleich wird dies in einer noch zurückhaltenden Abneigung präsentiert. Diese Zurückhaltung kann retrospektiv gelesen werden und auf eine gewisse Milde hinweisen, die Frau A im Verlauf ihres Lebens hierzu entwickelt hat. Denkbar ist, dass sie die damalige Situation sehr viel negativer erlebte.

Denkbar ist, dass sie ihre Distanzierung zum Herkunftsort weiter konkretisiert, ebenso kann sie über das Verhältnis ihrer Familie gegenüber diesen sozialen Bedingungen im Heimatort sprechen. Sie kann auch darlegen, wie sie die Kirchenbesuche und die Erfahrungen mit dem evangelischen Träger erlebte.

4/148

und meine Eltern haben sich scheiden lassen als ich zwölf war oder so, und das sind dann halt schon, Phänomene die so ein bisschen auch, wo die Leute sich so ein bisschen hinter vorgehaltener Hand auch empören, und als ich älter wurde und realisiert habe wie da so die Strukturen sind hat nicht das **sehr** genervt, ich bin ausgetreten aus der Kirche vor: n paar Jahren, also ich bin getauft worden, konfirmiert und alles,

Entsprechend der vorherigen Annahme, dass sie die Distanzierung zum Herkunftsmilieu durch ein Ereignis in der Familie als Spannungsbogen aufbaut, schildert Frau A nun die Scheidung ihrer Eltern in ihrer frühen Jugend. Die Scheidung stellt offenbar ein Ereignis dar, das in der Dorfgemeinschaft mindestens als untypisch galt und womöglich zu Stigmatisierungserfahrungen geführt hat. Es sei hierbei angemerkt, dass die ehemalige DDR eine der höchsten Scheidungsraten weltweit aufwies (ebd., S. 75) und eine Scheidung in dieser Region daher auch nach der Wende keine Besonderheit darstellen dürfte. Eine hieraus resultierende Folge war ihr Austritt aus der Kirche. Auffällig ist, dass sie ihre eigenen Emotionen oder Umgangsweisen hinsichtlich der Scheidung ihrer Eltern nicht anspricht. Auch von einer als christlich konnotierten Unterstützung für die Familie durch die dortige Dorfgemeinschaft wird nicht berichtet, vielmehr schien es zu Ausschlussprozessen zu kommen. Daher stellt sich auch die Frage, ob ihre Antipathien tatsächlich gegen *die* Kirche gerichtet sind oder nicht vielmehr eine Enttäuschung über die wenig christlich handelnden Einwohner*innen des Heimatortes zum Ausdruck bringen.

Als Folgehypothese kann sie näher über die Hintergründe der Scheidung ihrer Eltern berichten und die begleitenden Ereignisse schildern. Sie kann darlegen, wie sie welche Strukturen näher kennengelernt hat, die sie zu einem Austritt aus der Kirche bewogen haben und sie kann über ihre Schulzeit berichten. Ebenso kann sie die Schilderung der Kindheit beenden.

4/153
und, ja als ich dann mein Abitur gemacht hab, also in Bundesland A damals waren es noch dreizehn Jahre da wusste ich dann auch, mit Neunzehn bin ich dann ausgezogen von Zuhause da war ich, froh, in einer etwas größere Stadt zu ziehen Stadt B ist ja gar nicht so groß aber, mir reicht das **völlig** von der Größe aus, und ich hab gemerkt ich muss jetzt irgendwohin wo es, ne Infrastruktur gibt und schnelles Internet und also irgendwie won bisschen mehr los ist als in diesem Dorf obwohl ich immer wieder gerne auch jetzt zurückkomme meine Oma lebt immer noch dort, aber ich möchte da nicht mehr wohnen, und ich hab mich damals sehr gefreut so ich ziehe jetzt nach Stadt B ich fange hier irgendwie neu an ich will ja auch studieren (1) ja also ich glaube so bis ich, Zwölf: Dreizehn war, vielleicht Vierzehn fand ich das alles noch ganz okay und dann hat es wirklich angefangen mich zu nerven dieses, kleine, ohne gefühlt neue Impulse zu kriegen (1)

Frau A schildert nun ausführlich ihre ambivalente Beziehung zu ihrem Herkunftsort und beginnt mit dem ersehnten Auszug nach dem Abitur. Obwohl sie immer noch gerne zurückkommt und dabei offenbar ihre Oma eine tragende Rolle einnimmt – und nicht wie zu erwarten wäre, ihre Eltern – sieht sie sich nur noch als Besucherin, aber nicht mehr als Teil dieser Dorfgemeinschaft an. Auffällig ist, dass sie in dieser nun *anderen* Lebensgeschichte sehr viel häufiger auf die Darstellungsform der Erzählung zurückgreift und sich erkennbar einem Erinnerungsstrom hingibt. Hierzu lässt sich festhalten, dass das bisher latent erscheinende thematische Feld der *Flucht aus dem Herkunftsmilieu* nun manifest wird. Ebenso spielen fortan die Menschen ihres privaten Umfeldes eine Rolle. Hierbei ist anzumerken, dass die Brieffreundin, die in der Haupterzählung noch eine wichtige Rolle für den Umzug einnahm, in dieser privateren *anderen* Geschichte gar nicht mehr erwähnt wird. Was jedoch ausgespart wird, ist die Bedeutung der Scheidung der Eltern für Frau A. Wir erfahren nicht, wie sie persönlich damit umgegangen ist oder wie die Eltern auf die Ausgrenzungserfahrungen reagiert haben.

Daher lässt sich die Vermutung aufstellen, dass die Flucht aus dem Herkunftsmilieu von Frau A auch bewusst vor dem Zusammenhang der christlichen Prägung des Dorfes und den darauf beruhenden (zumindest von Frau A in einem christlichen Zusammenhang wahrgenommenen) stigmatisierenden Erfahrungen im Umgang mit der Scheidung ihrer Eltern zu lesen ist. Gedankenexperimentell kann auch angenommen werden, dass sie nicht vor den traditionellen gesellschaftlichen Bedingungen geflüchtet ist, sondern (auch) vor den schmerzvollen emotionalen Erfahrungen aufgrund der Trennung ihrer Eltern. Dies erscheint aus der Perspektive denkbar, da infolge der Trennung auch die zuvor als positiv dargestellten Campingurlaube so mutmaßlich nicht mehr stattgefunden haben werden oder zumindest nicht mehr frei von traurigen Erinnerungen. Die Emotionen und der denkbare Frust auf ihre Eltern werden nach dieser Lesart von Frau A auf das christliche Dorf projiziert. Mit dieser Lesart harmoniert auch die von Frau A hervorgehobene Altersangabe, wonach sie mit zwölf, dreizehn, ja vielleicht vierzehn Jahren genug hatte von dem dortigen Milieu – so fand auch die Scheidung und die einhergehende emotionale Verarbeitung dieses Ereignisses von Frau A im Alter von zwölf, dreizehn, ja vielleicht vierzehn Jahren statt. Das thematische Feld lässt sich somit zu *Flucht aus dem Herkunftsmilieu* infolge *belastender familiärer Erfahrungen* erweitern.

Weiter könnte Frau A über die Scheidung ihrer Eltern und die damit einhergehenden Erlebnisse und Emotionen berichten. Frau A könnte über ihre Erfahrungen während des Schulbesuchs sprechen oder über Erlebnisse mit ihren Freunden und Schulkamerad*innen und sie kann ebenso das Thema Kindheit beenden.

4/164
ja aber ich würde schon sagen dass ich so insgesamt hatte ich ne sehr ne, schöne Kindheit also, trotz der Scheidung meiner Eltern das war nicht so dramatisch eigentlich, äh mein Vater ist auch nur ein Dorf weitergezogen, hatten auch immer regelmäßig Kontakt da hat meine Mutter darauf geachtet, und dann eben der Zeltplatz mit meinen Geschwistern das Verhältnis is gut dadurch war das immer, so n sehr, naja geborgenes Gefühl und ich komme auch jetzt immer gern nach Hause so (2) ja #00:12:41-1#

Frau A setzt mit einer ihre Kindheit resümierenden Argumentation fort, wonach sie alles in allem doch eine schöne Kindheit hatte. Hierbei korrigiert sie sich selbst, da sie erst eine sehr schöne Kindheit sagen wollte und dann war es doch eher *ne schöne Kindheit*. Diese Darstellung einer schönen Kindheit kann durchaus im Kontext einer sozialen Erwünschtheit gelesen werden, die sich in narrativen Interviews wiederholt finden lässt. Es fällt zudem auf, dass sie nun nicht erneut die negativen Dorferfahrungen als Bedrohung für dieses schöne Kindheitsbild ins Feld führt, sondern an dieser Stelle die Scheidung ihrer Eltern und die Folgen, die sich daraus ergaben. Auffällig ist, dass die Campingerfahrungen wieder thematisiert werden, die somit eine Konstante in ihrer Kindheit darstellen. Trotzdem ist davon auszugehen, dass sich diese Erlebnisse aufgrund der Scheidung geändert haben. So lassen sich auch gewisse Spannungen zwischen den Eltern rauslesen, da zwar Frau A weiterhin Kontakt zum Vater hatte – wohlgemerkt, da ausdrücklich die Mutter dafür sorgte (wollte es der Vater nicht genauso?) – aber kein Kontakt zwischen den Eltern erwähnt wird. Da die Interviewpartnerin für dieses Thema die Textform der Argumentation wählt, ist davon auszugehen, dass sich diese Darstellung zum einen an den Interviewer richtet. Dies kann hinsichtlich antizipierter Normalitätsvorstellungen von schöner Kindheit gelesen werden, mit denen eine Scheidung der Eltern womöglich als nur schwer vereinbar erscheint. Und gleichzeitig findet hierbei eine an sich selbst gerichtete Vergewisserung statt: Ja, meine Kindheit war schön.

Dass die Trennung der Eltern sicherlich auch traurige Erlebnisse, Streit und auch eine Neuorientierung innerhalb der Familiendynamik zur Folge hatte – wofür auch die Hervorhebung der Oma stehen kann – bleibt ausgespart. Es bleibt auch unklar, ob sie und ihre Geschwister bei ihrer Mutter lebten oder ob andere Familienmitglieder mit dem Vater in das Nachbardorf gezogen sind. Entsprechend ist auch nicht eindeutig zu bestimmen, ob es sich bei dem erwähnten Zuhause um das Heim der Mutter oder des Vaters handelt oder generell das Dorf gemeint ist. Es lässt sich festhalten, dass das Thema Scheidung nur selektiv präsentiert wird und zugleich in die Darstellung einer *schönen Kindheit* eingebettet wird. Denkbar ist, dass sich diese Zeit als beschwerlicher und prägender darstellte, als sie es Interviewer gegenüber darstellen möchte. Diese Erlebnisse, gepaart mit womöglich Trauer, Wut, Furcht vor der Zukunft oder gar schwierigeren Bindungsverhältnissen gegenüber signifikanten Anderen (dies ist durchaus spekulativ, aber gedankenexperimentell zulässig) können infolge eines biografischen Bearbeitungsprozesses auch auf die christliche Dorfgemeinschaft übertragen worden sein, womit der Bearbeitungsprozess symbolisch aufgeladen wurde. Das thematische Feld *Flucht aus dem Herkunftsmilieu infolge belastender familiärer Erfahrungen* wird durch die enttäuschende und denkbar abschreckende Erfahrung im Umgang einer sich als christlich verstehenden Dorfgemeinschaft hinsichtlich der Scheidung ihrer Eltern ergänzt.

Es erfolgt an dieser Stelle ein weiterer Sprung im Interview. An späterer Stelle fragt der Interviewer, ob Frau A ihm noch mehr über ihre Studienzeit berichten könne. Hierzu berichtet sie über Momente des Zweifels, die sie während der Anfangszeit beschlichen hätten und auch grundsätzlich an dem Studium haben zweifeln lassen. Jedoch berichtet sie vom Entdecken *thematischer* Nischen, die ihr eine gelingende Aneignung des Studiums ermöglichten, woraufhin sie das Bachelorstudium der Philosophie und Soziologie fortsetzt und später auch erfolgreich mit einer Abschlussarbeit zu diesen thematischen Nischen abschließt. Daraufhin möchte der Interviewer genauer über diese Nischen Bescheid wissen.

> 8/350
> NW: Mhm (1) du hast gesagt du hast dir Nischen im Studium gesucht #00:26:53-1#

Der Interviewer geht auf die zuvor erwähnten Nischen im Studium ein.

> 8/352
> FA: Mhm #00:26:54-6#

Frau A bestätigt dies kurz und knapp.

> 8/354
> NW: Was waren dann was waren denn diese Nischen #00:26:57-4#

Der Interviewer fragt nun direkt nach diesen Nischen.

> 8/356
> FA: Ja so thematische Nischen neh also so ähm (1) ähm hab ich vorhin glaube ich auch schon mal kurz gesagt dass ich, so gemerkt habe dass mich so Queer, Queertheorie feministische Themen, Gleichstellung überhaupt und Machtverhältnisse sowas hat mich, interessiert also ich bin da quasi durchs Studium draufgestoßen,

Frau A bezieht sich hierbei auf thematische Nischen, also Interessenschwerpunkte, die sie eigenständig im Studium setzen konnte, aber auf die sie auch erst infolge des Studiums gestoßen ist. Konkret benennt sie Queer-Theorie, feministische Themen und allgemein die Fragen nach Gleichstellung und gesellschaftlichen

Machtverhältnissen. Sie schildert jedoch nicht, wie sie auf diese Themen gestoßen ist und warum sie sie interessieren. Es erscheint denkbar, dass es sich hierbei auch um private Interessen handelt. Demnach wäre sie nicht erst durch das Studium auf diese gestoßen, sondern Inhalte des Studiums korrelieren vielmehr mit privaten Interessen, infolgedessen sich diese ergänzen. Als Gedankenexperiment lässt sich hierbei ein Zusammenhang zu den Erlebnissen im Kontext der Scheidung ihrer Eltern annehmen, der auch in Bezug zu den Stigmatisierungserfahrungen durch die Dorfgemeinschaft stehen könnte. Hierbei handelte es sich um eine klare Erfahrung von Ungerechtigkeit und einer machtvollen Ungleichbehandlung. Unklar bleibt, ob ihr dieser Zusammenhang auch bewusst ist und dem Interviewer gegenüber nur latent bleiben soll, oder ob sie diesen Zusammenhang selbst noch nicht internalisiert hat. Zugleich fällt die nicht zufällig gefallene Formulierung auf, wonach sie diese Themen ja bereits im Gespräch *erwähnte*. Dies unterstreicht die Annahme, dass diese Hinweise nicht zufällig platziert worden sind, sondern als Angebot zu verstehen waren, denen der Interviewer auch nachging.

Als Folgehypothese wird sie diese Themen und das Interesse daran detaillierter ausführen, sie kann einen Bezug zur ihren Kindheitserlebnissen hinsichtlich der Scheidung herstellen, sie kann weitere Erlebnisse und Erfahrungen zu diesem Thema schildern, ebenso ist denkbar, dass ihr dieses Thema zu intim erscheint und sie es nicht vertiefen wird.

> 8/359
> und mir wurde dann klar, es stimmt wir haben in einer Gesellschaft so Machtverhältnisse die, die sind einfach da und ich habe die vorher nie so wahrgenommen oder hinterfragt auch, auch Themen wie Rassismus und sowas ich meine ich wusste ja es gibt sowas aber ich habe mich damit nie befasst, und dann habe ich im Studium gemerkt, dass es so: teilweise alltäglich ist oder auch irgendwie Geschlechter Stereotypen und solche Dinge, dass ich diesen ich hab das nie hinterfragt weil ich es gar nicht gesehen hab als das und dann habe ich irgendwann gemerkt, ähm (1) dass es aber, im Grunde, also dass sich das so von Anfang an ähm, wie sagt man so, naja so in mich aufgenommen habe und mir das nicht komisch vorkam, und musste sozusagen erst, Bücher lesen wo ich dann gemerkt hab, das stimmt das ist ja gar nicht irgendwie naturgegeben, und also insbesondere was so Geschlechtersachen und so angeht und die Machtverhältnisse zwischen den Geschlechtern und warum wir überhaupt, ähm auch so, in Geschlechterrollen denken so binär denken solche Sachen haben mich da immer mehr angezogen

Frau A setzt mit einer längeren Sequenz fort, die eine Transformationserfahrung infolge der Auseinandersetzung mit den Inhalten ihres Studiums schildert. Die Auseinandersetzung mit diesen Themen löste bei ihr eine bewusstere Reflexion über das alltägliche Zusammenleben von Menschen in sozialen als naturalistisch wahrgenommenen Strukturen aus – und damit ein Hinterfragen von als ungerecht empfundenen Machtverhältnissen. Es muss davon ausgegangen werden, dass dieser Bildungsprozess auch mit einem biografischen Transformationsprozess bei Frau A einherging (Kokemohr; Marotzki 1989), infolgedessen sie ihre eigenen biografischen Erfahrungsaufschichtungen vor dem Hintergrund dieser neuen Wissensbestände neu einordnete und sortierte. Wahrscheinlich lernte sie, die ihr zugestoßenen Ausgrenzungserfahrungen infolge der Scheidung ihrer Eltern als nichts Individualistisches einzuordnen, sondern in strukturelle Zusammenhänge einzubetten. Zugleich muss betont werden, dass die Interviewpartnerin in dieser späteren Interviewphase eine auffällig freiere, detailliertere und intimere – mit anderen Worten – eine auf ihrem eigenen Relevanzsystem beruhende basierende Lebenserzählung darbietet, die sich grundsätzlich von der ursprünglichen Haupterzählung unterscheidet.

Dass die benannten Themen auch eine wesentliche Rolle in ihrem Privatleben einnehmen, erscheint als Gedankenexperiment als sehr wahrscheinlich. Umso auffälliger ist, und danach wird abschließend zu fragen sein, warum dieser Kontext nicht in der Haupterzählung aufgemacht wurde, obwohl er doch augenscheinlich in einem direkten Kontext zur späteren Berufswahl zu stehen scheint und auch bereits am Ende der Haupterzählung recht offensichtlich angedeutet wurde. Ebenso ist darauf hinzuweisen, dass in dieser Sequenz ein Zusammenhang zu den Erlebnissen im Kontext der Scheidung der Eltern und der damit einhergehenden Stigmatisierung-Reaktion der Dorfgemeinschaft ko-präsent erscheint, dieser aber nicht explizit angesprochen wird. Das thematische Feld *Flucht aus dem Herkunftsmilieu infolge belastender familiärer Erfahrungen* umspannt auch diese Sequenzen und festigt sich hiermit als primär. Die biografische Bedeutung des Studiums muss in diesem thematischen Feld gesehen werden, mutmaßlich als ein individueller Verarbeitungsprozess der damaligen Erlebnisse.

Als Folgehypothese wird sie den weiteren Verlauf des Studiums vor dem Hintergrund der thematischen Nischen fortsetzen oder eine Verbindung zum Herkunftsort und den damaligen Erfahrungen herstellen. Sie kann eine Verbindung zu privaten Lebensvorstellungen aufmachen, sie kann eine Verbindung zu ihrem Beruf herstellen oder vom Thema weggehen wollen, um eine Distanz zum Privatleben zu wahren.

> 9/372
>
> und im Master konnte ich noch mehr meine Schwerpunkte setzen da habe ich mich dann auch, äh mit Beziehungsstrukturen zum Beispiel befasst, ich habe meine Abschlussarbeit über ähm, nicht monogame Beziehungskonzepte geschrieben, weil das auch son Thema war, was ich erst nach und nach für mich entdeckt hab, dass das eigentlich spannend ist dass man zum Beispiel davon ausgeht äh ne Beziehung ist immer, immer für jeden so aufgebaut und ich irgendwann mir dachte, warum eigentlich wer sagt das (1) und dann habe ich mich eben angefangen damit auseinanderzuset-

zen und ge- merkt dass es da auch in der Soziologie viel Platz dafür gibt und äh (1) >spannende Sachen auch ja< #00:29:02-4#

Frau A setzt mit Ausführungen über den Masterstudiengang der Soziologie fort. Dort konnte sie ihre thematischen Schwerpunkte über alternative Lebens- und Beziehungswege weiterverfolgen und sogar ihre Abschlussarbeit über ein entsprechendes Thema verfassen. Es lässt sich deutlich aufzeigen, dass Frau A eine biografische Aneignung ihres Studiums gelang. Inwieweit es sich hierbei nur um eine selektive Aneignung der höherstufigen Wissensbestände handelt (Schweppe 2006) oder um eine vollständige, bei der ihre thematischen Nischen nur einen wesentlichen Interessenschwerpunkt ausmachten, aber keiner ganzheitlichen Aneignung im Wege standen, bleibt etwas unklar. Die Darstellung, wie sie zu diesem Thema kam und dieses „nach und nach für" (8/375) sich entdeckt habe, unterstreicht zumindest die Schlussfolgerungen, dass sie nicht nur in akademischer Hinsicht zu diesem Thema fand. Vielmehr muss davon ausgegangen werden, dass es sich um eine Wechselwirksamkeit aus privaten und akademischen Interessen handelt. Obwohl dieser Zusammenhang unausgesprochen bleibt, schwebt er gewissermaßen über den Darstellungen. Zugleich lässt sich auf eine ergänzende Darstellung hinweisen, die die Wahl ihres Masterstudiums der Soziologie noch mal in einem anderen Licht erscheinen lässt, als es die Haupterzählung tat.

Wie bereits erwähnt, scheint hierbei ein ko-präsenter Zusammenhang als wahrscheinlich, den Frau A entweder dem Interviewer gegenüber bewusst verschweigt oder von ihr so noch nicht gesehen wurde bzw. gesehen werden will. Dabei handelt es sich um eine thematische Verknüpfung der Scheidung ihrer Eltern; das Hinterfragen von Machtstrukturen sowie alternativen Lebenswegen und der selbst erlebten Stigmatisierung sowie fehlenden Identifizierung; ihr eigenes Interesse für queere Lebensvorstellungen und das Hinterfragen von monogamen und womöglich heteronormativen Beziehungskonzepten. Gleichzeitig lässt sich die bereits getroffene Annahme unterstreichen, wonach das Studium – auch wenn dies nicht intendiert war – einem selbsttherapeutischen Zweck diente und eine wesentliche Bedeutung bei der Verarbeitung der erlebten Ausgrenzungserfahrungen und der einhergehenden fehlenden Identifikation mit dem Herkunftsmilieu einnahm.

Denkbar ist, dass Frau A ihre Erzählung über das Studium beendet; oder weiter über ihre Abschlussarbeit spricht; Details zu ihren Erlebnissen außerhalb der Universität schildert; einen Zusammenhang zu ihrem aktuellen Beruf und den thematischen Nischen aufmacht; oder das Gespräch beenden möchte.

9/382
NW: Also auch die dich persönlich interessieren #00:29:04-2#

Der Interviewer greift die mehr oder weniger latente Annahme auf, dass es sich bei diesen thematischen Nischen nicht nur um rein akademische Interessen handelt und versucht Frau A zu einer detaillierteren Schilderung dieses Zusammenhangs zu motivieren.

> 9/384
> FA: Genau (1) das ähm sonst hät ich glaube ich da auch, keine Arbeit zu verfassen können wenn mich das nicht interessiert hätte dann äh, hätte ich halt nichts dazu gelesen oder so ((belustigt)), also ich hab mir das schon ausgesucht weils mich einfach interessiert (1) genau und ich wollte darüber, lesen und Leute befragen und, arbeiten #00:29:25-9#

Frau A bestätigt die Intention des Interviewers, bleibt dabei jedoch weiterhin im Diskreten und hält intimere Zusammenhänge aus der Schilderung raus. Dennoch verdeutlicht sie, dass sich die Inhalte des Studiums recht selbstverständlich für sie mit biografischen Eigeninteressen vereinbaren lassen *mussten*, um überhaupt eine tiefergehende Neugier und Motivation zu wecken und aufrechtzuerhalten.

Als Folgehypothese kann sie dieses Thema beenden wollen oder sie kann über ihre Masterarbeit weitere Details schildern. Sie kann selbst auf den Zusammenhang ihrer privaten Interessen und den akademischen Interessen eingehen.

> 9/389
> NW: Spiegelt das auch einen Lebensstil wider #00:29:28-8#

Der Interviewer lässt nicht locker. Nun fragt er direkt nach, ob sich ihre akademischen Interessen auch in ihrem persönlichen Lebensstil widerspiegeln. Der Interviewer sieht hierbei offenkundig eine bisher noch verdeckte Verbindung, die wiederholt angedeutet wurde und für deren Schilderung er die Interviewpartnerin nun offensiv versucht zu motivieren. Da dies eine indiskrete Frage darstellt, kann die Interviewpartnerin die Beantwortung verweigern und auch insgesamt verschlossener auf weitere Fragen reagieren. Gleichzeitig ist es denkbar, dass der Erzählfluss und das Vertrauen so sehr gesteigert werden konnten, dass Frau A darauf offen antwortet.

> 9/391
> FA: Mhm (1) ich würde mal sagen Jein also, ich bin generell immer sehr offen für, andere Konzepte also jetzt nicht nur beziehungsmäßig so generell wie Menschen leben finde ich immer spannend (1) obwohl ich mich schon auch, als eher durchschnittlich bezeichnen würde aber ich f- ähm, ich bin halt nicht der Meinung dass es nur, so und so geht und alles andere ist ja Humbug und wahrscheinlich sind die Leute nicht glücklich oder so das nich, sondern ich bin wirklich immer sehr interessiert daran zu

gucken, wie Menschen so ihr Leben und insbesondere auch ihre Beziehungen gestalten,

Frau A antwortet auf die recht indiskrete Frage des Interviewers mit einer Beschreibung über sich selbst, die jedoch weiterhin im Vagen bleibt. Hierbei hebt sie ihre Offenheit und Toleranz, aber auch eine betonte Neugierde zu diesem Thema hervor und unterstreicht damit das Interesse, Lebenswege fernab des Mainstreams kennenzulernen. Ob sie diese alternativen Lebenswege aus wissenschaftlicher oder aus privater Sicht (womöglich beides) näher kennenlernen will, bleibt unausgesprochen. Auffällig erscheint ihre Selbstbeschreibung als eher *durchschnittlich*. Diese Bezeichnung wird sie nicht grundlos wählen und zugleich muss hinterfragt werden, in welcher Hinsicht sie sich als durchschnittlich einordnet. So könnte diese Selbstbeschreibung vor dem Hintergrund von als alternativ gelesenen Lebens- und Beziehungsvorstellungen verstanden werden, wonach sie sich eher dem Mainstream zuordnet, was auch als monogam heteronormative Beziehungsform interpretiert werden kann. Sollte es sich hingegen um einen als *queer* zu bezeichnenden Freundes- und Bekanntenkreis handeln, zu dem sich Frau A womöglich zugehörig fühlt, kann durchschnittlich auch etwas ganz anderes bedeuten, als es das in einem christlich traditionellen Verständnis von Normalität täte, wie sie es in ihrem Heimatort vorfand. Gleichzeitig muss diese Selbstbeschreibung auch immer hinsichtlich des Forschungsinteresses gelesen werden, infolgedessen sie diese Beschreibung zumindest implizit auch an den Interviewer richtet, der sich aus ihrer Sicht primär mit der Frage zur Bedeutung von Quereinsteiger*innen in der Sozialen Arbeit beschäftigt. Also mit einem Berufsfeld, das sich betont als weltoffen definiert und sie ja nun durch ihre berufliche Tätigkeit auch repräsentiert. Entsprechend kann die Darstellung zugleich im Sinne einer gesellschaftlichen Erwünschtheit gelesen werden, gemeint ist, dass sie sich betont als weltoffen, tolerant und mit einer Neugier auf *alternative* Lebenswege präsentiert.

Frau A kann mutmaßlich in einer nächsten Sequenz dieses Thema vertiefen und den Bezug zu sich selbst konkretisieren; sie kann ebenso von diesem Thema weggehen wollen, da es ihr zu intim erscheint.

9/397

weil ich nämlich schon denke dass es ähm da, ganz ganz viele Varianten gibt und man einfach nur sehr stark, geprägt ist, selbst wenn man sich damit befasst und ich glaube das ist bei ganz vielen Themen so auch zum Beispiel beim Thema Rassismus, nur weil ich mich damit befasse, heißt das nicht, dass ich nicht, trotzdem, manchmal, unbewusst rassistische Gedanken hab ne das ist einfach was, ja oder Sprache die man manchmal so unbedacht irgendwie benutzt und, äh so geht mir das halt bei vielen Themen dass ich denke da, man wächst halt so auf man wird so sozialisiert und wenn man Glück hat stößt man irgendwann mal drauf und denkt sich ah wer sagt eigentlich dass es so ist, so und ich manchmal erwische ich mich auch dabei dass ich irgendwie so, konservative Gedanken oder was heißt erwischen aber dass ich dann merke, ah krass da urteile ich jetzt schon wieder so in, normal und komisch oder, bewerte so Dinge von denen ich eigentlich gar keine Ahnung hab, oder so #00:30:58-8#

Frau A setzt mit einer Argumentation fort, weshalb es ihr so wichtig ist, mit Toleranz und Zurückhaltung auf alternative Lebenswege und -vorstellungen zu reagieren, die vom üblichen Mainstream abweichen oder zumindest mehrheitsgesellschaftlich so konnotiert werden. Auffällig ist, dass sie diese äußerst wissenschaftlich reflexive Sicht auf gesellschaftliche Zusammenhänge und Machtstrukturen in einen Zusammenhang mit *Glück* rückt. Die Argumentation lautet, dass wir alle als Mitglieder der Gesellschaft mit diesen Mustern und Vorurteilen aufwachsen, in sie sozialisiert werden und über die wir uns aufgrund glücklicher Umstände zwar bewusst werden und diese hinterfragen können, uns aber niemals von ihnen gänzlich frei machen können. Erstaunlich ist nun bei dieser reflexiven Perspektive, dass Frau A eine so wesentliche Funktion einer universitären Ausbildung als gewissermaßen zufälligen Akt betrachtet. Ist es doch etwas positivistisch ausgedrückt vielmehr eine unabdingbare Notwendigkeit einer demokratischen Gesellschaft, solche Reflexionsprozesse systematisch anzuregen. Zugleich lässt sich hiermit auf Schweppe (2006) Bezug nehmen, die solche Reflexions- und Transformationsprozesse infolge eines Studiums zwar nicht als Zufall oder Glück betrachtet, aber doch nur vor dem Hintergrund biografischer Dispositionen als verstehbar erachtet.

Somit erscheint es denkbar, dass es sich bei ihrer Einordnung nicht nur um eine Schilderung allgemeiner gesellschaftlicher Bedingungen handelt, sondern auch immer implizit Bezug auf ihre eigene Biografie genommen wird. So könnte sich der rote Faden dieser Darstellung durch folgende biografische Aspekte zusammensetzen: Die Sozialisation in einem traditionell christlich geprägten Herkunftsmilieu mit *tradierten* Normalitätsvorstellungen; die belastenden und einprägsamen Ausgrenzungserfahrungen durch die Dorfgemeinschaft infolge der Scheidung ihrer Eltern; der Ausbruch aus diesem Milieu aufgrund eines wachsenden vorbewussten Unbehagens und schlussendlich das Glück, das *Richtige* studiert zu haben. Frau A konnte einen als biografisch adäquat zu bezeichnenden Reflexions- und Bearbeitungsraum in einem Studium der Philosophie und insbesondere der Soziologie finden. Da es sich bei dieser Studienwahl gewissermaßen um einen Zufall handelt, da alles auch ganz anders hätte kommen können, leuchtet es natürlich ein, dass die Interviewpartnerin von *glücklichen* Umständen spricht.

Frau A kann in einer weiteren Sequenz darlegen, wie sie mit eigenen Vorurteilen konkret umgeht und spezifische Situationen schildern; sie kann Bezüge zu ihrem Studium herstellen; sie kann Bezüge zu ihrem Privatleben herstellen; sie kann das Thema genauso beenden wollen und im Unkonkreten bleiben.

9/410
NW: Das ist spannend #00:31:00-2#

Der Interviewer unterstützt ihre nun offeneren Darstellungen durch ein verbalisiertes Interesse an diesem Thema und ihrer Auseinandersetzung damit.

8/412
FA: Ja #00:31:02-7#

Frau A bestätigt dies kurz und knapp.

9/414
NW: Hast du n Partner #00:31:04-1#

Da die Interviewpartnerin offenbar nicht von allein auf einen Zusammenhang zwischen den geschilderten Interessengebieten und der konkreten privaten Bedeutung für sich selbst einzugehen gedenkt, fragt der Interviewer nun erneut direkt nach und erkundigt sich nach ihrer – bisher unausgesprochenen, aber wiederholt ko-präsent durchscheinenden – Beziehungskonstellation. Es ist davon auszugehen, dass der Interviewer einen konkreten Zusammenhang vermutet, der bisher noch nicht ausgesprochen wurde, aber ihm als relevant für die Kohärenz der Lebensgeschichte erscheint. Weiter oben wurde bereits über eine Art *Geheimnis* gemutmaßt, das über der Lebensgeschichte permanent zu schweben scheint und mutmaßlich die losen Fäden der Erzählung verknüpfen könnte.

9/416
FA: Ne, Partnerin ((lachend)) #00:31:05-8#

Frau A antwortet, dass sie eine Partnerin habe und muss zugleich lachen. Dass diese latent gehaltene biografische Begebenheit mittlerweile recht offensichtlich erschien, wird auch der Interviewpartnerin nicht entgangen sein. Auffällig ist, dass sie auf diese wiederholt indiskreten Fragen des Interviewers weder ablehnend noch schroff oder irritiert reagiert, obwohl diese Fragen aus Sicht der Interviewten denkbar wenig mit der originären Forschungsfrage zu tun haben und wenigstens als legitimierungsbedürftig erscheinen dürften. Daher kann davon ausgegangen werden, dass der Interviewpartnerin diese biografischen Zusammenhänge auch präsent sind – sie sollten dem Interviewer aber offensichtlich nicht ohne Weiteres mitgeteilt werden.

9/418
NW: Sehr interessant #00:31:08-0#

Der Interviewer bekräftigt verbal sein Interesse an diesem nun geöffneten Zusammenhang und wertschätzt damit zugleich das Vertrauen, das Frau A ihm mit diesem intimen Einblick in ihre Lebensgeschichte gewährt. Zugleich verweist die Äußerung darauf, dass der Interviewer seine Intention bestätigt sieht.

> 9/420
> FA: Das hat sicherlich auch n bisschen was damit zu tun dass ich vielleicht auch noch ähm (1) auch auf diese Themen gekommen bin weil ich mich natürlich auch, irgendwann ja also äh in meinem Freundeskreis gibt es halt auch viele, lesbische Frauen oder schwule Männer oder, oder auch Menschen die halt in ganz offenen Konzepten leben, und das, ich glaube das kommt so alles zusammen also ich hab wahrscheinlich, meine Studienthemen auch deshalb ausgewählt weil es mich persönlich auch betrifft und interessiert, und auf der anderen Seite wurde ich auch hellhörig dafür im Studium, weil es irgendwie meine Lebensrealität is (1)

Frau A führt die Details über ihr Beziehungsleben nun weiter aus und bestätigt damit die wiederholt dargelegte Annahme das Interpreten, wonach noch das eine Puzzlestück zu fehlen schien, das die biografischen Stränge miteinander verbindet und in Kohärenz treten lässt. Zugleich muss festgehalten werden, dass der Interviewer an dieser Stelle gar nicht weiter *bohren* musste, im Gegenteil, die Interviewpartnerin gibt – nachdem nun das *Geheimnis* gewissermaßen offengelegt war – autark reflektierten Einblick in den von ihr selbst längst als solchen identifizierten Zusammenhang, zwischen ihrer Lebensorientierung und der daraus resultierenden Studien- und späteren Berufsorientierung. Unausgesprochen bleibt hingegen, ob die von Frau A erlebten Ausgrenzungserfahrungen während ihrer Kindheit infolge der Scheidung der Eltern – also Erlebnisse, die unweigerlich Auswirkung auf ihre Lebensorientierungen genommen haben werden – während des Studiums auch thematisch eingebettet wurden. Denn es ist annehmbar, dass Frau A nicht nur ihre Homosexualität und eine daraus denkbar resultierende Orientierungslosigkeit während ihrer Jugendzeit in dem traditionell christlich geprägten Dorf im Rahmen das Studiums verarbeitete, sondern auch die Trennung ihrer Eltern und damit eine Erfahrung, die das Potenzial für Krisen hat. Darüber hinausgehend lässt sich festhalten, dass Frau A offenbar umfangreiche Reflexionsprozesse absolviert hat, die ihr den Zugang zu diesem biografischen Zusammenhang so tiefgehend ermöglichen. Ob dieser Prozess allein auf das Studium und die wissenschaftliche Auseinandersetzung mit diesen ihre Lebensorientierung tangierenden Themen zurückgeht, erscheint zumindest fraglich.

Denkbar ist, dass Frau A zu diesem biografischen Zusammenhang weitere Details schildert oder ähnlich wie jetzt zum Studium auf andere biografische Etappen zurückblickt und vor diesem Hintergrund einordnet. Ebenso kann sie das Thema wieder beenden wollen oder Rückfragen an den Interviewer stellen.

10/427
genau, so, und das ist wahrscheinlich auch das was ich vorhin meinte mit der Schulzeit (1) dass man, also ich bin dann halt hierher gezogen und hab, überhaupt erst einmal so Möglichkeiten auch entdeckt für mich die ich vorher gar nicht, kannte also (1) also ich war ähm als ich nach Stadt B gezogen bin noch nicht geoutet bei meiner Familie hab mich später ähm, dann irgendwann geoutet es war auch gar kein Problem oder so aber das war halt so dieses, ich musste mich glaube ich hier erstmal damit auseinandersetzen was es alles für Lebensrealitäten gibt um dann, son Gefühl auch für mich zu entwickeln, das ist eigentlich im Grunde vollkommen egal we- wer das wie macht so, aber da also is dann so ne Sicherheit auch in mir gewachsen dass ich, ja irgendwie damit offen umgehen kann und das gar nich (1) komisch finde oder so und mich eben auch interessiert wie andere Menschen leben (1) ja #00:32:37-7#

Frau A greift an dieser Stelle eine weitere biografische Episode aus der vorhergehenden Haupterzählung auf und bettet diese nun in den Zusammenhang mit ihrer zuvor offengelegten Lebensorientierung ein. Konkret schildert sie, welche wesentliche Bedeutung ihre Homosexualität für die Flucht aus dem Herkunftsmilieu einnahm. So fehlte ihr im Heimatdorf offenbar die notwendige Reflexionsfläche für eine gelingende Identitätsarbeit. Entsprechend musste sie sich in Stadt B während ihres Studiums auch erst selbst (neu) entdecken, bevor sie zurückkehren und sich outen konnte. Es erscheint doch als erstaunlich, dass diese so wesentlichen Details für eine durchgehend kohärent erscheinende Biografie bis hierher ausgespart blieben. Gewissermaßen baute Frau A ein für Außenstehende geeignetes Narrativ auf, das ohne weiteres Nachfragen des Interviewers auch als überwiegend plausibel durchgegangen wäre.

Daher gilt es abschließend danach zu fragen, warum es Frau A als notwendig erachtet, so viel Energie für ein *alternatives* Narrativ aufzuwenden. Es konnte bereits an verschiedenen Stellen des Interviews aufgezeigt werden, dass Frau A eine gewisse Unsicherheit zum Ausdruck bringt, die im Zusammenhang mit einem Bedürfnis nach Anerkennung und Akzeptanz oder auch Zugehörigkeit zu stehen scheint. Diese Unsicherheit lässt sich womöglich als eine tief verinnerlichte Konsequenz der von ihr als Kind erlebten Stigmatisierungserfahrungen infolge der Scheidung ihrer Eltern verstehen, mit anderen Worten stellt dies eine schmerzhafte und prägende biografische Disposition dar. Die Scheidung der Eltern stellte zum damaligen Zeitpunkt recht evident eine Abweichung von der in der Dorfgemeinschaft vorherrschenden Norm dar – und auf diese Abweichung wurde mit Ausgrenzung reagiert. Diese verinnerlichte Furcht vor Ausgrenzung wird es auch sein, die sie davon abhält, ihre eigenen als alternativ zu bezeichnenden Lebensorientierungen dem Interviewer gegenüber ohne Weiteres mitzuteilen.

Nachdem dieses Geheimnis gelüftet wurde und Frau A sich sicher sein kann, dass der Interviewer auf ihre *abweichende* Lebensorientierung mit Wertschätzung und Interesse reagiert, verändert sich die Schilderung der Interviewpartnerin in eine auffallend gelöstere und detailliertere Präsentationsform. Darüber hinaus lässt sich der nun latent argumentative Darstellungsstil dieser Sequenz dahingehend deuten, dass Frau A augenscheinlich das Bedürfnis zu verspüren scheint, dem Interviewer nachträglich einige lose Zusammenhänge der Lebenserzählung im Lichte dieser neuen Entwicklungen zu plausibilisieren – in gewisser Weise *outet* sich die Interviewpartnerin im Nachfrageteil nun auch dem Interviewer gegenüber.

Für diese Entwicklung lassen sich m. E. zwei Erklärungsansätze heranziehen. Zum einen muss davon ausgegangen werden, dass zuallererst eine Vertrauensbasis von Frau A gegenüber dem ihr zuvor größtenteils unbekannten Interviewer aufgebaut werden musste. Folgen wir Gabriele Rosenthal, geschieht dieses Aufbauen von (wechselseitiger) Nähe im Verlauf eines narrativen Interviews üblicherweise durch das aufmerksame Zuhören des Interviewers. Den Interviewten kann somit verdeutlicht werden, dass uns nicht nur *laborartig* dieses und jenes Phänomen interessiert, im Gegenteil, wir interessieren uns für das gesamte Leben und wir nehmen auch alle Erfahrungen ernst. Entsprechend formuliert Rosenthal hierzu, dass „selbst Interviewte, die bei Beginn des Gesprächs noch ziemlich mißtrauisch [sic] sind, nicht wissen, ob sie sich dem Gesprächspartner anvertrauen können, lassen sich mehr von einem unterstützenden Zuhören des Interviewers überzeugen als von irgendwelchen Erklärungen über seine Person und seine Forschung in der Warming-Up Phase des Gesprächs" (1995, S. 196). Vertrauen wird also primär über ein *Zuhören-Können* hergestellt und erst dadurch können sich die Interviewten auch auf ihre Biografien einlassen. Gelingt dies, wird die Offenheit der Erzähler*innen gefördert, infolgedessen auch sukzessive intime und krisenbehaftete Themenbereiche verbalisiert werden. Mit anderen Worten, der bzw. die Interviewpartner*in „fühlt sich angenommen und für seine Erlebnisse nicht verurteilt; dies ermutigt ihn dann, auch Heikles anzusprechen" (ebd.).

Dass die Lebensorientierung und insbesondere die sexuelle Orientierung von Frau A ein solch heikles Thema darstellt, ist evident. Denn „auch wenn in den letzten Jahrzehnten große Fortschritte bei der gesellschaftlichen Akzeptanz von Homosexualität" (Küpper et al. 2017, S. 9) und der Gleichstellung von LGBTQ orientierten Menschen erzielt worden sind, muss es als naiv bezeichnet werden, einen solch privaten Teil der eigenen Lebensgeschichte einem überwiegend unbekannten Interviewer gegenüber unbedarft preiszugeben.

Diese Überlegungen führen zugleich zu einem zweiten Erklärungsansatz. Die erlebten Stigmatisierungserfahrungen durch die Mitglieder der Dorfgemeinschaft gegenüber ihrer Familie als Folge der Scheidung ihrer Eltern führten bei Frau A womöglich zu einer internalisierten Furcht vor Ausgrenzungserfahrungen durch die Mehrheitsgesellschaft, sobald man als abweichend konnotierte Verhaltensweisen repräsentiert, so wie es die Homosexualität von Frau A in als

LGBTQ feindlich zu bezeichnenden Gesellschaftsschichten darstellen könnte[64]. Der ihr zuvor unbekannte Interviewer repräsentiert während dieses Gesprächs erst einmal eine solch anonyme Mehrheitsgesellschaft, infolgedessen es ihr als notwendig erscheinen dürfte, einen Schutzwall vor der eigenen Lebensgeschichte zu errichten. Aufgrund dessen wirkte die bisherige Lebensgeschichte auch nur inkonsistent und die losen Enden konnten später erst infolge einer als vertrauensvoll empfundenen Gesprächssituation verbunden werden.

Während in der *ersten* Lebenserzählung das thematische Feld der *Flucht aus dem Herkunftsmilieu infolge belastender familiärer Erfahrungen* mehr oder weniger noch latent über den dargelegten Themen hing, manifestierte sich dieses Feld in den Nacherzählungen zusehends. Jedoch fügt sich im Nachfrageteil eine weitere Bedeutungsebene hinzu, die sich auf die Furcht vor einem stigmatisierenden Umgang mit ihrer eigenen Sexualität bezieht, die aus den Erfahrungen gegenüber ihren Eltern resultiert und eine allgemeine Unsicherheit vor fehlender gesellschaftlicher Akzeptanz nach sich zieht. Diese Unsicherheit kann mutmaßlich auch auf andere Lebensbereiche ausgeweitet sein, sodass die wiederholt angemerkte Fokussierung der Interviewpartnerin auf eine möglichst professionell erscheinende Selbstdarstellung in ihrer Tätigkeit der Sozialen Arbeit auch auf eine Unsicherheit in der Anerkennung ihrer Person als geeignet für die Soziale Arbeit gelesen werden muss. Somit ist das dominante Thema dieser Lebenserzählung das der *gesellschaftlichen und beruflichen Akzeptanz.*

7.1.3 Fallzusammenfassung

Herkunft und Ausgrenzungserfahrungen

Die Lebensgeschichte von Frau A ist gekennzeichnet durch das Aufwachsen „*in nem, in nem richtig kleinen Dorf mit ungefähr siebenhundert Einwohnern*" (3/123–124) – also „*wirklich son Kuhdorf*" (3/124) – mit traditionell christlich geprägten Wertvorstellungen und den dort erlebten Leidens- und Ausgrenzungserfahrungen, denen sie und ihre Familie sich hinsichtlich der Scheidung der Eltern ausgesetzt sahen. Hierzu formuliert die Interviewpartnerin exemplarisch: „*und das sind dann halt schon, Phänomene die so ein bisschen auch, wo die Leute sich so ein bisschen hinter vorgehaltener Hand auch empören*" (4/149–150). Darüber hinaus führten die weitreichenden Transformationsauswirkungen der Nachwendezeit zu gebrochenen Berufsbiografien innerhalb ihrer Familie. Nicht zuletzt die eigene biografische Orientierungslosigkeit und das Fehlen einer sozialen Zugehörigkeit aufgrund der für sich früh festgestellten Homosexualität und der dafür fehlenden sozialen Reflexi-

64 Ich möchte ausdrücklich betonen, dass ich selbst eine solche Sicht nicht teile und Homosexualität für mich kein abweichendes gesellschaftliches Verhalten repräsentiert.

onsfläche in der dortigen Dorfgemeinschaft motivierten die Interviewpartnerin schlussendlich zur Flucht aus ihrem Herkunftsmilieu.

Das Studium

Das Studium oder besser gesagt, *jedwedes* Studium gilt ihr dabei als die Möglichkeit eines legitimen Ausbruchs. Dass es nach einigen Fehlschlägen in der Bewerbungsphase zum Bachelorstudium der Philosophie und Soziologie kommt und dem darauffolgenden Masterstudium der Soziologie, kann retrospektiv schon beinahe als schicksalhafte Fügung ausgelegt werden. Wird es ihr dort doch in besonderer Weise möglich, die gesellschaftskritischen Inhalte des Studiums mit ihren biografischen Voraussetzungen und Vorerfahrungen in Einklang zu bringen und sich den gelernten Gewissheiten, also *selbstverständlichen Lebensauffassungen* und *bestehenden sozialen Mustern*, kritisch zu vergewissern. Sie selbst beschreibt es mit den Worten: *„und mir wurde klar, es stimmt wir haben in einer Gesellschaft Machtverhältnisse die, die sind einfach da und ich habe dir vorher nie so wahrgenommen oder hinterfragt“* (359–361/8). So konnte Frau A insbesondere im Masterstudium verstärkt eigene *„Schwerpunkte setzen da habe ich mich dann auch, äh mit Beziehungsstrukturen zum Beispiel befasst, ich habe meine Abschlussarbeit über ähm, nicht monogame Beziehungskonzepte geschrieben“* (372–374/9).

Durch diese teilweise selektive Aneignung der Studieninhalte hat sie das zuweilen schwer zugängliche, da sehr theoretisch ausgelegte Studium für sich selbst biografisch gewinnbringend reflexiv ausgestalten können. Zugleich muss die Lebensphase des Studiums für Frau A sowohl innerhalb und als auch außerhalb der Institution Universität als entscheidender Raum für ihre Persönlichkeitsentwicklung verstanden werden. So konstatiert sie selbst, fachlich habe sie aus dem Studium nicht viel mitgenommen. In neue Themen reinarbeiten, lernen, sich strukturieren, ja, aber ansonsten *„das ganze Fachliche: fast alles wieder weg“* (7/308–309) aber *„auf persönlicher Ebene eben, naja eigentlich meine Persönlichkeitsentwicklung hat glaube ich da äh auch erst angefangen mit dem Studium (1) so richtig“* (7/311–313).

Zugleich befanden sich ihre Leistungsansprüche dieser Zeit offenbar in Konkurrenz zu den Freiheitsansprüchen. Entsprechend betont Frau A fortlaufend, dass ihr die *„Noten, nie so wichtig waren“* (295/7) und sie sich nach eigenen Angaben *„nicht so viel Stress“* (294/7) gemacht hat, stattdessen genoss sie ihre viele Freizeit, bzw. hat sie sich die viele Freizeit *„ja auch genommen, sagen wir es mal so“* (300–301/7). Sie verstand die Zeit des Studiums auch viel mehr als eine Phase des Ausprobierens, denn *„arbeiten muss ich später sowieso noch genug ((lachen)), deswegen gucke ich dass ich mich jetzt irgendwie kaputtmache für, n Stück Papier was ich ja am Ende rausbekomme wo dann irgendeine Note einfach draufsteht weil ich auch gar nicht auf Karriere großartig aus war“* (296–299/7).

Für sich selbst fasst Frau A die Phase des Studiums als die Zeit zusammen, *„die mich am stärksten, geprägt hat und da habe ich auch* ***viele*** *lebhafte Erinnerungen dran“* (293–294/7). Wie bereits dargestellt, handelte sich hierbei vor allem um eine prägende Zeit im Hinblick auf die eigene Persönlichkeitsentwicklung. Sie beschreibt es als *„das Wissen eigentlich über mich was kann ich gut was will ich auch machen wofür kann ich mich eigentlich begeistern,* ***was*** *möchte ich mir auch gar nicht geben und, wofür kann ich irgendwie auch einstehen oder mich abgrenzen“* (317–319/7).

Beruflicher Einstieg in die Soziale Arbeit

Ihr Weg in die Soziale Arbeit war alles andere als vorgezeichnet. Die Bewerbungsphase nach dem Studium lässt sich vielmehr als eine krisenhafte Erfahrung bezeichnen, die sich durch verschiedene Absagen kennzeichnete und gewissermaßen die als ebenso krisenhaft empfundene Bewerbungsphase auf Studienplätze in Erinnerung ruft. Die Bewerbungen waren vielfältig adressiert und gingen sowohl an sozialwissenschaftlich ausgerichtete Forschungsinstitute als auch an sozialpädagogische Einrichtungen. Dabei handelte es sich meistens um die *„Arbeit mit Jugendlichen“* (494/11), genauer *„ambulante, Familienhilfe ähm, Hilfe zur Erziehung sowas“* (497/11) sowie um eine Stelle in einem *„Frauenschutzhaus“* (508/11), ebenso für *„Projektarbeit“* (501/11) wie im *„Flüchtlingsbereich“* (502/11) oder in einem *„Umweltprojekt“*. Neben der Netzwerkarbeit und Verwaltungsarbeit „ging [es, N. W.] *immer so in den Bereich äh Aufklärungsarbeit“* (506–507/11) oder *„Antidiskriminierungsarbeit“* (518/11).

Frau A formuliert zu dieser erfolglosen Bewerbungsphase wie folgt: „man ey, ich finde nichts weil ich halt auch noch gar keine Arbeitserfahrung hab und, das habe ich schon zwischenzeitlich als ziemlich kritisch empfunden weil ich wirklich mich gefragt habe, pff sollt ich vielleicht einmal eine Ausbildung machen oder was ganz anderes studieren“ (1392–1395/29). Als auffällig erscheint die Erklärung der fehlenden Arbeitserfahrung für die Schwierigkeiten, eine Anstellung zu bekommen. Dies ist sicherlich ein nachvollziehbarer Grund, die Äußerung, wonach sie keinen hohen Wert auf ihre Leistungen während des Studiums legte, war sicherlich ein weiterer.

Zur Zeit der sogenannten Flüchtlingskrise im Jahr 2015 *„war ne Stelle ausgeschrieben von Träger A als Sozialbetreuung, und da hatte ich mich dann eben, beworben und, hatte Glück“* (78–79/3). Somit bekam sie doch noch eine Anstellung, und zwar als Sozialbetreuerin in einer Erstaufnahmeeinrichtung für Menschen mit Fluchthintergrund. Es lässt sich hierbei nicht von der Hand weisen, dass ihr die gesellschaftlichen Bedingungen in die Karten spielten. Die Fluchtmigrationsentwicklung stellt somit den entscheidenden Türöffner in die Berufswelt der Sozialen Arbeit für Frau A dar. So formuliert sie auch, *„es war egal ob du schon irgendwie Berufserfahrung hast ich hatte außer Englisch keine Fremdsprachenkenntnisse aber das war alles egal, weil die dringend Leute gesucht haben“* (80–82/3). Entsprechend *bunt* war auch das Team zusammengestellt, so gehörten bspw. ein ehemaliger *„Personaler bei irgendeiner größeren Firma“* (617/4), *„Medizinstudenten“* (83/3), Leute aus der *„Pharmazie“* (616/13), aber *„halt auch verschiedene Nationalitäten“* (619/14) dazu. Und obwohl die Tätigkeit dort *„nicht so gut bezahlt war und wir auch Schichtarbeit hatten“* (89–90/3), hat Frau A *„dort sehr gerne gearbeitet“* (88/3). So betont sie das *„super Team“* (88/3) und *„flache Hierarchien“* (89/3), *„die waren alle sehr (1) naja sehr herzlich“* (659/14).

Typische Tätigkeiten waren *„diese Essenseinlasskontrolle“* (647–648/14), das *„Spielzimmer für Kinder“* (648–649/14) betreuen, *„Kleiderkammer“* (652/14) und *„Waschsalon beaufsichtigen“* (654/14) sowie *„nachts Kleiderspenden sortieren“* (656/14). Allgemein bezeichnet sie den Beginn dieser Anstellung als *„super chaotisch“* (575/13), denn *„eigentlich hat hier gar keiner richtig Ahnung“* (576–577/13), entsprechend hieß die primäre Aufgabe zuallererst auch *„organisiert das mal“* (579/13). Trotz oder womöglich gerade aufgrund dieser fordernden und oftmals stressigen Arbeitserfahrung sei ein gutes, humorvolles Team entstanden *„und, ja es war eigentlich immer mit viel Spaß auch die Arbeit verbunden“* (586–587/13).

Diese Erfahrungen sind nun alles andere als unwesentlich für ihr Zusammenwachsen mit dem Berufsfeld der Sozialen Arbeit. Denn hier wurde der Grundstein gelegt, der ihrem biografischen Sprung vom sozialwissenschaftlichen Studium zur Tätigkeit innerhalb der Sozialen Arbeit überhaupt erst das Fundament lieferte. Die Tätigkeit als Sozialbetreuung ermöglichte es ihr, sich in die Soziale Arbeit zu sozialisieren zu beginnen: *„und ich glaube da habe ich gemerkt dass ich so im Bereich der Sozialen Arbeit, mich wirklich wohl fühle“* (591–592/13). Hätte sie ihre dort gesammelten Erfahrungen nicht mehrheitlich positiv für sich werten können, wäre es ebenso denkbar, dass sie das Berufsfeld Soziale Arbeit danach wieder hätte verlassen wollen. Darüber hinaus erscheint ihr Blick auf die Arbeitsmotivation hinsichtlich dieser Anstellung als bemerkenswert. Demnach fühlte sie sich dort insbesondere deswegen so wohl, *„weil es da eben nicht um, Profit geht und Gewinne zu erwirtschaften, sondern es geht v-. also es geht, eher darum dass man, dass man irgendwie auch sinnvolle Dinge macht und Menschen hilft aber sowas kann man halt nicht großartig kalkulieren“* (592–595/13). Mit anderen Worten, dort *„war man halt nicht nur ne Arbeitskraft“* (609/13).

Berufliche Konsolidierung in der Sozialen Arbeit

Die Anstellung von Frau A war befristet und nach zehn Monaten betriebsbedingt beendet, *„weil dann der Bedarf einfach ähm, zurückgegangen ist“ (86–87/3) „und, dann, kam halt die Kündigung“* (91/3). Entsprechend der jährlichen Asylantragszahlen ist diese Argumentation jedoch nicht ganz einleuchtend, da im Jahr 2016 die Antragszahlen höher lagen als zum Zeitpunkt ihrer Einstellung[65] und die Einrichtung mindestens bis zum Jahr 2018 fortgeführt wurde. Nichtsdestotrotz kommt es hierbei zu einer weiteren und zugleich nahtlos übergehenden Anstellung beim Träger B, einem weiteren Träger der Sozialen Arbeit, der u. a. in *„sozialer Stadtentwicklung und ganz viel auch im Migrationsbereich“* (94/3) aktiv ist. Dabei handelt es sich um eine Anstellung in einem Projekt, *„bei dem wir Geflüchtete dabei helfen dass*

65 Entwicklung der jährlichen Asylantragszahlen seit 2012: 2012=77.651, 2013=127.023, 2014=202.834, 2015=476.649, 2016=745.545, 2017=222.683, 2018=185.853 (BAMF 2019, S. 1)

sie in Arbeit und Ausbildung kommen oder ihren Schulabschluss hier nachholen, das sind so die Hauptziele" (98–100/3).

Auf die Frage, wie es beim Träger B zu ihrer Anstellung kam, berichtet sie: „ganz klassisch über Stellenausschreibungen im Internet gesehen, mich beworben und dann beim Vorstellungsgespräch erzählt von meiner, Tätigkeit vorher im Erstaufnahmestelle A" (689–691/15). Zudem geht sie davon aus, dass die in ihrer Freizeit stattfindende Betreuung einer syrischen Familie sich hierbei positiv ausgewirkt habe. Der Bewerbungsprozess „ging dann alles ganz schnell also ich hatte am, einunddreißigsten August meinen letzten Tag im Erstaufnahmestelle A, ich glaube ich hatte drei Tage vorher das Vorstellungsgespräch bei der Träger B, und dann haben die mich am nächsten Tag angerufen und gesagt sie könnten sich das vorstellen, und dann habe ich halt sofort ja gesagt und ich hab sozusagen wirklich nahtlos am ersten September dort angefangen" (696–700/15).

Zu dieser Anstellung muss hervorgehoben werden, dass es sich bei dieser neuerlichen Statuspassage auch um eine neue Form des Erlebens von Anerkennung in der Lebensgeschichte von Frau A handelt. Bei jeder vorherigen Statuspassage war sie geplagt von Absagen, Frustrationen und der Überlegung, ob sie vielleicht den falschen Weg eingeschlagen habe. Diesmal jedoch ist sie *diejenige*, die Person der Wahl. Infolgedessen gleitet sie nahtlos von einer Stelle zur nächsten über. Sie hat also Fuß gefasst im Berufsfeld der Sozialen Arbeit und ist aufgrund ihrer Fähigkeiten und Erfahrungen gefragt. Auch wenn zu diesem Zeitpunkt weiterhin von einem großen Fachkräftebedarf auszugehen ist, muss bei dieser voraussetzungsvolleren Tätigkeit ebenso davon ausgegangen werden, dass hierfür einerseits eine höhere Qualifikation als Voraussetzung bestand und andererseits auch eine stärkere Konkurrenz um diese Stelle zu erwarten war. Frau A wird demnach diesen Anforderungen gerecht und schlussfolgernd auch anderen Interessent*innen vorgezogen.

Dennoch verspürte sie auch hierbei Unsicherheiten. So beschreibt Frau A, „*am Anfang hatte ich ein bisschen die Sorge ähm, weil man mir beim Vorstellungsgespräch damals gesagt hat äh, dasses halt auch ganz doll juristisch wird weil ich mich, total, einarbeiten muss in Aufenthalts und Asylrecht und, äh auch Sozial- also diese ganzen Leistungs, Geschichten*" (700–704/15). So formuliert sie dazu auch selbst: „*pff ich weiß nicht ob ich da so reinkomme*" (705/15). Ein weiterer Unsicherheitsfaktor war das Thema Führerschein, denn dieser sei ein Einstellungskriterium, „*die ham halt gesagt am Anfang das ist nicht so schlimm aber so auf Dauer müssen wir das schon wieder aktivieren weil du musst da ja dann auch mal in andere Landkreise fahren*" (708–710/15). Neben diesen beiden Punkten, „*die mich ein bisschen erst haben zweifeln lassen*" (7010–711/15), erwähnt sie fast beiläufig und ohne weitere Details zu nennen, dass sie ebenso in der nahegelegenen Stadt D „*noch ne, Stelle auch so eine ähnliche Arbeit*" (712/15) hätte antreten können, sich jedoch gegen diese Stelle entschied, da die nur ein Jahr befristet gewesen wäre und dies entweder pendeln oder einen Umzug bedeutet hätte. Die für Frau A betont wichtige Trennung zwischen Freizeit und Arbeit muss hierbei als entscheidender Grund mitbedacht werden, dass sie sich für die Teilzeitstelle beim Träger B entschied. Zugleich ermöglichte es ihr die Stelle auch, in ihrer aufgebauten Community zu bleiben. So habe sie *„abgewägt und dachte, ich, mach das hier in Stadt B, Autofahren das lerne ich dann schon wieder muss ich halt ist ja auch gut wenn ich gefordert bin, und dieses rechtliche Zeug naja da kann man sich auch reinarbeiten (1) mhm joah und dann habe ich da zugesagt“* (714–717/15–16).

Im Unterschied zu vorhergegangenen Herausforderungen, denen sie sich nie so recht gewachsen fühlte, schenkt sie sich diesmal selbst das notwendige Vertrauen. Eine vormals bestehende Unsicherheit weicht nun einem Zutrauen in die eigenen Fähigkeiten. Diese Zuversicht scheint auch nicht verwunderlich, da sie in ihrer Biografie nun schon verschiedene Krisen überwinden konnte und die Zuversicht aus diesem Vertrauen schöpft, neue Herausforderungen erfolgreich zu bestehen.

Das Zusammenwachsen mit der Sozialen Arbeit ging fortan schnell voran: Erstens beginnt sie im Rahmen ihrer Anstellung beim Träger B eine Weiterbildung als systemische Beraterin. Dabei folgt sie der Überlegung, *„wenn ich in diesem Bereich in dem ich jetzt bin bleibe, ich halt immer mit Menschen zu tun wir machen viel Beratung, und manchmal, interessieren mich auch Stellen die eben, für Sozialarbeiter und Sozialarbeiterin ausgeschrieben sind und die Qualifikation habe ich nicht, und da ist vielleicht so n Abschluss als systemische Beraterin auch äh, hilfreich“* (526–530/12). Und zweitens, *„seit Anfang des Jahres* [Januar 2019, N. W.] *ist jetzt noch dazugekommen, bei dem gleichen Träger n anderes Projekt da mach ich jetzt die Leitung“* (104–105/3). Bei diesem neuen Projekt geht es *„speziell um Mütter die einen Migrationshintergrund haben, die sollen auch irgendwie f- ähm fit gemacht werden für den Arbeitsmarkt sollen sich orientieren“* (105–107/3). Zu dieser Entwicklung sei es gekommen, da die Vorgängerin auf dieser Stelle *„jetzt abgesprungen* [ist, N. W.]“ (777/17). Frau A wird daraufhin von der Geschäftsführung das Vertrauen ausgesprochen und danach gefragt, *„ob ich mir [diese Stelle, N. W.] vorstellen könnte“* (777–778/17). Dennoch war sie sich in Anbetracht der ihr zugedachten Verantwortung zuerst unsicher, zudem sie ja auch noch nie zuvor ein Projekt geleitet hatte. Doch auch hier zeigt sich nun deutlich die Wandlung von Frau A im Vergleich zu ihrer Jugend und Schulzeit, die sich schon bei der Stellenaufnahme beim Träger B abzeichnete: Sie traut sich nun Herausforderungen zu und sieht das in sie gelegte Vertrauen als eine Chance an, sich zu bewähren. Daher muss auch davon ausgegangen werden, dass ebenso ihr bisheriger Leistungsanspruch einem Wandel unterliegt. So war es vielleicht nie ihre Absicht, Karriere zu machen, doch nun kommt die Karrierechance auf sie zu und Frau A ergreift diese. Entsprechend formuliert sie selbst, *„auf der anderen Seite dachte ich es ist auch n ne gute Möglichkeit dass jetzt auszuprobieren“* (780/17).

Frau A übernimmt Verantwortung in der Sozialen Arbeit und das innerhalb einer verhältnismäßig kurzen Berufskarriere in diesem ihr ursprünglich fremden beruflichen Feld. Sie ist mit ihrer Aufgabe und ihrem Berufsfeld zusammengewachsen, sie vertraut ihren Kolleg*innen, zugleich helfen ihre Kolleg*innen ihr, wenn sie Unterstützung benötigt. Darüber hinaus wird sie respektiert und als Fachkraft standortübergreifend akzeptiert. Ersichtlich wird dies auch darin, dass Frau A sogar eigene Forderungen zur Aufnahme dieser Leitungsstelle stellen konnte. Denn sie trat die Stelle nur unter der Bedingung an, *„dass sich mein Stundensatz nicht erhöht weil ich nicht mehr Stunden gehen wollte ((belustigt))"* (795–796/17). Schlussendlich untermauert sie auch hiermit ihre betont wichtige Trennung zwischen Beruf und Privatleben.

Als Beispiel für die gewonnene Akzeptanz im Berufsfeld der Sozialen Arbeit lässt sich eine Sequenz zu einer als untypisch erlebten Arbeitsbegebenheit exemplarisch heranziehen: *„also was ich mal sehr äh untypisch äh fand, da hatte da hat jemand angerufen von einer Behörde ich glaube das war (1) Sozialamt, und die hatten dann auch eine Frage also im Grunde war es eine typische Arbeit weil die eine Frage hatten, zu ausländerrechtlich und ähm, wir haben bestimmt eine Viertelstunde telefoniert um das alles zu klären, also so gesehen war es schon was typisches aber es war irgendwie untypisch dass eine Behörde, uns als kleines Projekt anruft um dann Dinge zu erfragen die äh, naja die haben halt wahrscheinlich irgendwie gedacht hier die machen die die Arbeit immer die sind ja Experten dafür und, äh das hatte mich tatsächlich ein wenig gewundert weil auch die Behörden ja ganz viel mit Geflüchteten eigentlich zu tun haben und ich dachte das müssen die doch selber wissen"* (1060–1069/23). An dieser Sequenz zeigt sich anschaulich, dass Frau A im Rahmen ihres Projekts als kompetente Partnerin auch außerhalb des eigenen Trägers angesehen wird. Sie gilt als Fachkraft in der Sozialen Arbeit.

Positive und negative Seiten des Berufs

Wird Frau A danach gefragt, was ihr bei diesem Beruf Freude bereitet, betont sie die abwechslungsreichen Aufgaben sowie die Flexibilität in der Gestaltung der Arbeit: *„also es gibt Tage da da habe ich gar keine Lust auf Beratung da ähm, da kann ich dann auch den ganzen Tag irgendwie, unsere Monatsstatistik erstellen und n Sachbericht schreiben und bin einfach für mich, und dann gibt es wieder Tage da da da merke ich heute bin ich total kommunikativ"* (26/1243–1246). Zudem würde in ihrer Stadt ein wirklich gut funktionierendes Integrationsnetzwerk bestehen, *„also wir haben, den direkten Draht zur Ausländerbehörde zum Jobcenter man kann Sachen auch oft schnell klären so mit nem Anruf die kennen unser Projekt auch alle, und das ist schon sehr befriedigend wenn man jetzt merkt jetzt hat man irgendwie sonen Fall, und dann geht es nicht voran, und dann führt man ein zwei Telefonate oder schreibt eine Mail und dann geht es auf einmal weiter das ist sehr angenehm"* (26–27/1249–1254). Auch die Rückmeldungen ihrer Teilnehmer*innen werden hervorgehoben. So spricht sie exemplarisch von einer Tasse, die bei ihr zu Hause im Schrank stehe und extra von einem Teilnehmer für sie bedruckt wurde: *„weil er der hat durch uns ne, äh ne Arbeit als der wurde ich als Kinderpfleger anerkannt, war Erzieher in seiner Heimat und hat dann n Job als Kinderpfleger bekommen und überlegt jetzt ob er berufsbegleitend noch die Erzieherausbildung macht und der war so froh, als er diese Arbeit bekommen hat, dass er uns dann, jedem ne Tasse geschenkt hat, mit Sü-*

ßigkeiten drinnen und dann stand darauf gedruckt äh, herzlichen Dank Frau soundso […], *sowas ist halt schön*" (27/1256–1261).

Auf der anderen Seite sind es insbesondere die strukturellen Aspekte, die ihr das berufliche Leben zuweilen erschweren. So gibt es „*insbesondere bei der Ausländerbehörde leider auch, Mitarbeiter die, ganz offensichtlich* ***nicht*** *den Leuten wohlgesonnen sind und die die haben ja auch immer einen gewissen, Entscheidungsspielraum schon und da merkt man halt auch, dass da Leute erst einem auch* ***extra*** *schwer machen*" (27/1267–1271). Jedoch reflektiert sie, dass es sich hierbei nicht per se um „*die bösen Menschen dahinter*" (27/1271–1272) handelt, sondern „*so, äh Regelungen und Prozesse die einem das so erschweren*" (27/1272–1273). Hierzu bringt sie folgendes Beispiel, dass ich aufgrund der Eingängigkeit auch ausführlich darlegen möchte:

> „*ein aktuelles Beispiel ist auch gerade ein Fall, n junger Mann aus Afghanistan der hat hier noch keinen sicheren Aufenthalt und, es gibt sone gesetzliche Regelung, dass man über ne, Ausbildung, kann man sich den Aufenthalt hier erarbeiten sozusagen du hast du dann diese drei Jahre die die Ausbildung dauert bist du hier definitiv safe, und danach kannst du nochmal wenn du in dem Beruf dann auch arbeitest, kriegst du nochmal zwei Jahre und nach, fünf Jahren hier in die Rentenkassen eingezahlt zu haben, kannst du eigentlich dir n Aufenthalt auch beantragen, und, der wollte das machen, über eine Altenpflegeausbildung der hätte das auch gut hinbekommen der war auch sprachlich fit und alles, und das Problem war, dass seinen Schulabschluss, er hatte sein Zeugnis hier und übersetzt aber noch nicht anerkannt, und das ist aber gesetzlich vorgegeben dann haben wir die Anerkennung beantragt und das Landesschulamt das hat* ***so*** *lange gebraucht der hat nach über acht Monaten immer noch keine Rückmeldungen bekommen und die Ausbildung hat dann aber schon angefangen und irgendwann hat ihr Ausbildungsbetrieb gesagt, ey die Berufsschule das geht hier schon seit drei Wochen der hinkt schon jetzt voll hinterher der der kann ja noch nicht anfangen, also, das mangelt dann an solchen Sachen obwohl der Betrieb wollte die Schule wollte er wollte, es ist auch n Beruf wo Fachkräfte fehlen, und dann kommt man trotzdem nicht weiter, wegen solcher Regelungen auf die man auch, nicht direkten Einfluss, ausüben kann man kann halt immer nur wieder auf irgendwelchen Tagungen sagen dass es, scheiße ist weil die Leute dann in der Luft hängen, das ist manchmal sehr frustrierend*"
> (27/1273–1292)

Darüber hinaus bezeichnet sie sich selbst als eine Person, die viel Struktur braucht, insbesondere wenn es darum geht, „*irgendwie inhaltliche Text oder sowas zu schreiben oder ne wichtige E-Mail*" (27/1295). Entsprechend erachtet sie es als belastend, zu dritt in einem Büro zu sitzen, in dem nebenbei auch Beratungstermine oder Telefonate stattfinden. Und „*wir haben eigentlich offizielle Öffnungszeiten und wir arbeiten nur mit Terminen und, zwei Tage die Woche haben wir offene Sprechzeiten, aber da hält sich keiner dran und wir setzen das auch nicht gut durch, sodass man halt* ***ständig*** *unterbrochen wird dann kommt jemand rein und will was und nur ne kurze Frage und man wird immer wieder rausgerissen*" (27/1297–1301). Um sich diese Struktur zu gewähren, macht Frau A „*das inzwischen wirklich so dass ich äh (1) wenn ich an* *was gerade sitze wo ich mich auch echt konzentrieren muss und jemand, reinplatzt, also bei Klienten die kein Termin haben sage ich dann grundsätzlich immer, dass sie jetzt warten müssen ich versuche dann auch ungefähr abzuschätzen manchmal s- kann ich dann sowas sagen wie ich mh das dauert jetzt vielleicht noch ne halbe Stunde oder ich habe jetzt gerade eine Beratung vielleicht kommen sie in ner Dreiviertelstunde noch mal wieder oder sie warten hier solange aber, vorher wird es nichts ähm, genau und dann dann lasse ich sozusagen die Leute auch warten, weil ja immer die Möglichkeit besteht im Vorfeld ein Termin zu machen, und wenn das Kollegen sind, dann gucke ich halt immer wenn das jetzt Dinge sind die wirklich ganz schnell erledigt sind dann mache ich das auch gleich, und ansonsten schreibe ich mir das halt auf und dann arbeite ich eins nach dem anderen ab weil ich sonst die Hälfte vergessen würde einfach*" (28/1307–1318). Generell versucht Frau A bei diesem Beruf so viel wie möglich mit Humor zu nehmen, *„weil man ja sonst, auch irre werden könnte in seinem Job, manchmal wenn man so gefühlt gegen Windmühlen kämpft oder, Menschen die halt, einem auch so das* ***bewusst*** *schwer machen, dass man da manchmal das auch mit Humor nehmen muss*" (28/1324–1326).

Bedeutung von Erwerbsarbeit und Zukunftsaussichten

Es liegt auf der Hand danach zu fragen, warum Frau A eigentlich nicht (ergänzend) Soziale Arbeit studieren möchte? „Habe ich tatsächlich mal mit dem Gedanken gespielt, also berufsbegleitend hätte ich das dann ja gemacht, aber dann dachte ich mir ich glaube mir wird das zu viel." (542–543/12) Sie argumentiert, „wenn ich jetzt einfach anfange nebenberuflich drei Jahre, zu studieren da muss ich ja wahrscheinlich am Wochenende ständig irgendwo hinfahren" (549–550/12), zudem „müsste ich ja ständig irgendwie Hausarbeiten schreiben" (552–553/12), hingegen musste sie für die Weiterbildung zur systemischen Beraterin nur einmal monatlich Montag und Dienstag Zeit investieren sowie „eine Abschlussarbeit schreiben und zwei Beratungen durchführen und dokumentieren" (551–552/12).

Auch, wenn Frau A hierbei vor allem die zeitlichen Belastungen meint, die sie ja bewusst mit einer Teilzeitstelle niedriger halten möchte, und die Belastungen ja *„bei der Weiterbildung schon gemerkt habe*" (543–544/12), muss Belastung auch in der Hinsicht mitgedacht werden, dass sie bei einer berufsbegleitenden Ausbildung auch die Erwartung ihres Arbeitgebers auf sich spüren würde, die Ausbildung erfolgreich zu absolvieren (um bspw. eine unbefristete Anstellungsgarantie in Aussicht gestellt zu bekommen). Sie entlastet sich also in zweierlei Hinsicht. Zum einen spekuliert sie darauf, die Kombination aus gesammelter Berufserfahrung und Weiterbildung als systemische Beraterin *„wird einfach ausreichen" (555–556/12), denn „wenn ich mich jetzt auf dem Arbeitsmarkt umgucke sehe ich auch dass es immer wieder auch Stellen gibt wo das kein Ausschlusskriterium is, und die Berufserfahrung auch einfach wichtig is*" (558–560/12). Und zum anderen kann die systemische Ausbildung auch dahingehend verstanden werden, sich eine Perspektive aus ihrer aktuellen Beschäftigung heraus offen zu halten, indem sie sich von ihrem ursprünglich soziologischen Abschluss fortwährend unabhängiger macht und sich für weitere originäre Stellen innerhalb der Sozialen Arbeit qualifiziert. So bestand wohl auch als andere Überlegung, nach der Weiterbildung *„die Therapeutin noch dranzuhängen“* (531–532/12), da sie infolge der Weiterbildung die Erfahrung sammelte und für sich einordnete, *„>naja es ist schon auch anstrengend weil man immer, Menschen berät beruflich<“* (530–531/12). Jedoch ist sie von diesem Vorhaben wieder abgewichen. Diese Aussage passt zu der Annahme, dass Frau A nicht nur aus strategischen Gründen zur Entfaltung der Berufskarriere die systemische Weiterbildung absolvierte, sondern sehr wohl die Herausforderungen, die mit einer solchen Anstellung und die Anforderungen an Beratungskompetenzen einhergehen verspürte und sich dafür womöglich nicht vollends gewappnet fühlte.

Frau A weist aber auch darauf hin, dass sie durchaus mit dem Gedanken spielt, *„vielleicht später auch, in eine Richtung [zu] gehen, die mich vielleicht noch mehr, begeistert mit eigenen Projekten“* 116–117/3). Zugleich könne sie es sich sehr wohl vorstellen, bei dem Träger noch *„ne Weile zu bleiben nur eben inhaltlich mal gucken muss ob ich da nochmal mich son bisschen, in ne andere Richtung entwickeln will“* (729–731/16). Konkret spricht sie von Aufklärungsarbeit (741/16), *„sexuelle Aufklärung“* (741/16) oder allgemein *„Arbeit die die Diskriminierung abbauen- abbauen und vorbeugen soll“* (742/16).

Hierbei fügt sich schlussendlich die persönliche Lebensgeschichte von Frau A wieder in ihre Berufskarriere ein. Die Themen, die sie selbst erlebte und in ihrer Identitätsarbeit während des gesellschaftlichen Schutzraumes des Studiums reflektierte – wie Diskriminierung ihrer Eltern durch das dörfliche Milieu infolge der Scheidung oder ihre fehlende sexuelle Aufklärung in der Jugendphase über alternative Lebenswege und Beziehungsformen – sind es, die sie thematisch für ihr sozialwissenschaftliches Studium begeistern konnten und schlussendlich auch ihren Weg in und durch die Soziale Arbeit bahnen.

Wird Frau A nach der generellen Bedeutung von Erwerbsarbeit in ihrem Leben gefragt, weist sie darauf hin, dass das *„ist auf jeden Fall schon mehr für mich als jetzt irgendwie nur, ne Verdienstquelle“* (28/1349–1350). Als Verdienstquelle bezeichnet sie ihre damalige Anstellung beim Callcenter. Aber ihre Tätigkeit in der Sozialen Arbeit *„ist schon auch was wie ich auch schon gesagt haben was Sinnvolles halt was sich für mich sinnvoll anfühlt und deswegen, ist es schon auch was was ich vielleicht auch mit nem, gewissen Stolz mache oder mit so nem Gefühl von, ja ich mache halt nicht irgendwas,* **bescheuertes** *wo man sich hinterher fragte wofür war das jetzt gut sondern ich und ich sehe ja was ich mache und ich weiß es auch und, ähm (1) ja, also es ist schon auch irgendwie was, sinnstiftendes was befriedigende so“* (28–29/1350–1356). Zugleich relativiert sie, dass Erwerbsarbeit nur einen Teil ihres Lebens ausmacht *„und wahrscheinlich auch nicht in Zukunft bei mir, n ganz obersten Stellenwert haben wird“* (29/1357–1358). Ebenso wichtig ist ihr ihre Freizeit und gemeinsame Erlebnisse mit ihren Freunden. Entsprechend formuliert sie: *„sodass ich sagen würde die Arbeit so sinnvoll sie auch sein mag aber sie wird immer so meinem Privatleben auch untergeordnet sein“* (29/1361–1362). Sie sei zwar flexibel und macht auch Überstunden, wenn dies der Job verlangt, *„aber ich äh würde zum Beispiel, also ich, wenn ich das Gefühl hätte ich mache mich so kaputt oder* *mein Privatleben hat keinen Platz mehr dann würde ich auch, n Job kündigen, weil ich das ähm, nicht so wichtig finde und ich, mich hier nicht irgendwie daran messe wie, wieviel Geld ich verdiene oder so um mich damit jetzt gut zu fühlen da sind mir andere Sachen wichtiger"* (29/1365–1370).

Abschließend gilt es noch zu klären, wo sich Frau A beruflich denn nun selbst einordnet. Einerseits sagt sie, „son bisschen manchmal als Sozialarbeiterin weil wir halt, mit Menschen arbeiten und weil wir ja versuchen irgendwie auch was Gutes für die Gesellschaft zu machen und die Menschen zu unterstützen die halt nich alleine irgendwie, die Sachen gelöst kriegen" (21/980–983). Andererseits, „wenn ich mich jetzt irgendwo, so vorstelle dann sage ich auch ich habe Soziologie studiert oder ich bin Soziologin, aber aktuell mache ich quasi eher Soziale Arbeit ich glaube ähm wenn ich sagen würde dass ich, auch berufsmäßig Soziologen bin" (21/997–999). Daher fasst sie für sich wie folgt zusammen: „deswegen, ja fühle ich mich wahrscheinlich als beides also ich, von meiner Ausbildung her bin ich Soziologin und fühle mich auch so, aber im Grunde, bin ich in der Sozialen Arbeit tätig" (21/1003–1005)[66].

7.1.4 Fallstruktur – Soziale Arbeit als berufliche Selbstverwirklichung

Die Lebensgeschichte von Frau A kennzeichnet sich durch früh erlebte soziale Ausgrenzungserfahrungen infolge der Scheidung ihrer Eltern während ihrer frühen Jugendzeit aber auch infolge ihrer eigenen Homosexualität. Die christlich geprägte Dorfgemeinschaft des Herkunftsmilieus begegnete der Familie hinsichtlich der Scheidung nicht etwa mit Nächstenliebe und Unterstützung, sondern vielmehr durch Stigmatisierung. Diese Erfahrung entwickelt für die Interviewpartnerin eine nachhaltige Prägung, da sie zur damaligen Zeit feststellte, homosexuell zu sein. Für diese Erkenntnis konnte sie im dortigen sozialen Setting jedoch keinerlei Reflexionsfläche für sich vorfinden. Auch generell fand Frau A lange Zeit keine soziale Zugehörigkeit. Exemplarisch formuliert sie diesen Zusammenhang wie folgt: *„ähm ich glaube einfach dass ich früher auch nicht gern auf Partys gegangen bin weil mir das immer zu, naja so Mainstream irgendwie war und ich ähm, vielleicht auch weil ich recht schnell gemerkt habe, dass ich, eigentlich auf Frauen stehe aber mir irgendwie auch nicht sicher war ich hatte ja auch keinen, Zugang zu Informationen so wirklich neh auffem Dorf äh das war wirklich also, schwierig und ich hab auch mich ja damals noch nicht geoutet bei meinen Freunden und hab, einfach gemerkt, na ja irgendwie fühle ich mich nicht so ganz dazugehörig, obwohl ich schon ahne was,*

---

66 Passend zu dieser Selbstbeschreibung konnte nachträglich recherchiert werden, dass Frau A zum Zeitpunkt der Abgabe der vorliegenden Ausarbeitung zwar noch zwei weitere Jahre in der Flüchtlingshilfe beruflich tätig war, danach aber auf eine Stelle als Wissenschaftliche Mitarbeiterin in den Sozialwissenschaften wechselte.

dahinter steckt aber, wem erzähl ich das jetzt“ (10/457–464). Der Wunsch nach einem Studium ist somit Ausdruck, um diesem konservativen und die eigene Sexualität unterdrückenden Milieu zu entgehen und dadurch überhaupt erst die eigene Identität forschend zu entdecken.

Das sozialwissenschaftliche Studium bietet ihr den Raum für die angestrebte Persönlichkeitsentwicklung und ermöglicht ihr schlussendlich auch umfangreichen sozialen Anschluss sowie die Anerkennung ihrer Persönlichkeit. Zugleich gelingt es ihr, das Studium vor dem Hintergrund ihrer Lebensgeschichte inhaltlich so anzueignen und auszugestalten, dass sie ihre eigenen biografischen Themen dort reflexiv verarbeiten und weiterentwickeln kann. Das Hinterfragen von tradierten gesellschaftlichen Machtverhältnissen und als selbstverständlich erscheinenden sozialen Mustern – und damit unweigerlich die Frage nach sozialer Gerechtigkeit – spielte dabei eine entscheidende Rolle. Dementsprechend versteht Frau A das Bachelorstudium für sich selbst auch als die Zeit, „*die mich am stärksten, geprägt hat und da habe ich auch* **viele** *lebhafte Erinnerungen dran*“ (293–294/7). Diese Entwicklung setzt sich im Masterstudium fort, dort konnte sie noch weitgehender ihre „*Schwerpunkte setzen da habe ich mich dann auch, äh mit Beziehungsstrukturen zum Beispiel befasst, ich habe meine Abschlussarbeit über ähm, nicht monogame Beziehungskonzepte geschrieben*“ (372–374/9). Exemplarisch formuliert sie hierzu: „*dass man zum Beispiel davon ausgeht äh ne Beziehung ist immer, immer für jeden so aufgebaut und ich irgendwann mir dachte, warum eigentlich wer sagt das (1) und dann habe ich mich eben angefangen damit auseinanderzusetzen und ge- merkt dass es da auch in der Soziologie viel Platz dafür gibt*“ (376–379/9).

Die nachfolgende Statuspassage der Arbeitssuche erlebte sie als die hervorgehobene Krisenerfahrung ihres bisherigen Lebens. Dass sie zum Ende dieser Passage in einer Anstellung innerhalb der Sozialen Arbeit einmündet, war alles andere als vorgegeben. Es hätte auch ganz anders kommen können. Aber zum Zeitpunkt der sogenannten Flüchtlingskrise im Jahr 2015 „*war ne Stelle ausgeschrieben von Träger A als Sozialbetreuung, und da hatte ich mich dann eben, beworben und, hatte Glück*“ (78–79/3). Diese Stelle als Sozialbetreuerin in einer Erstaufnahmeeinrichtung für Menschen mit Fluchthintergrund bekam sie und ebnete ihren Weg in die Soziale Arbeit. Mit den anschließenden Anstellungen als Projektmitarbeiterin und später Projektleitung in der Flucht- und Migrationshilfe gelingt ihr erneut eine reflexive Aneignung und Ausgestaltung der Arbeitsinhalte vor dem Hintergrund ihrer biografischen Eigeninteressen. Beispielhaft verweist Frau A in diesem Zusammenhang auch auf ihre beruflichen Zukunftspläne, wonach sie mit dem Gedanken spielt, „*vielleicht später auch, in eine Richtung* [zu, N. W.] *gehen, die mich vielleicht noch mehr, begeistert mit eigenen Projekten*“ 116–117/3). Dabei spricht sie von „*Aufklärungsarbeit*“ (16/741), „*sexuelle Aufklärung*“ (16/741) oder allgemein „*Arbeit die die Diskriminierung abbauen- abbauen und vorbeugen soll*“ (16/742). An diesen Beispielen zeigt sich signifikant, wie sich die Lebensgeschichte von Frau A in ihre Berufskarriere und somit an einen Beruf in der Sozialen Arbeit einfügt.

In Anlehnung an Reckwitz ist die Tätigkeit von Frau A offenkundig „mit starker intrinsischer Motivation verbunden" (2018, S. 201) und birgt für sie ein „erhebliches Identifikationspotenzial" (ebd.). Daher lässt sich aufzeigen, dass die Tätigkeit in der Sozialen Arbeit im Fall von Frau A vor dem Hintergrund eines postmaterialistischen Ethos „von Arbeit als Selbstverwirklichung" (ebd., S. 217) zu lesen ist.

7.2 Herr A[67]: „Ich habe aber eigentlich immer ganz gut funktioniert so"

7.2.1 Fallzusammenfassung

Herkunft, Schule und der Weg zum Bauingenieurstudium

Herr A wird im Jahr 1990 auf dem Gebiet der ehemaligen DDR geboren und wächst in einer mittleren Großstadt, Stadt B[68], als Einzelkind auf. Er selbst bezeichnet sich als *„kleines Nesthäkchen"* (12/537) und wäre aber gerne mit weiteren Geschwistern aufgewachsen. In seiner Familie herrscht eine hohe Akademikerdichte vor und als Besonderheit weisen viele der männlichen Mitglieder einen Berufsabschluss als Bauingenieur auf. Dabei handelt es sich u. a. um seinen Vater, seine beiden Großväter und einen Onkel. Der Vater ist als Statiker tätig und besitzt zudem einen gewissen Bekanntheitsgrad in seiner Branche. So erwähnt Herr A, dass *„ganz viele Leute im Prinzip schwärmen immer von ihm"* (24/1126) und dass er *„seinen Job glaub ich auch ganz gerne"* (24/1125) macht *„und der macht den auch toll"* (24/1125–1126). Seine Mutter stammt beruflich ursprünglich aus dem Wirtschaftsbereich, wechselte später zur Arbeitsagentur und hat dort mittlerweile eine Leitungsposition inne.

Als Herr A von der Grundschule auf das Gymnasium wechselt, empfand er diese Veränderung als *„ganz schön Kacke weil, ich mir gar nicht aussuchen durfte (1) dass ich darauf gehe, und dann musste ich aber, dann bin ich da draufgegangen"* (7/296–299). Für ihn war dieser Schritt von der sechsten zur siebten Klasse *„der erste große Wechsel"* (7/292–293), denn die gewachsenen sozialen Kontakte, seine Freunde, seine Klassenkamerad*innen waren bis auf zwei Leute nicht mit auf das Gymnasium oder zumindest nicht in seine Klasse gekommen: *„da war ich da zum ersten Mal weg von allen"* (7/293–294). Zudem verschlechtern sich seine zuvor sehr guten Leistun-

67 Das Interview wurde am 21.06.2019 in der Wohnung des Gesprächspartners durchgeführt. Das Gespräch dauerte 1h59min.

68 Die zur Anonymisierung verwendeten Codierungen, wie bspw. Stadt B, sind immer nur im Zusammenhang mit dem jeweiligen Fall zu lesen. Das bedeutet, Stadt B von Fall A entspricht nicht Stadt B von Fall B usw.

gen. *„Oh Gott waren meine Noten Scheiße“* (7/303–304) betont Herr A, *„also die waren so schlecht glaube ich hatte **nur** ich hatte **nur** Vieren auf dem Zeugnis“* (7/304–305). Seine Eltern waren über diesen Leistungsabfall wenig erfreut, so seien sie *„aus allen Wolken gefallen“* (7/305) und verdeutlichten ihrem Sohn gegenüber, *„oh Gott was soll das und so du musst viel mehr lernen zuhause und so“* (7/305–306) und haben ihm dann *„einen übelsten Druck gemacht“* (7/307). Seine Leistungen verbesserten sich erst, als seine Mutter eine Weiterbildung bei der Arbeitsagentur absolvieren wollte. Hierzu erinnert sich der Interviewpartner: *„meine Mutti, hatte so eine, so eine Weiterbildung die ging aber eine Zeit und die konnte die nur in Nürnberg machen weil meine Mutti arbeitet bei der Bundesagentur für Arbeit und da ist die Hauptzentrale“* (7/308–310). Und *„da war die irgendwann so traurig und hat sich gedacht ich kann das gar nicht, ich kann nicht nach Nürnberg gehen und die wollte das unbedingt“* (7/316–317). Als Resultat *„habe ich gesagt okay jetzt lerne ich mal ein bisschen habe ich ein halbes Jahr gelernt, hatte dann aus allen Vieren glaube ich Dreien und Zweien gemacht sozusagen meine Eltern warn happy sozusagen meine Mutter ist nach Nürnberg gegangen“* (7/318–320). Obwohl seine Noten danach wieder schlechter wurden und er auch generell über sich sagt, *„ich hatte einfach keinen Bock immer so viel zu lernen“* (7/322, verbesserten sich seine Leistungen nach einiger Eingewöhnungszeit auch langfristig.

Nachdem Herr A sein Abitur erlangte, verreiste er mit einem Freund erst mal nach Australien, *„weil ich einfach nicht wusste was ich so machen soll, und weil ich einfach wusste ich habe gar keine Lust jetzt eine Ausbildung zu machen zu studieren das hat mich alles überfordert“* (2/31–33). Herr A nutzte dieses Moratorium, um in Australien einer beruflichen Tätigkeit in einem Fahrradgeschäft nachzugehen. Dort konnte es sich nicht nur einen stabilen Freundeskreis aufbauen, er bekam sogar das Angebot, bei dem Fahrradgeschäft eine Ausbildung zu absolvieren. Dennoch kehrte er nach einigen Monaten zurück in seine Heimat, jedoch ohne eine klarere Idee über seinen weiteren Berufsweg entwickelt zu haben. Er wusste nur, *„ich fahre nach Hause, ich **muss** studieren ich hatte das irgendwie so drin, studieren müssen“* (2/53–54). Was er hingegen studieren möchte, das war weiterhin unklar. Entsprechend formuliert er: *„und dann war ich wieder hier und dachte mir ja Scheiße was studiere ich denn eigentlich ich habe gar keine Ahnung was ich studieren möchte:“* (2/54–56).

Als Herr A danach gefragt wird, woher denn die Erwartungshaltung stammt, studieren zu müssen, antwortete er: *„also, ich glaube das kam immer durch- also meine Eltern haben immer gesagt du machst Abitur, so (1) die haben auch immer gesagt was du da danach machst ist egal, aber ich glaube schon dass da irgendwo ein Wunsch da war zu studieren“* (9/372–374). Es lässt sich mithilfe der ausführlichen Analyse aufzeigen, dass es sich hierbei nicht nur um einen Wunsch handelte, sondern auch schon wie zuvor beim Abitur um eine Erwartungshaltung seiner Eltern. Hierbei kann aufgezeigt werden, dass sich in der Biografie von Herrn A ein lebensgeschichtliches Muster präsentiert, wonach er den Erwartungshaltungen anderer mehr Bedeutung beimisst als seinen eigenen Bedürfnissen und Interessen.

Als Erklärung für das Gefühl des Studierenmüssens führt der Interviewpartner die akademische Tradition seiner Familie an: *„bei mir hat irgendwie die ganze Familie hat also jeder studiert außer jetzt, meine, Großmütter, die durften nicht aber ansonsten glaube ich haben alle echt studiert, und, immer wenn es um dieses Thema ging (1) gings auch so ein bisschen also ich glaube meine Eltern hätten auch keinen Bock so richtig gehabt dass ich eine Ausbildung mache ja, ähm, weil die sich das immer gewünscht haben dass ich studiere und sonst irgendwas halt ja“* (9/374–379). Herr A setzt mit einer Schilderung fort, wonach irgendwie die ganze Familie bisher studiert habe. Zumindest die Mitglieder der Familie, denen das nicht verwehrt blieb. Herr A deutet hiermit an, dass es den Großmüttern aus unklaren Gründen nicht erlaubt wurde, in der ehemaligen DDR zu studieren – schlussfolgernd aber der Wunsch bestand. Die Großmütter wurden schlussendlich Sekretärin und Krankenschwester. Hinsichtlich des Berufs der Krankenschwester fällt auf, dass die eine Oma einem helfenden Beruf nachging. Zudem deutet er mit dieser Sequenz an, dass er sich gewissermaßen in einer Tradition von Studierten und damit einer Familie von Hochqualifizierten sieht. Daraus scheint er die zuvor aufgemachte Logik plausibilisieren zu wollen, warum er für sich ableitete, studieren zu müssen oder zumindest antizipierte, dass seine Eltern sich dies wünschen würden. Augenscheinlich richtet er diese subtile Argumentation sowohl an sich als auch an den Interviewer. Jedoch kann er es nicht nachvollziehbar ausgestalten, warum das Studierenmüssen nun von seinen Eltern kommen würde.

Worauf eine Ablehnung gegenüber einer praktischen Berufsausbildung schlussendlich beruht, bleibt unklar. Denkbar erscheint, dass infolge der durchgehenden akademischen Sozialisierung eine duale Berufsausbildung aus Sicht der Eltern einen gewissen Bildungsabstieg bedeuten würde. Als weitere Erklärung können die Nachwendeerfahrungen der Eltern herangezogen werden. Die Eltern werden miterlebt haben, wie zahlreiche Menschen auf dem Gebiet der ehemaligen DDR – und damit auch denkbar in ihrem Bekannten- und Kolleg*innenkreis – ihre Berufe verloren und sich infolgedessen mit einem sozialen Abstieg konfrontiert sahen. Dass die Eltern daraus schlussfolgerten, eine akademische Ausbildung biete die größtmögliche Sicherheit gegen Arbeitslosigkeit und sozialen Abstieg, erscheint plausibel. Insbesondere die Mutter muss als Berufswechslerin zur Arbeitsagentur ein tieferes Verständnis für diese Thematik besessen haben.

Obwohl der Interviewpartner betont, er *„habe gar keine Ahnung was er studieren möchte:“* (2/55–56), hat er sich dennoch *„dafür entschieden Bauingenieurwesen zu studieren“* (2/56). Hierzu lässt sich nun mutmaßen, dass seine Eltern ihm gegenüber mehr oder weniger explizit diesen Wunsch oder zumindest eine Empfehlung äußerten. Es ist auch denkbar, dass dies gar nicht explizit geäußert werden musste, sondern der Berufsweg als Bauingenieur so sehr mit der Familientradition verbunden war, dass Herr A mit dieser Erwartungshaltung von Beginn an aufgewachsen ist. Darauf verweist auch folgende Äußerung: *„es war glaube ich sehr leicht,* *die Entscheidung weil mein Großvater ist Bauingenieur mein anderer Großvater ist Bauingenieur mein Vater und mein Onkel sind auch beides Bauingenieure, äh, da habe ich so das einfachste raugesucht so, ach komm ich mache das einfach*" (2/56–60).

Hierbei argumentiert der Interviewpartner, dass die Wahl des Studiums *folgelogisch* in der Berufstradition seiner Familie zu sehen sei und insgesamt sich auch als der einfachste Weg für ihn darstellte. Dennoch stellt er diese Entscheidung für das Studium als eine selbstgewählte dar – *er habe es sich rausgesucht*. Doch offenbar hat er sich ja nichts selbstbestimmt rausgesucht, vielmehr geht er einem notwendigen Reflexionsprozess aus dem Weg und trifft vielmehr eine *Nicht*-Entscheidung, im Sinne von: *Ich bewerbe mich auf das Bauingenieurstudium. Denn wenn ich schon studieren muss, dann brauch ich mir wenigstens keine weiteren Gedanken darüber machen, was ich studieren will und was nicht*. Und sollte er Unterstützung brauchen, würde er die sicherlich bei seiner Familie finden. In diesem Sinne klingt es nach der richtigen Entscheidung für den am *einfachsten* zu bewältigenden Berufsweg, aber weniger nach der *einfachsten* Entscheidung für das für ihn richtige Studium. Dass viele seiner männlichen Familienmitglieder auch Bauingenieure seien, präsentiert er dem Interviewer gegenüber somit als plausible Entscheidungshilfe. Er könne sich gewissermaßen auf seine Familientradition berufen. Warum sollte es nicht auch sein Weg sein? Ob es zu dieser Zeit Gespräche mit seiner Familie gab, ob sie ihm Ratschläge gegeben haben oder ihm unter Umständen sogar ans Herz legten, Bauingenieurwesen zu studieren und es halt einfach mal auszuprobieren, wenn ihm sonst schon nichts einfällt, wird nicht thematisiert.

Demnach machte Herr A die Entscheidung für einen Studiengang also nicht von seinen eigenen Wünschen oder Interessen abhängig, vielmehr nimmt er das Studium auf, das ihm am logischsten und damit am *einfachsten* erscheint. Dies erscheint jedoch nicht durchgängig plausibel, da doch ausgerechnet sein Vater ihm gesagt habe, „*studiere auf keinen Fall Bauingenieurwesen, ja das ist echt Kacke*" (10/422–423). Obwohl der Interviewpartner betont, dass dieser Beruf seinem Vater viel Freude bereite, erklärt sich Herr A die Äußerung seines Vaters wie folgt: „*der kannte mich einfach, er kannte mich besser als ich mich kannte*" (10/425–426). Seine Mutter dachte vielmehr, dass Herr A „*vielleicht Lehrer oder so*" (10/428) wird.

Die Intention des Vaters lässt sich im Sinne einer Sicherheitsabwägung deuten. Demnach sei das Bauingenieurwesen schlicht kein sicherer Beruf. Herr A formulier hierzu: „*jetzt fällts mir wieder ein der wollte immer dass ich was ganz Sicheres studiere so wo ich immer einen Job kriege sowas wie Wirtschaftsingenieurwesen zum Beispiel*" (10/429–431). Somit erscheint es denkbar, dass der Bildungswunsch der Eltern und die damit an ihren Sohn herangetragene Erwartungshaltung hinsichtlich der eigenen Nachwenderfahrungen zu verstehen ist. So ist davon auszugehen, dass sie infolge der erlebten Transformationserfahrungen verhindern wollten, dass ihr Sohn in beruflich unsicheres Fahrwasser gerät. Eine hohe Bildung und das Studium eines tendenziell krisensicheren Berufes sahen sie womöglich als den sichersten Weg zum Schutz vor Arbeitslosigkeit an. Zugleich reproduzieren sie hiermit auch Werte der industriellen Leistungsgesellschaft der klassischen Moderne.

Kein Bezug zum Bauingenieurstudium

Zu den Erfahrungen im Studium formuliert Herr A: *„ich habe für den Bachelor glaube ich fünfeinhalb Jahre gebraucht mit einem Urlaubssemester wo ich diverse Klausuren nachholen* ***musste,*** *und ich habe es einfach gehasst, ich hatte wirklich keinen Bock, so es war echt, es war teilweise wirklich eine Qual dieses Studium, so es hat einfach keinen Spaß gemacht ich hatte keinen Bezug dazu“* (2/60–63).

Noch deutlicher kann die fehlende Identifizierung zu seinem Studium kaum zum Ausdruck gebracht werden. Er hat das Studium nicht nur nicht gemocht, er hat es *gehasst*. Weder bereitete es ihm Freude noch fühlte er sich dort auch nur ansatzweise zugehörig. Darüber hinaus betont er, viel Zeit dafür gebraucht zu haben, um verschiedene Klausuren nachzuholen. Offensichtlich stellt sich die Wahl des Studiums als ein Fehler heraus. Zugleich erscheint es unplausibel, warum er dachte, diese Klausuren nachholen *zu müssen*. Diese Erwartungshaltung korreliert auffällig mit dem zuvor geäußerten Gefühl, er *müsse* studieren. Allerdings genoss er zu dieser Zeit sein Studierendenleben. So berichtet er: *„ich war* ***ganz*** *viel BMX fahren ich war* ***ganz*** *viel mit meinen Freunden feiern ja irgendwo in einer Bar oder halt sonst irgendwie tanzen oder sowas, äh ich habe gezockt nebenbei“ (12/549–551)* und er habe *„hier mal einen Freund besucht da mal einen Freund besucht, ähm (1) dafür habe ich die Zeit halt genutzt ja, ich war ganz (...) ich war ganz viel feiern, mit meinen Kumpels, wir haben wirklich viel (2) war schon (1) wann sonst haste halt die Freiheiten ja ((lustig gesagt)), kann man nicht anders sagen, und ich war wirklich ganz viel auch BMX fahren, in der Zeit“* (12/553–557).

Hierbei wiederholt sich ein lebensgeschichtliches Muster von Herrn A. Fehlte ihm schon während seiner Schulzeit die Motivation zu lernen, so fehlt ihm diese erneut während des Studiums. Und ebenso wie zur Schulzeit verbringt er seine Zeit während des Studiums vorranging mit seinen Freunden und dem BMX-Fahren. Es ist davon auszugehen, dass ihm auch während des Studiums ein genereller *Sinn* für das Studium fehlte – warum sollte er dieses erfolgreich absolvieren, wenn er keinerlei Bezug dazu hat? Dennoch bricht er das Studium nicht ab. Seine Schwierigkeiten mit dem Studium blieben den Eltern auch nicht verborgen. So formuliert Herr A: *„also die haben ja, die auch die Schwierigkeiten in meinem ersten Studium halt mitgekriegt ja also ich bin da auch sehr offen mit umgegangen und habe ich gesagt wenn ich einen Drittversuch hatte ja und ich meine Drittversuch bedeutet du hast die Klausur schon zweimal nicht geschafft darfst noch ein drittes Mal machen und danach ist halt Studium, verkackt sozusagen in Anführungszeichen“* (9/382–386).

In dieser Sequenz verdeutlicht Herr A die Brisanz der damaligen Situation, wonach er kurz vor der Exmatrikulation infolge nicht bestandener Prüfungen gestanden habe – beinahe *verkackt sozusagen*. Diese Formulierung deutet an, dass es sich hierbei um eine gefühlte Niederlage oder um das Eingestehen seines Unvermögens zu handeln schien, er wollte kein *Versager* sein. So scheint es als plausibel, dass der Interviewpartner seinen Eltern gegenüber nicht als Abbrecher oder Versager gegenübertreten wollte oder konnte bzw. zumindest die Befürchtung hatte, dass sie ihn als solchen ansehen würden. Dies führte Herrn A offensichtlich in einen Konflikt, der sich zwischen den antizipierten Hoffnungen der Eltern und seinen eigenen Bedürfnissen abzuspielen schien. Hierbei kann auch die Familiengeschichte mit ihrer hohen Bildungsaspiration unwillkürlich Druck auf den Sohn ausgeübt haben. Somit erscheint es auch als denkbar, dass Herr A es auch nicht mit sich vereinbaren konnte, seinen Eltern diesen antizipierten Studienwunsch abzuschlagen und später das Bauingenieurstudium abzubrechen – er wollte seine Eltern nicht enttäuschen.

Neu gewonnene Motivation durch praktische Tätigkeit

Herr A berichtet über die Aufnahme einer praktischen Tätigkeit während des Studiums: „irgendwann, während des Studiums, ich glaube nach zweieinhalb Jahren oder drei Jahren habe ich angefangen zu arbeiten nebenbei, bei, bei Bauunternehmen A also ist ein großer Baukonzern mal gewesen, hatte da eine Baustelle in Stadt A wo ich mit Teil der Projektleitung war" (2/64–67). Diese Entwicklung erscheint nun als wenig nachvollziehbar, beschreibt Herr A doch zuvor eindringlich, wie abgestoßen er sich von dem Bauingenieurstudium fühlte. Obwohl es als denkbar erscheint, dass ihm schlicht das Theoretische am Studium nicht lag und er sich mehr praktische Relevanz wünschte, berichtet Herr A jedoch, dass er diese Entscheidung vor allem aus finanziellen Gründen traf: „bis ich dann irgendwann gemerkt habe oh, Geld wird auch ein bisschen knapp, ich sollte vielleicht mal arbeiten, >dann habe ich mir halt wie gesagt Arbeit gesucht<" (12/557–559). Demnach lag seine Intention zu dieser Tätigkeit vor allem im Geldverdienst, um sich sein Studierendenleben weiter finanzieren zu können. Ob diese Darstellung tatsächlich so monokausal erklärbar ist, gilt es zu bezweifeln. Warum sucht er sich gerade eine solche berufliche Tätigkeit, mit der er sich nicht identifizieren kann? Und warum sollte ein großes Bauunternehmen einen Studierenden des Bauingenieurwesens einstellen und zugleich als Teil der Projektleitung beschäftigen, wenn er solche Schwierigkeiten mit dem Studium hat und das sicherlich auch anhand der Noten und Kenntnisse nicht verborgen bleibt? Die Vermutung liegt nahe, dass hierbei familiäre Kontakte eine Rolle gespielt haben. Denkbar ist sogar, dass sein Vater selbst bei diesem Bauunternehmen angestellt ist oder zumindest Kolleg*innen dort kannte. Naheliegender wäre doch bspw. eine Tätigkeit in einem Fahrradgeschäft gewesen.

Die Tätigkeit beim Bauunternehmen empfand Herr A nun allerdings als *„cool, das war tatsächlich so cool dass ich mir dachte ach naja komm ich mach das auch zu Ende, naja dann habe ich dann im Prinzip ein paar Drittversuche später habe ich es dann geschafft, äh mein Studium zu absolvieren"* (2/67–69). Hierbei verdeutlicht Herr A nun seine neu gewonnene Motivation, das Studium auch aus eigenem Antrieb heraus zu beenden. Zugleich betont der Interviewpartner, *„erstaunlicherweise kann ich halt unter Druck, echt gut funktionieren, und hab deswegen die Drittversuche eigentlich fast alle mit Zwei abgeschlossen, vielleicht habe ich dann die Thematiken um die es da ging halt verstanden, weiß ich nicht vielleicht habe ich zum ersten Mal richtig gelernt ich weiß es nicht, aber Fakt war irgendwie ich konnte es auch nicht vereinbaren dieses Studium dann also abzubrechen, oder das nicht zu schaffen sozusagen ich glaube ich hätte das auch gar nicht so gut verkraftet da wär ich auch in ein großes Loch gefallen"* (9/385–392).

Herr A schildert in dieser Sequenz, warum er schlussendlich doch die Drittversuche erfolgreich bestanden habe. In dieser Schilderung macht er eine wiederholt verwendete Analogie des *Funktionierens* auf, so wie eine Maschine oder ein Objekt, bei der auch niemand danach fragt, ob sie ihre Funktion überhaupt durchführen möchte oder sich mit ihrer Aufgabe identifiziert – sie *muss*. Nicht nur, dass Herr A an dieser Stelle zum wiederholten Male während des Gesprächs betont, dass er sein Studium nicht hätte einfach abbrechen können, lässt sich darüber hinaus konstatieren, ihm scheint es grundsätzlich schwerzufallen, eingeschlagene Bildungs- und Berufswege abzubrechen bzw. zu revidieren und neu zu justieren. Die bereits dargelegte Furcht vor dem Abbrechen und damit vor dem Versagen im Angesicht seiner Eltern und der von ihnen hineinprojizierten Erwartung, ein Studium erfolgreich absolvieren zu müssen, beschreibt er symbolisch als das *Fallen in ein großes Loch*. Der von ihm erwähnte Druck kommt zu großen Teilen also aus ihm selbst und seinen sich auferlegten Erwartungshaltungen.

An anderer Stelle schildert Herr A die Reaktionen seiner damaligen Kommiliton*innen zu seinem erfolgreichen Studienabschluss. So meinten diese wohl *„auch ganz oft so (1) also, die hätten auch nicht gedacht dass ich das irgendwie mal schaffe<"* (12/564–565). Denn Herr A war *„wirklich nie da, also war* ***wirklich*** *kaum da habe wirklich Klausuren habe ich geschrieben ja, musst ich ja, und ich war auch bei manchen Kursen, so, manche Seminare aber ansonsten, fast echt nicht"* (12–13/565–568). Unter dieser Perspektive erscheint es schon fast überraschend, dass Herr A seinen Studienabschluss erlangte. Ähnlich wie bei seiner Zeit auf dem Gymnasium benötigte er hier offenbar nicht nur eine gewisse Eingewöhnungszeit, sondern auch Druck in Form von auferlegten Erwartungshaltungen, die er nicht enttäuschen wollte oder konnte.

Angestellt als Juniorprojektleiter

Herr A *„wurde dann auch direkt von Bauunternehmen A übernommen wurde eingestellt, als äh Projektleiter als Juniorprojektleiter, ähm, habe tatsächlich auch einen Haufen Asche dafür gekriegt"* (2/70–72). Der Interviewpartner schildert in dieser Sequenz, wie er vom Bauunternehmen A nach Abschluss seines Studiums nahtlos übernommen und gleich zu Beginn als Juniorprojektleiter eingestellt wird. Dies erzählt er mit einer Selbstverständlichkeit, die in einem Kontrast zu den Schwierigkeiten mit seinem Studium zu lesen ist. Zugleich wird damit suggeriert, dass er vom Bauunternehmen A als fähige Fachkraft erachtet wurde. Diese Annahme kann mit der

Angabe unterstrichen werden, wonach er bei dem Unternehmen auch einen Haufen Asche verdient habe. Eine solche Schilderung kann somit der Untermauerung dienen, wonach seine Studiengangsentscheidung womöglich doch die richtige war. Denn so wird er ja nicht ohne Grund als Juniorprojektleiter mit einem hohen Gehalt eingestellt worden sein. Aus dieser Anstellung erfolgen sowohl Anerkennung als auch materielle sowie symbolische Honorierungen seiner Leistungen. Gewissermaßen macht das die Strapazen des Studiums wieder wett, so könnte zumindest seine Intention zu dieser Sequenz lauten. Jedoch erwähnt er nicht, ob materielle Anerkennung überhaupt eine Rolle für ihn spielt. Zugleich kann das hohe Gehalt als gesellschaftlich anerkannte Honorierung von Leistung interpretiert werden, die er hiermit zur Schau stellt.

Mittlerweile war die Baustelle in Stadt A beendet, sodass der Interviewpartner zu einer weiteren Baustelle in Stadt C entsandt wurde – *„und da habe ich gesagt cool Stadt C, top mal raus, super“* (2/74). Bei diesem Projekt handelte es sich um den Umbau eines alten Gesamtgebäudekomplexes zu Luxusimmobilien. Mittlerweile lässt sich für seinen beruflichen Weg eine zunehmende Fremdbestimmung konstatieren. Sich selbst scheint er keine eigenen Lebenswegentscheidungen zuzumuten, vielmehr ergreift er die Chancen, die sich ihm bieten oder besser, die ihm als am *einfachsten* erscheinen. So gibt sein Arbeitgeber in diesem Fall die Anweisung, dass er zu einer weit entfernten Baustelle nach Stadt C beordert werde und dort eine verantwortungsvolle Aufgabe zu übernehmen habe. Dies schildert er frei von Einwänden oder kritischen Überlegungen, obwohl er schließlich für eine längere Zeit fernab seiner Familie und seinem Freundeskreis auf einer Baustelle in einer fremden Stadt leben und arbeiten wird. Vielmehr formuliert er affirmistisch, dass dies doch gar nicht so schlecht wäre: *Top, mal raus*. Auch Bedenken, ob er trotz seiner fehlenden Identifikation mit dem Studium und den mehrfach nicht bestandenen Klausuren womöglich einer beruflichen Herausforderung dort ausgesetzt wird, auf die er unter Umständen gar nicht ausreichend vorbereitet ist, oder Äußerungen, in denen er zumindest Zweifel an seiner Eignung durchblicken lässt, bleiben aus. Somit liegt auch die Frage auf der Hand, was er macht, wenn ihm die Tätigkeit dort gar nicht zusagt. Die *einfachste* Entscheidung wäre wohl, *Augen zu und durch*.

Zugleich war es aus seiner Sicht *„eigentlich von vornherein klar dass das Projekt nur scheitern kann so wie es ist, ähm (2) und (1) ja wir sollten glaube ich das auch ein bisschen scheitern lassen so also das schon eher in die Richtung also wir haben tatsächlich ganz viel dafür getan, dass das nicht so läuft ja, weil das tatsächlich für uns halt ganz viel Geld, bedeutet hat, so im Endeffekt wars denn auch so die, Bauherren dort haben uns, also haben sozusagen, uns rausgekauft also, haben Bauunternehmen A rausgekauft für einen Haufen Kohle, ähm, und haben dann sozusagen alleine, das Bauvorhaben weitergemacht, oder wollten es weitermachen und sind jetzt halt pleite“* (2–3/78- 85).

Herr A legt in dieser Sequenz dar, dass es sich bei diesem Bauprojekt um ein aus seiner Sicht von Anfang an zum Scheitern verurteiltes Vorhaben handelte. Die

Ursache für das Scheitern sieht er in der Planungsphase bzw. in den Wurzeln des Projektes. Aus seiner Sicht ging es auch generell darum, das Projekt auf mittlere Sicht scheitern zu lassen und dabei möglichst viel Geld zu verdienen. Dass Herr A das Handeln seines Bauunternehmens als moralisch verwerflich einordnet, wird auch durch die (mutmaßlich vorbewusste) Wortwahl impliziert, wonach es beim Herauskaufen seines Arbeitsgebers um einen *Haufen Kohle* ging. Mithilfe Heinz Küpper (1983) lässt sich der Ursprung dieser Formulierung auf die Bergmannssprache des 18. Jahrhunderts zurückführen, wonach *„die Redewendung ‚die Kohlen abbauen' als Ausdruck für den Taschendiebstahl"* (Gesellschaft für deutsche Sprache e. V.) stand.

Insgesamt ist diese Sequenz so zu lesen, dass Herr A sich hierbei von den Ergebnissen dieses Projekts einerseits distanziert hinsichtlich seiner eigenen Aufgaben und zum anderen auch eine Mitverantwortung für das Scheitern des Projektes von sich schiebt. Er verdeutlicht, das war nicht *sein* Projekt. Ob er diese Einstellung dazu auch zum damaligen Zeitpunkt besaß, erscheint fraglich. Vielmehr möchte er das Vorhaben in einem gewissen Licht dastehen lassen, das aus der Retrospektive darauf scheint. Dazu passt die Äußerung, wonach ihm die aktuelle Berichterstattung zu diesem Projekt nicht entgangen sei.

Auch die fachlichen Kompetenzen von Herrn A scheinen keine große Rolle gespielt zu haben. So formuliert er, dass es auch *„überhaupt keinen Spaß gemacht* [habe, N. W.] *die ganze Zeit nur irgendwelche Briefe zu schreiben und irgendwen kaputt zu rechnen und, irgendwem das Geld aus der Tasche zu ziehen nur damit wir die größtmögliche Kohle mitnehmen und so weiter"* (3/91–93). So suggeriert Herr A dem Interviewer mit dieser Äußerung, dass er die Tätigkeit nicht nur als angenehm empfand, sondern er sich mit dieser Art von Arbeit überhaupt nicht identifizieren konnte. Sie widersprach seinen Wertvorstellungen. Diese Arbeitserfahrung steht damit exemplarisch für seine Entfremdung zur Tätigkeit als Bauingenieur. Das primäre Schreiben von Briefen, was in diesem Zusammenhang wohl als das Ausstellen von Rechnungen verstanden werden dürfte, drückt aus, dass es sich bei der Tätigkeit schlussendlich um ganz andere Aufgaben handelte als die, die er mit dem Beruf eines Bauingenieurs in Verbindung bringt (siehe hierzu auch Hardering 2017a und Rosa 2019) – und die ihm während der Baustellentätigkeit parallel zum Studium offensichtlich erst Freude und Motivation brachten, den Abschluss zu erlangen.

Darüber hinaus entpuppte sich diese Arbeitserfahrung als eine sehr einsame Zeit für ihn: *„es war wirklich fürchterlich einsam"* (3/90–91). Obwohl ihn seine Freunde auch mal besuchten und es dann *„eine echt schöne Zeit zu viert"* (12/528) war, konnte er sich mit der Lebenssituation vor Ort nicht identifizieren. Als exemplarisches Erlebnis beschreibt er den gemeinsamen Besuch eines Festivals: *„ja, da waren wir auch mal auf einem Open Air und so ja und da hab ich auch mal ein paar Leute kennengelernt so und das war wohl der erste das war so meine erste, Erfahrungen endlich mal Leute kennenlernen hier also so ein geiles [...] Open Air wie du dir vorstellst und denkst so fett und es kann nicht cooler sein ja rosaroter Himmel Sonnenaufgang und so und dann guckst du* *und dann waren das aber nur zugekokste Großstädter, und die waren alle total anstrengend und alle übelst schlimm und alle übelst komisch und da dachte ich mir das ist auch Scheiße*" (12/528–535). Insgesamt erlebte Herr A zu dieser Zeit weder Motivation oder Freude, weder bei seiner beruflichen Tätigkeit noch in seinem Privatleben. Es gab schlicht „*nichts Schönes im Jetzt ja ich hatte wirklich nichts Schönes im Jetzt woran ich mich festhalten konnte*" (12/523–524).

Beginn der Panikattacken

„*Das habe ich dann da auch gemerkt, und ich habe aber eigentlich immer ganz gut funktioniert so, und ab irgendeinem Punkt, ähm (1) ich glaube das war irgendwann im Winter Januar oder so da gings mir* **so** *Scheiße da hatte ich* **so** *keinen Bock mehr und habe mich so unwohl gefühlt dass ich dann auch Panikattacken hatte*" (3/93–97). Herr A präsentiert in dieser Sequenz ein prägendes Lebensereignis, das als Konsequenz der zuvor geschilderten Gegebenheiten zu verstehen ist: Seine Unzufriedenheit mit der Tätigkeit sowie der dortigen Lebenssituation und das gleichzeitige Unvermögen, diese Situation zu verändern, steigerten sich so sehr, dass er schlussendlich Panikattacken bekam. Auffällig hierbei erscheint, dass er sich in der dargestellten Sequenz selbst in (einer sich in der Lebensgeschichte wiederholenden) Analogie zu einer *Maschine* präsentiert, die doch bisher *eigentlich immer ganz gut funktioniert habe*. Die zunehmende Entfremdung von seiner Tätigkeit scheint nun aber wie Sand im Getriebe gewirkt zu haben. Mit dieser technischen Analogie suggeriert Herr A, dass er diese Tätigkeit auch nur als das Erfüllen einer spezifischen Funktion erlebte, so wie ein Zahnrad, das bei Abnutzungserscheinungen ausgewechselt werden kann. Eine Funktion, die auch andere hätten ausfüllen können und für die es weder seiner eigenen Talente und Bedürfnisse bedurfte noch eine intrinsische Motivation sowie berufliche Identifikation aufgebaut werden konnte.

Die betrübliche Situation setzte sich demnach so lange fort, bis er die Folgen am eigenen Leib verspürte und Panikattacken bekam. Die starke Frustration mit dieser beruflichen Stelle und dem isolierten Sozialleben in Stadt C haben ihren Tribut gefordert. Hier scheint der Punkt gekommen zu sein, an dem sich Körper und Geist von Herrn A gegen das kontinuierliche Missachten seiner Bedürfnisse zur Wehr setzten. Zuerst wusste er „*aber gar nicht so richtig was das so ist, was ich da jetzt habe im ersten Moment denkst du oh Gott, ich habe einen Herzinfarkt Scheiße, was ist da los, ich reagiere komisch*" (3/97–99). Ihm wird augenscheinlich schnell klar gewesen sein, dass es sich hierbei um keinen Herzinfarkt handelte. Andernfalls hätte er sicherlich einen Arzt vor Ort konsultiert. Stattdessen hat er „*gleich schon alles in mein Auto gepackt alles wichtige habe ich gleich mitgenommen weil ich wusste ich komme hier nicht nochmal, ich* **komme** *hier nicht nochmal hin*" (3/100–102). Daraufhin war er „*ein paar Wochen krank:*" (3/102–103) und verbrachte die gesamte Zeit zu Hause.

Es erscheint nachvollziehbar, dass er einfach nur noch nach Hause wollte, raus aus der Einsamkeit, weg von dieser Tätigkeit. Und trotzdem kehrte er nach Ende der Krankschreibung zurück „*und hatte wieder direkt gleich am ersten Abend eine*

Panikattacke sozusagen“ (3/103–104). Diese versuchte er durchzustehen, erlebte die beiden Nächte daraufhin jedoch ähnliche Symptome *„und dann habe ich so mein restliches Zeug noch gepackt und wusste nein ich bin hier nicht mehr*“ (3/106–107). Die geschilderte Rückkehr erscheint nicht unmittelbar einleuchtend. Betont Herr A in einer Sequenz zuvor doch deutlich, dass er nach diesem Ereignis unter keinen Umständen wieder nach Stadt C zurückkehren wolle. Die Rückkehr geschieht auch ohne jegliche Darlegung, wie es zu diesem Meinungsumschwung kam, und ohne jegliche Information, wie er diese Krankschreibung genau verbrachte. Es erscheint auch nicht als plausibel, dass Herr A nach der ersten Abreise bereits final davon ausging, nie wieder zurückzukehren. Vielmehr lässt sich ein in ihm arbeitender Konflikt nachzeichnen, wonach er zwar überzeugt sei, die Tätigkeit schade ihm, aber einen Abbruch könne er auch hier wie im Studium nicht mit sich vereinbaren. Infolge der wiederholten Panikattacken habe er aber nun *tatsächlich* entschieden, nicht wieder zurückzukehren. Dies wird auch dadurch verdeutlicht, dass er diesmal wirklich all seine Sache gepackt hat.

Der Auslöser des Zweifels

Während dieser Zeit auf der Baustelle kamen Herrn A auch die ersten Zweifel bzgl. seines eingeschlagenen Berufsweges. Nicht nur, dass er sich mit der Situation vor Ort sehr einsam fühlte und bald überfordert war, *„weil ich so viele Stationen abklappern muss meine Eltern meine Großeltern hätten mich gerne gesehen meine Freunde und so weiter, und das alles in ein Wochenende zu quetschen, war ein bisschen krass*“ (10/456–458), gab es ein für ihn neben den Panikattacken weiteres signifikantes Erlebnis. So berichtet Herr A von einem zynischen Kollegen, der *„auch so total auf Funktion gedrillt*“ (10/460) war und nur diejenigen akzeptierte, die einen ähnlichen Habitus aufwiesen wie er selbst. Jedoch fand der Kollege Herrn A toll, *„aus irgendeinem Grund, weiß nicht glaube nicht dass ich das richtig gut gemacht habe aber ich war halt einfach engagiert und wollte einfach meinen Job irgendwie gut machen und er fand mich immer ganz toll*“ (10/463–465). Und in einer ruhigen Minute, *„da war der vielleicht auch ein bisschen traurig oder so*“ (10/469), erzählte der Kollege über sein eigenes Familienleben wie folgt: *„da hat er mir erzählt er hat keine Ahnung wer seine Töchter sind, er kommt nach Hause am Wochenende sozusagen er kennt seine Frau ja hat sie ja auch kennengelernt aber er weiß nicht wer seine Töchter sind ja die eine ist 14 die andere ist Elf und er hat keine Ahnung wer die sind*“ (11/472–475). Auf der anderen Seite reise der Kollege zu Luxusurlauben nach Brasilien und hatte *„einen Haufen Kohle*“ (11/475–476), *„aber er hat trotzdem keinen Dunst wer seine Kinder sind, >und da dachte ich mir da habe ich irgendwie (1) da habe ich ja gar keinen Bock darauf<, und ich glaube da hat es so angefangen dass es so unterbewusst so bisschen ging, ja, irgendwie ist das Scheiße*“ (11/478–481).

Diese Unterredung erscheint wesentlich für den weiteren Fortgang der Biografie von Herrn A. Es lässt sich annehmen, dass der Interviewpartner in seinem Kollegen seine eigene Zukunft sah. So verdiente ja auch Herr A zu diesem Zeitpunkt bereits so viel Geld, dass er dieses in seiner wenigen freien Zeit gar nicht mehr ausgeben konnte. Und vor allem hatte er *„auch niemanden [...] mit dem ich das halt teilen kann“* (11/488–489). So habe er *„darüber nachgedacht und dachte mir wie sinnlos das jetzt wäre (1) wenn du jetzt hier einfach so sterben würdest (2) von heute auf gleich (1) dann wärst du jetzt ein Jahr hier, hier gewesen ein Dreivierteljahr hast im Prinzip* ***nichts*** *bewegt ist ist* ***nichts*** *passiert (1) und das ist irgendwie also völlig nutzlos halt“* (11/483–486). Trotz dieser wegweisenden Begegnung konnte er die notwendige Entscheidung eines *eigenen* Lebensweges offenbar nicht bewusst für sich treffen. Vielmehr übernahm sein Unterbewusstsein diese Entscheidung in Form von Panikattacken.

Wird nun nach dem Grund dafür gefragt, muss der Spur nach seinen internalisierten Erwartungshaltungen nachgegangen werden. So berichtet Herr A in diesem Zusammenhang wie folgt: *„und dann habe ich mich total erschlagen gefühlt von den Erwartungshaltungen mir gegenüber und sonst irgendwas und von dieser, von dieser neuen Sache* [die Panikattacken, N. W.] *dieses oh Gott was ist das jetzt“* (11/490–492). Die wiederholt herausgearbeiteten Erwartungshaltungen gerieten nun in den maximalen Konflikt mit ihm, infolgedessen er auch nichts mehr essen konnte, er sei *„halt auch echt ein Magenmensch“* (11/494). Herr A *„hatte vielleicht auch einfach wirklich die Schnauze voll ich wollte da nicht mehr sein“* (11/496–497). Und dennoch lebte der Konflikt in ihm fort, was wohl auch erklärt, warum er trotz allem immer wieder zu dieser Arbeitsstelle zurückkehrte und sowohl das ungeliebte Studium als auch die frustrierende Anstellung fortsetzte, bis sein Körper und sein Geist dagegen aufbegehrten. Erhellend erscheint hierzu folgende Aussage, die tiefe Einblicke in sein Seelenleben gewährt und dieser Erwartungshaltung Worte verleiht: *„und ich glaube, ich also in mir drin dachte ich mir immer oh nein und dann dachte ich mir aber ach okay komm ist gute Kohle sozusagen ja, und alle wollen ja dass du hier bist in Anführungszeichen ja mein Papa freut sich und so weiter (1) >naja und dann kam halt eben, die Panikattacke<“* (11/499–502). In dieser Sequenz wird der Wunsch nach Anerkennung und Bestätigung durch seine Eltern und insbesondere seinen Vater sehr deutlich.

Berufliche Statuspassage und Therapie

Nach wiederholten Panikattacken ist Herr A endgültig nach Hause zurückgekehrt. Er erwähnt hierzu, dass das Projekt jedoch *„drei Monate später auch tatsächlich dann komplett vorbei“* (3/107–108) war. In dieser Zeit *„war ich aber eigentlich fast die ganze Zeit zuhause, und hab nichts gemacht“* (3/108–109). Es muss davon ausgegangen werden, dass Herr A in dieser Zeit krankgeschrieben war und bei seinen Eltern lebte. Zu diesem Zeitpunkt wurde weder eine Kündigung noch eine Versetzung thematisiert, anders lässt es sich auch kaum erklären, wie Herr A so lange von seinen Arbeitspflichten entbunden werden konnte. Da Herr A diese Zeit mutmaßlich zu Hause verbrachte, stellt sich auch die Frage, wie seine Eltern auf seinen beruflichen und gesundheitlichen Zustand reagierten. Herr A weist darauf hin, dass seine *„Eltern auch ganz schön, ganz schön zu tun hatten glaube ich weil das für Eltern ja auch nicht leicht ist, so zu sehen, äh also ich bin ja total abgemagert weil ich ja nichts essen konnte ich war übelst blass ich wart übelst schlaff“* (9/400–402).

Er verdeutlich hiermit, dass es auch für seine Eltern eine schwere Zeit war. Womöglich mussten sich die Eltern nun auch mit der Frage nach ihrer eigenen Verantwortung für diese betrübliche Situation auseinandersetzen.

Herr A setzt anschließend durch seine Kündigung beim Bauunternehmen ein selbstdefiniertes sechsmonatiges Ultimatum in die Tat um. Die zum Ende dieses Ultimatums wieder auftretende psychosomatische Episode erkennt Herr A als Zeichen und entscheidet sich diesmal final, die Stelle zu kündigen. Anschließend habe er sofort gemerkt, *„mit Einreichen der Kündigung mit dem im Prinzip gings mir schon wieder besser, und wirklich mit dem Stichtag im Prinzip dachte ich mir geil, und ich habe mich wieder gut gefühlt ich konnte wieder ein bisschen besser essen und sowas, ähm: und ab da gings eigentlich nur so bergauf“* (3–4/126–129). Die Entscheidung kam also auch einer Befreiung gleich. Das Ablegen der beruflichen Fesseln war ein wichtiger Schritt raus aus der Fremdbestimmung und hin zu einem selbstbestimmteren Leben. Ähnlich wie nach dem Abitur unternimmt Herr A nach seiner beruflichen Odyssee erneut mit seinem besten Freund eine Reise, um einen klaren Kopf zu gewinnen, aber sicherlich auch, um die nun bald anstehenden Lebenswegentscheidungen eine Zeit lang aufzuschieben. Die beiden *„sind einen Tag bevor der 30.9. da war also sozusagen der Tag meiner Kündigung sind wir halt los ja“* (3/124–125) und das, *„weil ich gesagt habe ich brauch das und ich kann aber nicht, ähm, alleine“* (3/122), daraufhin *„haben wir so einen Roadtrip gemacht mit BMX und so, in die Berge in die Schweiz und, warn Campen und Radfahren und Bergsteigen“* (3/122–124). Den Roadtrip und die Zeit danach nutzte Herr A für die Frage, *„was, willst du denn mal machen“* (4/129–130)?

Diese Frage versuchte Herr A nun nicht nur allein zu beantworten, er suchte sich hierfür auch professionelle Hilfe, infolgedessen der Interviewpartner nach seiner Kündigung *„ja dann auch Therapie gemacht“* (10/452) hat. Im Rahmen dieser (Psycho-)Therapie waren die Reflexionen seiner eigenen Erwartungshaltungen und der seiner Eltern an ihn ein wesentliches Thema. So formuliert Herr A hierzu wie folgt: *„und aber ich, habe dann in Therapie auch viel darüber nachgedacht (1) ähm, und dann ging es aber in erster Linie eigentlich da darum, mehr zu gucken, also nicht so viel drüber nachzudenken weil es ja auch irgendwo Vergangenheit ist sondern mehr zu gucken was kann ich denn jetzt machen und kann ich vielleicht jetzt mich auch bewusster und aktiver für Dinge entscheiden auf die ich Lust habe und sonst irgendwas halt ja“* (11/502–508). Das Muster des Erfüllens der Erwartungen Anderer konnte bereits als sehr wirksam für die Biografie von Herrn A herausgearbeitet werden. Die Erlebnisse haben zwar zu einer Reflexion dieses Musters geführt, gänzlich verändert werden konnte es nicht. So formuliert der Interviewpartner: *„naja und (1) es fällt mir auch heute noch nicht so leicht glaube ich weil ich ja heute auch immer noch so Dinge, die: ich gar nicht so richtig machen will vielleicht, aber die halt mache um irgendwem zu gefallen oder sonst irgendwas aber es ist auf jeden Fall nicht mehr so krass (1) wie es damals war (1) mhm, ich glaube das war ein bisschen der Grund, selber, selber zu viel von mir erwartet“* (11/508–512). Als Konsequenz aus dieser Therapie versucht Herr A sich *„auch bewusster und aktiver für Dinge zu entscheiden auf die ich Lust habe“* (11/506).

Neben dieser Therapie hat Herr A nach seiner Kündigung *„eine Zeit lang erst mal nichts gemacht“* (4/130). Zugleich wollte er den Verpflichtungen des Jobcenters entgehen, da er davon ausging, *„das schaffe ich mental jetzt nicht mich um diesen Scheiß zu kümmern, und dass da jemand da den Druck ausübt und sagt ja du bist jetzt arbeitslos du musst mal wieder auf den Arbeitsmarkt und so weiter, und um da Ruhe zu haben“* (4/131–134). Daher schrieb er sich *„wie gesagt entspannt“* (4/134) in ein Masterstudium ein und lebte bei seinen Eltern. Diese Argumentationen klingen plausibel, bis in einer späteren Nachfrage aufgedeckt wird, um welches Masterstudium es sich dabei konkret handelte: *„Bauingenieurwesen Master ((lustig gesprochen, Lachen))“* (13/579). Auch wenn Herr A hierzu nachvollziehbar darlegen kann, er *„musste ja was nehmen wo ich definitiv reinkomme (1) ähm (1) ähm ((gemeinsames lachen)) (1) wo ich mich nicht neu be- also, ich musste irgendwas nehmen wo ich mich nicht neu weil es musste sozusagen relativ schnell wo ich mich nicht neu bewerben muss und sonst irgendetwas ja ich hatte gar keinen Kopf dafür zu sagen ich mache jetzt irgendwas anderes ich war überhaupt nicht bereit, ich hab gesagt nein ich brauche jetzt irgendwas damit mir das Arbeitsamt nicht auf den Sack geht“* (13/582–585), bleiben bei dieser Argumentation vor dem Hintergrund seines bisherigen Leidensweges berechtigte Zweifel.

Vielmehr ist davon auszugehen, dass Herr A sich immer noch nicht komplett von diesem Berufsweg verabschieden konnte, auch wenn er sich das nicht eingestehen kann. So formuliert er hierzu, dass er sich in den Masterstudiengang eingeschrieben habe, eine Zusage bekam *„und dann dachte ich mir also ich hab mich tatsächlich auch gefreut, du kriegst so einen Zettel ja und da steht drauf, okay wir nehmen dich, so, ja dass du im Endeffekt nur eine Nummer bist und das eigentlich scheißegal ist und so, ja aber irgendwie ich hab diesen Zettel gekriegt dachte mir eigentlich ist das cool, meine Eltern waren total happy yeah du kannst noch mal studieren und blablabla“* (13/587–591). Die Zusage muss daher als eine Anerkennung seiner bisherigen Leistungen betrachtet werden, die ihm offenbar schmeichelte. Und auch seine Eltern werden nicht nur *happy* gewesen sein, dass Herr A wieder studierte, sondern dass es sich dabei um Bauingenieurwesen handelte. Diese Annahme wird durch eine Äußerung von Herrn A unterstrichen: *„aber ich glaub tatsächlich meine Eltern hatten noch so ein bisschen die Hoffnung ach naja vielleicht macht er es ja noch ja, wer weiß ((lustig gesprochen)), vielleicht ist es ja doch cool vielleicht findet er es doch noch mal cool, und kann damit nachher irgendwas anderes machen, ja“* (13/609–613).

Die Situation schien jedoch nicht von langer Dauer zu sein. Gleich in der ersten Woche begegnete Herr A einem Professor, der auch seinen Vater kannte, denn *„der hat mit meinem Vater glaub ich irgendwie zusammen studiert, nein, genau die haben zusammengearbeitet, ähm der war auch mal bei Bauunternehmen A, und er ist aber dann hat dann die Professur angenommen“* (13/594–596). Diese Begebenheit führte dazu, dass dieser Professor den Interviewpartner zugleich in eine für ihn unangenehme Situation brachte, da er wissen wollte *„wer ich bin, äh (1) und dachte mir so mhm (1) äh: und das war mir aber voll unangenehm ja“* (13/598–599). Dennoch sei Herr A engagiert gestartet und habe entsprechend fleißig mitschrieben, jedoch hatte er *„keine*

Ahnung, nichts, ich wusste wirklich nichts, das hätte ich in meinem anderen Studium mal irgendwie vielleicht wissen können und dachte mir das kriegst du ***nie*** *hin*" (13/602–604). Zugleich lebten seine inneren Zweifel fort: *„und dann dacht ich mir auch was soll ich mit diesem Abschluss was soll ich mit diesem Master cool habe ich noch, noch einen Master, also, noch einen höheren Abschluss super aber auch in einem Feld worauf ich einfach keinen Bock habe, einfach keinen Bock*" (13/604–607). An dieser Sequenz äußert sich auch die Entwicklung des Interviewpartners. Demnach sah er sich zwar auch fortwährend dem inneren Konflikt ausgesetzt, seine Lebensentscheidungen nicht nur aus dem eigenen Antrieb heraus zu treffen, sondern auch um anderen zu gefallen. Aber fortan reflektierte er diesen Konflikt und trifft letztendlich eine Entscheidung gegen die Fremdbestimmung und für seine intrinsische Motivation. Entsprechend habe der Interviewpartner *„nach dem ersten Tag habe ich auch gesagt >nein ich geh da nie wieder hin, unter kein-, neh<, war auch nie wieder da, also war wirklich nie wieder da*" (13/607–609) und fügt hinzu: *„ich glaube auch das ist ein toller Studiengang ja und ich muss auch sagen es gibt auch tolle Professoren und es ist toll dass das manche machen ja aber, nein (1) >ich fand das nur furchtbar<*" (13/614–616).

Neue berufliche Chance

Zu dieser Zeit wird Herrn A von einem befreundeten Mitarbeiter eines Fahrradladens eine Stelle angeboten. Herr A formuliert, dass er ja bereits Arbeitserfahrungen in diesem Bereich sammeln konnte und sich so sagte, *„ach komm kannst du nochmal machen*" (4/142–143). Diese Arbeitsstelle wird nun in der Lebenserzählung von Herrn A eine bedeutsame Rolle für den weiteren Verlauf einnehmen. Er berichtet hierzu: *„und da bin ich auch totaler Quereinsteiger gewesen also der Azubi im Prinzip konnte eigentlich mehr als ich, und hatte aber irgendwie weniger Freiheiten als ich keine Ahnung das kam halt irgendwie, ähm ich habe das auch wieder autodidaktisch da irgendwie Sachen gemacht die ich eigentlich (1) nicht gelernt habe ((belustigt gesagt))*" (4/143–146). Für den Interviewpartner war das eine wirklich tolle Zeit, *„also es war wirklich ein sehr sehr tolles Arbeiten so (1) mit einem, mit einem guten Freund (1) irgendetwas machen worauf du Bock hast sozusagen und ich habe auch gemerkt oh cool, hier habe ich ein paar Interaktionen mit Menschen die sich freuen wenn ich denen mal eine Schraube gebe, für umsonst ja und dachte mir wie cool das eigentlich ist ja, äh irgendwie mit Menschen zu arbeiten und wie einfach das sein kann, was zu machen, und vielleicht Leuten zu helfen halt in irgendeiner Form*" (4/155–160). Bei dieser Sequenz wird nun deutlich, weshalb der Suche nach einer als sinnvoll erachteten beruflichen Tätigkeit für Herr A eine zunehmend wichtige Bedeutung zukam. Das *Sinnvolle* steht hierbei für das Helfen und für die Interaktionen mit Menschen, für die er Dankbarkeit zurückbekam – auch bei so profanen Handlungen wie dem Schenken einer Schraube. Zeitgleich *„hat mich ein Kumpel von meinem Onkel halt angesprochen ob ich sozusagen sein was ist das Ziehsohn oder so ob ich dem Mathenachhilfe geben will da hab ich gesagt klar mache ich, kein Ding*" (4/160–162). Hierbei ging es jedoch nicht nur Mathenachhilfe sondern Herr A *„war auch so ein bisschen Ansprechpartner dann relativ schnell für Probleme Sor-*

gen (2) Dinge, und Ideen wie könnte er damit umgehen wie könnte er das machen sozusagen und das hat echt gut funktioniert" (4/164–166).

Insgesamt entwickelt sich diese biografische Statuspassage zu einer Weggabelung im Leben von Herrn A. Dies verdeutlicht sich auch anhand folgender Äußerung: „*und irgendwie durch die Sache und so durch das Ganze im Fahrradladen arbeiten dacht ich mir so was Soziales wäre halt echt auch cool*" (4/168–170). Jedoch wäre die Schlussfolgerung zu kurz gegriffen, wonach die Idee einer *sinnvollen Tätigkeit* zwangsläufig in einen Beruf der Sozialen Arbeit mündet. Möglich wäre auch die Option eines Lehrers gewesen. So formuliert Herr A in einem späteren Abschnitt des Interviews auch wie folgt: „*mir ist noch eingefallen ich habe immer mal nebenbei in der Schülerhilfe gearbeitet (1) also ich wollte eigentlich bevor ich was Soziales machen wol- dacht ich mir okay ich werde Lehrer (1) da habe ich da aber gearbeitet, und dachte mir oh Gott auf keinen Fall,* ***auf keinen Fall*** *stelle ich mich vor 30 vor 30 oder 25,* ***solcher****, nein, mhmh, ich glaube ich wäre ein cooler Lehrer aber das würde mich massiv also, ich glaube ich würde wahnsinnig werden*" (18/816–821). In Anbetracht der Aussage, wonach seine „*Mutter meinte dachte immer ich mache irgendetwas wie vielleicht Lehrer oder so*" (10/428), erscheint diese Information als auffällig. So ist es doch denkbar, dass Herr A nicht nur den beruflichen Erwartungshaltungen seines Vaters nachging, sondern auch denen seiner Mutter.

Jedenfalls endete nach neun Monaten die Anstellung im Fahrradladen. Diese Arbeitserfahrung konnte offenbar dazu beitragen, seine Resilienz im Umgang mit belastenden Lebenssituationen zu steigern. So habe er sich nun „*auch stark genug gefühlt und dachte mir ach komm hier so Behördengänge und so ist gar kein Stress für mich, ich bin jetzt erst mal arbeitslos*" (4/172–173). Zudem habe er durch die Anrechnung seiner Arbeitszeit bei dem Bauunternehmen „***wirklich*** *gut verdient als Arbeitsloser*" (4/174–175), woraufhin er sich dachte: „*pf ich hätte das auch noch n Jahr weiter durchgezogen wenn ich die Kohle dafür gekriegt hätte weil das wirklich also, das war* ***so*** *entspannt du konntest jeden Tag das machen worauf du Bock hattest ja ((gemeinsames Lachen)), äh du konntest, einfach so deine Zeit genießen und du hattest genug Geld um irgendwie keine Ahnung Dinge auszuprobieren du konntest halt verreisen also ich meine gut eigentlich darf man ja nicht verreisen aber ich meine du konntest ein bisschen reisen*" (4–5/175–180). Es zeigt sich, dass Herr A die Zeit als Arbeitsloser für sich und seine eigenen Interessen sinnvoll nutzen konnte und auch keine Bedenken gehabt hätte, diese Zeit fortzusetzen. In Anbetracht der langjährigen Fremdbestimmtheit seines beruflichen Lebensweges erscheint dies als nachvollziehbar.

Die Zeit des Arbeitslosengeldes ging dann aber irgendwann „*so ein bisschen dann, auch zu Ende, ich glaube ich hatte neun Monate hätte ich arbeitslos sein dürfen und nach einem halben Jahr dachte ich mir fuck eigentlich müsste ich jetzt mal, mich langsam kümmern und da habe ich angefangen mich so zu kümmern*" (5/188–191). Es bleibt etwas unklar, woher der neuerliche Druck nun kam, sich um einen Job zu kümmern, da er doch zuvor darlegte, die Zeit sehr zu genießen und auch gerne ausgedehnt hätte. Jedenfalls sei er gegenüber der Sachbearbeiterin der

Bundesagentur für Arbeit sehr offen aufgetreten und habe ihr seine Situation dargelegt: *„ich habe gesagt ich brauche die Zeit erst mal für mich und muss echt sagen die war total verständnisvoll die meinte ja ich schick dir ab und zu mal was zu musst du aber nicht reagieren darauf ja wo ich mir denke cool“* (5/193–195). Nach den sechs Monaten teilte er der Sachbearbeiterin mit, *„ja doch ich, will jetzt wieder arbeiten im Prinzip ja wir können jetzt loslegen“* (5/196) und bekam daraufhin *„Sachen zugeschickt und die waren alle so* ***furchtbar*** *und dann habe ich im Internet geguckt was man so machen kann mit dem Bauingenieurwesen Abschluss ja und das war alles* ***so:*** *Scheiße“* (5/197–199). Bei den eingehenden Stellenempfehlungen habe er deutlich gemerkt, *„in mir drin wie sich was sträubt so“* (5/200). Hieran muss sich Herrn A offenbart haben, in welcher beruflichen Zwickmühle er sich befand. Sofern er einer beruflichen Tätigkeit mit mehr Perspektive nachgehen möchte, kann er seinem erlernten Beruf nicht ohne Weiteres entfliehen.

So kam es dazu, dass Herr A ein Vorstellungsgespräch *„bei einem Schweizer Planungsunternehmen“* (5/216) annahm. Das Unternehmen saß in seiner Heimatstadt B, *„das war ein kleines Büro und es war total heimisch und es war auch eigentlich, war auch eigentlich relativ, relativ süß und hast da natürlich einen Haufen Kohle gekriegt“* (5/217–218). Die genauen Umstände, wie es zu diesem Vorstellungsgespräch kam, bleiben jedoch unklar. Bemerkenswert erscheint jedoch die anschließende Sequenz: *„ich saß aber dann dort, in diesem Gespräch und der: der Chef saß auch da und der meinte ja klar komm du kannst bei uns anfangen und so und, wir freuen uns eigentlich auch“* (5/218–220). Und Herr A antwortete auf dieses Angebot: *„ne (1) ich mache was Soziales, ich, arbeite da jetzt, und ich studiere da und ich hatte aber keinen Job kein gar nichts ich habe aber gesagt nein ich mache das“* (5/220–222).

Um den Inhalt dieser Sequenz nachvollziehbar zu machen, muss eine weitere Sequenz herangezogen werden, deren Inhalt Herr A pointiert beschreibt: *„dann habe ich so ein bisschen im Lostopf halt gerührt“* (5/201–202). Gemeint ist, dass sich sein Erstzugang zur Sozialen Arbeit infolge einer Verkettung von Zufällen verstehen lässt. Konkret: *„über den Jugendlichen den ich so betreut hab über Nachhilfe der kannte halt wen, sozusagen ganz gut der eben jetzt, mein Chef ist, ähm und dann habe noch eine gute Freundin aus Schulzeiten die arbeitet sozusagen auch bei dem Träger, ähm, die arbeitet auch bei Träger A und ähm (1) naja und durch, ich hab immer wieder gesagt mein Onkel könnte da kannte da auch noch wen irgendwie Bereichsleitung oder so und habe immer gesagt ich habe große Lust, ich glaube ich will mal im sozialen Bereich ausprobieren so ich will das mal machen“* (5/202–208). Und obwohl Herr A wiederholt darauf hingewiesen wurde, dass *„im sozialen Bereich einfach so ausprobieren ist halt nicht ja“* (5/209) und er daraufhin entsprechend desillusioniert war, sprachen die genannten drei Personen unabhängig voneinander den Bereichsleiter des Trägers A auf die beruflichen Ambitionen von Herrn A an und schilderten seinen Wunsch, im sozialen Bereich tätig werden zu wollen. Für Herrn A gestaltete sich dieses Ereignis als *„so ein richtig witziger Zufall irgendwie“* (5/214). Auch wenn es aus der Analyse heraus als unwahrscheinlich erscheint, dass es sich hierbei nur um einen Zufall gehandelt haben kann, lässt sich zumindest sagen, dass Herr A das Glück erzwungen hat. Dennoch erscheint es fragwürdig, warum Herr A dem Chef des Schweizer Planungsunternehmen mitteilte, dass er im sozialen Bereich tätig werden wird, obwohl zu diesem Zeitpunkt nichts Offizielles darauf hindeutete. So lässt sich annehmen, dass Herr A von einer positiven Rückmeldung des Bereichsleiters ausging und auch, dass Herr A zu diesem Zeitpunkt bereits mehr Informationen hatte, als er dem Interviewer gegenüber zu dieser biografischen Episode mitteilte.

Zwei Tage nach seinem Vorstellungsgespräch beim Schweizer Planungsunternehmen bekam er jedenfalls einen Anruf vom Chef dieses Trägers mit der Bitte, *„ich solle mich doch mal vorstellen, ja das habe ich dann auch gemacht"* (5/222–223). Herr A erfüllt keine der üblichen Zugangsvoraussetzungen für eine Tätigkeit in der Sozialen Arbeit, und doch: *„ich glaube nach dem Vorstellungsgespräch war mir das noch gar nicht so richtig klar, aber irgendwie allen anderen war klar dass ich äh, bei Träger A anfange, und dann habe ich angefangen, im April letztes Jahr war das genau habe ich angefangen in (1) der Einrichtung in einem der Teams, ähm und die machen in erster Linie, betreutes Einzelwohnen, also, ambulante Fälle"* (5–6/224–227). Unabhängig davon, welche Tätigkeit Herr A in dieser Einrichtung nun genau übernehmen sollte, stellt sich die Frage, wie Herr A in Anbetracht des gültigen Fachkräftegebots nach § 72 SGB VIII im sozialpädagogischen Handlungsfeld der Kinder- und Jugendhilfe als Quereinsteiger eingestellt werden konnte.

Beruflicher Einstieg in die Soziale Arbeit

Herr A ist sich wohl bewusst, dass es sich bei der Anstellung um einen Graubereich handelt, denn er formuliert: *„so, ambulant darf ich ja,* ***gar*** *nicht arbeiten eigentlich weil ich eigentlich habe ja kein, keinen Abschluss ja, ähm (1) und, betreutes Einzelwohnen zählt noch unterm stationären Rahmen und da konnte ich sozusagen eigentlich mitmachen es war auch das Erste was ich gemacht habe ich habe relativ schnell ich glaube es hat einen Monat gedauert habe ich einen Fall, übernommen, schon, im betreuten Einzelwohnen"* (6/228–233). Herr A deutet an, dass er trotzdem pädagogisch tätig wurde und offenbar Mittel und Wege gefunden wurden, das Fachkräftegebot *kreativ* auszugestalten. Dies ist insbesondere vor dem Hintergrund auffällig, wonach sich die Einrichtungsleitung hierdurch bewusst dem großen Risiko aussetzte, eine solche Verantwortung rechtlich zu übernehmen.

Auf eine spätere Nachfrage geht Herr A auf diese Situation noch detaillierter ein. So formuliert er zur Intention des Einrichtungsleiters wie folgt: *„Ich kann ich, kanns dir gar nicht so richtig sagen (1) ich wusste, mein, mein jetziger Chef Trägerleitung A (1) der brauchte so einen, der brauchte so einen Macher irgendwie noch im Team wo sozusagen nur er ich die einzigen männlichen Personen sind und dann gibt es noch neun (1) neun oder acht Frauen und ich glaube zu dem damaligen Zeitpunkt hatte der einfach keinen, keinen Bock mehr alleine zu sein als Mann halt"* (14/626–631). Weiter führt Herr A aus, dass es bei den Einstellungskriterien auch um sein handwerkliches Geschick ging: *„und ich sollte so ein bisschen, sowas machen ich sollte in erster Linie sozusagen die*

Wohnungen von den Jugendlichen schick machen und einrichten sozusagen und dafür da sein gewisse Sachen halt anzubringen (1) ich möchte so sagen, ähnlich so eine Hausmeistersache, ja, ähm, und das war auch so angedacht und auch so begründet um mich reinzukriegen sozusagen wie Art wie eine Art Hausmeister" (14/632–637). Hiermit zeigt der Interviewpartner auf, wie sich der *Trick* der Einrichtungsleitung konkret ausgestaltete. Um Herrn A als Mitarbeiter für den Bereich der Kinder- und Jugendhilfe zu gewinnen, ohne ihn offiziell als pädagogischen Mitarbeiter einzustellen und somit das Fachkräftegebot zu umgehen, wurde Herr A als *Hausmeister* eingestellt. Jedoch sei es von Anfang an transparent gewesen, dass er das pädagogische Arbeiten *„mal probieren möchte und das vielleicht auch mal in die Richtung studieren will"* (14/638–639). Die Einrichtungsleitung gab Herrn A diese Chance.

Die Chance, sich zu beweisen, nahm Herr A auch wahr. So startete ein Prozess, bei dem er *„sozusagen, irgendwie so einen großen Teil Hausmeister* [war, N. W.] *und ein kleiner Teil war sozusagen okay ich, soll auch sozialarbeiten"* (14/639–641). Infolge des positiven Feedbacks des Trägers über seinen Umgang mit den Jugendlichen änderte sich das Verhältnis wohl recht schnell, infolgedessen *„aus dieser Hausmeistersache sozusagen ein ganz kleiner Teil nur wurde"* (14/643–644). Im Lauf eines halben Jahres ist die *Hausmeistersache* sogar gänzlich verschwunden. Für diese Tätigkeit wurden dann auch reguläre Hausmeister angestellt. Herr A beschreibt die Strategie der Einrichtungsleitung wie folgt: *„nach einem halben Jahr, schon der Gesamtteamkonsens war, naja, du sollst kein Hausmeister spielen also sollst kein Hausmeister sein du sollst Fälle machen im Prinzip ja, ähm, du sollst die für dich machen lern da dran"* (14/646–639).

Weiter zeigt der Interviewpartner auf, dass er nicht nur sehr viel Verantwortung von der Einrichtungsleitung übertragen bekam, sondern auch viele Freiheiten, die er auch als anstrengend empfand und deshalb auch im Interview darauf verweist, dass dies Quereinsteiger*innen an ihre Grenzen führen kann. Dennoch betrachtet er diese Bewährungsphase generell als ein Privileg und ist sich bewusst, dass er Tätigkeiten übernimmt, *„die ich nicht machen* ***dürfte****"* (14/653). Dabei handelte es sich auch um Tätigkeiten, die er als *„Teamleitersache"* (14/655) bezeichnet, wie *„wie Kasse Personal und so einen Kram"* (14/654–655). Auch seine Kompetenzen im Bereich Computer und IT seien seiner Ansicht nach ausschlaggebend gewesen, sein Chef habe *„nämlich keinen Bock auf sowas ja ((lustig gesprochen, lachen)), ähm weil das alles so mit Excel zu tun hat und so, ähm also es ist auch ein Geben und Nehmen"* (14/657–658).

Dass dieses ihm entgegengebrachte Vertrauen den Kolleginnen nicht unbemerkt blieb, ist Herrn A durchaus bewusst, so formuliert er: *„aber nach außen ich mein keine Ahnung, das Team hat sich natürlich auch immer gefragt wieso macht der das, der neue"* (14/659–660). In einer späteren Nachfrage geht Herr A detaillierter auf die Reaktionen der Kolleginnen ein: *„es gibt schon die ein oder andere Kollegin die immer mal meinte so naja du darfst ja eigentlich nicht ja (1) aber das fühlt sich auch immer nicht so geil an wenn jemand sagt du* ***darfst*** *nicht, ja ähm (1) und ich glaube (1) das wurde* *auch immer so ein bisschen so wie schief angeguckt aber gar nicht, unter einem negativen Aspekt ich* ***dachte*** *das nur immer sondern eher unter dem auch (1) da das ja eigentlich auch relativ mutig ist das einfach so zu machen*“ (25/1196–1201). Auch wenn Herr A die anfängliche Skepsis seiner Kolleginnen in ein positives Licht rückt, ist doch davon auszugehen, dass das Team eine solche Entscheidung der Einrichtungsleitung zugunsten des Interviewpartners skeptisch betrachtete. Nicht nur die Frage nach der Eignung für die pädagogische Arbeit mit vulnerablen Kindern und Jugendlichen wird im Raum gestanden haben, auch die Frage, welche Bedeutung die eigene pädagogische Ausbildung dann überhaupt noch spielt, wird zumindest latent gewesen sein. Nicht zuletzt die Frage nach der Bevorzugung von Herrn A infolge, dass er schlicht ein Mann ist, darf hierbei nicht außer Acht gelassen werden. So kann durchaus mehr Missgunst oder zumindest Unverständnis gegenüber seiner Bevorteilung vorgeherrscht haben, als es sich Herr A bewusst macht[69].

Berufliche Konsolidierungsphase in der Sozialen Arbeit

Herr A hat nach den ersten sechs Monaten 38 Fachleistungsstunden geleistet und infolgedessen „*eine Anerkennung vom Landesjugendamt gekriegt als geeignete Person*“ (6/235–236), die es ihm fortan ermöglicht, „*sozusagen sauber und rein auch auf dem Papier in dem Bereich zu arbeiten*“ (6/237–238). Infolge der Anerkennung konnte der Interviewpartner nach den ersten sechs Monaten seine Hausmeistertätigkeiten zugunsten der pädagogischen Arbeit gänzlich aufgeben. Innerhalb dieses halben Jahres hat sich Herr A wohl auch „*relativ schnell wirklich so entwickelt dass ich eigentlich ganz viele Fälle mache (1) ähm (1) jetzt gibts, ganz viele Jugendamtmits- Jugendamtsmitarbeiterinnen im Prinzip die fragen explizit nach mir aber ich glaube das ist auch wirklich ein Vorteil weil ich ein junger, ein junger Mann bin, ja ganz, viele, junge, Kids, haben eben keine, coole, halbwegs vernünftige, männliche Bezugsperson mehr ja, von daher (1) hab ich natürlich das Glück dass ich da immer angefragt werde ja*“ (15/668–673). Erneut wird die Bedeutung des männlichen Geschlechts hervorgehoben. Sollte der Geschlechteraspekt tatsächlich eine solche Bevorzugung in dieser Einrichtung zur Folge haben, muss dies als zumindest fragwürdig bezeichnet und kritisch hinterfragt werden.

Herr A erwähnt, dass die Anerkennung als geeignete Person mit der Bedingung einherging, er müsse ein pädagogisches Studium oder eine entsprechende Berufsausbildung aufnehmen, da seine Anstellung auch nur auf ein Jahr befristet war, „*ansonsten kannst du eigentlich also, kann der Träger das schwer rechtfertigen dass du noch bleibst sozusagen als Hausmeister ginge wiederum ja, äh nur, sind zwei Hausmeis-*

69 Nach Reckwitz ist eine solche „Entkoppelung von Arbeitserfolg und objektivem Arbeitseinsatz“ (2018, S. 220) jedoch vielmehr als typisch für die Wissens- und Kulturökonomie der Spätmoderne zu sehen: „Ein wenig überspitzt: wer Talent (überragendes Potenzial und Kompetenz) und Glück (die richtige Nische auf dem Markt) hat, kann leicht viele andere (ebenfalls) harte Arbeitende überflügeln“ (ebd.).

ter, also nur hätten wir eine, anderthalb Hausmeisterstellen glaube nur refinanziert gekriegt und das füllen natürlich die zwei jetzt (1) jetzt aus ja“ (15/682–686). Und obwohl der Interviewpartner in der Haupterzählung die Aufnahme eines Studiums der Sozialen Arbeit nur kurz skizzierte, stellt sich in einer späteren Sequenz heraus: *„das war für mich ganz lange* ***gar*** *nicht so klar“* (15/687). So bewarb sich Herr A an der Hochschule für angewandte Wissenschaften in Stadt D[70] sowie an der Universität in Stadt B *„und musste ja weil Zweitstudium musste ich ja da im Prinzip ein paar Kriterien erfüllen und die habe ich alle nicht erfüllt“* (15/689–690). Herr A erhielt jedoch Absagen. Dass dies zu Verunsicherung bei ihm geführt haben muss, da er sich infolge seiner Tätigkeit in einer glücklichen Arbeits- und Lebenssituation wähnte, erscheint evident. So formuliert er auch: *„das fand ich relativ krass und dachte ich mir, da war ich zum ersten Mal relativ, traurig auch weil ich mir dachte krass du, hast keine Chance, als Quereinsteiger (1) ähm (1) du kann es nicht machen, so da dachte ich mir Scheiße wenn ich jetzt hier keinen Studienplatz kriege dann, dann wars das“* (15/691–694). Doch auch in dieser Situation stärkte ihm sein Chef den Rücken und *„meinte so du brauchst dir keine Sorgen machen ja du, nur weil du jetzt eine Absage kriechst bist du jetzt nicht weg (1) müssen wir aber gucken was wir machen“* (15/696–698). Hierbei muss hervorgehoben werden, welch auffällig hohes Vertrauen der Chef in Herrn A legte. Dennoch befand sich der Interviewpartner an einem erneuten beruflichen Scheideweg. Die Vorstellung, im Bauingenieurwesen beruflich gefangen zu bleiben, muss sich als frustrierend für ihn dargestellt haben.

Nach den Absagen erfährt Herr A von einem Fernstudium der Sozialen Arbeit in der Stadt A, da er *„von irgendwem gehört* [hat, N. W.] *dass die das macht und da hab ich gesagt okay ich mache das auch und habe dann wirklich auf am* ***letzten*** *Tag habe ich mein ganzes* ***Zeug*** *hingeschickt (1) und dann habe ich irgendwann drei Wochen später die Sachen gekriegt ja okay du kannst das machen“* (15/700–703). Offenbar hat Herr A hierbei erneut *im Lostopf gerührt*. Auch wenn er darauf hinweist, dass es sich hierbei um ein *Bezahlstudium* handelt und es daher auch recht klar für ihn war, eine Zusage zu erhalten, muss dies ein sehr befreiender Moment für ihn gewesen sein. So verdeutlicht er auch nochmal, dass dies ein Scheideweg in seinem Leben war, wo er sich dachte, *„Mist (1) ich kann ja hier gar nicht rein und da war ich auch zum ersten Mal und dachte mir wie sinnlos dieser Abschluss* [des Bauingenieurwesens, N. W.] *ist ja, den ich vorher gemacht habe da habe ich mich so geärgert“* (15/710–712). Doch sein Chef zeigte Herrn A auf, dass die Tatsache, zuvor bereits ein Studium erfolgreich abgeschlossen zu haben, ihm überhaupt erst die Tür für einen Quereinstieg in die Soziale Arbeit öffnete. Infolgedessen hat sich für den Interviewpartner auch der Blick auf sein vorhergehendes Studium geändert, sodass er fortan denkt, *„wie cool der ist ja, denke ich mir jetzt ich meine also hatte halt wirklich die Tür geöffnet“* (15/712–713). Doch sei dies nicht nur für den Quereinstieg in die Sozia-

70 Eine mittlere Großstadt in den neuen Bundesländern.

le Arbeit von Bedeutung gewesen, sondern zuvor schon für die Tätigkeit *„in dem Fahrradladen im Prinzip"* (16/724).

Über das Studium der Sozialen Arbeit berichtet Herr A jedenfalls gänzlich konträr zu seinem vorherigen technischen Studium. Nicht nur, dass ihm der Bauingenieurabschluss später die Möglichkeit eröffnete, sich in der Sozialen Arbeit auszuprobieren, so hat er *„auch zum ersten Mal Lust den* [Abschluss, N. W.] *zu haben (1) ähm (1) und ich habe auch Lust das zu schaffen"* (17/809–810). Zugleich weist er darauf hin, dass er deswegen noch lange nicht plötzlich Lust verspüre, regelmäßig samstags zu den Lehrveranstaltungen zu gehen: *„>und ich habe auch schon den einen oder anderen Samstag mal ausgelassen gebe ich zu<"* (17/811–812). Somit kann aufgezeigt werden, dass sich Herr A trotz seiner neu gewonnenen Lebenslust und der Freude an einer beruflichen Tätigkeit innerhalb der Sozialen Arbeit, deswegen nicht komplett geändert hat – die Freizeit bleibt ihm betont wichtig. Trotzdem, *„in erster Linie habe ich da wirklich, mit tollen Dozenten irgendwie auch zu tun (1) und das macht Spaß, und ich finde so sollte studieren sein, auch, sollte Spaß machen, ich finde so sollte auch Arbeiten sein es sollte alles irgendwie, es sollte Spaß machen und du solltest glücklich sein das ist das was ich aus der Zeit, mitgenommen habe"* (17–18/812–816).

Auch seine Eltern freuten sich darüber, dass ihr Sohn nun weiter studiert und *„die sehen dass ich das halt wirklich möchte das freut die natürlich"* (24/1145). Insbesondere das Miterleben seines Leidens habe die Eltern wohl auch dazu gebracht, sich vor allem darüber zu freuen, *„dass ich glücklich bin (1) die, sehen mich jetzt, als, als glücklichen Typen, der so machen kann, was er denkt und was er so für richtig hält (1) und unterstützen mich dabei halt total (1) und da gibt es kein, mach das nicht und sonst irgendwas sondern cool (1) cool wie du das so machst"* (24/1147–1150). So führte die schwierige Lebensphase und die anschließende berufliche Neuorientierung auch zu mehr Harmonie und gegenseitiger Unterstützung innerhalb seiner Familie.

Herr A verdeutlicht, dass sein Quereinstieg in die Soziale Arbeit generell viele positive Entwicklungen für sein Leben zur Folge hatte. Nicht nur, dass er *„einen tollen Job* [hat, N. W.] *den ich absolut, toll finde, und den ich mir so gestalten kann wie ich möchte"* (6/269–270), er habe über seine neue Anstellung auch seine jetzige Freundin kennengelernt. An so etwas wie eine Beziehung und Partnerschaft war bisher noch gar nicht zu denken gewesen, denn *„in meinen Arbeiten vorher ich hatte immer kein, keine Zeit so richtig war ja nie da"* (6/266–267). Dass der Interviewpartner infolge seines Quereinstiegs in die Soziale Arbeit seine Beziehungspartnerin kennenlernte, verdeutlicht nicht zuletzt, dass er sich schlussendlich von der von seinem damaligen Kollegen repräsentierten *dystopischen* Zukunftsvision befreien konnte.

Positive Seiten und negative Seiten des Berufs

Wird danach gefragt, was den Interviewpartner überhaupt an einem Beruf in der Sozialen Arbeit gefalle, fällt es ihm gar nicht so leicht das zu beantworten, denn *„das sind so viele Sachen"* (28/1329). Generell sei es für ihn aber *„tatsächlich Erinne-*

rungen, schaffen, mit Menschen für Menschen arbeiten ähm, ***gemeinsam*** *Dinge, schaffen,* ***nicht*** *alleine, ja, ähm (1) das ist sozusagen der (1) das das, Idealistische was mir daran halt gefällt sozusagen ja,"* (28/1329–1332). Zugleich genieße er die vielen Freiheiten, die der Beruf so mit sich bringe. Dabei bezieht er sich auf die variablen Wochenarbeitszeiten und das Arbeiten in Teilzeit, das Begleiten von Ferienfahrten und Workshops, aber auch, dass er selbst an den Events für die Jugendlichen teilnehmen kann, *„wo alle zusammen, Bowling spielen gehen als Beispiel oder alle zusammen was weiß ich paddeln fahren oder sonst irgendwas"* (28/1336–1337). Ganz entscheidend ist jedoch der Aspekt, dass er sich selbst als Person einbringen kann, also seine eigenen Interessen, seine Talente, seine Kompetenzen: *„ich kann tatsächlich auch meinen (1) einen Teil von mir da mit reinbringen indem ich, sage wenn ein Jugendlicher Bock darauf hat lass uns mal skaten gehen lass uns mal BMX fahren gehen kann ich sagen top können wir machen (1) ähm, und da stehe ich dann, auf dem Skatepark, und fahre ein bisschen, und mache mein Ding, und mach lass den Jugendlichen sein Ding machen und dann machen wir gemeinsam unser Ding, und dann ist es Teil meiner Arbeit"* (28/1338–1343). Zugleich ist ihm reflexiv sehr wohl bewusst, dass es sich bei dem Einbringen seiner Talente nicht um einen reinen Selbstzweck handelt. Denn *„es gibt ja auch noch den, den anderen Part wo es darum geht Krisen gemeinsam zu bewältigen und sonst irgendetwas ja das ist ja nur das was nach außen schön aussieht aber ich finde es auch toll Krisen gemeinsam zu bewältigen und (1) und im Prinzip Strategien mit den Jugendlichen zu entwickeln wie kann ich denn jetzt diese Krise für mich klarmachen (1) wie komme ich da wieder raus (1) das ist schon, schon toll"* (28/1346–1351).

Dass sich der Zugang zu den Adressat*innen über seine Talente eines Tages auch ändern kann, ist ihm durchaus bewusst. So würde es ihm wohl auch nicht gefallen, *„dass ich irgendwann dass ich das Gefühl habe dass ich ein bisschen zu alt bin und gar nicht mehr mithalten kann glaube ich ((lustig gesprochen)), weißt du ich werde denken so warte mal ich bin irgendwann vielleicht 50 ja, dann finden mich die Jugendlichen ja auch vielleicht nicht mehr cool, weißt du gerade habe ich ja so einen leichten Zugang weil ich meine hallo, ähm bin halt jung, und kann das selber machen"* (29/1356–1361). Und generell erachte er die zunehmenden Dokumentationspflichten als belastend. Er spricht hierbei von Bürokratien, das sei *„immer so eine Sache so also ich verstehe warum es die geben muss sozusagen ich meine wir sind hier in Deutschland ich mein, viele Dinge gehen nur dadurch klar (1) ähm, aber pf manchmal ist das ganz schön (1) ja welches, welcher Topf bezahlt was wie auch immer oder sonst irgendwas ja im Endeffekt gehts nur darum dass da jemand Hilfe, erfährt, und dann haben wir auch firmenintern relativ viel Bürokratie die wir machen müssen tausende Formulare wegen irgendwas, äh, das gefällt mir tatsächlich manchmal nicht weil das (1) weil das so ein bisschen Zeit frisst für (1) naja, Reflektionen zum Beispiel oder so weil ich dann damit beschäftigt bin irgendwelche Abrechnungen zu schreiben oder (1) oder irgendeine, irgendeine interne Änderungsmitteilung zu schicken und zu schreiben, was weiß ich (1) sowas"* (29/1363–1372). Herr A weist hiermit implizit daraufhin, dass ihm Tendenzen der Entfremdung auch innerhalb einer Tätigkeit der Sozialen Arbeit nicht unbekannt seien. Jedoch sei dies für ihn kein Grund zu sagen, *„oh Gott ich mach den Job nicht mehr deswegen"* (29/1373).

Die Frage nach der Bedeutung des Geldverdienens zieht sich wie ein roter Faden durch die Lebensgeschichte von Herrn A. Daher erscheint es auch nicht verwunderlich, dass er bei der Frage nach der generellen Motivation für eine Tätigkeit in der Sozialen Arbeit hierauf erneut Bezug nimmt. Wird danach gefragt, warum Menschen seiner Ansicht nach in der Sozialen Arbeit tätig werden wollen, antwortet er: *„wenn ich jetzt meine ganzen Kollegen immer zitieren darf wenn es um so etwas geht sozusagen ja dann ist es also das Geld ist es auf jeden Fall nicht ((lachen))"* (31/1485–1487). Vielmehr ginge es wohl um *„ein bisschen Idealismus sozusagen und ein bisschen einfach der Bock mit Menschen zu arbeiten glaube ich und irgendwie (1) ja, vielleicht für den ei- für* ***den*** *oder* ***die*** *ein oder andere irgendetwas klarmachen zu können, ja und die zu begleiten in einem, Entwicklungsprozess, vielleicht ist es sowas"* (31/1478–1481). Die Bedeutung des Geldes scheint hier also eine untergeordnete Motivation für die Aufnahme einer Tätigkeit in der Sozialen Arbeit darzustellen. Zugleich weist Herr A aber darauf hin, dass er dieses Klischee über ein niedriges Gehalt nicht ausnahmslos teilt: *„wobei ich aber auch echt sagen muss ja, ähm (1) ich finde es schon, dass man (1) als Sozialarbeiter, auch gutes Geld verdienen kann, muss ich* ***echt*** *sagen, ja (2) finde ich wenn du dir so die ganzen Tab-, Tabellen anguckst"* (31/1487–1490).

Bedeutung von Erwerbsarbeit und Zukunftsaussichten

Wird Herr A danach gefragt, wie seine offizielle Berufsbezeichnung lautet, kann er dies nicht beantworten: *„ich kann es dir nicht sagen ((lachen)) ich weiß es echt (1) ich weiß es echt nicht, laut dem, also dieses Schreiben was es jetzt, was es jetzt gibt wäre (1) eine geeignete Person (1) ähm, aber ich, ich weiß es nicht (1) vielleicht, nein ich weiß es nicht"* (25/1180–1182). Würde er hingegen danach gefragt werden, welche Tätigkeit er ausübe, sagt er wohl meistens: *„ich arbeite für einen Träger der Jugendhilfe"* (24/1155). Schließlich könne er seiner Ansicht nach nicht behaupten, *„dass ich Sozialpädagoge: bin halt ja kann ich ja nicht sagen, ähm (1) wenn es jemand genauer wissen will sozusagen sage ich meistens auch tatsächlich ich bin (1) ich arbeite in erster Linie mit, mit Jugendlichen und, äh ich bin, Quereinsteiger (1) so, wir arbeiten sozialpädagogisch sage ich immer"* (25/1157–1160). Diese Vorsicht lässt sich damit erklären, dass der Interviewpartner bei früheren Tätigkeiten negative Erfahrungen mit der Beschönigung seiner Berufsbezeichnung gemacht hat. Deswegen sei die gewählte Formulierung aus seiner Sicht *„so das Beste was man dafür finden kann, ja weil alles andere ist ja (1) ist ja schwierig, ja"* (25/1161–1162).

Wird Herr A nach der allgemeinen Bedeutung von Erwerbsarbeit für sein Leben gefragt, fällt ihm ein Sprichwort ein und *„das sollte man nicht aus den Augen verlieren und zwar, äh arbeiten um zu leben und nicht leben um zu arbeiten"* (29/1391–1392). Für ihn bedeute das, dass er zwar wirklich gerne arbeiten geht, *„ich kann mich aber auch super mit mir selber beschäftigen sozusagen, was ich nicht machen möchte oder was ich nie wieder machen möchte sind so 60 70 Stundenwochen"* (29/1393–1395), so wie er es einst auf der Baustelle erlebte. Würde die Arbeit so viel Raum im Leben einnehmen, hätte er schlicht keine Zeit mehr für sich und *„das finde ich irgendwie blöd, da hätte ich keine da habe ich keine Lust drauf sozusagen“* (29/1397–1398). Vielmehr möchte er seine Zeit auch mit seinen Freunden verbringen, mit seiner Freundin und *„ich will vielleicht irgendwann mal eine Familie haben (1) von daher, ist Arbeiten da, dann irgendwann also ist Arbeiten einfach Mittel zum Zweck auch, so (1) aber eben nicht (1) nur Mittel zum Zweck, sondern (1) es ist ja auch, also es ist ja schon, es ist ja schon sehr viel Lebenszeit die ich (1) hergebe um zu arbeiten ja und da finde, ich da kann ich mir auch eine Arbeit suchen die ich* **echt** *toll finde, und die echt Spaß macht, und die einfach, die einfach schön ist von der ich was habe, wenn ich schon so viel Zeit dafür, dafür hergebe“* (30/1401–1407). Daher erachtet er seine aktuelle Wochenarbeitszeit von 38h auch als zu hoch und hat bereits angekündigt, nur noch 32h arbeiten zu wollen *„und dann kann ich mir das auch ein bisschen entspannter alles gestalten und so aber nichtsdestotrotz habe ich immer noch total viel Zeit um, zu sagen ich treffe mich hier, mit Leuten ich mache da was mit meiner Freundin ich gehe hier mal Radfahren und so“* (30/1414–1417).

Für seine berufliche Zukunft könne sich der Interviewpartner sehr gut vorstellen, dass er zumindest weitere fünf Jahren in der Kinder- und Jugendhilfe tätig sein wird. Dies resultiert auch aus folgender pragmatischen Überlegung: *„weil ich studiere auch noch dreieinhalb Jahre sozusagen ja“* (32/1500–1501). Auch eine Stelle in der Schulsozialarbeit erachtet er als denkbar. Abschließend erscheint es einerseits bemerkenswert, aber andererseits auch als plausibel für seinen herausgearbeiteten inneren Konflikt, dass er seine technische Berufsbiografie wohl auch nie ganz beiseitelegen kann oder will. So formuliert Herr A zum Ende des Interviews: *„vielleicht könnte ich mich durch ganz viele Zufälle und Umstände auch irgendwo in der Stadtplanung sehen ich finde das auch wirklich interessant (1) aber da glaube ich da habe ich zu viel Angst davor dass ich mich da langweile halt deswegen denke ich mir mache ich es nicht“* (32/1505–1508). Auch generell ausschließen, dass es ihn eines Tages wieder in ganz andere Berufszweige verschlägt, will er nicht: *„vielleicht, sehe ich mich in zehn Jahren auch äh (1) vielleicht bin ich auch irgendwo anders, mach irgendwas anderes, weiß ich noch nicht“* (32/1509–1510)[71].

7.2.2 Fallstruktur – Soziale Arbeit als Rückgewinnung der Selbstwirksamkeit

Die Lebensgeschichte von Herrn A kennzeichnet sich im Besonderen durch eine Verlaufskurvendynamik infolge seiner Berufswegentscheidung zum Bauinge-

71 Zum Zeitpunkt der Abgabe der vorliegenden Untersuchung hat Herr A sein Studium der Sozialen Arbeit in Regelzeit absolviert und arbeitet weiterhin in der Kinder- und Jugendhilfe beim selben Arbeitgeber wie bereits zum Zeitpunkt des Interviews. Zudem hat er mit seiner erwähnten Freundin mittlerweile eine Familie gegründet.

nieur, die zwar in der Berufstradition seiner Familie steht, jedoch entgegen den eigenen Interessen und Bedürfnissen ausgerichtet ist. Die Berufswahlentscheidung als Bauingenieur repräsentiert auf prototypische Art und Weise die Werte der industriellen Leistungsgesellschaft der klassischen Moderne (Reckwitz 2018) und eine solche extrinsische Wertaufladung findet sich in Herrn A wieder. Die Entfremdung zu seinem Beruf, die ihn infolge des Ignorierens seiner eigenen Bedürfnisse und einer zunehmenden beruflichen Fremdbestimmung schlussendlich krank werden lässt, findet daher nicht zuletzt deswegen statt, weil Herr A diese traditionellen Leistungsvorstellungen unreflektiert übernimmt und danach handelt.

In der Biografie von Herrn A fand vor der Aufnahme des Studiums keine notwendige Reflexion über seine eigenen Bedürfnisse und Wünsche statt und den daraus resultierenden Vorstellungen über gute, sinnvolle und eine zu ihm in Resonanz stehende authentische Arbeit. Stattdessen nimmt er den für ihn am *einfachsten erscheinenden Weg* und orientiert sich an der beruflichen Familientradition des Bauingenieurs – und adaptiert hiermit unreflektiert die Leistungsvorstellungen der industriellen Moderne. Dabei handelt es sich konkret um das Erbringen einer professionalisierten beruflichen Leistung, die sich wie weiter oben bereits aufgezeigt werden konnte, zum einen dadurch kenntlich macht, dass die individuellen Besonderheiten der Arbeitssubjekte nur eine untergeordnete Rolle spielen bzw. als Störquelle wahrgenommen werden sowie durch eine generelle Austauschbarkeit ihrer Rollenträger (ebd.). Darüber hinaus erfolgte in der industriellen Leistungsgesellschaft der klassischen Moderne eine starke Valorisierung von Karriere, Prestige, Anerkennung und Geld (Nagel 1997, S. 173). Oder um es mit den Worten von Herrn A zu sagen, es drehte sich dabei viel um *Kohle*, um *n Haufen Asche* – und damit um Aspekte, die für Herrn A nur eine untergeordnete Bedeutung einnehmen.

Fritz Schütze beschreibt das Konzept der Verlaufskurve als „einen einschneidenden Erleidensprozeß der beruflichen Fremdbestimmtheit, der die Erscheinungen des Empfindens, ausgebrannt zu sein, und des Fremdwerdens der eigenen Identität mit sich bringt" (1994, S. 15). Obwohl Herrn A eine solche zunehmende Entfremdung bewusst war, erschien es ihm nicht möglich, diesen beruflichen Weg zu verlassen[72]. Das Gefühl, etwas abzubrechen, sich selbst als *Versager* gegenüberzustehen und dadurch womöglich die Anerkennung seiner Eltern zu riskieren, erschien ihm undenkbar. Jedoch führte das kontinuierliche Fremdwerden seiner eigenen Identität infolge des permanenten Handelns gegen seine innersten Bedürfnisse und dem Orientieren an extrinsischen Wertvorstellungen schlussendlich dazu, dass – in den Worten von Herrn A – sich sein *Unterbewusstsein*

72 Dies scheint qua Definition jedoch auch nicht untypisch, versteht Hartmut Rosa unter Entfremdung doch gerade „einen Zustand, in dem wir das, was wir tun, nicht wirklich wollen, obwohl wir aus freien Stücken handeln" (S. 131).

meldete und er schlicht nicht mehr *funktionierte*: Er bekam Panikattacken. Hieran lässt sich auch erkennen, „wie die Verlaufskurvendynamik [von Herrn A, N. W.] die Wirksamkeit des zunächst auf den Berufsbereich beschränkten Erleidensprozess in andere Bereiche, wie den der Familie erweitert und auch in andere Erscheinungsweisen [...] transformiert" (ebd., S. 28).

Diese krisenhafte Erfahrung, die durch therapeutische Behandlungen reflexiv begleitet wurde, führte zu einer tieferen emotionalen Verbindung mit seiner Familie und schlussendlich zur selbsttätigen Kündigung bei seinem Arbeitgeber, wodurch ihm sukzessive der Weg in die Soziale Arbeit eröffnet wurde. Die Soziale Arbeit repräsentiert in seiner Biografie die Hinwendung zu einem bewussteren und selbstbestimmten Lebensweg, der sich fortan nicht mehr durch berufliche Fremdbestimmung kennzeichnen soll, sondern durch das in den Vordergrundstellen seiner eigenen Interessen und Bedürfnisse, die mit dem Beruf der Sozialen Arbeit in Resonanz gebracht werden können.

7.3 Frau B[73]: „Wird man halt zum Außenseiter wenn man halt sein eigenes Ding macht"

7.3.1 Fallzusammenfassung

Herkunft, Schule und gesundheitliche Herausforderungen

Frau B ist im Jahr 1991 geboren und wächst mit ihren beiden älteren Geschwistern im gemeinsamen Elternhaus in einem Dorf in einem westdeutschen Bundesland auf. Ihre Kindheit beschreibt sie allgemein als *„ne, behütete Kindheit"* (3/119–120). Der Vater ist in der ehemaligen DDR aufgewachsen und später über die Mauer geflüchtet. In der BRD war er später als geschäftsführender Wirtschaftsingenieur tätig. Die Interviewpartnerin schildert, dass er aufgrund seines Berufes oftmals auch nicht am Familienleben teilgenommen habe *„und meine Mutter war quasi äh, Alleinerziehende"* (3/120–121). Nach mehreren Herzinfarkten schulte der Vater zum Heilpraktiker um und öffnete später seine eigene Praxis. Die Mutter ist in der BRD geboren und ist ausgebildete Erzieherin. Jedoch war sie in diesem Beruf nie tätig, sondern Hausfrau. Zum Zeitpunkt des Interviews arbeitet sie zudem seit über 20 Jahren als Ehrenamtlerin bei einem Wohlfahrtsträger im Bereich der Migrations- und Fluchthilfe. Zu ihrer älteren Schwester und ihrem älteren Bruder formuliert die Interviewpartnerin, dass ihre zwei Geschwister sehr dominante Menschen seien und *„das war für mich dann auch sehr schwer und, hatte ich auch*

73 Das Interview wurde am 30.04.2020 an einem öffentlichen Ort durchgeführt. Das Gespräch dauerte 1h41min.

dann lange Zeit dann, ziemliche Probleme" (3/112–113). Wie sich diese Dominanz in der Kindheit konkret darstellte, bleibt jedoch ungeklärt.

Der Bruder studierte später Internationales Management und war in Spanien, Hamburg und Berlin berufstätig. Zum Zeitpunkt des Interviews ist er arbeitssuchend, da sein vorheriger Arbeitgeber in Berlin Insolvenz anmelden musste. Eine vorangegangene Stelle kündigte er auf eigenes Bestreben und absolvierte daraufhin ein mehrmonatiges Praktikum auf einem Weingut. Zum Zeitpunkt des Interviews überlegt er, sich in den Bereich Gastronomie umzuorientieren, da seine privaten Interessen dem Kochen und Weingenuss gelten. Die Schwester absolvierte ein Bachelorstudium der Geologie, absolvierte ein Praktikum in Neuseeland, absolvierte daraufhin ein Masterstudium in Neuseeland, zog danach nach Australien und arbeitete für ein Unternehmen der Ölindustrie. Dort arbeitete sie in einer Mine, bekam jedoch Depressionen und wurde in den Bürodienst versetzt. Das Unternehmen ging später Bankrott, sie bekam eine Abfindung und entschied sich für die Erarbeitung ihrer Promotion. Zum Zeitpunkt des Interviews hat sie ihre Promotion absolviert und lebt zusammen mit ihrem Freund teils in einem Van, teils in einem kleinen Haus in Australien. Aktuell ist die Schwester arbeitssuchend und orientiert sich neu in Richtung Journalistik. Insgesamt bezeichnet Frau B ihre Kindheit nicht nur als eine behütete, sondern generell als *„ne schöne Kindheit"* (3/125), jedoch lagen diesem Glück auch *„einige Steine im Weg"* (3/124).

Als lebensgeschichtliche Besonderheit muss festgehalten werden, dass auffällig viele Familienmitglieder von Frau B an Suchtkrankheiten und weiteren schweren Krankheiten litten und leiden, die wiederum teilweise auf Suchterkrankungen zurückgehen. Um die Brisanz und den Umfang dieser familiären Krankheitsgeschichte nachvollziehbar darzulegen, erlaube ich mir eine längere Sequenz aus dem Interview heranzuziehen, die eine exemplarisch komprimierte Familiendarstellung beinhaltet:

> „bei uns in der Familie gibt es halt viele P- Alkoholprobleme, ähm, und also meine Eltern kommen auch beide aus sehr zerrütteten Familien, ähm (1) wo ähm (1) meine Eltern es auch nicht leicht hatten, also, mein Vater ist auch über die Mauer geflüchtet et cetera ähm, die hatten auch kaum Geld und die Mutter hat es irgendwie geschafft trotzdem sie arbeitslos war wie weiß ich nicht irgendwie die Kinder auf die Unis zu schicken, ähm meine Tant- also die Geschwister meines Vaters die sind dann auch irgendwann abgestürzt, im Leben, ähm und meine Tante hatte hm pf- ist auch Alkoholikern geworden genau wie der Bruder, und der Bruder ist dann später an Bechterew gestorben jetz vorn paar Monaten ähm, und die Tante hatte halt versucht sich selbst umzubringen, et cetera halt das ganze Programm, und mein Vater war halt auch so das immer das Sorgenkind so der, der Loser, in der Schule der ist auch einmal sitzen geblieben von der Schule geworfen worden, weil er seiner Lehrerin n Buch annen Kopf geschmissen hat, hats dann aber trotzdem irgendwie geschafft sich hochzuarbeiten und, er war dann halt auch Geschäftsführer et cetera und ähm (1), genau bei

meiner Mutter ähm, war es so, wie gesagt der Vater war Alkoholiker, die hatte auch, die letzten 20 Jahre keinen Kontakt mehr zu ihm, ähm bis er gestorben ist, und ähm, ja sie war immer son bisschen, ähm die Mutter ist gestorben als sie 14 war, annem an Brustkrebs, und dadurch hats meiner Mutter halt auch sehr stark an halt gefehlt, ähm, und sie hatte auch sehr Probleme dann in der Schule, hat dann hats auch irgendwie geschafft die Ausbildung zu machen, wobei das auch ein Kampf für sie war, hat es dann aber auch irgendwie geschafft sich zu zu sammeln, und ähm, ja, also, der Vater meines Vaters lebt noch wir wissen aber nicht wo er ist ähm, wir hatten mal nen Privatdetektiv vorn paar Jahren angeheuert, der hockt irgendwo, in nem Dorf in seinem Alokohol, Sumpf ähm, genau aber ich muss dir ehrlich sagen ich weiß nicht genau was die gemacht haben weil da wird auch nicht viel drüber, gesprochen bei uns, also, weiß ich nicht also die wenigstens waren Akademiker das weiß ich, also ähm, meine Eltern waren die erste Genera- beziehungsweise mein Vater die erste Generation in der Familie die auf die Uni gegangen sind, das weiß ich, aber ansonsten, es wird nicht viel besprochen also wie gesagt es ist halt viel, viel Alkohol im Spiel, ähm viel Drogen also meine Cousins, ein Cousin ist auch, an ner Überdosis gestorben der saß auch zwischenzeitlich im Knast, hat mit Drogen gedealt und so weiter, ähm, also die meisten, sind auf der falschen Spur gelandet, im Leben ((schnauben)) ja, das ist unsere, Familie" (16/723–740).

Auch ihre eigene Lebensgeschichte sollte sich infolge einer gesundheitlichen Disposition gleich zu Beginn als steiniger Weg herausstellen: *„ich bin auch mit, motorischen und grobmo- fein und grobmotorischen Wahrnehmungsstörungen zur Welt gekommen hatte keinen Hüftkern“* (3/96–97). Diese angeborene Erkrankung stellte sich als so schwerwiegend dar, dass *„die Ärzte dachten eigentlich ich würde im Rollstuhl landen und maximal auf ne Sonderschule kommen“* (3/98–99). Dass eine solche Erkrankung für die gesamte Familie eine Herausforderung darstellen würde und sicherlich auch einen Schock nach der Geburt darstellte, erscheint evident, insbesondere, da diese durch etwaige Voruntersuchungen offenbar nicht ersichtlich war. Die Konsequenz waren umfangreiche Therapiemaßnahmen, *„eigentlich alles was, die Bandbreite so, bietet“* (3/100). Es ist annehmbar, dass der hohe Therapie- und Unterstützungsbedarf auch eine Herausforderung für die Familie darstellte und womöglich die Mutter aufgrund dieser Erkrankung das Hausfrauendasein bewusst wählte oder zumindest verstetigte, um sich bewusst langfristig um die Tochter kümmern zu können. Der Vater wird als geschäftsführender Wirtschaftsingenieur mutmaßlich das gesamte Einkommen für die Familie bestritten haben. Dass sie in einem gemeinsamen Haus lebten, deutet darauf hin, dass sie vordergründig keine finanziellen Nöte besaßen.

Frau B verweist auch auf einen eingeschränkten Freundeskreis während ihrer Kindheit. So formuliert sie: *„ich hatte, nie viele Freunde aber die die ich hatte das waren immer sehr gute Freunde und mit denen habe ich immer sehr sehr gerne Zeit verbracht und, auch, immer sehr, enge Beziehungen gehabt“* (3/92–94). Jedoch hatte sie *„auch kein*

Problem [damit, N. W.] alleine zuhause“ (3/116–117) zu sein, da sie sich auch gut alleine beschäftigen konnte. So verbrachte sie ihre Kindheit „viel draußen im Wald“ (3/114–115) und sei mit ihren Freunden *„einfach durch die Wälder gestreift, wir haben unsere, uns im Schlamm gesuhlt et cetera*“ (3/115–116).

Auch die Schulzeit war nicht frei von Komplikationen. Die Noten von Frau B waren zwar okay, jedoch musste sie *„die vierte Klasse wiederholen weil ich halt diese ähm Wahrnehmungsstörung hatte und … entsprechend der Entwicklung bisschen zurücklag*“ (4/161–163). Ihre Eltern wollten, *„dass ich da, m- auf dem Stand von Gleichaltrigen bin ähm*“ (4/163–164). Dabei schien es relativ unberücksichtigt, ob Frau B selbst die Klasse wiederholen wollte. Das Wiederholen der Klasse hatte unweigerlich zur Folge, dass sie ihr Klassenkollektiv verlassen musste. Da nach der vierten Klasse ohnehin die Entscheidung zu einer weiterführenden Schule anstand, konnte dies möglicherweise von den Eltern in Kauf genommen worden sein, da sich die Klassenzusammensetzung auch so ändern würde. Dennoch erscheint dies als auffällig, da der sowieso schon überschaubare Freundeskreis von Frau B damit zusätzlich gefährdet wurde. So betont Frau B auch für ihre Grundschulzeit: *„in der Schule hatte ich auch immer wenige Freunde aber dafür halt, gute Freundschaften*“ (4/164–165). So lässt sich das Argument der Eltern nicht gänzlich nachvollziehen, da die schulischen Kompetenzen nur einen Faktor von mehreren ausgemacht haben dürften. So ist es denkbar, dass die Eltern den Fokus auf die schulischen Leistungen und eine frühe berufliche Perspektive gelegt haben. Mutmaßen lässt sich, dass die Eltern sich weiterhin darum sorgten, die Tochter müsse auf eine Sonderschule gehen, wenn sich die Leistungen nicht verbesserten. Das wäre nicht nur für die Tochter ein Stigma, sondern denkbar auch für die auf einem Dorf lebenden und damit unter besonderer sozialer Beobachtung stehenden Eltern – insbesondere für den beruflich erfolgreichen Vater.

Während der Grundschulzeit von Frau B beginnt ihre Mutter eine ehrenamtliche Tätigkeit. Sie arbeitet fortan bei einem großen Wohlfahrtsträger als Ehrenamtliche im Bereich der Migrationshilfe. Dort gibt sie *„Deutschkurse für ähm, Frau- Flüchtlingsfrauen*“ (12/562) und *„begleitet Flüchtlinge auch bei Behördengängen und so weiter und, dass sie ihre Abschlüsse kriegen, und anerkannt kriegen, und so weiter*“ (15/674–676). Denkbar ist, dass die Mutter von Frau B eine neue Herausforderung im Leben für sich suchte, nachdem ihre Kinder alle in der Schule waren. Unklar bleibt, warum sie dies lediglich als Ehrenamtliche tat. So befähigt ihr ursprünglicher Beruf als Erzieherin sie sicherlich auch für eine hauptamtliche Tätigkeit.

Frau B wiederholte die vierte Klasse der Grundschule erfolgreich und wechselt auf das Gymnasium. Ob sich ihre schulischen Leistungen für einen Wechsel auf das Gymnasium als sinnvoll darstellten, bleibt etwas unklar, da Frau B zu ihren Leistungen auf dem Gymnasium wie folgt formuliert: *„ja die Noten waren auch, okay beziehungsweise auf dem Gymnasium sind die dann ziemlich abgesackt da war ich auch n paar Mal kurz davor, sitzen zu bleiben ich glaub dreimal oder so da hatte ich*

Glück weil ich ähm, ersten Halbjahr nie nen blauen Brief bekommen hab, deswegen konnte ich immer weiter, gehen" (4/165–168). So zeigt sich, dass die geforderten Leistungen weiterhin nicht ohne Weiteres erbracht werden konnten. Die Schulzeit blieb eine Herausforderung, die von der Interviewpartnerin (nachvollziehbar) in einen Zusammenhang mit ihrer gesundheitlichen Disposition gebracht wird. So stellt sich erneut die Frage, wessen Wunsch und welche Absicht es war, dass Frau B auf das Gymnasium wechselt, konnte doch davon ausgegangen werden, dass sich die Herausforderungen nicht reduzieren werden. So ist es denkbar, dass es ein gezielter Wunsch der Eltern war, die Tochter auf das Gymnasium zu senden, um bspw. eine familiäre Bildungstradition aufrechtzuerhalten oder der Tochter den bestmöglichen Bildungsweg, trotz aller zu erwartenden Hindernisse, zu ermöglichen, um sie für die berufliche Zukunft zu wappnen. Dass die Bedürfnisse von Frau B hierbei nicht im Fokus standen, erscheint vor dem Hintergrund der bewusst in Kauf genommenen Trennung von ihrem Klassenkollektiv als denkbar. Ob zugleich diskriminierende Erfahrungen durch Mitschüler*innen oder zumindest Befürchtungen davor für einen Wechsel eine Rolle spielten, kann nicht ausgeschlossen werden.

Die gesundheitliche Disposition ist jedoch nicht die einzige Ursache für das *Absacken* der Leistungen. Frau B verweist auf Auseinandersetzungen mit ihren Lehrer*innen: „*also das war auch eigentlich son kleiner Kampf weil die Lehrer wollten mich eigentlich von der Schule haben*" (4/169–170). Warum die Lehrer*innen ihr gegenüber Antipathien gehegt haben sollen, ist jedoch nicht gänzlich nachvollziehbar. Frau B erwähnt hierzu ihre *dominanten* und *extrovertierten* Geschwister. Diese „*haben (1) sich auch mit vielen Lehrern angelegt und deswegen, dachten die Lehrer dann auch, ähm ich bin wie meine Geschwister*" (4/171–172). Obwohl sich Frau B als das *Gegenteil* ihrer Geschwister beschreibt, sie sei viel eher „*immer ruhig und n bisschen schüchtern und unsicher, und ich habe mich nicht gerne mit anderen Menschen angelegt*" (4/173–174). Allerdings sieht sie den Grund, dass ihr „*dann auch viele Steine in den Weg*" (4/175) gelegt wurden, darin, dass sie sich „*auch ein paar Mal beschwert* [habe, N. W.] *weil sie mir irgendwelche Noten reingedrückt haben die einfach nicht gerechtfertigt waren*" (5/176–177). Und infolgedessen seien ihre Leistungen dann halt *abgesackt*.

Dass diese nicht durchgängig plausibel erscheinende Argumentationsfigur nicht die alleinige Erklärung für das Absacken der Leistungen sein wird, verdeutlichen folgende zwei Ereignisse zu dieser Zeit. Zum einen erwähnt sie einen biografischen Schicksalsschlag während der Zeit auf dem Gymnasium: den „*Tod meiner Uroma, da war ich ungefähr 14 glaub ich 15*" (5/180). Dem Tod ihrer Uroma wird eine besondere Bedeutung zuteil, da es sich hierbei um die einzig lebende (Ur-)Großmutter von Frau B handelt, in einer von Krankheiten und frühe Tode gekennzeichneten Familie. Obwohl die Bedeutung der Uroma in der Lebensgeschichte wenig ausgestaltet wird, ist es annehmbar, dass diese beim Aufwachsen von Frau B eine besondere Rolle eingenommen hat. Dies wird in zwei Sequenzen sichtbar. So formuliert die Interviewpartnerin, nach ihrem Tod „*hatte ich auch angefangen mich son bisschen ähm, zu isolieren*" (5/180–181) und *„bin dann halt auch son bisschen von meinen Gefühlen davongerannt, ähm weil sich dann doch einiges angestaut hatte, nach dem Tod meiner Oma und ähm, genau und ich, ich hatte halt irgendwie nie so das Ventil*" (7/292–294). Zudem fällt auf, dass sie ihre Uroma wiederholt als Oma bezeichnet und damit eine größere Nähe suggeriert, als es wohl üblicherweise einer Urgroßmutter zuteilwird.

Eine weitere Ursache sieht sie in ihrem *„eigenen Kopf*" (5/183). Durch diesen sei sie als junger Mensch auch *extrem* auf Widerstand *gestoßen* und habe dadurch deutliche Konsequenzen in ihrem Sozialleben verspürt: *„wird man halt zum Außenseiter wenn man halt sein eigenes Ding macht*" (5/184–185). So sei sie *„nach dem Tod meiner Uroma war ich dann halt nach dem Dicken und dem Streber halt der die drittletzte die, beim Sport ins Team gewählt wurde, und so ähm, das war dann schon son Tief*" (5/185–187). Denkbar erscheint, dass dieser *eigene Kopf* auch in einem Zusammenhang mit den Komplikationen in der Schule gelesen werden kann. So wird sie sich auch über die *reingedrückten* Noten beschwert und diese als ungerecht empfundenen Beurteilungen angefochten haben. So könnte eine größere Ähnlichkeit zum Verhalten der Geschwister bestehen, als Frau B es im Interview darstellen wollte oder konnte – schlussendlich haben sich alle drei mit den Lehrer*innen *angelegt*.

Nichtsdestotrotz wird deutlich, dass Frau B Ausgrenzungserfahrungen ausgesetzt war, die sie im Zusammenhang mit ihrem *eigenen Kopf* und der Selbstisolation infolge des Todes der Uroma sieht. Dass es sich hierbei um Ausgrenzungs- bis hin zu Diskriminierungserfahrungen handeln kann, die ursächlich auf ihrer gesundheitlichen Disposition beruhen und somit schon in der Grundschulzeit begonnen haben können, erscheint denkbar. Umso mehr muss die Entscheidung der Eltern hinterfragt werden, die Tochter die vierte Klasse wiederholen zu lassen und dennoch auf das Gymnasium zu senden, was in Konsequenz zu einer Trennung von ihren wenigen, aber wichtigen Freunde führte. Die Bedeutung der Freunde wird von Frau B auch gesondert hervorgehoben: *„aber wie gesagt ich hatte immer so n paar einzelne Leute, die halt auch immer hinter mir gestanden haben die mich auch durchgeboxt haben, in, mündlichen Noten war ich immer sehr schlecht weil ich immer sehr ruhig war, gerade in den Naturwissenschaften und da saßense halt immer neben mir haben heimlich, die Dinge mir ins Ohr geflüstert damit ich, bei der Abfrage wenigstens ne 4 rauskriege*" (5/187–192). Dass eine solch wichtige Ressource für die Tochter von den Eltern gefährdet wurde, erscheint fragwürdig. Zugleich wird jedoch deutlich, dass Frau B auch auf dem Gymnasium neue Freunde finden konnte, die sich für sie einsetzten.

Zu dieser Zeit erleidet der Vater einen Herzinfarkt, wenig später folgte ein weiterer. Daraufhin *„hat er sich, besinnt ist Heilpraktiker jetzt, geworden hat studiert und, macht jetzt seine eigene Praxis*" (14/633–634). Dass es sich hierbei um eine einschneidende Erfahrung im Familienleben gehandelt haben muss, liegt auf der Hand. Insbesondere auch in finanzieller Hinsicht, da der Vater mit seiner Tätigkeit als geschäftsführender Wirtschaftsingenieur der Alleinverdiener der

Familie war. Die Entscheidung, sich von diesem Weg zu verabschieden und das Risiko einer Umschulung als Heilpraktiker mit ungewissen Erfolgs- und Karrierechancen einzugehen, erscheint höchst auffällig. Um so einen Schritt zu gehen, muss eine finanzielle Absicherung bestanden haben, die sich mit Blick auf alle narrativen Daten nur mit einem bis hierher erworbenen und absichernden Vermögen erklären ließe. Die Ehefrau war nicht erwerbstätig, die Großeltern waren alle nicht mehr am Leben, die Kinder befanden sich alle in schulischen oder beruflichen Ausbildungen. Ohne ein entsprechendes Vermögen müsste sich die Situation auch mithilfe sozialer Unterstützungsleistungen als prekär dargestellt haben. Nichtsdestoweniger formuliert Frau B zu ihrem Vater, er habe mit dieser Entscheidung *„so sein Ding gefunden der blüht da auch richtig auf in seinem Heilpraktiker also der macht Schmerztherapie der, massiert dich durch und so weiter und, das ist für den, also er sagt auch er hätte, er hätte schon immer machen sollen statt Ingenieur"* (15/680–682). Der Vater lässt sich somit den *Career Changern* oder auch *freiwilligen Berufswechsler*innen* zuordnen, „also Beschäftigten, die eine selbstinitiierte Veränderung der beruflichen Tätigkeit vorgenommen haben [...] motiviert durch den Wunsch, einer Arbeit nachzugehen, die mehr den individuellen Fähigkeiten und Bedürfnissen entspricht." (Hardering 2014, S. 178).

Weiterhin fallen die Parallelen insbesondere von Frau B, aber auch ihren Geschwistern, mit ihrem gemeinsamen Vater auf. Frau B formuliert dazu: *„meine Eltern kommen auch beide aus sehr zerrütteten Familien"* (15/709–710) – und auch wenn ebenso die Mutter von Frau B den notwendigen Halt in ihrer Herkunftsfamilie vermisste, woraufhin sie *„auch sehr Probleme dann in der Schule"* (16/727) hatte und die anschließende Ausbildung als Erzieherin *„auch ein Kampf für sie war"* (16/728), so galt insbesondere der Vater von Frau B immer als *„das Sorgenkind so der, der Loser"* (16/718–719) während seiner Schulzeit. Denn *„der ist auch einmal sitzen geblieben von der Schule geworfen worden, weil er seiner Lehrerin n Buch annen Kopf geschmissen hat"* (16/719–720). So findet Frau B es auch imponierend, dass die Mutter des Vaters (also ihre Oma) trotz aller weiter oben dargelegten familiären Probleme und dem finanziell engen Spielraum *„es irgendwie geschafft* [hat, N. W.] *trotzdem sie arbeitslos war wie weiß ich nicht irgendwie die Kinder auf die Unis zu schicken"* (15/712–713). Und obwohl *„die Geschwister meines Vaters die sind dann auch irgendwann abgestürzt, im Leben"* (15/714–715), hat der Vater es *„dann aber trotzdem irgendwie geschafft sich hochzuarbeiten und, er war dann halt auch Geschäftsführer et cetera"* (16/720–722). Hierbei sei ergänzend an die weiter oben dargelegte Mauerflucht des Vaters erinnert. Für ihren Vater reklamiert Frau B die Beobachtung, er *„ging eigentlich, gestärkt, von allem, heraus"* (1/721). Ob das zerrüttete Familienverhältnis des Vaters ein Auslöser oder eine Folge seiner Flucht aus dem Osten war, ist jedoch unklar.

Festzuhalten ist, dass sich hieraus eine Lebensphilosophie der Eltern entwickelte, die sie den Kindern mitgegeben haben. Es handelt sich um *„Lebenseinstellungen und, Lebenswerte also mein Vater beispielsweise ist n sehr positiver Mensch der auch immer wieder aufgestanden ist wenn er hingefallen halt ist, das hat er mir auch irgendwo* *mitgegeben ähm dass es wichtig ist, zu kämpfen, und meine Mutter hat mir halt auch mitgegeben ähm, dass es wichtig ist auch für andere Menschen immer Verständnis zu haben und nicht immer nur auf, aus einer, immer sofort beurteilend mit dem Finger irgendwo drauf zu zeigen*" (4/139–144). Diese Lebensphilosophie drückte sich bspw. darin aus, dass die Eltern ihren *„Geschwistern und mir auch immer gesagt hatten macht das was euch Spaß macht, und rennt nicht dem Geld hinterher*" (2/53–54). Bei den Eltern selbst äußert sich diese Lebensphilosophie insbesondere *„halt im Beruf ähm, sie machen selbst nur das, was sie halt möchten*" (4/149–150) – so wie der risikobehaftete Berufswechsel des Vaters. Frau B fasst die positiven Aspekte wie folgt zusammenfassen: *„sie haben sehr viel Wert darauf gelegt auch dass bei meinen Geschwistern und ich dass wir uns (1) wehren auch nein sagen ähm und dass wir uns auch wirklich dafür einstehen für das was wir wollen und uns auch darüber bewusst werden sollen was wir eigentlich möchten*" (4/151–154). Als negative Seiten lassen sich sicherlich verschiedenste Konflikte mit Menschen und Institutionen annehmen, die mit dieser Lebenseinstellung nicht immer d'accord gehen. Eine dieser Institutionen wird denkbar die Schule gewesen sein, sodass es zu diesen Konflikten von den Geschwistern sowie von Frau B mit den Lehrer*innen auch infolge dieser Familienphilosophie gekommen sein wird. Frau B betonte hierbei auch ihren *eigenen Kopf*, der ihr das Leben in der Schule und in den sozialen Kontexten nicht leichter machte. In dieser Lesart muss auch die Information betrachtet werden, dass Frau B vor allem *„rückblickend sehr dankbar für, ähm für den Rat* [ihrer Eltern, N. W.]" (2/55) war. Dass diese Lebenseinstellung zur damaligen Zeit für verschiedene Probleme gesorgt haben dürfte und nicht immer hilfreich erschien, erscheint retrospektiv hingegen plausibel – denn die Erfahrung von Frau B zeigt, so *„wird man halt zum Außenseiter wenn man halt sein eigenes Ding macht*" (5/184–185).

Internationale Luft geschnuppert

Frau B nimmt an einem dreiwöchigen Englisch-Sprachkurs auf Malta teil und *„da habe ich das erste Mal so, die internationale Luft geschnuppert*" (1/18–19). Und ein Jahr später reist sie für einen sechsmonatigen Schüler*innenaustausch nach Südafrika. Zu dieser Auslandserfahrung resümiert sie wie folgt: *„das war einfach ne schöne Zeit an die ich mich auch gern erinnere*" (6/270–271). Zu dieser Reise kam es, als Frau B eines Tages mit ihrer Mutter *„vor der Currybude*" (5/220) saß und die beiden sich über den vorausgegangenen Schüler*innenaustausch ihrer Schwester unterhielten, den diese in Kanada verbrachte. Daraufhin habe ihre Mutter *„mich gefragt möchtest du das eigentlich auch mal machen*" (5/221). Obwohl Frau B bis dahin wohl noch nie darüber nachgedacht habe und bisher davon ausging, *„so irgendwann nach dem Abi gehe ich mal weg*" (5/224), dachte sie nun, *„okay ja, hm ist ja eigentlich ne gute Idee*" (5/222–223), also *„warum denn nicht*" (6/225–226). Auf die Frage der Mutter, wohin sie denn gerne gehen würde, war *„das Erste was mir in den Kopf ging war Südafrika*" (6/226–227). Frau B wurde seitdem wohl häufiger danach gefragt, warum sie sich ausgerechnet für Südafrika entschied und nicht für die *üblichen* Reiseziele wie USA oder Neuseeland. Darauf antwortet sie, die Entscheidung *„war einfach aus dem Bauch heraus“* (1/21–22), *„das Erste was mir in den Kopf ging war Südafrika“* (6/226–227).

Es folgte die Suche nach einer passenden Organisation sowie das Absolvieren der dazugehörigen Vorbereitungskurse, *„dann bin ich hingeflogen bin dann, in ner farbigen Gastfamilie gewesen für sechs Monate“* (6/228–229), lebte *„ne Stunde von Kapstadt entfernt“* (6/231) und ging gemeinsam mit den Gastschwestern auf die dortige Schule. Frau B beschreibt diese Erfahrung auch als eine *sehr aufregende Zeit*, die sie mit *krassen kulturellen Unterschieden* erklärt *„und, damit hatte ich auch sehr zu kämpfen“* (6/233). Insbesondere die dort vorherrschende Armut *„is schon, ähm als Europäer, oder als, jemand der auch in Deutschland aufgewachsen is ist das schon, n krasser Gegensatz ähm, da muss man auch erst mal mit klarkommen“* (6/236–238). Für junge Menschen im Alter von 16 oder 17 Lebensjahren sei *„das schon n hartes Pflaster gewesen“* (6/239), das sie für sich jedoch nicht nur negativ bewertet, sondern ihr *„auch sehr viel gebracht* [habe, N. W.]“ (6/240). Dass diese Erfahrungen für viele Austauschschüler*innen überwältigend war und *„auch sehr viele mit zu kämpfen hatten“* (6/234), wird ihrer Ansicht nach auch darin deutlich, dass *„dieses Land auch später aus dem Programm rausgenommen* [wurde, N. W.) (6/234–235).

Allgemein beschreibt Frau B ihre Zeit dort jedoch als *„n ganz normales Leben vom Teenager“* (6/241), sie ging zur Schule, *„hab mich verliebt“* (6/242) und lebte bei ihrer Gastfamilie, *„bei der ich mich auch sehr sehr wohlgefühlt hab ähm, die auch sehr sehr herzlich waren“* (6/242–243). Sie ordnet die sozioökonomische Situation der Gastfamilie der dortigen Mittelklasse zu, formuliert jedoch konterkarierend: *„die hatten sehr sehr wenig Geld“* (6/243–244). Gemeinsam lebten sie in einer Siedlung, geprägt aus hohen Plattenbauten *„und dazwischen, äh ne winzig kleine Bu- äh,m kleines Häuschen, das aber schon ziemlich kaputt war und ähm in den auf auf der in den, äh, auf der in der Decke waren schon Löcher und wir mussten halt bei Regen immer die, Eimer drunterstellen und so weiter“* (6/245–248). Weiterhin stellte sich der geringe Wohlstand der Familie auch darin dar, dass es zwar nach dem gemeinsamen Kirchgang am Sonntag den *Sonntagsbraten* gab, der Rest der Woche jedoch dadurch gekennzeichnet war, *„eigentlich nur Marmelade und Toast* [zu essen, N. W.], *weils halt nichts anderes gab“* (6/251–252). Zudem konnte die Familie aufgrund der beschränkten finanziellen Ressourcen selten gemeinsame Ausflüge durchführen, infolgedessen sie *„im Vergleich zu den anderen Austauschschülern auch nicht viel, gesehen* [hat, N. W.] *vom Land“* (6/254–255). So formuliert sie, dass sie diesen Umstand als Teenager zwar als *doof* erachtete, *„zurückblickend, f- fand ichs, also heute denke ich mir mein Gott, äh wie oberflächlich ich war“* (6/256–257), denn es war schlicht *„ne schöne Zeit mit denen“* (6/258).

Neben dem Besuch der Schule war der Alltag von Frau B dort durch exzessives gemeinsames Fernsehen mit der Gastfamilie geprägt: *„wir haben viel immer, eigentlich nur Fernsehen geguckt weil die gucken den ganzen Tag nur Fernsehen, sobald se aufstehen geht der Fernseher an“* (6/258–259). Frau B schildert dabei eine besondere und *„ganz andere Mentalität“* (6/260), die durch das Schauen von Soaps und der starken

Identifizierung mit den Protagonist*innen dieser Sendungen gekennzeichnet ist *„und, ähm es war halt auch schön weil dadurch halt immer auch ne Interaktion zustande kam“* (6/263–264). Zudem ist sie nachmittags zum Hockey gegangen. Dort hat sie in einem Team mitgespielt und betont, dass es ihr *„im Gegensatz zu Deutschland auch leichter* [fiel, N, W,] *Kontakte zu knüpfen“* (6/268). Das erklärt sie sich dadurch, dass *„die Menschen halt auch, sehr viel offener waren und, ähm ich da auch son bisschen weg war von meinen Problemen“* (6/269–270).

Die Rückkehr nach Deutschland gestaltete sich für Frau B als nicht so einfach. Einerseits war *„das Willkommen* [...] *dann nicht mehr so herzlich wie in Südafrika“* (6–7/273–274), andererseits begegneten ihr offenbar *„halt dämliche Sprüche“* (7/274) durch gleichaltrige Mitschüler*innen – *„naja Teenager halt“* (7/274). Wesentlicher erscheint der Umstand, dass sie niemanden hatte *„mit dem ich darüber wirklich reden konnte außer mit meinen Eltern“* (7/275–276). Und auch die Eltern *„hattens dann auch irgendwann, ähm, hatte ich dann auch genug geredet“* (7/276–277), ihr fehlten schlussendlich die Gleichaltrigen, um sich über diese Erfahrungen auszutauschen. Sie erklärt sich dies damit, *„weil halt viele das eben auch nicht machen diesen Schritt“* (7/278).

Die umfangreichen Ausführungen von Frau B zu der sechsmonatigen biografischen Episode in Südafrika erscheinen aus folgenden Gründen erstaunlich: Während sie ihre Kindheits- und Familienerzählungen kurz und knapp beschreibt und Emotionalität bzw. *Herzlichkeit* dabei eine untergeordnete Rolle spielen, wird dieser Aspekt in den Erzählungen zur vergleichbar kurzen biografischen Episode in Südafrika sehr ausführlich und detailliert intim beschrieben. Sie fand Freunde, sie verliebte sich, sie spielte in einem Hockey-Team und die Beziehung zur Gastfamilie war so gut, dass sie *„auch immer noch in, Kontakt mit denen* [ist, N. W.]*“* (7/271), wenn auch *„nicht mehr so oft wie früher“* (7/271–272) – kurz gesagt, sie ist dort angekommen und wurde akzeptiert, unabhängig von ihrer Herkunft und ihrer gesundheitlichen Disposition (die zudem gar nicht erwähnt wird in diesem Zusammenhang). Da ihr diese zuteil gewordene Akzeptanz und Herzlichkeit so viel gab, zählt auch das gemeinsame Schauen dieser von ihr als *schrecklich* bezeichneten Soaps zu den *„Erinnerungen an die ich mich am liebsten erinnere weil es einfach schön war, mit denen zusammen, vor diesem Fernseher zu hocken“* (7/264–266). Die zweifelsfrei prägenden und sicherlich auch zum Teil negativen Erlebnisse und Einblicke in die dort erlebte Armut und die fehlenden weitreichenderen Einblicke in das Land aufgrund der finanziell prekären Situation und einhergehend beschränkten Mobilität der Familie, erscheinen hierbei fast nebensächlich. Es wird nahezu der Eindruck vermittelt, dass Frau B am liebsten dort geblieben wäre. Es verdichtet sich in der Analyse zunehmend die Annahme, wonach Frau B keinen oder nur geringen emotionalen Halt – bzw. *Herzlichkeit* – in ihrer Heimat und insbesondere bei ihrer Herkunftsfamilie vorfand. Während die Eltern zumindest noch anfänglich über die Erlebnisse zum Schüleraustausch mit der Tochter kommunizierten, scheinen die Geschwister dabei gar keine Rolle gespielt zu haben, trotz ähnlicher Auslandserfahrungen.

Abitur, Auslandsmoratorium und Beginn des Studiums

Wie zuvor schon rekonstruiert, waren die befreundeten Mitschüler*innen für Frau B eine wichtige Stütze für ihre Leistungen auf dem Gymnasium. So formuliert sie: *„ähm also ohne die hätte ich das Abi wahrscheinlich auch nicht geschafft ähm"* (5/192–193). Sie erlangte das Abitur erfolgreich, wenn auch *„mit Ach und Krach"* (5/193–194). Dabei betont Frau B, dafür kaum gelernt zu haben, stattdessen habe sie nur *„das Nötigste getan, und ich glaube es war ne 2,7"* (5/194). Dabei betrachtet sie das mittelmäßig benotete Abitur nicht als negativ oder mittelmäßig, sondern im Gegenteil, das war *„für mich super"* (5/195). Inwieweit das mittelmäßige Resultat tatsächlich zum damaligen Zeitpunkt für sie auch *super* war, kann nicht mit Gewissheit gesagt werden. Ebenso wenig, ob sie tatsächlich wenig dafür lernte oder ob dies im Sinne einer Selbstschutzstrategie steht, um nicht von sich selbst enttäuscht zu sein. Dass die Mitschüler*innen ihr bei den Abschlussprüfungen in der Situation auch wenig helfen konnten, wird seinen Teil dazu beigetragen haben.

Jedoch muss das Ergebnis – also das erfolgreiche Absolvieren des Gymnasiums – auch aus einer weiteren Perspektive betrachtet werden: Frau B wurde zur Geburt schließlich prophezeit, maximal eine Sonderschule besuchen zu können. In dieser Hinsicht ist das mittelmäßige Abitur aus jeglicher Hinsicht als ausnahmslos sehr großer Erfolg zu werten. Als auffällig erscheint, dass keinerlei Einblicke in die Rückmeldungen der Familie gewährt werden. Muss doch davon ausgegangen werden, dass sich auch die Eltern und Geschwister freuten, dass die Tochter einen gesundheitlich so steinigen Weg zu einem ersten großen biografisch erfolgreichen Ausrufezeichen führen konnte. Da zuvor schon herausgearbeitet wurde, wonach womöglich nur die bereits verstorbene Uroma einen emotionalen Bezugspunkt für Frau B innerhalb der Familie darstellte, ist jedoch auch eine nüchtern sachliche Hinnahme dieses Erfolges durch die Eltern denkbar. Das Absolvieren der Schulzeit bedeutete jedoch auch einen sozialen Einschnitt für Frau B: *„aber auch irgendwie, kam halt der große Bruch nach der Schule, äh Freundeskreise haben sich halt verändert beziehungsweise zwei Leute sind halt noch übrig geblieben mit denen, ich noch in sehr engem Kontakt bin"* (5/198–200). Der sowieso schon eng bemessene Freundeskreis schien sich nach der Schulzeit noch weiter zu verkleinern, infolgedessen Frau B fortschreitend in ihre zuvor beschriebene Isolation zu geraten schien.

Nach dem Erlangen des Abiturs reist sie für ein Jahr nach Neuseeland. Sie umschreibt die Inhalte der Reise in der Haupterzählung noch profan mit *„ge, trampt und, gereist und, so weiter"* (1/24–35). In einer späteren Sequenz verdeutlicht sie, dass ihr der weitere biografische Weg nach dem Abitur halt noch nicht klar war: *„ich wusste nicht was ich machen sollte, Ausbildung oder Studium"* (7/279–278). So fasst sie den Beschluss, ihre Schwester in Neuseeland zu besuchen, denn diese *„hatte zur damaligen Zeit dort auch studiert und dann habe ich mir gedacht dann besuche ich sie auch“* 7/281–282). Der Reise nach Neuseeland wird die Rolle eines Moratoriums zuteil, um sich über die nachfolgende biografische Episode Klarheit zu verschaffen. Dass ihre Schwester zu diesem Zeitpunkt dort studiert, wird hierbei als günstige Gelegenheit wahrgenommen. Da Frau B bereits verschiedene Auslandserfahrungen gesammelt hat, mit denen sehr positive Erfahrungen mit einhergingen und zugleich negative Erfahrungen in der Heimat konterkarierten, erscheint dieser Schritt auch als nachvollziehbar.

Frau B verdeutlicht jedoch, *dass „bei meiner Schwester und mir ist es so wir können nicht lange aufeinander hocken maximal vielleicht 24 Stunden danach, knallen die Köpfe bei uns zusammen“* (7/283–284). Dieser Konflikt setzte sich in Neuseeland fort, so *„hatte ich mich halt auch mit meiner Schwester extrem verkracht“* (7/295–296). Als Folge haben sich beide kurz vor Weihnachten zwar noch einmal gesehen, aber *„dann habe ich gesagt Tschüss und habe sie dann über Weihnachten alleingelassen“* (7/297). Als Konsequenz kam es zum *Bruch* zwischen beiden, infolgedessen sie *„jahrelang eigentlich kaum Kontakt hatten“* (7/302). Als Ursache für diese Konflikte nennt sie das Verhalten ihrer Schwester und beschreibt diese als *„wie gesagt sehr dominant sehr bemutternd sehr ähm“* (7/299). Wie sich dieses Verhalten konkret ausdrückt, bleibt im Dunkeln. Wird unter *Bemuttern* verstanden, sich wie eine Mutter um jemanden zu kümmern, sich womöglich auch zu sehr zu kümmern, kann dies im Zusammenhang mit ihrer gesundheitlichen Disposition gesehen werden. So kann das dominante Verhalten sich in einer solchen Art und Weise zeigen, dass sich die Geschwister, insbesondere die Schwester, sehr viel um ihre kleine Schwester gekümmert haben, durchaus mehr, als es Frau B wollte. Dies kann auch dadurch zum Ausdruck kommen, dass ihre Geschwister ihr dominant vorgelebt und vorgegeben haben, was die kleine Schwester zu tun hat oder was richtig und gut für sie ist. In Anbetracht des *eigenen Kopfes* von Frau B und der Einstellung, sich von ihrer Krankheit nicht einschränken zu lassen und auch keine Empfehlungen bzw. Prognosen für ihr Leben anzunehmen, ist es nachvollziehbar, dass es hierbei auch zu Konfrontationen mit den Geschwistern gekommen sein wird. So formuliert Frau B hierzu auch: *„das sind zwei sehr dominante Menschen und das war für mich dann auch sehr schwer und, hatte ich auch lange Zeit dann, ziemliche Probleme, gerade im, Erwachsenwerden, ähm mich da auch zu lösen“* (3/111–114).

Der Loslöseprozess scheint in dieser Auseinandersetzung seinen Anfang gefunden zu haben: *„und da wollte ich mich halt auch von ihr lösen, und das, ging dann halt in nem Knall“* (7/300–301). Jedoch erscheint es unwahrscheinlich, dass Frau B extra nach Neuseeland reiste, um diesen Loslöseprozess zu starten. So ist doch vielmehr davon auszugehen, dass Frau B aufgrund von (zumindest auch) Zuneigung und dem Wunsch nach Nähe zu ihrer Schwester reiste und sich die Situation unabsichtlich, aber womöglich erwartbar, hochschaukelte. Die erwähnte Einsamkeit nach dem Abitur kann für die Entscheidung für die Reise ebenso eine Rolle gespielt haben. So spricht Frau B auch davon, *„son bisschen von meinen Gefühlen davongerannt* [zu sein, N. W.]" (7/292–293), es habe sich *„doch einiges angestaut hatte, nach dem Tod meiner Oma und ähm, genau und ich, ich hatte halt irgendwie nie so das Ventil"* (7/293–294). Erneut wird der Tod der Uroma thematisiert und dass sie in den Jahren danach ihren Emotionen dazu offenbar nie freien Lauf lassen konnte oder dass ihr niemand zuhören wollte – offenbar auch ihre Familie nicht. Dies kann auch ein Grund für die Eskalation gewesen sein, insofern sich Frau B einen Austausch über die vergangenen Ereignisse wünschte, dies ihr ihre Schwester aber nicht bieten konnte oder wollte. Frau B formuliert hierzu auch Verständnis suggerierend, ihre Schwester *„hat auch ihre Probleme"* (7/299–300).

Hierbei deutet sich an, dass die generationenübergreifenden Probleme der Familie in Hinsicht der gehäuften Drogenthematiken, Abhängigkeiten, Krankheiten und frühen Tode auch mentale Folgen auf das gesamte Familienleben von Frau B hatten und sich bis auf ihre Generation und die ihrer Geschwister fortwährend auswirken. So ist es denkbar, dass die Eltern infolge der mitgebrachten Familienbiografien nicht in der Lage waren, den Kindern – zumindest Frau B – die emotionale Nähe zu geben, die sie benötigten.

Nach der Auseinandersetzung beantragte Frau B ein Arbeitsvisum und ist danach durch Neuseeland gereist. Auch wenn sie dies als *„ne tolle Erfahrung n schönes Land"* (7/286–287) beschreibt, *„emotional gesehen war es aber ähm, da war ich sehr rastlos, ähm habe ich mich eher wie ne Getriebene gefühlt"* (7/287–288). Sie kaufte sich vor Ort ein Auto *„und, ähm bin dann halt auch immer verschiede- da, hingefahren wo ich hin, wollte und bin da geblieben solang ich wollte und dann bin ich halt weiter"* (7/289–290). An den verschiedenen Orten habe sie in Neuseeland auch verschiedene Jobs ausgeübt: *„ähm weiß gar nicht mehr ich hab gekellnert auf ner Kuhfarm, gearbeitet die Kühe gemolken, befruchtet und, genau den Stall sauber gemacht ähm aufem Weingut gearbeitet und in nem Hostel gerbeitet"* (7/304–306). Hierbei erwähnt sie, dass sie so zwar auch Leute kennengelernt habe, *„aber bei mir war es zumindest so die meisten, Kontakte sind dann doch sehr oberflächlich"* (7/291–292). So scheint sich das biografische Phänomen, nur schwerlich soziale Kontakte zu knüpfen, auch weiterhin fortzusetzen – und sie scheint darunter zu leiden. Ein sicherlich relevanter sozialer Kontakt, der bisher zu diesem Punkt jedoch gar nicht thematisiert wurde, muss ihr damaliger Beziehungspartner gewesen sein. So besuchte dieser sie auch in Neuseeland, *„aber da war dann auch irgendwie (1) ja, war dann eigentlich auch schon der Anfang vom Ende"* (7/308–309). Ohne weiter auf diese Beziehung einzugehen – seit wann waren sie zusammen, wo haben sie sich kennengelernt, wo lebte er überhaupt – lässt sich festhalten, dass Frau B verschiedene soziale Bindungen in Neuseeland unter- und abbrach.

Nach der Rückkehr geht Frau B auf Studienplatzsuche. Zur Studienwahl formuliert Frau B, sie *„wollte lange Zeit Hotelkauffrau werden"* (1/26), jedoch entschied sie sich für ein Studium. Denn für sich selbst und ihre Interessen und Stärken konstatiert sie: *„ich bin doch eher mehr so der Kopfmensch"* (1–2/28–29). Die Entscheidung fällt auf ein Studium mit dem Schwerpunkt der Afrikanistik in Stadt B[74]: *„dadurch dass ich in Südafrika war, mich hats irgendwie immer n bisschen, der Kontinent fasziniert und die Menschen ähm und mich hats auch immer sehr interessiert wie andere Menschen andere Kulturen und Gesellschaften denken“ (8/328–331)*. Aspekte wie Religion, Normen und Werte waren dabei von großem Interesse *„und irgendwie spukte das immer so im Hinterkopf Afrika“* (8/332–333). Daraufhin suchte sie nach für sich passenden Studiengängen, wurde dabei aber nicht fündig, suchte daraufhin im Internet explizit nach *Afrikastudium*, infolgedessen ihr das Studium der Afrikanistik angezeigt wurde, welches wiederum nur an fünf verschiedenen Unis in Deutschland studiert werden könne: *„und dann hab ich mir gedacht ja warum, denn nicht also es war auch eher mehr son spontaner Einfall dass ichs eingegeben hab in Google, ähm (1) so rational genau kann ichs jetzt nicht begründen es ist es kam halt einfach von innen heraus“* (8/336–339), mit anderen Worten, eine Entscheidung aus dem Bauch heraus. Die Entscheidung für ein Afrikanistik-Studium in Stadt B fiel aufgrund ihrer Überlegung, wonach sich das dortige Curriculum durch ein *„breit gefächertes, Spektrum also Kultur Religion und Politik und Soziologie und so weiter* [auszeichnet, N. W.]“ (8/341) und nicht nur den linguistischen Aspekt betont. Das war für sie von Interesse, *„weil Afrika nicht nur aus Sprachen besteht“* (8/342–343). Jedoch gab es auch eine weitere nicht ganz unwesentliche Ursache für diese Entscheidung: *„und* [ich, N. W.] *wollte auch, so weit weg wie möglich von meinen Eltern ((lachen))“* (8/343–344).

Zum Erleben des Studiums äußert sich Frau B, dass es ihr im Unterschied zu den Kommiliton*innen nicht so sehr um die kulturellen Aspekte ging, also kulturelle Aspekte wie *„Musik oder welcher, Rapper ist gerade angesagt oder, und sowas dafür habe ich mich jetzt nie interessiert oder für diese afrikanischen Kulturwochen oder so“* (8/347–349). Für sie waren gesellschaftliche Prozesse und Strategien von Interesse, also *„diese Dynamiken die dahinter stehen da hab ich mich immer für interessiert“* (8/350–351). Teil des Studiums war auch das Erlernen einer afrikanischen Sprache. Die Studierenden hatten die Auswahl zwischen Haussa und Suaheli. Frau B entschied sich für Suaheli und bezeichnet dies als eine weitere Bauchentscheidung, die sie rational nicht erklären könne. Jedoch *„habe ich* [diese Sprache, N. W.] *aufgesogen wie n Schwamm, ich liebe diese Sprache einfach ähm ich hab die so gern gelernt“* (8/354–355). Als eine Folge waren ihre Noten darin auch *top* und auch allgemein hat das Studium ihr *„auch sehr viel Spaß gemacht entsprechend waren die Noten auch gut, nicht so wie in der Schule“* (8/361–362).

Als auffällig erscheint die ausführliche Begründung, warum Frau B sich für Suaheli und gegen Haussa als zu erlernende Sprache entschied. Rational nachvollziehbar erscheint der erste Teil der Argumentation, wonach der Reiz daher stamme, dass sich Suaheli von den anderen Sprachen einfach so sehr unterscheide, die sie sonst schon spricht: *„also diese romanischen Sprachen und indogermani-*

74 Genauer kann an dieser Stelle aus Anonymitätsgründen nicht auf die Stadt B eingegangen werden.

schen und so weiter, weil es halt nochmal was komplett anderes war vielleicht isses das, gewesen" (8/365–366). Aber der zweite Teil der Argumentation erscheint aus biografischer Hinsicht noch viel bedeutsamer: *„vielleicht, weil ich mal was ganz anderes machen wollte oder vielleicht, etwas Besonderes machen wollte oder sein wollte vielleicht hab ichs deswegen gemacht"* (8/367–368).

Die beiden Aspekte, dass Frau B so weit weg wie möglich von ihren Eltern sein wollte und dass Frau B während des Studiums etwas Besonderes tun und schlussendlich *besonders sein* wollte, lassen Rückschlüsse auf bisherige biografische Tendenzen zu. Die Annahme, dass Frau B von ihren Eltern bzw. ihrer Familie die gesuchte emotionale Aufmerksamkeit nicht bekam aber benötigte, erhärtet sich. Dass es Komplikationen nicht nur zwischen den Geschwistern und Frau B gab, sondern innerhalb der gesamten Familie, wird auch immer deutlicher. Frau B suchte die Distanz zu ihren Geschwistern und ihren Eltern wiederholt. Und zugleich suchte sie aber auch ihre Nähe und denkbar auch deren Aufmerksamkeit so offensiv, bis es wie in Neuseeland eskalierte und Frau B schlussendlich so weit wie möglich von den Eltern (und womöglich der gesamten Familie) entfernt studieren und leben wollte. Als Erinnerung, auch schon in der Schulzeit wollte Frau B nicht mit ihren Geschwistern gleichgesetzt werden, da sie sich doch als das *genaue Gegenteil* betrachtete. Dass die Wahl des Afrikanistik-Studiums nicht nur als eine rationale Entscheidung betrachtet werden darf hinsichtlich ihrer Erfahrungen und des gesammelten Wissens infolge des Aufenthalts in Südafrika, erscheint evident. Die dort gesammelten und ausführlich ausgebreiteten positiven emotionalen Erfahrungen, die sie in ihrer eigenen Identität nachhaltig bestärkt haben dürften und als biografische Ressource dienen, sollten als entscheidender Hintergrund dieses wiederholt betonten *Bauchgefühls* eingeordnet werden. Dass sie die Hoffnung hegte, im Rahmen des Afrikanistik-Studiums diese Erfahrungen wiederholen oder zumindest auf diesen aufbauen zu können, erscheint daher auch als denkbar.

Diese Hoffnung schien sich im Zusammenhang mit den Kommiliton*innen jedenfalls nicht zu erfüllen. So hatte sie *„im Bachelor auch n bisschen Schwierigkeiten* [...], *so mit meinen Kommilitonen Anschluss zu finden"* (5/201–202). Frau B erklärt sich das damit, dass sie *„doch irgendwie immer, ich weiß nicht son bisschen, anders war in Anführungszeichen"* (5/203–204). So verstand sie sich auch nicht als *„der große Partytyp"* (9/396), sie betrachtet sich als *eher introvertiert*. Trotzdem sei sie während der Studienzeit auch *„auf Partys gegangen und habe die Sau rausgelassen"* (9/397). Das Vergnügen hielt bei ihr jedoch nie lange an. Als wertvoller erachtete sie hingegen, tun und lassen zu können, was sie wollte, *„also ich konnte zur Vorlesung gehen oder nicht, ich konnte aufstehen wann ich wollte"* (9/400–401). Aber auch dieses Vergnügen hielt nicht ewig an, so sehnte sie sich nach dem ersten Jahr bereits *„doch nach der Struktur"* (9/403). Allgemein betrachtete sie das Studium auch als Freiraum zum Experimentieren. Neben verschiedenen Reisen probierte sich Frau B auch anderweitig aus, insbesondere *„mit Kommilitonen mit Menschen äh wer bin ich eigentlich"*

(9/408–409). Dies führte aus ihrer retrospektiven Sicht jedoch zu vielen oberflächlichen Bekanntschaften. Gleichzeitig besaß sie aber noch zwei alte Schulfreundschaften, bei denen sie aber auch irgendwann gemerkt habe, *„okay irgendwie bin ich das auch gar nicht mehr“* (9/412).

Rückblickend stellt Frau B für sich auch fest, dass sie sich zu dieser Zeit *„immer sehr sehr verstellt* [hat, N. W.], *und habe dann halt irgendwann gemerkt okay was mache ich hier eigentlich was für Gespräche führe ich“* (9/413–414). Als Konsequenz distanzierte sie sich wieder bewusster von den oberflächlichen Bekanntschaften und betrachtete diese nur noch wertvoll *„fürs Networking vielleicht fürn Beruf“* (9/417), aber nicht mehr für das Private. Dort besann sie sich auf diejenigen Kontakte, *„die mir auch wirklich wichtig sind“* (9/416) und allgemein *„besinne ich mich dann doch eher aufs Wesentliche, ähm das habe ich ausem Studium gelernt“* (9/418–419). So rekapituliert sie auch für sich, dass wohl für viele Studierende *„immer die Menschen im Vordergrund ähm, während der Studienzeit* [stehen, N. W.] *und für mich wars einfach, eher mehr so dieses, ähm ich war halt stark auf der Suche nach mir selbst ((lachen))“* (9–10/420–422). So habe Frau B sich da wohl *„auch ne Zeit lang, stark verloren“* (10/422). Entsprechend standen Partys für sie zu dieser Zeit der Selbstsuche nicht im Vordergrund, *„eher dieses immer was möchte ich eigentlich und, wie möchte ich mein Leben führen“* (10/422–423).

Die Suche nach Identität und therapeutische Hilfe

Dass die Zeit des Studiums für viele junge Menschen die Funktion der Identitäts- und Charakterbildung beinhaltet, lässt sich kaum anzweifeln. Doch scheint es sich bei Frau B um mehr zu handeln als um ein biografisches Moratorium oder einen identifikatorischen Aushandlungsprozess. Erneut findet sie keinen Anschluss, die sozialen Kontakte scheinen nur zu gelingen, wenn sie sich *verstellt*. Das ist in der Hinsicht als wichtig zu betrachten, da sie sicherlich davon ausging, die positiven Erfahrungen im Kontext *Afrika* fortsetzen oder auf diesen aufbauen zu können. Trotz dieses verbindenden Elements findet sie keinen Anschluss unter den Kommiliton*innen, sie betrachtet sich als nicht zugehörig, sogar als *anders*. Zudem hat sie sich zu diesem Zeitpunkt von ihrer Familie emotional und räumlich distanziert und besitzt auch nur wenige Kontakte zu ihren früheren Freund*innen und auch zu diesen scheint ein Distanzierungsprozess stattzufinden. So lässt sich schlussfolgern, dass Frau B zu diesem Zeitpunkt sehr wenige soziale Ressourcen besaß und vermeintlich in eine ernste Krise zu geraten drohte.

Entsprechend erwähnte Frau B bereits zur Reise nach Neuseeland, es sei *„emotional gesehen* [...] *halt jetzt nicht die beste Zeit* [gewesen, N. W.]“ (7/310). Diese emotionalen Belastungen haben sich wie zuvor aufgezeigt im Studium weiter fortgesetzt oder gar verschlimmert. Als Konsequenz daraus fing Frau B in Stadt B auch an, *„die Probleme so ein bisschen aufzuarbeiten und mich dem zu stellen“* (7/312–313). Konkret suchte sie sich *„psychotherapeutische Hilfe“* (7/319), da der mentale Zustand bedrohliche Ausmaße annahm: *„irgendwann ähm, ging es halt wirklich war (1) halt gings* *kaum noch"* (7/320). Sie bekam Depressionen *„und dann, ähm konnte ich halt kaum aufstehen et cetera"* (7/321–322). Hierbei handelte es sich nachvollziehbar um einen länger andauernden Prozess der mentalen Rekonvaleszenz: *„das hat dann halt ne Weile gedauert"* (7/313), *„und dann, ja hab ichs dann halt aber auch wieder, raus geschafft hat ne Weile gedauert aber, naja ich hab's geschafft"* (7–8/322–323). So ist davon auszugehen, dass hierfür auch viel Zeit und geistige Ressourcen in Anspruch genommen worden, die sie vom Studium und einem *Studierendenleben* abgehalten haben dürften. Zugleich muss hier in Erinnerung gerufen werden, dass Frau B diese biografische Episode auch als Zeit der Selbstfindung titulierte. Diese Selbstfindung fand somit zugleich unter professioneller Begleitung statt und kann als Erklärungsfolie dafür dienen, dass sie sich auch, wie sie selbst sagt, verstellte. Dieses Verstellen und das Sau rauslassen können als soziale Experimente betrachtet werden im Kontext ihrer Selbstfindung. Zudem sieht sie diese Phase der mentalen Selbstfindung auch als eine weitere Erklärung für die nur schwer aufzubauenden sozialen Kontakte während des Studiums an: *„ich denke dadurch hatte ich auch nicht so viel Kontakt mit den Kommilitonen"* (7/313–314). Auch wenn diese Argumentation nachvollziehbar erscheint, sind die wenigen sozialen Kontakte eine Konstante, die sich durch ihre Biografie zieht.

Abschluss Bachelorstudium und Bewerbung Masterstudium

Frau B absolviert das Studium der Afrikanistik innerhalb von dreieinhalb Jahren und studiert damit ein Semester länger als die Regelstudienzeit von sechs Semestern. Die Abschlussnote ist nicht bekannt, sie verwies aber bereits zuvor darauf, dass sie gute Noten während des Studiums hatte, so ist auch von einer guten Abschlussnote auszugehen. Nach dem Bachelorstudium versuchte sich Frau B für das Studium der Friedens- und Konfliktforschung an derselben Universität zu bewerben, um dort weiter zu studieren. Aber *„das hat nicht geklappt ich wurd nicht angenommen"* (2/32). Warum Frau B sich gegen die Fortsetzung der Afrikanistik in Form eines Masterstudiums entschied, ist nicht gänzlich klar. Obwohl ihre guten Noten, der Spaß am Studium und die Sympathien für den Kontinent für eine Fortsetzung sprechen würden, entscheidet sie sich dagegen. Sie selbst formuliert hierzu: *„es war halt sehr, disziplinär gesehen sehr einseitig also es ging viel und Kolonialismus und es war immer son bisschen auch der, arme Schwarze und der böse Weiße was so nicht stimmt, ähm (1) und ich wollte halt immer noch andere Perspektiven sehen, und wollte auch verstehen wie hängt das miteinander zusammen"* (10/437–440). Neben dem Wunsch, sich differenzierter mit gesellschaftlichen Themen auseinanderzusetzen, ist es jedoch auch denkbar, dass ihr beschriebenes Fremdheitsgefühl bzgl. ihrer Kommiliton*innen mit Ausschlag gegeben hat. Womöglich wollte sie die emotional belastete Zeit mit einer neuen Studienrichtung hinter sich lassen.

Als auffällig erscheint folgende Aussage: *„wie gesagt ich wollte eigentlich Friedens und Konfliktforschung machen aber es hat mich sehr interessiert aber es war jetzt nichts wo ich gesagt hab, das isses und das war's dann"* (2/56–58). Vollends überzeugt schien sie von dem nun angestrebten Masterstudiengang wiederum auch nicht gewesen zu sein. So deutet sich auch eine gewisse Unklarheit darüber an, wie es für sie nun weitergehen kann. Afrikanistik sollte jedenfalls nicht weiter im Mittelpunkt ihrer akademischen Ausbildung stehen. Jedoch ist es auch denkbar, dass dies eine retrospektive Sicht auf die Dinge darstellt und sie zum damaligen Zeitpunkt sehr wohl sehr enttäuscht über die Absage war.

Nach der Absage sei Frau B *„auch erst mal wieder gereist um mich n bisschen zu sortieren ((lachen))“* (2/32–33). Hierzu reiste sie drei Monate *„durch das ehemalige Jugoslawien“* (10/443) und ist dabei auch u. a. in Albanien unterwegs. Es fällt erneut auf, dass Frau B für ihre Sortierungsphasen in die Ferne reist und womöglich bewusst die Einsamkeit sucht. So ist davon auszugehen, dass sie trotz der durchgeführten Therapie und der dargestellten mentalen Besserung weiterhin keinen engen Kontakt zu ihrer Familie pflegt und keine neuen sozialen Kontakte aufgebaut hat. Zugleich verweist der Begriff des Sortierens darauf, dass sie tatsächlich keinen weiteren Plan für ihre Zukunft hatte und die Absage zum Masterstudium sie eher unerwartet traf. Warum sie sich trotz dieser biografischen Unsicherheit nicht zumindest übergangsweise für das Masterstudium der Afrikanistik entscheidet, um aus diesem heraus eine neue Perspektive für sich zu entwerfen, bleibt unklar.

Beginn Masterstudium

Frau B sucht bei Google nach weiteren Studienorten für das Studium der Friedens- und Konfliktforschung, *„und dann, durchs ständige Rumklicken bin ich irgendwie bei der Uni Stadt C gelandet auf Internationale Wirtschafts-, Sozial-, Regional- und Agrarwissenschaften*[75] *und dann hab ichs mir durchgelesen hab mir gedacht Mensch das isses doch eigentlich genau was du willst“* (10/432–435). Sie bezieht sich insbesondere auf den interdisziplinären Charakter dieses Studiengangs – *„alle Bereiche sind dabei“* (10/436) – und sieht darin den großen Unterschied zum Studium der Afrikanistik. Vorher habe sie gar nicht gewusst, dass es so etwas überhaupt gäbe, es sei aber *„eigentlich genauso* ***das*** *wonach ich, immer gesucht hatte“* (2/35), zudem wurde der Studiengang einzigartig nur an der Uni in Stadt C angeboten.

So bewirbt sie sich auf diesen Studiengang und *„hatte da dann auf den Bescheid gewartet der kam dann recht spät“* (10/446–447), wurde jedoch noch rechtzeitig vor Beginn des Semesters angenommen[76]. Rückblickend sagt sie dazu: *„und, ähm (1) ja also wenn der Bescheid auch negativ gewesen wäre hät ich auch nicht gewusst was ich machen soll weil, mit Afrikanistikbachelor, muss man realistisch sein, mh, ist schwer ((la-*

75 Um die Anonymität zu gewährleisten, wurde der Titel des Studiengangs mithilfe einer Umschreibung verändert. Auch auf die Stadt C wird aus denselben Gründen nicht weiter eingegangen.

76 Erwähnt sei hierbei, dass der Studiengang auch keine hohen Zugangsvoraussetzungen zu besitzen scheint (kein NC), sofern die inhaltliche (weit gefasste) Passung eines vorangegangenen Bachelorstudiums zu stimmen scheint – Afrikanistik erfüllt diese Voraussetzungen aus Sicht des Autors formal.

chen))“ (10/447–449). Als Konsequenz entscheidet sie sich auch, nach Stadt C zu ziehen. Da sie zu diesem Umzug keine Worte der Wehmut verliert hinsichtlich der nun zu verlassenden Stadt B oder den Verlust etwaiger sozialer Kontakte, ist davon auszugehen, dass ihr der Umzug auch nicht schwerfällt. Nachhaltig anhaltende soziale Kontakte konnte sie in Stadt B auch in der gesamten Studienzeit womöglich nicht aufbauen. Wahrscheinlich erachtet sie den Abstand zur Stadt B und dem Studium der Afrikanistik auch aus therapeutischer Betrachtung heraus als Schritt in eine neue, emotional stabilere Richtung.

Diese Annahme scheint auch zuzutreffen, so sagt Frau B bzgl. ihrer wenigen sozialen Kontakte und dem fortwährenden Problem, Anschluss zu finden, zum Masterstudium Folgendes: „*>und dann im Master wurds eigentlich wieder, hats eigentlich ganz gut geklappt, genau (1) joah<*“ (5/205–206). So habe sie ihre Studienzeit dort auch als sehr positiv erlebt und „*ich mochte meinen Kommilitonen sehr*“ (11/470). Diese kamen aus den unterschiedlichsten Fächern und Bereichen – „*da waren Biologen BWLer Ethnologen Sportwissenschaftler alles Mögliche*“ (11/471–472) – und diese Vielfalt empfand sie als sehr schön. So traf sie auch auf „*sehr unterschiedliche Typen Typen, von Menschen*“ (11/473) und in dieser Gemengelage „*habe ich mich auch sehr wohlgefühlt*“ (11/474). Andererseits konnte sich infolge des speziellen Studiengangaufbaus auch nie ein richtiger *Kern* herausbilden, „*das heißt wir haben nicht viele Kurse wo alle wirklich immer zusammen sind aus dem Studiengang was heißt das war auch son bisschen, Pflückerei mhh*“ (11/476–478). Den großen Mehrwert sieht sie hingegen darin, dass dadurch alle dazu aufgefordert waren, sich selbst zu organisieren und sich als Kommiliton*innen auch selbst zu finden, „*und, das find- fand ich eigentlich auch schon bereichernd, weil man dann auch, eigentlich schon Gleichgesinnte mit dabei hatte die auch in etwa so ne Lebenseinstellung hatten wie ich*“ (11/480–482). Darunter versteht sie eine Einstellung in Bezug auf berufliche Karrierevorstellungen, die sie wiederholt zum Ausdruck bringt: „*ich bin jetzt nicht zum Studiengang gegangen mit der Einstellung ich will die Superkarriere machen ich will unbedingt dahin*“ (10/451–452). Diese Einstellung meint sie auch bei den *Gleichgesinnten* zu erkennen, diese „*waren auch, recht of-, oder die mit denen ich immer zusammen war die waren auch echt offen, was kommt später und, so gesehen, das hatte ich jetzt im Afrikanistikstudium nicht so*“ (11/482–484). Als weiteren großen Pluspunkt betrachtet sie die Nahbarkeit zu ihren Professor*innen, das habe ihr gefallen.

Fachlich beschreibt sie diesen Studiengang zu Beginn jedoch als „*extrem hart*“ (11/491). Durch das Curriculum bedingte besuchen verschiedener Masterstudiengänge – „*wie zum Beispiel Agrarwissenschaften*“ (11/489) – musste sie sich die jeweiligen Grundlagen der dazugehörigen Bachelorstudiengänge selbst erarbeiten. Wenn auch nicht das komplette Wissen der Bachelorstudiengänge, so doch „*das Grund- mh die das Basiswissen und, ähm, und es war am Anfang sehr hart*“ (11/492–493). Das muss eine Zeit lang so fordernd gewesen sein, dass Frau B „*auch kurz davor* [stand, N. W.] *dann: das Studium zu schmeißen*“ (11/493–494). Sie habe sich jedoch da durchgekämpft und betrachtet diese Herausforderungen nun als

„eine sehr große Bereicherung" (11/495). Infolgedessen kann sie sich sehr gut in fachfremde Themen einarbeiten, lernt sich selbst zu präsentieren und wird auch von den Professor*innen umfänglich darauf vorbereitet, sich in Projektarbeiten zurechtzufinden: *„nicht nur inhaltlich sondern auch, wie man mit ähm unterschiedlichen Charakteren et cetera umgeht ähm das man jetzt vielleicht in anderen Studiengängen nicht hat"* (11/507–509). Aus diesen Erfahrungen schöpft sie *„viel, viel Selbstvertrauen"* (11/510) und resümiert: *„ähm ja, war n schönes Studium"* (11/511–512).

Eine weitere Episode während des Masterstudiums stellt ihr Auslandsstudium in Tansania dar. Sie erwähnt hierzu, dass es nicht einfach für sie war, dort hinzukommen: *„da hatte ich mich auch dreimal oder so habe ich versucht da hinzukommen, ähm beim dritten Versuch hat es dann geklappt"* (3/105–106). Worin die Schwierigkeiten lagen, wird jedoch nicht weiter benannt. Es wird nur darauf verwiesen, dass sie in diesem Zusammenhang einige Rückschläge habe einstecken müssen und für sich dort gemerkt habe, ein *resilienter* Mensch zu sein: *„mich treiben diese Rückschläge eher nach vorne"* (3/108).

Nichtsdestotrotz fällt auf, dass Frau B Inhalte ihres Bachelorstudiums während des Masterstudiums nun doch wieder aufgreift. Dazu zählen das Erlernen und Anwenden der Sprache Suaheli und allgemein die Auseinandersetzung mit dem Kontinent Afrika. Das Besondere an der Sprache Suaheli sei ihrer Meinung nach, dass sie auch nur in Ostafrika gesprochen wird. Dies führte wiederum zu dem Bauchgefühl, das Auslandspraktikum in Tansania durchzuführen: *„es hat sich einfach richtig angefühlt und, ähm da hab ich die Sprache auch sehr gern gesprochen"* (8/358–359). In Tansania konnte sie nun ihre verbalen Fertigkeiten in Suaheli deutlich verbessern. Hierzu formuliert sie auch die Bedeutung der Sprache, *„weil man durch ne Sprache erst mal die Kultur kennenlernt und ähm gerade über die Sprichwörter, ähm die Gesellschaft erstmal, lernen kann zu verstehen"* (9/372–373). Die Bedeutung der sehr vielen Fabeln in Tansania spiele hierbei eine besondere Rolle, das seien *„einfach tolle Geschichten die man eigentlich nur auf Suaheli lesen kann weil wenn man se in der Übersetzung liest das, nimmt dann schon wieder son bisschen den Zauber ((lachen))"* (9/374–376). So saß sie auch jeden Abend während des Auslandsstudiums mit dem Wörterbuch da und las diese Fabeln: *„es hat mich einfach erfüllt, es war einfach, schön, rational nicht begründbar aber, ähm, kam halt von innen heraus"* (9/378–379). Es fällt nun auf, dass Frau B diesmal nichts Konkretes über ihre sozialen Kontakte in Tansania berichtet, während dies zu Südafrika noch ausführlich geschildert wurde. So lässt sich davon ausgehen, dass die angedeuteten Probleme auch im Kontext mit den Kontakten vor Ort stehen können.

Zusammengefasst repräsentiert dieses Masterstudium eine wiedergewonnene Stabilität im Leben von Frau B. Seit längerer Zeit findet sie hier wieder Anschluss im sozialen Umfeld und fühlt sich nicht fremd; sie fühlt sich vielmehr sehr wohl. Daran ändern auch die Startschwierigkeiten nichts, die sie offenbar an der Idee des Studiums oder ihrer fachlichen Eignung daran haben zweifeln lassen und auch nicht die Herausforderungen mit ihrem Auslandsstudium in Tansania.

Im Gegenteil, sie bewältigt die Herausforderungen und findet in dieser thematischen sowie personellen Vielfältigkeit Anschluss an ihre Kommiliton*innen und auch an ihre Professor*innen. Diese Wohlfühlerfahrung des Dazugehörens muss die erste umfängliche Erfahrung dieser Art seit dem ersten Auslandsaufenthalt in Afrika gewesen sein. Ob die Ursache hierfür jedoch allein in der besonderen Art des Studiums zu finden ist, erscheint fraglich. Mitgedacht werden sollte hierbei Folgendes, so hat sie ihre vorangegangene Therapie in der Stadt B offenbar erfolgreich beendet und konnte nun diese gewonnene Stabilität und Offenheit auch in das neue Studium mitnehmen. Diese Stabilität kann ihr womöglich erst die Türen zum sozialen Anschluss geöffnet haben. So lässt sich diese Konstellation als eine biografisch günstige Passung bezeichnen: Das Studium passt zu ihr, aber sie passt nun auch zum Studium.

Abschluss Masterstudium und Suche nach Arbeitsplatz

Im August 2019 gibt Frau B ihre Masterarbeit ab, hat *„dann September Oktober nach nem Job gesucht“* (11/516–517) und *„war dann einen Monat beim Arbeitsamt gemeldet“* (11/517-518). Da die Interviewpartnerin ALG-II bzw. umgangssprachlich Hartz-IV bezog, ist davon auszugehen, dass sie das Jobcenter aufsuchte und nicht das *Arbeitsamt* (präziser wäre Arbeitsagentur). Zum einen fällt auf, dass sie demnach zwei Semester über die Regelstudienzeit hinaus studiert hat, um den Masterabschluss zu erlangen. Dies lässt sich aber sicherlich in einen Zusammenhang mit dem zusätzlichen Auslandsstudium in Tansania setzen und den einhergehenden Schwierigkeiten, dieses auch nach mehreren Anläufen umzusetzen. Etwas auffällig erscheint, dass sie keine Informationen zum Notendurchschnitt des Abschlusses mitteilt, obwohl Leistungen innerhalb der Biografie wiederholt von ihr thematisiert wurden.

Frau B bewirbt sich in dieser Zeit für verschiedene Arbeitsstellen. Hierbei betont die Interviewpartnerin, dass sie infolge ihres ALG-II-Bezuges auch damit konfrontiert war, sich *„ja auf die Anzeigen* [zu, N. W.] *bewerben die die dir, vermitteln“* (10–11/518–519). Drei Stellen sind bekannt, für die sie zu einem Vorstellungsgespräch eingeladen wurde. Das erste Gespräch war an der Universität Köln *„fürn Doktorst- ähm (1) Programm“* (22/1048), also mutmaßlich als Wissenschaftliche Mitarbeiterin oder als Promovendin eines Graduiertenkollegs. Das Vorstellungsgespräch verlief jedoch aus Sicht von Frau B nicht wie gewünscht: *„beim ersten war ich so aufgeregt dass ich es vollkommen in den Sand gesetzt hab“* (12/521–522). Vor dem Gespräch konnte sie kaum schlafen, zugleich habe sie sich *„auch extrem reingesteigert muss ich sagen“* (22/1052). Das zweite Gespräch fand bei der Gesellschaft für Internationale Zusammenarbeit (GIZ) statt. Das war dann besser, und da *„war ich nicht mehr* ***so*** *aufgeregt“* (12/522–523). Die Stelle erhielt sie jedoch nicht, sie *„die zweite Wahl“* (22/1053). Auf Nachfrage wurde ihr mitgeteilt, dass sich für eine Person entschieden wurde, die *„fachlich noch genauer auf die Stelle passt“* (12/523–524). Es zeigt sich, dass Frau B versuchte, einen anspruchsvollen Berufsweg auf Grundlage ihrer interkulturell geprägten Studienabschlüsse und ihrer privaten interkulturellen Erfahrungen einzuschlagen, der thematisch im Kontext von Internationalisierung oder auch *„Entwicklungshilfe“* (22/1050) angesiedelt war.

Das dritte Vorstellungsgespräch fand hingegen beim Wohlfahrtsträger A[77] in ihrer damals aktuellen Wohn- und Studienstadt Stadt C statt und war thematisch *„im Bereich Öffentlichkeitsarbeit Fundraising, Veranstaltungsmanagement“* (12/527–528) verortet. Bei der Stelle handelte es sich um eine befristete Krankheitsvertretung: *„vertraglich gesehen, läuft mein Vertrag halt nur so lange bis sie wie die Krankschreibung ist“* (12/535–536). Wie es dazu kam, dass sich Frau B auf eine Ausschreibung beim Wohlfahrtsträger A bewarb und wie sie das Vorstellungsgespräch für sich einordnete, dazu gibt es an unterschiedlichen Stellen in der Lebenserzählung auch abweichende Einordnungen. Frau B weist zum einen darauf hin, dass es sich bei dieser Stellenanzeige um eine der besagten Stellen handelte, die ihr vom Jobcenter vermittelt wurden und *„du musst ja, musst dich ja auf die Anzeigen bewerben die die dir, vermitteln“* (11–12/518–519). Zudem betont sie zur damaligen Situation nach dem Studium: *„genau dann musst ich brauchte ich n Job“* (2/38–39). Daraufhin bewarb sie sich beim Wohlfahrtsträger A, weist jedoch darauf hin: *„ich hätte mich so, niemals von mir aus da beworben ((lachen)), sage ich gaähm“* (12/519–520).

Abweichend von den anderen Vorstellungsgesprächen hatte sie sich beim Vorstellungsgespräch *„aber auch sofort wohlgefühlt muss ich, sagen also ich bin reingekommen und, es war einfach ne, sehr, sehr herzliche Atmosphäre sehr, sehr bodenständig sehr, entspannt“* (12/525–527). Für die Analyse noch bedeutender ist, dass diese positive Erfahrung deutlich davon abweicht, was sie über den Wohlfahrtsträger A bisher dachte zu wissen. Die Mutter arbeitete zu diesem Zeitpunkt bereits seit über 20 Jahren ehrenamtlich bei genau diesem Wohlfahrtsträger in ihrer gemeinsamen Heimat im Bereich der Flucht- und Migrationshilfe. Daher *wusste* sie *„halt hach ich wusste halt son bisschen um den Ruf des Wohlfahrtsträger A“* (12/563). Wird genauer nachgefragt, was sie mit dem Ruf meint, formuliert Frau B wie folgt: *„dass es eigentlich intern n totales Chaos is, dass es sehr schwer ist die Leute wohl zu delegieren sehr viele Überstunden gibt ähm. die Leute einfach vollkommen überlastet sind, ähm ich jetzt nicht nur im, in den Einrichtungen selbst sondern auch in den Geschäftsstellen ähm, dass da halt viel ähm, viel gegeben wird aber wenig zurückkommt das war halt so der, der Ruf, den ich jetzt nicht nur von der Wohlfahrtsträger A Stadt A gehört hatte, sondern auch noch von bisschen anderen“* (13/570–575).

Diese Vorstellungen über den Arbeitsalltag beim Wohlfahrtsträger A sind deutlich familiär geprägt und kommen primär *„ja wie gesagt von meiner Mutter“* (13/604). Bei dieser habe sie selbst gesehen, wie die Mutter viel gegeben habe, aber wohl wenig zurückbekam, wenn sie selbst mal um einen Gefallen gebeten

77 Bei diesem Arbeitgeber handelt es sich um einen der sechs Spitzenverbände der freien Wohlfahrtspflege in Deutschland.

hat. Darüber hinaus ist ihr Bild aber auch geprägt *„von Leuten die ich halt getroffen hab die da irgendwie: mal was von dem Wohlfahrtsträger A gehört hatten, die jetzt nicht direkt damit zu tun hatten“* (13/608–610). Eine weitere prägende Rolle scheint dabei auch ihr Vater gespielt zu haben, *„der halt auch immer auf dieses Sozialpädagogische immer son bisschen, abfällig guckt das hat auch wieder seine individuellen Gründe, ähm, also sicherlich auch stark mein Elternhaus“* (14/621–623). Es muss konstatiert werden, dass Frau B auffällig verallgemeinernde Vorurteile über den Wohlfahrtsträger A internalisiert hat, die offenbar ausschließlich auf externen Erfahrungen beruhen. Sie reflektiert das Verinnerlichen dieser Vorurteile für sich selbst auch wie folgt: *„man umgibt sich ja meistens mit, denselben Leuten und, die haben ja auch ihre Meinung, ihre Vorurteile die sie auch wieder irgendwo anders herholen und dadurch, ja kommen dann halt die eigenen Vorurteile auch zustande ((schnauben)), ja, genau bin ich mir bewusst ((lachen))“* (14/625–628). Als Konsequenz dieser Vorprägung war sie auch nicht gerade darüber begeistert gewesen, sich auf eine Stelle beim Wohlfahrtsträger A zu bewerben. So betont Frau B erneut, sie hätte sich auch gar nicht auf diese Stelle beworben, *„wenn es nicht vom Arbeitsamt gekommen wäre“* (12/565).

Auffällig erscheint hierbei, dass Frau B eine gewisse Form des Drucks zu verspüren schien oder dem Interviewer gegenüber zumindest darzustellen versucht, möglichst schnell in ein Anstellungsverhältnis kommen zu müssen. Dabei ist es nicht ungewöhnlich, dass Absolvent*innen eine Übergangsdauer benötigen, bevor sie einen Job findet. Vielmehr beträgt die Dauer der Stellensuche nach Abschluss eines Studiums durchschnittlich drei bis vier Monate. Innerhalb der ersten 18 Monate haben schlussendlich neun von zehn Absolventen*innen eines Masterstudiengangs einen Arbeitsvertrag unterschrieben (Scharfetter 2016 und Gregor et al. 2016). Somit findet sie nach zwei Monaten verhältnismäßig schnell einen Job, dazu in einem fachfremden Berufsfeld. Dieser dargestellte Druck lässt sich nicht zweifelsfrei nachvollziehen, da ihr Lebensunterhalt erst einen Monat lang durch ALG-II abgesichert wurde und sie mit der Bewerbung beim GIZ und dem dort erreichten zweiten Platz in der Bewerber*innenrangfolge auch einen ersten Erfolg vorweisen kann, der ihr wiederum Zuversicht für weitere Bewerbungen in ähnlichen Anstellungsverhältnissen hätte geben müssen. So ist es denkbar, dass sie diesen Druck dem Interviewer gegenüber darstellt, um eine plausible Rechtfertigung aufbauen zu können, warum sie sich trotz des erfolgreichen interkulturellen Universitätsabschlusses doch nur auf eine befristete Krankheitsvertretung beim Wohlfahrtsträger A bewirbt. Hierbei scheinen die negativen Vorurteile über die Wertigkeit einer Anstellung beim Wohlfahrtsträger A oder innerhalb der Sozialen Arbeit allgemein eine Rolle zu spielen, der sie sich nicht entledigen kann. Diese Vorurteile extrapoliert sie denkbar auch auf den Interviewer, vor dem sie sich zumindest immanent rechtfertigen zu müssen scheint. Zugleich kann es auch eine an sich selbst gerichtete Rechtfertigung sein, da sie es vorerst nicht geschafft habe, den Weg zu gehen, den sie sich für sich vorgestellt hatte – sie konnte die Hindernisse diesmal nicht aus dem Weg räumen.

Einstieg in die Soziale Arbeit

Frau B bekommt den Job als Mitarbeiterin im Bereich Öffentlichkeitsarbeit, Fundraising und Veranstaltungsmanagement beim Wohlfahrtsträger A angeboten und nimmt diese Stelle trotz aller bestehenden Vorbehalte gegenüber diesem Arbeitgeber zum November 2019 auch an. Sie erklärt sich die Zusage vonseiten des Arbeitgebers damit, dass sie in Bewerbungsgesprächen *„halt eher noch n bisschen kantig auch* [sei, N. W.] *und danach has- habense wohl auch gesucht"* (12/529–530). Sie hatte bei der Zusage zugleich *„da irgendwo n bisschen Glück mit"* (12/530). Zugleich relativiert sie das *Glück* hierbei wie folgt: *„eigentlich hätte jetzt auch niemals gedacht wenn mir jemand vor fünf Jahren gesagt hätte du würdest mal bei, nem sozial- in der Sozialen Arbeit arbeiten, hätte ich, gedacht ne ((lachen)) sicherlich nicht"* (13/576–578). Eine mindestens latente Geringschätzung dieses Berufsfeldes schwingt bei dieser Sequenz offensichtlich mit.

Ihre Tätigkeitsbeschreibung lässt sich als sehr breit gefächert bezeichnen. Offiziell war sie für das Fundraising und das Veranstaltungsmanagement zuständig, *„inoffiziell aber noch für viele andere Sachen also Stellen, Verfahren wie heuern wir neuen Mitarbeiter an et cetera, Websiteüberarbeitung und so weiter"* (16/762–763). Sie erwähnt, dass sie sich mit der Veranstaltungsorganisation zunehmend weniger identifizieren konnte und das eher nebenbei erledigte. Fragte sie jemand nach ihrer Tätigkeit, *„dann sage ich eigentlich hauptsächlich Fundraiser"* (17/768). Diese Tätigkeit der Fundraiserin war für sie *„schon n Spaß auch son bisschen die Leute, zu überzeugen, uns, uns Geld zu geben"* (17/771–772). Frau B war auch dafür zuständig, Veranstaltungen und Feste zu organisieren, Netzwerkarbeit zu betreiben oder auch bestimmte besondere Ereignisse wie Geschenkaktionen für finanziell schwächer gestellte Familien zu betreuen. Dabei plante sie die Durchführung in gemeinsamer Absprache mit den teilnehmenden Einrichtungen und war auch die primäre Ansprechpartnerin für Fragen aller Art. Jedoch legt Frau B Wert darauf, dass ihre Tätigkeit nach ihrer eigenen Definition nicht als eine genuin sozialpädagogische Tätigkeit betrachtet wird, denn sie *„war ja im Fundraising tätig und bin ja jetzt kein Sozialpädagoge der damit den Kindern arbeitet oder Schulsozialarbeit oder, in den stationären, Wohngruppen wo auch immer"* (13/579–581). Wird Frau B danach gefragt, was sie denn konkret unter Sozialer Arbeit verstünde, formuliert sie: *„Arbeit die direkt am Menschen ansetzt, und dessen (1) ähm, Wohlbefinden, befördert (1) öhm (2) auf sozialer Ebene gesehen, ähm (2) ja ähm (1) wie gesagt der Mensch steht im Fokus und, ähm (2) es sollte Hilfe- Menschen auch ne, Stütze geben an, und wo sie sich auch, ähm (1) dass sie halt n Zufluchtsort haben, mit den entsp- auf institutioneller Ebene ähm, n Zufluchtsort haben können wenn sie diesen auch wollen"* (21/980–984). An späterer Stelle gilt es diese Definition von Frau B noch näher zu beleuchten. Jedoch lässt sich bereits hier darauf hinweisen, dass die Notwendigkeit, einen Zufluchtsort auf institutioneller Ebene zu schaffen, auch sozialpädagogische Expert*innen im Bereich des Fundraisings voraussetzt. Dass Soziale Arbeit somit nicht nur durch die unmittelbare Arbeit *am* Menschen gekennzeichnet ist, ist bereits in der Annahme von Frau B angelegt, wenn auch nicht gänzlich für sich reflektiert.

Weiterhin erkennt sie einen großen Mehrwert für sich darin, im Rahmen dieser Tätigkeit die angebotenen Weiterbildungen wahrnehmen zu können, *„also ich konnte auch die ganzen Fortbildungen mitnehmen, das habe ich auch sehr gerne gemacht"* (22/1017–1018). Dass es sich dabei um Fortbildungen im *größeren* Rahmen der Sozialen Arbeit handelte (auch wenn diese explizit für Fundraising o. ä. in sozialen Dienstleistungsunternehmen ausgelegt waren), ist anzunehmen, wodurch sie zusätzlich in dieses Berufsfeld hinein sozialisiert wurde. Generell fällt die disziplinäre Zusammensetzung der dortigen Mitarbeiter*innen vielfältig aus: *„es waren eigentlich Sozialpädagogen BWLer Landwirtschaft Theologin kaufmännische Ausbildungen, ja das war (1) und genau ähm Fachhochschule, Veranstaltungsmanagement"* (17/807–809). Und nach ihrem eigenen Berufsabschluss habe sie wohl auch bloß eine Kollegin mal gefragt, *„für den Rest war das eigentlich nicht relevant"* (17/787–788). Viel relevanter sei ihrer Auffassung nach gewesen, dass sie durch diese Anstellung direkt in die Geschäftsstelle kam, wohingegen andere Kolleg*innen wohl schon mehrere Jahre daran gearbeitet hätten. Das bezeichnet sie auch als das Hauptproblem, denn *„das war halt eher haben halt viele negativ, für sich negativ gesehen weil sie halt wie gesagt viele Jahre dafür gearbeitet haben dahinzukommen"* (17/796–797).

Wird nach den Rückmeldungen der Familie zu ihrer Tätigkeit in der Sozialen Arbeit gefragt, formuliert die Interviewpartnerin pointiert: *„die waren froh dass ich überhaupt n Job hab ((lachen))"* (12/552). Es ist davon auszugehen, dass die Eltern den Studienabschlüssen der Tochter wohl auch keine großen Chancen auf dem Arbeitsmarkt beigemessen haben. Frau B sagt dazu selbst, da müsse man halt *„bisschen realistisch sein"* (12/554). Gleichzeitig wäre es ihren Eltern auch *„egal gewesen wo ich gelandet wäre die hättens akzeptiert"* (12/555–556). Vielmehr hätten die Eltern ihren Kindern immer wieder verdeutlicht, *„egal was du machst Ausbildung Studium, egal was wir haben dann, du hast unsere Unterstützung und die sind da auch nicht wertend"* (12/557–559). Hierfür sei Frau B ihnen auch sehr dankbar. Diese Äußerung gilt es jedoch in Anbetracht der in der Familie vorherrschenden Vorurteile gegenüber dem Wohlfahrtsträger A – und denkbar auch für das ganze Berufsfeld der Sozialen Arbeit – zu relativieren.

Warum Frau B diese Anstellung nun schlussendlich trotz aller Vorbehalte nach einer als recht kurz zu bezeichnenden Statuspassage angenommen hat, bleibt unklar. Die Argumentation, sie hätte einen Job gebraucht, ist nicht gänzlich nachvollziehbar. Denkbar erscheint, dass sie sich mit ihren Abschlüssen tatsächlich keine großen Chancen auf dem Arbeitsmarkt ausgerechnet hatte und daher die Bedeutung einer ersten richtigen Arbeitserfahrung für den beruflichen Lebenslauf als hoch einschätzte, um später dem Ziel einer als für sie adäquat empfundenen Anstellung näherzukommen. Sowohl für diesen Aspekt als auch für die Überlegung, dass es sich bei dieser Stelle um ein berufsbiografisches Experiment handelte, spricht auch die Tatsache, dass es nur eine befristete Krankheitsvertretung war, die früher oder später von allein vorübergeht – die Motivation könnte gelautet haben: *was soll schon schief gehen?* Zugleich lässt sich mitdenken, dass Frau B schlicht eine als sinnvoll erscheinende Tätigkeit suchte, um die ihr so wichtige Struktur in den Alltag zu bekommen. Auch die sozialen Kontakte sind in ihrer Biografie oft nur von kurzer Dauer. So können sich auch die im Masterstudium gewonnenen Kontakte infolge des Abschlusses wieder aufgelöst oder zumindest reduziert haben, sodass sie mit dieser Anstellung auch neue Kontakte und Netzwerke aufbauen wollte.

Ende Krankheitsvertretung und Einordnung Arbeitserfahrung

Der Arbeitsvertrag von Frau B endete am 30. April 2020[78] und somit nach nur sechs Monaten Beschäftigungszeit. Obwohl es sich hierbei auch um die Dauer der Probezeit handeln könnte, kommt – für alle wohl etwas *überraschend* – diejenige Person zurück, die regulär diese Position innehatte. Frau B formuliert hierzu: *„das war ne Krankheitsvertretung, und ähm, es stand halt lange Zeit nicht f- also die Kollegin hatte nen Burnout, es dachten eigentlich alle die würde nicht mehr wiederkommen weil sie halt auch zwischen Stadt B und Stadt C pendelt"* (12/53–534). Auch die Chefin habe ihr gegenüber wiederholt kommuniziert, dass sie mit keiner Wiederkehr der Stelleninhaberin rechne und damit Frau B signalisiert, dass sie dort auch längerfristig bleiben könne. Entsprechend *„hatten also einschließlich ich uns eigentlich darauf eingestellt dass ich dann da auch langfristig, jetzt noch bleiben werde"* (12/536–537). Die Kollegin kam jedoch wieder *„und ähm (1) dann wurde sie halt wieder eingegliedert ich hab ihr dann, war dann noch n Monat da, mit ihr zusammen hab ihr dann, ihr die Aufgaben alle wieder überbergeben"* (12/538–540). Da zu diesem Zeitpunkt auch keine weiteren Stellen für Frau B zur Verfügung standen, *„muss ich halt wieder gehen, ähm schweren Herzens"* (12/540–541).

Die durchgehende Ambivalenz in der Darstellung von Frau B, eine Tätigkeit innerhalb der Sozialen Arbeit trotz aller verinnerlichten Vorbehalte auszuüben, wird mit der letzten Aussage auf den Punkt gebracht. *Schweren Herzens* muss Frau B nun wieder diesen Arbeitsplatz räumen. Betont sie doch später im Gespräch, *„ich wäre sehr gern dort geblieben"* (12/542). Trotz der starken Verbandsstrukturen, die sie zu einem späteren Zeitpunkt des Interviews als kritisch und belastend schildert, und dem Zwiespalt, ob sie sich nun für das Fundraising begeistern kann oder nicht – denn *„fachlich war es jetzt nicht so meins so Fundraising das ist nicht so meins, langfristig zumindestens"* (12/545–546) – überwiegt offenbar das Gefühl, innerhalb der verhältnismäßig kurzen Zeit als Mensch und Mitarbeiterin in diesem Team auf- und angenommen worden zu sein: *„es war wirklich schön, ähm tolle Menschen muss ich sagen, mh sehr angenehme Atmosphäre"* (12/542–543).

78 An diesem Tag wurde auch das Interview mit Frau B durchgeführt.

Obwohl Frau B mit den aufgezeigten Vorurteilen gegenüber dem Wohlfahrtsträger A und womöglich der Sozialen Arbeit generell die Stelle antrat, *„wurde ich eines Besseren belehrt“* (13/586). Sie könne diese Vorurteile zumindest für ihren Arbeitgeber nicht bestätigen. Im Gegenteil, *„ich fand es war ne sehr gute Führung“* (13/587). Vielmehr habe es sehr gute Arbeitsbedingungen gegeben. Konkret handelte es sich dabei um die Möglichkeit, in Gleitzeit arbeiten zu können und auch die angehäuften Überstunden unbürokratisch abzubauen, *„das war alles überhaupt kein Problem, ähm es wird alles sehr sehr locker gehandhabt“* (13/589–590). Die Führung, paritätisch besetzt mit einem Mann und einer Frau, beschreibt sie als sehr nahbar. So sei der Führungsstil *„eher mehr so kollegial freundschaftlich“* (13/591) gewesen. Und obwohl ihr dieser Führungsstil manchmal schon als *zu freundschaftlich* erschien, wusste sie es sehr wohl zu schätzen, auch *„seine Fehler machen* [zu können, N. W.]“ (13/593). Zudem war *„dieser krasse Leistungsdruck“* (13/595–596) dort nicht zu spüren: *„da war jetzt niemand der einem da irgendwie, mitem Finger auf einen gezeigt hat oder, nein du musst das unbedingt besser machen ((betont gesprochen))“* (13/593–595). Diese Arbeitsatmosphäre genoss sie nachvollziehbar. Und zugleich ist sie sich auch bewusst, dass diese positive Wahrnehmung nicht auf alle Kolleg*innen übertragbar sei. So verweist Frau B auf eine Kollegin, die sich viel Druck im Arbeitsalltag ausgesetzt sah. Nach Ansicht von Frau B sei sie aber *„halt auch jemand der sich selbst den Druck, macht, ähm, sehr stark“* (13/598). Dabei gilt es zu bedenken, dass Frau B gewiss auch Druck von sich fernhalten konnte, infolgedessen sie zum einen nur unbeabsichtigt zu dieser Anstellung kam und zum anderen war die Stelle auch nur befristet. Diese Aspekte dürften einer tieferen Identifikation, die auch zu mehr Druck führen kann, entgegengewirkt haben.

Während Frau B den harmonischen Führungsstil sehr zu schätzen wusste, beschreibt sie das kollegiale Miteinander als sehr viel weniger harmonisch. So formuliert sie zu der dort vorherrschenden Arbeitsmentalität wie folgt: *„was sehr charakteristisch war is (1) da arbeitet halt jeder für sich selbst also hier mit dieser Mentalität das ist nicht mein Problem, macht das selbst, ähm das gehört in deinen Bereich“* (18/840–842). Sie bemängelt insbesondere eine fehlende Teamfähigkeit. Neben der fehlenden Teamfähigkeit habe *„da halt viel, Ellbogenmentalität“* (20/931–932) vorgeherrscht und sie erlebte auch *„viel, Konkurrenz, Kampf“* (22/1025). Zudem, *„es gab keine Einarbeitung, also ich wurde mitten, mitten ins Wasser geschmissen“* (20/944–945) und es wäre niemand da gewesen, den sie hätte fragen können. So habe sie ihrer Ansicht nach Glück gehabt, dass die zu vertretende Person all ihre Tätigkeiten immer akribisch protokolliert habe, nur *„deswegen konnt ich mich da relativ schnell einarbeiten dann, aber ohne diese Ordner wäre ich auch aufgeschmissen gewesen“* (20/947–948). Dieses Gefühl des Alleingelassenwerdens und der fehlenden Teamfähigkeit beschreibt sie auch als *„gegen, Wände laufen“* (18/904). Ihrer Ansicht nach seien das auch keine Einzelfälle, so formuliert sie verallgemeinernd: *„und das ist dann (2) ich weiß nicht (1) deren Mentalität ((schnauben))“* (18/910). Jedoch liegt für sie die Ursache dafür auch in den *„starren Verbandsstrukturen ((schnauben)) die man auch überall hat also es ist sehr schwer, was Neues reinzubringen, ähm (1) mhh, da muss man ah-, ja auch erst mal das Vertrauen der Leute gewinnen“* (22/1023–1025). Als belastend empfand sie auch das Gefühl, immer sehr viel Empathie für alle aufbringen zu müssen, mit anderen Worten: *„dieses, immense Verständnis aufbringen und dieses son bisschen über (1) den Kopf streicheln“* (18/901–902).

Augenscheinlich spiegelt sich in diesen Auszügen auch ihre Selbst-Attribuierung wider, *„n bisschen kantig“* (12/529) zu sein. Dennoch reproduziert sie mehr oder weniger bewusst die intrinsischen Vorurteile gegenüber ihrem Arbeitgeber und der dort vorherrschenden Arbeitsmentalität – obwohl sie sich doch *„eines Besseren belehrt“* (13/586) sah. Es herrschte ihrer Ansicht nach *„wenig, wenig Dankbarkeit“* (20/929) vor, stattdessen wurde aus ihrer Sicht vieles schlicht als selbstverständlich betrachtet: *„dass ich ein Danke bekommen hab, das habe ich am Anfang nicht so oft gehört“* (20/924–925). Hierbei erkennt sie *„halt wieder diese Mentalität viel nehmen aber wenig geben“* (20/926) und reproduziert damit deutlich die Vorurteile ihrer Mutter. Eines Tages beschwerte sich Frau B über die fehlende Dankbarkeit *„und dann kann am Ende ähm* ***wussten*** *die Leute auch bei mir müssen sie sich melden ((schnauben))“* (20/927–928), danach habe sich das Verhalten ihr gegenüber verändert.

Bedeutung von Erwerbsarbeit und Zukunftsaussichten

Auf die Frage, ob die Interviewpartnerin diesen beruflichen Weg denn so noch einmal gehen würde, antwortet sie: *„Mhh (4) ich bereue es nicht aber es wäre schön gewesen wenn es vielleicht, bei der GIZ oder so geklappt hätte ähm (1) ob ich ihn jetzt noch mal gehen würde, das Studium auf jeden Fall, ähm (2) also ich denke es war auch okay dass es jetzt mit der Wohlfahrtsträger A passiert ist aber ich würde es jetzt auch nicht, länger wollen, ich, sags jetzt mal so, also (1) wenn ich die Chance noch einmal hätte würde ich vielleicht n anderes, Unternehmen nehmen, aber ich es ist jetzt nichts, was ich bereue“ (23/1093–1098)*. Diese Sequenz unterstreicht die durchgehende Ambivalenz in der Darstellung von Frau B. Während sie auf der einen Seite nur *schweren Herzens* gegangen sei, beschreibt sie die Tätigkeit beim Wohlfahrtsträger A generell doch als etwas, das ihrem Leben gewissermaßen *passiert sei*, so als sei die Anstellung als schicksalhaftes Ereignis über sie gekommen – wie ein weiterer *Stein*, den sie aus dem Weg räumen muss. An anderen Stellen beschreibt sie ihre Erlebnisse dort weiter als *nette Erfahrung*, die sie aber *nicht auf lange Frist* machen wolle. Die Tätigkeit wird als eine Übergangsbeschäftigung dargestellt, die aber nur der Not wegen aufgenommen wurde. Nun gilt es jedoch wieder, die Berufsbiografie in die richtigen Bahnen zu lenken.

Entsprechend resümiert Frau B: *„und genau also ich sehs jetzt auch nicht negativ dass ich, wie gesagt in sozial, pädagogischen Branche gelandet bin oder in der Sozialen Arbeit, ähm ich sehe das jetz eher als n Gewinn, ähm da ich da wieder ne neue Perspektive bekomme wieder, wieder neue, Einblicke auch in mich selbst kriege wer bin ich eigentlich, was möchte ich, und mich dadurch auch wieder reflektieren kann und ähm, aus der Per-*

spektive betrachte ich das eigentlich immer, die einzelnen Stadien im Leben also was lerne ich daraus ähm (1) gut ich habe jetzt zum Beispiel gelernt dass, die Position in der ich war das war jetzt einfach nicht so meins, das sehe ich jetzt aber auch nicht so negativ" (2/68–75). Frau B schildert in dieser Sequenz, dass es aufgrund ihrer zuvor ausgebreiteten Lebenseinstellung nun auch nichts *Negatives* sei, in der Sozialen Arbeit *gelandet* zu sei. Dass dies aber extra betont werden muss, verweist jedoch vielmehr auf die wiederholt negativen Konnotationen gegenüber der Sozialen Arbeit. Über ihren Schilderungen schwebt durchgehend der latente Vorwurf, dass Soziale Arbeit im Kontext ihres bisherigen Bildungsweges negativ bewertetet wird oder von außen bewertet werden könnte. Vielmehr deutet sie die dortigen Arbeitserfahrungen um als Gewinn von neuen Perspektiven und Einblicken – insbesondere über sich selbst und *was sie möchte* und vor allem, *was sie nicht möchte*. Doch lässt sich zweifelsfrei sagen, Begeisterung oder zumindest Zufriedenheit über eine Anstellung klingt anders.

Von der Annahme ausgehend, dass sie die Soziale Arbeit nicht besonders wertschätzt und diese Arbeitserfahrung als eher unfreiwillige Zwischenstation in ihrer Berufsbiografie betrachtet, ist davon auszugehen, dass sie sich dem Interviewer gegenüber auch nicht zu negativ über die Soziale Arbeit äußern möchte. Gleichzeitig lässt sich die positive (Um-) Deutung von Lebensereignissen als lebensgeschichtliche Strategie verstehen – kein Ereignis wird wirklich negativ gedeutet – vielmehr dienen alle Erlebnisse gewissermaßen einem höheren Zweck oder stellen Etappen auf einem Weg zum Ziel dar. Entsprechend formuliert sie: *„aber es hat mir auch schon, ich hab auch wiederum viel gelernt auch fachlich und natürlich auch wieder über mich selbst und äh (1) so gesehen sehe ich das sehr positiv eigentlich (1) >genau< (1)"* (3/78–80).

In zehn Jahren sieht sie sich beruflich nicht mehr in der Sozialen Arbeit, *„wahrscheinlich irgendwo im Wirtschaftsbereich Entwicklungs-, politischen Bereich, denke ich mal, aber das möchte ich ehrlich gesagt auch nicht, nicht festlegen (1) >möchte ich nicht tun<"* (25/1158–1160). Direkt nach der Anstellung ist sie erst einmal wieder arbeitslos gemeldet und möchte sich auf Weiterbildungsprogramme in der Entwicklungshilfe bewerben. Bis diese Weiterbildungen im September starten, will sie die Zeit so lange mit Nebenjobs überbrücken, das *„muss jetzt kein, Akademikerjob sein aber, Hauptsache Geld"* (25/1186–1187). Grundsätzlich ist es ihr wichtig, *„dass ich es schaffe äh (1) auf mich zu hören, und mich nicht, zu sehr von anderen leiten zu lassen, was ich jetzt machen soll wohin ich gehen sollen und für mich dann auch, eigentlich möchte so leben dass ich ähm, rückblickend sage ich bereue nichts und dass ich da, auch positiv rausgehe, das ist für mich eigentlich das Wichtigste"* (25/1192–1195). Auch die Frage nach Familie und Kindern betrachtet sie als *„irgendwie, ganz entspannt"* (25/1200). Und *„ob sich Familie oder so entwickelt wäre schön wenn nicht isses auch okay, weil ich, mein Leben ist jetzt erfüllt genug, dass ich auch ohne Kinder, leben kann"* (25/1197–1199).

Zum Ende des Gesprächs beschreibt sich Frau B als *„son bisschen schöngeistig veranlagt"* (26/1212), denn *„für mich ist einfach, Zufriedenheit das Wichtigste"* (26/1213).

Diese Zufriedenheit setzt sie in einen Zusammenhang mit der generellen Bedeutung von Erwerbsarbeit. Entsprechend ist es der Interviewpartnerin zum Ende des Interviews wichtig, ihre Interpretation von zufriedenstellender Arbeit und der Rolle, die Erwerbsarbeit im Leben von Menschen einnehmen sollte, mitzuteilen. So formuliert sie: *„man sollte auch beim Beruf oder auf die Position die man hat, auch darauf achten wer is man, wenn ich in einer Position bin wo ich mich selbst unterdrücken muss, macht das natürlich auch nicht glücklich und wenn du halt für ne höhere Position, bestimmt bist, dann sollst es auch machen, ähm aber ich würde jetzt niemals ähm (2) ich würde (1) beruflichen Erfolg oder Karriere immer an zweite Stelle setzen, wenn mindestens oder dritte Stelle (1) ich denke es ist so dieses Mischmasch zwischen (1) was willst du was will die Gesellschaft, ähm und wer bist du, und dann muss man irgendwie diesen (1) die goldene Mitte finden"* (26/1214–1221).

Für sie gestalte sich diese goldene Mitte in einem Verständnis von Arbeit als *„Mittel zum Zweck um meine Miete zu bezahlen"* (23/1061). Es sei ihr hingegen nicht so wichtig, *„dass ich, mich unglaublich über meine Arbeit definiere oder meine Arbeit mein Leben ausfüllt"* (23/1061–1062). Neben dem Geldverdienst misst sie den durch die Arbeit entstehenden sozialen Netzwerken eine höhere Bedeutung bei. Aber generell sei ein Job zweitrangig für ihr Leben zu erachten, an erster Stelle stehe ausnahmslos das Privatleben. Diese Einstellung spiegelt sich nicht zuletzt in ihrer wöchentlichen Arbeitszeit und der Betonung einer ausgeglichenen Work-Life-Balance wider: *„also ich hatte jetzt bei der Wohlfahrtsträger A auch nur 30 Stunden gearbeitet obwohl ich, eigentlich auch hätte 40 arbeiten sol- können, das wollte ich aber nicht, ähm wenn ich die Chance dazu hatte, mh, fand ich auch gut, das waren sechs Stunden pro Tag und hatte ich noch genügend Zeit für andere Dinge (1) ähm, aber da muss auch die Work-Life-Balance, lege ich schon viel Wert drauf, und ich nehme mir dann, auch die Zeit für das was mir wichtig is"* (23/1078–1084). In dieser Hinsicht bezeichnet sie sich auch als knallhart und sie würde entsprechend knallhart ihre Grenzen ziehen. Entsprechend habe sie auf Arbeit auch immer gesagt, *„ich helfe euch das ist natürlich okay, aber irgendwann ist Schluss, und dann gehe ich auch, und, da bin ich auch (1) mh, da ziehe ich meine Linie auch durch, da leg ich schon großen Wert drauf"* (23/1085–1087)[79].

79 79 Es ließ sich nachträglich recherchieren, dass Frau B nach ihrer Tätigkeit beim Wohlfahrtsträger A verschiedenen Tätigkeiten nachgegangen ist, die alle eine Laufzeit von wenigen Monaten bis Jahren aufwiesen. Dabei war sie u. a. im Weiterbildungsbereich tätig, bei einem Wirtschaftsunternehmen und später im öffentlichen Gesundheitsbereich. Zum Zeitpunkt der Abgabe der vorliegenden Untersuchung arbeitet Frau B mittlerweile wieder für einen Spitzenverband der Freien Wohlfahrtspflege im administrativen Bereich.

7.3.2 Fallstruktur – Soziale Arbeit als berufsbiografischer Umweg

Die Lebensgeschichte von Frau B ist durch das auffällig hohe Aufkommen von Suchterkrankungen in ihrer Familie geprägt und insbesondere durch ihre eigene angeborene gesundheitliche Disposition, die sich u. a. in Form von Wahrnehmungsstörungen äußert und ihr das Leben in verschiedenen Lebenskontexten erschwert. Dies trägt auch dazu bei, dass es Frau B wiederholt nicht leichtfällt, längerfristig soziale Kontakte aufzubauen. Infolge dieser angeborenen Erkrankung wurde ihr auch nur eine Zukunft im Rollstuhl prognostiziert und maximal der Besuch einer Sonderschule. Jedoch entwickelt die Interviewpartnerin in Anbetracht dieser Prognose eine Lebenseinstellung, die sich als das *Nicht-Akzeptieren* von außen auferlegter Hindernisse, das aus eigener Kraft *Dagegen-Ankämpfen* und das *Aus-dem-Weg-räumen* dieser Hindernisse beschreiben lässt. Diese Haltung repräsentiert ein typisches Muster ihrer Identität und muss zugleich als eine spezifisch biografische Strategie im Umgang mit Krankheit (Jellen et al. 2018) gelesen werden. Das Lebensmotto von Frau B lautet daher auch: *„mich treiben diese Rückschläge eher nach vorne“* (3/108).

Entgegen den Prognosen besteht Frau B – mit einiger Unterstützung von ihren damaligen Freunden – das Abitur, entwickelt eine Passion für Auslandsaufenthalte sowie interkulturelle Erfahrungen und absolviert daraufhin das Bachelorstudium der Afrikanistik und mit einigen Umwegen danach ein interdisziplinär ausgerichtetes Masterstudium mit einem inhaltlichen Schwerpunkt auf interkultureller Ökonomie- und Politikwissenschaft. Zeitgleich zu diesen Bildungserfolgen entwickelt sich bei Frau B eine sukzessive Entfremdungstendenz zu ihrer Herkunftsfamilie, die nicht zuletzt durch den Tod ihrer Uroma ausgelöst und verstärkt wird. Die Uroma repräsentiert als wesentliche signifikante Andere in der Lebensgeschichte von Frau B in besonderer Weise die emotionale Anbindung der Interviewpartnerin an ihre Herkunftsfamilie. Eine infolge des Verlusts der Uroma zunehmende Entfremdung zur Herkunftsfamilie äußert sich bei Frau B schlussendlich in Gestalt von Depressionen und einer Identitätskrise, aus der sie sich jedoch mithilfe therapeutischer Behandlung allem Anschein nach erfolgreich herausarbeiten kann. Den familiär fehlenden emotionalen Halt sowie eine lebensgeschichtliche Orientierung sucht und findet die Interviewpartnerin wiederholt in ihren Auslandserfahrungen. Insbesondere der Schüler*innenaustausch in Südafrika ist als signifikantes biografisches Ereignis hervorzuheben. Trotz oder gerade wegen der schwierigen Lebensbedingungen vor Ort, erlebte sie dort eine sehr herzliche Gastfamilie und ein – zumindest in Anbetracht ihrer gesundheitlichen und familiären Dispositionen – auffällig unauffälliges Teenagerinnen-Leben: Schule, Freunde, Sport, Verliebtsein etc.

Entgegen ihrer wiederholt vorgebrachten Einordnung, wonach berufliche Karriere (im Sinne der Industriegesellschaft der klassischen Moderne) bei ihr nicht an erster Stelle im Leben stehen würde und sie vielmehr Wert auf eine ausgewogene Work-Life-Balance legt, erlebt sie die Absagen auf Bewerbungen für als akademisch anspruchsvoll zu bezeichnende Berufe – wie bei der Gesellschaft für internationale Zusammenarbeit oder für eine Promovendinnenstelle an der Universität Köln – dahingehend als auffällig enttäuschend. Daher ist davon auszugehen, dass es sich bei dieser biografischen Unterordnung von beruflicher Karriere vielmehr um einen Ausdruck der Selbstverschleierung (Schütze 1984a) handelt. Jedenfalls bewirbt sich Frau B infolge dieser Absagen auf eine Krankheitsvertretung in der Sozialen Arbeit, die ihr vom Jobcenter vermittelt wurde. Und auch wenn sie sich dort aus eigenem Antrieb wohl nie beworben hätte, erlebt sie ein überraschend angenehmes Vorstellungsgespräch und wird daraufhin im Bereich Öffentlichkeitsarbeit, Fundraising und Veranstaltungsmanagement angestellt. Wohlgemerkt, ohne diese Arbeit selbst als eine originäre Tätigkeit innerhalb Sozialer Arbeit zu deuten.

Die dort stattgefundene berufliche Sozialisierung stellt sich als ambivalent dar. Obwohl sie zum Ende der Anstellung nur *schweren Herzens* geht und sie dort gerne noch länger geblieben wäre, da sie tolle Menschen kennenlernte und schlicht eine tolle Atmosphäre vorherrschte, kennzeichnet sich ihre Darstellung durch eine über weite Strecken (mindestens latent geäußerte) Geringschätzung dieses Berufsfeldes, die, das sei hier hervorgehoben, zu großen Teilen auf extrinsisch induzierten Vorurteilen beruht und von ihr verschiedentlich reproduziert wird. Kennzeichnend hierfür sind Schilderungen der bei diesem Träger erlebten Mentalität, welche sich durch fehlende Teamfähigkeit, übertriebene Empathie, starre Verbandsstrukturen und insbesondere wenig Dankbarkeit äußern würde. Eine solche fehlende Dankbarkeit sei es auch, über die ihr bereits von ihrer in der Migrationshilfe langjährig ehrenamtlich tätigen Mutter wiederholt berichtet und die durch die eigenen Erlebnisse nun auch bestätigt wurde. Darüber hinaus erlebte Frau B häufig *„son (1) verquerte*[n] *Idealismus, ähm, der gut gemeint ist aber oftmals auch (1) einfach an der Realität, vorbeigeht"* (27/1259–1260) und ordnete diesen als fragwürdig ein. Insbesondere, da ein solcher Idealismus bei fehlender individueller Abgrenzung zur Arbeit u. U. zu einer ungesunden Verantwortungsaufladung bei Mitarbeiter*innen führen würde. Frau B spricht hierbei deutlich Tendenzen zur Selbstausbeutung aufgrund einer überhöhten intrinsischen Motivation an. Darüber hinaus bezeichnet sie sich selbst als einen wirtschaftlich und politisch denkenden Menschen, daher gelte es ihrer Ansicht nach auch *„bisschen mehr ähm (1) die Ökonomie mit einbeziehen also, ähm, es bringt nichts wenn du diesen Verein todwirtschaftest, ähm oder, diesen Idealismus stark folgst aber dann keine Einnahmequellen hast oder ähm (1) also muss man auch, pragmatisch denken halt"* (21/987–990).

Es lässt sich konstatieren, dass sich der Quereinstieg in die Soziale Arbeit für Frau B schlussendlich durch eine überwiegend fehlende Identifikation und Zugehörigkeit kennzeichnet und entsprechend keine durchgehende Aneignung dieser Arbeit gelingt. Gleichzeitig muss im Hinterkopf behalten werden, dass das Gespräch an ihrem letzten Arbeitstag stattfand und daher auch von Emotionen überlagert sein kann, wie dem Frust, dort nicht weiter angestellt zu bleiben, obwohl man doch gute Arbeit geleistet hat. Generell wird die ursprünglich unbeabsichtigte Anstellung bei diesem Wohlfahrtsträger von ihr im Sinne einer lebensgeschichtlichen Strategie positiv für die eigene Berufsbiografie umgedeutet. Diese kurzzeitig befristete Tätigkeit in der Sozialen Arbeit erscheint daher konstatierend wie ein weiterer *Stein* im Lebensweg von Frau B, aus dem sie schlicht versucht das Beste zu machen. Dennoch gilt es festzuhalten, dass in Anbetracht der großen beruflichen Vielfalt innerhalb der Sozialen Arbeit das Potenzial für eine umfänglichere Identifikation mit diesem Berufsfeld zumindest denkbar ist. Bspw. erscheint eine administrative Tätigkeit auf Leitungsebene – insbesondere vor dem Hintergrund einer zunehmend von Ökonomisierungsprozessen gekennzeichneten Sozialen Arbeit – doch als auffällig resonant für die beruflichen Wertvorstellungen von Frau B. Da zumindest in Ansätzen von einer perspektivischen Entwicklung hin zu einer Aneignung der Arbeit gesprochen werden kann, erscheint es daher als denkbar, dass bei einer längeren Anstellungsdauer zumindest die Möglichkeit einer gelungenen Aneignung gegeben gewesen wäre.

8. Bedeutung von Quereinsteiger*innen aus Perspektive der Leitungskräfte

8.1 Leitungskräfte in der Sozialen Arbeit

Um die Bedeutung von Quereinsteiger*innen für die Praxis der Sozialen Arbeit besser nachvollziehen zu können und somit den Blick auf die bisherigen Ergebnisse zu weiten, erachte ich es nicht nur als hilfreich, sondern geradezu notwendig, Einblicke von Leitungskräften aus der sozialpädagogischen Praxis und deren Perspektive auf die Bedeutung von Quereinsteiger*innen ergänzend heranzuziehen. Ohne an dieser Stelle eine ausführliche Darstellung zum Wandel von Leitungsfunktionen innerhalb der Sozialen Arbeit darlegen zu können, sei darauf verwiesen, dass sich die Akteur*innen in der Sozialen Arbeit „in den letzten zwei Jahrzehnten massive[n] Veränderungen in den Rahmenbedingungen ihrer Arbeit und in den an sie gerichteten sozialpolitischen und fachlichen Anforderungen" (Biesenkamp und Merchel 2018, S. 6) ausgesetzt sahen. Dabei handelt es sich nicht nur um sozialstaatliche Veränderungen, sondern auch um Transformationsprozesse innerhalb der Sozialen Arbeit selbst, „die die Akteure mit deutlichen Veränderungsanforderungen konfrontieren" (ebd.). Konkret handelt es sich hierbei neben ökonomischen und politischen Bedingungen auch um fachlich veranlasste Gestaltungsimpulse, wie eine zunehmende Betonung der Autonomie der Adressat*innen. Diese „ökonomisch, politisch und fachlich veranlassten Veränderungsanforderungen an die Soziale Arbeit" (ebd., S. 7) haben schlussendlich nicht nur Auswirkungen auf die methodische Arbeit der Fachkräfte, sondern auch auf die Führungsaufgaben der Leitungskräfte. Aus der Sicht von Biesenkamp und Merchel reiche es heutzutage schlicht nicht mehr aus,

> „dass Organisationen in einem stabilisierten Handlungsmodul verlässlich und kalkulierbar ihre alltäglichen Aufgaben erledigen und anstehende Veränderungsanforderungen als eine Sondersituation betrachten, die sie dann in einem – konzeptionell vom Alltag abgehobenen – ‚Sonderprojekt Organisationsentwicklung' bearbeiten. Vielmehr wird die Anforderung des Organisationswandels allmählich zum ‚Normalfall' der Existenzweise auch von Organisationen der Sozialen Arbeit. Organisationen der Sozialen Arbeit sind herausgefordert, eine auf Kontinuität ausgerichtete ‚organisationale Lernfähigkeit' herauszubilden, um frühzeitig Veränderungen in ihrer Organisationsumwelt und Divergenzen in den internen Abläufen wahrnehmen und verarbeiten zu können" (ebd.).

Um diesen Gestaltungsanforderungen auf Organisationsebene gerecht werden zu können, bedarf es wiederum gezielter und kompetent gesetzter Impulse durch das Leitungspersonal. Eine so verstandene Leitung könne sich daher auch nicht mehr auf ihre ihr zugeschriebene formale Macht innerhalb hierarchisch aufgebauter Organisationen berufen, sondern müsse vielfältigen „inhaltlichen Strukturierungs- und Gestaltungsfunktionen" (ebd.) gerecht werden. Eine moderne Aufgabenbeschreibung von Leitung umfasst einerseits die reflexive Begleitung sowie die Gestaltung von internen sowie externen dynamischen Umweltprozessen und andererseits die Schaffung eines reflexionsförderlichen Organisationsklimas (ebd., S. 8 und ausführlicher Merchel 2005 sowie Merchel 2015). Mithilfe von Biesenkamp und Merchel lassen sich die Aufgaben von Leitung wie folgt konkretisieren:

1. *Organisationsbezogene Steuerung*: „Leitung hat aktive Steuerungsleistungen zu erbringen, um die innerorganisatorischen Strukturen und Abläufe zu gestalten, Arbeitsprozesse zu differenzieren, den Organisationsakteuren zuzuordnen und Arbeitsprozesse wieder zu einem effektiven Organisationshandeln zusammenzufügen" (2008, S. 13).
2. *Personen- und gruppenbezogene Steuerung*: „Die Leitungsaufgabe erstreckt sich hier auf die Gestaltung der personellen Ressourcen und der interaktiven Bezüge bei der Erbringung sozialer Dienstleistungen" (ebd.).
3. *Betriebswirtschaftliche Steuerung*: „Die Leitungsaufgabe besteht in der Gewährleistung einer sachangemessenen und wirtschaftlichen Verwendung von finanziellen Ressourcen" (ebd.).
4. *Reflexion und Gestaltung Außenbezüge*: „Angesichts der Abhängigkeit der Organisation von der politisch induzierten Bereitstellung von Ressourcen und von verschiedenen Interessenträgern außerhalb der Organisation muss Leitung gewährleisten, dass die für die Organisation relevanten sozialpolitischen Entwicklungen bewusst wahrgenommen und bewertet werden und dass die Leistungserstellung und die Leistungsvergabe der Organisation an den Anforderungen aus relevanten Umweltsegmenten ausgerichtet werden" (ebd.).

Wie diese vier Steuerungsanforderungen von den Führungskräften schlussendlich ausgestaltet werden, könne jedoch nur vor dem Hintergrund der Persönlichkeit der Leitungsperson betrachtet werden und ihrer entsprechenden Umsetzung innerhalb einer Organisation. Die konkrete Ausgestaltung der Steuerungsanforderungen hängt demnach zu einem großen Teil von der individuellen Persönlichkeit der Leitungskraft ab und von dem „Modus, den die Leitungsperson für die Bewältigung der Bezüge zwischen Leitungsanforderungen und der eigenen Personen gefunden hat" (ebd.).

8.2 Triangulation und Expert*inneninterviews

Triangulation steht in der qualitativen Forschung für „die Betrachtung eines Forschungsgegenstandes von (mindestens) zwei Punkten aus" (Flick 2000, S. 309) und meint damit üblicherweise die Verwendung verschiedener methodischer Zugänge. Nach Przyborski und Wohlrab-Sahr ist insbesondere die Triangulation von Methoden im Sinne von *mixed methods*, also der Kombination von qualitativen und quantitativen Methoden, „derzeit en vogue" (2014, S. 155). In der vorliegenden Untersuchung werden hingegen Expert*inneninterviews zur Triangulation herangezogen. Auch wenn Expert*inneninterviews ebenso als eigenständiges Erhebungsinstrument Verwendung finden, ist ihre Anwendung „im Rahmen eines Methodenmix bzw. einer Triangulation […] in Kombination mit einer Dokumentenanalyse oder mit anderen […] Interviewverfahren" (Meuser; Nagel 2010, S. 376) weit verbreitet.

Meuser und Nagel folgend tritt bei einem Expert*inneninterview die biografische Motiviertheit einer zu interviewenden Person in den Hintergrund. „Stattdessen interessiert der in einen Funktionskontext eingebundene Akteur" (ebd., S. 377) und der Wissensvorsprung, den eine solche Person infolge ihrer privilegierten Position mitbringt. Daher werden als Expert*innen angesprochen,

- „wer in irgendeiner Weise Verantwortung trägt für den Entwurf, die Implementierung oder die Kontrolle einer Problemlösung oder
- wer über einen privilegierten Zugang zu Informationen über relevante Personengruppen, Soziallagen und Entscheidungsprozesse verfügt" (ebd.).

Pryzborski und Wohlrab-Sahr ergänzen, dass es dann sinnvoll sei von Expert*in zu sprechen, wenn es sich um Personen handelt, die über „ein spezifisches Rollenwissen verfügen, solches zugeschrieben bekommen und diese besondere Kompetenz für sich selbst in Anspruch nehmen" (2014, S. 119). In modernen Gesellschaften findet sich diese Rollenzuschreibung oftmals in Berufsrollen wieder, jedoch auch zunehmend im Zusammenhang „mit Formen eines spezialisierten außerberuflichen Engagements" (ebd.).

Diese methodische Herangehensweise erscheint somit für die Befragung von Leitungskräften in Einrichtungen der Sozialen Arbeit als außerordentlich geeignet, da sie es sind, die für die Gestaltung der personellen Ressourcen die Verantwortung tragen und daher aufgrund dieses privilegierten Wissensvorsprungs einen profunden Einblick in die Bedeutung von Quereinsteiger*innen für das Berufsfeld der Sozialen Arbeit gewähren können. Die Expert*innen fungieren hierbei als „Zugangsmedium zur Organisation und als deren Repräsentant[in]" (ebd.) und verfügen über Wissen, „‚wie der Laden läuft' und welche Regeln dabei gelten, auch dort, wo diese Regeln nicht formalisiert sind (und zu formalisierten Regeln möglicherweise im Widerspruch stehen)" (ebd.). Mithilfe von Expert*inneninterviews kann dieses Wissen gehoben werden, „insbesondere dort, wo dieses Wissen nicht kodifiziert, sondern in betriebliche Praktiken eingelagert ist" (ebd., S. 120). Da in dieser Untersuchung die non-formalen organisationalen Regeln über u. a. die Akquise von Quereinsteiger*innen in der Sozialen Arbeit einen besonderen Interessenschwerpunkt darstellen, lässt sich die Adäquanz einer solchen triangulierenden Herangehensweise unterstreichen.

8.3 Methodisches Vorgehen bei den Expert*inneninterviews

8.3.1 Leitfaden für Expert*inneninterviews

In Anlehnung an Meuser und Nagel (2010) wurde als Erhebungsinstrument ein leitfadengestütztes offenes Interview gewählt, dieses aber im Sinne von Przyborski und Wohlrab-Sahr (2014) abgewandelt. Leitfadengestützte offene Interviews seien aus Sicht von Meuser und Nagel nicht nur angemessen für das beschriebe Forschungsinteresse, sondern zugleich auch vielfach bewährt. Im Unterschied zum biografisch-narrativen Interview erfolgt hierbei eine thematische Vorstrukturierung. Würde dies nicht geschehen, bestünde beim Befragen der Interviewpartner*innen „die Gefahr [...], sich den ExpertInnen als inkompetenter Gesprächspartner darzustellen und würde andererseits dem auf funktionsbezogenen Sonderwissen gerichteten, mithin thematisch begrenzten Erkenntnisinteresse nicht gerecht" (ebd., S. 377). Trotz der thematischen Vorstrukturierung gilt es den Leitfaden flexibel zu handhaben, „um unerwartete Themendimensionierungen durch die ExpertInnen nicht zu unterbinden" (ebd., S. 377 f.). Vielmehr ist es die Absicht, den Gesprächspartner*innen genug Raum für eine mit konkreten Beispielen unterlegte Darstellung von Entscheidungsprozessen zu geben.

Oftmals sind Leitfäden für Expert*innengespräche so aufgebaut, dass eine Aufreihung von Sachfragen erstellt wird, „die aus dem Forschungsinteresse abgeleitet sind und vom Interviewpartner beantwortet werden sollen" (Przyborski; Wohlrab-Sahr 2014, S. 121). Pryzborski und Wohlrab-Sahr schlagen hingegen eine Variation vor, die einerseits den „allgemeinen Prinzipien der Gesprächsführung bei qualitativen Interviews" (ebd.) gerechter werden soll und zugleich die spezifischen thematischen Interessen bei Expert*innengesprächen adäquat berücksichtigt. Die beiden Autorinnen sprechen hierbei von einer Art *Metaleitfaden* für Expert*innengespräche. Die dahinter liegende Absicht lautet, „dass möglichst viel von der gewünschten Information durch den Interviewpartner selbstläufig präsentiert wird, und der [Leitfaden, N. W.] außerdem das besondere Beziehungsgefüge des Expertengesprächs berücksichtigt“ (2014, S. 122). An einem solchen Metaleitfaden wurde sich für die vorliegenden Expert*innengespräche orientiert.

Das Ablaufmuster[80] eines Expert*innengesprächs setzt sich wie folgt zusammen:

> „1. Vorgespräch; 2. Gelegenheit zur Selbstpräsentation des Experten; Stimulierung einer selbstläufigen Sachverhaltsdarstellung; 4. Aufforderung zur beispielhaften und ergänzenden Detaillierung; 5. Aufforderung zur spezifischen Sachverhaltsdarstellung; sowie 6. Aufforderung zur Theoretisierung“ (S. 125).

8.3.2 Auswertung von Expert*inneninterviews

Das Ziel bei der Auswertung von Expert*inneninterviews ist das Herausarbeiten „überindividuell-gemeinsame[r] Wissensbestände“ (Meuser; Nagel 2010, S. 378). Im Gegensatz zu streng interpretativen Vorgehensweisen innerhalb der Sozialforschung, erfolgt hierbei keine Orientierung am Prinzip der Sequenzialität. Es wird sich bei der Analyse hingegen „an thematischen Einheiten [orientiert, N. W.], an inhaltlich zusammengehörigen, über die Texte verstreuten Passagen“ (ebd.). Entsprechend werden die Äußerungen der Expert*innen nicht vor dem Hintergrund ihrer Positionierung im Interview betrachtet, sondern „von Anfang an im Rahmen der institutionell-organisatorischen Handlungsbedingungen verortet“ (ebd.). Diese Herangehensweise würde aus der Sicht von Meuser und Nagel auch am ehesten eine intersubjektive Nachvollzichbarkeit der Interviewtexte ermöglichen.

Zugleich gilt es anzumerken, dass für die Auswertung von Expert*inneninterviews bisher von keinem kanonisierten Verfahren gesprochen werden kann. So gibt es bisher auch nicht *die* expert*inneninterview-spezifische Auswertungsmethode. Vielmehr können „im Prinzip [...] daher alle Auswertungsverfahren zur Anwendung kommen“ (Bogner et al. 2014, S. 71). Hierbei gilt es zu beachten, dass einerseits alle Auswertungsverfahren im Lichte spezifischer theoretischer Traditionen und sozialwissenschaftlicher Schulen zu betrachten sind und andererseits „dass jedes Verfahren einem spezifischen Forschungskontext entstammt“ (ebd.). Schlussfolgernd gilt es die bestehenden Vorgehensweisen und Methoden zu adaptieren und so „für die eigenen Zwecke praktikabel zu machen“ (ebd.). Daher sprechen Bogner et al. bei Methoden und methodischen Anleitungen auch nicht von Rezepten, sondern von „allenfalls Leitlinien, an denen sich die Forschenden orientieren können“ (ebd.). Darüber hinaus lassen sich Expert*inneninterviews auch hinsichtlich ihrer jeweiligen Funktion innerhalb des Forschungsdesigns unter-

80 Zur ausführlichen Darstellung des Ablaufmusters sowie der Prinzipien der Durchführung siehe Przyborski und Wohlrab-Sahr 2014, S. 122 ff.

scheiden. So können Expert*inneninterviews als rein informatorische Interviews angelegt sein, aber auch theoriegenerierenden Zwecken dienen (ebd., S. 71 f.).

In der vorliegenden Untersuchung wird das Expert*inneninterview vorrangig im Sinne der Informationsgewinnung eingesetzt und orientiert sich dabei an der Form des explorativ-informativen Expert*inneninterviews (ebd. und ausführlich Bogner; Menz 2002, S. 36 ff.). Bei dieser Form der Analyse wird sich auf die Informationen konzentriert, es wird also „das Wissen der Experten [...] als eine Ansammlung von Informationen konzeptualisiert" (Bogner et al. 2014, S. 72). Trotz aller individuellen Abweichungen innerhalb der gesammelten Informationen wird davon ausgegangen, dass es mithilfe des Expert*innenwissens möglich sei, „die Welt richtig abzubilden" (ebd.). Hinsichtlich eines „interpretativ-konstruktivistischen Standpunkt[s] mag das naiv erscheinen, doch für Interviews, die auf Informationsgewinnung abzielen, ist das nur funktional" (ebd.). In dieser Untersuchung ist es schlussfolgernd nun die konkrete Absicht, sowohl das *Betriebswissen* der Befragten zu heben als auch die Expert*innen „gezielt als komplementäre Informationsquelle über die eigentlich interessierende Zielgruppe" (Bogner; Menz 2002, S. 37) – also die Quereinsteiger*innen in der Sozialen Arbeit – zu betrachten und somit auch das *Kontextwissen* der Expert*innen (Meuser; Nagel 2002) mit einzubeziehen.

Bogner et al. empfehlen für den Forschungszweck der Informationsgewinnung die qualitative Inhaltsanalyse nach Gläser und Laudel (2004) „als Auswertungsverfahren der Wahl" (Bogner et al. 2014, S. 72). Im Vordergrund dieses Verfahrens stünde die Absicht, „über die systematische Analyse und den Vergleich der Informationen, die die Experten geliefert haben, Kausalabhängigkeiten aufzudecken" (ebd., S. 73). Im Zentrum dieses Auswertungsverfahrens steht die Bildung eines sich am Material zu bewährenden Kategoriensystems. Die Interviewtexte sollen hierdurch so *umgebaut* werden, „dass sie zu einer tragfähigen Informationsbasis werden, um die Forschungsfrage beantworten zu können" (ebd.). Hierzu haben Gläser und Laudel (2004) in Anlehnung an Mayring (2000) ein fünfstufiges Auswertungskonzept[81] entworfen, das für die vorliegende Untersuchung forschungspragmatisch adaptiert wurde:

1. *Fragestellung und Materialauswahl*: „In einem ersten Schritt sind die Fragestellung sowie die konkrete Frageperspektive zu bestimmen." (Bogner et al. 2014, S. 73)
2. *Aufbau eines Kategoriensystems*: „Im zweiten Schritt wird ein Kategoriensystem entwickelt, das heißt, eine durch Abhängigkeitsbeziehungen strukturierte Vielzahl von Kategorien." (ebd., S. 73 f.)

81 Zur ausführlichen Darstellung siehe Bogner et al. 2014, S. 74 f. und insbesondere Gläser und Laudel 2004.

3. *Extraktion*: „Im dritten Schritt geht es darum, die Interviewtexte systematisch ‚auseinander zu nehmen' und in ein thematisch geordnetes Konglomerat relevanter Informationen zu verwandeln." (ebd., S. 74)
4. *Aufbereitung der Daten*: „Im vierten Schritt geht es im Kern darum, die Qualität der Datenbasis zu verbessern." (ebd.)
5. *Auswertung*: „Am Ende steht die Beantwortung der Forschungsfrage auf Basis der aufbereiteten Daten." (ebd.)

8.4 Sampling

Die Auswahl der Interviewpartner*innen erfolgt primär nach der Entscheidung, welches Expert*innenwissen gehoben werden soll. Eine entscheidende Schwierigkeit sei hierbei, „diejenigen Personen zu finden, denen tatsächlich ein entsprechender Expertenstatus zukommt, die also über das gesuchte ‚Betriebswissen' oder ‚Deutungswissen' verfügen" (Przyborski; Wohlrab-Sahr 2014, S. 121). So bestehe bspw. bei einem Forschungsprojekt, das um die Personalauswahl in Organisationen handelt, ein Risiko, „dass die Interviewpartnerin in der Organisationshierarchie ‚zu hoch' angesiedelt ist, und es im Gespräch dann primär um die allgemeine Unternehmensphilosophie und um abstrakte Prinzipien der Personalauswahl geht, nicht aber um die konkreten Prozeduren und Wissensbestände" (ebd.). Als Konsequenz gilt es daher ein permanentes Nachsondieren bei der Auswahl der Interviewpartner*innen während des Forschungsprozesses zu gewährleisten.

Für die vorliegende Untersuchung konnten vier Leitungskräfte in der Sozialen Arbeit gewonnen werden[82]. Dabei handelt es sich um zwei Männer und zwei Frauen, die alle im mitteldeutschen Raum bei freien Trägern der Wohlfahrtspflege als Führungskräfte tätig sind. Hierbei handelt es sich konkret um die Tätigkeitsebenen der Geschäftsführung, hauptamtlicher Vorstand, Projektleitung und -koordination sowie Fachreferent*in. Die sozialpädagogischen Handlungsfelder erstreckten sich von Kinder- und Jugendhilfe, Migrations- und Flüchtlingshilfe sowie Demokratie- und Bildungsarbeit. Die Anzahl der unterstellten Mitarbeiter*innen umfasste ca. 30 bis hin zu mehreren hundert Personen. Die Leitungskräfte absolvierten ursprünglich entweder ein Studium der Sozialen Arbeit oder der Erziehungswissenschaft. Die Gesprächsdurch-

82 Die geringe Anzahl an Gesprächspartner*innen resultierte u.a. aus der sich ausbreitenden Covid-Pandemie im Frühjahr des Jahres 2020. Infolge der pandemischen Entwicklung mussten weitere geplante Gespräche abgesagt werden und konnten im weiteren Verlauf dieses Forschungsvorhabens nicht nachgeholt werden; ursprünglich waren auch Gespräche mit öffentlichen Trägern bereits anvisiert. Daher können die hier gezeigten Ergebnisse auch nur als erste Tendenz einer sich abzeichnenden Entwicklung im Kontext Quereinsteiger*innen verstanden werden. M. E. besteht ein großes Potenzial, dieser Forschungsperspektive in zukünftigen Erhebungen weiter nachzugehen.

führung erfolgte zwischen März bis Mai 2020. Als Interviewort fungierte das jeweilige Büro der Leitungskraft. Die Dauer der Gespräche umfasste dabei 0:43h bis 1:26h.

Abbildung 3: Sample Expert*inneninterviews (Quelle: Eigene Darstellung N. W.)

	Leitungskraft A m	Leitungskraft B w	Leitungskraft C m	Leitungskraft D w
Datum	06. März 2020	13. März 2020	02. April 2020	29. Mai 2020
Dauer	1:09h	0:59h	1:26h	0:43h
Ausbildung	Soziale Arbeit, promoviert	Erziehungswissenschaft	Erziehungswissenschaft	Erziehungswissenschaft
Handlungsfeld	Projektleitung Arbeitsmarktintegration von Flüchtlingen, großer Wohlfahrtsverband	Geschäftsführerin freier Träger der KuJH, zugleich Vorstand einer Stiftung in der KuJH.	Geschäftsführer freier Träger der politisch demokratischen Bildungsarbeit, Förderung von zivilgesellschaftlicher Partizipation	Fachreferentin bei einem freien Träger der KuJH., verantwortlich für ambulante und stationäre Einrichtungen

Zur Kontaktaufnahme konnten auch hierbei verschiedene zur Verfügung stehende Netzwerkressourcen genutzt werden. So konnte ich infolge meiner Projekttätigkeit im Kontext der Digitalisierung von Praktikumsplatzinseraten auf ein umfangreiches und überregionales Netzwerk von Wohlfahrtsverbänden und Praxiseinrichtungen zurückgreifen. Daraufhin kontaktierte ich verschiedene bei diesen Trägern beschäftigte und für das Forschungsinteresse geeignete Leitungskräfte per Telefon und E-Mail.

Erfolgte eine Zusage, wurde ein Termin ausgemacht und sich zu einem Interview getroffen. Beim Treffen für das Interview erfolgte eine ausführlichere Darlegung des Forschungsvorhabens; die Informierung über das Aufnehmen des Interviews; die Darlegung der datenschutzrechtlichen Bestimmungen, wozu auch jeweils eine Datenschutzerklärung gegengezeichnet wurde. Die Interviewdurchführung orientierte sich am oben dargelegten Verfahren des Leitfadeninterviews für Expert*innen. Zu allen Gesprächspartner*innen erstellte ich ein Memo, das mit den für das Gespräch relevanten Informationen gefüllt wurde. Dazu gehörte auch ein Beobachtungsprotokoll, das ich während der Gespräche jeweils anfertigte.

8.5 Ergebnisse der Expert*inneninterviews[83]

8.5.1 Entwicklungen auf dem Fachkräftemarkt

Der Fachkräftemangel ist bei den Trägern der befragten Leitungskräfte angekommen. Die Anzahl der eingehenden Bewerbungen auf Stellenausschreibungen habe sich in den letzten Jahren deutlich reduziert. So berichtet die Leitungskraft A[84], sein Träger findet *„keine, wir finden keine Leute mehr ja für halbe Stellen, findet man niemand, ja, also ich finde es ist n Fachkräftemangel zu sehen in dem Bereich ja“* (LA: 4/145–147)[85]. Während früher Stellen einfach ausgeschrieben wurden und auch mithilfe eines großen Netzwerkes unkompliziert besetzt werden konnten, wird es nun *„in letzten zwei drei Jahren* [...] *schwieriger, ja merken wir wirklich uh uh wir müssen wirklich ähm, gucken ja“* (LA: 6/244–245). Infolge dieser Entwicklung verändern die Träger auch ihre Ausschreibungsstrategien, mit der Absicht, eine größere Bandbreite an Personen hinsichtlich ihrer Abschlüsse anzusprechen. Eine Konsequenz des Fachkräftemangels ist, dass den Absolvent*innen der Sozialen Arbeit und Sozialpädagogik ein zügiger beruflicher Einstieg möglich wird – auch bei ehemals sehr gefragten Arbeitgebern wie dem ASD. Diese Entwicklung birgt jedoch auch Risiken. Einerseits müssen die neuen Fachkräfte von den Trägern häufiger nachqualifiziert werden, zugleich wird für die Mitarbeiter*innen aufgrund der geringen Berufserfahrung die Gefahr einer Überforderung gesehen. Diese geht auf Kosten der Adressat*innen, führt aber aufseiten der Mitarbeiter*innen auch zu frühzeitigen Kündigungen, dem Gefühl des Ausgebranntseins etc.

Infolge des Fachkräftemangels befinden sich die Träger in einem wachsenden Konkurrenzkampf um qualifizierte Fachkräfte. So können sich die Fachkräfte die Stellen zunehmend nach eigenen Interessenschwerpunkten aussuchen, aber auch Bedingungen stellen, wie bspw. bei der Ausgestaltung der wöchentlichen Arbeitszeit. Gleichzeitig entwickeln die Träger Strategien, um die Mitarbeiter*innen längerfristig an ihre Unternehmen zu binden. Dabei handelt es sich u. a. um zeitnahe Entfristungen, die Gewährung von Weiterbildungen oder der Möglichkeit, die Arbeitsbereiche regelmäßig zu wechseln. LD gibt hierzu exemplarisch Einblick in den Wandel von Bewerbungsgesprächen: *„und das ist so, das hat sich echt*

83 Die Darstellung der Ergebnisse kann an dieser Stelle nur in einer komprimierten Form erfolgen. Zudem wird bei der Darstellung ein besonderer Fokus auf die Erfahrungen und Motivationen im Kontext der Quereinsteiger*innen gelegt. Zur Fundierung der zusammengefassten Ergebnisse werden exemplarische Interviewsequenzen hinzugefügt.

84 Die Codierungen Leitungskraft A, B, C, D erfolgt in der chronologischen Reihenfolge der geführten Gespräche. Leitungskraft A, B etc. wird mit LA, LB etc. abgekürzt.

85 In Anlehnung an Rosenthal (2014, S. 199) bezieht sich die erste Ziffer auf die Seite des Transkripts und die zweite Ziffer auf die Zeile. Für die Ergebnisdarstellung der Expert*inneninterviews wird zur besseren Übersichtlichkeit die Codierung Leitungskraft (LA usw.) hinzugefügt.

geändert also dass mein Bewerbungsgespräch hier ganz anders abgelaufen ist als, die Bewerbungsgespräche die ich jetzt mit Bewerbern führe ja dass man, schon sagt wir haben äh so und so viele Tage Urlaub und das ist doch ja aber das ist (1) mhm das ist schon son Umwerben" (LD: 4/142–145). Zudem weist LD darauf hin, dass sich die Bedeutung eines Bewerbungsgespräches um 180 Grad gedreht zu haben scheint: „*mittlerweile ist es so dass wir ähm, in Bewerbungsgesprächen schon das Gefühl haben dass ähm, dass das kein Bewerbungsgespräch mehr ist so, so zum Thema der Bewerber* ***bewirbt*** *sich (1) sondern dass man, ähm, ihm die* ***Vorzüge*** *des sozialen Berufes äh so schmackhaft wie möglich macht*" (LD: 4/136–139).

8.5.2 Rolle von Quereinsteiger*innen

Der wachsende Fachkräftemangel führt nicht nur dazu, dass immer häufiger unerfahrene Mitarbeiter*innen eingestellt werden, sondern auch zu der Entwicklung, wonach die Gewinnung von Quereinsteiger*in für sozialpädagogische Stellenprofile an Bedeutung gewinnt. So formuliert LD, dass „*im Zuge, Corona haben wir halt ähm, überlegt Quer und Seiteneinsteiger intensiver zu akquirieren, um zu gucken, wen, kann man äh welche (1) ((ausatmen)) Fachkräfte mit vielleicht, guten Voraussetzungen kann man jetzt ähm, akquirieren*" (LD: 5/189–192). Noch prägnanter thematisiert LB die Anwerbung von Quereinsteiger*innen:

> „das is jetzt eben in letzter Zeit wirklich breiter geworden das Feld, wir versuchen Quereinsteigern, ähm durchaus auch die Möglichkeit zu geben, hier zu arbeiten und sind doch ehrlichgesagt drauf angewiesen" (LB: 2/54–56).

Infolge dieser Entwicklung weiten sich die sozialpädagogischen Teams in multidisziplinärer Hinsicht sukzessive aus. So arbeiten bei LB mittlerweile Absolvent*innen der Philosophie, „*die Freundin aus der IT vo- zum Beispiel Soziologie ist fast normal geworden dass wir Soziologen, ähm, Psychologen, irgendwas Geisteswissenschaftliches*" (LB: 8/67–69). Bei LC finden sich neben den üblichen Abschlüssen der Sozialen Arbeit und Erziehungswissenschaften auch die Disziplinen der Germanistik, Ethnologie, Lehramt Grundschule, Musikwissenschaften, Dolmetschen, Physik und Psychologie wieder. Auch LA antwortet auf die Frage nach den bei ihm vertretenen Abschlüssen wie selbstverständlich:

> „Kann ich Ihnen sagen, Soziologen, dann ähm, ähm, Politikwissenschaftler, Bildungswissenschaftler, Ethnologen, genau, Germanisten, das is bunz, punz, breit, Geisteswissenschaften, ja, ja, mhm" (LA: 5/229–231).

Genau genommen ist LA unter den vierzig Mitarbeiter*innen seines Projekts sogar „*der* ***einzige*** *normale Sozialarbeiter*" (LA: 4/156–157). Zugleich ärgert es ihn, dass in einem Handlungsfeld, das er als prädestiniert für Soziale Arbeit erachtet, *„unsere Stellen oftmals,* ***besetzt*** *werden von Soziologen, ja oder Bildungswissenschaftler oder Erziehungswissenschaftler wo ich sage die haben da überhaupt nichts versu- äh zu suchen"* (LA: 4/152–155). Seiner Ansicht nach sei das *„wirklich schade, dass äh, der wirkliche richtige Sozialarbeiter die Sozialarbeiterin oder Sozialpädagoginnen bisschen unterpräsentiert ist"* (LA: 5–6/283–284). Dennoch muss LA konstatieren, dass in seinem systemisch angelegten Arbeitsfeld multidisziplinäre Teams gebraucht werden. Hierzu äußert er sich wie folgt:

> „weil wir brauchen natürlich auch Menschen die, schon auch, ne gewisse auch ähm Fremdsprachen, Fertigkeit mitbringen ja also gerade wenns um die Anerkennung ausländischer Bildungsabschlüsse geht schon ja, Englisch, ist nicht schlecht Französisch Arabisch äh, wir brauchen wirklich sehr, bunte **Teams** ja, bezüglich ihrer Sprachkompetenz, so und das, weisen tatsächlich in erster Linie oder, zum Großteil Ethnologen auf, ja ((lachen)), und die haben natürlich auch sone, gute, Berufsausbildung im Bereich so kulturelle Hintergründe" (LA: 6/248–254).

Auch LC weist daraufhin, dass sein Träger zwar von Anfang an eng mit Abschlüssen der Erziehungswissenschaften und Sozialen Arbeit verbunden ist, jedoch waren aufgrund der multidisziplinären Ausrichtung des Trägers von Beginn an Quereinsteiger*innen in den Teams vertreten.

8.5.3 Strategien zur Legitimierung von Quereinsteiger*innen

Als außerordentlich informativ gestalten sich die Schilderungen der Integration von Quereinsteiger*innen in die Träger der Sozialen Arbeit. Also in ein Berufsfeld, das durch das Fachkräftegebot (§ 72 SGB VIII) sowie durch die Staatliche Anerkennung als Sozialarbeiter*in hohen gesetzlichen Hürden für das Aufnehmen einer professionellen Tätigkeit unterliegt. Hierzu gilt es anzumerken, dass sich das Thema der Staatlichen Anerkennung als Sozialarbeiter*in seit einiger Zeit „zu einer relevanten Größe in der Berufseinmündung von Absolventinnen und Absolventen [entwickelt, N. W.]" (Engelbracht et al. 2022, S. 23). So existiert die Befürchtung, dass Erziehungswissenschaftler*innen – die üblicherweise keine Staatliche Anerkennung als Sozialarbeiter*innen vorweisen (abgesehen von wenigen Ausnahmen) und traditionell trotzdem als professionelle Fachkräfte in der Sozialen Arbeit tätig sind – sich in Zukunft wachsender Schließungstendenzen innerhalb (sozial)pädagogischer Tätigkeitsfelder gegenübergestellt sehen könnten. Bedauerlicherweise kann dieser zweifelsfrei fruchtbaren Debatte an hiesiger Stelle nicht in dem gebotenen Maße nachgegangen werden. So bedarf es aufgrund der thematischen Komplexität dieses Themas m. E. vielmehr einer eigenen analytischen Ausarbeitung[86]. Dennoch sei an dieser Stelle zumindest darauf hingewiesen, dass drei der vier befragten Leitungskräfte der staatlichen Anerkennung innerhalb des Interviews ausdrücklich wenig Aussagekraft hinsichtlich einer damit suggerierten professionellen und persönlichen Eignung zugestehen. Wohlgemerkt handelt es sich bei diesen drei Leitungskräften um Absolvent*innen der universitären Erziehungswissenschaft. Abweichend dazu formuliert LA (Abschluss Soziale Arbeit), zur Frage nach der Bedeutung der staatlichen Anerkennung: *„Ohne die geht* ***gar*** *nichts (1) ja, also als, also, na is ja so, also ich hab sonst nicht die (1) die Berufsanerkennung ich kann sonst nicht arbeiten, ja“* (LA: 14/652–653). Auf die Nachfrage, wie es dann dazu kommt, dass trotzdem so viele Quereinsteiger*innen bei seinem Träger beschäftigt sind, antwortet LA:

> „Das äh da bin ich überfordert, ich bin ja nicht die Personalabteilung **weil** die Personalpläne sagen wieso (1) weil in der Personalabteilung, Menschen sitzen die darüber entscheiden die selber nicht Sozialarbeiter sind, ja das sind Juristen, ja, die am Ende die Entscheidungshoheit haben, ähm, genau, ja oder wenns, blöd kommt noch irgendwelche BWLer, ja, so, und das is n großes Problem, ja natürlich hat immer noch die Fachabteilung, auch, redet mit ja, ja (1) aber sone Art ähm (1) is n großer, Anteil der, der tatsächlich, dass Menschen entscheiden (1) >die eigentlich nich nich aus der Profession kommen<“ (LA: 14/678–685).

Allerdings relativiert LA die Hervorhebung der staatlichen Anerkennung in einer weiteren Sequenz, da es wohl darauf ankommt, *ob „die (1) Stelle (1) oder auch der Inhalt, so ausgeschrieben ist dass nur ein Sozialarbeiter, ähm dort, das ausfüllen kann, dann (1) kann nur, Sozialarbeiter mit staatlicher Anerkennung auch (1) sozusagen die Stelle ausfüllen“* (LA: 15/705–707). Jedoch, *„oftmals* **isses** *nicht so eng (1) ja, also ich habs bisher noch nie so eng erlebt, ja, aber es nimmt zu“* (LA: 15/707–708).

LC kann zu dieser Thematik weitere Einblicke geben. Seiner Ansicht nach spielt die staatliche Anerkennung *„keine so große Rolle, mhmh“* (LC: 10/439). So sei es zwar bei vielen der bei ihnen ausgeschriebenen Stellen notwendig, einen entsprechenden Abschluss mitzubringen sowie das notwendige Wissen und die Kompetenzen, aber

> „das is genauso eben offen für auch Quereinsteigerinnen wo ich das Gefühl habe (1) die haben das über Weiterbildungen oder über Engagement in dem Bereich (1) ähm, anders erworben und haben da jetz nich unbedingt diesen ganz festen Abschluss“ (LC: 10/442–444).

86 Für einen Einstieg in die Thematik siehe Engelbracht et al. 2022 sowie DBSH 2022.

Zudem habe sich seiner Erfahrung nach der Umgang des Fördermittelgebers mit dem Fachkräftegebot in den letzten Jahren gelockert, womit er auch den Aussagen von LA widerspricht:

„und das hat sich **auch** gelockert (1) jetz von den, ähm Fördermitteln her (1) also: ich erinnere, mich noch an Zeiten, wo, wir für, Menschen die eben nich, klassischen Sozialarbeitsabschluss hatten, das gegenüber, dem Jugendamt (1) ähm, nachweisen mussten, wieso die Leute da passen also sozusagen dieses Fachkräftegebot, ganz **streng** ausgelegt wurde" (LC: 10/448–451).

Hierzu beschreibt er ein konkretes Beispiel zu einem Absolventen der Erwachsenenbildung und Politikwissenschaften, der in der Jugendarbeit tätig werden sollte und daraufhin die Aufforderung des Fördermittelgebers kam, nachzuweisen

„wieso kann die [Person, N. W.] jetzt Jugendarbeit machen, das wurde anerkannt weil die sich beim anderen Träger da ehrenamtlich die letzten fünf Jahre, engagiert hat und ähm, Weiterbildung gemacht hat aber das mussten wir nachweisen (1) s- solche Bescheinigungen hab ich in den letzten fünf sechs Jahren, nicht mehr ausfüllen müssen" (LC: 10/463–466).

Sofern das Bundesland der Fördermittelgeber ist, sei es hingegen weiterhin notwendig, einen entsprechenden Nachweis zu liefern. Aber auch da reichte es bei einem anderen Quereinsteiger mit einem Abschluss der Psychologie *„kurz zu schreiben ähm, er arbeitet im Bereich ähm, Jugendarbeit mit Jugendlichen und, hat auch Weiterbildungen und da, wurde auch das Psychologiestudium weils ja noch relativ nah dran ist aber, anerkannt"* (LC: 10/468–470).

Ähnlich, wenn auch weniger konkret, formuliert hierzu auch LD. So sei es zur Anstellung von Personen, die den entsprechenden Abschluss für eine Tätigkeit nicht mitbringen, notwendig, dass diese *„vom Landesjugendamt immer geprüft werden ja ob die ähm, eine geeignete, Fachkraft sind für diesen Bereich und das, bedarf dann auch noch mal, einer guten Kommunikation warum und wieso"* (LD: 5/218–229). So wird auch von LD darauf hingewiesen, dass Anerkennungen auch ohne den entsprechenden Abschluss möglich sind, sofern die Eignung dem Fördermittelgeber entsprechend *kommuniziert* und somit plausibilisiert werden kann.

Am deutlichsten schildert LB ihre Strategie zur Legitimierung von Quereinsteiger*innen. Generell werde bei ihrem Träger traditionell viel Wert darauf gelegt, Fachkräfte durch *„Mund zu Mund Propaganda"* (LB: 8/345) zu gewinnen. Als Beispiel formuliert sie:

„dann hat eine, sagt oah hast du ne Stelle für meine Freundin (1) das is schon immer so, und egal ob die Freundin aus der IT-Branche kommt ich gucke mir die an, also erstens sprichts für uns dass die hier Verwandte und Freunde anschleppen ob die hier arbeiten können, **das** kann ja dann nicht ganz verkehrt sein wenn man das, Menschen empfiehlt die man gerne mag, und dann, finde ich haben die ja immer n Grund uns die zu nennen, ja" (LB: 345–350).

Sie verweist bei der Akquise auf das Heranziehen eines großen Netzwerks, aber auch auf das bewusste Ermuntern von Mitarbeiter*innen, *„die Leute anzubringen"* (LB: 353), so wie bspw. *die* Freundin aus der IT-Branche. Dieses Vorgehen beschreibt sie sehr konkret am Beispiel eines dort angestellten Soziologen:

> „da versuchen wir schon, und wenn die gut drauf sind und die Arbeit machen wollen also natürlich frage ich immer du hast dir ja auch mal was bei gedacht Soziologie zu studieren, hab ich unten einen, der hat als, ähm (1) als Hauswirtschaftler angefangen weil der ewig nichts gefunden hat (1) und auch da denk ich ist es diese Demutsfrage erstmal da ne Rolle gespielt ja, ähm eben als Soziologe hat der sic- hat auch gedacht der, äh (1) ist eher auffem wissenschaftlichen Posten richtig und hier, ging das dann ganz anders (1) und jetzt ist der Erzieher ich hab das Gefühl glücklich, er ist gut (1) und (1) **jetzt** krieg ich den über diesen ähm, über das Argument Berufserfahrungen, fest rein also die **sind** auch milder geworden und die Grenzen haben sich n bisschen aufgeweicht, in **den** Ämtern die die Leute einem zulassen oder nicht, also die Quereinsteiger sind, **hoch**interessant geworden" (LB: 8–9/369–378).

Und weiter:

> „und denen würde ich immer erst mal die Möglichkeit geben zu arbeiten ich hab jetzt gehört von Leuten die bei uns gearbeitet haben, die durften das woanders nicht das stimmt der Abschluss war nicht da aber das waren tolle Mitarbeiter, dann würde ich immer irgendwie zusehen das zu kombinieren, ja und man hat mehr von tollen Mitarbeitern ohne guten Abschluss würde ich **immer** sagen, als von diesem Abschluss, rechtlich abgesichert (1) und die, haben eigentlich auf den Job keine Lust (1) also da die, deswegen interessieren mich, Quereinsteiger ganz besonders ja" (LB: 9/382–388).

Jedoch definiert LB hierfür eine wichtige Voraussetzung, die sie an eine authentische und nachvollziehbare Motivation der Bewerber*innen knüpft:

> „die müssen mir irgendwie auch plausibel machen können warum bisten du jetzt hier gelandet also ja, wenn die mir sagen mein Durchschnitt hat nicht gereicht um, Psychologie denk ich danke das reicht mir also da- dann, leuchtet mir das ein ja, aber wenn die eigentlich ne wissenschaftliche Karriere vorhatten und machen das jetzt **auch** nur mal um n bisschen sozialversicherungspflichtig zu arbeiten, wär mir das zu dünn: also müssten wa gucken wie das geht miteinander ja" (LB: 9/388–393)

Die Strategie zur Legitimierung von Quereinsteiger*innen lässt sich anhand der Schilderungen von LB als das Finden von kreativen Möglichkeiten und Umwegen beschreiben. So formuliert sie hierzu:

> „und häufig guck ob ich die irgendwo parken kann w- bis was anderes für die frei ist oder so, ähm (1) ja ich würde sagen (1) wir probieren Mittel und Wege zu finden die trotzdem beschäftigen zu können" (LB: 8/350–352).

LB habe generell auch lieber mal einen Überhang an geeigneten Mitarbeiter*innen und sieht dann lieber *„zu wie ich den bezahle dass ich den habe wenn die nächste schwanger wird also ich hamstere eher gute Leute, und versuch die dann zu verteilen"* (LB: 8/362–363).

8.5.4 Erfahrungen mit Quereinsteiger*innen

Zu den Arbeitserfahrungen mit den Quereinsteiger*innen in multidisziplinär aufgestellten Teams gibt es bisher noch keine abschließenden Einschätzungen der Leitungskräfte. LA konstatiert, er habe sich darüber bisher auch noch gar keine konkreten Gedanken gemacht:

> „weil ich muss ja immer sozusagen, mit den Menschen die da sind, am Ende, gute Workprozesse, herstellen, ja so, ich kann jetzt nicht sagen dass die was, Besonderes haben oder anders sind, als ähm, ähm, Menschen die sozusagen ähm den Abschluss der Sozialen Arbeit haben" (LA: 8/336–339).

Wenn ihm etwas bei Quereinsteiger*innen im Unterschied zu traditionell ausgebildeten Sozialarbeiter*innen auffällt, dann seien es Defizite im Bereich der Kommunikation. LA spricht hierbei von einer

> „ganz bestimmte Beratungsqualität, die kann die ist nicht da, ja zwar haben wir n bisschen nachgearbeitet oder nicht n bisschen sondern sehr nachgearbeitet in dem wir Beratungs äh Qualitätsstandards entwickelt haben [...] man merkts einfach dass, dass es im Studium nicht vermittelt wurde, ja das sind einfach Quereinsteiger" (LA: 7/296–303).

Darüber hinaus würden die Quereinsteiger*innen oftmals einen sehr wissenschaftlichen Ansatz mitbringen, wohingegen ihnen traditionelle Methodenkompetenzen fehlen. Im Anschluss formuliert LA eine der aus seiner Sicht Kernkompetenzen der Sozialen Arbeit, die auch nur in einem interdisziplinär ausbildenden Studium der Sozialen Arbeit gelehrt wird und daher bei Quereinsteiger*innen zwangsläufig fehlt:

> „ähm ob jetzt ein Mediziner ein Psychologe oder ein Jurist, in vielen Fällen, können diese Professionen, die um ein Vielfaches höher ja stehen als wir, ja erst sozusagen ins Arbeiten kommen, wenn sozusagen wir die Türen geöffnet haben also wenn wir Menschen, wir müssen erst ne Vorarbeit bringen und herausfinden was braucht denn der Mensch, um überhaupt, dass sone andere Spezialprofession, ja ins in die Wirk, Kette, reinkommt, ja so und das, bekommen wir vermittelt indem wir sozusagen ja schon während des Studiums in diese Professionen, anteilig ähm, ähm, ja Wissen, uns generieren ja oder auch eintauchen, ja in diese Professionen, anteilig" (LA: 8/361–367).

LB wiederum betont die aus ihrer Sicht großen Vorteile, die eine zunehmende Interdisziplinarisierung für die sozialpädagogische Arbeit mit sich bringt:

> „ich äh, erlebe Vorteile in interdisziplinären Teams, **sehr große** Vorteile weil die ähm nicht durch diese Pädagogenbrille alle gucken, als die Flüchtlingswelle war, durften wir fuffzig Prozent sogenanntes geeignetes Personal einstellen und fuffzig Prozent Erzieher, dadurch hatten wir Wohngruppen das war **so** toll da hat ich eben, alles Mögliche an Berufssparten drinne, und die kamen auf so geniale Gedanken also überhaupt nicht pädagogisch die haben gemacht was die zu Hause machen" (LB: 9/400–405).

Diese kreative und selbstständige Herangehensweise habe jedoch Grenzen, sobald es um als originär zu bezeichnende Tätigkeiten der Sozialen Arbeit und insbesondere um *Methodenkompetenz* geht. LB hebt hierbei das Erstellen von Sozialanamnesen oder Sozialraumanalysen und die Zusammenarbeit mit dem ASD hervor: *„das geht **nicht** nur mit gesundem Menschenverstand"* (LB: 9/415–416). Für die Quereinsteiger*innen, die da nicht von der Einrichtung explizit nachgeschult werden, sei das wie *„n Buch mit sieben Siegeln und, **das** hat ich unterschätzt"* (LB: 9/421–422). Daher konstatiert sie wie folgt:

> „ja und **da** hab ich das Gefühl nützt die Ausbildung der Sozialen Arbeit schon sehr viel sone Sachen nachvollziehen zu können da sind die anders drauf die kann man besser ins kalte Wasser schmeißen ja" (LB: 19/427–429).

Über die Interaktionen der zunehmend interdisziplinären Teams berichtet LB, dass sie dort im kollegialen Miteinander keinen Unterschied zu rein pädagogischen Teams feststellen könne, *„also an keiner Stelle die Frage könnte ja implizieren werden die äh abfälliger behandelt oder schlechter ja oder irgendwie so überleg ich nämlich grad das auf **gar keinen Fall**"* (LB: 10/470–471). Dafür stellt sie Veränderungen bei Dienstberatungen fest:

> „die Dienstberatungen die Besprechungen die Übergaben die sind viel bunter, zeitaufwändiger im interdisziplinären Team als im Pädagogenteam, weil die alles von …

und noch mal und da ist ja jedem was anderes wichtig also das merke ich schon in soner ne Fallberatung mit den Pädagogen aus der Anlaufstelle da [...] also die finden so unterschiedliche Sachen, interessant (2) so differenziert wäre das in dem Pädagogenteam nicht" (LB: 10–11/475–482).

Ihrer Erfahrung nach haben die interdisziplinären Teams noch mal *schrägere Gedanken* im Umgang mit Herausforderungen und das beinhalte *„auf der anderen Seite enorme Vorteile"* (LB: 11/487–488).

LC teilt die geschilderten Erfahrungen zu interdisziplinären Teams. Einerseits bieten diese großen Vorteile, da sie nochmal andere Perspektiven und Zugangsweisen ermöglichen und auch die *alten* Mitarbeiter*innen dazu bewegen, althergebrachte Vorgehensweisen zu überdenken. Zum anderen sei es dadurch zunehmend notwendig, Zeit und Energie in die Einarbeitung der *neuen* Mitarbeiter*innen zu investieren, *„wie wir arbeiten* [...] *was so in laufende Prozesse und wie sowas funk- wie eben n Projekt funktioniert"* (LC: 6/267–269).

LC erkennt bei den Quereinsteiger*innen ebenso wie LA und LB deutliche Unterschiede zu ausgebildeten Sozialpädagog*innen. Er erkennt bei Sozialpädagog*innen ein *„gemeinsames Denken und Sprache* [...] *und Verständnis"* (LC: 6/270–271) infolge einer gemeinsam geteilten Ausbildung. Dieses gemeinsame Denken beschreibt er so:

„dieses Zusammenspiel zwischen, Einzelpersonen: und gesellschaftlichen Hintergründen: Prägungen so und das äh, dieses alte Dilemma zwischen ähm, Bildungsoffenheit und gesellschaftlicher Prägung is der Mensch ganz frei, gestaltet zu werden oder is schon alles vorgeprägt über die Gesellschaft, über solche Fragen nachgedacht zu haben und dort son, ein Mittelweg äh zu finden beides miteinander zu verbinden is glaub ich was was wir als: Soziale Arbeitsmenschen, gelernt haben" (LC: 7/279–284).

Auch das Ansprechen von unterschiedlichen Zielgruppen sei in Übereinstimmung mit LA und LB eine besondere Fähigkeit von Sozialpädagog*innen, darüber hinaus aber auch

„dieses Verständnis für, wie wie ist die Soziale Arbeit in Deutschland strukturiert, was is n freier Träger was is n öffentlicher Träger, ähm was is n Jugendverband, und wer macht da wie was und wie sprech ich die an, wie kooperier ich mit denen das is schon was was Leute aus Sozialer Arbeit, mitbringen, und, jemand der eben Ethnologie studiert hat, kennt sich dann eher kann eher mit Unis zusammenarbeiten oder weils, genau so eher mit äh, irgendwelchen Migrations- ähm freien Gruppen oder sowas fällt denen leichter, als jetz auf Träger zuzugehen" (LC: 7/288–294).

Für LC spiegelt sich in der zunehmenden Diversifizierung der Abschlüsse in sozialpädagogischen Teams generell die Pluralisierung der gesellschaftlichen Herausforderungen wider. Daher erachtet er diese Entwicklung prinzipiell als positiv für das Berufsfeld der Sozialen Arbeit, da sie:

> „dem entspricht wie auch, die Herausforderungen für die Soziale Arbeit sind, ähm, dass wir einfach, eine sehr, diverse vielfältige dynamische, soziale Situation haben, ähm und darüber Soziale Arbeit (1) ja dort ihren, Bestandteil, hat äh, und dazu brauchts auch die Menschen die, genau dem entsprechen und ähm, zumindest ja so für den Bereich den wir machen profitieren wir von, den Erfahrungen Kompetenzen die von, der Diversität herkommen, ermöglicht uns auch ähm die diverse Arbeit zu machen" (LC: 11/491–497)

Gleichzeitig bringt diese Entwicklung Herausforderungen für die Soziale Arbeit mit sich. Zum einen handelt es sich dabei um die Erwähnten notwendigen Nachschulungen und

> „gleichzeitig ist es aber, die Herausforderung dessen dass es, eben weniger standardisiert ist, mit den Abschlüssen, machts schwer die Menschen, ja wirklich einzuschätzen zu können was sie an Erfahrungen Kompetenzen aus der Ausbildung mitbringen" (LC: 11/497–500).

Hierbei gilt es nun festzuhalten, dass die unterschiedlichen Berufsabschlüsse bei der Arbeit von LC generell *„nich groß Thema* [seien, N. W.]" (LC: 7/323). Vielmehr beobachtet LC eine gesellschaftliche Entwicklung, die er als wesentlich relevanter für das Berufsfeld der Sozialen Arbeit einschätzt als die Bedeutung von spezifischen Berufsabschlüssen:

> „ich find grad dominant so in dieser Wahrnehmung is [...] son bisschen Generationswechsel (1) was so dies (3) mh bildungsbiografisch und aber auch Engagementbiografische: Menschen auszeichnet, das find ich grad dominanter als, ähm, was jetz genau die die, Abschluss äh: Studienabschluss so betrifft, also eher so dieses (1) die Leute bringen jetz ganz ganz viel wenn man die Bewerbung anschaut mit an Praktika und da hab ich das gemacht und dann war ich n halbes Jahr dort im Ausland dann hab ich mal das also ganz viel: aber alles sehr, punktuell und im Studium hab ich mich mal damit und damit und damit beschäftigt das is ganz: is ne riesen Fülle" (LC: 6/254–262).

Sich selbst betrachtet LC aufgrund seines linearen Lebenslaufes dabei als ein Gegenbeispiel bzw. als Teil einer vorhergehenden Generation. Die neue Generation zeichne sich nun vielmehr durch eine gelungene Komposition ihres singulären Lebenslaufprofils aus, um es mit den Worten von Andreas Reckwitz (2018) zu formulieren, und weist dabei eine Fülle von biografischen Puzzleteilen auf, die sich zu einer authentischen (Berufs-)Biografie ergänzen sollen. Dieser Logik entsprechen auch die Auswahlverfahren zu Bewerbungsprozessen beim Träger von LC. So sei es zwar weiterhin wichtig, dass überhaupt ein Abschluss vorliege, wie dieser aber genau ausschaut und welchen Notendurchschnitt dieser aufweist, spielt hingegen nicht die wesentliche Rolle, solange *„der, jetzt nich ähm ganz ganz schlecht is der Blick, wird gemacht aber ich guck jetzt nicht ob (1) äh die Einzelbewertung für, einzelne Themen irgendwie im Zeugnis da so sind das is nicht der Hauptblick“* (LC: 3/108–110). Viel wichtiger sei es, *„ob die Person (1) ins Team passt“* (LC: 3/102) und ob sie ein authentisch kohärentes Profil vermitteln kann. Entsprechend formuliert LC:

> „der nächste Schritt ist natürlich dann das das das Bewerbungsgespräch, und da fände ich immer n wichtigen Kris- Kriterium, passt die Person zu dem was sie geschrieben hat und das was, in der Bewerbung so steht, ähm also is da wirklich ne Authentizität da und da gibts manchmal Überraschungen dass die Person ganz anders is als man sich das vorgestellt hat oder als sie dort dargestellt war“ (LC: 3/108–113).

Diese Entwicklung hat schlussendlich auch Auswirkungen auf die anvisierte Zusammensetzung der Teams. So wird zunehmend versucht, *„diverse Kompetenzen Erfahrungen zwischen alten und neuen Mitarbeitenden aber auch, den unterschiedlichen Hintergründen fachlichen, ähm zusammenzuführen“* (LC: 8/363–364). Dies sei jedoch auch von verschiedenen Aspekten abhängig, wie *„wer bewirbt sich grade oder wie mutig sind wir da gerade auch Quereinsteigerinnen reinzunehmen oder nehmen wir eher die Bewährten wo wir denken das wissen wa“* (LC: 8/366–368). Aktuell laute das Ziel, *„Teams zusammengestellt* ⌊zu bekommen⌋ *die, ähm, da das zusammenbringen sollen, da sind wa grade so mittendrin auf jeden Fall isses auf positive Resonanz ge- ähm getroffen in, im Team, im Insgesamtteam“* (LC: 8/369–371).

8.5.5 Motivation von Quereinsteiger*innen[87]

Wird danach gefragt, warum Quereinsteiger*innen überhaupt ein Interesse daran haben, in der Sozialen Arbeit tätig werden zu wollen, fällt es insbesondere LA, LB und LC leicht, gewichtige Argumente hierfür zu finden und diese selbstbewusst vorzutragen. So schildert LA hierzu:

87 Für diese Kategorie werden bewusst lange Sequenzen in Form von Narrationen gewählt. Diese Darstellungen der Interviewpartner*innen sind mit derart tiefgehenden Einblicken in ihre normativen Vorstellungen zur Sinnhaftigkeit des Berufs der Sozialen Arbeit aufgeladen und werden zugleich mit einem so auffälligen Selbstbewusstsein vorgetragen, dass die Sequenzen gewissermaßen für sich selbst sprechen sollen – ohne, dass sie einer zu komprimierenden und verkürzenden Paraphrase unterzogen worden sind.

> „meiner Meinung nach ist es doch n Großteil, in den äh anderen, angrenzenden geisteswissenschaftlichen Berufen, dasses Verlegenheitsstudiengänge sind, ja so ach was soll ich denn machen ich weiß es nicht ach machen wir mal Soziologie, ja ((lustig nachgesprochen)) ja ((schmunzeln)) ja das ist jetzt nicht nett gebe ich zu oh das würde ich gerne rausschneiden ja ((lustig gesprochen)) nein (1) >war jetzt meine Meinung, ja< ja so, äh also dieses, ähm ich hab eine Vision von, wie soll Welt sein, und wie kann Welt gestaltet werden, ja ähm, so und, dann sindse mitem Studium fertig, ja, so und ich glaube der Moment ist son Realitäts, Bezug, stellt dann Soziale Arbeit dar, ja, also wir geben dann tatsächlich das prakt- die praktische, Fläche, um sozusagen den, den, tatsächlichen in den, Menschen altru- ne alstruistisch (1) nein ist verkehrt nicht altruistisch sondern, so dieses Ideal von einer, einer, guten schönen Welt am Ende umsetzen zu können, ja und, und selber in die Wirkung zu kommen, ich glaube das is, das ist das was wir wirklich anbieten können, dass auch äh, ja (1) angrenzende, Professionen sagen, da gehn wa hin“ (LA: 13/607–620).

LA präzisiert anschließend, was er unter *in die Wirkung zu kommen* versteht und welche Auswirkungen eine solche Erfahrung auf die Arbeitszufriedenheit haben könne:

> „und ich glaube dass viele, Konzepte die am Ende, ähm, Geisteswissenschaftler wirklich theoretisch, ähm durchnehmen, ja, praktisch, bei uns umgesetzt wird, ja zum Großteil, und das macht die Menschen auch glücklich und zufrieden, ja, und dann isses auch so dann kommense auch noch in Teams, die ähm, mit äh wenn das Sozialarbeiter, sind die auch ganz gut ausgebildet sind und was, mitbringen ja, äh die hoch kompetent sind und das macht auch noch Spaß“ (LC: 13/626–632).

LC berichtet exemplarisch über zwei Mitarbeitende aus dem Verwaltungsbereich seines Trägers, die vorher in einem kommerziell wirtschaftlichen Bereich tätig waren und sich

> „ganz gezielt (2) sich bei uns beworben haben um zu sagen ich möchte mit meiner, zwar auch Verwaltungsarbeit und Buchhaltungsarbeit trotzdem (2) was gesellschaftlich, politisch, Sozialem dienen so, ähm und nich nur, einer Firma die (1) äh, nur auf äh äh Profit aus is oder eben irgendwas produziert“ (LC: 9/382–385).

Danach setzt LC seine Ausführungen über die Vorzüge einer Tätigkeit in der Sozialen Arbeit fort und warum diese so attraktiv auf Quereinsteiger*innen wirke:

> „es is ne Arbeit die natürlich auch einiges fordert, ähm, und zeitweise auch stressig und belastend ist aus verschiedenen Rahmenbedingungsgründen aber (1) es is n gutes Miteinander dass man das miteinander gemeinsam trägt und, ähm, viel auch, im Team miteinander in Kontakt is und das is son, Bereich der Sozialen Arbeit (1) oder

> was es in Sozialer Arbeit gibt was es in anderen Bereichen nich so sehr gibt und Menschen die aus Unizusammenhängen kommen sagen oah da is viel mehr (1) Konkurrenz und Druck und Hierarchie, und im sozialen Bereich, ähm zumindest so b- bei uns und b-, nicht nur bei uns auch bei anderen, ist da doch n mehr Miteinander so und das (1) in sonem Bereich möchte ich arbeiten, und das mitgestalten, und ich hab, Gestaltungsmöglichkeiten (1) und, was vorhin auch schon ja noch mal erwähnt, habe so dieses, Thema (1) verschiedene gesellschaftliche Themen (1) ähm, Migration, Diskriminierung (1) ähm (1) f- feministische Themen ähm, Postkolonial, Themen (1) sind grad wieder sehr angesagt ähm und, wenn man dazu nicht nur akademisch arbeiten will oder aktivistisch arbeiten will ist der soziale, Bereich was wo man auch dazu ja konkret was gestalten kann, so und das äh, zieht glaub ich auch Leute an, ähm, die sich dann dafür entscheiden dazu auch was zu tun, außer sonem, aktivistischen, oder, theoretischen, Beschäftigen damit" (LC: 9/398–413).

LB fällt zu dieser Frage (ohne die kleinste Nachdenkpause) ein konkretes Beispiel aus ihrem Arbeitsalltag ein. Auch dieses soll hier aus genannten Gründen in Gänze dargelegt werden, denn es schildert eindrucksvoll *den Pfund* der Sozialen Arbeit aus Sicht dieser Führungskraft:

> „Oh, na, **ich** hab Antworten ((schnell geantwortet)) (1), ich habe Antworten von Leuten gekriegt eine ein Bewerbungsgespräch ist mir **ganz** schön in Erinnerung und ich denke, dass is ähm (2) also, das issen, gutes Beispiel (1) der hat Jahrhunderte gebraucht zu studieren dann ist der, ja gerne, Kommunikationswissenschaftler: irgendwas noch, nehm wa noch Philosophie Anglistik irgendwie sone Kombination (1) und dann bekam ich ne Bewerbung der war, Sparkasse [...] (2) so, Call, Management, irgendwas, ich, bekam, die Bewerbung hochglanz (1) der im Türrahmen, schwarzer Anzug weißes Hemd ich muss das so ausführen bis hier dieses Bild ich dachte was willen der in der Flüchtlingswohngruppe dem lad ich überhaupt nicht ein das ist ja Quatsch ich glaub der hat sich verlesen (1) werde angesprochen vonner anderen die sagt du [...] den hab ich dir gegeben, den kannst du dir wirklich mal angucken, der is äh zwar artfremd aber der ist okay, sach mal auf den wär ich **nie** gekommen weißt du wie die Bewerbung aussieht also, der der kommt von der Sparkasse ich glaube dem sage ich das Gehalt und der ist weg (1) ne, kannst ja mal angucken ((Zwiegespräch nachgesprochen)) ich lade den ein (1) dann kam der (1) also wirklich in, der sah sehr sag ich jetzt mal, in, Alltagsan- Sachen, kam, so und der hatte grad Essen ausgefahren bei der Volkssolidarität und als ich den fragte, äh hab ich das alles gesagt ähm ich sag wir können ja mal mit dem Geld einsteigen ich sehe woher Sie herkommen und (1) ne, ich brauch nicht viel ich leb inner WG und, ähm, das ich ich wär wirklich froh wenn ich das arbeiten könnte ich sag wie kommen sien dazu also ich meine die haben Sie ja auch gerne beschä-, ich will **endlich** mal was richtiges machen, ich hab gedacht, das is schick, mit äh VIP und Visitenkarte und Brokkoli essen und Meeting, der hat das **ganz** schön zusammengefasst ja, und das is **überhaupt** nich schick das ist totlangwei-

lig für mich und ich möchte mal was machen wo ich das Gefühl habe, das is wirklich sinnvoll ((Zwiegespräch nachgesprochen)), und **wenn** die Soziale Arbeit einen **Pfund** hat (1) wir müssen uns nicht täglich fragen wozu sind wir da das muss sich **überhaupt** gar keiner bei uns, und ich finde, andere Berufsgruppen müssens leider hin und wieder für **sich** irgendwie vertreten was mach ichen überhaupt jeden Tag ja, in dieser technisierten Welt unterstütz ich das jetz hier noch oder" (LB: 11–12/508–533).

LB spricht hierbei auch von einer elementaren gesellschaftlichen Funktion, nach der sich die Menschen wohl zusehends sehnen würden. Eine Tätigkeit innerhalb der Sozialen Arbeit könne dieses Bedürfnis einlösen:

> „die Soziale Arbeit, scheint den Menschen, zu **elementarer** Funktion zurückzubringen, zu der Funktion, dass wir füreinander Verantwortung tragen, dass wir in der Gesellschaft gucken müssen dass wir zusammenhalten (1) ja sicherlich und wir verdienen daran auch unserer Geld, aber man muss das wirklich wollen, weil wir viel, auch ähm (1) Anfeindungen erleben, wir haben viel mit Leuten zu tun die sind keine Sympathieträger die machen uns Vorwürfe die sind misstrauisch die sind kritisch die, ähm, denken auch wir wollen ihnen was Schlechtes die sind ja nicht alle **dankbar** wenn wir denen helfen das ist ja, n **Trugschluss** ja, ähm, und, dennoch (1) isses vielleicht ne ganz schöne Erfahrung sich einfach auf eine **andere** Lebensperspektive mal einzulassen (1) und, ähm (2) und sich nicht drüber zu stellen, sondern, als Anwalt derer zu fungieren die die **Sprache** nicht haben, dazu ja" (LB: 12/535–545).

Als auffällig konträr zu den vorhergehenden Schilderungen sind die Einschätzungen von LD zu bezeichnen. So höre sie zwar auch häufig die Aussage, *„ich arbeite so gerne mit Menschen zusammen, mhm, ich bin gerne für Menschen da ich helfe gerne ich unterstütze"* (LD: 7/324–326), jedoch ordnet sie diese Rückmeldungen einem starken Eigeninteresse unter. Aus ihrer Sicht geht es dabei um *„die Hoffnung was zurückzubekommen oder diesen familienähnlichen Kontext zu haben möglicherweise"* (LD: 7/326–327). Dabei kann es sich auch um ein Interesse *„einfach auch an den Geschichten dahinter"* (LD: 7/327–328) handeln, die sich bei den Kindern und Jugendlichen, aber auch im Familienbereich abspielen. Hierzu teilt LD eine offensichtlich kritische Einschätzung mit, denn dieses Interesse sei ihrer Ansicht nach

> „ich würde jetzt mal sagen, voyeuristisch schon, weil man dann, auch in in, Privatsphären einfach eintapst ja und äh Sachen sieht die man, sich möglicherweise so in seiner kleinen Welt noch nicht vorstellen konnte (1) ja also wie Menschen leben können, oder wie Kinder leben, genau dass das einfach so spannend ist ja möglicherweise auch n Stück weit durch, durch Funk und Fernsehen äh (1) gesteuert" (LD: 7/329–334).

Die von den drei anderen Expert*innen vorgebrachte Einordnung, wonach eine Tätigkeit in der Sozialen Arbeit trotz aller Herausforderungen und Schwierigkeiten im Arbeitsalltag einem *größeren* Interesse dient – also der Gesellschaft etwas zurückzugeben, in die Wirksamkeit zu kommen und gesellschaftlich selbst etwas mitzugestalten – und darin der Reiz für Quereinsteiger*innen beruht, in der Sozialen Arbeit tätig werden zu wollen, wird von LD in dem Gespräch nicht zur Sprache gebracht. Etwas profaner, aber individuell sicherlich nicht weniger bedeutsam formuliert sie,

> „dass man einfach, über die Jahre, vielleicht das Interesse nochmal entwickelt ich weiß auch nicht ob man immer, am Anfang seines, Ausbildungs oder Berufslebens immer klar darüber ist was man werden will, ähm (1) ich wusste das nicht so gut ähm, mit 18 ähm, weiß man noch nicht wie lang das Leben ist und in welche Richtung man so einschlägt ja und, somit, steht den Menschen die das vielleicht mit 18 noch nicht wussten aber irgendeine Ausbildung angefangen haben, dann mit Mitte 30 nochmal offen sich äh zu (1) ander- umzuorganisieren ja ohne noch mal ne andere Ausbildung zu machen" (LD: 7/313–320).

Abschließend gilt es zu erwähnen, dass bei den Gesprächen auch ein Zuwachs an motivationshemmenden Faktoren thematisiert wurde und damit das Thema der Entfremdung zum Beruf relevant wurde. So formuliert hierzu LA exemplarisch, dass zwar generell das Motto der Sozialen Arbeit laute, *„bei uns, gilt einer für alle alle für einen"* (LA: 13/637), infolgedessen diese Tätigkeit den *„Menschen sehr leicht, fällt und sie auch Spaß haben und sie sagen, dass, hier werde ich auch noch mal ganz anders gesehen"* (LA: 13/637–639). Aber es gäbe deutliche Entwicklungen hin zu einer Zunahme der Komplexität von Arbeitsaufgaben, aber auch von Dokumentationspflichten, die die beschriebene Sinnhaftigkeit des Berufes sukzessive konterkarieren würden:

> „trotz der Komplexität, das muss ich wirklich sagen, also was, es hat ex- enorm zugenommen, ja an, an, Aufgabenfülle, und Weite, ja (1) und, ja, das, is, nicht zu unterschätzen, ja (1) auch an Verwaltungsaufwand der hinzukommt (1) der ist extrem (1) so und wo, wo schon, se- oftmals ich weiß dass sich die Menschen auch fragen, äh hier mach ich meine wirkliche, Arbeit am Menschen, und äh, es ist irgendwie komisch wenn ich doppelt so viel fast an Verwaltungskram, vorher nachher mache, ja (1) so, das is, das is ganz schwierig, ganz schwieriges Thema" (LA: 13–14/639–646).

8.5.6 Bedeutung von Weiterbildungen

Bei allen befragten Leitungskräften spielt die Bedeutung von Weiterbildungen ihrer Mitarbeiter*innen eine große Rolle. Jedoch weisen dabei alle Träger spezifische Unterschiede auf. So kann es sich dabei um allgemeine Weiterbildungen handeln, die sich an alle Mitarbeiter*innen richten, aber auch um Weiterbildungen, die gezielt an Quereinsteiger*innen gerichtet sind. So weist LA darauf hin, dass es auch bei seinem Träger allgemeine Weiterbildungsangebote für alle Mitarbeiter*innen gibt, aber

> „wir haben auch jetzt, das ist jetzt neu, im Bereich der Migration, ich glaub, drei (1) Leute, die noch mal studieren, Soziale Arbeit, ja, liegt aber auch daran, einerseits um sie zu halten, und weil einfach gesehen wird dass auf Zukunft der Fördermittelgeber in vielen, äh es einfach auch vorschreibt, ja, so und ähm, und, man weiß ansonsten funktionierts nicht mehr, ja dass die dann einfach, berufsbegleitend werden wird dann sozusagen, werden Angebote, gemacht" (LA: 12/550–556).

Neben Weiterbildungen im Bereich der Leitung und Führung handelt es sich dabei gezielt um die Empfehlung, *„wenn Leute n Bachelor haben in Bildungswissenschaft ja dann können se doch n Master in Soziale Arbeit noch draufsetzen"* (LA: 12/572–574). Oder wenn es um den Aspekt der Mittelbewirtschaftung geht, dass sich Mitarbeiter*innen im Bereich Betriebswirtschaft weiterbilden. Dies unterstützt der Träger mit Freistellungen, aber auch bei der Suche nach internen sowie externen Fördermöglichkeiten.

LB berichtet, sie habe ihre Mitarbeiter*innen *„immer gerne auf Weiterbildungen, gelassen* [...] *weil die wiederkamen und haben einfach auch mal Vergleiche gehabt wie das woanders ist"* (LB: 3/110–112). Diesen Aspekt des Perspektivwechsels erachtet sie als so wichtig, dass sie allgemein sagt, *„wer das gerne möchte und wer danach mit mehr Motivation kommt den würde ich immer zur Weiterbildung fahren lassen"* (LB: 3/112–113). Zugleich wird hierbei ein freiwilliger Charakter der Weiterbildungen hervorgehoben, wonach der Impuls hierzu von den Mitarbeiter*innen zu kommen scheint. Inwieweit es darüber hinausgehend verpflichtende Weiterbildungen gibt oder spezifische Schulungen zumindest empfohlen werden, bleibt unklar.

Beim Träger von LC nimmt das Thema Weiterbildung *„n hohen Stellenwert"* (LC: 7/301) ein. Einerseits gibt es die jährlichen Mitarbeiter*innengespräche, dort wird *„das Thema Weiterbildung angesprochen* [...] *was machst du grad dazu hast du was Größeres vor, ähm (1) und gemeinsam da Ziele vereinbart werden dazu"* (LC: 7/302–304). Hinzu kommt, dass fünf Weiterbildungstage freigestellt werden, sodass *„wir intern im Team (1) mindestens eine (1) gemeinsam im Team und dann noch mal eine spezifischere Weiterbildung machen"* (LC: 7/305–306). Hierzu werden externe Impulse hinzugezogen, *„aber dann eben auch ganz viel Dialog miteinander, die unterschiedlichen, ähm Erfahrungen Kompetenzen, in den Dialog kommen"* (LC: 7/306–308). Hierbei profitiert das Team von den umfangreichen eigenen Angeboten, wodurch die Mitarbeiter*innen *„intensiv dran teilnehmen (1) ähm, und darüber, sone laufende Weiterbildung, passiert"* (LC: 7/309–310). Und diese Weiterbildungen erfolgen *„individuell zugeschnitten, im Dialog jetz mit Geschäftsführungsbegleitung"* (LC: 7/310–311). Hierbei hebt LC hervor, dass

> „wir jetz für die für die, Quer und Seiteneinsteigungs: Personen, da jetz nich spezifische Instrumente haben, sondern dass (1) im laufenden Geschäft, ähm passiert, wo, ja n bissel manchmal noch genauer draufgeguckt was brauchst **du**, und da Empfehlungen passieren" (LC: 7/311–314).

Bei LD nehmen die Weiterbildungsmöglichkeiten neben den beschriebenen Funktionen auch die Aufgabe der Mitarbeiterbindung ein, sodass mit Weiterbildungen auch gezielt im Bewerbungsgespräch geworben wird. Jedoch dienen spezifische *„kleine Weiterbildungen wie so ein Triple P also Elterntraining"* (LD: 4/176) auch dafür, diese *„dann dem Jugendamt als, als mögliche Erweiterungsoption einer klassischen Familienhilfe, zubuchbar machen* [zu, N. W.] *lassen"* (LD: 4/177–178). Generell stehe die Geschäftsführung dem Thema Weiterbildung offen gegenüber und lege viel Wert darauf, *„wirklich individuelle Weiterbildungen zu fördern"* (LD: 4/141–142). So werden systemische Ausbildungen angeboten, darüber hinaus auch bspw. Marte Meo Ausbildungen und sogar schon Therapiehund-Ausbildungen. Der systemischen Ausbildung kommt hierbei eine besondere Bedeutung zu, denn diese sei *„halt immer noch, mal son ähm: sone lange intensive jetz auch kostenintensive, Ausbildung die sich einige, oder schon n paar Mitarbeiter von uns, vorstellen und die auch durchziehen"* (LD: 4/173–175). Spezifische Weiterqualifizierungen für Quereinsteiger*innen werden bei LD nicht benannt.

9. Zusammenfassung und Analyse der empirischen Ergebnisse

9.1 (Berufs-)Biografische Bedeutung der Sozialen Arbeit

An dieser Stelle gilt es nun die weiter oben dargelegten Fälle erneut aufzugreifen, diese einem kontrastierenden Vergleich zu unterziehen und in den weiterführenden Diskurs einzuordnen. Hierzu lässt sich einleitend konstatieren, dass sich bei den drei individuellen Lebensgeschichten sowohl deutliche Unterschiede in den Fallstrukturen bzw. in ihren lebensgeschichtlichen Strategien identifizieren lassen als auch übergreifende Gemeinsamkeiten. Ein erste und wohl auch wesentliche fallübergreifende Gemeinsamkeit lässt sich in Anschluss an Cornelia Schweppe wie folgt formulieren: Nicht nur „die Biographie und das Studium [stehen, N. W.] in einem engen Verhältnis zueinander[...]" (2006, S. 116), auch das langfristige Gelingen oder Misslingen der Aneignung einer sozialarbeiterischen Berufsidentität wird schlussendlich erst „durch die jeweilige Biographie" (ebd.) nachvollziehbar. Natürlich sind diese Beobachtungen im arbeitssoziologischen Diskurs nicht ganz neu. Auch andere Autor*innen wie Stephan Voswinkel wiesen bereits darauf hin, „dass die Arbeitsorientierung wesentlich von der Lebensorientierung geprägt ist" (2022, S. 45; basierend auf Ergebnissen von Hürtgen und Voswinkel 2014/2016). Umgekehrt wirkt sich eine Arbeitstätigkeit auch auf individuelle Lebensorientierungen aus. Lebensorientierungen dürfen hierbei also nicht im Sinne von fixen lebensgeschichtlichen Dispositionen missverstanden werden. Vielmehr resultieren Lebensorientierungen aus „der Auseinandersetzung mit Rahmenbedingungen und Ereignissen des Lebens" (ebd.) und können daher zumindest „eine gewisse Stabilität" (ebd.) aufweisen – und somit für empirische Analysen wie der hier vorliegenden fruchtbar gemacht werden.

In den oben dargelegten Fallanalysen konnte herausgearbeitet werden, welche biografische Bedeutung der beruflichen Tätigkeit in der Sozialen Arbeit für die drei Interviewpartner*innen hinsichtlich ihrer lebensgeschichtlichen Erfahrungsaufschichtungen zuteilwird. Ohne die Ergebnisse hier ausführlich wiederholen zu wollen, möchte ich doch auf einige dort ausgebreitete Erkenntnisse zur besseren Orientierung zurückgreifen.

Für den ersten Fall, *Frau A*, steht die berufliche Tätigkeit in der Sozialen Arbeit für eine *berufliche Selbstverwirklichung*. Diese lässt sich als konsequente Fortsetzung ihrer bildungsbiografisch geprägten Wertvorstellungen verstehen – also dem Eigenerleben von Ausgrenzungs- und Fremdheitserfahrungen aufgrund der Scheidung ihrer Eltern und der eigenen Homosexualität und dem später daraus resultierenden Hinterfragen von gesellschaftlichen Machtkonstellationen – und zugleich als das Streben nach privater und beruflicher Anerkennung. Diese biografische Prägung stellt sich nicht nur entscheidend für die Aneignung ihres Studiums der Sozialwissenschaften dar, sondern auch für die Ausgestaltung ihrer beruflichen Tätigkeit in der Sozialen Arbeit. Gleichzeitig hätte ihr berufsbiografischer Weg an verschiedenen Weggabelungen ganz anders verlaufen können. Erst durch die deutlich angestiegene Fluchtmigrationsbewegung ab dem Jahr 2015 wuchs überhaupt der Bedarf an Sozialarbeiter*innen in dem Handlungsfeld der Migrationssozialarbeit in so kurzer Zeit so rasant an, infolgedessen ihr dieser Job überhaupt erst angeboten wurde. Diese gesamtgesellschaftliche Entwicklung der Fluchtmigrationsentwicklung ermöglichte ihr somit erst den Einstieg und später eine frühe Karriere in der Sozialen Arbeit, die sie bereits zum Zeitpunkt des Interviews in die Position einer Projektleitung führte.

Um diese Emergenz zu unterstreichen, lässt sich auf einer Äußerung von Frau A verweisen, wonach die mehrmonatige Statuspassage zwischen dem Abschluss ihres Masterstudiums und der Einmündung in den Beruf (die Arbeitslosigkeitserfahrung), das Potenzial der größten Krise ihres bisherigen Lebens barg. So sah sie sich zu diesem Zeitpunkt bereits mit den Überlegungen konfrontiert, ob sie nicht zwangsläufig eine weitere Ausbildung oder ein anderes Studium beginnen müsste, um aus dieser krisenhaften Situation wieder herauszufinden. Frau A hat fortan das in sie gesetzte Vertrauen sukzessive angenommen und zugleich ihr Selbstvertrauen daraus gespeist. Durch das Ergreifen der sich ihr dargebotenen Chancen und einer damit einhergehenden erfolgreichen Verantwortungsübernahme, resultierten schlussendlich vielfältige Formen der beruflichen Anerkennung. Somit lässt sich zusammenfassend festhalten, dass der Fall Frau A eine außerordentlich gelungene Aneignung einer beruflichen Tätigkeit in der Sozialen Arbeit repräsentiert, sowohl hinsichtlich der „eigenen Dispositionen wie auf die Bedingungen der Arbeit“ (Voswinkel 2021, S. 12).

Für den zweiten Fall, *Herr A*, steht der berufliche Wechsel vom Bauingenieurwesen in die Soziale Arbeit für die *(Rück-)Gewinnung seiner Selbstwirksamkeit*. Die Bildungs- und Berufsbiografie von Herrn A ist über weite Strecken durch eine starke Orientierung an extrinsisch motivierten Erwartungshaltungen und Wertvorstellungen geprägt, die zum einen auf die familiäre Berufsgeschichte und seinem Wunsch nach Anerkennung durch die Eltern zurückzuführen sind und zum anderen eine nicht hinterfragte Internalisierung von Leistungsvorstellungen der industriellen Moderne repräsentieren. Die Konsequenz dieser andauernden beruflichen Fremdbestimmtheit äußert sich in einer sukzessiven Entfremdung zu seinem Beruf und schlussendlich auch zu seiner eigenen Identität, was sich final in einer psychosomatischen Reaktion, konkret in einem Burnout widerspiegelt.

Mit Hartmut Rosa lässt sich Entfremdung als ein Zustand verstehen, „in dem wir das, was wir tun, nicht wirklich wollen, obwohl wir aus freien Stücken handeln“ (S. 131). Für Herrn A lässt sich die Entfremdung zu seinem Beruf wohl am ehesten so illustrieren, wonach er sich in seinem „eigenen Tun nicht (mehr) wohl bzw. ‚zu Hause‘ [fühlte, N. W.]“ (ebd., S. 129). Erwähnt sei, dass, wie weiter oben bereits aufgezeigt werden konnte, es in der Spätmoderne offenbar zu einer deutlichen Zunahme von Burnout-Erkrankungen und Depressionen kommt, die offenbar in einem Zusammenhang mit dem Strukturwandel der Arbeitswelt stehen. Es ist davon auszugehen, dass auch die Entfremdungserfahrungen von Herrn A im Lichte dieser Entwicklungen zu lesen sind[88] und zugleich die Notwendigkeit weiterführender Untersuchungen verdeutlichen.

Schlussendlich geriet Herr A zunehmend in eine Verlaufskurve, infolgedessen er vergaß, „*was* [er] *eigentlich tun* und wer [er] *sein wollte*[]" (Rosa 2019, S. 244). Erst mithilfe psychotherapeutischer Unterstützung konnte er aus dieser Entwicklung wieder herausfinden. Daraufhin gelang es ihm mit etwas Glück und Unterstützung durch sein breit gefächertes Netzwerk der Einstieg in die Soziale Arbeit im Bereich der Kinder- und Jugendhilfe. Zusammengefasst lässt sich für den Fall Herrn A festhalten, dass die berufliche Tätigkeit in der Sozialen Arbeit eine Hinwendung zu einem bewussteren und selbstbestimmteren Leben repräsentiert. In diesem Beruf kann er seine lebensgeschichtlichen Dispositionen fruchtbar in Resonanz zu den Erwartungen und Arbeitsbedingungen der dort vorherrschenden Tätigkeiten und Anforderungen bringen, infolgedessen ihm eine zunehmend gelungene Aneignung von Berufsidentität gelingt.

Als gänzlich konträr zum zweiten Fall lassen sich die lebensgeschichtlichen Dispositionen vom dritten Fall, *Frau B*, bezeichnen. Während für die Lebensgeschichte von Herrn A eine deutliche Orientierung an Fremderwartungen als äußerst prägend für seinen berufsbiografischen Verlauf zu bezeichnen ist, orientiert sich Frau B viel bewusster an einer intrinsischen Motivation, die innerhalb des Interviews auch wiederholt mit dem Begriff *Bauchgefühl* umschrieben werden. Gleichzeitig führt sie dieses Bauchgefühl wiederholt in emotional belastende Lebenssituationen. Sie selbst beschreibt diese intrinsisch motivierte Lebenseinstellung wie folgt: *„ich versuche immer so zu leben dass ich mich frage was möchte ich und versuche auch, ausem Bauch heraus meine Entscheidungen zu treffen"* (2/41–42).

Die berufliche Tätigkeit in der Sozialen Arbeit repräsentiert in der Lebensgeschichte von Frau B einen *berufsbiografischen Umweg*. Dieser Umweg kann zugleich als ein berufsbiografischer *Rückschlag* gedeutet werden, da die vorhergehenden Bewerbungen auf Anstellungen, die ihren Interessen und Kompetenzen aus ihrer Sicht näherkämen, erfolglos blieben. Gleichzeitig verspürte sie zunehmend den Druck, einer beruflichen Tätigkeit nachzugehen. So führte ein Vermittlungsvor-

88 Zugleich ist es eine vereinfachte Vorstellung, von psychisch belastenden Arbeitsfaktoren und Entfremdungserfahrungen kausal auf psychische Erkrankungen zu schließen (Voswinkel 2021, S. 10). Vielmehr gilt es, das Augenmerk auf die konkrete Verarbeitung von Arbeitsbedingungen durch die Arbeitssubjekte „vor dem Hintergrund ihrer Dispositionen" (ebd.) zu lenken, infolgedessen sie sich mit den Arbeitsbedingungen auseinandersetzen und individuell auf diese reagieren. Bei Herrn A kann daher angenommen werden, dass es zu einer unglücklichen Verkettung von belastenden Arbeitsbedingungen einerseits und einer *passenden* lebensgeschichtlich geprägten Vulnerabilität andererseits kam.

schlag vom Jobcenter dazu, dass sich Frau A auf eine vorab sechs Monate befristete Krankheitsvertretungsstelle in der Sozialen Arbeit im Bereich der Öffentlichkeitsarbeit bewarb und diesen Job auch bekam. Und obwohl sie zum Ende der Anstellung dort nur schweren Herzens geht und laut eigener Äußerungen gerne länger geblieben wäre, muss doch festgehalten werden, dass sich der Quereinstieg in die Soziale Arbeit für Frau B schlussendlich durch eine fehlende Identifikation und Zugehörigkeit kennzeichnet. Somit lässt sich für Frau B keine gelungene Aneignung einer Berufsidentität feststellen.

Zusammenfassend bot die berufliche Tätigkeit in der Sozialen Arbeit für Frau B weder umfangreiches identifikatorisches Potenzial noch die Möglichkeit, ein für die Arbeitssubjekte der Kultur- und Wissensökonomie der Spätmoderne als charakteristisch zu bezeichnendes Bedürfnis nach Selbstverwirklichung (Reckwitz 2018) zu stillen. Gleichzeitig gilt es festzuhalten, dass es trotz dieser fehlenden Berufsidentifikation von Frau B und der von ihr im Interview wiederholt zum Ausdruck gebrachten Wahrnehmung, etwas zu tun, was wir „nicht wirklich wollen, obwohl wir aus freien Stücken handeln" (Rosa 2019, S. 131), von keiner generellen Entfremdung oder gar Sinnkrise (Hardering 2017a) gesprochen werden kann, wie sie für die Spätmoderne zunehmend charakteristisch zu werden scheint (Rosa 2019) [89].

Soziale Arbeit als prototypischer Beruf für die Arbeitssubjekte der Spätmoderne

Die hier vorliegenden Untersuchungsergebnisse lassen m. E. den Schluss zu, dass die Soziale Arbeit – also ein Berufsfeld, das wie in dieser Ausarbeitung ausführlich aufgezeigt werden konnte, für sich traditionell nicht nur „beansprucht, mehr und anderes zu sein als eine Dienstleistung, die ihr Mandat von staatlicher Politik und nationalstaatlichem Recht bezieht" (Scherr 2015, S. 17), sondern schon alleine aufgrund ihrer qua Selbstdefinition intrinsischen „Herrschafts- und Gesellschaftskritik emanzipatorischer Absicht" (ebd., S. 18) mehr erwarten lässt „als nur [ein reiner, N. W.] Broterwerb" (Reckwitz 2018, S. 201) zu sein – sowohl ein außerordentlich hohes Sinnerleben (Hardering 2017b, S. 41) als auch eine „spezifische Qualität des Arbeitens" (Reckwitz 2018, S. 201) für die Arbeitssubjekte der Spätmoderne zu versprechen scheint. Mit anderen Worten steht die Soziale Arbeit gewissermaßen prototypisch für eine berufliche Tätigkeit in der postindustriellen Arbeitskultur einer spätmodernen Gesellschaft und dem ihr innewohnenden Primat der Selbstverwirklichung. Das in der Sozialen

89 Ohne an dieser Stelle in gebotenem Umfang weiter darauf eingehen zu können, sei zumindest darauf hingewiesen, dass sich im Sample zur vorliegenden Ausarbeitung vielfältige Krisenerfahrungen innerhalb der jeweiligen (Berufs-)Biografien vorfinden ließen. So wurde in verschiedenen Gesprächen wiederholt von Identitätskrisen, Burnout-Erfahrungen und psychotherapeutischen Maßnahmen berichtet. Es erscheint mir lohnenswert, die geführten Gespräche unter dieser variierten Perspektive in weiterführenden Ausarbeitungen näher zu beleuchten.

Arbeit gebotene hohe Identifikationspotenzial mit der Arbeit und der gleichzeitigen intrinsischen Motivation der postmodernen Arbeitssubjekte, etwas *Sinnvolles* tun zu wollen (ebd., S. 187), lässt eine berufliche Tätigkeit innerhalb der Sozialen Arbeit als einen Akt der *Selbstverwirklichung* (ebd., S. 217) verstehen. Hieraus erklärt lässt sich final auch die hohe berufsbiografische Attraktivität für Quereinsteiger*innen in der Sozialen Arbeit[90].

Während in der Leistungsgesellschaft der industriellen Moderne die Spezifika des Berufs der Sozialen Arbeit noch als defizitär betrachtet wurden, scheinen sich diese in der Spätmoderne nunmehr in ihr Gegenteil zu verkehren. Daher möchte ich an dieser Stelle noch einmal die Überlegungen von Ulrike Nagel hervorheben. Nagel weist uns darauf hin, dass es für eine gelingende biografisch *passungsfähige* Aneignung einer sozialarbeiterischen Berufsidentität unablässig sei, zu verinnerlichen, dass in diesem Berufsfeld die „Erbringung einer professionalisierten beruflichen Leistung [erfolgt, N. W.], *ohne* daß dies ihren adäquaten Ausdruck in Form einer Aufstiegskarriere, von Prestige und Anerkennung oder barer Münze fände" (1997, S. 173, kursiv N. W.). Demnach klaffen die Normalitätsstandards der Sozialen Arbeit mit denen der traditionellen Leistungsgesellschaft (repräsentiert durch den Techniker oder auch Ingenieur) und ihrer klassischen Gratifikationsformen (Gehalt, Karriere, Aufstieg) augenscheinlich auseinander. Die Bindung an den Beruf der Sozialen Arbeit erfolgt dementgegen „vorrangig durch ein persönliches Engagement für den Wert seiner gesellschaftlichen Funktion, für das gesellschaftliche Mandat und nicht durch ein besitzindividualistisches Interesse" (ebd.) und damit durch ein Streben nach *sinnvoller* Arbeit.

Diese berufsspezifische Besonderheit scheint für die Arbeitssubjekte der Spätmoderne wiederum ein außerordentlich berufsbiografisches Passungspotenzial zu versprechen. Anders ausgedrückt lässt sich die Soziale Arbeit im Sinne von Reckwitz pointiert auch als *kreatives* Arbeiten par excellence deuten. Kreativ zu sein bedeutet nach diesem Verständnis etwas runtergebrochen, „sich in der Arbeit schöpferisch entfalten zu können" (2018, S. 187). Zugleich stellt Kreativität nach diesem Verständnis ein vom postmaterialistischen Wertewandel beeinflusstes „Ideal der postindustriellen Arbeitskultur [dar, N. W.]" [ebd.). Und dass ein solches Streben nach kreativen, selbstverwirklichenden, kurz kreativen beruflichen Tätigkeiten eine wesentliche Motivation in den Berufsbiografien der untersuchten Interviewpartner*innen einnimmt, konnte hier hoffentlich nachvollziehbar aufgezeigt werden. Somit lässt sich schlussfolgern, dass ungeachtet der Tatsache, dass Arbeit „*auch* immer Mittel zum Zweck des Lebensunterhalts ist" (ebd., kursiv i. O.), der Beruf der Sozialen Arbeit für die Hochqualifizierten

90 Und nicht nur für Quereinsteiger*innen. Wie weiter oben aufgezeigt werden konnte, wächst die Zahl der Studierenden in den Studiengängen der Sozialen Arbeit und der Erziehungswissenschaften in den letzten Jahren kontinuierlich an. Somit lässt sich momentan generell von einer hohen Attraktivität für diesen Beruf ausgehen.

der Spätmoderne einen erkennbar attraktiven intrinsisch motivierten Eigenwert verspricht[91].

Entgrenzung von Arbeit

Eine weitere aufschlussreiche Erkenntnis lässt sich gewinnen, wenn man im Sinne von Steffen Mau (2021) das idealtypische Modell einer Gesellschaft von Singularitäten mit „interessanten Mischformen und Graubereichen" (2021, S. 171) empirisch anzureichern versucht. Konkret soll an dieser Stelle ein expliziter Blick auf den Aspekt der „Entgrenzung von Arbeit" (Reckwitz 2018, S. 181) innerhalb einer postindustriell geprägten Arbeitskultur geworfen werden. Andreas Reckwitz geht bekanntlich davon aus, dass die starke „identifikatorische[] Aufladung [von Arbeit, N. W.] als Hauptquelle von Lebenssinn und Befriedigung" (ebd., S. 218) nicht nur zu einer Steigerung der intrinsischen Arbeitszufriedenheit führt, sondern gleichzeitig die „typisch spätmoderne Tendenz zur *Selbstausbeutung*" (ebd., kursiv i. O.) verstärkt. Während sich in der industriellen Moderne das klassische Normalarbeitsverhältnis noch dadurch auszeichnete, eine räumliche und zeitliche Distanz zur Arbeit zu gewähren, birgt die hohe intrinsische Motivation von Arbeit in der postindustriellen Arbeitskultur „das Risiko, dass Arbeit selbst keine Grenze mehr kennt und dem Selbst aufgrund der mangelnden Distanz zwischen beruflicher Selbstverwirklichung und persönlicher Identität kein Rückzugsraum mehr bleibt" (ebd., S. 219). Voswinkel spricht hierbei auch von Fällen der erschwerten Abgrenzung von Arbeit infolge einer Überidentifizierung mit der beruflichen Tätigkeit (2021, S, 13).

In Kontrast zu dieser Diagnose erscheinen die empirischen Ergebnisse der vorliegenden Arbeit jedoch erstaunlich widersprüchlich. Alle drei Interviewpartner*innen können in Anlehnung an Reckwitz als hochqualifizierte Arbeitssubjekte der Kultur- und Wissensökonomie mit einer postindustriellen Wertehaltung bezeichnet werden und heben andererseits doch ausnahmslos die Bedeutung einer ausgeglichenen Work-Life-Balance hervor. Das Bedürfnis nach Teilzeitarbeit, um ihren privaten Hobbys, ihren Familien, schlicht ihrem von der Arbeit abge-

91 Diese postmaterialistische Werteorientierung spiegelt sich auch in den Interviews vielfältig wider. Eine beispielhafte und in dieser Form für viele weitere Schilderungen stehende Sequenz möchte ich daher kurz anführen. Frau A formuliert über ihre Tätigkeit in der Sozialen Arbeit wie folgt:
„*Also es* [Arbeit, N. W.] *ist auf jeden Fall schon mehr für mich als jetzt irgendwie nur, ne Verdienstquelle* [...] *das jetzt* [ihre Tätigkeit in der Soziale Arbeit, N. W.] *ist schon auch was wie ich auch schon gesagt haben was Sinnvolles halt was sich für mich sinnvoll anfühlt und deswegen, ist es schon auch was was ich vielleicht auch mit nem, gewissen Stolz mache oder mit so nem Gefühl von, ja ich mache halt nicht irgendwas, Bescheuertes wo man sich hinterher fragte wofür war das jetzt gut sondern ich und ich sehe ja was ich mache und ich weiß es auch und, ähm (1) ja, also es ist schon auch irgendwie was, sinnstiftendes was befriedigende so*" (28–29/1350–1356).

trennten Privatleben nachzugehen, ist deutlich ausgeprägt[92]. Sehr nachdrücklich formuliert hierzu Frau A: *so sinnvoll sie* [die Arbeit, N. W.] *auch sein mag aber sie wird immer so meinem Privatleben auch untergeordnet sein*" (29/1361–1362). Und auch wenn sie grundsätzlich flexibel sei und bereit ist für gerechtfertigte Überstunden,

> „ich äh würde zum Beispiel, also ich, wenn ich das Gefühl hätte ich mache mich so kaputt oder mein Privatleben hat keinen Platz mehr dann würde ich auch, n Job kündigen, weil ich das ähm, nicht so wichtig finde und ich, mich hier nicht irgendwie daran messe wie, wieviel Geld ich verdiene oder so um mich damit jetzt gut zu fühlen da sind mir andere Sachen wichtiger" (29/1365–1370).

Bei Herrn A lassen sich ähnliche Argumentationsmuster ausmachen. So war er zum Zeitpunkt des Interviews betont unglücklich darüber, einer 38h/Woche nachgehen zu müssen und konnte es gar nicht erwarten, diese auf 32h/Woche zu reduzieren. Am deutlichsten äußerte sich zu dieser Thematik jedoch Frau B. Bei ihr stehe ausnahmslos das Privatleben an oberster Stelle und wenn sie einer beruflichen Tätigkeit nachgeht, lege sie dabei grundsätzlich großen Wert auf eine ausgeglichene Work-Life-Balance. Entsprechend schlug sie auch während Ihrer befristeten Anstellung die Möglichkeit aus, ihre Arbeitsstunden auf Vollzeit zu erhöhen – mehr als 30h/Woche war sie nicht bereit, arbeiten zu gehen. Die persönlichen Grenzen zieht sie ihren Kolleg*innen gegenüber auch deutlich.

Woher diese deutlichen Unterschiede in der Empirie zur gesellschaftstheoretischen Diagnose hinsichtlich einer tendenziell zunehmenden Entgrenzung von Arbeit stammen, lässt sich nicht mit abschließender Gewissheit sagen. Denkbar ist, dass dieses Phänomen in einem Zusammenhang mit den (mehr oder weniger) freiwilligen Berufswechseln der drei untersuchten Interviewpartner*innen zusammenhängt. Im Fall von Frau B kam es auch generell zu keiner gelungenen Identifikation mit dem Beruf. Somit ließen sich in ihrem Fall Grenzen sicherlich auch leichter ziehen. Auch die Ergebnisse der Expert*inneninterviews mit den Leitungskräften weisen darauf hin, dass deren Mitarbeiter*innen ihnen gegenüber ein gesteigertes Bedürfnis nach Teilzeitarbeit zum Ausdruck bringen.

Generell lässt sich zu Berufswechsler*innen sagen, dass es sich dabei um eine Gruppe handelt, „die eine selbst initiierte Veränderung der beruflichen Tätigkeit vorgenommen haben" (Hardering 2014, S. 178). Wird nun davon ausgegangen, dass ein solcher Berufswechsel durch den Wunsch getragen wird, „einer Arbeit nachzugehen, die mehr den individuellen Fähigkeiten und Bedürfnissen entspricht" (ebd.) und dadurch ein Reflexionsprozess in Gang gesetzt wurde, „innerhalb derer die eigenen Erwartungen an die Arbeit zum Gegenstand der individuellen Vergegenwärtigung werden" (ebd.), kann zumindest in Ansätzen davon ausge-

---

92 Auf das allgemein gesteigerte Bedürfnis nach Teilzeitarbeit von Sozialarbeiter*innen weisen auch die Ergebnisse der Expert*inneninterviews deutlich hin.

gangen werden, dass sich die drei Interviewpartner*innen durch eine erhöhte Reflexivität hinsichtlich eigener Erwartungen an die Arbeit auszeichnen und dementsprechend eine klarere Trennung zwischen Privatleben und Arbeit vollziehen möchten. Analog dazu formuliert Herr A hinsichtlich seiner Arbeitserfahrungen als Bauingenieur: *„was ich nicht machen möchte oder was ich nie wieder machen möchte sind so 60 70 Stundenwochen“ (29/1394–1395)*. Gleichzeitig gilt es zu bedenken, dass die momentane Arbeitsmarktsituation den sozialarbeiterischen Fachkräften entgegenkommen dürfte, ihre Forderungen hinsichtlich einer wohldosierten Work-Life-Balance durchzusetzen.

Jedoch gilt es zu betonen, dass die Entgrenzung von Arbeit und daraus auch resultierende Burnout-Erkrankungen und Depressionserfahrungen in der Sozialen Arbeit von den Interviewpartner*innen als reale Gefahr betrachtet wird. So berichtet Frau B zu den institutionellen Hintergründen ihrer befristeten Anstellung exemplarisch:

> „das war ne Krankheitsvertretung, und ähm, es stand halt lange Zeit nicht f- also die Kollegin hatte nen Burnout, es dachten eigentlich alle die würde nicht mehr wiederkommen“ (12/531–533).

Dieser Fall scheint auch keine Ausnahme bei dem Träger zu sein. In einer weiteren Sequenz geht Frau B reflektiert auf die Notwendigkeit des Setzens persönlicher Grenzen ein:

> „und, meiner Einschätzung nach isses denke ich auch wichtig die Grenzen zu setzen, seine eigenen Grenzen zu setzen gerade in der sozialpädagogischen Arbeit weil ähm, die Grenzen verschwimmen, und es is, is halt sehr viel wird halt viel mit Verständnis gearbeitet und Empathie, ähm, und da ist es aber denke ich auch wichtig sich selbst ähm, für sich selbst einzustehen, und weil ich halt auch viele Kollegen da hatte, in den Einrichtungen, ähm die waren mit Herz und Seele dabei, ähm haben sich aber selbst damit kaputtgemacht, weil sie einfach nicht diese, Grenzen für sich selbst konnten, und ich denke das, sollten so angehende Sozialpädagogen die dort arbeiten möchten auch wirklich, sich bewusst machen, wie wichtig, das eigentlich ist“ (24/1112–1120).

Auch Frau A berichtet davon, dass es ihr trotz aller Abgrenzungsstrategien nicht immer gelingt, sich von der Arbeit emotional zu distanzieren. Beispielhaft berichtet sie über ein emotional belastendes Ereignis mit einer Migrantin, die ihr im Büro unter Tränen detailliert die eigene Fluchtgeschichte erzählte, woraufhin sie von Frau A zum psychosozialen Zentrum für Migrant*innen vermittelt wurde. Bei diesem Ereignis war es für sie und ihr Team ihren Angabe zufolge jedoch klar, dass sie *„auch noch mit ihnen hin zu dem ersten Termin* [gehen, N. W.] *und dann, isses aber quasi auch, also sie ist dann bei uns keine, Teilnehmerinnen mehr im Projekt weil das weder unsere Aufgabe noch unsere Kompetenz ist“* (23/1081–1083). Und weiter formuliert sie:

„das passiert aber selten also ich hatte das erst, zweimal eigentlich, dass es wirklich so, also dass man da auch schon sitzt und denkt puh krass normalerweise kann ich mich auch immer sehr gut abgrenzen, ähm wenn ich Feierabend hab und ich gehe nach Hause lasse ich die Sachen auch dort aber einmal war das wirklich so dass ich da auch gemerkt hab ich, ähm ich bin da im Kopf immer noch, und das passiert mir sehr selten eigentlich“ (23/1083–1088).

Offenkundig können Tätigkeiten innerhalb der Sozialen Arbeit trotz ihrer hohen intrinsischen Wertaufladung und der Gefahr einer Überidentifizierung mit der Arbeit nicht als frei von Entfremdungstendenzen bezeichnet werden. Wiederholt wird in den Interviews sowohl mit den Quereinsteiger*innen als auch mit den Expert*innen von einer wachsenden Belastung hinsichtlich dokumentarischer Pflichten gesprochen. Dies deckt sich mit den Diagnosen von Hardering (2017b) und Rosa (2019), wonach es zu zunehmenden Erfahrungen des Sinnverlusts der Arbeit auch bei Hochqualifizierten in Berufsfeldern mit hohem Identifikationspotenzial kommen kann. Demnach würden Beschäftigte und Arbeitgeber*innen „in so gut wie allen Berufsfeldern darüber [berichten, N. W.], nicht mehr zu ihren Kernaufgaben zu kommen“ (ebd., S. 132). Gleichzeitig muss sich Hardering (2017b) angeschlossen werden, wenn die Autorin konstatiert, dass es bei Sinnerleben in der Arbeit nicht nur darum geht, Freiheit bei der Ausübung seiner Kerntätigkeiten zu haben, sondern, wie weiter oben ausgeführt, die Erfahrung der *Kongruenz* im Mittelpunkt des Sinnerlebens steht. Auch Herr A äußerst sich betont kritisch hinsichtlich der umfangreichen Dokumentationspflichten auf seiner Arbeitsstelle. Jedoch sei dies für ihn noch lange kein Grund zu sagen, *„oh Gott ich mache den Job nicht mehr deswegen“* (29/1373) – zumindest nicht, solange die Erfahrung der Kongruenz zu überwiegen scheint.

9.2 Professionalität von Quereinsteiger*innen in der Sozialen Arbeit

Abschließend gilt es nun noch danach zu fragen, inwieweit Quereinsteiger*innen den Vorstellungen von professionellem Handeln in der Sozialen Arbeit überhaupt gerecht werden können. Es sei hierzu an die weiter oben dargelegten Ausführungen erinnert, wonach Professionalität traditionell mit einer Transformation der alltagsbasierten und biografisch geprägten Orientierungssysteme und Bewältigungsmuster in höhersymbolische Sinnbezirke gleichgesetzt und dabei eine Distanzierung zur Biografie als konstitutiv erachtet wird (Schweppe 2006 sowie Kokemohr; Marotzki 1989). Einem Studium der Sozialen Arbeit bzw. Sozialpädagogik komme hierbei die Aufgabe zu, den Studierenden die reflexive Aneignung von disziplinären Problem-, Wissens- und Methodenbeständen zu ermöglichen und dadurch eine Transformation von mitgebrachten Orientierungssystemen zu höherstufigen Theorie- und Sinnsystemen im Verlauf des Studiums zu gewährleisten. Gleichzeitig zeigten Studien (bspw. Ackermann; Seeck 1999/Thole; Küster-Schapfl 1997/Schweppe 2006) jedoch wiederholt auf, dass ein Studium der Sozialen Arbeit bzw. Sozialpädagogik eine solche Transformation nicht per se gewährleisten kann und sich Praxisangehörige der Sozialen Arbeit dementsprechend häufig auch weiterhin an lebenspraktischen Erfahrungen (Thole; Marks 2020) bei der Erfüllung ihrer professionellen Tätigkeiten orientieren[93]. Eine empirisch abgeleitete Schlussfolgerung lautet für Cornelia Schweppe daher auch, dass ein Studium der Sozialen Arbeit bzw. Sozialpädagogik zwar keinen „Anschluss an und die reflexive Aneignung von wissenschaftlich begründeten Sinnwelten der Sozialpädagogik [garantiert, N. W.] [...], es macht ihn aber unter bestimmten Bedingungen möglich" (Schweppe 2006, S. 128).

Als eine solche notwendige Bedingung erachtet die Autorin wiederum die sogenannte Kultivierung von Krisen (siehe hierzu auch Brand 2022). Schweppe geht davon aus, dass die Studierenden unweigerlich mit Krisenpotenzialen konfrontiert werden, da deren bisherige Orientierungs-, Handlungs- und Deutungsmuster durch das Konfrontieren mit neuen Erfahrungen, Wissensbeständen und Handlungsanforderungen infolge des Studiums in einen unweigerlichen Widerspruch mit dem *Bisherigen* geraten. Und je nachdem wie die Bearbeitung dieser Krisenpotenziale hinsichtlich der mitgebrachten lebensgeschichtlichen Dispositionen erfolgt, lassen sich abweichende Transformations- und Aneignungsprozesse – mit anderen Worten, Prozesse einer individuellen Professionalisierung – rekonstruieren, welche wiederum einen spezifischen „Ausdruck von Aneignungsprozessen" (2006, S. 130) repräsentieren. Diese reflexive Veränderung der Wissensbestände im Rahmen eines Studiums, so die These von Schweppe, geht unweigerlich auch mit biografischen Transformationen einher.

Ich möchte an dieser Stelle nun zumindest *tastende* Überlegung anstellen, ob eine für Professionalisierungsprozesse notwendige Transformation von alltagsweltlichen Orientierungsmustern zu höhersymbolischen Sinnwelten infolge einer Kultivierung von Krisen zwangsläufig mit einem Studium der Sozialen Arbeit bzw. Sozialpädagogik einhergehen muss – oder mit anderen Worten, ob auch Quereinsteiger*innen *professionell* in der Sozialen Arbeit handeln können. Hierzu erachte ich es als sinnvoll, die oben ausgebreiteten Überlegungen von Maja Heiner zu einem ganzheitlichen Professionalitätsmodell für die Soziale Arbeit heranzuziehen. Zur Erinnerung: Demzufolge ist unter Professionalität mehr zu verstehen als das profane Beherrschen „bestimmter Methoden, Verfahren und Techniken" (2004, S. 155). Vielmehr stellt die Grundlage für sozialpädagogische Professionalität „ein spezifisches berufliches Selbstverständnis, eine klare Vorstellung von der

93 Es sei darauf hingewiesen, dass Maja Heiner die dargelegten *desillusionierenden* Ergebnisse in dieser Schärfe nicht ausnahmslos teilt. Siehe hierzu ausführlich Heiner 2004 und Heiner 2010.

eigenen Berufsrolle, eine berufliche Identität" (ebd.) in Verbindung mit einer reflexiven Kompetenz im Umgang mit erfahrungsbasiertem sowie wissenschaftlichem Wissen dar.

Sich der Problematik bewusst, dass sich professionelle bzw. unprofessionelle Handlungsweisen im beruflichen Alltag von Sozialarbeiter*innen nicht ohne Weiteres nur anhand von narrativen Interviews rekonstruieren lassen, können m. E. jedoch wiederholt signifikante Momente der genannten Professionalitätskriterien in den Interviews identifiziert werden. Da zuvor bereits ausführlich aufgezeigt werden konnte, dass insbesondere Frau A und Herr A ein hohes identifikatorisches Potenzial mit dem Beruf der Sozialen Arbeit aufweisen und sich auch bei Frau B zumindest Momente einer anfänglichen Berufsidentität wiederfinden lassen, werde ich mich an dieser Stelle auf das berufliche Selbstverständnis und die reflexive Kompetenz konzentrieren und hierfür gezielt exemplarische Interviewausschnitte aus den Gesprächen mit den Quereinsteiger*innen zur Fundierung heranziehen.

Momente reflexiver Professionalität

Für Frau A konnte ausführlich dargelegt werden, dass es ihr infolge der krisenhaften biografischen Erlebnisse aufgrund früherer Ausgrenzungserfahrungen im Herkunftsmilieu gelang, das Studium der Sozialwissenschaften bzw. Soziologie und später auch ihre berufliche Tätigkeit innerhalb der Sozialen Arbeit vor dem Hintergrund ihrer biografischen Dispositionen anzueignen und auszugestalten. Als Konsequenz entwickelte sie eine wissenschaftlich reflexive Kompetenz, die sich anhand ihrer Ausführungen zu gesellschaftlichen Machtverhältnissen sowie zu der Frage nach sozialer Gerechtigkeit widerspiegelt. Diese reflexive Kompetenz dient ihr zugleich als Orientierungsmuster und intrinsische Motivation für ihre berufliche Tätigkeit in der Sozialen Arbeit. Gleichzeitig wird in dem Interview wiederholt deutlich, dass sie sich auch ihren persönlichen und professionellen Grenzen sehr bewusst ist. Folgende Interviewsequenz soll exemplarisch für das von ihr im Interview vermittelte berufliche Selbstverständnis und ihre professionelle Haltung stehen:

> „Nah das ist im Grunde wahrscheinlich, also, da- das ist sozusagen mein ähm wovon ich immer zumindest **versuche** auch auszugehen also meine innere Haltung ist eigentlich, ähm möglichst wertfrei zu sein bei solchen Sachen, und eher, also ich versuche da schon eher mit soner Neugier ranzugehen um mir zu sagen, jetzt nicht zu sagen, der macht das so und so das ist ja total bescheuert sondern zu sagen aha, der macht das so das ist spannend das würde ich so nicht machen, aber das heißt ja nicht dass es schlechter ist ich will mir das erst einmal angucken und ich will nicht immer Sachen gleich so bewerten, ähm (1) genau das ist sozusagen meine innere Haltung und das versuche ich auch in meiner Alltags- äh Arbeitsalltag mit, einzubringen dass ich einfach, versuche Wertungen rauszunehmen, und den anderen nicht irgendwie,

> kleiner mache oder mich über jemanden stelle, ähm (2) ja und eben auch immer diese, diese Abgrenzung zu haben“ (25/1167–1177).

Neben dieser reflexiven Haltung geht sie auch auf das Sichtbewusstmachen ihrer Grenzen ein und dass sie dies sehr wohl auch in Konflikte führt, die es für sie auch wiederholt zu reflektieren gilt. Hierzu formuliert Frau A wie folgt:

> „und wenn jemand immer wieder, keine Ahnung, mhm an den gleichen Punkt kommt, oder oder ich von außen das Gefühl habe häh die entwickelt sich auch gar nicht weiter oder so, dann ist das meine Bewertung aber es es erfüllt, trotzdem in ihrem System ne Funktion und, also dieses Wertende da einfach rauszunehmen (1) mhm und das merke ich dass ich das in meiner Arbeit auch versuche gelingt mir natürlich auch nicht immer, und ich äh würde lügen wenn ich sage, ich finde alle unsere Projektteilnehmer gleich sympathisch oder so“ (1152–1158)“.

Auch für Herrn A konnte eine wachsende Identifizierung mit dem Beruf der Sozialen Arbeit aufgezeigt werden, nachdem er infolge eines krisenhaften biografischen Leidensweges sich von seinem ursprünglichen Beruf des Bauingenieurs sukzessive distanzieren konnte. Jedoch gelingt es ihm nun im Vergleich zu Frau A weitaus weniger unangestrengt, sein berufliches Selbstverständnis verbal zum Ausdruck zu bringen. In einer hierfür beispielhaften Sequenz versucht er Stichworte zu finden, die einerseits im Sinne einer sozialen Erwünschtheit gelesen werden müssen und andererseits muss man seine Aussagen auch vor dem Hintergrund lesen, dass er sich zum Zeitpunkt des Gesprächs mittlerweile in einem berufsbegleitenden Studium der Sozialen Arbeit befindet – und dieses ihm offensichtlich gut klingende Schlagwörter liefert. So antwortet er auf die Frage, was er denn unter gut gemachter Sozialer Arbeit verstehen würde wie folgt:

> „ja, ich glaube (1) das würde ich da drunter verstehen sozusagen gut gemacht Soziale Arbeit is, professionell irgendwie, also so häufig wie möglich professionell zu handeln ich glaube das klappt nicht immer (1) ähm (1) aber an sich (1) pf, ja, also, klientenorientiert, äh adressatenorientiert und im Prinzip also auf die Bedürfnisse eingehen, sozusagen oder die Bedarfe, eben (1) eben des Klienten versuchen einzugehen ja“ (28/1308–1313).

Diese Ausführungen lassen sich beinahe wie ein Vortrag zu Beginn des Soziale Arbeit Studiums lesen. Jedoch gelingt es ihm doch noch, sich von diesen stereotypen Schlagwörtern zu lösen und mit einer alltagsweltlicheren Umschreibung sehr viel prägnanter herauszustellen, welches Selbstverständnis er für professionelle Soziale Arbeit an den Tag legt und die eine deutliche Hervorhebung der Förderung der Autonomie von Adressat*innen beinhaltet:

„ach was würde ich mir da drunter vorstellen, **ich** glaube ich habe die Arbeit gut gemacht wenn ein Jugendlicher zum Beispiel, aus der Hilfe rausgeht, und sich danach (1) Dinge aussucht in seinem Leben und Entscheidungen trifft, die er vielleicht irgendwie bewusst trifft und die er, so trifft weil er sich denkt ja ich möchte das auch so machen, ja ich möchte das so für mich machen, wie auch immer und, ich hab Bock hier Teil der Gesellschaft zu sein in welcher Form auch immer sozusagen und ich hab Bock n bisschen happy zu sein für mich (1) ich glaub dann, würde ich mir aber denken ja okay, ich hab das, gut gemacht, weißte und, wenner so, wenn er dann an dem Punkt ist im Prinzip ähm (1) also wenn der jugendliche Mensch dann an dem Punkt ist einfach zu sagen okay ich kann die Verantwortung für mich übernehmen, ich krieg das schon irgendwie hin, ja, so dann denke ich mir cool, und wenn es es nicht hinkriegt kann er sich ja immer melden".

Neben der Freude, dass er seine privaten Interessen und Leidenschaften wie das BMX-Fahrradfahren in den Beruf der Sozialen Arbeit integrieren und damit junge Menschen auf ihrem Weg zu einem selbstbestimmten Leben begleiten kann, ist er sich den Herausforderungen dieses Berufs zugleich sehr bewusst:

„ja es gibt ja auch noch den, den anderen Part wo es darum geht Krisen gemeinsam zu bewältigen und sonst irgendetwas ja das is ja nur das was nach außen schön aussieht aber ich finds auch toll Krisen gemeinsam zu bewältigen und (1) und im Prinzip Strategien mit den Jugendlichen zu entwickeln wie kann ich denn jetzt diese Krise für mich klarmachen (1) wie komme ich da wieder raus (1) das is schon, schon toll" (28/1346–1351).

Für Frau B konnte hingegen aufgezeigt werden, dass es bei ihr im Gegensatz zu Frau A und Herrn A zu keiner umfassenden Identifikation mit dem Beruf der Sozialen Arbeit hinsichtlich ihrer lebensgeschichtlichen Dispositionen kam und daher auch von keiner gelungenen Aneignung der Arbeit gesprochen werden kann. Zugleich sollte ein gewisses Potenzial für eine mögliche Aneignung einer sozialarbeiterischen Tätigkeit in Anbetracht einer längeren Anstellungsdauer nicht unerwähnt bleiben. Darauf verweisen zum einen ihre als ökonomisch reflektiert zu bezeichnenden Kompetenzen, die sich in einem zunehmend ökonomisierten Berufsfeld der Sozialen Arbeit durchaus in Resonanz zu einem aktuellen Selbstverständnis von Sozialer Arbeit als Sozialwirtschaftsunternehmen denken ließen. Und zum anderen und viel Gewichtigeren weist Frau B eine auffällige Kompetenz zur Reflexion hinsichtlich der intermediären gesellschaftlichen Funktion von Sozialer Arbeit auf sowie zu den individuellen Grenzen von Sozialarbeiter*innen. So äußert sie sich hierzu vor dem Hintergrund einer gesellschaftlichen Verstrickung von Sozialwirtschaftsunternehmen auffallend kritisch:

„Ähm wie die, wie diese, sozialen Vereine geführt werden, der Führungsstil der Delegationsziel äh Stil (1) ähm (1) der, die Leitsätze können diese überhaupt wirklich umgesetzt werden ist das überhaupt möglich, äh gerade wenn man großen Verband hat mit 600 Mitarbeitern oder mehr, bis auf die kleinste Ebene runter, ähm inwieweit kann der soziale Verein überhaupt als sozialer Verein, agieren, ähm (1) auch im Hinblick auf, auf, die Verpflichtung von, Wirtschaft, und Politik weil es ist ja gerade in großen Dachverbänden ist das auch, auch wenns nachs außen hin vielleicht nicht so dargestellt wird aber, intern ist da schon viel Politik und Ökonomie mit dabei (1) und die sind auch dorthin vernetzt, und das spielt auch ne sehr große Rolle" (26/1238–1246)

Frau B führt weiter aus, dass sie auf den Ebenen der Vereinsstruktur auch nur wenig *Soziales* erkennen könne. Vielmehr mache sich aus ihrer Sicht bei den großen Wohlfahrtsverbänden ein deutlicher Lobbyismus bemerkbar, dem auf der individuellen Mitarbeiter*innenebene *„son (1) verquerter Idealismus* [gegenübersteht, N. W.], *ähm, der gut gemeint ist aber oftmals auch (1) einfach an der Realität, vorbeigeht"* (346/1259–1260). Zugleich ist die Betonung von persönlichen sowie professionellen Grenzen einer gelungenen Aneignung von Sozialer Arbeit für Frau B bezeichnend. So berichtete die Interviewpartnerin von Kolleg*innen, die sich durch eine übertriebene Identifikation mit der Arbeit aufgerieben hätten. Hierzu schilderte sie einen Fall aus der ambulanten Erziehungshilfe:

„dort sind, sehr sehr schwierige Jugendliche die, kurz davor sind den nächsten Schritt ins, wo das Jugendamt kurz davor ist die aus den Familien zu nehmen das heißt die, Sozialpädagogen und Erzieher gehen dorthin in die Familien rein, arbeiten auch mit den Eltern, und den Kindern, und, ähm, du kriegst du dann halt schon Sachen mit die halt schon an, die Nieren gehen, halt auch krasse Fälle von, Gewalt et cetera und, ähm" (24/1126–1131).

Und insbesondere in solchen Situationen erkennt sie die große Gefahr einer Überidentifikation mit dem Beruf der Sozialen Arbeit, aus der auch eine erschwerte Abgrenzung zu den professionellen Tätigkeiten resultiert. Zur Untermalung zieht sie die Erfahrung mit einer Kollegin heran:

„diese Kolleg- eine Kollegin jetzt als Beispiel die hat sich sehr sehr verantwortlich dafür gefühlt ähm, dieses Kind zu beschützen und dass diese ganze Familie wieder, heile wird, heile in Anführungszeichen und, sie, kann es aber nur bis zu nem bestimmten Punkt, beeinflussen und sie würde es auch niemals schaffen dass diese Familie wirklich wieder (1) äh sich zusammenfügt das allein kann sie nicht schaffen, und äh das hat sie sehr sehr persönlich genommen und sich sehr verantwortlich dafür gefühlt und das hat sie selbst kaputt gemacht weil sie sich halt auch selbst die Schuld dafür

> gegeben hat dass, wenn das Kind jetzt wieder mal, zur Nadel gegriffen hat oder die Eltern mal wieder, die Hand ausgerutscht ist und so weiter" (24/1131–1139).

Als Konsequenz konnte die Kollegin auch nicht mehr privat abschalten. Sie nahm diese Probleme mit nach Hause, fühlte sich persönlich für den Fall verantwortlich *„und macht sich dadurch eigentlich komplett selbst kaputt"* (24/1143–1144). Im Anschluss daran legt Frau B nun prägnant ihr professionelles Selbstverständnis für den Beruf der Sozialen Arbeit dar. Und dieses, das sei vorneweg gesagt, widerspricht nun doch der für sie diagnostizierten fehlenden Identifikation mit diesem Beruf:

> „und das meine ich halt mit Grenzen setzen dass man da wirklich, schon professionell mit umgeht, ähm **ja** das ist mein Job denen zu helfen, aber ich bin nicht, gänzlich, dafür verantwortlich wenn es, ähm, wenns nicht klappt, weil es auch immer noch in an den, Klienten selbst, hängt was sie, aus sich selbst machen und der Situation" (24/1144–1147).

Schlussfolgerungen

Es lässt sich m. E. aufzeigen, dass die Gespräche mit allen drei Interviewpartner*innen zwar in gradueller Differenz, aber doch in auffallender Deutlichkeit wiederholt Momente von reflexiver sozialpädagogischer Professionalität im Sinne von Maja Heiner (2004) beinhalten und (zurückhaltend ausgedrückt) Potenzial für ein als adäquat erscheinendes berufliches Selbstverständnis für die Soziale Arbeit zu Tage treten lassen. Das ist dahingehend bemerkenswert, da diese Ergebnisse zugleich in einem gewissen Widerspruch zu den Einblicken der Expert*innen zu stehen scheinen. Weisen diese doch wiederholt und unabhängig voneinander darauf hin, dass wenn Quereinsteiger*innen infolge des fehlenden Studiums der Sozialen Arbeit bzw. Erziehungswissenschaft etwas fehlen würde, dann sei es ein übergreifendes berufliches Selbstverständnis – oder mit den Worten von Leitungskraft C ausgedrückt, es fehlt die *gemeinsame Sprache*.

Darüber hinaus erscheint es auffällig, dass die Expert*innen es explizit kritisch erachten, dass Quereinsteiger*innen offenbar verschiedene als originär zu bezeichnende Kompetenzen und Kenntnisse vermissen lassen. Konkret wird hierzu von Leitungskraft A eine spezifische Beratungsqualität erwähnt, aber auch das Fehlen von grundlegenden Methodenkenntnissen wie dem Erstellen von Sozialraumanalysen, wie es Leitungskraft C betont. Ebenso werden fehlende strukturelle Kenntnisse über das institutionelle System der sozialen Dienste in Deutschland moniert sowie eine innere Sicherheit vermisst, auf soziale Träger und deren Mitarbeiter*innen wie selbstverständlich proaktiv zugehen zu können. Auffällig ist diese Kritik nun insbesondere dahin gehend, da zuvor aufgezeigt werden konnte, dass den Kenntnissen und Kompetenzen über Methoden und Verfahrensweisen im wissenschaftlichen Diskurs über sozialpädagogische

Professionalität eine nur untergeordnete Rolle beigemessen wird (Heiner 2004; Müller 2012). Dies scheinen die Leitungskräfte doch etwas anders zu sehen.

Zugleich gilt es, die Betonung von Methodenkenntnissen und Verfahrensweisen für ein professionelles Verständnis zu relativieren. Denn sowohl die Leitungskräfte als auch die Quereinsteiger*innen verweisen wiederholt auf die Bedeutung von Weiterbildungen bei ihren Trägern hin, um den Quereinsteiger*innen nicht nur bei der Aneignung von als notwendig erachteten Methodenkompetenzen zu unterstützen, sondern auch, um eine umfassendere Identifikation mit der Sozialen Arbeit und damit schlussendlich auch eine langfristige Anbindung an die Träger zu gewährleisten. Sprich, die Träger bemühen sich, *eine gemeinsam geteilte Sprache* für alle Mitarbeiter*innen zu finden. Das bedeutet auch, dass es sich hierbei offensichtlich um Kompetenz- und Kenntnisdefizite zu handeln scheint, die jedoch mithilfe von Weiterbildungen ausgeglichen werden können. Dabei umfassen diese Weiterbildungen eine Bandbreite an Angeboten, die sowohl an alle Mitarbeiter*innen gerichtet sind wie die systemische Beratungsausbildung, zugleich aber auch ganz spezifisch auf individuelle Personen zugeschnitten sein können. Lediglich Leitungskraft A spricht von Weiterbildungen, die explizit an die Quereinsteiger*innen gerichtet sind und meint damit insbesondere (Master-)Studiengänge der Sozialen Arbeit, die er seinen Mitarbeiter*innen ohne originären sozialpädagogischen Abschluss auch zunehmend empfiehlt. Diese Vielfalt an Weiterbildungen findet sich auch auffällig bei den interviewten Quereinsteiger*innen wieder: Frau A hat eine Weiterbildung zur systemischen Beratung absolviert, Herr A studiert berufsbegleitend Soziale Arbeit und Frau B berichtet allgemein von verschiedenen Weiterbildungen im Rahmen ihrer Anstellung, die sie gerne mitgenommen hat.

Aus den vorliegenden Ergebnissen lässt sich daher m. E. eine wesentliche Schlussfolgerung für den Prozess der Berufsidentifikation von Quereinsteiger*innen ableiten: *Ja, eine adäquate Berufsidentifikation mit der Sozialen Arbeit ist auch möglich, wenn kein Studium der Sozialen Arbeit oder Sozialpädagogik einer Tätigkeit in diesem Berufsfeld vorausging*. Darüber hinaus weisen die Interviewpartner*innen eine auffällige Resilienz bzgl. einer ungesunden Überidentifikation mit diesem – zur Gefahr der Selbstausbeutung neigenden – Beruf auf. Eine notwendige Identifikationsarbeit mit diesem Beruf verschiebt sich aber offenbar zunehmend von den Hochschulen auf die Arbeitgeber sowie auf die Anbieter von Weiterbildungen. Diese Entwicklung spiegelt sich nicht zuletzt auch in den Schilderungen der Expert*innen wider, wenn diese betonen, dass die Träger zunehmend mehr Zeit und Energie in die Einarbeitung von neuen Mitarbeiter*innen investieren müssten, um auch grundlegend zu klären, *„wie wir arbeiten“* (LC: 6/267).

Eine weitere Schlussfolgerung lautet, dass es hinsichtlich einer Bedeutungszunahme von Quereinsteiger*innen zu einer Externalisierung der von Schweppe (2006) und Brand (2022) als notwendig erachteten Kultivierung von Krisen kommen kann, sobald die Quereinsteiger*innen mit höhersymbolischen Sinnwelten der Sozialen Arbeit konfrontiert werden, die ihren alltäglichen und in anderen Studiengängen angeeigneten Orientierungssystemen widersprechen oder zumindest eine Neujustierung dieser Wissensbestände notwendig machen. Das heißt, infolge dieser Entwicklung besteht das Risiko, dass es zu einer Auslagerung oder gar zu einem Unterlassen einer vormals innerhochschulisch angesiedelten Begleitung von durch Transformationsprozessen ausgelösten Krisen kommen kann, die daraufhin nicht mehr systematisch durch ein Studium der Sozialen Arbeit bzw. Sozialpädagogik begleitet werden – vorausgesetzt, dass dies bisher überhaupt systematisch der Fall war. Schlussfolgernd stehen auch hierfür die Träger und die Anbieter für Weiterbildungsangebote zunehmend in der Verantwortung. Im schlechtesten Fall sind die Quereinsteiger*innen auf sich und ihre biografischen Ressourcen gestellt. Dies gilt es auch dahingehend hervorzuheben, da, wie bereits oben erwähnt, Transformationsprozesse infolge von Krisen auch riskante Formen annehmen können und nicht zwangsläufig in konstruktiven Bildungsprozessen münden müssen (Schweppe 2006).

Abschließend weisen die Ergebnisse dieser Untersuchung doch deutlich darauf hin, dass eine Transformation zu höheren und zugleich für die Berufswelt der Sozialen Arbeit als geeignet erscheinenden Sinnwelten auch ohne ein Studium der Sozialen Arbeit möglich ist. Es lassen sich innerhalb der drei lebensgeschichtlichen Interviews wiederholt Hinweise identifizieren, wonach die untersuchten Quereinsteiger*innen ihre beruflichen Handlungen an höherstufigen Theorie- und Sinnsystemen ausrichten, die in auffälliger Resonanz zu einer reflexiv sozialpädagogischen Professionalität stehen.

10. Abschließende Überlegungen und Ausblick

Bedeutet ein wachsender Anteil von Quereinsteiger*innen nun zwangsläufig eine De-Professionalisierung für das Berufsfeld der Sozialen Arbeit, wie es wiederholt von den Berufsfachverbänden (u. a. Verdi; GEW; DBSH 2023) kolportiert wird? Die Antwort muss lauten: *Wohl kaum*. Die Ergebnisse der vorliegenden Untersuchung lassen vielmehr folgenden Doppel-Schluss zu:

- Erstens, weder lässt sich aus einem originären Studium der Sozialen Arbeit bzw. der Sozialpädagogik kausal eine *Professionalität* für die Absolvent*innen und die späteren Fachkräfte ableiten.
- Zweitens – und das ist die neue Erkenntnis und stellt ein wesentliches Ergebnis dieser Untersuchung dar – lässt sich aus einem Quereinstieg in die Soziale Arbeit ebenso wenig *fehlende Professionalität* für die Berufswechsler*innen ableiten.

Im Gegenteil weisen die untersuchten Quereinsteiger*innen vielfältige Momente eines sozialpädagogisch professionellen Habitus auf, wenn auch in graduell variierenden Ausprägungen. Dieser Habitus äußert sich sowohl in der gelingenden Möglichkeit, sich eine Berufsidentität anzueignen als auch ein sozialpädagogisches Selbstverständnis zu entwickeln, vor dem Hintergrund der lebensgeschichtlichen Dispositionen sowie der spezifischen Berufsanforderungen. Darüber hinausgehend gelingt es Quereinsteiger*innen, eine reflexive Handlungs- und Wissenskompetenz vor dem Hintergrund sozialpädagogisch disziplinärer Problem-, Wissens- und Methodenbestände zu generieren. Mit anderen Worten, Quereinsteiger*innen sind offensichtlich in der Lage, „alltägliche Erklärungen und pragmatische Alltagsverständnisse zu überschreiten und durch Zweifel am Selbstverständlichen, Eindimensionalen und Eindeutigen, kritische Deutungsalternativen über komplexe Lebenswirklichkeiten sozialpädagogischer AdressatInnen und Problemlagen zu entwickeln" (Schweppe 2006, S. 127). Dieses Ergebnis darf jedoch nicht als Automatismus verstanden werden. Vielmehr muss eine gelingende Aneignung immer vor dem Hintergrund der lebensgeschichtlichen Erfahrungsaufschichtungen betrachtet werden.

Aus meiner Sicht stellt die zunehmende Öffnung der Sozialen Arbeit für Quereinsteiger*innen aus anderen wissenschaftlichen Disziplinen auch nur eine logische Konsequenz bzw. den nächsten Schritt in ihrer Professionalisierungsgeschichte dar. Wie aufgezeigt werden konnte, wird die Soziale Arbeit aufgrund zunehmender gesellschaftlicher Ungleichheitsentwicklungen sowie immer schneller aufeinanderfolgender Krisenerfahrungen mit dem Bedarf an ein zunehmend komplexer werdendes Anforderungsprofil für die Berufsfeldangehörigen der Sozialen Arbeit konfrontiert. Fritz Schütze machte uns darauf aufmerksam, dass die Soziale Arbeit traditionell über keine eigenständige, zu anderen wissenschaftlichen Disziplinen abgegrenzte Sinnwelt verfügt (1992). Hieraus können zwar für die Berufsfeldangehörigen und deren beruflich Anvertraute bekanntlich vielfältige negative Konsequenzen resultieren, u. a. aufgrund einer fehlenden Sozialisierung in von der Sozialen Arbeit *ausgeliehene* Wissensbestände und Verfahrensweisen aus anderen Disziplinen. Gleichzeitig lässt sich dies auch als die Stärke der Sozialen Arbeit deuten. So weist uns doch Burkhard Müller darauf hin, dass zur sozialpädagogischen Fallarbeit die notwendige Fähigkeit gehöre, „sich in Domänen außerhalb der eigenen Zuständigkeit auf kompetente Weise einzumischen, ohne dabei den notorischen Besserwisser zu spielen" (1995, S. 703 f.). Müller nimmt hierbei explizit Bezug auf Alfred Schütz und sein Konzept des *gut informierten Bürgers*:

> „Der Idealtypus, den wir den gut informierten Bürger nennen wollen [...], hat seinen Ort zwischen dem Idealtypus des Experten und dem des Mannes auf der Straße. Einerseits hat er kein Expertenwissen und strebt es auch nicht an; andererseits beruhigt er sich nicht mit der fundamentalen Vagheit des bloßen Rezept-Wissens oder mit der Irrationalität seiner ungeklärten Leidenschaften und Gefühle. Gut informiert zu sein bedeutet ihm, zu *vernünftig begründeten* Meinungen auf den Gebieten zu gelangen, die seinem Wissen entsprechend ihn zumindest mittelbar angehen, obwohl sie seinem zuhandenen Zweck direkt nicht beitragen" (1972, S. 88, kursiv i. O.).

Diese spezifische Ausprägung von Wissen als Idealtypus des gut informierten Bürgers repräsentiert auch in besondere Weise die Fähigkeiten von Professionellen in der Sozialen Arbeit. Also solche Fähigkeiten, die notwendig sind, um die von anderen Instanzen *potenziell auferlegten Relevanzen*, „kritisch prüfen zu können, statt sich ihnen einfach blind zu unterwerfen" (Müller 1995, S. 704.). Daher sei es für die Berufsfeldangehörigen eine ausgesprochen anspruchsvolle, aber zugleich konstitutive „Aufgabe, jene jeweils relevanten Machtinstanzen, Behandlungen oder Dienstleistungen nicht nur angemessen einzuschätzen, sondern sie auch im Interesse ihrer Klienten zu beeinflussen bzw. ihr Wirksamwerden erst einzufädeln" (ebd.).

Dies ist auch die *Kernkompetenz*, von der Leitungskraft A spricht, wenn er sagt, dass die anderen oftmals gesellschaftlich anerkannteren Professionen *„erst sozusagen ins Arbeiten kommen, wenn sozusagen wir die Türen geöffnet haben"* (LA: 8/362–363). Die Aufgabe der Sozialen Arbeit sei es, gewissermaßen die Vorarbeit zu leisten und herausfinden, was der Mensch braucht, *„um überhaupt, dass sone andere Spezialprofession, ja ins in die Wirk, Kette, reinkommt"* (LA: 8/365–366). Auch wenn er diese Fähigkeit explizit einem Studium der Sozialen Arbeit zurechnet, ist sich Leitungskraft A darüber bewusst, dass die Soziale Arbeit zukünftig immer *buntere* Teams benötigt, um den wachsenden und zunehmend komplexeren Aufgaben auch gerecht werden zu können. In die gleiche Kerbe schlägt auch Leitungskraft C. Nicht nur, dass bei seinem Träger die Projekt-Teams zusehends vor dem Hintergrund ihrer sich ergänzenden Kompetenzen und Fähigkeiten – sprich, hinsichtlich ihrer sich konstruktiv ergänzenden und dabei als kohärent und authentisch erscheinenden singulären Profile (Reckwitz 2018) – zusammengestellt werden. Sondern auch, wenn er davon spricht, dass die Soziale Arbeit für die aktuellen Herausforderungen aufgrund einer sehr diversen, vielfältigen dynamischen sozialen Situation auch solche Fachkräfte braucht, *„die, genau dem entsprechen"* (LC: 11/492). Mit anderen Worten lässt sich die zunehmende Interdisziplinarisierung innerhalb der Sozialen Arbeit m. E. als eine den gesellschaftlichen Herausforderungen entsprechende *Evolution* eines von Beginn interdisziplinär angelegten Berufs verstehen.

Daher lautet meine abschließende Schlussfolgerung: Sollte es der Sozialen Arbeit gelingen, die hochqualifizierten Arbeitskräfte der spätmodernen Kultur- und Wissensökonomie – mit ihren nun nicht mehr nur noch als interdisziplinär *ausgeliehen* zu betrachtenden Wissensbeständen und Verfahrensweisen – bei der Aneignung einer Berufsidentität und damit eines sozialpädagogischen Selbstverständnisses zu unterstützen, stellen die Quereinsteiger*innen perspektivisch einen großen Gewinn bei der Beantwortung aktueller gesellschaftlicher Herausforderungen für die Soziale Arbeit dar.

In Anbetracht der zu diesen Ergebnissen widersprüchlichen Einordnungen vonseiten der Berufsfachverbände, wonach Quereinsteiger*innen synonym mit De-Professionalisierung gesetzt werden, drängt sich der Verdacht auf, dass sich der Diskurs zur Bedeutung von Quereinsteiger*innen von den alltäglichen Erfahrungen der Leitungskräfte offenbar abgekoppelt zu haben scheint[94]. Nicht zuletzt daher erscheint es m. E. unerlässlich, weitere Forschung zur Bedeutung von Quereinsteiger*innen für das Berufsfeld der Sozialen Arbeit vornehmen zu müssen und zugleich eine gewisse *Berührungsangst* abzulegen. Dass es sich bei der offenkundigen Ablehnung von Quereinsteiger*innen auch um machtpolitische Interessen der Berufsfachverbände sowie der akademisch institutionellen Vertretungen der Sozialen Arbeit handelt, erscheint mir zumindest plausibel. Gleichzeitig ist diese verkürzte Betrachtung hinsichtlich der momentanen gesellschaftlichen Herausforderungen und der weiterhin hohen Attraktivität dieser Studiengänge aber auch als denkbar fehl am Platz zu bezeichnen.

Zugleich gilt es zum Abschluss dieser Arbeit einige kritische Anmerkungen zu machen. So ist davon auszugehen, dass aus dieser Entwicklung vielfältige Aufgaben und Herausforderungen für das Berufsfeld der Sozialen Arbeit resultieren

94 Worauf nicht zuletzt die kreativen, aber als notwendig erscheinenden Strategien der Leitungskräfte zur Einbindung von Quereinsteiger*innen hinweisen, Stichwort *Hausmeister*innen*.

werden, für die das Berufsfeld allem Anschein nach noch nicht ausreichend vorbereitet ist – worauf nicht zuletzt der bis hierher fehlende wissenschaftliche Diskurs zum Thema der konstruktiven Einbindung von Quereinsteiger*innen hindeutet. So verschiebt sich u. a. die Verantwortung für die Aneignung einer Berufsidentität sowie für die Be- und Verarbeitung von berufsbiografischen Krisen zunehmend zu den Trägern und den Weiterbildungsanbietern und damit zur Praxis. Infolge dieser Entwicklung sehen sich die Träger nicht nur einer zunehmenden Mehrbelastung ausgesetzt. Es muss darüber hinaus auch die Frage gestellt werden, inwieweit eine ganzheitliche identifikatorische Aneignung des Berufs der Sozialen Arbeit – wie es ein generalistisches Studium der Sozialen Arbeit üblicherweise anstrebt – bei Trägern gelingen kann, die u. U. in ganz spezifischen Handlungsfeldern aktiv sind und ihre Mitarbeiter*innen dementsprechend auch nur selektiv in diesen Beruf sozialisieren können. Zudem wurden Quereinsteiger*innen in dieser Ausarbeitung durchgehend mit hochqualifizierten akademischen Fachkräften gleichgesetzt. Wie es sich mit Quereinsteiger*innen hinsichtlich ihrer Professionalität verhält, sobald diese keine akademische Ausbildung vorweisen, darauf kann diese Ausarbeitung keine Antworten geben.

Auf der anderen Seite müssen sich auch Hochschulen zusehends damit auseinandersetzen, sich dem Weiterbildungsmarkt für Sozialarbeiter*innen zu öffnen und gemeinsam mit den Trägern und Berufsfachverbänden bedarfsgerechte Angebote zur Weiterbildung von Quereinsteiger*innen fernab eines Studiums der Sozialen Arbeit zu entwickeln. Gleichzeitig ergibt sich für die Hochschulen aus dieser Entwicklung ein neues Potenzial zur Gewinnung von Studierenden hinsichtlich einer notwendigen Nachqualifizierung. Ein solcher Bedarf zur Nachqualifizierung wird entsprechend der Zunahme an Quereinsteiger*innen im Berufsfeld der Sozialen Arbeit perspektivisch wohl weiter anwachsen.

Zum Abschluss möchte ich auf eine weitere sich bereits ankündigende Diversifizierung der Berufsfeldangehörigen der Sozialen Arbeit aufmerksam machen, die jedoch in dieser Ausarbeitung inhaltlich nicht weiter ausgebreitet werden kann. Dennoch möchte ich an dieser Stelle anmerken, dass die besagte Diversifizierung zukünftig wohl mit einer deutlich erhöhten Aufmerksamkeit innerhalb der sozialarbeiterischen Professionalitätsforschung einhergehen wird. Konkret handelt es sich hierbei um eine Zunahme an Fachkräften in der Sozialen Arbeit mit im Ausland erworbenen Abschlüssen. Dies untermalend, möchte ich Leitungskraft A die abschließenden Worte überlassen:

> „ja interessant wirds noch wenn man sagt, ähm es kommen ja auch Sozialarbeiter aus anderen Ländern, ja also, bisher wenige, ja aber, eins zwei, sind doch schon sozusagen auch ähm bei in unseren Beratungsstellen dann aufge-, aufgeploppt sage ich mal angekommen, ist noch mal auch spannend ja also tatsächlich (1) was wie, was, wie geht man damit um“ (LA: 18/851–855).

Transkriptionszeichen

In Anlehnung an Gabriele Rosenthal (1995):

,	kurzes Absetzen
(3)	Dauer der Pause in Sekunden
Ja:	Dehnung
((lachend))	Kommentar des Transkribierenden
viel-	Abbruch
nein	betont
>nein<	leise
…	unverständliche Passage
G	gleichzeitig gesprochen [von/bis]

Literatur- und Quellenverzeichnis

Ackermann, F.; Seeck, D. (1999): Der steinige Weg zur Fachlichkeit. Handlungskompetenz in der Sozialen Arbeit, Hildesheim: Georg Olms Verlag

AKS (Arbeitskreis Kritische Soziale Arbeit München) (2016): Positionspapier zum Thema Berufsfremde in der Sozialen Arbeit. Vom Krisenmodus zurück zur Qualität und Professionalität? http://www.aks-muenchen.de/wp-content/uploads/Positionspapier-Berufsfremde-in-der-Sozialen-Arbeit-AKS-2016.pdf, abgerufen am 04.10.2023

Althoff, H.; Jost, W.; Werner, R. (2001): Berufsausbildung. In: Böttcher, W.; Klemm, R.; Rauschenbach, T. (Hrsg.): Bildung und Soziales in Zahlen. Statistisches Handbuch zu Daten und Trends im Bildungsbereich. Weinheim und München: Juventa Verlag, S. 122–166

Amthor, R.-C. (2012): Einführung in die Berufsgeschichte der Sozialen Arbeit, Weinheim und Basel: Beltz Juventa Verlag

Arbeitsgruppe Bielefelder Soziologen (1976): Kommunikative Sozialforschung, München: Fink Verlag

Arendt, H. (1960): Vita activa oder vom tätigen Leben, Stuttgart: Kohlhammer Verlag

Badura, B.; Gross, P. (1976): Sozialpolitische Perspektiven. Eine Einführung in Grundlagen und Probleme sozialer Dienstleistungen, München: Piper Verlag

BAMF (Bundesamt für Migration und Flüchtlinge) (2019): Schlüsselzahlen Asyl 2018 http://www.bamf.de/SharedDocs/Anlagen/DE/Publikationen/Flyer/flyer-schluesselzahlen-asyl-2018.pdf?__blob=publicationFile, abgerufen am 16.03.2019

Bauer-Felbel, H. (2018): Sicherung der Qualität in der Sozialen Arbeit trotz Fachkräftemangel https://www.dbsh.de/media/dbsh-www/redaktionell/pdf/Sozialpolitik/Sicherung_Qualitaet_trotz_Fachkraeftemangels_30_5_2018.pdf, abgerufen am 04.10.2023

Baumert, J. (1980): Aspekte der Schulorganisation und Schulverwaltung. In: Max-Planck-Institut für Bildungsforschung (Hrsg.): Bildung in der Bundesrepublik Deutschland. Daten und Analysen, Band 1: Entwicklung seit 1950, Reinbek: Rowohlt Verlag, S. 589–748

Beck, U. (1986): Risikogesellschaft. Auf dem Weg in eine andere Moderne, Frankfurt am Main: Suhrkamp Verlag

Beck, U.; Bonß, W. (1989): Verwissenschaftlichung ohne Aufklärung? Zum Strukturwandel von Sozialwissenschaft und Praxis. In: Beck, U.; Bonß, W. (Hrsg.): Weder Sozialtechnologie noch Aufklärung? Analysen zur Verwendung sozialwissenschaftlichen Wissens, Frankfurt am Main: Suhrkamp Verlag, S. 7–45

Becker-Lenz, R.; Müller, S. (2009): Der professionelle Habitus in der Sozialen Arbeit. Grundlagen eines Professionsideals, Bern u. a.: Peter-Lang Verlag

Beher, K.; Hoffmann, H.; Rauschenbach, T. (1999): Das Berufsbild der ErzieherInnen. Vom fächerorientierten zum tätigkeitsorientierten Ausbildungskonzept. Neuwied, Kriftel und Berlin: Luchterhand Verlag

Benkhofer, S.; Esswein, W.; Hülsbeck, M., Krippendorf, T.; Liebens, P.; Mandel, C. (2019): Projektmanagement nach DIN ISO 21500:2016-02, Stuttgart: Schäffer-Poeschel Verlag

Berger, R. (2001): Studienführer Soziale Arbeit. Sozialarbeit, Sozialpädagogik, Sozialwesen, Münster: Votum Verlag

Berger, P. L.; Luckmann, T. (1969): Die gesellschaftliche Konstruktion der Wirklichkeit. Eine Theorie der Wissenssoziologie, Frankfurt am Main: Fischer Verlag

Bergold, J. B.; Flick, U. (1987): Ein-Sichten. Zugänge zur Sicht des Subjekts mittels qualitativer Forschung, Tübingen: DGVT-Verlag

Biesenkamp, R.; Merchel, J. (2018): Berufsbild und Qualifizierung von Leitungskräften in der Sozialen Arbeit. socialnet Materialien. Bonn: socialnet https://www.socialnet.de/materialien/28154.php, abgerufen am 16.09.2023

BKK (Betriebskrankenkasse) (2009): Gesundheitsreport 2009 – Gesundheit in Zeiten der Krise, Essen: BKK

Blumer, H. (1973): Der methodologische Standort des Symbolischen Interaktionismus. In: Arbeitsgruppe Bielefelder Soziologen (Hrsg.): Alltagswissen, Interaktion und gesellschaftliche Wirklichkeit, Reinbek bei Hamburg: Rowohlt Verlag, S. 80–146

BMAS / Nextpractice (Bundesministerium für Arbeit und Soziales) (2016): Wertewelten Arbeiten 4.0, Berlin

BMBF (Bundesministerium für Bildung und Forschung) (2000): Hochschulstudium und Beruf. Ergebnisse von Absolventenstudien, Bonn

BMBF (Bundesministerium für Bildung und Forschung) (2014): Studiensituation und studentische Orientierungen. 12. Studiensurvey an Universitäten und Fachhochschulen https://www.google.com/url?sa=t&rct=j&q=&esrc=s&source=web&cd=&ved=2ahUKEwi-pc3W55f9AhWEi_0HHY-JAUAQFnoECAkQAQ&url=https%3A%2F%2Fkops.uni-konstanz.de%2Fbitstream%2F123456789%2F31220%2F3%2FRamm_0-265900.pdf&usg=AOvVaw3it2X2e-__OZLotfP8H3jT, abgerufen am 15.02.2023

BMBF (Bundesministerium für Bildung und Forschung) (2017): Studiensituation und studentische Orientierungen. 13. Studiensurvey an Universitäten und Fachhochschulen https://www.bmbf.de/SharedDocs/Publikationen/de/bmbf/4/31379_Studierendensurvey_Ausgabe_13_Zusammenfassung.pdf?__blob=publicationFile&v=4, abgerufen am 15.02.2023

BMFSFJ (Bundesministerium für Familie, Senioren, Frauen und Jugend) (2021): Quereinstieg – Männer und Frauen in Kitas Abschlussbericht, Berlin https://www.bmfsfj.de/bmfsfj/service/publikationen/quereinstieg-maenner-und-frauen-in-kitas-176896, abgerufen am 04.10.2023

Bogner, A.; Littig, B.; Menz, W. (2014): Interviews mit Experten. Eine praxisorientierte Einführung, Wiesbaden: Springer Fachmedien Verlag

Bogner, A.; Menz, W. (2002): Das theoriegenerierende Experteninterview. Erkenntnisinteresse, Wissensformen, Interaktion. In: Bogner, A.; Littig, B.; Menz, W. (Hrsg.): Das Experteninterview. Theorie, Methode, Anwendung, Wiesbaden: Springer Fachmedien Verlag, S. 33–70

Boreham, P. (1983): Indetermination: Professional Knowledge, Organizations and Control. The Sociological Review 31, S. 693–718

Böhnisch, L.; Niemeier, C.; Schröer, W. (1997): Die Geschichte der Sozialpädagogik öffnen – ein Zugangstext. In: Niemeier, C.; Schröer, W.; Böhnisch, L. (Hrsg.): Grundlinien historischer Sozialpädagogik. Traditionsbezüge, Reflexionen und übergangene Sozialdiskurse. Dresdner Studien zur Erziehungswissenschaft und Sozialforschung, Weinheim und München: Juventa Verlag, S. 7–32

Böllert, K. (2007): Sozialpädagogik in konsekutiven Studiengängen. In: Erziehungswissenschaft, 18. Jg., Heft 35, S. 57–62

Brand, H. (2022): Studienprozesse als Bildungsprozesse. Potentiale der Lehrpraxis qualitativer Sozialarbeitsforschung aus bildungstheoretischer Perspektive, In: Kondratjuk, M.; Dörner, O.; Tiefel, S.; Ohlbrecht, H. (Hrsg.): Qualitative Forschung auf dem Prüfstand. Beiträge zur Professionalisierung qualitativ-empirischer Forschung in den Sozial- und Bildungswissenschaften, Opladen, Berlin und Toronto: Barbara Budrich Verlag, S. 236–251

Buestrich, M.; Wohlfahrt, N. (2008): Die Ökonomisierung der Sozialen Arbeit. In: Aus Politik und Zeitgeschichte, 58. Jg., Heft 12–13, S. 17–24

Bundesagentur für Arbeit (2022): Blickpunkt Arbeitsmarkt: Akademikerinnen und Akademiker. August 2022. Kapitel 2.9 https://statistik.arbeitsagentur.de/DE/Statischer-Content/Statistiken/Themen-im-Fokus/Berufe/AkademikerInnen/Berufsgruppen/Generische-Publikationen/2-9-Gesellschaftswissenschaften.pdf?__blob=publicationFile&v=8, abgerufen am 08.08.2023

Burzan, N. (2021): Balanceakt zwischen Theorie und Empirie. Kommentar zur Debatte von Nils Kumkar/Uwe Schimank und Andreas Reckwitz. In: Leviathan, 49. Jg., 2/2021, S. 157–163

Busse, S.; Ehlert, G. (2011): Professionalität zwischen Kontinuität und Veränderung – berufsbegleitend studieren, In: Becker-Lenz, R.; Busse, S.; Ehlert, G.; Müller, S. (Hrsg.): Professionelles Handeln in der Sozialen Arbeit. Materialanalysen und kritische Kommentare, Wiesbaden: VS Verlag für Sozialwissenschaften, S. 217–242

Busse, S.; Ehlert, G. (2013): Studieren neben dem Beruf als langfristige Professionalisierungschance, In: Becker-Lenz, R.; Busse, S.; Ehlert, G.; Müller, S. (Hrsg.): Professionalität in der Sozialen Arbeit. Standpunkte, Kontroversen, Perspektiven, 3. Auflage, Wiesbaden: VS Verlag für Sozialwissenschaften, S. 331–356

Daheim, H. (1992): Zum Stand der Professionssoziologie. Rekonstruktion machttheoretischer Modelle der Profession. In: Dewe, B.; Ferchhoff, W.; Olaf-Radtke, F. (Hrsg.) Erziehen als Profession, Wiesbaden: Springer Fachmedien, S. 21–35

Dahme, H.-J. (2008): Krise der öffentlichen Kassen und des Sozialstaats. In: Aus Politik und Zeitgeschichte, 58. Jg., Heft 12–13, S. 10–16

Dahrendorf, R. (1982): Wenn aus Arbeit sinnvolles Tun wird. In: Die Zeit, 36. Jg., Heft 49, S. 44

Dahrendorf, R. (1983): Wenn der Arbeitsgesellschaft die Arbeit ausgeht. In: Matthes, J. (Hrsg.): Krise der Arbeitsgesellschaft? Verhandlungen des 21. Deutschen Soziologentages in Bamberg 1982, Frankfurt am Main: Campus Verlag, S. 25–37

Das Portal der Kinder- und Jugendhilfe (2023): Fachkräftemangel besonders stark in den Sozialberufen https://jugendhilfeportal.de/artikel/fachkraeftemangel-besonders-stark-in-den-sozialberufen, abgerufen am 04.10.2023

DBSH (Deutscher Berufsverband für Soziale Arbeit e. V.) (2016): Deutschsprachige Definition Sozialer Arbeit https://www.dbsh.de/profession/definition-der-sozialen-arbeit/deutsche-fassung.html, abgerufen am 23.05.2023

DBSH (Deutscher Berufsverband für Soziale Arbeit e. V.) (2022): Stellungnahme: Der Fachkräftemangel braucht adäquate Antworten: Qualität und Qualifikation statt Pauschallösung https://www.dbsh.de/profession/berufspolitische-veroeffentlichungen/veroeffentlichungen-zur-staatlichen-anerkennung.html, abgerufen am 21.09.2023

Deutsche Welle (o. J.): Grammatik. Müssen oder sollen? https://learngerman.dw.com/de/müssen-oder-sollen/l-40504512/gr-40508500, abgerufen am 09.12.2021

DGB-Index (Deutscher Gewerkschaftsbund) Gute Arbeit 2016. Der Report 2016. Wie die Beschäftigten die Arbeitsbedingungen in Deutschland beurteilen, Berlin

DGB-Index (Deutscher Gewerkschaftsbund) Gute Arbeit 2022. Report 2022. Digitale Transformation – Veränderungen der Arbeit aus Sicht der Beschäftigten, Berlin

Driesner, I; Arndt, M. (2020): Die Qualifizierung von Quer- und Seiteneinsteiger*innen. Konzepte und Lerngelegenheiten im bundesweiten Überblick. In: Die Deutsche Schule, 112. Jg., Heft 4, S. 414–427

Engelbracht, M.; Klein, A.; Richter, M. (2022): Zur Debatte um die Staatliche Anerkennung von Studiengängen der Erziehungswissenschaft mit sozialpädagogischem Profil. In: Erziehungswissenschaft, 33. Jg., Heft 33, S. 23–29

Fann, K. T. (1970): Peirce's Theory of Abduction. Den Haag: Nijhoff Verlag

Fischer, W. (1978): Struktur und Funktion erzählter Lebensgeschichten. In: Kohli, M. (Hrsg.): Soziologie des Lebenslaufs, Darmstadt und Neuwied: Luchterhand Verlag, S. 311–336

Fischer, W. (1982): Time and Chronic Illnes. A Study on the Social Constitution of Temporality, Berkeley: Eigenverlag – zugleich: Habilitationsschrift, Universität Bielefeld, Fakultät für Soziologie

Fischer-Rosenthal, W.; Rosenthal, G. (1997): Narrationsanalyse biographischer Selbstpräsentationen. In: Hitzler, R.; Honer, A. (Hrsg.): Sozialwissenschaftliche Hermeneutik. Eine Einführung, Opladen: Leske und Budrich Verlag, S. 133–164

Flick, U. (2000): Triangulation in der qualitativen Forschung. In: Flick, W.; Kardorff, E., Steinke, I. (Hrsg.): Qualitative Forschung. Ein Handbuch, Reinbek bei Hamburg: Rowohlt Verlag, S. 309–318

Flick, U.; Kardorff, E. v.; Steinke, I. (2000): Was ist qualitative Forschung? Einleitung und Überblick. In: Flick, W.; Kardorff, E., Steinke, I. (Hrsg.): Qualitative Forschung. Ein Handbuch, Reinbek bei Hamburg: Rowohlt Verlag, S. 13–29

Frankfurter Allgemeine Zeitung (FAZ) (2015): Zehntausende neue Stellen für Beamte und Sozialarbeiter, vom 06.10.2015 https://www.faz.net/aktuell/politik/fluechtlingskrise/fluechtlingskrise-zehntausende-neue-stellen-fuer-beamte-und-sozialarbeiter-13841071.html, abgerufen am 04.10.2023

Frevert, U; Haupt, H.-G. (2005): Neue Politikgeschichte: Perspektiven einer historischen Politikforschung. Frankfurt am Main und New York: Campus Verlag

Fricke, W.; Grauer, G. (1994): Hochschulsozialisation im Sozialwesen. Entwicklung von Persönlichkeit, studienbezogene Einstellung, berufliche Orientierungen, Hannover: HIS Verlag

Fuchs, V. R. (1968): The Service Economy, New York: Columbia University Press

Galuske, M. (2013): Methoden der Sozialen Arbeit. Eine Einführung, 10. Auflage, Weinheim: Beltz und Juventa Verlag

Gartner, A.; Riessmann, F. (1978): Der aktive Konsument in der Dienstleistungsgesellschaft. Zur politischen Ökonomie des tertiären Sektors, Frankfurt am Main: Suhrkamp Verlag

Gängler, H. (1994): Akademisierung auf Raten, In: Krüger, H.-H.; Rauschenbach, T. (Hrsg.): Erziehungswissenschaft. Die Disziplin am Beginn einer neuen Epoche, Weinheim und München: Juventa Verlag, S. 229–252

Geertz, C. (1983): Dichte Beschreibung. Beiträge zum Verstehen kultureller Systeme, Frankfurt am Main: Suhrkamp Verlag

Gerhardt, U. (1995): Typenbildung. In: Flick, U.; Kardorff, E. v.; Keupp, H.; Rosenstiel, L. v.; Wolff, S. (Hrsg.): Handbuch Qualitative Sozialforschung. Grundlagen, Konzepte, Methoden und Anwendungen, 2. Auflage, Weinheim: Psychologie Verlags Union, S. 435–439

Gesellschaft für deutsche Sprache e. V. (o. J.): Fragen und Antworten. Warum sagt man zu Geld auch *Kohle*? https://gfds.de/kohle-fuer-geld/, abgerufen am 30.08.2023

Gildemeister, R. (1992): Neuere Aspekte der Professionalisierungsdebatte. Soziale Arbeit zwischen immanenten Kunstlehren des Fallverstehens und kollektiven Strategien der Statusverbesserung. In: neue praxis, 22. Jg., S. 207–219

Glaser, B. G.; Strauss, A. L. (1967): The Discovery of Grounded Theory, Chicago: Aldine Verlag

Gläser, J.; Laudel, G. (2004): Experteninterviews und qualitative Inhaltsanalyse, Wiesbaden: Juventa Verlag

Goffman, E. (1977): Rahmen-Analyse – Ein Versuch über die Organisation von Alltagserfahrungen, Frankfurt am Main: Suhrkamp Verlag

Goode, W. (1957): Community Within the Community: The Professions. American Sociological Review 22, S. 194–200

Goodman, R. A.; Goodman, L. P. (1976): Some Management Issues in Temporary Systems: A Study in Professional Development and Manpower – The Theater Case. In: Administrative Science Quarterly, 21. Jg., Heft 3, S. 494–501

Granovetter, M. S. (1973): The Strength of Weak Ties. In: American Journal of Sociology, 78. Jg., Heft 6, S. 1360–1380

Graßhoff, G. (2015): Adressatinnen und Adressaten der Sozialen Arbeit. Eine Einführung, Wiesbaden: Springer Fachmedien Verlag

Graßhoff, G.; Schweppe, C. (2009): Biographie und Professionalität in der Sozialpädagogik, In: Becker-Lenz, R.; Busse, S.; Ehlert, G.; Müller, S. (Hrsg.): Professionalität in der Sozialen Arbeit. Standpunkte, Kontroversen, Perspektiven, Wiesbaden: VS Verlag für Sozialwissenschaften, S. 307–318

Gregor, F.; Hillman, J.; Trennt, F. und Briedis, K. (2016): Hochschulabschlüsse nach Bologna. Werdegänge der Bachelor- und Masterabsolvent(inn)en des Prüfungsjahrgangs 2013. In: Deutsches Zentrum für Hochschul- und Wissenschaftsforschung (Hrsg.), Hannover

Grenz, T.; Eisewicht, P. (2018): Die (Un)Möglichkeit allgemeiner Gütekriterien in der Qualitativen Forschung – Replik auf den Diskussionsanstoß zu „Gütekriterien qualitativer Forschung“ von Jörg Strübing, Stefan Hirschauer, Ruth Ayaß, Uwe Krähnke und Thomas Scheffer. In: Zeitschrift für Soziologie, 47. Jg., Heft 5, S. 364–373

Grillitsch, W.; Sagmeister, M. (2021): Projektmanagement in Organisationen der Sozialwirtschaft. Eine Einführung, Wiesbaden: Springer Fachmedien Verlag

Grohall, K.-H. (1997): Studienreform in den Fachbereichen für Sozialwesen: Materialien, Positionen, Zielsetzungen, Freiburg i. B.: Lambertus Verlag

Gross, P. (1983): Die Verheißungen der Dienstleistungsgesellschaft. Soziale Befreiung oder Sozialherrschaft? Opladen: Westdeutscher Verlag

Gurwitsch, A. (1964): The Field of Consciousness, Pittsburgh: Duquesne University Press

Gurwitsch, A. (1974): Das Bewusstseinsfeld, Berlin und New York: De Gruyter Verlag

Hahn, A. (1988): Biographie und Lebenslauf. In: Brose, H.-G.; Hildenbrand, B. (Hrsg.): Vom Ende des Individuums zur Individualität ohne Ende, Opladen: Leske und Budrich Verlag, S. 91–105

Halmos, P. (1970): The Personal Service Society, London: Constable

Hardering, F. (2014): Zwischen Glücksjagd und Sinnsuche in der Arbeitswelt. Über die Beschaffenheit und subjektive Aneignung moderner Glücksvorstellungen der Arbeit. In: Sozialwissenschaften und Berufspraxis, 37. Jg., Heft 2, S. 175–187

Hardering, F. (2017a): Die Suche nach dem Sinn: Zur Zukunft der Arbeit. In: Aus Politik und Zeitgeschichte, 67. Jg., Heft 26, S. 4–10

Hardering, F. (2017b): Wann erleben Beschäftigte ihre Arbeit als sinnvoll? Befunde aus einer Untersuchung über professionelle Dienstleitungsarbeit. In: Zeitschrift für Soziologie, 46. Jg., Heft 1, S. 39–54

Hardering, F.; Will-Zocholl, M. (2015): Die Krise des Sinns in der Arbeit? „Sinnvolle Arbeit“ als Gegenstand soziologischer Krisendiskurse. In: Lessnich, S. (Hrsg.): Routinen der Krise – Krise der Routinen. Verhandlungen des 37. Kongresses der Deutschen Gesellschaft für Soziologie in Trier 2014

Hammerschmidt, P.; Sagebiel, J. (2010): Einführung. In: Hammerschmidt, P.; Sagebiel, J. (Hrsg.): Professionalisierung im Widerstreit. Zur Professionalisierungsdiskussion in der Sozialen Arbeit – Versuch einer Bilanz. München: Schriftreihe Soziale Arbeit der Fakultät angewandte Sozialwissenschaften der Hochschule München, S. 9–24

Havighurst, R. J. (1953): Human Development and Education. New York: Longmans Green

Heil, F.; Behm, A.-M. (2022): Gehalt soziale Arbeit. Was verdient ein Sozialpädagoge oder Sozialarbeiter? https://www.academics.de/ratgeber/sozialarbeiter-gehalt, abgerufen am 25.04.2023

Heiner, M. (2004): Professionalität in der Sozialen Arbeit. Theoretische Konzepte, Modelle und empirische Perspektiven, Stuttgart: Kohlhammer Verlag

Heiner, M. (2010): Soziale Arbeit als Beruf. Fälle – Felder – Fähigkeiten, 2. Auflage, München: Ernst Reinhardt Verlag

Helsper, W. (2002): Lehrerprofessionalität als antinomische Handlungsstruktur. In: Kraul, M.; Marotzki, W.; Schweppe, C. (Hrsg.): Biographie und Profession, Bad Heilbrunn: Klinkhardt Verlag, S. 64–102

Hickmann, H.; Koneberg, F. (2022): IW-Kurzbericht 67/2022. Die Berufe mit den aktuell größten Fachkräftelücken https://www.iwkoeln.de/studien/helen-hickmann-filiz-koneberg-die-berufe-mit-den-aktuell-groessten-fachkraefteluecken.html, abgerufen am 04.10.2023

Hildenbrand, B. (1983): Alltag und Krankheit. Ethnographie einer Familie, Stuttgart: Klett Verlag

Hitzler, R.; Honer, A. (1991): Qualitative Verfahren zur Lebensweltanalyse. In: Flick, U.; Kardorff, E. v.; Keupp, H.; Rosenstiel, L. v.; Wolff, S. (Hrsg.): Handbuch Qualitative Sozialforschung.

Grundlagen, Konzepte, Methoden und Anwendungen, München: Psychologie Verlags Union, S. 382–385
Hoffmann-Riem, C. (1980): Die Sozialforschung einer interpretativen Soziologie. Der Datengewinn. In: Kölner Zeitschrift für Soziologie und Sozialpsychologie, 32. Jg., Heft 2, S. 339–372
Hoffmeyer, M. (2016): Sozialarbeiter – gefragt wie noch nie. In: Süddeutsche Zeitung vom 10. Juni 2016 https://www.sueddeutsche.de/karriere/soziale-berufe-sozialarbeiter-gefragt-wie-noch-nie-1.3027086?print=true, abgerufen am 04.10.2023
Hubbertz, K. P. (2002): Problemlösen und Verstehen. Ein strategisch-kommunikatives Modell beruflichen Handelns in der Sozialen Arbeit. In: Archiv für Wissenschaft und Praxis der Sozialen Arbeit, 33. Jg., Heft 2, S. 84–127
Huber, L.; Vogel, U. (1984): Studentenforschung und Hochschulsozialisation, In: Goldschmidt, D.; Teichler, U.; Webler, W.-D. (Hrsg.): Forschungsgegenstand Hochschule. Überblick und Trendbericht, Frankfurt am Main: Campus Verlag, S. 107–154
Hughes, E. C. (1971): The Sociological Eye, Chicago und New York: Aldine
Hürtgen, S.; Voswinkel, S. (2014): Nichtnormale Normalität? Anspruchslogiken aus der Arbeitnehmermitte, Berlin: Edition Sigma Verlag
Hürtgen, S.; Voswinkel, S. (2016): Ansprüche an Arbeit und Leben – Beschäftigte als soziale Akteure. In: WSI-Mitteilungen, 69. Jg., Heft 7, S. 503–512
Initiative Auslandszeit (2016): Presseinfo. Eine schwierige Entscheidung – was kommt nach dem Abitur? https://www.auslandszeit.de/presse/pressemitteilung-entscheidung-was-kommt-nach-dem-abitur/, abgerufen am 12.08.2023
Institut f. Wirtschaft, Arbeit und Kultur der Goethe-Universität Frankfurt am Main (IWAK) (2023): Bis 2028 fehlen 200.000 Fachkräfte: Sozialministerium und IWAK stellen regionale Prognosen vor https://aktuelles.uni-frankfurt.de/gesellschaft/bis-2028-fehlen-200-000-fachkraefte-sozialministerium-und-iwak-stellen-regionale-prognosen-vor/, abgerufen am 04.10.2023
Jakob, G. (2018): Biographie, In: Otto, H.-U., Thiersch, T., Treptow, R., Ziegler, H. (Hrsg.): Handbuch Soziale Arbeit, 6. Überarbeitete Auflage, München: Ernst Reinhardt Verlag, S. 203–211
Jellen, J.; Ohlbrecht, H.; Winkler, T. (2018): Strategien im Umgang mit Krankheit. Zum Versuch einer Typologie im Rahmen sich wandelnder Arzt-Patienten-Interaktionen. In: Ohlbrecht, Heike und Seltrecht, A. (Hrsg.): Medizinische Soziologie trifft Medizinische Pädagogik, Gesundheit und Gesellschaft, Wiesbaden: Springer Fachmedien, S. 173–199
Johnson, T. (1972): Professions and Power, London: Macmillan
Kallmeyer, W.; Schütze, F. (1977): Zur Konstitution von Kommunikationsschemata der Sachverhaltsdarstellung. In: Wegner, D. (Hrsg.): Gesprächsanalysen, Hamburg: Buske Verlag, S. 159–274
Kerschensteiner, G. (1921): Die Seele des Erziehers und das Problem der Lehrerbildung, Wiesbaden: Springer Fachmedien Verlag
Klatetzki, T.; Wedel-Parlow, U. v. (2001): Soziale Arbeit. In: Schäfers, B.; Zapf, W. (Hrsg.): Handwörterbuch zur Gesellschaft Deutschlands, 2. Auflage, Opladen: Leske und Budrich Verlag, S. 583–595
Klingbeil, L. (2020, 2. April): Meine neue Kollegin haart, schläft während der Arbeitszeit, ... [Foto enthalten], [Statusupdate], Facebook https://www.facebook.com/klingbeil.lars/photos/a.10151700164986094/10157318137376094/?type=3, abgerufen am 23.05.2023
Klomann, V. (2013): Zum Stand der Profession Soziale Arbeit. Empirische Studie zur Präsenz reflexiver Professionalität in den Sozialen Diensten der Jugendämter im Rheinland, Bielefeld: Universität Bielefeld Verlag
Klomann, V.; Breuer-Nyhsen, J. (2019): Fachkräftebedarf und Hochschulausbildung – Eine kritische Diskussion von Interessenlagen und Entwicklungsperspektiven. In: Jugendhilfereport, Heft 1/2019, S. 11–17
Klomann, V.; Lochner, B. (2020): Qualifizierung in der Sozialen Arbeit. Soziale Arbeit studieren, praktizieren, beforschen und lehren. In: Sozialextra, 44. Jg., Heft 5, S. 260–264

Knoblauch, H.; Baur, N.; Traue, B.; Akremi, L. (2018): Was heißt „Interpretativ forschen“? In: Akremi, L.; Baur, N.; Knoblauch, H.; Traue, B. (Hrsg.): Handbuch Interpretativ forschen, Weinheim Basel: Beltz Juventa Verlag

Koffka, K. (1935/1963): Principles of Gestalt Psychology, New York: Harbinger Verlag

Kokemohr, R.; Marotzki, W. (1989): Vorwort. In: Kokemohr. R.; Marotzki, W. (Hrsg.): Biographien in komplexen Institutionen. Studentenbiographien 1., Frankfurt am Main; Bern und New York: Peter Lang Verlag, S. 5–13

Kommission Sozialpädagogik (Hrsg.) (2023): Sozialpädagogische Professionalisierung in der Krise? Weinheim und Basel: Beltz Juventa Verlag

Kotthaus, J. (2017): Die Soziale Arbeit als Menschenrechtsprofession – revisited. In: Braches-Chyrek, R.; Sünker, H. (Hrsg.): Soziale Arbeit in gesellschaftlichen Konflikten und Kämpfen, Wiesbaden: Springer VS, S. 101–118

Köngeter, S. (2017): Professionalität. In: Kessl, F.; Kruse, E.; Stövesand, S.; Thole, W. (Hrsg.): Soziale Arbeit – Kernthemen und Problemfelder, Opladen und Toronto: Barbara Budrich Verlag, S. 87–105

Kratzer, N.; Dunkel, W. (2013): Neue Steuerungsformen bei Dienstleistungsarbeit – Folgen für Arbeit und Gesundheit. In: Bundesanstalt für Arbeitsschutz und Arbeitsmedizin, Junghanns, G.; Morschhäuser, M. (Hrsg.): Immer schneller, immer mehr. Psychische Belastung bei Wissens- und Dienstleistungsarbeit, Wiesbaden: Springer VS, S. 41–61

Kraul, M.; Marotzki, W.; Schweppe, C. (2002): Biographie und Profession. Eine Einleitung. In: Kraul, M.; Marotzki, W.; Schweppe, C. (Hrsg.): Biographie und Profession, Bad Heilbrunn: Klinkhardt Verlag, S. 7–16

Kreyenfeld, M. (2003): Crisis or Adaption – Reconsidered: A comparison of East and West German fertility patterns in the first six years after the ‚Wende‘. In: European Journal of Population, 19. Jg., Heft 3, S. 303–329

Kröhnert, S. (2008): Bevölkerungsentwicklung in Ostdeutschland. In: Berlin-Institut für Bevölkerung und Entwicklung (Hrsg.): Demografische Analysen – Konzepte – Strategien

Krüger, H.-H.; Weishaupt, H. (2000): Personal, In: Otto, H.-U. (Hrsg.): Datenreport Erziehungswissenschaft. Befunde und Materialien zur Lage und Entwicklung des Faches in der Bundesrepublik, Opladen: Leske und Budrich Verlag, S. 57–97

Kuhn, T. (1962): Die Struktur wissenschaftlicher Revolutionen, Frankfurt am Main: Suhrkamp Verlag

Kumkar, N.; Schimank, U. (2021): Drei-Klassen-Gesellschaft? Bruch? Konfrontation? Eine Auseinandersetzung mit Andreas Reckwitz' Diagnose der „Spätmoderne“. In: Leviathan, 49. Jg., 1/2021, S. 7–32

Kühne, A.; Warnecke, T. (2014): Berliner Bummel-Bachelor. In: Der Tagesspiegel vom 12.05.2014 https://www.tagesspiegel.de/wissen/wenige-schaffen-studium-in-regelzeit-berliner-bummel-bachelor/9875986.html, abgerufen am 12.06.2020

Küpper, B.; Klocke, U.; Hoffmann, L.-C. (2017): Einstellungen gegenüber lesbischen, schwulen und bisexuellen Menschen in Deutschland. Ergebnisse einer bevölkerungsrepräsentativen Umfrage. Hg. v. Antidiskriminierungsstelle des Bundes, Baden-Baden: Nomos Verlag https://www.antidiskriminierungsstelle.de/SharedDocs/downloads/DE/publikationen/Umfragen/umfrage_einstellungen_geg_lesb_schwulen_und_bisex_menschen_de.pdf?__blob=publicationFile&v=4, abgerufen am 09.08.2023

Küpper, H. (1983): Illustriertes Lexikon der deutschen Umgangssprache, Band 4, Stuttgart: Klett Verlag

Küster, E.-U. (2001): Wissen und Können in der Sozialen Arbeit. Ein Dauerbrenner auf kleiner Flamme. In: Sozial Extra, 25. Jg., Heft 9, S. 32–35

Küster, U.-K.; Schoneville, H. (2012): Qualifizierung für die Soziale Arbeit. Auf der Suche nach Normalisierung, Anerkennung und dem Eigentlichen. In: Thole, W. (Hrsg.): Grundriss Soziale Arbeit, Wiesbaden: Springer Fachmedien, S. 1045–1066

Larson, M. S. (1977): The Rise of Professionalism, Berkeley: University of California Press

Lewin, K. (1920): Die Sozialisierung des Taylorsystems. Eine grundsätzliche Untersuchung zur Arbeits- und Berufspsychologie. In: Schriftenreihe Praktischer Sozialismus, Heft 4, Berlin: Verlag Gesellschaft und Erziehung, S. 3–36

Lewin, K. (1927/1967): Gesetz und Experiment in der Psychologie. Darmstadt: Wissenschaftliche Buchgesellschaft

Lewin, K. (1930/1931): Der Übergang von der aristotelischen zur galileischen Denkweise in Biologie und Psychologie. In: Erkenntnis, 1. Jg., Heft 1, S. 421–466

Lindemann, G. (2008): Theoriekonstruktion und empirische Forschung. In: Kalthoff, H.; Hirschauer, S.; Lindemann, G. (Hrsg.): Theoretische Empirie. Zur Relevanz qualitativer Forschung, Frankfurt am Main: Suhrkamp Verlag, S. 107–128

Lindner, C. (2020, 15. März): Der Kalender leer, der Kopf voller Gedanken ..., [Foto enthalten], [Statusupdate], Facebook https://www.facebook.com/lindner.christian/photos/a.713522445328995/3438363462844866/?type=3, abgerufen am 23.05.2023

Loch, U.; Rosenthal, G. (2002): Das Narrative Interview. In: Schaeffer, D.; Müller-Mundt, G. (Hrsg.): Qualitative Gesundheits- und Pflegeforschung, Bern et. al.: Huber Verlag, S. 221–232 (gedruckte Variante) / S. 1–14 (im Internet frei zugängliche Variante) https://www.ssoar.info/ssoar/handle/document/5767, abgerufen am 29.07.2023

Loerzer, S. (2022): „Der Kollaps steht kurz bevor". In: Süddeutsche Zeitung vom 19. September 2022 https://www.sueddeutsche.de/muenchen/sozialarbeit-corona-krieg-1.5659749, abgerufen am 04.10.2023

Luhmann, N. (1973): Formen des Helfens im Wandel gesellschaftlicher Bedingungen. In: Otto, H.-U.; Schneider, S. (Hrsg.): Gesellschaftliche Perspektiven der Sozialarbeit 1, Neuwied und Berlin: Luchterhand Verlag, S. 21–43

Lutz, R. (2008): Perspektiven der Sozialen Arbeit. In: Aus Politik und Zeitgeschichte, 58. Jg., Heft 12–13, S. 3–10

Lutz, R. (2013): Bologna Reform und die Praxis Sozialer Arbeit https://bagprax.sw.eah-jena.de/data/publikationen/weitere/Lutz_Ronald_2013_Bologna_und_Praxis_Sozialer_Arbeit.pdf, abgerufen am 04.10.2023

Lüders, C.; Reichertz, J. (1986): Wissenschaftliche Praxis ist, wenn alles funktioniert und keiner weiß warum. Bemerkungen zur Entwicklung qualitativer Sozialforschung. In: Sozialwissenschaftliche Literaturrundschau, 9. Jg., Heft 12, S. 90–102

Marien, S.; Regel-Zachmann, J. (2017): Projektmanagement in der Schule, Weinheim und München: Juventa Verlag

Marotzki, W.; Nohl, A.-M.; Ortlepp, W. (2021): Einführung in die Erziehungswissenschaft, 3. Auflage, Opladen und Toronto: Barbara Budrich Verlag

Mau, S. (2019): Lütten Klein. Leben in der ostdeutschen Transformationsgesellschaft, 3. Auflage, Berlin: Suhrkamp Verlag

Mau, S. (2021): Konturen einer neuen Klassengesellschaft? Einige Anmerkungen zur Konzeption der Mittelklasse bei Andreas Reckwitz. In: Leviathan, 49. Jg., 2/2021, S. 164–173

Mau, S.; Lux, T.; Westheuser, L. (2023): Triggerpunkte. Konsens und Konflikt in der Gegenwartsgesellschaft, Berlin: Suhrkamp Verlag

Mayring, P. (2000): Qualitative Inhaltsanalyse. Grundlagen und Techniken, 7. Auflage, Weinheim: Deutscher Studien Verlag

Mecheril. P.; Klinger, B. (2010): Universität als transgressive Lebensform. Anmerkungen, die gesellschaftliche Differenz und Ungleichheitsverhältnisse berücksichtigen. In: Darowaska, L.; Lüttenberg, T.; Machhold, C. (Hrsg.): Hochschule als transkultureller Raum? Kultur, Bildung und Differenz in der Universität, Bielefeld: Transcript Verlag, S. 83–116

Meinefeld, W. (1997): Ex-ante Hypothesen in der Qualitativen Sozialforschung: zwischen „fehl am Platz" und „unverzichtbar". In: Zeitschrift für Soziologie, 26. Jg., Heft 1, S. 22–34

Merchel, J. (2005): Organisationsgestaltung in der Sozialen Arbeit. Grundlagen und Konzepte zur Reflexion, Gestaltung und Veränderung von Organisationen, Weinheim und München: Juventa Verlag

Merchel, J. (2015): Leitung in der Sozialen Arbeit. Grundlagen der Gestaltung und Steuerung von Organisationen, 3. Auflage, Weinheim: Beltz Juventa Verlag

Merkens, H.; Weishaupt, H.; Zedler, P. (2000): Lokale Profile, In: Otto, H.-U. u. a. (Hrsg.): Datenreport Erziehungswissenschaft. Befunde und Materialien zur Lage und Entwicklung des Faches in der Bundesrepublik, Opladen: Leske und Budrich Verlag, S. 145–153

Mersi, F. (2015): Mangel-Verwaltung. In: Süddeutsche Zeitung vom 13. August 2015 https://www.sueddeutsche.de/muenchen/landkreismuenchen/sozialpaedagogen-im-landkreis-mangel-verwaltung-1.2607411, abgerufen am 04.10.2023

Merten, R. (2000): Zur Binnenstruktur professionellen Handelns in der Sozialen Arbeit. In: Müller, S. u. a. (Hrsg.): Soziale Arbeit. Gesellschaftliche Bedingungen und professionelle Perspektiven. Neuwied und Kriftel: S. 399–416

Merten, R.; Olk, T. (1999): Soziale Dienstleistungsberufe und Professionalisierung. In: Albrecht, G., Groenemeyer, A.; Stallberg, Friedrich W. (Hrsg.): Handbuch soziale Probleme, Opladen und Wiesbaden: Westdeutscher Verlag, S. 955–982

Merz, F. (2020): Tag 9 mit #COVID19: Symptome sind weiter auf dem Rückzug, ... [Bild enthalten], [Tweet], Twitter https://twitter.com/_FriedrichMerz/status/1242144909844455429, abgerufen am 23.05.2023

Meuser, M.; Nagel, U. (2002): ExpertInneninterviews – vielfach erprobt, wenig bedacht. Ein Beitrag zur qualitativen Methodendiskussion. In: Bogner, A.; Littig, B.; Menz, W. (Hrsg.): Das Experteninterview. Theorie, Methode, Anwendung, Wiesbaden: Springer Fachmedien Verlag, S. 71–93

Meuser, M.; Nagel, U. (2010): ExpertInneninterview. In: Becker, R.; Kortendiek, B. (Hrsg.): Handbuch Frauen- und Geschlechterforschung, Wiesbaden: VS Verlag für Sozialwissenschaften, S. 376–379

Mittelstraß, J. (2002): Bildung und ethische Maße. In: Killius, N.; Kluge, J.; Reisch, L. (Hrsg.): Die Zukunft der Bildung, Frankfurt am Main: Suhrkamp Verlag, S. 151–170

Motzke, K. (2014): Soziale Arbeit als Profession. Zur Karriere „sozialer Hilfstätigkeit" aus professionssoziologischer Perspektive, Opladen, Berlin und Toronto: Barbara Budrich Verlag

Müller, B. (1995): Das Allgemeine und das Besondere beim sozialpädagogischen und psychoanalytischen Fallverstehen. In: Zeitschrift für Pädagogik, 41. Jg., Heft 5, S. 697–708

Müller, B. (2012): Professionalität. In: Thole, W. (Hrsg.): Grundriss Soziale Arbeit, Wiesbaden: Springer Fachmedien

Münchmeier, R. (1981): Zugänge zur Geschichte der Sozialarbeit, Weinheim und München: Juventa Verlag

Münchmeier, R. (2011): Geschichte der Sozialen Arbeit. In: Otto, H.-W.; Thiersch, H. (Hrsg.): Handbuch Soziale Arbeit, 4. Auflage, München: Ernst Reinhardt Verlag, S. 528–540

myStipendium: Gehalt. Sozialarbeiter Gehalt: Einstiegsgehalt, Entwicklung & Einflussfaktoren https://www.mystipendium.de/berufe/sozialarbeiter/gehalt, abgerufen am 25.04.2023

Nachtwey, O. (2021): Klassen und Klassenkonflikte – Anmerkungen zu Andreas Reckwitz. In: Leviathan, 49. Jg., 2/2021, S. 174–180

Nagel, U. (1997): Engagierte Rollendistanz. Professionalität in biographischer Perspektive, Opladen: Leske und Budrich Verlag

Oevermann, U.; Allert, T.; Konau, E. (1980): Zur Logik der Interpretation von Interviewtexten. In: Heinze, T.; Klusemann, H. W.; Soeffner, H.-G. (Hrsg.): Interpretationen einer Bildungsgeschichte, Bensheim: päd extra, S. 15–69

Oevermann, U.; Allert, T.; Konau, E.; Krambeck, J. (1979): Die Methodologie einer objektiven Hermeneutik und ihre allgemeine forschungslogische Bedeutung in den Sozialwissenschaften. In: Soeffner, H.-G. (Hrsg.): Interpretative Verfahren in den Sozial- und Textwissenschaften, Stuttgart: Metzler Verlag, S. 352–434

Oevermann, U. (1981): Professionalisierung der Pädagogik – Professionalisierbarkeit pädagogischen Handelns, Berlin: unveröffentlichtes Manuskript
Oevermann, U. (1983): Zur Sache: Die Bedeutung von Adornos methodologischem Selbstverständnis für die Begründung einer materialen soziologischen Strukturanalyse. In: Friedeburg, L. v.; Habermas, J. (Hrsg.): Adorno-Konferenz 1983, Frankfurt am Main: Suhrkamp Verlag, S. 234–289
Oevermann, U. (1988): Eine exemplarische Fallrekonstruktion zum Typus versozialwissenschaftlicher Identitätsformation. In: Brose, H.-G., Hildenbrand, B. (Hrsg.): Vom Ende des Individuums zur Individualität ohne Ende, Opladen: Leske und Budrich Verlag, S. 234–286
Oevermann, U. (1996): Theoretische Skizze einer revidierten Theorie professionalisierten Handelns. In: Combe, A.; Helsper, W. (Hrsg.): Pädagogische Professionalität. Untersuchungen zum Typus pädagogischen Handelns, Frankfurt am Main: Suhrkamp Verlag, S. 70–182
Offe, C. (1983): Arbeit als soziologische Schlüsselkategorie? In: Matthes, J. (Hrsg.): Krise der Arbeitsgesellschaft? Verhandlungen des 21. Deutschen Soziologentages in Bamberg 1982, Frankfurt am Main: Campus Verlag, S. 38–65
Ostermann, G. (2022): Was gegen die Personalnot in der sozialen Arbeit hilft. In: Der Standard vom 06. September 2022 https://www.derstandard.de/story/2000138754010/was-gegen-die-personalnot-in-der-sozialen-arbeit-hilft, abgerufen am 04.10.2023
Otten, A. (2004): Von der Sozialarbeit zur Supervision – Biographie als Gegenstand von Studienprozessen. In: Hanses, A. (Hrsg.): Soziale Arbeit und Biographie. Institutionelle und biographische Konstruktionen von Wirklichkeit, Hohengehren: Schneider Verlag, S. 166–190
Otto, H.-U.; Böllert, K. (1994): Rückwärts in die Zukunft? Die Krise der Sozialpolitik ist auch eine Krise der Sozialen Arbeit. In: neue praxis, 24. Jg., S. 443–445
Paris, R. (2005): Normale Macht. Soziologische Essays, Konstanz: UVK Verlag
Parsons, T. (1939): The Professions and Social Structure. Social Forces 17, S. 457–467
Parsons, T. (1952): The Social System, London: Tavistock
Parsons, T. (1968): Professions. In: Sills, D. S. (Hrsg.): International Encyclopedia of the Social Sciences, Band 12, New York: MacMillan, Free Press, S. 536–547
Peirce, Ch. S. (1933/1980): Collected Papers. In: Hartshorne, C.; Weiss, P. (Hrsg.): Cambridge: Belknap Verlag
Peukert, D. J. K. (1986): Grenzen der Sozialdisziplinierung. Aufstieg und Krise der deutschen Jugendfürsorge 1878 bis 1932, Köln: Bund
Pfaffenberger, H. (1981): Zur Situation der Ausbildungsstätten. In: Projektgruppe Soziale Berufe (Hrsg.): Sozialarbeit: Ausbildung und Qualifikation. Expertisen I, München: Juventa Verlag, S. 89–119
Przyborski, A.; Wohlrab-Sahr, M. (2014): Qualitative Sozialforschung. Ein Arbeitsbuch, 4., erweiterte Auflage, München: Oldenbourg Verlag
Rauschenbach, T. (1990): Zur Ausbildungssituation für soziale Berufe in der BRD. In: Nachrichtendienst des Deutschen Vereins für öffentliche und private Fürsorge, 70. Jg., Heft 9, S. 270–274
Rauschenbach, T. (1999): Sozialarbeitswissenschaft – eine neue Wissenschaft oder ein neues Leitbild? – Plädoyer für eine Versachlichung einer aufgeregten Debatte. In: Theorie und Praxis der Sozialen Arbeit, 50. Jg., Heft 4, S. 152–158
Rauschenbach, T.; Beher, K.; Knauer, D. (1995): Die Erzieherin. Ausbildung und Arbeitsmarkt. Weinheim und München: Juventa Verlag
Rauschenbach, T.; Züchner, I. (2000): Standorte und Studiengänge; Studierende; Absolventinnen und Absolventen; Arbeitsmarkt. In: Otto, H.-U. et al. (Hrsg.): Datenreport Erziehungswissenschaft. Befunde und Materialien zur Lage und Entwicklung des Faches in der Bundesrepublik, Opladen: Leske und Budrich Verlag, S. 25–74
Reckwitz, A. (2018): Die Gesellschaft der Singularitäten. Zum Strukturwandel der Moderne, 6. Auflage, Berlin: Suhrkamp Verlag
Reckwitz, A. (2019): Das Ende der Illusionen. Politik, Ökonomie und Kultur in der Spätmoderne, Berlin: Suhrkamp Verlag

Reim, T. (1997): Auf der Suche nach biographischen Passungsverhältnissen – die Prozessierung durch Möglichkeitsstrukturen anstelle biographischer Arbeit. In: Nittel, D.; Marotzki, W. (Hrsg.): Berufslaufbahn und biographische Lernstrategien, Hohengehren: Schneider Verlag, S. 175–213

Rothland, M.; Pflanzl, B. (Hrsg.) (2016): Quereinsteiger, Seiteneinsteiger, berufserfahrene Lehrpersonen. Qualifizierung und Bewährung im Beruf. Lehrerbildung auf dem Prüfstand, 9. Jg., Heft 1

Rosa, H. (2016): Resonanz. Eine Soziologie der Weltbeziehung. Berlin: Suhrkamp Verlag

Rosa, H. (2019): Beschleunigung und Entfremdung. Entwurf einer kritischen Theorie spätmoderner Zeitlichkeit, 7. Auflage, Berlin: Suhrkamp Verlag

Rosenthal, G. (1987): „Wenn alles in Scherben fällt ...". Von Leben und Sinnwelt der Kriegsgeneration, Opladen: Leske und Budrich Verlag

Rosenthal, G. (1995): Erlebte und erzählte Lebensgeschichte, Frankfurt am Main: Campus Verlag

Rosenthal, G. (2002): Biographische Forschung. In: Schaeffer, D.; Müller-Mundt, G. (Hrsg.): Qualitative Gesundheits- und Pflegeforschung, Bern: Huber Verlag, S. 133–147

Rosenthal, G. (2014): Interpretative Sozialforschung. Eine Einführung, 4. Auflage, Weinheim und Basel: Beltz Juventa Verlag

Rosenthal, G. (2019): Biographieforschung. In: Baur, N.; Blasius, J. (Hrsg.): Handbuch Methoden der empirischen Sozialforschung, Wiesbaden: Springer Fachmedien Verlag, S. 585–597

Sachße, C. (2002): Geschichte der Sozialarbeit. In: Otto, H.-U.; Thiersch, H. (Hrsg.): Handbuch Sozialarbeit Sozialpädagogik, 2. völlig überarbeitete Auflage, München: Luchterhand, S. 670–681

Sachße, C.; Tennstedt, F. (1988): Geschichte der Armenfürsorge in Deutschland. Band 2: Fürsorge und Wohlfahrtspflege 1871 bis 1929, Stuttgart, Berlin, Köln und Mainz: Kohlhammer

Sachße, C.; Tennstedt, F. (1991): Armenfürsorge, soziale Fürsorge, Sozialarbeit. In: Berg, C. (Hrsg.): Handbuch der deutschen Bildungsgeschichte. Vom 15. Jahrhundert bis zur Gegenwart. Band 4: 1870–1918. Von der Reichsgründung bis zum Ende des Ersten Weltkrieges. München: Beck, S. 411–440

Scharfetter, N. (2016): Top-Examen, 170 Bewerbungen, kein Job. In: RP-Online vom 18.07.2016 https://rp-online.de/panorama/wissen/bildung/so-schwer-kann-die-jobsuche-nach-dem-studium-sein_aid-18817755, abgerufen am 12.06.2020

Schefold, W. (1993): Ansätze zu einer Theorie der Jugendhilfe, In: Diskurs 3, Heft 2, S. 20–26

Scherr, A. (2015): Soziale Arbeit mit Flüchtlingen. Die Realität der „Menschenrechtsprofession" im nationalen Wohlfahrtsstaat. In: Sozial Extra, 39. Jg., Heft 4, S. 16–19

Schimank, U.; Mau, S.; Groh-Samberg, O. (2014): Statusarbeit unter Druck? Zur Lebensführung der Mittelschichten, Weinheim: Beltz Juventa Verlag

Schütz, A. (1932): Der sinnhafte Aufbau der sozialen Welt. Wien: Springer Verlag

Schütz, A. (1971): Gesammelte Aufsätze. Band 1 – Das Problem der sozialen Wirklichkeit, Den Haag: Nijhoff Verlag

Schütz, A. (1972): Gesammelte Aufsätze. Band 2 – Studien zur soziologischen Theorie, Den Haag: Nijoff Verlag

Schütze, F. (1976): Zur Hervorlockung und Analyse von Erzählungen thematisch relevanter Geschichten im Rahmen soziologischer Feldforschung. In: Arbeitsgruppe Bielefelder Soziologen (Hrsg.): Kommunikative Sozialforschung, München: Fink Verlag, S. 159–260

Schütze, F. (1977): Die Technik des narrativen Interviews in Interaktionsfeldstudien. Arbeitsberichte und Forschungsmaterialien Nr. 1 der Universität Bielefeld, Fakultät für Soziologie

Schütze, F. (1978): Was ist „kommunikative Sozialforschung"? In: Gaertner, A.; Hering, S. (Hrsg.): Modellversuch "Soziale Studiengänge" an der GhK, Materialien 12: Regionale Sozialforschung, Kassel: Gesamthochschulbibliothek, S. 117–131

Schütze, F. (1983): Biographieforschung und narratives Interview. In: Neue Praxis, 13. Jg., Heft 3, S. 283–293

Schütze, F. (1984a): Kognitive Figuren des autobiographischen Stegreiferzählens. In: Kohle, M.; Robert, G. (Hrsg.): Biographie und Soziale Wirklichkeit: neue Beiträge und Forschungsperspektiven, Stuttgart: Metzler Verlag, S. 78–117

Schütze, F. (1984b): Professionelles Handeln, wissenschaftliche Forschung und Supervision. Versuch einer systematischen Überlegung. In: Lippenmeier, N. (Hrsg.): Beiträge zur Supervision, 2. Auflage, Gesamthochschule Kassel – Universität, S. 275–454

Schütze, F. (1992): Sozialarbeit als „bescheidene“ Profession. In: Dewe, B.; Ferchhoff, W.; Radtke, F.-O. (Hrsg.): Erziehen als Profession: zur Logik professionellen Handelns in pädagogischen Feldern, Opladen: Leske und Budrich Verlag, S. 132–170

Schütze, F. (1994): Strukturen des professionellen Handelns, biographische Betroffenheit und Supervision. In: Supervision, 13. Jg., Heft 26, S. 10–39

Schweppe, C. (2001): Biografie und Studium. Vernachlässigte Zusammenhänge in der Ausbildung von SozialpädagogInnen oder: Über die Notwendigkeit biografischer Irritationen. In: neue praxis, 31. Jg., Heft 3, S. 271–286

Schweppe, C. (2003): Wie handeln SozialpädagogInnen? Rekonstruktionen der professionellen Praxis der Sozialen Arbeit. In: Schweppe, C. (Hrsg.): Qualitative Forschung in der Sozialpädagogik, Wiesbaden: Springer Fachmedien, S. 145–165

Schweppe, C. (2006): Studienverläufe in der Sozialpädagogik. Biographische Rekonstruktionen, Weinheim und München: Juventa Verlag

Sehmer, J.; Marks, S.; Thole, W. (2019): Wissen im Dialog. Transformationen zwischen Wissenschafts- und Handlungspraxis, Sozial Extra, 43. Jg., Heft 4, S. 259–262

Statistisches Bundesamt (2008): Bildung und Kultur. Studierende an Hochschulen. Fachserie 11, Reihe 4.1 Wintersemester 2007/2008, Wiesbaden https://www.google.com/url?sa=t&rct=j&q=&esrc=s&source=web&cd=&cad=rja&uact=8&ved=2ahUKEwjh-OzK6aP9AhX2bfEDHYZtDlgQFnoECA8QAQ&url=https%3A%2F%2Fwww.statistischebibliothek.de%2Fmir%2Fservlets%2FMCRFileNodeServlet%2FDEHeft_derivate_00006843%2F2110410087004.pdf&usg=AOvVaw3p1G0qOqRt6aodbl39kBkI abgerufen am 13.02.2023

Statistisches Bundesamt (2019): Bildung und Kultur. Studierende an Hochschulen. Fachserie 11, Reihe 4.1, Sommersemester 2018 https://www.destatis.de/DE/Themen/Gesellschaft-Umwelt/Bildung-Forschung-Kultur/Hochschulen/Publikationen/Downloads-Hochschulen/studierende-hochschulen-endg-2110410197004.pdf?__blob=publicationFile, abgerufen am 15.02.2023

Statistisches Bundesamt (2022a): Hochschule. Studierende insgesamt und Studierende Deutsche nach Geschlecht https://www.destatis.de/DE/Themen/Gesellschaft-Umwelt/Bildung-Forschung-Kultur/Hochschulen/Tabellen/lrbil01.html#242472, abgerufen am 13.02.2023

Statistisches Bundesamt (2022b): Presse. Wintersemester 2022/2023: Erstmals seit 15 Jahren weniger Studierende als im Vorjahr. Pressemitteilung 503 vom 30. November 2022, https://www.destatis.de/DE/Presse/Pressemitteilungen/2022/11/PD22_503_21.html, abgerufen am 13.02.2023

Statistisches Bundesamt (2023): Bildung und Kultur. Studierende an Hochschulen. Fachserie 11, Reihe 4.1 Sommersemester 2022, Wiesbaden https://www.google.com/url?sa=t&rct=j&q=&esrc=s&source=web&cd=&ved=2ahUKEwi8tNul6aP9AhV1QvEDHVRjBN4QFnoECA8QAQ&url=https%3A%2F%2Fwww.destatis.de%2FDE%2FThemen%2FGesellschaft-Umwelt%2FBildung-Forschung-Kultur%2FHochschulen%2FPublikationen%2FDownloads-Hochschulen%2Fstudierende-hochschulen-ss-2110410227314.pdf%3F__blob%3DpublicationFile&usg=AOvVaw3jRIsDvS1l2fJ2-OxSVkVl, abgerufen am 13.02.2023

Strauss, A. L. (1991): Grundlagen qualitativer Sozialforschung, München: Fink Verlag

Strübing, J.; Hirschauer, S.; Ayaß, R.; Krähnke, U.; Scheffer, T. (2018): Gütekriterien qualitativer Sozialforschung. Ein Diskussionsanstoß. In: Zeitschrift für Soziologie, 47. Jg., Heft 2, S. 83–100

Tagesschau (2022): Eine halbe Million Fachkräfte fehlen https://www.tagesschau.de/wirtschaft/iw-fachkraeftemangel-sozialarbeit-luecke-101.html, abgerufen am 04.10.2023

Tageszeitung (taz) (2023): Soziale Arbeit. An der Belastungsgrenze https://taz.de/Soziale-Arbeit/!5924466/, abgerufen am 04.10.2023

Terhart, E. (1992): Lehrerberuf und Professionalität. In: Dewe, B.; Ferchhoff, W.; Radtke, F. O. (Hrsg.): Erziehen als Profession. Zur Logik professionellen Handelns in pädagogischen Feldern, Opladen: Leske und Budrich Verlag, S. 103–131

Terhart, E. (2011): Lehrerberuf und Professionalität. Gewandeltes Begriffsverständnis – neue Herausforderungen. In: Helsper, W.; Tippelt, R. (Hrsg.): Pädagogische Professionalität, Weinheim: Beltz Verlag, S. 202–224

Thiersch, H. (1990): „Aschenputtel und ihre Schwestern". Ausbildungsprobleme und Berufsbedarf im Diplomstudiengang Erziehungswissenschaft/Sozialpädagogik, In: Zeitschrift für Pädagogik, 36. Jg., Heft 5, S. 711–727

Thiersch, H. (1992): Das sozialpädagogische Jahrhundert. In: Rauschenbach, T.; Gängler, H. (Hrsg.): Soziale Arbeit und Erziehung in der Risikogesellschaft. Neuwied, Kriftel und Berlin: Luchterhand, S. 9–23

Thole, W.: (1994): Sozialpädagogik an zwei Orten. Professionelle und disziplinäre Ambivalenzen eines noch unentschiedenen Projekts. In: Krüger, H.-H.; Rauschenbach, T. (Hrsg.): Erziehungswissenschaft. Die Disziplin am Beginn einer neuen Epoche, Weinheim: Juventa Verlag, S. 253–274

Thole, W.; Küster-Schapfl, E.-U. (1997): Sozialpädagogische Profis, Opladen: Leske und Budrich Verlag

Thole, W.; Marks, S. (2020): Soziale Arbeit im und nach dem sozialpädagogischen Jahrhundert, In: Fischer, J.; Graßhoff, G. (Hrsg.): Fachkräfte! Mangel! Die Situation des Personals in der Sozialen Arbeit, Weinheim und München: Beltz Juventa Verlag, S. 11–22

Thole, W.; Milbradt, B.; Göbel, S.; Rißmann, M. (2016): Wissen und Reflexion. Der Alltag in Kindertageseinrichtungen im Blick der Professionellen, Wiesbaden: Springer VS Verlag

Thomas, W. I.; Znaniecki, F. (1918–1922/1958): The Polish Peasant in Europe and America, New York: Dover Verlag

Ver.di (2023): Besoldungsrunde öffentlicher Dienst Bund und Kommunen 2023. Einigung erzielt! https://zusammen-geht-mehr.verdi.de/++co++77826c22-e147-11ed-bb25-001a4a16012a abgerufen am 25.04.2023

Verdi; GEW; DBSH (2023): „Kann Soziale Arbeit jede:r?" – De-Konstruktion des Fachkräftemangels https://muenchen.verdi.de/branchen/gemeinden/++co++3f40c8d6-1270-11ee-a902-001a4a160110, abgerufen am 04.10.2023

Voswinkel, S. (2000): „Anerkennung der Arbeit im Wandel". In: Holtgrewe, U.; Voswinkel, S.; Wagner, G. (Hrsg.): Anerkennung und Arbeit, Konstanz: Universitätsverlag Konstanz, S. 39–61

Voswinkel, S. (2021): Psychisch belastende Arbeitssituationen und Erkrankungen – die Frage der Kausalität. In: AIS-Studien, 14. Jg., Heft 1, S. 8–22

Voswinkel, S. (2022): Bewusstsein, Ansprüche und der „Soziale Wert der Arbeitskraft". In: AIS-Studien, 15. Jg., Heft 1, S. 40–53

Voß, G. G. (1994): Berufssoziologie. In: Kerber, H.; Schmieder, A. (Hrsg.): Spezielle Soziologien, Rowohlt: Reinbek Verlag, S. 128–148

Wendt, P.-U. (2018): Lehrbuch Soziale Arbeit, Weinheim und Basel: Beltz Juventa Verlag

Wertheimer, M. (1922): Untersuchungen zur Lehre von der Gestalt. In: Psychologische Forschung, 1. Jg., Heft 1, Berlin: Springer Verlag, S. 47–58

Wertheimer, M. (1923): Untersuchungen zur Lehre von der Gestalt II. In: Psychologische Forschung, 2. Jg., Heft 4, Berlin: Springer Verlag, S. 301–350

Wienand, E. (2003): Public Relations als Beruf. Kritische Analyse eines aufstrebenden Kommunikationsberufes, Wiesbaden: Westdeutscher Verlag

Wildt, J. (1984): Forschung über Lehre und Lernen an der Hochschule. In: Goldschmidt, D.; Teichler, U.; Webler, W.-D. (Hrsg.): Forschungsgegenstand Hochschule, Überblick und Trendbericht, Frankfurt am Main und New York: Campus Verlag, S. 155–180

Willems, H. (1996): Goffmans Qualitative Sozialforschung. Ein Vergleich mit Konversationsanalyse und Strukturaler Hermeneutik. In: Zeitschrift für Soziologie, 25. Jg., Heft 6, S. 438–455

Wilson, T. P. (1973): Theorien der Interaktion und Modelle soziologischer Erklärung. In: Arbeitsgruppe Bielefelder Soziologen (Hrsg.): Alltagswissen und gesellschaftliche Wirklichkeit, Reinbek bei Hamburg: Rowohlt Verlag, S. 54–79

Wohlfahrt, N. (2014): Was leisten Professionalisierungstheorien? Kritische Überlegungen zum Professionalisierungsdiskurs. In: Schwarz, M.; Ferchoff, W.; Vollbrecht, R. (Hrsg.): Professionalität: Wissen – Kontext. Sozialwissenschaftliche Analysen und pädagogische Reflexionen zur Struktur bildenden und beratenden Handelns. Bad Heilbrunn: Klinkhardt Verlag, S. 221–240

Wohlrab-Sahr, M. (1995): Biographieforschung jenseits des Konstruktivismus. In: Soziale Welt, 50. Jg., Heft 4, S. 483–494

Zacharias, G. (1999): Studienführer Erziehungswissenschaften. Diplompädagogik, Sozialpädagogik, Sozialarbeit, Würzburg: Lexika Verlag